作者简介

陈华彬，我国当代主要民法学家之一，中央财经大学教授、博士生导师、博士后合作导师，法学博士，教育部新世纪优秀人才支持计划入选者（2008 年），最高人民法院案例指导工作专家委员会委员，中国保险法学研究会副会长。

建筑物区分
所有权法

陈 华 彬 著

THE

CONDOMINIUM OWNERSHIP

LAW

陈华彬作品系列

中国政法大学出版社

2018·北京

图书在版编目（ＣＩＰ）数据

建筑物区分所有权法/陈华彬著. —北京：中国政法大学出版社，2018.8
ISBN 978-7-5620-8432-7

Ⅰ.①建…　Ⅱ.①陈…　Ⅲ.①建筑物－所有权－研究－中国　Ⅳ.①D923.24

中国版本图书馆CIP数据核字(2018)第168450号

出 版 者	中国政法大学出版社
地　　址	北京市海淀区西土城路 25 号
邮寄地址	北京 100088 信箱 8034 分箱　邮编 100088
网　　址	http://www.cuplpress.com (网络实名：中国政法大学出版社)
电　　话	010-58908437(编辑室)　58908334(邮购部)
承　　印	北京中科印刷有限公司
开　　本	720mm×960mm　1/16
印　　张	38.75
字　　数	600 千字
版　　次	2018 年 8 月第 1 版
印　　次	2018 年 8 月第 1 次印刷
定　　价	109.00 元

目 录
CONTENTS

第一章

建筑物区分所有权的肇源、形成与演进

第一节　建筑物区分所有权的肇源与形成

一、人类住宅的起源

近现代及当代考古学揭示，距今二三百万年前，于我们这颗星球上开始产生了人类。[1]人类伊始（即人类蒙昧时代的低级阶段），[2]便以热带、亚热带茂密的森林为栖身之所。[3]迄至蒙昧时代的高级阶段，由于火和石斧的使用，终于促成人类能够借助树木构筑一个简陋的窝棚，或模拟自然于黄土断崖上用木棍、石器掏挖一个人工横穴。[4]此即人类最早的"住宅"——"巢"和"穴"。往后，于经历近一万年的时间之后，随着磨制石器与制陶技术为人类所掌握和运用，至新石器时代，人类开始以村落的形式定居下来，并逐渐由采集生活和渔猎生活向原始畜牧

1　列宁说："最可靠、最必要、最重要的就是不能忘记基本的历史联系，考察每个问题都要看某种现象在历史上怎样产生，在发展中经过了哪些主要阶段，并根据它的这种发展去考虑这一事物现在是怎样的。"对此，请参见《列宁选集》（第四卷），人民出版社 1995 年版，第 43 页。

2　山西省古建筑保护研究所编：《中国古建筑学术讲座文集》，中国展望出版社 1986 年版，第 7 页。

3　山西省古建筑保护研究所编：《中国古建筑学术讲座文集》，中国展望出版社 1986 年版，第 7 页。

4　山西省古建筑保护研究所编：《中国古建筑学术讲座文集》，中国展望出版社 1986 年版，第 8 页。

业和原始农业过渡。[1]伴随生产力的发展，原始畜牧业与农业逐渐代替了狩猎经济，人类开始转向较为稳定的宅居生活。[2]正是自此时起，人类才开始建筑能够于较长时期内居住的、真正可以称得上住宅的房屋。[3]显而易见，自人类伊始迄至人类能够建造称得上真正的住宅的房屋的漫长的原始社会中，是绝未有建筑物区分所有权制度及其规则与观念的。

二、建筑物区分所有权的肇源与初步形成

近现代及当代意义的建筑物区分所有权观念的肇源，发轫于人类文明社会之初的奴隶社会。奴隶社会时期，由于手工业和交换的日益发展，"造成新的力量和新的观念，造成新的交往方式，新的需要和新的语言"，且"聚集着社会的历史动力"[4]的城市开始出现。城市的形成，引起工商业的进一步发展，并使人口集中于城市。为满足住家和营业的需要，于公元前约 2000 年的巴比伦，便产生了与现今的区分所有权相当的建筑物所有形态 [5]。[6]往后至公元前约 1800 年，于拥有百万人口的罗马城市中，大多数平民已居住于面向街道、第一层有店铺的客栈形

1　孙志诚主编：《住宅经济学》，四川大学出版社 1992 年版，第 17 页。

2　孙志诚主编：《住宅经济学》，四川大学出版社 1992 年版，第 18 页。

3　孙志诚主编：《住宅经济学》，四川大学出版社 1992 年版，第 17 页。

4　《马克思恩格斯全集》（第 46 卷）（上册），人民出版社 1979 年版，第 499 页。

5　E. Kischinewsky-Broquisse, Status de la copropriété des immeubles et sociétés de construction, Librairies techniques, 1958, n, 20; A. Zurfluh et Th. Traizet—Frot, Le statut de la copropriété, Sirey, 1968, n. 2; J. Cabanac, Traité de la construction en copropriété et du nouveau régime de la capropriété, Édition de l'actualité juridigue, t. 2, 1970, n.158-159; 参见 〔日〕小沼进一：《建筑物区分所有之法理》，法律文化社 1992 年版，第 10 页。

6　公元前约 2000 年的古巴比伦，其契约曾记载：建筑物的第二层供饮食店使用，第一层的所有权作为买卖的对象。像如此的建筑物的区分所有，被认为是楼层的建筑物区分所有权出现的端绪。但于古代罗马，因奉行建筑物属于土地所有人的法原则，故对于那个时代是否存在过建筑物的区分所有权，人们是抱有疑问的。不过，至东罗马帝国时期，因建筑物属于土地的法原则并未能得到严格、彻底的贯彻，故此，在其管辖领域以及在当时的古埃及，建筑物的区分所有是存在某种程度的普及的。对此，请参见 E. Kischinewsky-Broquisse, Status de la copropriété des immeubles et sociétés de construction, Librairies techniques, 1958, n, 20; A. Zurfluh et Th. Traizet—Frot, Le statut de la copropriété, Sirey, 1968, n. 2; J. Cabanac, Traité de la construction en copropriété et du nouveau régime de la capropriété, Édition de l'actualité juridigue, t. 2, 1970, n.158-159. 参见 〔日〕小沼进一：《建筑物区分所有之法理》，法律文化社 1992 年版，第 10 页注释 1。另外，该注释还举出了几本重要的有关释明建筑物区分所有权早期存在的法语著作，对这些著作，应予重视。

式的复合性集合住宅里。于这里，产生了区分所有建筑物的最早的管理问题。[1]

肇始于公元前 753 年，止于公元 565 年的罗马法，[2]是以"私有制为基础的法律的最完备形式"，[3]对后世各国家或地区民法产生了深远影响。惟不幸的是，萌芽于公元前 2000 年的古巴比伦和公元前 1800 年的罗马早期的建筑物区分所有权却未能于罗马法上获得顺理成章的确认。按照罗马法，"不动产所有权就如同一块小领地，一切附合和进入土地的物都必然地作为添附物归土地所有人所有。建筑物的所有权非地皮所有主莫属"。[4]此即罗马法所谓"建筑物所有权属于建筑物所附着的土地所有人"，抑或"地上物从属于土地"（superficies solo cedit）的原则。[5]由此之故，罗马法禁止建筑物区分所有权的存在也就势所难免。但是，此禁止并未贯彻到罗马帝国全境，于罗马帝国东部的小亚细亚与埃及一带，建筑物区分所有权仍得到广泛流行，此可由叙利亚、罗马的法律文书以及埃及的证书类材料中获得证明。[6]

罗马法所采否定立场最终未能湮灭业已萌发的建筑物区分所有权的幼芽。476年，历史敲响了西罗马帝国灭亡的丧钟，一统欧陆法制长达几个世纪的罗马法由此而进入"黑暗时代"，逐渐为人们所冷落。[7]于稍后兴起的日耳曼法上，建筑物区分所有权开始复现。由于日耳曼法强调团体性原则而与罗马法大异其趣，且不存在地上物属于土地的原则，认为建筑物、树木、地下室、地窖（Keller）、厕

1　[日] 稻本洋之助监修：《公寓管理之考察》，清文社 1993 年版，第 136—137 页。另外，在奥地利，作为楼层所有（区分所有）的居住形式，自古代时起就持续存在，该国是具有区分所有居住方式的悠久历史的国家之一。对此，请参见 [日] 片桐善卫：《区分所有法的探究》，成文堂 2016 年版，第 160 页。

2　关于罗马法的起止时间，于研究罗马法的学者间存在不同之见。本书采多数说，取公元前 753 年至公元 565 年为罗马法的存续时间。对此，也请参见江平、米健：《罗马法基础》（修订本），中国政法大学出版社 1991 年版，第 1 页。

3　《马克思恩格斯选集》（第 3 卷），人民出版社 1972 年版，第 143 页。

4　[意] 彼德罗·彭梵得：《罗马法教科书》，黄风译，中国政法大学出版社 1992 年版，第 266 页。

5　庄金昌："住宅分层所有权之比较研究"，台北中国文化大学 1984 年 7 月硕士论文，第 12 页。

6　Wegner, Aus romish und bugerliche Recht-Festgeburtstag für Bekker, S. 73ff.

7　江平、米健：《罗马法基础》，中国政法大学出版社 1991 年版，第 41 页。

舍、剧场的座位席等均为独立所有权的客体，并可为土地所有人以外的人所有。[1]
如此一来，至 12 世纪初期，建筑物区分所有权即于日耳曼法中被无限制地认
可。[2]

　　欧洲中世纪日耳曼法之所以喜好建筑物区分所有权制度，分析其原因乃有三
个方面：（1）由于继承而对财产加以分割的结果；（2）由于家庭成员日渐增多，
而城市土地有限、地价飞涨，导致对独栋住宅的兴建、取得并非资力有限的中下
层人民所能负担；[3]（3）伴随 14 世纪开始于地中海沿岸的资本主义经济关系的萌
芽，欧陆各国工商业获得长足发展，为解决大多数城市因受自然条件或城堡建筑
的限制而颇难向周边扩展以及城市居民日益窘迫的居住问题，区分所有建筑物于
南德意志的莱茵邦（Rheinland）、符腾堡邦（Würterbersg）、巴威邦（Bayern）、
萨克森-迈宁根邦（Sachsen-Meinigen），及法国的格勒诺布尔（Grenoble）、雷恩
（Rennes）、里昂（Lyon）、尚贝里（Chambery）等城市流行开来。[4]但由于无充分
的法规则对之加以规范而引起了诸多的纠纷。于较长时期中，此等区分所有建筑
物被称为"纠纷住宅"。[5]此种"纠纷住宅"迄至 19 世纪，仍受到各国立法机关
与法学家们的厌恶[6]。[7]

1　O. Gierke, Deutsches Privatrecht Bd. II, S. 39ff；Wolf：Sachenrecht 1957, S. 355ff.

2　黄越钦："住宅分层所有权之比较法研究"，载郑玉波主编：《民法物权论文选辑》（上册），
五南图书出版公司 1984 年版，第 433 页。

3　［日］柚木馨："比较法上的建筑物区分所有权"，载《民商法杂志》第 44 卷 1 号（1961
年），第 5 页。

4　庄金昌："住宅分层所有权之比较研究"，台北中国文化大学 1984 年 7 月硕士论文，第 13 页。

5　Wegner, Aus romish und bügerliche Recht-Festgeburtstag für Be kker, S. 73ff.

6　庄金昌："住宅分层所有权之比较研究"，台北中国文化大学 1984 年 7 月硕士论文，第 13 页。

7　此种厌恶使各国对建筑物区分所有权的立法规定甚为简陋，甚至拒绝予以规定。譬如《法国
民法典》仅以第 664 条规范此种法律关系，《意大利民法典》规定于第 562 至第 564 条，《西班牙民法
典》规定于第 396 条，《葡萄牙民法典》规定于第 2225 条，而普鲁士法对之完全否定。此外，《奥地
利普通民法典》也未作出规定。1879 年 3 月 30 日的《奥地利法律草案》对于建筑物区分所有权虽有
规定，但却仅认可业已存在的共有关系，而禁止建立新的建筑物区分所有权法律关系（对此，请参
Peter Liver, Das Miteigentum ais Grundlage des stockwerkseigentums, privatrechtliche Abhandlungen Festgabe
zum 70 Geburtstag Bern. 1972. S. 252）。《德国民法典施行法》第 182 条、《瑞士债务法》第 45 条皆效仿
奥地利的做法而对建筑物区分所有权法律关系予以否定，且不允许于建筑物中的某一层有建筑权。对
此，请参见庄金昌："住宅分层所有权之比较研究"，台北中国文化大学 1984 年 7 月硕士论文，第 13
页。

三、建筑物区分所有权的正式形成

时代和环境的急迫需要是建筑物区分所有权为各国民事立法所确立的根本动因。[1] 欧洲大陆于经历了漫长而黑暗的中世纪时代之后，自 19 世纪上半期伊始，于英国、法国、德国、瑞士等大陆国家先后开始了以棉纺织业的机械化、蒸汽机的发明和运用以及铁路建设为内容的工业革命。工业革命的结果，一方面使大机器生产代替了工场手工业，极大地解放和促进了生产力；另一方面，它又加速了城市和手工业中心的急剧发展，进而造成城市人口激增、地价飞涨、住宅缺乏的窘迫局面。对此，恩格斯于 1887 年 1 月 10 日《论住宅问题》第 3 版序言中写道："一方面大批农村工人突然被吸引到发展为工业中心的大城市里来；另一方面，这些旧城市的布局已经不适合新的大工业的条件和与此相应的交通；街道在加宽，新的街道在开辟，铁路铺到市里，正当工人成群涌入城市的时候，突然出现了工人以及以工人为主顾的小商人和手工业者的住宅缺乏的现象。"[2]

面对"住宅缺乏"的现象，各国为谋求问题的解决，乃相继于自己的民法典中确立了建筑物区分所有权制度。1804 年《法国民法典》第 664 条关于楼层所有权的规定开各国于此领域予以立法规制的先河。之后，迄至 19 世纪中后期和 20 世纪初叶，受《法国民法典》第 664 条的影响并以之为蓝本，1865 年《意大利民法典》第 532 条、1867 年《葡萄牙民法典》第 2325 条、1888 年《西班牙民法典》第 396 条、1896 年《日本民法》第 208 条、1929—1930 年《中华民国民法》第 799—800 条等，皆对建筑物区分所有权作了规定。另外，比利时（1924 年）、罗马尼亚（1927 年）、巴西（1928 年）、希腊（1929 年）、保加利亚（1933 年）、波兰（1934 年）等的民法，以及《墨西哥民法》（第 521 条）、《西班牙民法》（第 396 条）、《巴拿马民法》（第 404 条）、《洪都拉斯民法》（第 412 条）、《魁北克民法》（第 521 条）以及《秘鲁民法》（第 855—857 条）等，也都同样对建筑物区分所有权进行了立法确认。此种以民法典对建筑物区分所有权予以确认和规制的现象，学理上称为建筑物区分所有权立法的"民法典模式"。此民法典模式

1　G. M. Divekar, *Law and practice of Property Transactions*, Pune：Hand law House，1991，p. 334.

2　［德］恩格斯：《论住宅问题》，人民出版社 1972 年版，第 459 页。

的形成，标志着建筑物区分所有权正式成为各国民法体系上的一项重要制度。

然而，各国民法（典）尽管对建筑物区分所有权设有规定，但其内容却甚为简陋，除《秘鲁民法》设有三个条文、《中华民国民法》设有两个条文外，其他各国民法皆仅设有一个条文。各国立法对于建筑物区分所有权设立如此简陋的规定，除建筑物区分所有权自身尚处于成长的初步阶段外，尚有三个方面的原因：（1）各国于立法经验上无先例可资遵循、借鉴、参考；（2）此一时期各国民法学理对于建筑物区分所有权的研究尚未充分展开；（3）19世纪之前，由于区分所有建筑物产生的大量纠纷，使人们对其产生了厌恶感，由此导致立法机关和法学家们不愿对此类建筑物引起的法律关系予以立法规制，甚至使一些国家的民事立法采取了断然否定的立场。

第二节　建筑物区分所有权的演进（发展）

建筑物区分所有权为19世纪各国民法立法确立后，至20世纪时获得重大发展，而首先推动其向前发展的动力系20世纪上半期人类社会所经历的两次世界大战。两次世界大战的结果，是形成了建筑物区分所有权发展的第一阶段（1918—1947年）。往后，直至20世纪60年代中期，建筑物区分所有权的发展进入另一阶段，即第二阶段（1947—1965年）。如下分别对此两个阶段予以考察。

一、1918年至1947年期间：建筑物区分所有权发展的第一阶段

（一）住宅危机的产生及其因由

1914年至1918年与1939年至1945年，人类经历了两次空前浩劫，即第一次世界大战与第二次世界大战。与此两次世界大战相关联的是，人类于1918年至1947年期间遭遇了严重的"住宅危机"。此种"住宅危机"进而不可避免地演变为各国普遍的社会问题。此场严重的住宅危机的产生，并非由偶然因素所引起，而系有着深刻的诸多方面的因由。

（1）战争的影响。自1914年第一次世界大战爆发后，由于人力不足，资材

价格上涨，以及各国财源衰竭，新的住宅建设几乎完全停止；[1]同时，除战争本身使诸多城市被夷为平地，无数建筑物成为废墟外，战争期间大量的旧建筑物因管理不善而遭到破坏。[2]第二次世界大战期间，除美国外，交战各国都遭到战火的严重破坏。[3]单以日本计，当时直接受到空袭而损毁的房屋就有 210 万户，因为疏迁需要而受到破坏的房屋有 50 万户。[4]另据法国的统计，由于第二次世界大战的爆发，有 56 万户房屋于战火中被完全毁坏，有 54 万户房屋受损。[5]并且，"健全的建筑物""非健全的建筑物"等的数量于 1939 年和 1947 年也发生了重大变化，其详情如下表所示。[6]

(单位：户)

建筑物的样态	1939 年	1947 年
健全的建筑物	10, 400, 000	8, 800, 000
非健全的建筑物	2, 800, 000	3, 500, 000
乡间农村的空房	150, 000	50, 000
需修缮的建筑物	……	300, 000
临时用的建筑物	……	100, 000

上表所示情况释明，1914 年至 1918 年与 1937 年至 1945 年的两次世界大战，给人类的住宅问题带来了重大影响，可谓系造成 1918 年至 1947 年世界性住宅危机的重要因由。

(2) 不动产投资的不景气。在此期间，个人资本大量出现逃避向不动产领域投资的倾向。并且，即便人们建造建筑物，其也主要用于供自己的居住需要。同

1　据统计，第一次世界大战期间，仅巴黎就有 377 栋建筑物的建造被中断。对此，请参见［日］小沼进一：《建筑物区分所有之法理》，法律文化社 1992 年版，第 13 页注释 2。

2　［日］小沼进一：《建筑物区分所有之法理》，法律文化社 1992 年版，第 11 页。

3　何明桢："建筑物区分所有之研究"，台湾政治大学 1983 年 6 月硕士论文，第 2 页。

4　［日］远藤厚之助："楼层的区分所有权的系谱"，载《东洋法学》第 4 卷第 2 号，第 62 页。转引自何明桢："建筑物区分所有之研究"，台湾政治大学 1983 年 6 月硕士论文，第 2 页。

5　［日］小沼进一：《建筑物区分所有之法理》，法律文化社 1992 年版，第 12 页。

6　［日］小沼进一：《建筑物区分所有之法理》，法律文化社 1992 年版，第 12 页。

时，向不动产投资，因建筑费用十分高昂而不划算，且建筑物老朽化时将失去价值，故此也使以获得租金为目的而投资建造建筑物的情形不断减少。另外，将建筑物出租而获得的租金收入较低，也导致对建筑物的管理状况的恶化。资金不充裕的人并不对出租建筑物进行大规模的修缮。其结果，没有进行修缮而被搁置不理的建筑物的数量不断增多，由此也就相应地缩短了出租建筑物的寿命。[1]

（3）有关租赁合同立法的影响。因 18 世纪欧陆（如法国）资产阶级革命后制定的有关房屋租赁合同的法律的旨趣系在于保护承租人，欧陆各国立法遂规定承租人于出租人的房屋上享有几乎等同于物权（所有权）的租赁权。亦即，立法除承认承租人享有自由缔结契约的权利外，尚认可其享有例外的补充性权利，譬如请求延长契约期间，基于经济危机等事由而请求变更租金及对出租人因货币贬值而要求提高租金的请求予以拒绝等权利。如此一来，出租人要求承租人搬迁而按自己意愿保有租赁房屋也就变得十分困难。同时，此种租赁权的存在，也显著地降低了房屋的市场价格。譬如于法国巴黎，租赁房屋的市场价格要比房屋未被租赁的市场价格低 50%。进而，此种房屋租赁制度造成了房屋所有权人与承租人之间不间断的紧张关系，并最终产生了有关居住的深刻的社会不安问题。[2]

为了克服以上原因而引起的住宅危机，解决广大市民的居住问题，各国政府遂将目标投向高层或多层建筑物的兴建上。而此一时期由于资本主义工业革命的完成，建筑材料与建筑技术获得长足进步，这就于客观上为建筑物向高空立体方向发展提供了技术支撑。正是因为如此，区分所有建筑物进入了一个蓬勃发展的时期，并进而成为各国解决城市市民的居住问题的基本途径。

（二）作为克服住宅危机的对策的区分所有建筑物

欧陆各国纷纷以区分所有建筑物作为解决住宅危机的基本对策，并非系由单纯的偶然因素决定，而系由区分所有建筑物作为解决城市居民居住问题的对策所具有的必要性及诸多实益而决定。此等必要性与实益可以归纳为如下几点。

（1）土地的立体化利用益见迫切。1918 年至 1947 年期间，虽然两次世界大战曾使无数人丧生，人口在战争期间暂时减少，但是，两次世界大战结束后，各

1　[日] 小沼进一：《建筑物区分所有之法理》，法律文化社 1992 年版，第 12 页。
2　[日] 小沼进一：《建筑物区分所有之法理》，法律文化社 1992 年版，第 12 页、第 13 页。

国人口却发生了大量增加。伴随战争结束后所发生的社会变迁，大量人口向城市集中。为使城市人口的居住、工作环境能更加舒适、协调，并避免灾难的发生，如何将城市土地空间作最有效的利用，即成为各国政府制定城市规划所面临的重要课题。而为使有限的土地增加其使用效率，一个有效而直接的解决方式就是使土地空间的利用立体化。土地空间的利用不仅增加了土地利用率，且连带地也使居民使用土地的价值的负担减轻。为实现土地利用的立体化，除经由兴建立体空间的多层高楼建筑物外，别无他途。此即土地的立体利用的需求，促使区分所有建筑物兴盛。[1]

（2）能够实现一定的经济价值。如前述，人口大量集中于城市，随之而来的乃是地价的高涨。于此情形下，建造并排的庭院式的独立房屋就变得困难。而作为解决此问题的对策，中高层区分所有建筑物即受到关注。[2]同时，城市要发展，其当然应当解决的是城市生活中必需的生活品的供给、货物的运输以及垃圾的处理等问题。于此情况下，各国的城市计划逐渐地都强制要求仅可建造满足一定标准的区分所有建筑物。[3]另外，各区分所有人（业主）各自购买建筑物的一部分，所花费的费用远比建造独立的房屋（建筑物）低廉很多。城市中拥有土地的人，于土地数量未达到建筑房屋的法定面积时，数人可以共同提供各自的土地而建构区分所有建筑物。[4]并且，在区分所有建筑物，其不仅屋顶、墙壁等共用部分可以被共用（节约），且各所有人（业主）于共同负担一定的费用后尚可于建筑物的周围建造庭院等。[5]

（3）舒适性的增大与负担的减轻。伴随人们团结和睦关系的发展，集合性建筑物（区分所有建筑物）的生活环境的改善也会得到推进，亦即，区分所有建筑物拥有现代化的舒适、和睦、协调的功能。譬如，其燃气、水管、电气、暖房以及对各房间的热水器的装配等，皆已相当完备，且电视的共用天线、各楼层之间的货物升降机、电梯以及地下停车场等，皆有设置。如此，居住者（业主）受惠

1　［日］小沼进一：《建筑物区分所有之法理》，法律文化社 1992 年版，第 13 页。

2　［日］小沼进一：《建筑物区分所有之法理》，法律文化社 1992 年版，第 14 页。

3　［日］小沼进一：《建筑物区分所有之法理》，法律文化社 1992 年版，第 14 页。

4　［日］小沼进一：《建筑物区分所有之法理》，法律文化社 1992 年版，第 14 页。

5　［日］小沼进一：《建筑物区分所有之法理》，法律文化社 1992 年版，第 15 页。

于舒适、卫生及便捷的良好条件，且还不承担过重的负担。此外，业主维持区分建筑物的日常运营的繁杂琐事也被免去。走廊、阶梯的清扫管理、电灯的照明、供暖房的设备的维持等，皆由专门雇佣的管理人来完成。[1]

（4）可以解决土地因继承而细分的困难。亦即，区分所有共同关系人借区分所有建筑物可以提升土地的利用价值，解决土地因继承而细分的困难与弊端。[2]

（5）全体区分所有人（业主）为维持区分所有共同体关系，不能有以私害公的行为，而此可培养个人的荣誉与责任感，提升生活的品质。[3]

（6）区分所有建筑物房价相对低廉，购房人增加，承租人减少，此可减少出租人与承租人的对立，促进社会经济平等。[4]

（7）区分所有建筑物系集众人的资金，融资容易，且建筑贷款于政策上也有相当的保障。[5]

以上区分所有建筑物作为解决住宅危机的对策所具有的必要性与诸多实益，促成了区分所有建筑物的蓬勃发展。各国民法典原有的简陋规定已远不足以规范区分所有建筑物的复杂法律关系与区分所有关系的大量纠纷。故而，制定建筑物区分所有权特别法抑或扩张原有民法典关于建筑物区分所有权的既有规定就成为各国民事立法面临的共同课题。

比利时于1924年率先制定建筑物区分所有权特别法，对区分所有建筑物所生的各种复杂关系予以规范。该法共计11条。翌年，澳大利亚制定《单元住宅所有权条例》；葡萄牙于1930年12月16日修正其原民法典第2325条，使建筑物区分所有权规则更为翔实；意大利于1934年至1935年制定建筑物区分所有权特别法，之后于1942年将之纳入民法典第7章"共同所有"中，共计22个条文（第1117—1138条），内容较为详尽。1938年6月28日，法国制定《关于区分各阶层不动产共有之法律》，共计14条。应当指出的是，此等建筑物区分所有权立法中，就内容规定的合理性与妥当性而言，法国的该法律系此一时期最具代表性的

1　[日]小沼进一：《建筑物区分所有之法理》，法律文化社1992年版，第15页。
2　戴东雄："论建筑物区分所有权之理论基础（I）"，载《法学丛刊》1984年第29卷第2期。
3　戴东雄："论建筑物区分所有权之理论基础（I）"，载《法学丛刊》1984年第29卷第2期。
4　戴东雄："论建筑物区分所有权之理论基础（I）"，载《法学丛刊》1984年第29卷第2期。
5　戴东雄："论建筑物区分所有权之理论基础（I）"，载《法学丛刊》1984年第29卷第2期。

建筑物区分所有权立法。往后不久，西班牙于 1939 年修正其民法典第 396 条，使建筑物区分所有权规则更为完善。[1]

二、1947 年至 1965 年期间：建筑物区分所有权发展的第二阶段

此为建筑物区分所有权获得重大发展的时期，也是其成熟和定型的时期。此一时期，建筑物区分所有权为各国立法广泛而普遍地确立，并由此成为各国民法的一项基本物权制度。

1947 年至 1965 年期间，是各国家和地区经历第二次世界大战后进行经济恢复、重建及初步发展的时期。此一时期，各国家和地区面临的共同课题是：一方面，战火摧毁了建筑物，房屋的需求量大增；另一方面，建筑技术有了长足进步，土地价值不断增加，新建的建筑物极力向高空立体方向发展，[2] 中高层区分所有建筑物及二三十层的高楼大厦俯拾即是。此外，向地下延伸的建筑物也逐渐增多（譬如日本东京，地下三四层的建筑物此一时期已十分普遍）。此种向高空和地下延伸建造建筑物取得了重大的经济效益。据计算，如盖一栋地下 5 层、地上 20 层的建筑物，其可利用的建筑空间将达到数千平方米。[3] 惟建筑物的利用面积越大，人口密度也就越高，人际关系也就越复杂，由此引起的纠纷也就增多。其结果，之前既有的建筑物区分所有权规则即无法因应变化了的情况与区分所有权人（业主）间日益复杂的纷争。为了解决此等问题，业已进行建筑物区分所有权立法的国家或地区即纷纷检讨其既有规则，以求周延；未进行建筑物区分所有权立法的国家或地区则积极创设新的理论体系，并试图加以立法化，期以因应社会的需要。[4]

奥地利于 1948 年 7 月 8 日首先制定《有关住宅和店铺（营业场所）所有权的联邦特别法》，共计 13 条。接着，德国于 1951 年制定《住宅所有权暨永久居住权法》，共计 64 条。受该法的影响，葡萄牙于 1955 年 10 月 14 日制定《建筑物区分所有权特别法》，共计 37 条，往后于 1966 年和 1968 年修正其民法典时，将之

1　戴东雄："论建筑物区分所有权之理论基础（I）"，载《法学丛刊》1984 年第 29 卷第 2 期。
2　戴东雄："论建筑物区分所有权之理论基础（I）"，载《法学丛刊》1984 年第 29 卷第 2 期。
3　戴东雄："论建筑物区分所有权之理论基础（I）"，载《法学丛刊》1984 年第 29 卷第 2 期。
4　戴东雄："论建筑物区分所有权之理论基础（I）"，载《法学丛刊》1984 年第 29 卷第 2 期。

纳入到民法典第 1414—1438 条中。其主要内容涵括：（1）建筑物区分所有权系由专有所有权与共有所有权构成，并得处分或设定负担；（2）全体建筑物区分所有权人（业主）组成管理团体，共同管理共有事务；（3）创设建筑物区分所有权应履行特定方式的预备契约与终局契约，后者并应由公证人公证及于土地登记簿册登记；（4）建筑物区分所有权人（业主）间有优先购买权；（5）建筑物区分所有权人（业主）承担的（负担）义务，由建筑物区分所有人大会（业主大会）以决议的方式予以确定和解决。[1]

与葡萄牙相同，荷兰与西班牙受德国 1951 年住宅所有权法的影响，也分别于 1952 年 12 月 20 日和 1960 年 7 月 21 日制定了建筑物区分所有权特别法。荷兰《建筑物区分所有权特别法》的内容主要涵括：（1）建筑物区分所有权法为特别物权法，其创设原因、公证及登记程序，皆由法律规定；（2）建筑物区分所有权的出让人与受让人对共同事务所生的债务承担连带责任；（3）各建筑物区分所有权人（业主）对建筑物的承建互负义务；（4）建筑物区分所有权人（业主）的权利义务；（5）建筑物区分所有权人大会（业主大会）的决议方式；（6）区分所有建筑物的管理人的设置及其权限；（7）法院的监督程序，[2]等等。西班牙《建筑物区分所有权特别法》不及荷兰法详尽，但其重要内容涵括四点：（1）建筑物区分所有权的创设，应经登记方生效力；（2）明定建筑物区分所有权的创设要件与共有物的对象；（3）明定共有份额的确定方法；（4）明定区分所有建筑物的改建的表决方法。[3]

20 世纪 60 年代，伴随日本战后经济的恢复与重建任务的完成，日本工商业获得重大发展，经济繁荣。与此同时，城市人口激增，房屋需求量大增。为适应此一社会发展的新情势，日本旧有的木造平房逐渐为钢筋水泥的中高层建筑物所取代。[4]其原有民法典第 208 条对建筑物区分所有权的规定，已显不足以因应复杂的建筑物区分所有权法律关系。于此背景下，并受德国 1951 年住宅所有权法的影

1　Bärmann／Pick／Merle，Wohnungseigentumsgesetz，Kommentar，München，1980，第 78 页以下。

2　Bärmann／Pick／Merle，Wohnungseigentumsgesetz，Kommentar，München，1980，第 54 页以下。

3　Bärmann／Pick／Merle，Wohnungseigentumsgesetz，Kommentar，München，1980，第 86 页以下。

4　戴东雄："论建筑物区分所有权之理论基础（I）"，载《法学丛刊》1984 年第 29 卷第 2 期。

响，日本即于 1962 年 4 月 4 日制定了《关于建筑物区分所有等之法律》（以下简称"建筑物区分所有权法"），从而使建筑物区分所有权成为日本民法中的一项重要制度。

受上述各国制定建筑物区分所有权特别法的影响，瑞士也于 1962 年着手起草建筑物区分所有权法。至 1965 年 1 月 1 日，其起草的建筑物区分所有权法被正式纳入到其民法典第 4 编"物权编"第 19 章第 3 节"建筑物区分所有权"（"分层建筑物所有权"）中。其内容较为翔实，共计 20 条，系现当代各国关于建筑物区分所有权的重要立法。

在法国，自 1938 年制定《关于区分各阶层不动产共有之法律》直至 1960 年代中期的近 30 年时间里，区分所有建筑物获得大量兴建，因此类建筑物所生的纠纷也得到一定程度的规制。但是，该特别法实施中暴露的诸多问题以及区分所有建筑物所生的诸多新问题，促使立法机关对 1938 年法律予以重新检视，于 1965 年 7 月 10 日制定全新的区分所有权特别法，至 1967 年 3 月 17 日，又以行政命令补充该特别法。此行政命令连同 1965 年 7 月 10 日的特别法共同构成法国现行《住宅分层所有权法》。该法与瑞士法相同，系现当代各国关于建筑物区分所有权的重要立法。

此外，在英美法系的英国和美国，建筑物区分所有权作为一项法律制度也先后于 1950 年代末和 1960 年代初为立法所确立。英国于 1957 年制定《住宅法》，采"住宅法"模式对建筑物区分所有权予以规范，往后至 1960 年代，该《住宅法》先后于 1961 年、1967 年及 1969 年三次被修正。而于美国，1962 年其联邦住宅局（Federal Housing Administration）制定了《公寓大厦所有权创设示范法》（The Federal Housing Administration's Model Statute for the Creation of Apartment Ownership, 1962），由此推动各州建筑物区分所有权立法的进程。于该法影响下，至 20 世纪 80 年代末，美国各州皆制定了自己的建筑物区分所有权特别法。[1]

---

[1]　关于此的详情，请参见本书附录七"美国各州建筑物区分所有权法一览表"。

第二章

各国建筑物区分所有权基本立法状况分析（一）

第一节　法　国

一、概要

法国关于建筑物的区分所有，迄今已有十分久远的历史。[1] 早在 1561 年的欧塞尔（Auxerre），就有一楼归属于一人，而楼上则属于他人的区分住宅的记载。[2] 于法国奥尔良（Orléans）地方，更有区分所有住宅前的道路铺石费用由各区分所有人（业主）共同负担的习惯。[3] 大致于同一时期，于法国的蒙塔基（Montargis）、巴黎伯尔（Berry）、波旁内（Bourbonnais）、尼韦内（Nivernais）、布列塔尼（Bretagne）、南特（Nantes）以及克莱蒙费郎（Clermont-Ferrand）等地方也发生或出现了区分所有的习惯。[4] 尤其是建筑物的楼层的区分所有十分盛行，于当时法国的东南部、南部及西北部相当流行。

于科西嘉岛，建筑物的楼层的区分所有自非常远古的时期就存在了。[5] 据悉，此岛受到了当时建筑物的楼层的区分所有非常普及的意大利的热那亚城市的强烈

1　［日］小沼进一：《建筑物区分所有之法理》，法律文化社 1992 年版，第 7 页。

2　何明桢："建筑物区分所有之研究"，台湾政治大学 1983 年 6 月硕士论文，第 8 页；［日］小沼进一："法国区分所有权法的沿革"，载《青山法学论集》第 16 卷第 2 号（1974 年），第 33 页。

3　［日］小沼进一：《建筑物区分所有之法理》，法律文化社 1992 年版，第 8 页。

4　［日］小沼进一：《建筑物区分所有之法理》，法律文化社 1992 年版，第 8 页。

5　Jacquier, De la division par etages de Normandie, DCXVII, p. 578.

影响[1]。[2]另外，于法国的格勒诺布尔（Grenoble），因其属丘陵地带，所以很狭窄、封闭。在此地方，自古以来，家庭手工业十分发达，伴随人口的增长，为了解决城市居民的居住问题，也纷纷兴建区分所有建筑物。[3]

但是，当此之时，有关建筑物区分所有权人（业主）之间的义务的分担却相当简单。譬如在雷恩（Rennes）地方，根据当时的习惯，一栋住宅一、二层分属于不同的所有人时，一层所有人负有支撑二层的建筑物的维持义务，而二层的所有人则负有使一层建筑物不致坍塌的义务。并且，因当时的建筑物的共用部分较少，故此所生的纠纷也较少，进而一些地方的习惯法，譬如南特地方习惯法第11条也就仅规定："一栋住宅分成上下两部分时，下部分所有人负有支撑上部建筑物的维持义务；而上部分所有人，除有相反的约定外，则负有自该部分地板到屋顶的建筑物的维持义务。"[4]

1720年，法国雷恩地方发生的悲惨的大火灾，促进了法国区分所有建筑物的急速发展。这场火灾于5日间烧毁了城市中心的850栋建筑物，使100人死亡，8000户家庭遭受不幸。[5]之后，新建筑物的建造乃基于新的建筑标准而为之。亦即，采取确保城市有充裕的空间、宽阔的道路、广场以及街道的建筑规划方针而为之。其结果，乃是从地面上新建起了大量的中高层建筑物，其中尤以法国雷恩地方最为突出。不久，受雷恩地方中高层建筑物获得大量兴建的影响，法国其他地方也纷纷效仿之而兴建区分所有建筑物。法国各地大量的区分所有建筑物的出现，为法国民法立法对建筑物区分所有权予以规范准备了"物质条件"。

在法国建筑物区分所有权立法史上，最早就建筑物区分所有权进行立法确认和规制的，是1804年《法国民法典》第664条。往后，迄至1938年6月28日，

1　[日] 小沼进一：《建筑物区分所有之法理》，法律文化社1992年版，第8页。

2　在意大利的热那亚，因人们生活并不充裕，取得独门独院式的房屋颇为不易，故而人们就采取取得一栋建筑物的一部分的所有权的办法。发生继承时，每个继承人取得同价值的部分。多数情形，地面属于1层的所有人所有。通常而言，建筑物的建造者，首先买下土地，然后建构建筑物，之后将建构的建筑物的各楼层出售，建筑商保留其中的一部分作为己有的情况也是有的。对此，请参见[日] 小沼进一：《建筑物区分所有之法理》，法律文化社1992年版，第8页。

3　[日] 小沼进一：《建筑物区分所有之法理》，法律文化社1992年版，第9页。

4　[日] 小沼进一：《建筑物区分所有之法理》，法律文化社1992年版，第9页。

5　[日] 小沼进一：《建筑物区分所有之法理》，法律文化社1992年版，第9页。

该条因无法因应第一次世界大战后出现的"住宅危机"而被废止，并由同日公布的《关于区分各楼层不动产共有之法律》予以替代。时至 1965 年 7 月 10 日，法国立法机关又对该法律进行修正，并于 1967 年 3 月 17 日以一项命令对该修正加以补充。此 1965 年 7 月 10 日经修正的法律，连同该项命令，一并构成法国现行建筑物区分所有权法——《住宅分层所有权法》——的完整内容。

二、《法国民法典》第 664 条分析

《法国民法典》公布于 1804 年 3 月 21 日，其第 664 条为关于建筑物区分所有权（该条称为"楼层所有权"，Propriete par etages）的规定。其内容如下：一建筑物的各楼层属于不同的所有人而其所有证书未订定修缮及改建的方法时，依下列方法为之，即外壁与屋顶由全体所有人按其所有楼层的价额负担其费用；各楼层所有人建造各自步行的地板；二楼所有人建造登上二楼的楼梯，三楼所有人接续二楼建造登上三楼的楼梯，以下从之。[1]

值得指出的是，1804 年《法国民法典》因对团体的所有权采取敌视态度，认为被推翻的封建势力会借团体（尤其是法人团体）这种形式（途径）卷土重来，[2] 故而对建筑物的团体、集体性的利用、管理加以限制，从而也无关于共有的通则的规定。尽管该民法典设有第 664 条关于建筑物区分所有权的规定，但立法者的本意与整部民法典的指导思想，却是对建筑物区分所有权的独立存在与发展采反对态度。亦即，不认可建筑物区分所有权的独自的存在，不允许其自主的发展，[3]

1　《法国民法典》第 664 条的原文如下：Lorsque les differents etages d'une masion appartiennent a divers proprietaires, siles titres de propriete ne reglent pas le mode de reparations et reconstructions, elles. doivent etre faites ainsi quil suit：Les gros murs et le toit sont a la charge de tous les proprietaire, chacun en proportion de la valeur de l'etage qui lui appartient. 据此规定（条文），各楼层的所有人对各自所有的部分享有排他的所有权，各所有权人间并不存在不可分（indivision）的关系。参见〔日〕实方正雄：《法兰西民法》(II)，有斐阁 1988 年版（复刻版初版），第 139 页。该条文施行了一个多世纪，由于无法因应第一次世界大战后日益增加的楼层的区分所有，故于 1938 年 6 月 28 日被废止，而另外制定《关于区分各阶层不动产共有之法律》(Loi tendant a vegler la statut de la copropriété des immeubles divises parappartements) 以替代之。对此，请参见〔日〕柚木馨："比较法上的建筑物区分所有权"，载《民商法杂志》第 44 卷第 1 号，第 6 页。

2　《法国民法典》不认可法人制度也同样系基于如此的考量。

3　〔日〕小沼进一：《建筑物区分所有之法理》，法律文化社 1992 年版，第 17 页。

故而将其规定于第 2 卷"财产及对于所有权的各种变更"第 4 编"役权或地役权"第 2 章"法律规定的役权"中。易言之，系将建筑物区分所有权定位为"法律规定的役权"——地役权（servitude）——的一种。[1] 应予提及的是，第 664 条于《法国民法典》的最初原案中——1800 年 12 月民法典五人起草委员会提出的草案——并无规定，之后，为了处理共同所有权特殊关系，并根据里昂和格勒诺布尔地方高等法院的意见，该条才被追加规定。[2] 由于该条规定未对建筑物区分所有权提供任何理论基础与一般原则，[3] 故其适用大多委诸判例与学说的协力。而且，依判例和学说的解释，该条规定必须从紧密的相邻关系与个人主义的所有权视角加以展开和把握。[4] 此外，根据之后法国法院的判例，该条规定不得适用于《法国民法典》公布前业已存在的区分所有建筑物。[5] 可见，《法国民法典》的该条规定，于法国当时的民法系统中占据的地位是微不足道的，由此也就可以明了，法国当时的建筑物区分所有权仍未能于法国法制上占有一席之地。[6]

《法国民法典》第 664 条与第 544 条的关系。《法国民法典》第 544 条规定："所有权为对物完全按个人意愿使用及处分的权利。"如果说该条规定系当时关于所有权的原则性规定的话，则第 664 条则完全是它的特别规定。第 664 条所称的"所有者"，是指自己对特定的楼层享有排他性的权利的主体，就建筑物中共同使用的部分，各楼层所有权人拥有"共有的共同所有"（copropriété indivisee）。[7]

在《法国民法典》刚诞生不久的时代，建筑物的区分所有形态是与 19 世纪的个人主义精神之潮流完全背道而驰的，故此，《法国民法典》的起草者认为这是一种很快就会消亡的暂时的法律现象。法典的起草者虽然将此种所有权形态规定在了民法典中，但却并未将此种形态的所有权与个人的所有权形态并列规定，尽管其立法理念努力向个人的所有权靠拢。[8] 此表现在，尽可能地限制共有物的存

1　［日］小沼进一：《建筑物区分所有之法理》，法律文化社 1992 年版，第 17 页。

2　［日］小沼进一：《建筑物区分所有之法理》，法律文化社 1992 年版，第 17 页。

3　［日］小沼进一：《建筑物区分所有之法理》，法律文化社 1992 年版，第 17 页。

4　［日］小沼进一：《建筑物区分所有之法理》，法律文化社 1992 年版，第 17 页。

5　［日］小沼进一：《建筑物区分所有之法理》，法律文化社 1992 年版，第 19 页。

6　何明桢："建筑物区分所有之研究"，台湾政治大学 1983 年 6 月硕士论文，第 9 页。

7　关于这方面的详细情况，请参见 Code civil annote, Sirey, t. II, 1936, p. 163。

8　［日］小沼进一：《建筑物区分所有之法理》，法律文化社 1992 年版，第 27 页。

在，于权利的行使上，尽可能地承认各所有人的广泛的自立性。譬如，在进行意思表决时采取全体一致的原则，只要有一人表示反对，某项决议就不能获得通过。[1]

但是，与立法者的以上愿望相反，社会的实际生活却越来越需要建筑物区分所有这一所有权形态。对此，除了前文业已谈到的人口向城市的集中、城市地价的飞涨、独门独院式建筑物于城市中心之取得变得不可能等原因外，尚由于在城市的中心地区，客观上已经新建起了一栋建筑物上存在多数房间的中高层建筑物；同时，随着雇用女佣人（bonne）变得困难，居住于很大的房屋里变得不容易，人们转而倾向于居住于小一些的、舒适的房屋里。[2]不过，此一居住理念的转变也并非一朝一夕可以完成和实现，其主要的因由是法律制度的不适当。由于《法国民法典》没有完全认可建筑物区分所有权制度，故而导致区分所有建筑物的建构失去生机与活力。此外，其也使业已存在的区分所有建筑物的管理面临诸多困难。[3]于此背景下，产生了制定建筑物区分所有权特别法的必要性与紧迫性。而作为这方面的成果的，是法国于1938年6月28日制定的《关于区分各阶层不动产共有之法律》。

三、《关于区分各阶层不动产共有之法律》（1938年6月28日）

（一）基本内容

法国1938年6月28日《关于区分各阶层不动产共有之法律》（Loi tendant áúégler la stat ut de la copropriété des immeubles divises par appartments）共计两个部分，第一部分系关于"建筑公司的诸规定"，共4个条文；第二部分系关于"不动产的区分所有的诸规定"，共10个条文。

关于建筑物区分所有权人（业主）团体关系，该法规定：于区分所有权人（业主）团体的构成员不履行其义务时，团体得发生解散、退出的效果。关于

---

1 ［日］小沼进一：《建筑物区分所有之法理》，法律文化社1992年版，第27页。
2 ［日］小沼进一：《建筑物区分所有之法理》，法律文化社1992年版，第27页。
3 ［日］小沼进一：《建筑物区分所有之法理》，法律文化社1992年版，第27页。关于对此点的翔实分析，请参见［日］小沼进一：《建筑物区分所有之法理》，法律文化社1992年版，第28—30页。

"共用物"和"互有物"，第 5 条规定：在没有特别规定时，土地、庭院、篱笆、地板、天花板、楼梯、电梯、通路、走廊、暖房设备及导管、烟囱、排气孔等，均推定为共有。关于区分所有权人（业主）的权利义务，第 6 条规定：（1）依共用部分（共有物）的用途，在不害及其他区分所有权人（业主）利益的限度内得予以自由的使用、收益；（2）共用部分与专有部分不得分离处分；（3）区分所有权人（业主）应负担共用部分的保存费、维持费及管理费。此类费用的具体分担，依区分所有权人（业主）所有部分的面积与位置所折算的价格比例确定，已支付此类费用的人对未支付的人的专有部分及共有部分的持分（份额）有优先受偿权（第 11 条）。关于区分所有权人管理组织与管理者，第 7 条规定，各区分所有权人（业主）于法律上当然为管理团体的构成员。该管理团体的组织机构为区分所有权人会议（业主大会）和管理者，前者为集会决议机关，主要权限为有关共用部分的利用及管理措施的议决与订定（第 9 条）；区分所有权人（业主）得自己或委托他人出席集会，实行表决权过半数的议决方法。关于区分所有管理规约，第 8 条规定，规约的订定、追加或修改，由区分所有权人（业主）过半数以上及表决权的四分之三予以决定。关于管理者，依第 7 条的规定，其为管理团体的代理人，诉讼上代管理团体为原告或被告，其选任依表决权的多数决或由区分所有权人（业主）申请法院任命，其任务为执行集会的决议、保全共用部分、管理共用部分及维持共用部分，并督促各区分所有人（业主）履行其义务（第 10条）。此外，该法第 12 条还就建筑物的毁损、重建等作了规定。[1]

（二）评析

以上法国 1938 年 6 月 28 日建筑物区分所有权法尽管只有 14 个条文，但其在法国建筑物区分所有权的发展上却占有十分重要的地位。它是 1804 年《法国民法典》第 664 条关于建筑物区分所有权的规定无力因应日趋严峻的住宅危机的情形下产生的一部重要法律，是《法国民法典》第 664 条施行以降有关建筑物区分所

---

[1]　［日］小沼进一：《建筑物区分所有之法理》，法律文化社 1992 年版，第 309—314 页。该书附录载有该法律的全部日文翻译，可供参考。

有的司法裁判经验的蓄积与学理成果的结晶。[1]尤其颇具意义与价值的，是它以单行特别法即建筑物区分所有权法的方式对建筑物区分所有权予以确认，标志着法国以民法典对建筑物区分所有权予以确立的旧时代的结束，而由单行建筑物区分所有权特别法对建筑物区分所有权法律关系进行立法确认的新时代的来临。并且，该法使法国历来的建筑物区分所有习惯与判例具有了法制化的地位，无疑也具积极意义与价值。[2]

不过，法国 1938 年建筑物区分所有权法受制于当时的政治、经济、文化等多方面因素，其不足与缺陷也是明显的。此主要表现在，该法的精神仍然具有强烈的个人主义色彩，对团体关系的必要性与适用的弹性甚少顾及。此最显著的例子，是其规定区分所有建筑物的改良需要获得全体建筑物区分所有权人（业主）的同意。此项规定使旧的、老朽的建筑物的改良变得十分困难。[3]此外，该法缺乏强制性规定，各利害关系人可以透过契约的方法规避或曲解法律的诸多规定，由此极大地削弱了该法的效力。[4]

四、法国《住宅分层所有权法》（1965 年 7 月 10 日）

（一）基本内容

法国《住宅分层所有权法》（Statut de la copropriété des immeuloles bâtis）为法国现行调整有关建筑物区分所有权关系的基本法律，系直接对 1938 年 6 月 28 日法律予以修正而来。

1965 年 7 月 10 日，法国立法机关鉴于 1938 年 6 月 28 日法律之诸多不合时宜

1　Kischinewsky-Broguisse，Statut de la copyopyiété des immeubles et sociétés de construction，Librairies techniques，n. 24.

2　何明桢：“建筑物区分所有之研究”，台湾政治大学 1983 年 6 月硕士论文，第 10 页。

3　何明桢：“建筑物区分所有之研究”，台湾政治大学 1983 年 6 月硕士论文，第 10 页。

4　［日］小沼进一：“法国区分所有权立法”，载［日］玉田弘毅、森泉章、半田正夫编：《建筑物区分所有权法》（资料），一粒社 1988 年版，第 28 页。我国《物权法》对于建筑物区分所有权的规定即有如此的问题，即其所规定者多为任意性规范，强制性规范较少，或者说强制性规范并不充分。建筑物区分所有权为一种特殊的不动产所有权，具有强烈的团体性特征。为维护业主共同体关系，应设立较多的强制性规范，而非动辄委诸当事人的意思自治。对此，请参见陈华彬：“业主的建筑物区分所有权”，载《中外法学》2006 年第 1 期。

的规定及区分所有建筑物自 1938 年以来所显露的诸多新问题，于是对 1938 年法律作出修正。修正后的法律条文增至 48 条。1966 年 12 月 8 日再度进行修正，至 1967 年 3 月 17 日，又以行政命令补充该区分所有建筑物特别法。修正后的法律统称为《住宅分层所有权法》，共计 113 条，其主要内容涵括如下三个方面：（1）加强建筑物区分所有权人（业主）集会的功能，并由通常多数决管理普通共同事务，以三分之二特殊多数决，决定特别重要共同事务；（2）加强保护各建筑物区分所有权人（业主）的权利；（3）为避免建筑物区分所有权人（业主）之间的纷争和疏灭讼源，对定义性的条款予以明定。[1] 至 1979 年，该法又被修正，对集会的多数决有所变易。[2]

　　1. 1965 年 7 月 10 日法律（共 5 章 48 条）

　　第 1 章，建筑物区分所有权（该法称"住宅所有权"）的定义与机构（第 1 条至第 16 条），主要内容涵括：本法的适用对象、专有部分、共用部分及其比例，共用部分及其附属权利对专有部分的从属性，不涵括建筑物主干的建筑物的界壁与外壁的互有性的推定，建筑物区分所有的管理规约，建筑物区分所有权人（业主）对专有部分及共用部分的权利，有关享益部分、共用部分的诸负担以及建筑物区分所有权人（业主）的参加义务，建筑物区分所有权人（业主）负担义务的变更，因建筑物区分所有权人（业主）修正负担份额而引起的诉讼，建筑物区分所有管理规约对特定继受人的对抗力，管理团体及其与建筑物区分所有权人（业主）的诉讼能力以及管理团体的权限等。

　　第 2 章，建筑物区分所有权的管理（第 17 条至第 29 条），主要内容涵括：管理团体的决定、管理者的指名、管理团体参事会的设置、管理者的义务与责任、暂时管理监督人的指定、管理团体的债权确保、有偿让与、管理团体参事会、建筑物区分所有权人会议（总会、业主大会）、投票权、投票代理等、所有公司社员的投票权、关于享益部分的共同代理人、总会（业主大会）依出席者投票权的过半数的决定、依全体建筑物区分所有权人（业主）投票权过半数决定的事项、

　　1　戴东雄："论建筑物区分所有权之理论基础（I）"，载《法学丛刊》1984 年第 29 卷第 2 期。

　　2　温丰文等：《公寓大厦管理问题之研究》，台湾地区"行政院"研究发展考核委员会编印 1997 年 10 月，第 8 页。

依三分之二以上的多数决定的事项、依全体一致决决定的事项、建筑物区分所有权的分离与管理团体的联合等。

第3章，专有场所的改良、增设以及于专有部分上行使增建权利（第30条至第37条），主要内容涵括：共用部分与共用设备的改良、增设、工事妨害的禁止（此点已透过1985年法律而被删除），建筑物区分所有权人（业主）的费用负担义务与支付方法，建筑物的一部分改良、增设的决定不得对抗提出异议者，专有部分上的增建，对因增建而遭受损害的建筑物区分所有权人（业主）的补偿以及附属权利行使的保留。

第4章，再建筑（第38条至第41条），主要内容涵括：损坏、朽坏建筑物的重建、修缮，超过回复原状的改良，损坏、朽坏建筑物的赔偿金，对再建筑的优先补偿，不进行原状回复时的权利的清算及损害的补偿等。

第5章，杂则（第42条至第48条），主要内容涵括：提起诉讼的时效性、具有强制性的诸规定、管理团体协会变更为管理团体的联合等。[1]

2. 1967年3月17日的行政命令

如前述，此行政命令系对1965年法律所做的补充，共66条、8节。各节的主要内容如下：第1节（第1—6条），规定建筑物区分所有权的设定与法律构成；第2节（第7—21条），规定建筑物区分所有权人会议（业主大会、总会）的诸问题，涵括会议的召集、次数、召集书的记载事项、时期、召集地、审议事项、出席簿、主席、投票权数、议事记录的作成以及议事经过的记录和对决定提出异议的时期等；第3节，管理团体的诸问题；第4节（第28—39条），规定管理人事项，涵括任期、报酬、任务执行的代理、管理团体职员的雇佣与解雇、建筑物区分所有权人（业主）名簿的作成、各种记录的保存、会议记录誊本、抄本的发行、会计预算、各项负担的强制征收以及对未支付缴纳金的利息的收取、为保护不动产而进行的工事行为与其他的管理活动；第5节（第40—42条），有关协同管理团体的特别规则；第6节（第43—45条），建筑物区分所有权人（业主）管理团体的联合、构成、加入；第7节（第47—62条），规定诉讼程序，涵

---

1 ［日］小沼进一：《建筑物区分所有之法理》，法律文化社1992年版，第315—338页。

括法院对管理人、临时监督人、管理团体参事会的构成员的指定，无管理团体参事会时建筑物区分所有权人（业主）对会议的召集，对过重、过轻负担部分提起修正诉讼的相对人的确定，管理团体出庭的义务，管理人于诉讼上的权限与义务，管理人对建筑物区分所有权人（业主）的诉讼通知义务，共同代理人的指定以及管辖法院等；第8节（第63—66条），规定各项准则。

（二）小结

综据上述，可以明了，法国1965年建筑物区分所有权法和1967年建筑物区分所有权行政命令，具有如下特色：（1）定义明确，规定明晰；（2）对个人的权利与建筑物区分所有权人（业主）的保护较为周延、彻底，对团体利益的重视与个人过分强调特权的有害性予以了改善；（3）加强建筑物区分所有权人（业主）集会的功能，并由通常多数决管理普通共同事务，以三分之二特别多数决决定特别重要共同事项；（4）团体法理的精神深植于建筑物区分所有权制度中；（5）所定的各种程序简明容易，并具弹性；（6）建筑物的重建与修缮较为容易；（7）涵盖的范围，不仅包括传统意义的区分所有住宅，且涵括建筑物聚合群（社区、小区）。[1]

第二节　日　本

一、立法沿革

日本对建筑物区分所有权的规定，最早见于明治23年（1890年）颁行的"旧民法"财产编第40条。[2]该条的规定系直接仿效《法国民法典》第664条而来。[3]之后，至明治29年（1896年）颁行现行民法典时，乃仍旧沿用"旧民法"第40条的内容，而规定于其民法典第208条中。[4]该条规定的内容如下："数人区

---

[1]　庄金昌："住宅分层所有权之比较研究"，台北中国文化大学1984年7月硕士论文，第49—50页。

[2]　[日]丸山英气编：《区分所有权法》，大成出版社1984年版，第4页。

[3]　[日]丸山英气编：《区分所有权法》，大成出版社1984年版，第4页。

[4]　[日]丸山英气编：《区分所有权法》，大成出版社1984年版，第4页。

分一栋建筑物而各有其一部者，该建筑物及其附属物的共用部分，推定其属于共有"，"共用部分的修缮费及其他负担，按各自所有部分分担之。"[1]需注意的是，日本房屋以往多为木造平房，西洋式分层所有的房屋几乎不存在，故而其民法典第 208 条的适用对象仅限于分幢所有的建筑物（日文：棟割長屋）。[2]由此之故，该第 208 条的规定于长达半个多世纪的时期中，并未发挥多大的功用，而事实上几乎处于休止状态。[3]

日本大正 12 年（1923 年）于关东地区发生的大地震，是推动日本建筑物区分所有权制度向前发展的一个重大动力。经过此次大地震的惨痛教训，日本对西洋式分层建筑物的防火功能及其对城市规划管理与土地空间的充分利用的效益有了深刻认识。[4]但是，西洋式建筑并非一己资本所能轻易胜任，故而产生了共同建造的问题。而既然是共同建造，也就发生了以层或以套区分的区分所有的状况。[5]对此共同建造所衍生的法律问题、资金筹措、经济组织等，日本东京市政调查会和建筑学会曾共同审议，发表了决议事项，[6]建议日本政府制定新的适当的法律，对于一栋建筑物不问是纵的区分所有，抑或是横的区分所有，皆应认可依当事人的意思，对区分部分当然有所有权，且以单独所有权予以登记。并且，为使该所有权更加明确，对将来依共同建造所完成的建筑物区分所有权应予分割登记。且

1　值得指出的是，此条文与我国台湾地区"民法"第 799 条的规定相同。易言之，我国台湾地区"民法"第 799 条的规定可谓是对其的直接移译。

2　［日］川岛一郎："关于建筑物区分所有等法律的解说"（上），载《法曹时报》第 14 卷第 6 号，第 2 页。

3　［日］白羽佑三："区分所有权"，载日本《法学家》第 118 号，第 10 页以下；何明桢："建筑物区分所有之研究"，台湾政治大学 1983 年 6 月硕士论文，第 11 页；［日］川岛一郎："关于建筑物区分所有等之法律"，载［日］川岛武宜编集：《注释民法》（7），有斐阁 1980 年版，第 356 页。

4　何明桢："建筑物区分所有之研究"，台湾政治大学 1983 年 6 月硕士论文，第 11 页。

5　日本公寓即区分所有居住形态的发展，乃经历了四个时期：（1）区分所有的创生期（摇篮期），1950 年代；（2）区分所有居住形态的各种硬件方面的纷争发生期；（3）小康状态，即相对的安定期；（4）现今，即区分所有居住形态的软件方面的各种情况发生期，包括区分所有居住形态与环境、地域等的关系，重建，区分所有公寓的多目的化、多样化等。对此，请参见［日］片桐善卫：《区分所有法的探究》，成文堂 2016 年版，第 1—2 页。

6　［日］远藤厚之助："楼层的区分所有权的系谱"，载《东洋法学》第 4 卷第 2 号（1961 年），第 58 页。

认为日本现行法制已不足以因应，而应予修改、完善。[1]大正14年（1925年），日本东京市长据此建议乃正式向日本司法省提出"关于建筑物区分所有权的处理对策请示书"。然而，由于诸多因素的影响，尤其是日本当时的生活习惯尚未能普遍接受建筑物的区分所有（权），故而于内务省的法令审查会中，该请示书被否决。[2]

第二次世界大战结束后，日本本土因受到战争期间大轰炸的破坏，以及进行城市再开发的需要，城市住宅乃被大量重建与更新。而且，由于现代建筑技术的进步，导致钢筋混凝土造公寓、大楼等新的中高层建筑物急剧增加。但是，此类新的中高层建筑物由于不同于原来以栋为基础的区分所有建筑物，故其引发的法律问题已非《日本民法》第208条的规定所能解决。[3]于是，就在客观上产生了制定新的建筑物区分所有权法的急迫要求。

不过，日本建筑物区分所有权的立法之被提上议事日程，乃是在20世纪60年代。[4]而直接促成其建筑物区分所有权立法的契机，系60年代初期日本修改其《借地借家法》受挫。[5]由于作为住宅立法的侧面的《借地借家法》的修改被否定，日本立法机关乃将建筑物区分所有权法作为单独的特别法进行立法。昭和37年（1962年）4月4日，日本立法机关完成立法，并予以公布，此即日本《有关建筑物区分所有等之法律》（以下简称"1962年法律"）。自昭和38年（1963年）4月1日起，该法开始施行。

日本1962年法律共计37条，依其规定，不论是纵割式建筑物区分所有，或者横割式建筑物区分所有，抑或是混合形态的建筑物区分所有，概都适用该法的规定。原《日本民法》第208条同时被废止。[6]由此开始，之后经20年的施行，

1　［日］远藤厚之助："楼层的区分所有权的系谱"，载《东洋法学》第4卷第2号（1961年），第58页。

2　［日］远藤厚之助："楼层的区分所有权的系谱"，载《东洋法学》第4卷第2号（1961年），第57页；何明桢："建筑物区分所有之研究"，台湾政治大学1983年6月硕士论文，第12页。

3　庄金昌："住宅分层所有权之比较研究"，台北中国文化大学1984年7月硕士论文，第61页。

4　［日］丸山英气编：《区分所有权法》，大成出版社1984年版，第5页。

5　［日］丸山英气编：《区分所有权法》，大成出版社1984年版，第5页。

6　庄金昌："住宅分层所有权之比较研究"，台北中国文化大学1984年7月硕士论文，第61页。

迄至 20 世纪 80 年代，因日本经济的高度发展，致使人口大量集中于城市，地价高涨，土地立体空间的利用急速发展，区分所有建筑物（集合住宅）获得广泛普及，且其规模也逐渐向高层化、大型化方向发展。[1] 据日本建设省的统计，1967 年以前，3 层以上的中高层分层共同住宅（集合住宅）不过 4 万户，1975 年已达 51 万余户，1982 年则更超过 150 万户。[2] 而此一时期，学界对 1962 年法律之调整专有部分、共用部分的界线不充分，对建筑物区分所有权人间权利义务关系的规定不明确，以及对基地利用权登记上的非合理化等提出了诸多批评和责难。[3] 于此背景下，日本遂于 1979 年 1 月起着手修改 1962 年法律，1983 年 5 月 20 日修改完成，并予公布，此即日本《有关建筑物区分所有等之法律》（以下简称"日本 1983 年法律"）。该经修改的日本建筑物区分所有权法，系现当代各国建筑物区分所有权法中的一部重要法律。时至 2002 年，日本又对其 1983 年建筑物区分所有权法进行修正。此次修正，主要系对区分所有建筑物的重建（涵括特定栋区分所有建筑物的重建与小区内区分所有建筑物的"一揽子"重建）等作了增加规定。关于其详细情况，本书将于第 8 章、第 13 章及第 14 章的相关部分论及，此不赘述。以下主要分析 1962 年与 1983 年建筑物区分所有权法。

二、日本 1962 年建筑物区分所有权法

（一）基本内容

日本 1962 年建筑物区分所有权法的基本内容如下：

第 1—4 条，规定基本事项，主要涵括：区分所有权的客体与成为建筑物部分的要件；区分所有权、区分所有权人、专有部分及共用部分的定义；共用部分的范围及其所有关系。

第 5—37 条的内容依次为：区分所有权人的权利及其限制、先取特权（优先权）、区分所有权的让售请求权、关于共用部分的共有、各共用人得对共用部分

---

1   在日本民间，区分所有建筑物被称为 Mansion，区分所有权被称为 Mansion 所有权。惟有人指出，如此的称呼实际上未必适正。

2   庄金昌："住宅分层所有权之比较研究"，台北中国文化大学 1984 年 7 月硕士论文，第 62 页；[日] 丸山英气：《现代不动产法论》，清文社 1989 年版，第 110 页。

3   何明桢："建筑物区分所有之研究"，台湾政治大学 1983 年 6 月硕士论文，第 13 页。

按其用法予以使用、共有人的持分（份额）部分、共用部分的变更与管理、共有人的责任分担的依据、共用部分的管理所有、管理人及其权限与任务、管理规约、集会、集会的权限、集会的其他事项、对社区的准用以及关于罚则的规定等。

（二）两点评论

日本 1962 年建筑物区分所有权法克服了《日本民法》原第 208 条关于建筑物区分所有权规定的诸多局限，系在与别的国家的建筑物区分所有权法进行比较后进行的立法。[1] 它首次以单行特别法即建筑物区分所有权法的形式确立了日本建筑物区分所有权的一系列规则，明确规定专有部分、共用部分为建筑物区分所有权的基础性要素，并对管理组织及其法律构造等作了任意性规定。[2] 如此，就使该法律成为日本建筑物区分所有权关系的基础性与普通性法律。[3] 自此以降，作为该法律的规制对象的区分所有建筑物开始大量被兴建，迄至 1970 年代，日本的区分所有建筑物发生了爆发性的增加。[4]

日本 1962 年建筑物区分所有权法属于"对策性"和"实验性"的立法，[5] 故此，其规定的内容的不足也是明显的。譬如它对区分所有建筑物的管理制度的规定就缺乏灵活性。又如，依规定，管理规约的订立、变更等需要获得全体区分所有权人（业主）的一致同意方可进行，而此于事实上乃非常困难。如此的规定，就当然会影响到管理团体的自治的功能及灵活性。

三、日本 1983 年建筑物区分所有权法

日本 1983 年建筑物区分所有权法，系对 1962 年建筑物区分所有权法予以修正的结果，修正后的条文达 70 条之多，增加将近一倍。

1　［日］丸山英气："关于修订区分所有权法的秩序维持"，载《法律时报》第 55 卷，第 9 号。

2　［日］丸山英气：《现代不动产法论》，清文社 1989 年版，第 51 页。

3　［日］稻本洋之助监修：《公寓管理之考察》，清文社 1993 年版，第 51 页。

4　［日］稻本洋之助监修：《公寓管理之考察》，清文社 1993 年版，第 51 页。

5　［日］稻本洋之助："区分所有的法理：法构造的变化"，载《法律时报》第 55 卷第 9 号，第 8 页。

（一）修正的旨趣

1983 年，日本对其 1962 年建筑物区分所有权法进行大修改，其主要旨趣之一就是应对因区分所有建筑物的增加而引起的登记和管理上的困难问题。[1]由此，区分所有建筑物的管理制度的充实与登记的合理化就成为此次修法所要达到的基本目标。关于登记的合理化，其关键主要在于使专有部分与基地利用权一体化。至于管理制度的充实，其关键则主要在于：（1）有关共用部分的变更与管理规约的设定、变更或废止，采特别多数决；（2）明定建筑物区分所有权人（业主）当然构成管理团体及对管理组合法人的认可；（3）对违反共同利益的建筑物区分所有权人（业主）的行为导入处罚措施；（4）对区分所有建筑物的重建措施的引入。[2]

（二）基本内容

日本 1983 年建筑物区分所有权法计分 3 章。第 1 章，建筑物的区分所有，自第 1 条至第 64 条，规定单栋区分所有建筑物的法律关系；第 2 章，社区、小区（日文汉字：团地），自第 65 条至第 68 条，规定一社区（小区）内数栋建筑物的法律关系；第 3 章，罚则，涵括第 69 条、第 70 条两个条文。其中，第 1 章又分 8 节，第 1 节为总则，第 2 节为共用部分等，第 3 节为基地利用权，第 4 节为管理人，第 5 节为管理规约和集会，第 6 节为管理组合法人，第 7 节为对违反义务者的措施，第 8 节为区分所有建筑物的修复和重建。各条的具体内容如下：

第 1—10 条，系“总则”，主要涵括：建筑物的区分所有（第 1 条）、定义（第 2 条）、区分所有人的团体（第 3 条）、共用部分（第 4 条）；第 5 条，依管理规约的建筑物基地；第 6 条，建筑物区分所有权人（业主）的权利义务等；第 7 条，优先取偿权；第 8 条，特定继受人的责任；第 9 条，关于建筑物的设置或保存的瑕疵的推定；第 10 条，建筑物区分所有权的让售请求权。

第 11—21 条，系关于共用部分等的规定：第 11 条，共用部分的共有关系；

---

[1] ［日］丸山英气：“日本的区分所有及其现状”，载［日］稻本洋之助监修：《公寓管理之考察》，清文社 1993 年版，第 51 页。

[2] ［日］山田诚一：“公寓法理论诸问题”，载日本《法学家》第 828 号（1982 年），第 82—83 页。

第 12 条，共用部分属于建筑物区分所有人全体或其一部共有时，有关该共用部分的共有，依次条至第 19 条的规定；第 13 条，各共有人得依共用部分的用法而使用；第 14 条，共用部分的应有部分的比例；第 15 条，共用部分的应有部分的处分；第 16 条，一部共用部分的管理；第 17 条，共用部分的变更；第 18 条，共用部分的管理；第 19 条，共用部分的负担及利益收取；第 20 条，管理所有人的权限；第 21 条，有关共用部分规定的准用。

第 22—24 条，系关于基地利用权的规定：第 22 条，分离处分的禁止；第 23 条，分离处分无效主张的限制；第 24 条，《日本民法》第 255 条适用的除外，即于第 22 条第 1 项本文的情形，《日本民法》第 255 条（包含同法第 264 条准用的情形）的规定对基地利用权的不适用。

第 25—29 条，系关于管理人的规定：第 25 条，管理人的选任与解任；第 26 条，管理人的权限；第 27 条，管理所有；第 28 条，委任规定的准用；第 29 条，建筑物区分所有权人（业主）的责任等。

第 30—46 条，系关于管理规约和集会的规定：第 30 条，规约事项；第 31 条，规约的设定、变更及废止；第 32 条，依公证证书的规约的设定；第 33 条，管理规约的保管及阅览；第 34 条，集会的召集；第 35 条，召集的通知；第 36 条，召集程序的省略；第 37 条，决议事项的限制；第 38 条，表决权；第 39 条，议事；第 40 条，表决权行使者的指定；第 41 条，主席；第 42 条，议事录；第 43 条，事务报告；第 44 条，占有人的意见陈述权；第 45 条，书面决议；第 46 条，管理规约和集会决议的效力。

第 47—56 条，系关于管理组合法人的规定：第 47 条，管理组合法人的成立等；第 48 条，名称；第 49 条，理事；第 50 条，监事；第 51 条，监事的代表权；第 52 条，事务的执行；第 53 条，建筑物区分所有权人（业主）的责任；第 54 条，特定继受人的责任；第 55 条，解散；第 56 条，剩余财产的归属。

第 57—60 条，系关于对违反义务者的措施的规定：第 57 条，违反共同利益行为的停止等的请求；第 58 条，使用禁止的请求；第 59 条，建筑物区分所有权拍卖的请求；第 60 条，对占有人的交付请求。

第 61—64 条，系关于修缮及重建的规定：第 61 条规定，建筑物一部灭失的修复；第 62 条，重建决议；第 63 条，建筑物区分所有权等的让售请求权等；第 64 条，有关重建的合意。

第 65—68 条，为"社区"的规定：第 65 条，社区建筑物所有人的团体；第 66 条，有关建筑物区分所有规定的准用；第 67 条，社区共用部分；第 68 条，规约设定的特例。

第 69—70 条，系关于罚则的规定。

（三）日本 1983 年建筑物区分所有权法的特色

综据上述，可以明了，日本 1983 年建筑物区分所有权法系对 1962 年的建筑物区分所有权法进行重要修改而来，而修改的方向是建立对区分所有建筑物的适正的管理制度，并对建筑物区分所有权人间的利害关系进行妥适的调整。其结果，因采用集会中心主义及多数决处理方法，使建筑物区分所有权人（业主）关系的团体性得到加强。也就是说，对管理规约的设定、变更及共用部分的变更，对建筑物区分所有权人（业主）的区分所有权有重大影响的事项采用集会的特别多数决而决定，并同时建立对义务违反者提起诉讼的制度及规定建筑物的重建制度等。[1] 所有这些，皆彰显和表明了日本 1983 年建筑物区分所有权法的以下几点特色。

（1）强调建筑物区分所有权人（业主）关系的团体性，亦即规定管理团体的必置化（第 3 条）、管理组合法人化（第 47 条）、共用部分等的变更采特别多数决（第 17 条、第 21 条），管理规约的设定、变更采特别多数决（第 31 条）、管理人权限的强化（如赋予管理人诉讼进行权，第 26 条第 4 项、第 5 项）、集会程序的简略化（第 35、第 36 条）、集会决议效力的扩大（第 46 条第 1 项），以及对违反义务者的制裁（第 57 条至第 60 条）等。

（2）明定专有部分、共用部分与基地利用权的一体性，亦即，专有部分不得与共用部分及基地利用权分离而处分（第 15 条、第 22 条）。

（3）该法有关建筑物区分所有权人权利义务的规定，对于承租人、借用人也有效力。譬如规定承租人、借用人等享有于集会（业主大会）上的意见陈述权和

1　［日］滨崎恭生："建筑物区分所有权法的修订概要"，载日本《法学家》第 795 号，第 12 页。

遵守管理规约，不得违反共同利益的义务（第 44 条、第 46 条）等。[1]

四、日本 2002 年对其建筑物区分所有权法的修改

日本于平成 14 年（2002 年）12 月 11 日，以法律第 140 号对其建筑物区分所有权法进行了修改，经修改后的建筑物区分所有权法自平成 15 年（2003 年）6 月 1 日起施行。此次修改主要根据区分所有建筑物的管理实务经验与处理建筑物区分所有权纠纷的判例而予以法律上的整备，具体涵括如下几个方面：（1）对共用部分的变更的修改（第 17 条）；（2）对管理人的当事人适格的修改（第 26 条）；（3）管理规约的适正化（第 30 条等）；（4）管理组合的法人化（第 47 条）；（5）电子化（第 39 条、第 45 条等）；（6）区分所有建筑物的修复（复旧）（第 61 条）；（7）区分所有建筑物的重建决议（第 62 条）；（8）小区内区分所有建筑物的重建（第 69 条、第 70 条）。[2]

第三节　意大利

一、概要

意大利关于建筑物区分所有权的规定，最早见于其 1865 年民法典第 532 条，但当时并不称为建筑物区分所有权，而系谓为"住宅分层所有权"。值得提及的是，意大利 1865 年民法典虽然设有关于住宅分层所有权（建筑物区分所有权）的规定，但当时对于此一制度，观念上却并未全部接受。此可由其立法关于"共同关系"的规定获得证明。[3]1932 年，著名学者安东尼奥·布特拉（Antonio Butera）以专文向立法机关提出建议：以 1865 年意大利民法典关于共同关系的规定为基础，建构意大利住宅分层所有权（"建筑物区分所有权"）制度及其规则。

1　温丰文等：《公寓大厦管理问题之研究》，台湾地区"行政院"研究发展考核委员会编印 1997 年 10 月，第 10 页。

2　［日］稻本洋之助、镰野邦树：《注释公寓区分所有权法》，日本评论社 2004 年版，第 i、ii 页。

3　庄金昌："住宅分层所有权之比较研究"，台北中国文化大学 1984 年 6 月硕士论文，第 57 页。

1942 年，意大利立法机关接受其建议并于是年制定的新民法典中增列一章（即第 7 章）"共同所有"，将建筑物区分所有权规定于该章的第 2 节，称为"建筑物（大厦）之共有"[1]。[2] 而此即系意大利关于建筑物区分所有权的法律。

二、基本内容

1942 年意大利民法典关于住宅分层所有权（"建筑物区分所有权"）的规定共计 23 条，自第 1117 条至第 1139 条，内容较为详尽。第 1117 条规定建筑物的共有部分，第 1118 条规定共有人对共同所有物的权利，第 1119 条规定共用部分的不可分割性，第 1120 条规定共用部分的变更，第 1121 条规定昂贵或奢华的变更，第 1122 条规定于建筑物共用部分进行的施工，第 1123 条规定费用的分摊，第 1124 条规定楼梯的维护和重建，第 1125 条规定天花板、拱顶、楼板的维修和重建，第 1126 条规定专用的屋顶平台，第 1127 条规定建筑物顶层上的建筑，第 1128 条规定建筑物全部或部分灭失，第 1129 条规定管理人的聘任和解聘，第 1130 条规定管理人的权限，第 1131 条规定管理人的代表权，第 1132 条规定分层住宅所有权人就诉讼问题意见不一致的处理，第 1133 条规定由管理人采取的措施，第 1134 条规定分层住宅所有权人引起的费用，第 1135 条规定分层住宅所有权人大会的权限，第 1136 条规定分层住宅所有权人会议的组织与决议的效力，第 1137 条规定对分层住宅所有权人大会决议的异议，第 1138 条规定分层住宅所有权人之间的管理规约，第 1139 条规定共同所有规则的准用。[3]

由以上规定可知，《意大利民法》关于住宅分层所有权的规定，可谓较为完备与详尽，其对建筑物区分所有权的基础及有争执的问题，皆予详细规定。譬如其对建筑物区分所有权人会议（业主大会）的组织、决议事项、决议效力、管理

1　Peter Liver, Das Miteigentum als Grunalage des sfockwerkseigentums Festfabe zam To Geburtstag, S. 252.

2　亦即，现行《意大利民法典》（1942 年生效）第 3 编"所有权"第 7 章"共有"第 2 节"建筑物的共有"。参见费安玲、丁玫译：《意大利民法典》，中国政法大学出版社 1997 年版。

3　庄金昌《住宅分层所有权之比较研究》（台北中国文化大学 1984 年 7 月硕士论文）附录载《意大利民法典》第 3 编"所有权"之第 7 章"共有"的第 2 节"建筑物的共有"；费安玲、丁玫译：《意大利民法典》，中国政法大学出版社 1997 年版，第 306 页以下。

人的职责、建筑物毁损时应当如何重建及分配负担，以及建筑物的维护与改良等，均逐一作出规定。尤其是对于顶层建筑物的增建的规定，系其独创，于同一时期各国的建筑物区分所有权立法中具有开创性价值。当然，该法对于住宅分层所有权的规定的不足也系明显的，譬如其未对建筑物的排他性使用部分（专有部分）设定义性的规定及划定其范围。其结果，如此的问题就只有依赖判例实务对住宅分层所有权法的学理与体系加以展开和发展而获得解决。[1]

第四节　奥地利

一、概要

奥地利关于建筑物区分所有权的立法，发生较晚。其 1811 年民法典并未对建筑物区分所有权设立规定。往后，1879 年 3 月 30 日及 1906 年的民法草案中虽设有规定，但却禁止发生新的建筑物区分所有权法律关系，而仅认许业已存在的共有关系。但此一禁止并未能施行于奥地利全境。1871 年 7 月 25 日，伴随奥地利《土地登记法》的施行，在蒂罗尔（Tirol）（Sudtirol Trient und Rovereto Ampezzo und Buchenstein）地区仍广泛适用其固有习惯法，尤其于遗产分割的情形。[2] 时至 1948 年 7 月 8 日，奥地利《有关住宅和店铺（营业场所）所有权的联邦特别法》（简称《住宅所有权法》）方于其联邦法律公报第 149 号上公布。此即奥地利 1948 年 7 月 8 日建筑物区分所有权法。时至 1970 年代，鉴于该法实施中暴露的诸多问题及新的社会住宅情势，该法又于 1975 年 7 月 1 日被修正，此即奥地利 1975 年 7 月 1 日建筑物区分所有权法。往后于 1982 年，奥地利又对 1975 年 7 月 1 日建筑物区分所有权法中的第 24 条第 22 项进行了修正，修正后的条文一直沿用至今。

二、奥地利 1948 年 7 月 8 日建筑物区分所有权法

奥地利 1948 年 7 月 8 日建筑物区分所有权法，共计 3 节 13 条，主要内容如

1　戴东雄："论建筑物区分所有权之理论基础（I）"，载《法学丛刊》1984 年第 29 卷第 2 期；庄金昌："住宅分层所有权之比较研究"，台北中国文化大学 1984 年 7 月硕士论文，第 58 页。

2　庄金昌："住宅分层所有权之比较研究"，台北中国文化大学 1984 年 7 月硕士论文，第 53 页。

下：第1节，第1—11条，涵括建筑物区分所有权（住宅所有权）的概念、共有物（共用部分）的应有部分、建筑物区分所有权和共有物应有部分的不可分割性、关于书面合意、共有物的登记、共有物应有部分的强制拍卖、建筑物区分所有权的移转、不动产建筑物的费用、收益与管理、关于共同关系的废止、关于将违反义务的建筑物区分所有权人自建筑物区分所有权共同关系中驱逐以及关于建筑物区分所有权的注销等；第2节，主要规定建筑物的重建（第12条）；第3节，系关于该法实施和监督的规定（第13条）。

奥地利建筑物区分所有权法虽然条文不多，但具诸多特色。其最值得重视的特色，是其第10条对违反义务的建筑物区分所有权人（业主）自建筑物区分所有权法律关系中予以强制驱逐的内容。该条规定，建筑物区分所有权人（业主）有下列事项时，得由其他多数建筑物区分所有权人（业主）以诉讼方式请求将该建筑物区分所有权人（业主）自共同关系中驱逐：（1）未履行共同关系中应承担的义务，并且未于法院第一次直接先行审理的裁判终结前履行义务；（2）利用单独所有权部分与共用部分时，致他住宅所有权人于重大损害的；（3）因疏忽大意、粗野或其他不正当的行为致其他住宅所有权人（业主）产生厌恶，或于自己的单独所有权内为应受处罚的行为，抑或为不合于伦理的行为，情节重大的。[1]

三、奥地利1975年7月1日建筑物区分所有权法

奥地利1975年7月1日建筑物区分所有权法是对1948年7月8日建筑物区分所有权法予以修正的结果，共计30个条文。[2]时至1982年12月16日，奥地利立法机关又对该1975年7月1日建筑物区分所有权法第24条的第22项进行了修正。奥地利1975年7月1日建筑物区分所有权法的主要内容如下：（1）建筑物区分所有权（本法仍称"住宅所有权"），由"共有权"与"用益权"构成，二者为不可分离的整体；（2）建筑物区分所有权的创立，尤其是得以死因处分（行

---

[1] 梁慧星主持：《中国民法典草案建议稿附理由》（物权编），法律出版社2013年版，第184页。

[2] Bärmann/Pick/Merle, Wohnungseigentumsgesetz, Kommentar, S. 99, München, 1980. 转引自庄金昌："住宅分层所有权之比较研究"，台北中国文化大学1984年7月硕士论文，第53页。

为）而设立，此点异于其他各国的立法；（3）建筑物区分所有权的登记；（4）对购屋者利益的保护；（5）对共同事物的管理方法；（6）建筑物区分所有权人间的权利义务及其关系；（7）剥夺建筑物区分所有权人（业主）的区分所有权的程序。[1]

第五节　德　国

一、建筑物区分所有权（"住宅所有权"）立法的前史

德国是当代大陆法系的重要国家之一，系大陆法系国家内的德意志法系（德国法系）的代表。关于建筑物区分所有权制度，其自早期日耳曼法迄至 20 世纪 50 年代，大致经历了"肯定—否定—再肯定—再否定"的演进过程。

德国的固有法日耳曼法，并无罗马法所谓"地上物从属于土地"（superficies solo cedit）的观念与原则，故而其不仅认为建筑物与土地为各自独立的所有权客体，而且甚至认为建筑物内的各个房间、地窖（Keller）等皆得为独立所有权的客体。[2]换言之，12 世纪的日耳曼法业已认可建筑物区分所有权制度及其规则的存在，承认各楼层得为各人的单独所有，而屋顶、楼梯则为各楼层所有人之合有（Eigentum zur gesamten Hand）。[3]但是，此一制度往后因受不动产交易范围的扩大与继受罗马法的影响而逐渐消失。[4]时至德国普通法时期，因德国普通法的内容，罗马法占十分之八九，寺院法的规则也略有掺杂其间，要皆为外国法制，日耳曼法固有精神所存无几。[5]故此，除当时德国南部若干联邦公国如法兰克福、慕尼黑

---

[1]　庄金昌："住宅分层所有权之比较研究"，台北中国文化大学 1984 年 7 月硕士论文，第 54—55 页。

[2]　温丰文："建筑物区分所有权之立法"，载《法学丛刊》1991 年第 36 卷第 4 期，第 14 页；O. Gierke, Deutsches Privatrecht Bd II 1905, S. 39ff.；Wolf, Sachenrecht 1957, S. 355ff.

[3]　温丰文："建筑物区分所有权之立法"，载《法学丛刊》1991 年第 36 卷第 4 期，第 14 页。

[4]　温丰文："建筑物区分所有权之立法"，载《法学丛刊》1991 年第 36 卷第 4 期，第 14 页；庄金昌："住宅分层所有权之比较研究"，台北中国文化大学 1984 年 7 月硕士论文，第 21 页。关于"法的继受"，日本学者北川善太郎著有《日本法学的历史与理论》一书，可供参考。

[5]　梅仲协：《民法要义》，三民书局 1963 年版，第 15 页；温丰文："建筑物区分所有权之立法"，载《法学丛刊》1991 年第 36 卷第 4 期，第 14 页。

及莱茵河少数地区于一定程度上仍认可建筑物区分所有权为社会的惯行外，建筑物区分所有权制度及其规则可谓几已绝迹。[1]

1896 年公布、1900 年 1 月 1 日起施行的《德国民法典》（BGB），是以潘德克吞法学和国民自由主义为指导思想的 19 世纪德意志自由主义的"晚产儿"。[2]由于对罗马法的继受，《德国民法典》乃毫无保留地维系产生于罗马法、尔后为 19 世纪罗马法注释学派（Pandektisten）发展而成的建筑物与基地所有权密不可分的原则。[3]在此原则之下，1896 年《德国民法典》即对建筑物区分所有权采否定立场，禁止之后建筑物区分所有权的取得，而仅认许施行当时业已存在的建筑物区分所有权。[4]

经过一段相当长久的时间，于第一次、第二次世界大战期间（1914—1918 年、1939—1945 年），德国社会关于建筑物区分所有权立法的可能性问题，产生热烈讨论。[5]1924 年，第 33 届德国法学会于海德堡举行。该次大会讨论了如下主题：适当改革债法上的住宅租赁，经由重新引介建筑物区分所有权或创设类似权利形态，对建筑物的具体部分，使非整个建筑物的住宅所有权人得取得完全的对物的控制。[6]该主题的讨论，为往后德国建筑物区分所有权法的制定作了初步的学理准备。

但是，真正促成德国建筑物区分所有权实现其立法的重大契机却是在第二次世界大战结束后。由于战争，德国城市建筑遭受严重的破坏，德国由此饱受空前的"房屋荒"的威胁。[7]在此背景下，德国城市住宅的重建成为极迫切的课题。

1　［日］远滕厚之助："楼层的区分所有权的系谱"，载《东洋法学》第 4 卷第 2 号（1961 年），第 65 页；温丰文："建筑物区分所有权之立法"，载《法学丛刊》1991 年第 36 卷第 4 期，第 14 页。

2　［日］早川武夫、村上淳一等：《外国法》，张光博等译，吉林人民出版社 1982 年版，第 226 页。

3　［德］J. Bärmann："德国住宅所有权法"，戴东雄译，载《法学论丛》第 13 卷第 1 期，第 165 页。

4　何明桢："建筑物区分所有之研究"，台湾政治大学 1983 年 7 月硕士论文，第 6 页。

5　［德］J. Bärmann："德国住宅所有权法"，戴东雄译，载《法学论丛》第 13 卷第 1 期，第 175 页。

6　庄金昌："住宅分层所有权之比较研究"，台北中国文化大学 1984 年 7 月硕士论文，第 21 页。

7　［德］J. Bärmann："德国住宅所有权法"，戴东雄译，载《法学论丛》第 13 卷第 1 期，第 175 页。

但是，当时德国资本缺乏，大规模的城市重建所需资金相当巨大，实非往昔独栋建筑物的所有权人所能轻易负担。[1] 而此一时期单个个人也不喜好租赁公寓，而是欲以自己的资金就自己居住的部分取得完全的所有权。[2] 如此一来，建筑物区分所有权观念即再度兴起。经过一段时间的广泛讨论，并在比较研究、参酌法国 1938 年 6 月 28 日《关于区分各阶层不动产共有之法律》与《意大利民法典》关于"建筑物（大厦）共同所有"（"建筑物区分所有权法"）以及 1948 年奥地利《住宅所有权法》的基础上，[3] 德国终于在 1951 年 3 月 15 日制定了《住宅所有权暨永久居住权法》（Gesetz über das Wohnungseigentum und das Dauerwohnrecht）（以下简称德国《住宅所有权法》，Wohnungseigentumsgesetz，WEG），由此建立起了德国自己的建筑物区分所有权制度，此即德国现行的建筑物区分所有权法。

二、德国《住宅所有权法》（1951 年 3 月 15 日）

（一）基本内容

德国《住宅所有权法》共分 4 章、64 条，内容相当详尽。第 1 章为"住宅所有权"（Wohnungseigentum），下分 4 节：第 1 节规定住宅所有权的成立（第 1—9 条）；第 2 节规定住宅所有权人的共同关系（第 10—19 条）；第 3 节规定管理（第 20—29 条）；第 4 节规定住宅地上权（第 30 条）。第 2 章为永久居住权（Dauerwohnrecht），自第 31 条至第 42 条。其内容为用益权，但因使用期间相当长，仅适合于长期营业目的的建筑物，故实务上很少适用而不受重视。第 3 章为程序（Verfahrensvorschriften），下分 3 节：第 1 节规定住宅所有权适用非讼程序（第 43—50 条）；第 2 节规定诉讼管辖（第 50—52 条）；第 3 节规定住宅所有权的拍卖程序（第 53—58 条）。第 4 章为补充规定（Ergaenzende Bestimmungen），自第

1　[德] J. Bärmann："德国住宅所有权法"，戴东雄译，载《法学论丛》第 13 卷第 1 期，第 175 页。

2　庄金昌："住宅分层所有权之比较研究"，台北中国文化大学 1984 年 7 月硕士论文，第 21—22 页。

3　何明桢："建筑物区分所有之研究"，台湾政治大学 1983 年 6 月硕士论文，第 21—22 页；庄金昌："住宅分层所有权之比较研究"，台北中国文化大学 1984 年 7 月硕士论文，第 22 页。

59 条至第 64 条。[1] 以下着重分析第 1 章"住宅所有权"中的四个基础性问题。

（1）住宅所有权的物法性上的定义。按照德国《住宅所有权法》第 1 条第 2 项、第 3 项的规定，住宅所有权是指住宅的特别所有权（Sondereigentum）与其所属共同所有物（共用部分）的应有部分相结合的权利；部分所有权（Teileigentum），是指建筑物供居住以外使用空间的特别所有权与其所属于共同所有物（共用部分）的应有部分相结合的权利。部分所有权准用有关住宅所有权的规定。[2]

（2）住宅所有权的构成。按照德国《住宅所有权法》第 1 条第 4 项与第 6 条第 1 项的规定，住宅所有权由共有物（共用部分）应有部分与特别所有权以及住宅所有权人的成员权相结合而构成。共有物为建筑物的一部分。基地、设施不属于特别所有权或第三人所有。为建筑物的维持或保全的必要之物、土地及供住宅所有权人共同使用的设备，即使在特别所有权所属空间内，也非特别所有权的标的物。特别所有权与共有物应有部分及成员权不可分离。[3]

（3）住宅所有权的成立（取得）方式。按照德国《住宅所有权法》第 2 条、第 8 条的规定，住宅所有权的成立（取得），计有两种方式：一是以契约对建筑物的特定部分依个别的让与而成立（取得），即数人出资受让（买受）土地，于土地之上起造建筑物。作为特别所有权的标的物的住宅，应具有完全的独立性，需具不动产合意（Auflassung）与登记的形式要件。二是建筑物的单独所有人向登记机关为意思表示，将建筑物划割为复数的住宅所有权。[4]

（4）住宅所有权人之间的关系。按照规定，此不适用《德国民法典》第 744 条以下有关共同关系的规定，而适用德国《住宅所有权法》第 10 条以下的特别规定。住宅所有权人间就相互关系所为的合意，如作为特别所有权的内容加以登记时，其对于特定继受人也生效力（第 10 条第 2 项）。住宅所有权的决议（议

1　温丰文等：《公寓大厦管理问题之研究》，台湾地区"行政院"研究发展考核委员会编印 1997 年 10 月，第 6—7 页。

2　庄金昌："住宅分层所有权之比较研究"，台北中国文化大学 1984 年 7 月硕士论文，第 22—24 页。

3　庄金昌："住宅分层所有权之比较研究"，台北中国文化大学 1984 年 7 月硕士论文，第 22—24 页。

4　庄金昌："住宅分层所有权之比较研究"，台北中国文化大学 1984 年 7 月硕士论文，第 22—24 页。

决）机关为住宅所有权人大会（第 2 条和第 3 条以下）。关于管理，设管理人和管理顾问会两个机构（第 29 条）。[1]

（二）德国《住宅所有权法》的三点特色

1951 年德国《住宅所有权法》的特色有如下三点，兹分述如下。

（1）住宅所有权的内容系由三部分构成，即由供居住或供其他用途（如营业或办公用）的建筑物空间上设立的专有所有权（Sondereigentum）、住宅所有权人共用建筑物（如屋顶、外壁、基地等）上设立的持分共有权（Miteigentumsanteil am gemeinschaftlichen Eigentum），以及基于共同关系而生的身份上的成员权（Mitgliedschaft）构成。[2]德国《住宅所有权法》对于建筑物区分所有权的此种构成的规定，学理上称为"最广义的区分所有权"，[3]它代表了当代建筑物区分所有权制度及其规则的发展趋势，具有重要价值与功用。

（2）于未来的建筑计划书上，得预先创设专有所有权。该法的此项特性，在德国货币改革后的重建时期，导致建筑业的急速兴起。尤其是配合德国经济与法律的发展而产生了新的建筑模式，即建设公司模式。建设公司（起造人）不论已否对土地取得所有权或对土地有债权的请求权，其皆得于该土地上或多或少地推出创设住宅所有权的建筑房屋计划。[4]

（3）对区分所有建筑物进行管理的机构，除住宅所有权人会议外，尚有管理人。于必要时，并得设管理委员会，以辅助管理人履行职务（德国《住宅所有权法》第 29 条）。

（三）德国《住宅所有权法》的实际效果

1951 年 3 月 15 制定的德国《住宅所有权法》，是现当代各国建筑物区分所有权立法中的一部重要法律文献。尽管该法与前述法国法、日本法、奥地利法等一

1　庄金昌："住宅分层所有权之比较研究"，台北中国文化大学 1984 年 7 月硕士论文，第 22—24 页。

2　温丰文等：《公寓大厦管理问题之研究》，台湾地区"行政院"研究发展考核委员会编印 1997 年 10 月，第 7 页。

3　温丰文："区分所有权之客体"，载东海大学《法学研究》第 2 期，第 57 页。

4　［德］J. Bärmann："德国住宅所有权法"，戴东雄译，载《法学论丛》第 13 卷第 1 期，第 165 页以下。

样皆具有缺点，但其于实际的运用上极为成功，显示了该法的机能性。[1]另外，我们应当正视德国法院于判决适用上对该法采取的态度。易言之，该法实施的成功，德国法官于判例法上的态度功不可没。惟我们也应看到该法的缺失。盖该法公布实施后，自建模式的建筑方法及其他避法行为层出不穷。其避法的目的仅在节省金钱，而不顾房屋需求人的利益，由此使该法的声誉不免受到一些损害。[2]

事实上，1951 年 3 月 15 日德国《住宅所有权法》公布时的旨趣在于，运用公有资金、私有储蓄作为资本，以应对当时住宅缺乏的局面，且将本来的房屋租赁关系变更为受本法规制的住宅所有权关系，并同时以遭受破坏的城市房屋的再建作为其目标。此目标迄至 1970 年代即已达到。据统计，至 1973 年底，大约已有 70 万住户及办公用建筑物成为该法规制的对象。此数字为该法制定时所期待之上，由此也使德国的市民法秩序与住宅经济得到巩固。[3]

这里有必要提及，自 1951 年开始的最初 10 年间，德国《住宅所有权法》所定的区分所有建筑物制度不太为人们所利用的情况。[4]根据 1956 年和 1957 年的统计，德国大约只有 18000 户区分所有住宅。但此一时期依《德国民法典施行法》（EGBGB）第 131 条所定的准住宅所有权（uneigentlichen stock werkseigentum），以及与此类似的以其他混合方式（Mischform）起造的建筑物却在德国南部出现，譬如"所有住宅合作社"（eigenwohnen gen-ossenschaft）、"住宅股份公司"（Wohnungs-AG）、"住宅有限公司"（Wohnungs-Gmb H）等。[5]另外，此一时期，最值得注意的，是 1956 年 6 月 27 日的"第二次住宅建筑法"（Wohnung-sbaugesetz）第 12 条对区分所有住宅的促进作用，以至于它成为建筑物区分所有权制度进一步向前发展的端绪。[6]

1　[德] J. Bärmann："德国住宅所有权法"，戴东雄译，载《法学论丛》第 13 卷第 1 期，第 165 页以下。

2　[德] J. Bärmann："德国住宅所有权法"，戴东雄译，载《法学论丛》第 13 卷第 1 期，第 175 页以下。

3　庄金昌："住宅分层所有权之比较研究"，台北中国文化大学 1984 年 7 月硕士论文，第 24 页。

4　庄金昌："住宅分层所有权之比较研究"，台北中国文化大学 1984 年 7 月硕士论文，第 24 页。

5　Diester, Zwanzig jahre Wohnungseigentum, NJW, Heft 27, S. 1153；庄金昌："住宅分层所有权之比较研究"，台北中国文化大学 1984 年 7 月硕士论文，第 25 页。

6　庄金昌："住宅分层所有权之比较研究"，台北中国文化大学 1984 年 7 月硕士论文，第 25 页。

1961 年 5 月 30 日，德国联邦司法部召开住宅所有权法制定 10 周年工作检讨会，召集法学家及实务界代表讨论"住宅所有权：经验和建议"的主题，其旨趣在于澄清住宅企业和公证人所提出的疑问，指出该法的缺点与解决途径。由所公布的文献得知，与会人员一致认为，所有疑问非仅经由修改和补充法律，且尚须经由判例和实务的协力，方可求得解决。[1] 如此的结果，使于 1961 年至 1966 年间，住宅区分所有权制度的利用获得相当的进展。住宅区分所有权人团体日益庞大，设备新颖且构造复杂的区分所有建筑物相继出现。1966 年之后，此类区分所有建筑物进入急剧跃升阶段，1971 年时达到 50 万户，1973 年时达到 70 万户（不包含营业用建筑物）。[2]

三、德国《住宅所有权法》的修改

（一）修改的背景

如前述，1951 年 3 月 15 日《德国住宅所有权法》的实施，使德国区分所有建筑物于 1960 年代初期和中后期急速增加。但是，随之而来的是对《住宅所有权法》的批判也相继出现。此主要集中在对住宅所有权人的所有权剥夺的可能性、住宅所有权的让与限制与使用限制的程度、对将来住宅所有权人的权利的不必要的限制、管理人的任免及住宅所有权人负担加重的条件等。此等问题的泛起，成为对德国《住宅所有权法》进行修改的动因。[3]

（二）修改的内容概要

德国于 1951 年 3 月 15 日制定《住宅所有权法》，之后经过 20 余年后，于 1973 年两度对该法予以修改，此即 1973 年 3 月 30 日的修改和 7 月 30 日的修改。第一次修改即 1973 年 3 月 30 日的修正，是由于对《德国民法典》第 313 条的修改而产生的对德国《地上权条例》第 1 条第 2 项以及《住宅所有权法》第 4 条第 3 项的修改。第二次修正即同年 7 月 30 日的修改，与第一次修改不同，即它是对《住宅所有权法》作较大范围的修改。具体修改概要如下：（1）新设《住宅所有

1　Diester, Zehn Jahre Wohnungseigentum, NJW, Heft 30, S. 1329.

2　庄金昌："住宅分层所有权之比较研究"，台北中国文化大学 1984 年 7 月硕士论文，第 26 页。

3　庄金昌："住宅分层所有权之比较研究"，台北中国文化大学 1984 年 7 月硕士论文，第 26 页。

权法》第 1 条第 4 项，对复数土地的共有，禁止设定住宅所有权。（2）新设《住宅所有权法》第 3 条第 2 项，将停车场的特别所有权的要件予以明确化。（3）《住宅所有权法》第 7 条第 4 项，对登记簿、登记方式的改良。（4）《住宅所有权法》第 24 条第 3 项，增加规定管理顾问会的权限应涵括召集集会（业主大会）。（5）《住宅所有权法》第 26 条对管理人的任免增加新的规定。（6）《住宅所有权法》第 32 条第 2 项，因第 7 条第 4 项的修正，永久居住权的有关规定也随之修正。（7）因《住宅所有权法》第 26 条的新规定，使《住宅所有权法》第 43 条第 1 项、第 3 项也相应地增加补充规定。（8）废止《住宅所有权法》第 48 条第 2 项的规定，住宅所有权纠纷的非讼事件所需费用的金额，由法院依职权决定。[1]

（三）重要的修改内容分析

1973 年 7 月 30 日对德国《住宅所有权法》所做的以上八项修正中，关于停车场作为特别所有权要件的增加及关于管理人的修正，尤具重要价值，属于此次修正的重要内容。兹分析如下。

（1）增加停车场作为特别所有权的要件的规定。德国原《住宅所有权法》第 3 条第 2 项规定："住宅或其他房间具有独立性者，方可设定特别所有权。" 1973 年 7 月 30 日的修正乃于本项加入 "以持久性的界标表明范围的停车间，视为有独立性的房间"。此项关于停车场作为特别所有权的要件的增加规定，解决了实务上有关停车场登记的困难问题，[2] 系一项独创，其对其他国家和地区规范同类问题具有借鉴价值。

（2）关于管理人的修正。由于德国 1951 年《住宅所有权法》并未像法国法那样，规定由全体区分所有权人（业主）当然构成管理团体，故管理人的地位就尤其重要。由此，如何对管理人作出妥适规定就十分重要。

按照德国《住宅所有权法》第 24 条第 1 项的规定，住宅所有权人会议的召集由管理人为之，住宅所有权人另有约定或有四分之一以上的住宅所有权人以书

---

[1] 庄金昌："住宅分层所有权之比较研究"，台北中国文化大学 1984 年 7 月硕士论文，第 26—27 页。

[2] 庄金昌："住宅分层所有权之比较研究"，台北中国文化大学 1984 年 7 月硕士论文，第 26—27 页。

面陈明目的及原因而请求时，管理人需依此请求而召集会议（第 24 条第 2 项）。但是，德国《住宅所有权法》对于管理人不为召集时应如何予以解决却未作规定。于欠缺管理人时，德国《住宅所有权法》第 26 条第 2 项虽然规定住宅所有权人或对管理人的任命有正当利益的第三人得向法院申请任命管理人，但直到由法院任命管理人时已旷时废日，且对召集住宅所有权人会议的时间上的规定又不妥当，[1] 故德国遂于《住宅所有权法》第 24 条第 3 项增加规定由管理顾问会召集。

（3）对管理人的任免的修正。1951 年 3 月 15 日的德国《住宅所有权法》第 26 条规定："管理人的选任与解任由住宅所有权人会议为之。欠缺管理人时，于紧急情况下，在住宅所有权人选任管理人前，法院得因就管理人的选任有合法利益的住宅所有权人或第三人的申请，选任管理人。"对此条的修正旨趣应系着眼于将住宅所有权人自长期或不能解消的管理情况下解放（Langfristige oder unwiderrufliche Verwaltug），并防止"所有权空洞化"（Aushohlung des Eigentums）。[2] 据此修正目标，此第 26 条就被修正为："住宅所有权人以多数决议决管理人的选任与解任，选任期间最长为 5 年。管理人的解任以存在重大事由为限，选任与解任的其他限制不得允许。管理人得再被选任，但须经住宅所有权人的新决议并至早得于选任届满前一年为之。无管理人时，在紧急情况下，于住宅所有权人决议选任管理人前，法院得因就管理人的选任有合法利益的住宅所有权人或第三人的申请，任命管理人。管理人身份须以经公证的文件证明者，以提出选任决议的记录为已足，但该记录依本法第 24 条第 6 项规定的人签署的，应经公证。"

（四）2007 年的修改

2007 年，德国对其《住宅所有权法》进行了再次修改，关于此次修改的背景、目的及内容等，将于本书第 13 章、第 14 章中详细论及，兹不赘述。

1　庄金昌："住宅分层所有权之比较研究"，台北中国文化大学 1984 年 7 月硕士论文，第 28 页。

2　Hans Diester, Wichtige Rechtsfrage des Wohnungseigentums, Schriftenreihe der Neue Juristischen Wohenschrift, Heft 19, S. 151.（München 1974）；庄金昌："住宅分层所有权之比较研究"，台北中国文化大学 1984 年 7 月硕士论文，第 29 页。

第六节　瑞　士

一、立法沿革

瑞士的建筑物区分所有权，经历了与德国几乎相同的发展历程。因继受罗马法"地上物属于土地"的原则，1907 年 12 月 10 日由瑞士联邦议会公布的《瑞士民法典》禁止设立建筑物区分所有权，且即便采取迂回的方法即以"建筑权"（Baurecht）的方式设立也不允许。[1]

1907 年 12 月 10 日《瑞士民法典》公布前，瑞士社会就已存在大量的事实上的建筑物区分所有权。譬如在城市地区和小城镇，有关建筑物的住宅和营业场所共有的情况就极为常见。[2]此大多系因继承而分割财产所致，于瑞士的瓦莱州（Wallis），此种情况甚为明显。由于《瑞士民法典》拒绝认可建筑物区分所有权，故此在 1907 年《瑞士民法典》公布后不久即在寻找一种新制度来替代事实上存在的建筑物区分所有权。首先，其以共有的规则配合地役权（Grunddienstbakeiten）的规则而予处理。[3]其方法是赋予每一共有人以排他的使用和管理之权，义务和费用由各人独自负担。但由于此役权含有居住权，而居住权为一单纯的人役权，其既不得继承也不得移转，且无法满足共有人对共有分割的请求，导致该替代的形式无法付诸实现。[4]故此，往后又创设出一种新的方式，即以"承租人股份有限公司"（Mieter Aktiengesellschaft）予以替代。此种方式于瑞士西部地区颇为盛行。但依承租人股份有限公司的方式，承租人股份有限公司本身即为建筑物的所有人，而股份则按住户及营业场所所占面积的大小予以分配。无疑，此种方法对于

1　参见《瑞士民法典》第 675 条。

2　庄金昌："住宅分层所有权之比较研究"，台北中国文化大学 1984 年 7 月硕士论文，第 32 页。

3　黄越钦："住宅分层所有权之比较法研究"，载郑玉波主编：《民法物权论文选辑》（上），五南图书出版公司 1984 年版，第 436 页。

4　Peter Liver, Das Miteigentum als Grundlage des Stockwerkeigentums, in Privatrechtliche Abhaandlungen Festgabe Zum 70 Geburtrtag, 1972, SS. 242-243；庄金昌："住宅分层所有权之比较研究"，台北中国文化大学 1984 年 7 月硕士论文，第 32 页。

小型公寓甚嫌复杂，而且于瑞士其他乡村几无意义与价值可言。[1]

第二次世界大战结束后，瑞士社会出现的新的住宅情势，成为瑞士立法改变既有立场的契机。二战后，一方面，瑞士既有的区分所有建筑物因法律规定之不足，各区分所有权人（业主）间的权利义务关系成为争执焦点，由此妨碍了对区分所有建筑物的积极维持与翻修工事的进行，导致建筑物整体渐趋破坏；[2]另一方面，由于此间建筑技术的进步，为解决住房短缺问题，多层和高层建筑物成为主要途径。于此情形下，建筑物区分所有权立法的必要性与日俱增。于是，学理与立法机关开始对建筑物区分所有权的立法可能性展开讨论与研议。

1962年12月7日，经长久酝酿的有关对建筑物区分所有权予以规制的立法草案开始由立法机关进行起草。1963年2月19日，在著名法学家彼得·利瓦（Peter Liver）的主持下，对《瑞士民法典》第4编的"物权法编"加以修正。此一修正，补充了《瑞士民法典》第647条以下关于共有权的规定，而增定一节规定"楼层所有权"（Stockwerkeigentum，分层建筑物所有权、建筑物区分所有权），自第712条之一至712条之二十，共20条。此即瑞士现行建筑物区分所有权制度及其规则。

二、基本内容

1963年2月19日，《瑞士民法典》第4编"物权编"的修改涉及如下各条：第647条至第650条、第682条、第943条与末章第20条、第45条。而第647条之一至之五、第649条之一至之三、第712条之一至二十，以及末章第20条之二至第24条之四，则为新增的规定。[3]

（一）关于共用部分的修正与补充

（1）必要管理行为。为维持物的价值与使用功能，各共有人皆可请求为必要

1　黄越钦："住宅分层所有权之比较法研究"，载郑玉波主编：《民法物权论文选辑》（上册），五南图书出版公司1984年版，第436页。

2　庄金昌："住宅分层所有权之比较研究"，台北中国文化大学1984年7月硕士论文，第33页。

3　庄金昌："住宅分层所有权之比较研究"，台北中国文化大学1984年7月硕士论文，第33—36页。

的管理行为，必要时尚可请求法院为此项管理行为。[1]此为强制规定，不得以管理规约加以废止或限制。重要管理行为，在非必要或紧迫的情况下，需经全体共有人过半数及其应有部分合计过半数的决定方能为之[2]。[3]

（2）对建筑物的措施。此涵括：其一，必要措施。亦即，为维持物的价值与使用功能所必要且不能以通常的管理行为为之者，应经共有人过半数的同意后为之。其二，有益措施（Nützliche Massnahmen）。亦即，以增加物的价值、改良物的经济效用或使用性能为目的而更新或改建，应经共有人过半数及其应有部分合计过半数的同意后而为之。[4]其三，美化与安全、舒适的措施（Massnahmen der verschönerung und Bequemlichkeit），譬如为物的美化或壮观抑或使用上的安全、舒适而为的建筑工作，亦即所谓"奢华措施"（Luxusiöse Massnahmen），需经共有人全体的同意后而为之[5]。[6]

（3）共有人约定的使用、管理方法，以及对管理所做的决议和法院的判决，其对共有人的权利继受人与对共有物的应有部分取得权利的人，皆有拘束力。[7]

（4）自共同关系中排除（驱除）（Die Ausschliessung eines Miteigeutmer Aus der Gemeinschaft）。共有人的行为违背对全体或个别共有人的义务，或共有人将物交与他人使用，抑或于应为他人负责的情形，该他人的行为妨害此项义务情节严重，导致不能要求其继续共同关系的，得经法院的判决将共有人自共同关系中排除（驱除）。[8]

（5）废止共同关系的权利（Das Recht, Die Aufhebung Des Miteigentums Zu Verlangen）。各共有人皆有请求废止共有关系的权利，但建筑物区分所有权的分

1　参见《瑞士民法典》第 647 条第 2 项第 1 款。

2　参加《瑞士民法典》第 647 条之三。

3　庄金昌："住宅分层所有权之比较研究"，台北中国文化大学 1984 年 7 月硕士论文，第 33—36 页。

4　参见《瑞士民法典》第 647 条之四。

5　参见《瑞士民法典》第 647 条之五。

6　庄金昌："住宅分层所有权之比较研究"，台北中国文化大学 1984 年 7 月硕士论文，第 33—36 页。

7　参见《瑞士民法典》第 649 条之一第 1 项。

8　参见《瑞士民法典》第 649 条之二。

割除外。废止得依约定予以禁止，期间不得超过 30 年。此项约定于不动产须经公证方生效力，并得于土地登记簿册进行预告登记。废止的请求不得于不适当的时候为之。[1]共有人间的冲突如在管理问题，抑或有违反共同关系的行为无法忍受时，得请求废止共同关系。[2]

（二）楼层所有权（分层建筑物所有权、建筑物区分所有权）的规定：《瑞士民法典》第 712 条之一至二十

其主要内容涵括：（1）楼层所有权的内容与标的物；（2）楼层所有权的成立与消灭原因，以及共有持分的决定；（3）共同事务的义务与费用的负担；（4）集会（业主大会）的方法与决议；（5）管理人的设置与任务。[3]

第七节　中南美洲各国

在中南美洲地区，建筑物区分所有权被称为"condominium"。按英美法词典的解释，"condominium"系指"公寓楼中的一套公寓房。业主有单独所有权，并对楼中公共设施、场地有共同所有权"[4]。condominium 制度，即建筑物区分所有权制度，于中南美洲地区有着十分重要的功用。故此，关于 condominium 的成文法于这一地区也可见到。譬如，巴西早在 1928 年、智利早在 1937 年就有关于condominium 的成文法。于此外的其他南美洲国家，自 1940 年代后半叶至 1950 年代，也都纷纷制定了 condominium 的成文法。[5]于中南美洲各国，condominium 有着十分广泛的法意识的基础。并且，condominium 系这一地区的人们进行都市开发而

1　参见《瑞士民法典》第 650 条。

2　庄金昌："住宅分层所有权之比较研究"，台北中国文化大学 1984 年 7 月硕士论文，第 33—36 页。

3　关于《瑞士民法典》的分层（楼层）所有权（"建筑物区分所有权"），请参见台湾大学法律研究所编译：《瑞士民法》（1967 年），第 270—282 页。该《瑞士民法典》的翻译本系目前汉语世界中译得最称准确的，可谓系经典译本，值得重视。

4　［日］田中英夫等编集：《英美法辞典》，东京大学出版会 1991 年版，第 178—179 页；薛波主编：《英美法词典》，法律出版社 2003 年版，第 281 页。

5　刘强："关于集合住宅的中国不动产法制度的整备的研究"（日文），日本千叶大学大学院自然科学研究科 2003 年，第 42 页；［日］盐崎勤：《大厦的法律》，株式会社行政 1993 年版，第 34 页。

建构新建筑物时的一种基本选择，人们皆十分喜好 condominium 区分所有建筑物。于墨西哥，在 1967 年时，其民间银行向 condominium 的买主进行让与担保，融资了数亿美元，足见 condominium 于该国受到欢迎之一斑。[1]

中美洲的美属波多黎各（Puerto Rico）是一个城市功能并不良好，而人口密度却很大的地区，交通设施并不发达，但地价很高。随着经济的发展，该地区对住宅的需求急剧增加，由此带来了住宅的高层化。故此，1951 年时，波多黎各就制定了有关 condominium 的法律。之后，时至 1958 年，波多黎各的 condominium 法对美国本土的 condominium 法制度及《公寓大厦所有权创设示范法》的制定产生了重要影响，甚至可以说其系美国现当代 condominium 制度的先驱。[2]

1　刘强："关于集合住宅的中国不动产法制度的整备的研究"（日文），日本千叶大学大学院自然科学研究科 2003 年，第 42 页；[日] 盐崎勤：《大厦的法律》，株式会社行政 1993 年版，第 34 页。

2　刘强："关于集合住宅的中国不动产法制度的整备的研究"（日文），日本千叶大学大学院自然科学研究科 2003 年，第 42 页；[日] 盐崎勤：《大厦的法律》，株式会社行政 1993 年版，第 43 页。

第三章

各国建筑物区分所有权基本立法状况分析（二）

第一节 美国

一、立法前史与基本立法状况

美国是英美法系的主要国家之一，关于建筑物区分所有权，其于法制上的确立较法国、德国、意大利、奥地利等均为晚。通常而言，在美国联邦和各州 1950 年至 1970 年代制定建筑物区分所有权法之前，并无所谓建筑物区分所有权的观念。[1] 而此时有关建筑物区分所有的情况，系以信托方式或股份有限公司的方式为之。[2] 信托方式乃是经由信托契约将建筑物的产权让与受托人（通常为法人），再由受托人发信托权利证明书给受益人，允许受益人拥有排他性的权利，以便占有、使用信托财产。同时于信托契约条款中约定公寓或建筑物共有财产部分的使用规则，且选定管理人监督建筑物公寓的使用、费用分担的履行。若受益人不履行其应负的义务，得出售其权利以促使其履行义务。[3] 至于股份有限公司方式，则是将整栋建筑物的所有权给予一非营利性公司，由其维持管理此建筑物，再由此

1　William J. M. Thompson，"The Condominium as a Subdivision"，14 *The Hastings Law Review* 302（Feb. 1963）；Ralph E. Boyer，*Survey of the Law of Property*，1981，p. 659.

2　Edward Mross，"Condominium in California——The verge of an era"，36 *Southern California Law Review* 351（1963）.

3　Ibid，at 351-352（1963）；何明桢："建筑物区分所有之研究"，台湾政治大学 1983 年 6 月硕士论文，第 69—70 页。

公司将建筑物的部分出租于股东，股东经由支付相当的该公寓代价的方式取得公司股份。租金则系维持建筑物所需费用的一定比例。[1]

美国的建筑物区分所有权，是在其判例法打破土地所有权绝对主义而确立起土地所有权的相对主义原则后产生的。美国法虽属英美法系，但其传统的涵括土地不动产在内的财产法原则，却继受了罗马法，认为土地所有权的范围"上达天宇，下及地心"，"谁拥有了土地，谁也就拥有了天空和地下"，且不承认建筑物为单一的不动产。建筑物与土地的关系，依附合原则，建筑物乃为土地的成分。[2]但是，进入 20 世纪，当飞机发明并在空中飞行后，美国法学界就有了于土地所有权之外，人类有于空中飞行的权利的思潮。[3]自此，考虑到空中飞行的社会效益，美国法律于保护土地所有权的同时，也开始承认飞机等于他人上空飞行的权利，但以不干扰土地所有人的安宁为限。1946 年，美国联邦最高法院就美国诉卡斯伯案所做判决，具有决定性意义。该判决谓："土地所有人所有的土地上空空间仅限于连接土地的且能占有和使用的那一部分。"[4]至此，美国土地所有权"上达天宇，下及地心"的罗马法原则被打破，土地所有权有限性原则得以确立。对此，美国《加利福尼亚州民法典》第 659 条予以明定："土地为泥土及含有沙土、石头或其他成分而组成的物质。它涵括地面以上和地面以下一定距离的、开放的或有建筑物的空间，其高度和深度由法律规定的空间范围决定，或由法律允许使用的空间的权利决定。"[5]

在判例法确立了土地所有权的范围的有限性之后，区分所有建筑物（公寓）即获得发展。至 1960 年代，税法上的有利条件大大刺激了区分所有建筑物的急速

---

1   Comment，13 *The Hastings Law Journal* 357-358（1962）；何明桢："建筑物区分所有之研究"，台湾政治大学 1983 年 6 月硕士论文，第 71 页。

2   W. Barton Leach，"Property Law"，in Harold J. Berman，ed.，*Talks on American Law*，2nd ed.，New York：Vintage Books，1971.

3   Simeon E. Baldwin，"The Law of the Airship"，4 *American Journal of International Law* 95-106（1904）；转引自何明桢："建筑物区分所有之研究"，台湾政治大学 1983 年 6 月硕士论文，第 71 页。

4   Atteberry Pearson Litka，*Real Estate Law*，p. 3，转引自陈甦："论建筑物区分所有权"，中国社会科学院研究生院 1988 年硕士论文，第 29 页。

5   Henry Campbell Black，*Black's Law Dictionary*，West Publishing Co.，1979，p. 789.

勃兴。[1]1961 年，美国《国家住宅法》（The National Housing Act）颁布，该法有关对多户住宅中的单户单元进行抵押、保险等业务的新规定，更进一步推动了公寓区分所有建筑物的勃兴。[2]时至 1970 年代，公寓区分所有权获得极大发展，其不仅适用于集合住宅，而且商业用、工业用建筑物、城市郊区的大规模开发及疗养、游览的集合与复合性住宅也广泛采用。[3]并且，实务中向租赁公寓等的区分所有方向转换的情形也很多。[4]

应当指出的是，美国法虽属英美法，以普通法为其法律基本渊源，但作为制度的建筑物区分所有权却并非起源于普通法，而系以各州的制定法为基础。[5]于美国，率先进行的建筑物区分所有权立法，是美国属地波多黎各地区于 1951 年通过的一项法令。[6]1958 年，该地区正式颁行《楼层所有权法》（Horizontal Property Act）。[7]不久，该法受到美国各州的广泛参考和借鉴。1962 年，为适应建筑物（公寓）区分所有权的发展，于一些州的既有立法的基础上，美国联邦住宅局制定了《公寓大厦所有权创设示范法》，供各州立法参考。[8]直至 1969 年，业已有39 个州制定了自己的建筑物（公寓）区分所有权法。迄今，所有 50 个州连同波

1　［日］田中英夫等编集：《英美法辞典》，东京大学出版会 1991 年版，第 179 页。

2　［日］田中英夫等编集：《英美法辞典》，东京大学出版会 1991 年版，第 179 页。

3　［日］田中英夫等编集：《英美法辞典》，东京大学出版会 1991 年版，第 179 页。

4　［日］田中英夫等编集：《英美法辞典》，东京大学出版会 1991 年版，第 179 页。

5　［日］田中英夫等编集：《英美法辞典》，东京大学出版会 1991 年版，第 179 页。建筑物的区分所有抑或"分套出售的公寓式住宅"（corporate house）、买受的公寓、买取的 apartment 等，在美国皆称为"condominium"。关于此 condominium，其成文法最早见于 1804 年《法国民法典》的第 664 条。之后，意大利、比利时、荷兰、德国、奥地利等皆实现了 condominium 的成文法化。英国称condominium 为 flatownership，后文将会论及。大约自 1920 年代起，condominium 制度于南美洲的巴西等国获得发展，被立法普遍认可。属于西班牙法系的美属波多黎各地区于 1951 年创设了这方面的法律，至 1958 年时称为"水平所有权法"，成为美国 condominium 制度的先驱。对此，请参见［日］玉田弘毅等：《建筑物区分所有权法》，一粒社 1988 年版。该书附录所载的资料"美国的区分所有权立法资料"，十分珍贵。笔者翻译其中的"美国的区分所有权州法"，附录于本书之末，以供参考。

6　G. M. Divekar, *Law and Practice of Property Transactions*, Pune：Hand Law House, 1991, p. 345;［日］幾代通："美国的建筑物区分所有"，载《美国法》，日本法学会、东京大学出版会 1966 年版，第 49—51 页。

7　G. M. Divekar, *Law and Practice of Property Transactions*, Pune：Hand Law House, 1991, p. 345.

8　［日］平松绂："美国区分所有权法资料"，载玉田弘毅等编：《建筑物区分所有权法》，一粒社 1988 年版（资料），第 61 页。

多黎各、弗吉尼亚诸岛以及哥伦比亚特区等皆有了自己的建筑物（公寓）区分所有权法。尽管各州州法名称不一，但它们均系按照联邦标准示范法，结合各州特有的情况而精心制定出来的。[1]

二、基本内容

因美国实行联邦法和州法的双重法律体制，各州不仅于法律传统上存在差异，于法律内容上更是不同。故此，对于美国建筑物（公寓）区分所有权，以下仅就各州间的共通性与基础性问题展开分析。

（一）建筑物区分所有权的涵义

在美国，对于建筑物（公寓）区分所有权，如前述，其称为"condominium"。而"condominium"一词，其本意为"共同支配"，系由拉丁文"con"（意义为"与其他人""共同"，"with others"）和"dominium"（意义为"掌握""管理""所有"，"control"）组合而成。因此，"condominium"一词，意指与他人一起对财产加以控制、管领。[2]进而，学理上乃将"condominium"一词解为"区分所有"或"区分所有权"。[3]根据美国大多数州法的规定，此"condominium"一词系指由区分所有建筑物的专有部分的所有权与共用部分的共有持分不可分地结合而成的不动产所有权。[4]

（二）建筑物（公寓）区分所有权的成立

按照美国大多数州法，建筑物（公寓）区分所有权的成立需具备如下法律文件，且经登记后而成立：（1）公众的要约陈述（public offering statements）；（2）权利义务设定文书（declaration of condominium）；（3）建筑物（公寓）区分所有权设计图案（condominium plan）；（4）房屋使用细则（Bylaws）；（5）建筑物（公寓）区分所有权设定的收支和损益的预算（Operating budget）；（6）管理协议

1　Charles J. Jacobus, Bruce M. Harwood, *Real Estate: An Introduction to the Profession*, Englewood Cliffs: Prentice Hall, 1990, p. 496.

2　John Tosh, Nicholas Ordway, *Real Estate Principles for License Preparation*, Englewood Cliffs: Prentice Hall, 1990, a Division of Simon and Schuster, 1990, p. 90.

3　［日］田中英夫等编集：《英美法辞典》，东京大学出版会1991年版，第178页。

4　［日］田中英夫等编集：《英美法辞典》，东京大学出版会1991年版，第179页。

（management agreement）；（7）预定与购买协议（subscription and purchase agreement）；（8）各专有部分盖印证书（unit deed）。[1]

（三）建筑物（公寓）区分所有权的消灭

建筑物（公寓）区分所有权的消灭，根据大多数州法，主要因如下事由而发生：（1）依法自动放弃建筑物（公寓）区分所有权；（2）公寓因火灾或其他原因而遭受毁坏，专有部分所有权人无力予以重建；（3）公寓所有权因转让而消灭；（4）区分所有建筑物（公寓）变得老朽、陈旧，已超过50年的使用期限。[2]

（四）区分所有建筑物（公寓）的种类

在美国，区分所有建筑物（公寓）的种类甚多，主要有：（1）区分所有建筑物多层高楼（Highrise apartments）；（2）市镇厅（Town-Houses）；（3）花园公寓（Garden apartments）；（4）购物中心（Shopping Centres）；（5）娱乐中心（Recreational Centres）。

第二节 英国

一、立法前史与基本立法状况

英国是英美法系的另一主要国家，关于建筑物区分所有权，其与美国稍有不同，称为"flat ownership"。[3]但由于建筑物区分所有权的观念在根本上有悖于英国法与英国生活方式，故此，迄至二战结束前的较长时期内，作为制度的建筑物区分所有权始终并不存在。[4]

英国的建筑物区分所有权系由于受第二次世界大战的影响而建立起来的。[5]二战期间，由于维持庞大建筑物与公寓大厦所需费用急速增加，以及法律对租金的

1　John Tosh, Nicholas Ordway, *Real Estate Principles for License Preparation*, Englewood Cliffs：Prientice Hall, 1990, a Division of Simon and Schuster, 1990, p. 91.

2　Charles J. Jacobus, Bruce M. Harwood, *Real Estate：An Introduction to the Profession*, Englewood Cliffs：Prientice Hall, 1990, p. 347.

3　G. M. Divekar, *Law and Practice of Property Transactions*, Pune：Hand Law House, 1991, p. 336.

4　G. M. Divekar, *Law and Practice of Property Transactions*, Pune：Hand Law House, 1991, p. 336.

5　G. M. Divekar, *Law and Practice of Property Transactions*, Pune：Hand Law House, 1991, p. 336.

限制和其他因素，导致庞大的房屋所有人管理、维持其建筑物的存在发生困难，进而使房屋所有人出卖房屋的一部或数部的情形发生。而自承租人方面看，基于所有权而占有、使用房屋，较其基于租金而占有、使用房屋将更为有利。故此，至二次大战后期，建筑物区分所有权就在英国自发地生长起来，并进而扎下根来，成为一项根深蒂固的制度。[1]

英国对建筑物区分所有权的规范，乃与法国、德国、日本等大陆法系国家所进行的规范皆不相同，其采成文法（制定法）与判例法相结合的方式而为之。就制定法而言，它也非如大陆法系国家采专门制定建筑物区分所有权法的方式对区分所有建筑物所生的复杂法律关系予以规制，而系以"住宅法"的方式对涵括区分所有建筑物在内的各种建筑物的所有和租赁的法律关系予以综合调整。无疑，英国法的此种调整范式具有其自身的特点。

英国《住宅法》系由 1946 年至 1951 年执政的英国工党制定。工党一上台，就面临战后严重的住房短缺问题。[2] 为解决此一问题，一个重大的措施就是于 1946 年制定《住宅法》，透过此法向地方政府提供补贴，鼓励其大量提供住宅。[3] 由于此法，1946 年至 1951 年间，英格兰和威尔士建造了 90 余万套住房，年平均建房近 12 万套。[4] 时至 1960 年代，该《住宅法》先后三次被修改，进入 1970 年代后又被修改。较近的一次修改是在 1980 年，故此，英国现行《住宅法》又称"1980 年住宅法"。

值得提及的是，英国即使有该《住宅法》，关于建筑物区分所有权的法律文献迄今仍系较难见到，且这方面的判例也十分少见，甚至没有（有关建筑物区分所有权的诉讼也非常少）。但是，区分所有建筑物在过去 60 年里急剧增加。此主要系由两方面的因由所造成：一是都市中心部严峻的住宅缺乏；二是受法国周边地区出让区分所有建筑物热潮的影响。在英国，可以见到于美国不能见到的所谓"特异问题"，而这主要系由 1925 年的《财产法》（Law of Property Act）所引起的

1　G. M. Divekar, *Law and Practice of Property Transactions*，Pune：Hand Law House，1991，p. 336.

2　胡文政编译："英国的住房问题"，载《房地产经济》1989 年第 12 期，第 52 页。

3　胡文政编译："英国的住宅问题"，载《房地产经济》1989 年第 12 期，第 52 页。

4　胡文政编译："英国的住宅问题"，载《房地产经济》1989 年第 12 期，第 53 页。

问题。譬如公寓（专有部分）的自由保有权人（Freehold owner）是禁止作为共同保有者（Tenant in common）而保有共用部分的。也就是说，共同保有者不能保有普通法（Common Law）上的不动产，而仅可根据财产法的信托保有之。当然，此所谓信托，指"卖却信托"（卖掉信托），如果不是依此，将不能保有之，进而也可看到，区分所有制度的意义也就丧失了。不过，关于此点，在英国也可见到其他制度。这就是 apartment 的所有者构成理事会。管理人与事务员通常为对 apartment 建筑物的管理有经验者。管理组合法人的规约，就法人的目的、管理组合法人构成员的资格、集会的程序、构成员的投票权、理事会及票数的计算等作出详细规定。如此，不仅共用部分的所有权，且其管理也归属于管理组合法人。管理组合法人遵守卖主的盖章契约（日文：俸印契约），承担每一个 apartment 所有者的盖章契约的履行责任。1993 年，英国通过了 Leasehold Reform, Housing and Urban Development Act 1993（即"Leasehold 改革、住宅、都市开发法"），系与实际的区分所有问题密切对应。2002 年 5 月 1 日，英国又通过了 Commonhold and Leasehold reform Act 2002（即"Commonhold and Leasehold 改革法"），此系英国首次以成文法认可建筑物区分所有权。被称为 commonhold 的英国建筑物区分所有权制度的特性，是当然认可管理组合（commonhold association）的法人格，共用部分不能为区分所有人共有，而仅能为管理组合单独所有。[1]

二、基本内容

（一）建筑物区分所有权的取得（成立）

由于英国高层建筑物主要由政府出资兴建，故而建筑物区分所有权的取得通常采取先租赁后购买的方式进行。按照《住宅法》第 1 条、第 3 条与第 50 条的规定，如果住宅是一座住房，房客可以通过购买而获得该住房的完全所有权。至于取得住宅区分所有权的主体，根据《住宅法》第 28 条的规定，其不包括普通房客，而必须是在公共领域按照安全租赁条件承租房屋的"安全房客"。

---

[1]　刘强："关于集合住宅的中国不动产法制度的整备的研究"（日文），日本千叶大学大学院自然科学研究科 2003 年，第 41 页。

（二）建筑物区分所有权的种类（类型）

依《住宅法》与各地实务，英国建筑物区分所有权的类型有四：一是公寓大厦区分所有权；二是作为建筑物之一部的涵括卧室、浴室、厨房等在内的一套房间的所有权；三是依《住宅法》自地方当局长期租赁的涵括卧室、浴室、厨房等在内的一套房间的所有权；四是镇公所、市镇厅所有权。[1]

（三）区分所有建筑物的管理

区分所有建筑物的管理，英国采多头管理体制。按照《住宅法》第42条第1项的规定，住宅管理机关为房主管理当局。其涵括：依《住宅法》第49条而成立的住宅公司，符合1960年《慈善团体法》有关慈善团体目的的住宅信托组织，以及都市发展公司和威尔士乡村发展理事会等。

第三节　我国香港特别行政区

一、立法基础

香港是一颗镶嵌在祖国南海之滨的"东方明珠"，是享誉全球的国际金融、商贸中心。这里地少人多，总面积约1000平方公里，其中丘陵、山地占80%，农田占9%，人口约600万，是世界上人口最密集的地区之一。[2]

在迄于今日的香港经济的发展中，房地产业始终起着重要作用，成为香港经济的一大支柱。香港法虽属英美法，大多数法律制度沿用英国法，但是，关于建筑物区分所有权，其却与英国法相距甚远。过去数十年间，香港建立了一套完善的、颇具特色的建筑物区分所有权制度及其规则。

香港建筑物区分所有权的确立，是在香港房地产业大规模发展，高层建筑、多层建筑获得大量兴建后开始的。而此主要起于1950年代初期。1953年圣诞节晚上，一场大火将九龙石硖尾一个人烟稠密的木屋区完全烧掉。大火过后，约53 000人无家可归。面对大量灾民，香港政府开展了安置灾民的艰巨工作。政府

1　G. M. Divekar, *Law and Practice of Property Transactions*, Pune: Hand Law House, 1991, p. 337.

2　蔡育天等：《香港房地产管理实务》，上海人民出版社1992年版，第1页。

由此推出了"公共房屋计划"。[1]1954年，香港政府兴建了一个由多幢6层高大厦组成的屋屯。该大厦的基本设计为"H"型，居住单位排列于建筑物的两长臂，厕所、浴室则为公用。[2]此即香港区分所有建筑物的端绪。至1960年代初期，香港政府乃开始设计较高水准的房屋，向市民提供有独立设施的住房单位（单元）。至此，现当代意义的区分所有建筑物正式于香港出现。时至1960年代中期，随着香港大批公屋和居屋的建成，尤其是人口密度的增长、高层建筑和屋屯规模的扩大，以及人们对居住环境品质要求的日益提高，最终促成了香港政府以立法形式对此类高层、多层区分所有建筑物（大厦）予以立法管理。至1970年代初，《多层大厦（业主立案法团）条例》即被制定。

二、《多层大厦（业主立案法团）条例》（1970年6月19日）

香港《多层大厦（业主立案法团）条例》制定于1970年6月19日，共7部分43条，另有3个附表。

《多层大厦（业主立案法团）条例》（以下简称"条例"）制定的旨趣，系在于使多层大厦里的各户业主能够共同组织一个有制度和稳定的法团和管理委员会，将大厦管理得妥当、完善，从而使各业主和住户皆获利益。该"条例"所称"大厦"，系指连地库在内共有二层或二层以上的建筑物，以及该建筑物所坐落的土地和该大厦各业主共同享有的任何其他附属土地。

（一）关于公共契约

所谓公共契约，是一份对签约各方及承让人皆有约束力的文件。订立公共契约的目的，在于明确各项管理规则，使大厦各业主、住户于使用大厦的公共部分、私人部分及设施时，或在成立业主立案法团时，有所遵从，进而明了自身的权利与义务。该公共契约对各业主（区分所有权人）的权利与义务设有详尽规定。

（二）关于多层建筑物业主立案法团

多层建筑物业主立案法团系多层大厦各业主按照"条例"而成立的法人团

1　蔡育天等：《香港房地产管理实务》，上海人民出版社1992年版，第3页。
2　蔡育天等：《香港房地产管理实务》，上海人民出版社1992年版，第3页。

体。此即管理法人团体，其成立，在于使各业主通过订立公共契约，使各自的房屋单元产权获得保障，并使管理秩序得到维持。该"条例"就多层大厦业主立案法团成立的方法、职责和多层大厦业主立案法团内部机构的设置（管理委员会）等定有明文。

（三）关于管理委员会

此为依业主大会决议而于多层大厦业主立案法团内设置的重要执行机关，其成立方式、职责等，"条例"皆设有翔实规定。

第四节　我国澳门特别行政区

澳门特别行政区称建筑物区分所有权为"分层所有权"，称区分所有建筑物为"分层建筑物"，究其原因，乃系受到葡萄牙法影响的结果。其关于分层所有权方面的立法肇始于葡萄牙 1955 年 10 月 14 日的第 40333 号法令。此法令通过 1956 年 10 月 27 日的葡萄牙第 15984 号内阁训令于澳门获得实施。可以说，1955 年的第 40333 号法令乃系澳门现当代分层所有权（建筑物区分所有权）的基石。

按照解释，澳门分层所有权制度调整的关系主要涵括：（1）分层所有人对其独立单位（单元）的独立支配关系，亦即，分层所有人对独立单位（单元）的使用、收益以及处分关系；（2）对分层所有人共有关系的调整；（3）对分层所有人间的"独立单位"相互邻接而引起的不动产相邻关系的调整；（4）对分层所有人之间的团体关系的调整。[1]

澳门分层所有权的法性质，学理上存在歧见。有学者认为其系一种所有权的特别形态，也有认为其为一种新的物权类型，此种见解以恩里克·梅斯基塔（Henrique Mesquita）为代表。该氏指出，虽然所有权及共有的规定足以解析整个分层所有权制度，但该制度绝对不等于将此两种权利并列，分层所有权系一种新

---

[1] 唐晓晴："澳门分层所有权制度论略"，载蔡耀忠主编：《物权法报告》，中信出版社 2005 年版，第 68 页。

的物权，为物权的一个新类型。[1]惟多数学者认为澳门分层所有权系一种特殊的不动产所有权，具有复合性与一体性。[2]此解释与德国、日本等大陆法系国家对建筑物区分所有权的学理解释相契合。

对于澳门分层所有权的法律构成，也有不同之见。清晰表述澳门分层所有权的法律构成的，是《澳门民法典》第1323条和第1330条。第1323条第1款规定分层所有人对其"所属单位"（专有部分）和共同部分的权利；第2款规定该两项权利为不可分离的整体，任何一项权利不得与另一项分开，分层建筑物的所有人也不可通过放弃对共同部分（共用部分）的权利，而不负担就其共同部分（共用部分）的保存或收益所必要的开支。第1330条规定分层所有人在管理上的权利，涵括参加分层建筑物所有人大会及表决的权利、按规定召开大会的权利、向管理机关提出建议的权利以及对管理机关的行为提出申诉和诉讼的权利等。于学界，对于德国学者贝尔曼（J. Bärmann）提出的建筑物区分所有权系由三部分构成（专有所有权、共用部分持分权及成员权）的主张，虽然葡萄牙一些学者业已注意到并作了研究，但多数学者因紧扣实定法的条文，故对贝尔曼的三元论说之当否未置可否。长久以来，葡萄牙关于分层所有权的著述均只论述独立所有权（专有所有权）和共有所有权的特点，而不提及成员权，故此，系采建筑物区分所有权法律构成中的"二元论说"[3]。

分层所有权的设定与登记。按照《澳门民法典》第1317条的规定，分层所有权可以通过法律行为、行政行为、取得时效及司法裁判而设定。又依澳门《物业登记法典》第2条的规定，无论采取此四种方式中的哪一种设定分层所有权，

1　唐晓晴："澳门分层所有权制度论略"，载蔡耀忠主编：《物权法报告》，中信出版社2005年版，第69页。

2　唐晓晴："澳门分层所有权制度论略"，载蔡耀忠主编：《物权法报告》，中信出版社2005年版，第71页。

3　唐晓晴："澳门分层所有权制度论略"，载蔡耀忠主编：《物权法报告》，中信出版社2005年版，第71—72页。值得提及的是，《澳门民法典》也未对分层所有权（建筑物区分所有权）作定义性规定，故而也不清楚系采二元论说抑或三元论说。不过，有澳门学者认为，建筑物区分所有权"并不是传统的单独所有权和共有的相加"，分层所有权与传统的单独所有权和共有的相加之间并不是一回事。对此，请参见唐晓晴："澳门分层所有权制度论略"，载蔡耀忠主编：《物权法报告》，中信出版社2005年版，第72页。

设定之时不登记的，将不生对抗第三人的效力。

澳门分层所有权制度称"管理规约"为"管理规章"。按照其实务，管理规章既可载于分层所有权设定凭证内，也可由分层所有人大会（建筑物区分所有人大会、业主大会）通过后而独立存在。《澳门民法典》第 1340 条规定，当分层建筑物的所有人超过 10 人时，管理规章的制定就是强制性的。"法律指 10 人而不是 10 个独立单位，因为分层所有人的数目愈多关系愈复杂；相反，即使单位再多，但却属于同一或两个所有人，则无须强制订定规章。"[1]

第五节　我国台湾地区 [2]

我国台湾地区关于公寓大厦的立法可谓较为缓慢，原仅有 1929 年公布民法典物权编时既有的两条（第 799 条和第 800 条）规定。至 1980 年代，为因应区分所有建筑物所有权第一次登记（俗称保存登记）的需要，方于"土地登记规则"中增订第 69 条至第 72 条（现行条文为第 78 条至第 84 条）4 个条文，以为适用。"土地登记规则"于 1995 年 7 月 12 日作了修订。台湾"内政部"鉴于公寓大厦（集合住宅）常常成为犯人藏匿之所，故而于 1992 年颁布"公寓大厦及社区安全管理办法"，以为治安的对策。至于全民期待的"居家宪法"——"公寓大厦管理条例"，迟至 1995 年 6 月 9 日方经其"立法院"三读通过，于同年 6 月 28 日公布施行。

一、我国台湾地区"民法"上的规定

我国台湾地区"民法"第 799 条第 1 项规定："称区分所有建筑物者，谓数人区分一建筑物而各专有其一部，就专有部分有单独所有权，并就该建筑物及其附属物之共同部分共有之建筑物。"第 799 之一规定："区分所有建筑物共有部分

1　唐晓晴："澳门分层所有权制度论略"，载蔡耀忠主编：《物权法报告》，中信出版社 2005 年版，第 80 页。

2　本部分主要参考、依据温丰文等《公寓大厦管理问题之研究》（台湾地区"行政院"研究发展考核委员会编印，1997 年 10 月）第 11—17 页，于此谨向温丰文等著者致以敬意。

之修缮费及其他负担，由各所有人按其应有部分分担之。但规约另有约定者，不在此限。"此一条文系仿效《日本民法》第 208 条的规定而来。条文中所谓"共同部分"，系指各区分所有人共同使用的部分。其中，有属于建筑物的本身者，也有属于建筑物的附属物者。前者如大厅、楼梯、走廊、间墙等是，后者如厕所与疆界线上的围墙、排水沟等是。此等共同部分推定为各建筑物区分所有人（业主）之共有，各建筑物区分所有人（业主）自可按其应有部分行使权利。惟既属推定，若有反证，足以证明为其中一人或数人所有时，自得推翻。另外，为使义务与权利均衡，既推定各区分所有人得按其所有部分享受权利，自应按其所有部分负担义务，故而其修缮费与其他负担应由各所有人按其所有部分的价值分担。[1]

另外，建筑物区分所有既属数人区分一建筑物而各有其一部分的所有权，则各区分所有人除能行使其专有部分与推定为共有部分的权利外，对他人的专有部分则无使用权。然而，在我国台湾地区，同一建筑物有时仅有惟一正中宅门，且属于其中某一区分所有人专有，为使各区分所有人能充分使用其专有部分，台湾地区"民法"第 800 条乃明定，建筑物区分所有中的一部分区分所有人有使用他人正中宅门的必要的，得使用之（第 800 条第 1 项第 1 句）。但此种情形，仅于当事人无特约或地方习惯者而言，当事人若有特约或另有习惯的，则应从其特约或习惯（第 800 条第 1 项但书）。至于因使用正中宅门，致其所有人受损害的，则应支付偿金，借以弥补，以昭公平也。[2]

以上乃台湾地区"民法"有关建筑物区分所有权的规定，其内容可谓颇为简略，实不足以因应当代台湾地区社会发展的需要。[3]

二、"土地登记规则"中的规定

我国台湾地区"土地登记规则"有关区分所有建筑物所有权第一次登记的规定，分专有部分、共用部分、地下层以及屋顶突出物的登记。

1　李肇伟：《民法物权》，台湾 1979 年自版，第 164 页。
2　温丰文等：《公寓大厦管理问题之研究》，台湾地区"行政院"研究发展考核委员会编印 1997 年 10 月，第 12 页。
3　温丰文等：《公寓大厦管理问题之研究》，台湾地区"行政院"研究发展考核委员会编印 1997 年 10 月，第 12 页。

（一）专有部分的登记

"土地登记规则"第 80 条规定，区分所有人得就区分所有建筑物专有部分的权利单独申请登记。当区分所有人申请专有部分的保存登记时，除应提出申办一般建筑物保存登记所应提出的文件——登记申请书、权利人身份证明文件、建筑物使用执照（或建筑执照或有关证明文件）、建筑物勘测成果表（包括建筑物平面图及位置图）外，如依其使用执照无法认定申请人的权利范围及位置图的，并应检具起造人分配协议书。[1]

（二）共用部分的登记

区分所有建筑物的共同使用部分应另编建号，单独登记，并依下列规定办理。

（1）同一建筑物所属各种共同使用部分，除法令另有规定外，应视各区分所有权人实际使用情形，分别合并，另编建号，单独登记为各相关区分所有人共有。但部分区分所有权人不需使用该共同使用部分的，得予除外。

（2）区分所有建筑物共同使用部分仅建立标识部，及加附区分所有建筑物、共同使用部分附表，其建号应于各区分所有建筑物的所有权状中予以记明，不另发给所有权状。[2]

以上乃"土地登记规则"对建筑物区分所有权的规定。"土地登记规则"仅具行政规章的性质，其所定的内容，也仅针对区分所有建筑物的保存登记。[3]

三、"公寓大厦与社区安全管理办法"

为维护治安，我国台湾地区"内政部"于 1992 年颁布"公寓大厦及社区安全管理办法"。此行政规章计有 18 个条文，主要内容如下。

（1）各乡（镇、市、区）村（里）应辅导公寓大厦设置管理委员会；一社区有数栋公寓大厦时，应辅导社区设置社区守望相助委员会。

（2）公寓大厦管理委员会得设置管理员若干人；社区守望相助委员会得设置

---

[1] 参见台湾地区"土地登记规则"第 79 条。

[2] 参见台湾地区"土地登记规则"第 81 条。

[3] 温丰文等：《公寓大厦管理问题之研究》，台湾地区"行政院"研究发展考核委员会编印 1997 年 10 月，第 13—14 页。

巡守员若干人。

（3）管理委员会与巡守员除担任公寓大厦与社区的日常管理外，为维护治安，负有与当地警察机关保持联系之责。

以上"办法"仅系行政机关所颁布的法规命令而已，且其重点仅在维持治安，故而不能谓为公寓大厦管理的治本措施。[1]

四、"公寓大厦管理条例"

（一）立法经过

近年来，台湾地区由于社会经济发展，人口不断往都市集中，导致都市土地供需失衡，高层公寓大厦激增，住在同一屋檐下的区分所有权人间的权利义务关系日趋复杂，住户间的纠纷迭起。抑有进者，有的住户甚至擅自打通阳台，占用防空避难空间，或任意于顶楼或法定空地加建，导致都市景观紊乱，居住生活品质低落，火灾意外频仍，公共安全亮起红灯。

有鉴于此，台湾"内政部"营建署于1981年即着手有关高楼、社区管理法案的研究，1984年6月完成"建物区分所有管理条例"草案初稿，送"内政部"法规会审查，将之更名为"公寓大厦及社区管理条例"。之后几经易稿，于1992年8月28日送请"行政院"审查。"行政院"院会为避免"社区"一语与其他现行法规发生混淆，而将"社区"一语删除，名称遂改为"公寓大厦管理条例"，于1993年2月28日经"行政院"第2318次院会通过后，随即函送"立法院"审议。

"立法院"接获"行政院"函送的草案后，于1993年3月5日经院会决议，将此项草案交付"内政部"等审查。之后先后经历十次的审查，终于在1995年3月月底提付"立法院"院会进行二、三读程序，而于同年6月9日三读通过，同年6月28日公布施行，并自同年6月30日起正式生效。[2]

1　温丰文等：《公寓大厦管理问题之研究》，台湾地区"行政院"研究发展考核委员会编印1997年10月，第14页。

2　尹章华等：《公寓大厦管理条例解读》，月旦出版社1995年版，第18页；温丰文等：《公寓大厦管理问题之研究》，台湾地区"行政院"研究发展考核委员会编印1997年10月，第14—15页。

（二）基本内容

"公寓大厦管理条例"（以下简称"条例"）的公布施行，是台湾地区居住关系法制化的新里程碑。该法律不但将敦实睦邻自社会道德层面提升至法律层面，且创设了以大楼自治组织为管理中心的制度，对住户自治以及管理组织的民主运作等作了详细规范，尤其着重于住家"三安"——公共安全、公共安宁及公共安居——等的规范，对住户的权利义务的影响相当深远。另外，其对公寓大厦的物权关系，也有开创性的规定。[1]该"条例"共计6章，凡63条，主要内容如下。

（1）第1章"总则"，自第1条至第3条。明定本"条例"的立法目的、主管机关与用词定义。第1条规定本"条例"的立法目的为"加强公寓大厦之管理维护，提升居住品质"。第2条规定公寓大厦的主管机关，"在直辖市为直辖市政府；在县（市）为县（市）政府"。第3条为定义条文，将本"条例"的主要用语，以明文定其内涵。

（2）第2章"住户之权利义务"，自第4条至第24条，共21个条文，明定建筑物区分所有权与基地利用权的一体性，区分所有权人间相邻的法律关系，公寓大厦的管理维护与公共基金的设置。具体而言，本章的主要内容涵括：

1）区分所有权人不得将其专有部分与其所属建筑物共用部分的应有部分及其基地所有权或地上权的应有部分分离而为移转或设定负担。

2）各住户间成立立体叠设的相邻关系，其因修缮、维护或设置管线需要进入他住户的专有部分时，他住户不得拒绝。住户的使用行为有妨碍公共卫生、公共安宁或公共安全之虞的，设有禁止或限制的规定。

3）对于重大违反义务的恶邻居，授予管理组织强制迁离或强制出让的诉权。

4）公共基金为公寓大厦的主要管理经费，其来源、提交、储存、运用，该"条例"均定有明文。

（3）第3章"管理组织"，自第25条至第40条，共计13个条文。明定公寓大厦的管理组织为区分所有权人会议、管理委员会（或管理负责人），并得雇佣

1　林旺根等：《活用公寓大厦管理条例》，永汀出版公司1995年版，第22页。

管理服务人从事公寓大厦管理维护工作。申言之，本章对区分所有权人会议的召集程序、决议方式及管理委员会或管理负责人的设立、职务等，皆予明定，同时赋予管理委员会或管理负责人以诉讼上的当事人能力。亦即，为公寓大厦管理的需要，管理委员会或管理负责人得为原告或被告进行诉讼。

（4）第4章"管理服务人"，自第41条至第46条。分别规定"执行许可登记"（第41条）、"管理维护事项"（第42条）、"公寓大厦管理维护公司执行业务规定"（第43条）、"受雇之管理服务人员执行业务规定"（第44条）、"受雇以外之管理服务人员执行业务规定"（第45条）及"管理维护公司及人员管理办法之订定"（第46条）。

（5）第5章"罚则"，自第47条至第52条，共计6个条文。明定违反本"条例"或管理规约时的处罚，以落实公寓大厦的管理维护。本章所定的罚则，其性质有二：

1）行政罚。对一般区分所有权人、住户、管理委员会或管理负责人等有违规使用或违反法律所定义务时，视其违反内容，由主管机关裁处新台币3000元至15000元，或4万元至20万元的处罚。

2）刑罚。公寓大厦的住户有营业事实，而变更专有部分的用途或妨碍消防设备功能致人员伤亡的，最重可处7年有期徒刑，并科新台币500万元罚金。

（6）第6章"附则"，自第53条至第63条，共计11个条文。明定社区的准用，相关法令授权主管机关订定及购屋者权益的保护。其中，为保护购屋者的权益，一方面规定公寓大厦于办理建筑物所有权第一次登记时面积测量的基准，以杜绝面积计算的争议；他方面规定起造人于申请建造执照时，应检附专有部分、共用部分、约定专用部分、约定共用部分标识详细图以及住户管理规约草案，于未领得建造执照前，不得办理销售。[1]

以上系我国台湾地区"公寓大厦管理条例"内容的概要。该"条例"系台湾地区"民法""建筑法"的特别法，故此，其未规定的事项，如涉及私人间的权利义务的，应适用"民法"的相关规定。另外，属于行政权的管理监督的，则应

---

[1]　尹章华等：《公寓大厦管理条例解读》，月旦出版社1995年版，第26页；温丰文等《公寓大厦管理问题之研究》，台湾地区"行政院"研究发展考核委员会编印1997年10月，第16—17页。

适用有关建筑法令的规定。此外，为利"公寓大厦管理条例"的施行，台湾地区"行政院会"于1996年通过"公寓大厦管理条例施行细则"，该施行细则共计14个条文（1996年当时为16个条文，2005年修正为14个条文）。[1]

（三）适用问题

"公寓大厦管理条例"第55条规定，本条例施行前已取得建造执照的公寓大厦，应依本条例规定成立管理组织。据此条文，"公寓大厦管理条例"的适用对象，不仅涵括本条例施行后建造的公寓大厦，且本条例施行前建造完成的公寓大厦，也在适用范围内。

惟溯及既往的立法方式，势将影响社会既有的秩序，故此，在学理上按事项的性质予以区分较妥。也就是说，凡属一次性的事项发生于本"条例"生效之前的，应不受本"条例"的拘束；若为持续性的事项，则自本"条例"生效后，即应按本"条例"的规定处理。申言之，公寓大厦的销售、建造执照的申请、起造人申请建造执照时提列公共基金，乃至区分所有建筑物的保存登记等事项，乃一次性的事项，其发生时间若在本"条例"生效前，自不受本"条例"的拘束；反之，区分所有权人会议的召开、管理委员会的组成、住户间的权利义务关系等持续性的事项，于本"条例"生效后，即应按本"条例"的规定办理。[2]

---

[1] 温丰文等：《公寓大厦管理问题之研究》，台湾地区"行政院"研究发展考核委员会编印1997年10月，第17页。

[2] 温丰文等：《公寓大厦管理问题之研究》，台湾地区"行政院"研究发展考核委员会编印1997年10月，第17页。

第四章

建筑物区分所有权总说

第一节　各国法建筑物区分所有权的名称

　　建筑物区分所有权为民法上一项重要的不动产所有权形态。但关于建筑物区分所有权一词的表述，各国立法成例不尽相同。如前述，法国 1938 年法律与现行法分别称建筑物区分所有权为"区分各阶层不动产之共有"（Loi tendant ávégler la stat ut de la copropriété des immeubles divises par appartments）与"住宅分层所有权"（Statutde la copropriété des immeubles bâtis）；在德国和奥地利，则称为"住宅所有权"（Wohnungseigentum）；在意大利、英国，虽均称为"公寓所有权"，但在具体使用的语词上却不相同，前者称为"condominium ownership"，后者则称为"flat ownership"。于美国，其各州关于建筑物区分所有权的名称更是林林总总，不一而足，有的称为"公寓所有权"（condominium ownership）抑或"单位所有权"（unit ownership），有的则称为"楼层财产权"（Horizontal property），等等。[1] 不过，美国联邦住宅局制定的《公寓大厦所有权创设示范法》与美国大多数州法则称为"公寓所有权"。于瑞士，称建筑物区分所有权为"楼层所有权"或"分层

　　1　美国各州有关建筑物区分所有权的称谓的不同，可由本书末所附的"美国的区分所有权州法"一览表而见其一斑。由该表，可知美国建筑物区分所有权的名称系最为纷繁复杂，其他各国家或地区系无法与之相较。

建筑物所有权"（Stockwerkeigentum）[1]，而在日本和我国台湾地区，则称为"建筑物区分所有权"[2]。

总之，各国家和地区立法成例关于建筑物区分所有权的名称，可谓各不相同，不一而足。尽管如此，它们在实质内容上却系相同，即均系对以建筑物的某一特定部分为客体而成立的不动产所有权形态的抽象概括。本书认为，自比较法与语义学的视角衡量分析，以上诸种名称中，当以日本法和我国台湾地区"民法"所称的"建筑物区分所有权"最为妥洽，可为我国建筑物区分所有权立法与学理所采纳。

其一，关于德国法、奥地利法所称的"住宅所有权"。按照《辞海》和《现代汉语词典》的解释，所谓"住宅"，系多指"规模较大的住房"，或"住家的房屋"[3]。据此，"住宅所有权"即可解为"对规模较大的住房的所有权"抑或"住家的房屋的所有权"。如此一来，无论是一座供住家用的无楼层的较大的平房，抑或是一栋供住家用的高楼大厦，皆可称为"住家的房屋"。但是，在前者的情形，系单一权利主体对整个平房享有的所有权，不发生建筑物区分所有权的问题；而于后者的场合，则系多个不同的所有人分别对整栋高楼大厦的某一或某几个特定部分享有的所有权，由此发生区分所有。故而，德国与奥地利法所采用的"住宅所有权"的名称外延显然过宽，以至于将所有对"住家的房屋"的所有权皆一并涵括，有失精准，易生误解。

其二，关于法国法的"住宅分层所有权"与瑞士民法的"楼层所有权"。此

---

[1] 中国大陆《瑞士民法典》的三个译本对建筑物区分所有权的称谓存在差异。殷生根译《瑞士民法典》（法律出版社 1987 年版）、戴永盛译《瑞士民法典》（中国政法大学出版社 2016 年版），称为"楼层所有权"，而殷生根、王燕译《瑞士民法典》（中国政法大学出版社 1999 年版）则称为"区分所有权"。后者之译为区分所有权，显然系受到了 20 世纪 90 年代中期以后我国民法学理对建筑物区分所有权的研究的影响。此外，台湾大学法律系 1967 年 7 月印行的《瑞士民法》（条文）称为"分层建筑物所有权"。较诸此等译本的称呼，本书认为，将《瑞士民法典》的建筑物区分所有权称为"楼层所有权"或"分层建筑物所有权"，乃系更符合其立法的初衷与本旨。

[2] 我国台湾地区"民法"第 799 条和第 800 条称为"建筑物区分所有权"，此由来于《日本民法》第 208 条的规定。惟台湾地区关于建筑物区分所有权的特别法，则称为"公寓大厦管理条例"。

[3] 参见《辞海》（语言分册）（上册），上海出版社 1977 年版，第 1060 页；参见中国社会科学院语言研究所词典编辑室编：《现代汉语词典》（第 5 版），商务印书馆 2005 年版，第 1783 页。

二术语自语义上皆可解为"于多层和高层建筑物中，对住家的房屋的某一楼层的所有权"。但是，"住宅分层所有权"与"楼层所有权"只不过是建筑物区分所有权分类中的一种，即所谓对横割式楼房的区分所有建筑物的所有权。建筑物区分所有权除此种区分所有形态外，尚有所谓纵割式与左右纵割、上下横切式（分套所有）的区分所有建筑物形态。故而，所谓"楼层所有权"或"分层所有权"也皆不能涵括建筑物区分所有权的所有类型，失之过窄。另外，美国一些州法所称的"单元所有权"或"楼层所有权"，自语义上解释，也仅分别指左右纵割、上下横切的分套所有的建筑物区分所有权与横割式楼房的建筑物区分所有权，依旧不能涵盖所有的建筑物区分所有权类型。

其三，关于意大利、英国及美国法所称的"公寓所有权"。以此"公寓所有权"的名称来表述建筑物区分所有权，仍然不能谓为妥当，其因由是：（1）依《现代汉语词典》的解释，所谓"公寓"，系指"分户居住的多层或高层建筑，有若干成套的单户独用的房间，设备较好"[1]。据此，所谓"公寓所有权"即可解为"房屋所有权"。而"房屋所有权"系一个涵义极为宽泛的概念，涵括所有以房屋为客体而成立的所有权。（2）"公寓"一词为外来语，我国社会迄不常用，偶尔一用，也大都侧重于"公共住宅"的意义。故此，如以公寓所有权来表述建筑物区分所有权，则易使人产生公寓所有权即"公共住宅所有权"的误解。（3）即使根据英美法对"公寓"一词的解释，以公寓所有权来表述建筑物区分所有权也有不妥。按照英美法的解释，公寓乃是指由数个分立住宅组成，且每一住宅必须于用益上可以独立的成为一个寓所的建筑物。[2]据此，一栋一层楼的由独立寓所构成的公寓，其权利人可以分别对其寓所享有所有权，但他们之间却并不发生区分所有的问题。[3]可见，根据英美法固有的公寓所有权的含义，乃仍旧不能准确地指称建筑物区分所有权。

其四，关于日本和我国台湾地区"民法"所称的"建筑物区分所有权"。如

1　参见中国社会科学院语言研究所词典编辑室编：《现代汉语词典》（第5版），商务印书馆2005年版，第474页。

2　黄茂荣："有关公寓法律问题之研究"，载郑玉波主编：《民法物权论文选辑》（上册），五南图书出版公司1984年版，第450页。

3　段启武："建筑物区分所有权之研究"，中南政法学院1993年2月硕士论文，第13页。

前述，日本最早关于建筑物区分所有权的立法系仿效、移植《法国民法典》第664 条，而规定于《日本民法》第 208 条中。我国台湾地区"民法"第 799 条和第 800 条关于建筑物区分所有权的规定则系直接仿效《日本民法》第 208 条而来。尽管如此，"建筑物区分所有权"一语却是日本法的创造。"建筑物区分所有权"中的"区分"，日语为"くわけ"或"くぶん"，其意义相当于汉语的"区分开""分类""划分"或"分开""区分"之意。[1] 故此，所谓"建筑物区分所有权"，即是指对建筑物的与其他部分区别开来的某一特定部分享有的所有权，它既涵括纵割式住宅所有权，也包括横割式与混合式住宅所有权，可囊括所有类型的区分所有建筑物的权利形态，且不致产生歧义并易于为人民所理解和接受。无疑，建筑物区分所有权于前述各种表述中系属最优。对于此一名称，我国民法学界事实上早已接受，且我国立法机关实际上也予以了接受。2007 年颁行的《物权法》即称为建筑物区分所有权。毫无疑义，这一称谓是妥当的、科学的，应值赞赏。

第二节　建筑物区分所有权的涵义或构成

一、对建筑物区分所有权涵义或构成的诸种学说的分析 [2]

如前述，建筑物区分所有权自滥觞以来迄今已有甚为久远的历史。惟关于其涵义或构成，长久以来，各国家或地区不但未形成通说，且基于不同的政治、经济与民法理念，尚产生诸多不同的认识，形成了各种有差异的学说或学理。兹逐一分述如下。

（一）一元论说

又称"一元主义"（monisme）或"一元论"（théorie unitaire，conception unitaire）。该说又分为"专有权说"与"共有权说"。

---

[1]　参见《详解日汉辞典》，北京出版社 1991 年版，第 392 页、第 408 页。

[2]　关于对此的翔实分析，请参见陈华彬："论建筑物区分所有权的构成——兼议《物权法》第70 条的规定"，载《清华法学》2008 年第 2 期，第 99 页以下。

1. 专有权说

此说最早为法国学者于解释《法国民法典》第 664 条关于楼层所有权的规定时提出，[1]认为建筑物区分所有权系指区分所有权人于区分所有建筑物专有部分上享有的专有所有权权利。故此，建筑物区分所有权系若干个单独的 "个人所有权的堆积"[2]。时至 20 世纪六七十年代，伴随日本 1962 年建筑物区分所有权法的颁布，该说进一步得到日本学者的阐发。学者我妻荣于其《物权法》（民法讲义 II）中谓：建筑物区分所有权系在专有部分上成立的所有权，其性质与一般所有权并无本旨差异，惟其使用、收益、处分受他区分所有权的制约，且专有所有权与共用部分上成立的共有持分权紧密结为一体。[3]学者玉田弘毅认为，"称区分所有权者，谓在建筑物专有部分上成立的所有权"。[4]另外，我国台湾地区学者史尚宽、刘得宽亦持同样见解。史尚宽认为，"数人区分一建筑物而各有其一部者，谓之区分所有。其区分之各部，为独立的权利客体，于此部分成立单独的所有权"。[5]刘得宽于其所著《民法诸问题与新展望》一书中也称，区分所有建筑物得区分为专有部分与共用部分，于专有部分上成立的所有权，即为区分所有权。[6]

立法上，专有权说为立法所肯定，首先始于 1804 年《法国民法典》第 664 条所谓 "建筑物的各楼层属于不同的所有人" 的规定。而该条规定系直接承袭法国 1561 年欧塞尔地方编纂的习惯法第 116 条而来。[7]学说认为，《法国民法典》第 664 条的此一规定，系《法国民法典》制定当时流行的社会思潮极力倡导所有权的绝对性，强调对个人财产予以绝对保护的结果。[8]

于《法国民法典》第 664 条肯定专有权说之后，至 1962 年日本制定建筑物区分所有权法时，专有权说又于实定法上获得承认。该法第 2 条规定，本法所称建

1　[日]小沼进一：《建筑物区分所有之法理》，法律文化社 1992 年版，第 261 页。

2　[日]小沼进一：《建筑物区分所有之法理》，法律文化社 1992 年版，第 262 页。

3　[日]我妻荣：《物权法》（民法讲义 II），旧版 1963 年第 19 刷，第 362—363 页；有泉亨补订新版，第 524 页、第 526 页（1983 年）。

4　[日]玉田弘毅：《公寓的法律纷争》，有斐阁 1984 年版，第 3 页。

5　史尚宽：《物权法论》，史吴仲芳、史光华发行 1979 年版，第 109 页。

6　刘得宽：《民法诸问题与新展望》，中亨有限公司 1980 年版，第 27 页。

7　[日]小沼进一：《建筑物区分所有之法理》，法律文化社 1992 年版，第 259 页。

8　[日]小沼进一：《建筑物区分所有之法理》，法律文化社 1992 年版，第 262 页。

筑物区分所有权，系指依第 1 条规定，以建筑物的专有部分为标的物而成立的所有权。另外，在我国台湾地区，对于区分所有建筑物，区分所有权人也得就其区分所有部分之权利，单独申请登记。显然，此也系采专有权说。

2. 共有权说

此说最早为法国学者普鲁东（Proud'hon）与拉贝（Labbé）于解释《法国民法典》第 664 条的规定时，针对前述法国学者的专有权说而提出的对立学说。该说以集团性、共同性为立论基础，将区分所有建筑物整体视为全体区分所有权人之共有，究其实质，系将区分所有权作为一种共有所有权予以理解和把握。[1]但是，该说未为法国多数学者所接受，《法国民法典》第 664 条事实上也拒绝承认该说，而采专有权说。尽管如此，共有权说却并未因此而湮灭，其在日本得到了重要发展，受到一些著名学者的进一步阐发。

（1）加藤一郎指出，于分割区分所有建筑物而形成的专有部分上，只不过是承认区分所有权人的排他性使用权。虽然专有部分实际上与"专用部分"相同，准用所有权有关支配权能的规定，但其与普通所有权并不相同，即它必须受"共同所有性"的制约，进而建筑物区分所有权即为共同所有的一种特殊形态。[2]

（2）星野英一认为，所谓区分所有，实际上乃是将区分所有权人个人享有的单独所有权予以集合，使之成为整体建筑物而由全体构成员的组织享有，单个构成员享有相应持分的权利。[3]

（3）石田喜久夫认为，区分所有建筑物上的专有部分，归根结底也只不过是建筑物之一区域。由于它受建筑物整体物理性的制约，故而区分所有权的内容也不得不受其限制。并且，于多数情形，由于住宅及生活场所也不得不服从于各种社会性限制，故实质上，不论建筑物区分所有权的法律构成如何，也不论专有部分与共用部分的区别，乃应将建筑物区分所有权认定为系由全体区分所有人共同

1　[日]小沼进一：《建筑物区分所有之法理》，法律文化社 1992 年版，第 263 页。
2　[日]加藤一郎等：《区分所有建筑物的管理与法律》，日本区分所有建筑物管理问题研究会编 1981 年，第 19 页。
3　[日]星野英一等：《区分所有建筑物的管理与立法的课题》（1—9），不动产研究会《NBL》1980 年，第 38 页。

所有，且着眼于社会性限制的考量，尚应将其理解为"合有"。[1]

（4）稻本洋之助认为，原则上应确立区分所有建筑物整体为共同所有这一"一元论"认识。但作为私的集合关系的法处理技术，则应承认建筑物全体的共有持分与特定区分部分（专有部分）的专属使用权的二元结构，并且承认专属使用权与共有持分的不可分的关系的物权性权利。[2]

学术研究的状况与国家立法的进步系互为因果关系。以上学者于将区分所有建筑物整体解为共同所有的基本构思下阐发的主张，成为日本 1983 年修改其 1962 年旧建筑物区分所有权法的最初动力，并进而成为此次修改的指导方针。其修改后的建筑物区分所有权法，由 1962 年的强调专有部分并以其为立法基础，转而强调共同所有。此时，尽管自立法形式上仍采专有权说，但实质上已改采共有权说。[3]正如此一时期的学者青山正明所指出的那样："现在虽然作为基本的仍然是区分所有权人对专有部分享有所有权，但实质上应认为系由全体区分所有权人以共同方式所有一栋建筑物。"[4]如此一来，作为通说或支配说的专有权说，迟早会被共有权说替代。[5]

另外，建筑物区分所有权涵义的"共有权说"，也为 1963 年 2 月 19 日瑞士修改其民法典而追加规定建筑物区分所有权（"分层建筑物所有权"）时所认可。按照规定，区分所有建筑物的共有财产的范围扩及于土地、住宅与附属空间，区分所有建筑物关系中仅有共有关系可言，故民法所谓区分所有权，即指"分层建筑物所有权"[6]。

（二）二元论说

此说最早为法国学者针对一元论说予以学理与实务两方面的批判后所提出，

---

[1]　[日] 石田喜久夫："重建"，载《法律时报》第 55 卷第 9 号，第 29—30 页。

[2]　[日] 稻本洋之助："集合住宅的法理"，载《法律时报》第 53 卷第 11 号，第 14—15 页。

[3]　[日] 玉田弘毅："区分所有权的法构成"，载日本《法学家》（增刊）《民法的争点》（I），第 147 页。

[4]　[日] 青山正明：《改正区分所有关系法的解说》，金融财政事情 1984 年版，第 12—13 页。

[5]　[日] 玉田弘毅："区分所有权的法构成"，载日本《法学家》（增刊）《民法的争点》（I），第 147 页。

[6]　黄越钦："住宅分层所有权之比较法研究"，载郑玉波主编：《民法物权论文选辑》（上册），五南图书出版公司 1984 年版，第 439 页。

受到我国台湾地区学者郑玉波、黄越钦及大陆学者陈甦等人的赞同，认为建筑物区分所有权乃指由区分所有建筑物专有部分所有权与共用部分持分权构成。郑玉波谓："区分所有，不论其区分为纵为横，其所有权之行使仅能及于区分所有之部分，而不能达于全部，此点与独有同而与共有异；但区分所有不无共用部分，例如楼梯、墙壁、隔壁、走廊、厕所等，于法律上辄推定其为共有，从而即为各区分所有权人权利义务之所及，此点与独有异而与共有同。"[1] 其中，所称"区分所有不无共用部分"，系也认为建筑物区分所有权系由专有部分所有权与共用部分持分权构成。黄越钦认为，建筑物区分所有权系为一种对住宅的管理权，其权利客体一方面是涵括公寓中部分所有人惟一有使用管理之权的一部分（专有部分），另一方面则为全栋公寓中全体所有人均有使用管理权的部分（共用部分）[2]。陈甦认为，所谓建筑物区分所有权，是指根据使用功能，将一栋建筑物于构造上区分为由各个所有人独自使用的专有部分和由多个所有人共同使用的共用部分时，每一所有人享有的对其专有部分的专有权与对共用部分的共有权的结合。[3]

在法国，二元论说之勃兴，并非偶然，而系有着深刻的因由。随着建筑技术日新月异的进步，建筑物上的各种设施得到充实，房屋的舒适程度急剧提高。此种居住状况变化的结果，使此前仅认建筑物区分所有权为若干单个所有权的简单堆积的观念与现实日益抵触。[4] 譬如，由于建筑物于规模上的扩大，以及由此而形成的复杂结构，导致整个建筑物的构造部分结为一体而不可分割；于建筑物内部，有关纵横走向的供用水的水管、可燃气管、电线等，以及铺设的中央暖房、电梯等各种设施也不可分离而成为一体。无疑，对此类建筑物自功能（功用）上加以分割就变得十分困难。如此一来，建筑物区分所有权人相互间的相互依存，就成为十分重要的事情。并且，全体建筑物区分所有权人，无论直接或间接，皆受建筑物各种设施的恩惠。故此，各建筑物区分所有权人依其自身所受恩惠的程度而必须负担诸种设备的设置与维持费用。此种现实，使有关建筑物与设备的共

---

[1] 郑玉波：《民法物权》，三民书局 1980 年版，第 76 页。

[2] 黄越钦："住宅分层所有之比较法研究"，载郑玉波主编：《民法物权论文选辑》（上册），五南图书出版公司 1984 年版，第 437 页。

[3] 陈甦："论建筑物区分所有权"，载《法学研究》1990 年第 5 期，第 43 页。

[4] ［日］小沼进一：《建筑物区分所有之法理》，法律文化社 1992 年版，第 265 页。

同体观念获得强调。并且，由于此"共同体持分"对一切建筑物区分所有权人皆属有益，且须靠维持方可存在，于是乃开始将之作为集团所有权的对象物而考量。此即所谓共用部分。此共用部分归属于全体建筑物区分所有权人的同时，也被认为系对作为一建筑物区分所有权人的所有物的专有部分于观念上附加的形式。如此，建筑物区分所有权就被解为于专有部分的个人权利与在共用部分的集团性权利的结合。二元论说由此诞生。[1]

实定法上，二元论说为法国 1938 年《关于区分各阶层不动产共有之法律》和法国 1965 年制定的《住宅分层所有权法》所肯认。根据法国 1938 年法律第 5 条的规定，建筑物区分所有权系成立于"专有物"（专有部分）上的专有权，与成立于"共有物"（共用部分）上的共有权的结合；1965 年现行法第 2 条、第 3 条也就建筑物区分所有权的成立——专有部分和共用部分——作了规定，从而确立了关于建筑物区分所有权的涵义的、与 1938 年法律相同的立场，即建筑物区分所有权为专有权与共用部分持分权的结合。

另外，我国台湾地区"民法"第 799 条第 1 项规定："称区分所有建筑物者，谓数人区分一建筑物而各专有其一部，就专有部分有单独所有权，并就该建筑物及其附属物之共同部分共有之建筑物。"此条规定亦采二元论说。美国《加利福尼亚州民法典》第 783 条规定：建筑物区分所有权系由涵括在一个不动产整体中的共用部分的不可分所有权与在其他部分的独立所有权构成的不动产所有权。显然地，此与台湾地区"民法"同，其对于建筑物区分所有权的构成或涵义系采二元论说。

（三）新一元论说（享益部分说）

此说最早为法国学者舍瓦利耶（Chevallier）针对法国 1938 年法律采行二元论说而提出的主张。[2] 1965 年法国修改 1938 年法律而制定现行建筑物区分所有权法时，该说开始受到重视。及至最近，由于该说于学理上更加明晰化而获得学者阿祖莱（Azoulay）、蒂比耶日（Thibierge）、皮埃德列弗（Piedelièvre）、吉沃尔

---

1 ［日］小沼进一：《建筑物区分所有之法理》，法律文化社 1992 年版，第 266 页。
2 ［日］小沼进一：《建筑物区分所有之法理》，法律文化社 1992 年版，第 266 页。

（Givord）、吉沃登（Giverdon）等人的积极支持与发扬光大，成为一项新说。[1] 该说抛弃二元论说关于专有部分与共用部分的界分，而径将此二者予以并合形成"享益部分"，以该"享益部分"为一单位设定的权利即为建筑物区分所有权。[2] 此在"享益部分"设定的所有权，性质上属于一种全新的物权。[3]

　　新一元论说的提出，滥觞于对二元论说的批判。该说的主张者认为，二元论说中的专有部分，其存在仅系"抽象空间"，而非物质性的对象物；[4] 而对于共用部分，其批判道：若根据二元论说，即将共用部分作为专有部分的从物予以把握，且肯定共用部分的永续性，则专有部分与共用部分的差异即由此而不存在，[5] 如此，就与建筑物区分所有的实际状况相悖。基于此种判断，新一元论说便尝试以"单一权利"作为基础来构筑建筑物区分所有权。也就是说，其认新一元论说为自各建筑物区分所有权人所认许的"诸项权能"中衍生出来的一项"惟一权利"（droit unique）。[6] 但是，关于此"惟一权利"的内容如何，学理上乃经历了两个阶段的见解。[7]

　　按照吉沃尔和吉沃登之说，由于以建筑物区分所有的所有关系为基础的此项"惟一权利"各建筑物区分所有权人不能予以排他性地行使，故此，其不能认为系建筑物区分所有权人的个人所有权，而仅得认为系一种"共同所有权"（droit de copropriété）。但是，由于此种共同所有权具不能分割的属性，故此它又不能不是一种特殊的共同所有权。此特殊性起因于区分一栋建筑物为共同使用而产生的"集团性利益"（intérêt collectif）。并且，由于此"集团性利益"与建筑物的共同管理营运紧密相连，结果导致区分所有人的"个人权能"受限制。易言之，由于"集团性利益"的观念，个人所拥有的权能必须立足于集团的观点而行使。故而，此一观念与传统的个人主义所有权观念也不吻合，而强烈地显示出多数人间的人

1　［日］小沼进一：《建筑物区分所有之法理》，法律文化社 1992 年版，第 282 页。
2　［日］小沼进一：《建筑物区分所有之法理》，法律文化社 1992 年版，第 282 页、第 286 页。
3　［日］小沼进一：《建筑物区分所有之法理》，法律文化社 1992 年版，第 257 页。
4　［日］小沼进一：《建筑物区分所有之法理》，法律文化社 1992 年版，第 286 页。
5　［日］小沼进一：《建筑物区分所有之法理》，法律文化社 1992 年版，第 283 页。
6　［日］小沼进一：《建筑物区分所有之法理》，法律文化社 1992 年版，第 283 页。
7　［日］小沼进一：《建筑物区分所有之法理》，法律文化社 1992 年版，第 286 页。

际关系上的相互尊重的特性，进而所谓建筑物区分所有权，也就指"立足于对此种集团性利益予以调整之上的人际关系很浓的一种物权"[1]。

尽管如此，新一元论说对于以下问题仍面临困难：如何于法国法中找到该说所主张的此种"惟一权利"的根据，以及如何调整区分所有建筑物上的个人权能（个人权利）与集团利益之间的关系。[2]

以上问题的提出进一步推动了新一元论说的发展，学说由此进入第二阶段。学者吉沃尔与吉沃登谓：法国1965年《住宅分层所有权法》已然涵盖了对建筑物区分所有权人的诸权能予以法的分析的可能的新观念。[3]此项"新观念"即是所谓"享益部分"（lot）。关于此"享益部分"，1965年《住宅分层所有权法》48个条文中就有15个条文予以接受并设其规定。此等规定为该建筑物区分所有权法的适用提供了条件，并成为建筑物区分所有权人各种权能的基础。进而，建筑物区分所有权人的权能的法性质，也必须自此"享益部分"的观念出发而予决定。如此一来，所谓建筑物区分所有权人的权能，就完全成为建筑物区分所有权人于"享益部分"享有的权利。[4]由此之故，所谓"区分部分的区分所有人"的表述已不确切，而应改称为"享益部分的名义人"[5]。

至此，关于建筑物区分所有权涵义或构成的新一元论说，经学者吉沃尔、吉沃登等人的极力阐发，即得以完全形成。这就是，建筑物区分所有权即指区分所有权人对区分所有建筑物"享益部分"享有的权利，其由被分割的建筑物专有部分上成立的排他性所有权，与在共用部分上成立的限定的（共有的）享有权构成。[6]但同时，此项权利系成立于享益部分的单一权利。它虽由具有互不可分的关系的专有部分与共用部分构成，但"享益部分"系其成立基础，从而其仅为一个权利。享益部分上的此一权利，作为法国民法中的财产权，乃是一项全新的"新

1　[日]小沼进一：《建筑物区分所有之法理》，法律文化社1992年版，第286页。
2　[日]小沼进一：《建筑物区分所有之法理》，法律文化社1992年版，第286页。
3　[日]小沼进一：《建筑物区分所有之法理》，法律文化社1992年版，第284页。
4　[日]小沼进一：《建筑物区分所有之法理》，法律文化社1992年版，第284页。
5　[日]小沼进一：《建筑物区分所有之法理》，法律文化社1992年版，第284页。
6　[日]小沼进一：《建筑物区分所有之法理》，法律文化社1992年版，第284页。

型物权"（droit reel de type nouveau）。[1]

（四）三元论说

此说为德国美因兹（Mainz）大学教授贝尔曼所倡导，又称"最广义区分所有权说"，认为建筑物区分所有权系由区分所有建筑物专有部分所有权、共用部分持分权及因共同关系所生的构成员权构成。其中，专有部分所有权（专有权）又称特别所有权（Sondereigentum），共用部分持分权又称共有权（Miteigentum），因共同关系所生的构成员权又称社员权（Mitgliedschaftsrecht）。此三者形成一不可分离而具有物权法性（Sachenrechtlich）和人法性（Personrechtlich）的特别权利——"共同的空间所有权"（Gemeines Raumeigentum）。[2]

三元论说得到日本学者丸山英气、台湾地区学者戴东雄等人的积极支持。丸山英气于其所著的《现代不动产法论》一书中谓：作为制度的区分所有，应解为对专有部分的所有权、对共用部分的共有持分（包含对基地的共有持分）以及构成员权的三位一体的复合物权。并且，此构成员权自身亦具有物权的效力。[3]另外，值得提及的是，丸山英气赞同的此三元论说，于1983年日本修改建筑物区分所有权法前后的较长时期内，一直被作为立法论与解释论加以提倡。[4]戴东雄认为，欲有效处理区分所有权人间的复杂关系，只有将建筑物区分所有权的涵义或构造厘定为专有所有权、共有所有权以及构成员权，方能竟其功。[5]

实定法上，三元论说为现行德国《住宅所有权法》全盘采纳。根据德国法，建筑物区分所有权乃由三部分构成：供居住或供其他用途（尤其是供营业或办公用途）的建筑物空间上设立的专有所有权部分、专有所有权人共用建筑物（尤其是基地、建筑物的主结构、各层楼板、主隔墙等）之上设立的持分共有所有权部

1　［日］小沼进一：《建筑物区分所有之法理》，法律文化社1992年版，第284页。

2　［德］J. Bärmann："德国住宅所有权法"，戴东雄译，载《法学论丛》第13卷第1期，第166页。

3　［日］远藤厚之助："关于西德的住宅所有权"，载《东洋法学》创刊号；［日］筱塚昭次："建筑物的区分所有"，载《新民法演习》（2），第142页。

4　［日］丸山英气：《现代不动产法论》，清文社1989年版，第109—110页。

5　戴东雄："论建筑物区分所有权之理论基础（I）"，载《法学丛刊》1984年第29卷第2期，第28页。

分，以及基于专有部分与共用部分不可分离而产生的共同所有人的成员权。并且，由此三部分构成的该特别权利，虽得为处分或继承的标的，但应将专有所有权、共用持分权（于德国，土地与其地上的建筑物系一个物）以及成员权三构成要素视为一体而为之。建筑物区分所有权人不得保留专有部分所有权而抵押其共有持分，也不得保留成员权而转让专有部分所有权和共有持分。申言之，受让建筑物区分所有权时，必须同时取得专有部分所有权、共用部分持分权以及成员权三种权利方可。[1]

二、对诸种学说的衡量比较与选择

（一）关于一元论说中的专有所有权（专有权）说

此说将建筑物区分所有权厘定为区分所有权人对专有部分享有的所有权，其不足可自下述几点获得说明。

1. 利益衡量与价值判断

现当代民法解释学，于各种解释学方法之外辅之以利益衡量和价值判断。对各区分所有人的利益进行衡量和价值判断，可以断言，将建筑物区分所有权解为专有权，对各区分所有人将显然重大不利。盖如果建筑物区分所有人仅享有专有部分的专有所有权，则其就无权使用建筑物的共用部分，无权参与建筑物的管理、维护，以及建筑物毁损时的修缮与重建等对之有重大利害关系的诸种管理活动。由于区分所有建筑物专有部分与共用部分的一体不可分割性，无权使用共用部分，必然导致无法使用专有部分。而区分所有权人无权参与区分所有建筑物的修缮、维护等管理活动，则必然导致由区分所有人以外的人或组织进行管理。无疑，此显然不如由区分所有权人组成管理团体。自区分所有权人自身的利益出发而为管理，将更有利于区分所有权人的利益。

2. 性质解明上的困难

将建筑物区分所有权解为专有所有权，其性质之解明会发生困难。如前述，建筑物区分所有权由其固有特性决定，其本旨上为一种复合形态的权利，不独涵

1　Bärmann/Pick/Merle, Wohnungseigentumsgesetz, Kommentar, München, 1981, S. 46. 戴东雄："论建筑物区分所有权之理论基础（I）"，载《法学丛刊》1984 年第 29 卷第 2 期，第 28 页。

括专有所有权，且也包括共用部分持分权，以及因共同关系所生的成员权。故此，将建筑物区分所有权仅解为专有所有权显然是不能诠释该权利的固有特性的。

3. 易混淆与一般所有权的界线

根据物权法法理与学理，所谓一般意义上的所有权，系指所有权人于法律限制的范围内，得自由使用、收益、处分其所有物，并排除他人的干涉。而所谓专有所有权，则系区分所有权人（业主）独立、自由地对专有部分予以占有、使用、收益及处分的权利。如此一来，所谓建筑物区分所有权也就成为一般所有权了，从而也就混淆了建筑物区分所有权与一般所有权的界限，不能彰示建筑物区分所有权区别于一般所有权而具有的特质。

（二）关于一元论说中的共有权说

共有权说以集团性、共同性为立论精神，将区分所有建筑物整体视为由全体区分所有权人共有。此说之不足，可自以下几点得到说明。

1. 不能反映建筑物区分所有权内部所固有的专有权的特性

根据建筑物区分所有权的通说与实务做法，得成为建筑物区分所有权的对象的建筑物，首先须依使用功能而划分为专有部分与共用部分，否则，该建筑物即不得成为区分所有建筑物，从而也就不得成为区分所有权的客体（对象）。易言之，所谓建筑物区分所有权，是以将一栋建筑物区分为专有部分与共用部分为基础，尔后其上成立的一种特殊类型的不动产所有权。此专有部分所有权与共用部分持分权共同构成区分所有权的两个灵魂：前者是"单独性灵魂"，后者是"共同性灵魂"，并且它们共同构成作为制度的区分所有的轴心。[1] 由此，建筑物区分所有权的涵义无疑应当对此两部分上分别设立的专有权与共有权予以反映。共有权说将建筑物区分所有权厘定为共有，其虽对于共用部分上成立的共用部分持分权加以反映，但专有权则被排除在外，失之过窄，系属无疑。

2. 建筑物区分所有权与共有之不同

建筑物区分所有权的形成与发展史表明，为近代以来各国家与地区立法所确

---

[1] 温丰文："区分所有权之客体"，载东海大学《法学研究》第2期，第57页。

立的建筑物区分所有权，其实质乃是一种复合形态的所有权，通常涵括专有所有权、共用部分持分权以及因共同关系所生的成员权（构成员权）三者。每一区分所有权人由此具有三种不同的身份：专有所有权人、共用部分持分权人（共有权人）以及区分所有权人管理团体的构成员。而所谓"共有"，根据民法法理，系指两个或两个以上的人（自然人或法人）对同一项财产共同享有所有权。于主体方面，共有财产所有权的权利主体并非一人，而系两个或两个以上的人；在客体方面，共有人对同一项财产享有所有权；在权利义务方面，共有人之间按照法律规定或约定对共有财产行使占有、使用和处分的权利。并且，在共有关系中，个人的应有部分，系抽象地存在于共有物之上，共有物的每一微小点均有应有部分之存在，故而共有人按其应有部分，对于共有物的全部有使用、收益之权，而非限于共有物的某一特定部分。可见，将建筑物区分所有权解为共有，实系不妥。

3. 学理的困境

将建筑物区分所有权厘定为由全体区分所有权人共有，存在学理的困境。自共有所有权的基点出发，阐释并解决即使是区分所有权法技术上的问题也将相当困难。[1] 故此，即使是主张该说的加藤一郎也认为，以专有部分独立性为重心的建筑物区分所有权法原则仍应大体维持。[2] 铃木禄弥也认为，虽然一栋建筑物作为整体而由区分所有人全体共有，但此共有物的利用方法却是：各区分所有权人于各自的专有部分上享有排他性的利用权，于共用部分上享有共同利用权和共有持分权。[3] 另一日本学者柚木馨则更一针见血地指出了共有权说之不当。其谓，将区分所有建筑物视为由全体区分所有权人共有，究其实质，不过是为了区分所有权人实际利益的需要，以专有部分替代共有制度中的共有持分而已，故而将建筑物构造上必需的梁、柱、外墙、楼之地板、地基、屋顶等建筑物基本构成部分，加上专有部分与共用部分相通的走廊、楼梯和区分境界的分间墙等全部作为共用部分

1　[日]丸山英气：《现代不动产法论》，清文社 1989 年版，第 109—110 页。
2　[日]加藤一郎等：《区分所有建筑物的管理与法律》，日本区分所有建筑物管理问题研究会编 1981 年，第 184 页。
3　[日]铃木禄弥等："关于建筑物区分所有权法的修改问题"，日本第 44 次私法学会专题座谈会 1980 年 10 月 12 日，载《私法》第 43 号（1981 年）。

予以看待，其结果，专有部分最终不过是一个由共用部分围成的空间。[1]可见，将建筑物区分所有权解为共有权势将面临诸多难以解决的困境与问题。

（三）关于二元论说

二元论说认建筑物区分所有权系由专有所有权与共用部分持分权构成。故此，该说基本反映了建筑物区分所有权的固有特性，较之单纯专有权说与共有权说无疑是一大进步。但是，该说仍不圆满。其不足在于，不认可因区分所有权人共同关系所生的成员权为区分所有权之一构成要素。

如前述，建筑物区分所有权系一种不同于一般不动产所有权的特殊所有权形态。于区分所有建筑物上，由于各区分所有权人相互间的关系极为密切，各区分所有权人为管理相互间的共同事务，不得不结成一团体组织，并借该团体组织的力量共同管理共同事务，以维系区分所有权人共同体关系的存续。故此，若仅依民法一般共有的规则处理此类复杂关系，将远不足以因应。譬如，于一般共有关系中，最为重要者乃系共有物的分割请求权。但是，于区分所有权的共用部分持分，则只要专有所有权继续存在，该共用部分持分就不能请求分割。故而，不可依一般共有规则来处理区分所有权人间的相互关系。另外，就区分所有建筑物引起的实际问题而言，由于一栋建筑物上各区分所有权人的财力不一，有的资力雄厚，大楼中央系统的冷气或暖气即使24小时开放，也毫不在乎；而有的却财力有限，即使楼道间的电费也斤斤计较。此外，大楼居住者的心态也不一致：长久居住的人期待管理方法尽善尽美，而仅暂时落脚的人则认为管理方法越简单越好。显而易见，于如此复杂的一栋区分所有建筑物上，要统一各居住者的意思将颇为困难。如此一来，各区分所有权人就有必要组成一管理团体，并借该管理团体的力量组成一意思机关，妥订管理规约与纷争的解决方法。[2]此即区分所有权人作为管理团体的构成员而享有的成员权。该成员权，连同专有权和共用部分持分权共同构成建筑物区分所有权的完整内容。此正如台湾地区学者戴东雄所言，于区分

1　[日]柚木馨："比较法上的建筑物区分所有"，载《民商法杂志》第44卷第1号，第28页。

2　戴东雄："论建筑物区分所有权之理论基础（Ⅱ）"，载《法学丛刊》1984年第29卷第3期，第16页。

所有权人复杂的相互关系中，如何维护全体区分所有权人的共同利益乃为第一优先。要维护全体区分所有权人的共同利益，莫过于管理方法的健全合理；要实现管理方法的健全合理，宜将专有所有权、共用部分持分权及成员权结为一体，方能竟其功。[1] 由此可见，二元论说不认可建筑物区分所有权的成员权要素，系为一重要不足。正是因此，二元论说即不足为采。

（四）关于新一元论说（享益部分说）

新一元论说系当代各国关于建筑物区分所有权涵义的最新学说，其产生于对二元论说的批判过程中，但却未能逾越二元论说的架构，实际上乃属于二元论说的另一种翻版或变形。此表现于它将二元论说中的专有权和共用部分持分权的客体——专有部分和共用部分予以并合，抽象为单一的"享益部分"，进而将区分所有权界定为于此享益部分上成立的所有权。另外，新一元论说将建筑物区分所有权的客体界定为享益部分，其根本目的在于使区分所有权的客体物质化，以避免因专有部分的空间成为建筑物区分所有权的客体而面临的学理困境。惟事实上，近代以降，尤其是自 19 世纪工业革命以来，空间可为物，并得成为权利的客体，已为大多数国家的立法判例与学理所认可，并由此成为不动产法发展的一项基本趋势。可见，立基于批判二元论说的专有部分仅系"抽象空间"的新一元论说乃存在学理的缺陷。故而也就可以认为，对新一元论说倡导的建筑物区分所有权的享益部分权利观，现阶段对其作出肯认的评价，尚不适宜。

（五）结论：建筑物区分所有权的涵义或构成应采三元论说

综据以上分析，本书认为，建筑物区分所有权的涵义或构成应采三元论说，其理由可以概括为如下四点。

（1）将建筑物区分所有权解为由专有权、共用部分持分权及成员权构成（即"三元论说"），可以克服其他各说之不足。

（2）三元论说根本反映了建筑物区分所有权固有的本质属性，彰示了建筑物区分所有权为一种特殊的不动产所有权，以及此种特殊的不动产所有权具有诸多特性。

（3）三元论说涵盖了因区分所有建筑物所生的一切法律关系，其较其他各说

1　戴东雄："论建筑物区分所有权之理论基础（II）"，载《法学丛刊》1984 年第 29 卷第 3 期，第 16 页。

仅能涵盖某一方面或某两方面的法律关系，系更为妥洽。

（4）三元论说有助于调整区分所有权人个人与团体之间的矛盾与龃龉。考察近现代及当代以来各国家或地区有关建筑物区分所有权的立法发展脉络，可以看到，各国家或地区建筑物区分所有权立法的发展变化始终是围绕如何有效地调节区分所有者个人与团体的利益矛盾而展开的。立法之初，各国家或地区大多强调对区分所有者个人的专有部分所有权予以保护，强调区分所有者个人于区分所有建筑物共同体关系中的地位与权利，但由此却发生了区分所有者个人权利的膨胀以及对区分所有权人全体利益的损害。为了维系建筑物区分所有权人共同体关系的存续，各国家或地区立法遂修正过往以区分所有者个人的权利为基础的旧有立法，转而强调对区分所有者个人权利的限制以及对团体利益的重视。这就是广泛认可各区分所有权人作为管理团体的成员权，加强区分所有权人的集会功能，并借管理团体的力量妥订管理规约，借以管理区分所有权人间的共同利益事项。可见，三元论说认为成员权系建筑物区分所有权的构成要素，其对调节区分所有者个人与团体的利害关系与龃龉，实具极大的裨益与价值。

对此，我国台湾地区学者温丰文先生明确指明，三元论说对于解决今日公寓大厦之法律纷争，颇有助益。盖因近年来，由于建筑技术的进步，都市的高楼大厦有如雨后春笋，一栋大楼住进数十户、数百户，甚至上千户往往有之，其人际关系之复杂，公共设施之繁多，均非往昔的一般区分所有建筑物可比拟。其中专有部分，固由个人单独使用收益，但共用部分有的由全体区分所有人共同使用收益，有的却由部分区分所有人共同使用收益，于此复杂的区分所有关系中，如何维护全体区分所有人的利益，实为第一要务。而要维护全体区分所有人的利益，莫过于管理方法的健全合理，要管理方法健全合理，宜将专有所有权、共用部分持分权（基地持分权）及成员权视为一体，方能竟其功。[1]

三、建筑物区分所有权的涵义或构成

透过以上对建筑物区分所有权涵义或构成的诸学说的考察与分析，采由德国

---

[1] 温丰文：《建筑物区分所有权之研究》，东海法学丛书（3），三民书局股份有限公司1992年版，第16页。

学者贝尔曼倡导，日本学者丸山英气及我国台湾地区学者戴东雄等人所支持的三元论说，本书认为，建筑物区分所有权的涵义或构成可厘定如下：建筑物区分所有权，系指多个区分所有权人（业主）共同拥有一栋区分所有建筑物时，各区分所有权人（业主）对建筑物专有部分享有的专有所有权，对建筑物共用部分享有的共用部分持分权，以及因区分所有人（业主）间的共同关系所生的成员权的总称。据此定义，建筑物区分所有权系由专有所有权（专有权）、共用部分持分权（共有权）以及成员权（构成员权）三部分构成。

四、《物权法》关于建筑物区分所有权的涵义或构成采三元论说的解释论

《物权法》第 70 条规定："业主对建筑物内的住宅、经营性用房等专有部分享有所有权，对专有部分以外的共有部分享有共有和共同管理的权利。"该条系关于我国建筑物区分所有权的含义或曰构成的规定，其于学理上系采"三元论说"，符合近现代及当代建筑物区分所有权法的最新发展趋势，应值肯定。

值得指出的是，我国立法向来无制作和发表立法理由书的制度，这无疑给法律解释、探求立法本意增添了困难。尽管如此，仍可从如下四个方面来判明《物权法》第 70 条的立法本意系采"三元论说"。

（一）决定《物权法》第 70 条采"三元论说"的背景

众所周知，我国自 20 世纪 90 年代进行大规模的住房制度改革以来，私人拥有的房屋即变成商品房：一栋楼房就成为数个区分所有人（业主）的集合体。于这个集合体中，全体区分所有人（业主）组成业主大会。自 2000 年以来，在各地的小区管理中，出现了物业管理公司与区分所有人（业主）之间的不正常关系，即实务中物业服务企业凌驾于业主之上。物业服务企业与业主之间，系以物业服务企业为中心，本应成为中心的业主反而位居次要。此种不正常关系，使物业服务企业无所不能，将小区的一切事务皆纳入自己的管理范围。尤其是在物业服务企业对小区物业的管理出现重大瑕疵时，业主事实上也不能解聘物业服务企业。这种情况导致各地的小区管理中产生了各种纠纷，有些纠纷甚至酿成严重的群体事件，甚或导致业主集体游行、上访。为了解决此一社会问题，一个重要的法律手段就是要在法律上采取"三元论说"，即不仅承认业主对建筑物内的住宅、

经营性用房等专有部分享有所有权，对专有部分以外的共用部分享有共有权，且要摆正业主与物业服务企业的关系以及明确赋予业主通过业主大会、业主委员会等对自己的物业加以管理的成员权（管理权）。据此成员权，由业主组成的业主大会有权解聘物业服务企业，进而建立起业主与物业服务企业之间的以业主为中心，以物业服务企业为次位的正常关系。2007 年 3 月 16 日通过的《物权法》完成了此一任务。第 76 条规定："下列事项由业主共同决定：……（四）选聘和解聘物业服务企业或者其他管理人"；第 81 条规定："业主可以自行管理建筑物及其附属设施，也可以委托物业服务企业或者其他管理人管理。对建设单位聘请的物业服务企业或者其他管理人，业主有权依法更换"；第 82 条规定："物业服务企业或者其他管理人根据业主的委托管理建筑区划内的建筑物及其附属设施，并接受业主的监督。"这些规定，于专有所有权、共有所有权之外，进一步确立了业主的成员权（管理权），从而建立起了以业主为中心的法律关系，将物业服务企业的法律地位确定为服务者，其仅依业主的委托而对业主的住宅、经营性用房等进行管理，二者之间系一种委托合同关系和"服务"关系。[1]

（二）《物权法》所参考的学者草案

众所周知，《物权法》是在学者先行起草的物权法草案的基础上完成的。关于建筑物区分所有权，主要参考了中国社会科学院梁慧星等人起草的《中国物权法草案建议稿：条文、说明、理由与参考立法例》。[2] 按照该草案，建筑物区分所有权被规定于第 2 章 "所有权" 的第 3 节，节名径称为 "建筑物区分所有权"，自第 90 条至第 113 条。其中第 90 条规定建筑物区分所有权的定义。尽管 "该条采关于建筑物区分所有权的二元论说，明确规定建筑物区分所有权系由专有部分

---

[1]　2007 年 3 月 16 日《物权法》通过前，我国小区物业管理中，称管理方为 "物业管理公司"，而正式通过的《物权法》则称为 "物业服务企业"，前者有 "管理" 二字，意即 "管理方" 与业主的 "物业" 之间具 "管理" 与 "被管理" 的非平等的关系，且于此种关系中，系以管理者物业管理公司为中心、为主导；后者即物业服务企业，则将二者的关系厘定为 "服务" 关系，意即物业服务企业系以服务者的身份对业主的物业予以 "服务"。此种厘定，将业主确立为双方关系中的主动方或中心，也就是说，物业服务企业系为业主的利益服务。由物业管理公司到物业服务企业，反映了物业管理实务与物业管理立法观念的大转变。

[2]　梁慧星主持：《中国物权法草案建议稿：条文、说明、理由与参考立法例》，社会科学文献出版社 2000 年版，第 274 页以下。

所有权与共有部分所有权构成的一项复合性权利，但解释论上当认为建筑物区分所有权的内容尚涵括所谓'成员权'。"[1] 也就是说，该草案关于建筑物区分所有权的涵义或构成，尽管名义采"二元论说"，但实际却采"三元论说"。

梁慧星等人起草的《中国物权法草案建议稿：条文、说明、理由与参考立法例》完成于 1999 年，其关于建筑物区分所有权的规定，以及该草案实际上采"三元论说"，皆系当时中国对建筑物区分所有权的最新、最先进的认识。2001 年中国人民大学负责起草的物权法草案及 2002 年全国人大法工委起草的中国民法（草案）等于建筑物区分所有权的规定上皆受其影响。2005 年全国人大法工委向社会公布的物权法官方草案也受其影响，明示建筑物区分所有权的涵义或构成采"三元论说"。此种影响直至 2007 年 3 月 16 日《物权法》正式通过。其结果就是前面业已指出的，《物权法》第 70 条对于建筑物区分所有权的涵义或构成，系采"三元论说"。

（三）参与《物权法》起草之人的解释

2007 年 3 月 16 日《物权法》通过后，全国人大法工委会出版了诸多有关《物权法》立法背景及条文解读的著作。撰写这些著作的人要么是参加《物权法》立法工作的最终负责人，要么是实际撰写各条文的立法者。毫无疑问，他们的解释和说明较符合立法之本意。

全国人大法工委副主任王胜明主编的《中华人民共和国物权法解读》于解释《物权法》第 70 条的规定时指出："根据本条规定，业主的建筑物区分所有权包括对其专有部分的所有权，对建筑区划内的共有部分享有的共有权和共同管理的权利。"而这就是"三元论说"。[2] 此外，由全国人大法工委民法室集体编著的《物权法及其相关规定对照手册》一书，[3] 于说明《物权法》第 70 条的相关立法例时，开宗明义即举出德国《住宅所有权法》，而正如本书前面业已指出的，该法关于建筑物区分所有权的构成系采"三元论说"。

1　梁慧星主持：《中国物权法草案建议稿：条文、说明、理由与参考立法例》，社会科学文献出版社 2000 年版，第 275 页。

2　王胜明主编：《中华人民共和国物权法解读》，中国法制出版社 2007 年版，第 152 页。

3　全国人大常委会法制工作委员会民法室编著：《物权法及其相关规定对照手册》，法律出版社 2007 年版，第 94 页。

本书前面业已指出，《物权法》第 70 条的立法本意，是关于建筑物区分所有权的构成采"三元论说"，以加强对业主的保护，并符合现当代各国家或地区建筑物区分所有权的发展趋势和潮流。以上参与《物权法》立法工作负责人的说明及全国人大法工委民法室编撰的有关《物权法》解读的著作，更加证实了此一点。

（四）《物权法》第 70 条采三元论说符合现当代建筑物区分所有权法的最新发展趋向

前文业已指出，建筑物区分所有权涵义或构成的"三元论说"，系德国民法思想与德国建筑物区分所有权法的创造。"三元论说"思想的最早表述，见于 20世纪 50 年代德国学者贝尔曼的提倡。[1] 此说一经提出，即越出德国的国界而影响到了各国家或地区的建筑物区分所有权法的立法论与解释论。譬如日本 1983 年修订的建筑物区分所有权法对于建筑物区分所有权的涵义或构成本采"一元论说"中的"专有权说"，但于深入研究德国的"三元论说"后，研究建筑物区分所有权法的著名学者丸山英气即果断地指出，日本建筑物区分所有权法的解释论宜采"三元论说"，也就是将日本的建筑物区分所有权解为由专有所有权、共有所有权及成员权构成。[2] 这一倡导极大地影响了日本的实务与立法，不久日本法院于裁判建筑物区分所有权案件时即以"三元论说"作为解释当事人权益的准绳。2002 年日本再度修改其建筑物区分所有权法时，乃正式改弦更张，即将"三元论说"作为修法的指导方针。[3]

在我国台湾地区，早在 20 世纪 80 年代中期，学者即积极倡导德国的"三元论说"，并主张用来解释台湾地区"民法"第 799 条有关建筑物区分所有权的涵义或构成的规定。譬如著名学者戴东雄于这一时期的《法学丛刊》第 114、115期发表《论建筑物区分所有权之理论基础》（Ⅰ、Ⅱ），翔实阐释建筑物区分所有权的理论基础的同时，极力倡导台湾地区应吸纳德国的"三元论说"。其明确指

1　Bärmann/Pick/Merle, Wohnungseigentumsgesetz, Kommentar, München, 1981, S. 46.

2　［日］丸山英气编：《区分所有权法》，大成出版社 1984 年版，第 14 页以下。

3　［日］水本浩、远藤浩、丸山英气编：《建筑物区分所有权法》（第 3 版），日本评论社 2006 年版，第 8 页。

明：欲有效处理区分所有权人间的复杂关系，只有将建筑物区分所有权的意义界定为专有所有权、共有所有权及成员权的结合，方能竟其功 。[1]受此影响，台湾地区此一时期公寓大厦管理的民间实务于处理建筑物区分所有权人的权利时即向"三元论说"靠拢。90 年代以后，台湾地区研究建筑物区分所有权法的著名学者温丰文先生也极力倡导"三元论说"，认为该说符合现当代建筑物区分所有权法的最新发展趋势。其于这一期间出版的《建筑物区分所有权之研究》一书中谓："三元论说自德国学者贝尔曼提倡以来，有成为通说之趋势。" [2]

以上德国、日本及我国台湾地区的建筑物区分所有权法制与学说理论，足以反映现当代建筑物区分所有权法及其学理的概况。我国于 1998 年起草物权法时，着重参考了德国、日本及我国台湾地区的建筑物区分所有权法与学说理论。2007年 3 月 16 日通过的《物权法》第 70 条立基于我国社会经济生活的实际，吸纳各国家和地区建筑物区分所有权法的成功经验以及判例学说的先进成果，采取"三元论说"，系完全符合现当代建筑物区分所有权法的发展趋势与基本潮流，值得肯定与赞赏。

五、对《物权法》第 70 条若干概念的解释

法谚云，任何完善的法律条文，不经解释皆难以适用。《物权法》第 70 条虽不失为先进立法例，但条文简略，且有的措辞欠当，增加了法院与人民理解的困难，故此有解释的必要。

（一）关于"业主"的概念与最高人民法院《关于审理建筑物区分所有权纠纷案件具体应用法律若干问题的解释》对业主涵义（范围）的厘定

1. 关于《物权法》"业主"的概念及其评析 [3]

《物权法》第 6 章的章名为"业主的建筑物区分所有权"，于建筑物区分所有权之前添加了"业主的"三个字。这一添加，系为我国《物权法》的创造，惟其

1　戴东雄："论建筑物区分所有权之理论基础（Ⅰ）"，载《法学丛刊》1984 年第 29 卷第 2 期。
2　温丰文：《建筑物区分所有权之研究》，三民书局股份有限公司 1992 年版，第 16 页。
3　关于对此的翔实分析，请参见陈华彬："业主的建筑物区分所有权——评《物权法草案》第六章"，载《中外法学》2006 年第 1 期，第 64—65 页。

是否妥适，值得考量。相应地，厘定建筑物区分所有权的涵义或构成的第70条也就将建筑物区分所有权的权利人称为"业主"，惟于域（境）外比较法上，各国家或地区建筑物区分所有权法则不作如是的称呼，而系径称为建筑物区分所有权人或住宅所有权人。

于我国的语境下，若依文义解释方法，所谓"业主"，系指"产业或企业的所有者"以及经营油条店或烟草买卖的老板等。[1] 若作如此宽泛的解释，则显然将违背建筑物区分所有权的本旨。故此，对《物权法》第70条所谓"业主"一词应作缩小解释，其首先系指"产业的所有者"，又因"产业"一词系指"土地、房屋、工厂等财产"，[2] 建筑物区分所有权之前的"业主"一词的涵义显非指"土地、工厂等财产"，而系仅指"房屋"。又所谓"房屋"，非指一切"房屋"，而系指区分所有建筑物的专有部分。最后归结为，《物权法》第70条所谓"业主"，系指"区分所有建筑物专有部分的所有者"。

"业主"一词的涵义虽然系指"区分所有建筑物专有部分的所有人"，惟于建筑物区分所有权中，除区分所有建筑物专有部分的所有权人外，尚有区分所有权人将专有部分出租、出借给他人使用的情形，此时房屋的使用人称为"专有部分占有人"，而专有部分占有人并非所有权人，而系非所有权人，故此不能称为"业主"。可见，《物权法》第6章及第70条于建筑物区分所有权之前添加的"业主的"三字，系与建筑物区分所有权的基本法理有违，其不能涵盖专有部分所有权人以外的非专有部分所有人——专有部分占有人——的情形。有鉴于此，未来制定单行的建筑物区分所有权法时，宜将"业主的"三个字剔除，而径称为"建筑物区分所有权"。

2. 最高人民法院《关于审理建筑物区分所有权纠纷案件具体应用法律若干问题的解释》对业主涵义（范围）的厘定

如前述，"业主"被称为建筑物区分所有权人，系《物权法》第6章的基础

---

[1]　参见中国社会科学院语言研究所词典编辑室编：《现代汉语词典》，商务印书馆1991年版，第137页。

[2]　参见中国社会科学院语言研究所词典编辑室编：《现代汉语词典》，商务印书馆1991年版，第137页。

概念之一。惟《物权法》第 6 章并未自立法视角对业主的身份作出厘定。根据建筑物区分所有权法理及域（境）外的建筑物区分所有权立法，以《物权法》第 9 条、第 28 条、第 29 条、第 30 条等的规定为基础，最高人民法院《关于审理建筑物区分所有权纠纷案件具体应用法律若干问题的解释》（以下简称《建筑物区分所有权解释》）第 1 条第 1 款明确：依法登记取得或者依据生效法律文书、继承或者受遗赠，以及合法建造房屋等事实行为取得专有部分所有权的人，应当认定为业主。但现实生活中，基于与建设单位之间的商品房买卖民事法律行为，房屋买受人已经合法占有使用专有部分的情况下，仍未依法办理所有权登记的情形大量存在。这其中的因由主要有三：一是建设单位尚未办理产权，直接导致买受人无法办理专有部分的所有权登记；二是登记往往需要一个过程，于最终作成之前，买受人无法依登记取得所有权；三是由于买受人自身的原因拖延办理专有部分所有权登记。此等情况下，如仅以是否业已依法登记取得所有权作为界定业主身份的标准，即会与现实生活产生冲突，并有可能对前述人群应当享有的权利造成损害，尤其是此部分人对共有部分的利用以及共同管理权的行使需求更为强烈，其与其他业主之间的联系程度也更为直接和紧密。[1] 故此，《建筑物区分所有权解释》第 1 条第 2 款乃对其"业主身份"予以特别明定："基于与建设单位之间的商品房买卖民事法律行为，已经合法占有建筑物专有部分，但尚未依法办理所有权登记的人，可以认定为物权法第六章所称的业主。"需注意的是，该款对业主的认定仅限于一手房的范围，二手房没有办理过户手续前，仍应认定原房屋所有人为业主。

以上《建筑物区分所有权解释》对业主身份的界定略显不足的是，其未对物业管理实务中一些常见的有争议的业主主体进行必要的列举和强调。譬如，实务中一个物业常常会出现夫妻、父母子女或兄弟姐妹共同出资、共同使用，惟于办理产权登记时，又仅以一人名义申请登记的情形。对于此种情形，应作如下对待：（1）夫妻共有一物业的情形。依《婚姻法》法理与该法第 17 条、第 18 条、

　　1　杜万华、辛正郁、杨永清："最高人民法院《关于审理建筑物区分所有权纠纷案件具体应用法律若干问题的解释》、《关于审理物业服务纠纷案件具体应用法律若干问题的解释》的理解与适用"，载《法律适用》2009 年第 7 期。

第 19 条对夫妻财产归属的规定，除非有特别情形或特别约定，于婚姻关系存续期间，该物业应属夫妻共有，故此，夫或妻皆可成为业主，不应限制夫或妻一方参与物业管理的权利。（2）父母子女、兄弟姐妹共有一处物业的情形。若有合法有效的法律文件或法律行为能够证明其对物业享有共有权利，则可认定其在物业管理中具有业主身份；反之，若仅系同居一处或共用一处物业，而未能提供有效法律文件或其他证据证明其享有共有权利的，则不应认定为业主。[1]

此外，现今实务中的所谓"物业使用人"，根据现行法规，其非为业主，故而不能与业主享有同等的权利，也不能与业主承担相同的义务。

（二）关于"专有部分"

区分所有建筑物的实体系由"专有部分"与"共用部分"构成，因此，此两个概念成为各国家或地区建筑物区分所有权法上的通用术语。《物权法》第 70 条反映各国家或地区成功的立法经验与新近以降学理研究的成果，也使用了此两个概念。惟对此两个概念的涵义，《物权法》及 2007 年新修订的《物业管理条例》未予明示，给法院判案与人们理解带来困难，故此有必要加以解释。

《物权法》第 70 条所谓"专有部分"，应解为：构造上能明确区分，具有排他性且可独立使用的建筑物部分。一栋建筑物必须区分为数部分，且被区分的各部分应具备构造的独立性与利用的独立性，方可成立区分所有；反之，一栋建筑物若无具备构造与利用的独立性的专有部分，则仅能成为单独所有或共有，而不得成立区分所有。故此，专有部分系构成区分所有建筑物的基础。[2] 以专有部分为客体（对象）而成立的所有权，即系专有部分所有权（专有权），其为建筑物区分所有权这一复合型权利中的单独所有权要素，谓为建筑物区分所有权的"单独性灵魂"。并且，专有部分所有权（专有权）于建筑物区分所有权的三权利结构中，系居于主导地位。各国家或地区的建筑物区分所有权实务对于建筑物区分所有权的物权变动的登记，也系仅登记此专有部分所有权（专有权）。

专有部分的范围，如后述，指专有部分相互间或与共用部分相互间的分隔部

---

[1] 陈枫："在现实与文本之间的谨慎选择——从实务角度看建筑物区分所有权司法解释"，载《法律适用》2009 年第 7 期。

[2] 温丰文：《建筑物区分所有权之研究》，三民书局股份有限公司 1992 年版，第 31 页。

分究竟至何处界线为止。对此，大陆法系各国家或地区建筑物区分所有权学理上存在四说，即中心说、空间说、最后粉刷表层说及壁心和最后粉刷表层说。通说为第四说，即壁心和最后粉刷表层说。[1]《物权法》第 70 条所称专有部分的范围，应采此通说而予解释。具体而言，专有部分的范围应分内部关系与外部关系而分别立论。于区分所有权人相互间，尤其是有关建筑物的维持、管理关系上，专有部分仅包含至壁、柱、地板、天花板等境界部分表层所粉刷的部分；惟于外部关系上，尤其是对第三人（如买卖、保险、税费等）的关系上，专有部分则涵括至壁、柱、地板、天花板等境界部分厚度的中心线。

另外，如后述，专有部分的范围，除以上所述建筑物的结构部外，尚涵括建筑物的附属物与附属建筑物。所谓建筑物的附属物，指配置于建筑物内部的水管、瓦斯管、电线、电话线等附属设备。其中，专供专有部分使用的管线应属于专有部分的范围。至于供各户共同使用的管线，则属共用部分。所谓附属建筑物，指仓库、车库等居于从属地位的建筑物。附属建筑物一方面应依管理规约成为约定共用部分，另一方面也可成为某一专有部分的附属建筑物。于车库、仓库等附属建筑物从属于某一专有部分时，专有部分的范围就涵括该附属建筑物。根据主物的处分及于从物的法理，该专有部分移转或设定负担时，其效力自应及之。[2]

（三）关于"共有部分"

各国家或地区建筑物区分所有权法通用"共用部分"与"共有部分"两个术语。启用共用部分一语时，主要着眼于与专有部分相对应而用之，而启用共有部分概念时，则主要系自共有所有权（共有权）及区分所有建筑物的管理的视角而用之。

如后述，共用部分主要具两项特性：一是从属性。共用部分为附随于专有部分的附属物或从物。因区分所有建筑物的专有部分与共用部分于物理属性上具有整体不可分的完整结构体关系，且区分所有人（业主）取得区分所有权，也需附带取得共用部分的持分权，故而各国家或地区建筑物区分所有权法皆强制明文规

---

[1]　关于此四说的详细情况，请参见陈华彬：《建筑物区分所有权研究》，法律出版社 2007 年版，第 130—135 页。

[2]　温丰文："论区分所有建筑物之专有部分"，载《法令月刊》1991 年第 42 卷第 7 期，第 277 页。

定共用部分对专有部分具有从属性。[1] 二是不可分割性。也就是说，共用部分本身不得被分割。美国各州法与联邦《公寓大厦所有权创设示范法》规定，区分所有建筑物的共用部分禁止分割。例外情形是，区分所有建筑物业已完成区分所有人的使用目的时可以分割。[2]《物权法》对共用部分的此两项特性未予明示，惟解释上应借镜美国法经验，认《物权法》的共用部分具此两项特性。

按照日本《建筑物区分所有权法》第 2 条第 4 项的规定，共用部分系指"专有部分以外的建筑物部分，及不属于专有部分的建筑物附属物与约定为共用部分的附属建筑物"；法国《住宅分层所有权法》第 3 条第 1 项规定，共用部分系指"供区分所有人全体或数个区分所有权人使用或对其具有用性的建筑物部分与土地"；根据我国台湾地区"民法"第 799 条的规定，共用部分系指"建筑物及其附属物之共同部分"。归纳言之，共用部分系指专有部分以外的建筑物，及不属于专有部分的建筑物附属物及基地等。

根据《物权法》第 73 条、第 74 条的规定，共用部分应解为涵括：（1）建筑物区划内的道路（但属于城镇公共道路的除外）；（2）建筑区划内的绿地（但属于城镇公共绿地或者明示属于个人的除外）；（3）建筑区划内的其他公共场所、公用设施和物业服务用房；（4）占用业主共用的道路或者其他场地用于停放汽车的车位。此外，综合虑及日本、法国及我国台湾地区建筑物区分所有权法的规定并根据我国的实际情形，基地、电梯、屋顶平台等也应一并解为《物权法》所称的共用部分的范围。

（四）关于"共同管理"

《物权法》第 70 条所称"共同管理"，应解为系指建筑物区分所有权人（业主）的"管理权"——成员权，亦即业主基于一栋建筑物的构造、权利归属及使用上的不可分离的共同关系而产生的作为建筑物的一个团体组织的成员所享有的权利与承担的义务。

建筑物区分所有权人即业主的成员权具四项特性：一是它系独立于专有所有

1　譬如美国《加利福尼亚州民法典》第 1352 条规定：除另有明白的反对表示外，任何移转公寓或建筑物区分所有单位的行为，皆推定其移转整个建筑物区分所有权。盖共用部分与专有部分具从属关系。

2　Cal. Civ. Proc. Code § 752（B）.

权与共有所有权之外的权利。也就是说，成员权主要是对全体区分所有人的共同事务享有的权利与承担的义务，主要系一种管理关系，具人法——管理制度——的特性。[1]换言之，成员权为区分所有权中的"人法性要素"，而专有所有权与共有所有权则为"物法性"要素。二是成员权系基于业主之间的共同体关系而生的权利。三是成员权系一种具永续性的权利，其系基于业主于一栋建筑物的构造、权利归属及使用上的不可分离而形成的共同关系所产生的，故只要区分所有建筑物存在，业主之间的团体关系就会存续，原则上不得解散，尤其是不得以业主之一的单独行为而解散。基于共同关系而生的成员权由此与共同关系共始终，具永续性。四是成员权系一项与专有所有权、共有所有权紧密结合而不可分割的权利，此三者共同构成区分所有权的完整内容。所有的区分所有权人（业主）皆同时享有此三项权利。

《物权法》第70条业主的成员权的内容，应解为涵括两个方面：业主作为成员权人享有的权利与作为成员权人承担的义务。综据各国家或地区建筑物区分所有权法的规定并依我国《物权法》的规定，业主作为成员权人应享有以下权利：一是表决权，亦即，业主参加区分所有权人大会（业主大会），对大会讨论的事项享有投票表决权。二是参与订立管理规约权，亦即，业主有权制定和修改建筑物及其附属设施的管理规约。三是选举与解任管理人的权利，此又涵括：（1）选举业主委员会抑或更换业主委员会成员的权利；（2）选聘和解聘物业服务企业抑或其他管理人的权利。四是请求权，亦即，业主对公共管理事项与公共利益的应得份额享有的请求权，主要涵括：（1）请求召集业主大会的权利；（2）请求正当管理共同关系事务的权利，也就是说，业主有权要求正当管理共同关系的事务，尤其有权要求公平衡量业主的共同利益；（3）请求收取共用部分应得的利益，亦即，业主对共用部分的收益享有分配请求权；（4）请求停止违反共同利益的行为；（5）监督物业服务企业抑或其他管理人的管理行为的权利；（6）其他请求权。

业主作为成员权人而承担的义务则应解为涵括：一是执行业主大会或业主委员会作出的决定的义务；二是遵守管理规约的义务；三是接受物业服务企业或其他管理人的管理的义务。

1　［日］丸山英气编：《区分所有权法》，大成出版社1984年版，第61页。

第三节　建筑物区分所有权的客体

建筑物区分所有权为一种独立的不动产所有权形态，惟其客体却非系独立的物，而仅系一栋建筑物的一部分。如此，就首先面临着建筑物区分所有权的成立与"一物一权原则"的关系；其次，建筑物区分所有权乃系将一栋建筑物加以界分，而将之可独立使用的空间归属于特定的人，并使其拥有排他性的单独所有权（专有权）。故而，空间可否为物，其可否成为权利的客体也不无疑义。由此之故，能否圆满廓清此两项问题，即对建筑物区分所有权的成立具重要意义。

一、建筑物区分所有权与"一物一权原则"

"一物一权原则"，又称"物权客体特定主义"（spezialitätsprinzip），系罗马法以降物权法的一项基本原则。依此原则，一物权的客体仅以一物为限，及一物之上不能存立两种内容相同的物权。而所谓"物"，通说认为系指除人的身体外，凡能为人力所支配，具独立性且能满足人类生活需要的有体物及自然力。非独立的特定物固然不得为所有权的客体，独立、特定物的一部分也不得成为单独所有权的客体。故此，继受罗马法的德国民法，对于一物被区分（界分）的各空间，不认可有独立的所有权。[1]且《德国民法典》第 93 条（物之重要成分）规定："非毁损物之一部或变更其本质，不能分离者，为物之成分（重要成分）；物之成分不得为个别权利之标的。"[2]我国台湾地区"民法"虽无明文，但其 1951 年台

---

[1]　［日］筱塚昭次：《论争民法学》（2），成文堂 1974 年版，第 204 页；［日］川岛武宜编集：《注释民法》（7，《物权 2》），有斐阁 1974 年版，第 356 页。

[2]　近现代及当代民法将成分（Bestandteile）分为重要成分与非重要成分。惟关于成分，其本身并无定义。紧密固着固然被认为是成分（如墙板）。判断是否属于成分，应依交易通念而为决定，故此，即使其结合容易拆解，也有可能被认为是成分（如汽车的引擎）。民法设定重要成分概念的目的在于使权利关系趋于明确，即维持物的经济价格，譬如玻璃杯的各部分为玻璃杯的重要成分。重要成分不得为特别权利（譬如物权）的标的。非重要成分（unwesentlicher Bestandteil），即不属重要成分的成分，譬如戒指与钻石，镜框与镜属之。非重要成分得为特别权利的标的。但当事人的意思不明确时，两者归于同一法律命运（des rechtliche Schicksal）。对此，请参见台湾大学法律学院、财团法人台大法学基金会：《德国民法（总则编、债编、物权编）》（上册）（第 2 版），元照出版有限公司 2016 年版，第 78—79 页。

上字第 1678 号判例认为，物的构成部分，除法律有特别规定外，不得单独为物权的标的物，[1] 是也认可此原则。

以上于罗马法时代确立，尔后为近现代及当代各国家或地区民法及其学理继受的禁止将一个完整的物分割为若干部分而分别设定所有权，系出于四点因由：一是对物的一部分独立设定所有权会影响到物的使用功能；[2] 二是对物的一部分独立设定所有权将无法对此一部分予以明确划分，以致权利归属不明确，不利于对权利的保护；三是与物权法的原则——将物权的内容通过法律予以定型化，由此以策物权交易的安全——相悖；[3] 四是不便于公示，且易使法律关系紊乱。惟对区分所有建筑物而言，将之划分为不同的部分而分别设立所有权，不仅不会影响使用功能，且恰系充分使用该建筑物所必需，特别是借此可对区分所有建筑物中的专有部分予以独立的、排他的占有、使用、收益及处分，并可透过不动产登记而予公示。职是之故，于区分所有建筑物上设定区分所有权，并不违反一物一权原则，这里的关键是要对民法上的物做灵动的理解。[4]

二、空间为民法上一种重要的物，得为权利的客体

近现代及当代以降由各国家或地区民法确立的建筑物区分所有权，乃存在于一栋建筑物的各个被区分的空间之上。由此，空间可否为物，得否成为建筑物区分所有权的客体，即系建筑物区分所有权得否成立的关键问题，故而有必要予以分析。

（一）从"土地法"到"空间法"：空间权制度及其规则的确立

1. 问题的发生

自罗马法时代迄至近代时期，尤其是至 19 世纪工业革命以前，人类对土地的利用，通常以对地表的平面的利用为主，土地所有权的行使或效力及于土地的上下，土地所有权的范围涵括地表、空中及地中三部分。也就是说，土地所有人对

1　参见台湾地区"最高法院"1951 年台上字第 1678 号判例，载台湾"最高法院"判例编辑委员会编："最高法院判例要旨"（上册，1983 年），第 18 页。

2　陈甦："论建筑物区分所有权"，载《法学研究》1990 年第 5 期。

3　温汶科："建筑物之区分所有权"，载《法学丛刊》1979 年第 24 卷第 4 期，第 35 页。

4　陈甦："论建筑物区分所有权"，载《法学研究》1990 年第 5 期。

于自己享有所有权的土地，具有以地表为中心的上下垂直的支配力。而各国家或地区的民法立法之所以规定土地所有人有如此宽泛的权利（权限）范围，系在于认为："土地所有人欲遂行土地所有权之支配目的，自不能仅以地表为限，否则，土地所有人既不能建屋掘井，亦不能挺身于地面，他人反得于其地上架屋，于其地下掘井，则不独土地所有人无以利用其土地，亦无以保土地所有权之安全。"[1] 此种土地利用方式下，法律有关土地的权利关系也配合此而规定，且对于土地的物权的支配和利用关系，也完全采取一物一权原则，将土地纵割为数笔（宗），一笔（宗）土地上仅得有一个所有权或利用权。此种近代之前各国家或地区民法立法与学理对土地的地表的平面的利用，亦即对地表的上下垂直性的土地所有与利用的不动产制度及其规则，学理称为"土地法"（Bodenrecht）。

现当代意义的空间权制度及其规则，是于人类土地立法由平面转向立体，即由"土地法"转向"空间法"的过程中产生的。近现代尤其是新近以降，人类社会的生产力获得重大发展，工商业兴旺繁荣，由此导致城市生活环境"过密化"与现代化，城市地价飞涨。此种情形下，高层大厦、高架铁路、地下铁道、空中走廊、地下街、地下停车场、高压电线、上下水道及排水沟等土地立体化利用陆续出现。此等高层大厦、高架铁路等，有各自的效用或价值，且它们系离开地表而于土地的空中或地中有独立的支配力，由此显系与传统的土地所有权之以地表为中心而有上下垂直的支配力不同。故此，学理称此以土地空中或地中为对象的所有或利用的形态为"水平的所有或利用的形态"。而此种对于地表的空中或地中横切一断层而所有或利用的制度与法理，即学理所谓"空间法"（Raumrecht）；水平的所有、利用形态的权源，即为"空间权"[2]。

2. 小结

综据上述，我们可以明了，空间权制度及其规则的产生，系近现代尤其是工业革命的重大结果。在农业社会中，人们使用土地的目的主要是为了从事种植业、养殖业等，人们占有、使用土地也就是占有、使用土地的地表，土地的纵向

1　李肇伟：《民法物权》，台湾 1979 年自版，第 124 页。转引自温丰文："空间权之法理"，载《法令月刊》1988 年第 39 卷第 3 期，第 14 页。

2　[日] 筱塚昭次：《论争民法学》（3），成文堂 1974 年版，第 174 页。

范围于土地的财产性中显示不出重要地位与价值。而近现代及当代社会，人类从事的事业不断地向土地的空中或地中的空间延伸，地上数百米的建筑物屡见不鲜，地下成为闹市早已属于现实。[1]正是在此背景下，空间权制度及其规则应运而生。

　　本来，"有社会斯有法律"，[2]法律上的诸制度应反映各时代的政治背景、经济结构及社会需求。立法之初，固应如此，立法之后亦然。[3]惟于成文法的国家，由于外形的法典与社会上各种制度的交互作用，有时难免脱节。这就有赖于经由或透过学说的推展、习惯法的承认、判例的变化乃至于法典的修正等，尽量使其与社会相近（相合）。[4]此即所谓"活法"。[5]而"活法"（Lebendiges Recht），乃系反映现实生活的具有"生命"的实质的法律制度。前述"空间法"的形成，就是一种"活法"。由于该"活法"——"空间法"——的生成，传统的土地法、不动产物权法、不动产相邻关系制度等，皆非随之调整不可，进而整个不动产法体系，为因应空间权制度及其规则的生成与展开，也需予以重新检视。[6]

　　（二）空间权构造系统

　　现今为民法学理与立法确立和发展的空间权，其构造系统涵括"空间所有权"与"空间利用权"。其中，"空间利用权"又包括"物权的空间利用权"与

　　1　孙宪忠："土地在财产法中的概念"，载《法律科学》1992年第3期，第51页。

　　2　此为拉丁法律格言，意指法律存在于社会中。其详情请参见［日］柴田光藏：《法学拉丁语纲要》，玄文社1976年版，第287页。此书具有重要价值，系有关法学拉丁语方面的经典作品，值得阅读与收藏。

　　3　温丰文："空间权之法理"，载《法令月刊》1988年第39卷第3期，第17页。

　　4　温丰文："空间权之法理"，载《法令月刊》1988年第39卷第3期，第17页。

　　5　所谓"活法"，德文称为"Lebendiges Recht"，日文称为"生ける法"，乃指社会"现实的法状态"，亦即，反映现实社会，具有"生命"的实质的法律制度。社会法学派学者认为，形式的法律绝不能代表法的全貌，于形式法规的底层，尚有"社会团体的内面秩序"（innere Ordnung der gesellschaftlichen verbande），它才是法的核心。至于形式的法规，只不过是"裁判规范"（Entscheidungsnormen）抑或"第二次法律秩序"。我们只有对"社会团体的内面秩序"从事探究，方才可以把握"活的法律"并理解之。法学的任务，即在于探究这种"活法"，法的良莠，需具备"活法"的程度以定之。对此，请参见［日］矶村哲：《法社会学的展开与构造》，日本评论社1975年版，第161页以下；韩忠谟：《法学绪论》，台湾1962年自版，第236页以下；温丰文："空间权之法理"，载《法令月刊》1988年第39卷第3期，第18页。

　　6　温丰文："空间权之法理"，载《法令月刊》1988年第39卷第3期，第14页。

"债权的空间利用权"。图示如下。

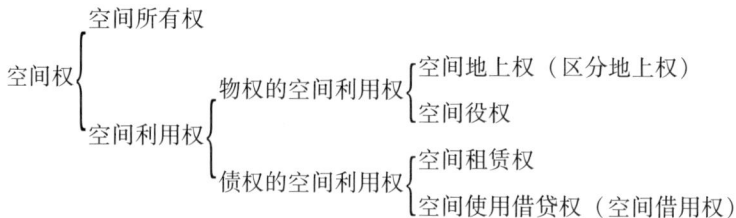

```
          ┌ 空间所有权
          │              ┌ 物权的空间利用权 ┌ 空间地上权（区分地上权）
空间权 ┤              │                  └ 空间役权
          │ 空间利用权 ┤
          └              └ 债权的空间利用权 ┌ 空间租赁权
                                             └ 空间使用借贷权（空间借用权）
```

1. 空间所有权

此系指于离开地表的空中或地中横切一断层而享有其所有权之谓，[1]以建筑物区分所有权最具代表性。

2. 空间利用权

（1）物权的空间利用权。此涵括空间地上权与空间役权。关于空间地上权，后文将作专门论述，此不赘述。如下仅讨论空间役权。

空间役权，系指以他人特定的空间供自己土地的方便和利益之用的权利，其存在形态较为复杂，常见的情形主要有下列几种。

1）就空间役权的特性划分，有地役权特性的空间役权与人役权特性的空间役权。地役权特性的空间役权，系指以他人土地的空间供自己土地或空间的方便和利益之用的权利，譬如为满足自己建筑物的眺望权，设定限制他人空间搭建高层建筑的权利即其适例；人役权特性的空间役权，系指为特定人的利益而使用他人空间的权利，譬如高压电线通过的空间，空间权利人得限制该空间周围的人搭建高层建筑，以防不测。此一权利设定，与其说系为某一特定土地或空间的使用的方便，毋宁说系为某一特定人（譬如电力公司）的方便和利益。[2]

2）就空间役权的存在方式划分，有横向关系的空间役权与纵向关系的空间役权。其中，以后者即横向关系的空间役权较为多见，譬如于日本，为满足"人

1　温丰文："空间权之法理"，载《法令月刊》1988 年第 39 卷第 3 期，第 14 页。

2　［日］玉田弘毅："空间利用权"，载《综合法学》第 37 卷（1961 年 8 月号），第 122 页；温丰文："空间权之法理"，载《法令月刊》1988 年第 39 卷第 3 期，第 16—17 页；陈祥健：《空间地上权研究》，法律出版社 2009 年版，第 10 页。

工地基"上公寓的眺望权，设定限制他人于其土地上搭建超过其空间高度的建筑物的役权，即属之。就纵向关系而言，譬如地铁行经的线路上，为防止线路之上的地表因负担过重而陷落，得设定限制地表搭建过高、过重建筑物或限制堆积重物的役权；相反，地铁若于地下发出剧烈振动或巨响等噪音，影响地表权利人行使权利的，地表权利人也可设定限制地铁公司发出剧烈振动或巨响噪音的役权。[1]于区分所有建筑物上，上下层建筑物区分所有权人或居住权人间也可根据需要而设定此类空间役权。另外，此种上下"纵"的关系的空间役权，其射程距离尚及于相邻关系。譬如，各国家或地区民法关于音响、气、热、光线等不可量物的放散的禁止，不限于前后左右"横"的相邻关系，上下的"纵"的相邻关系也应适用。

3）根据空间役权的内容划分，有课以供役空间不作为义务的，譬如禁止他人于某一高度空间搭建高层建筑，以免妨碍役权人的日照、眺望、通风；抑或禁止他人于高压电线所经空间周围搭建建筑物，以免妨碍输电安全；有课以供役空间某种忍受义务的，譬如要求供役空间忍受未超过一定分贝的噪音或轻微振动；也有以供役空间供某种使用的，譬如于他人空间上架设排水管道用以排水。[2]

（2）债权的空间利用权。此涵括空间租赁权与空间使用借贷权（空间借用权）两种权利，它们皆根据当事人之间的意思表示达成合致而成立。空间租赁权为有偿，空间使用借贷权（空间借用权）为无偿。[3]

1）空间租赁权。根据租赁关系而取得空间利用权时，空间出租人与承租人之间的权利义务关系根据合同自由原则，由当事人双方协商确定。他们之间约定水平空间、倾斜空间乃至球形空间的租赁关系，皆无不可。[4]惟因空间租赁权的效力较空间地上权为弱，故此，于日本，对于以建造建筑物或构筑物为目的而租赁土地的，学理将之视为地上权，并经登记而具对抗效力；于我国台湾地区，为了保护空间承租人，若租用空间建筑房屋（譬如地下商店），解释上应申请为空间地上权登记。[5]尤其于建筑物区分所有权关系中，并非将对该基地的租赁权视为单

1　［日］筱塚昭次："空中权·地中权的法理"，载日本《法学家》第476号，第123页。
2　陈祥健：《空间地上权研究》，法律出版社2009年版，第11页。
3　［日］玉田弘毅："空间利用权"，载《综合法学》第37卷（1961年8月号），第20页。
4　温丰文："空间权之法理"，载《法令月刊》1988年第39卷第3期，第17页。
5　［日］筱塚昭次："空中权·地中权的法理"，载日本《法学家》第476号，第123页。

纯的空间租赁权，而系视为空间地上权。[1]

2）空间使用借贷权（空间借用权）。空间也可为使用借贷的客体。惟此空间使用借贷权的效力与空间租赁权相较，更为薄弱，其既不像承租人那样，得主张买卖不破租赁，且也不得申请空间地上权登记。故此，于典型的空间利用中（指为建筑物或构筑物的目的而利用空间），极少以使用借贷（借用）方式为之。不过，对于非以建筑物或构筑物的目的而利用空间的情形，尤其于一些临时利用他人空间的情形，空间使用借贷（借用）的情形还系较为普遍，譬如借用他人屋顶空间而用于设置广告牌，即属之。[2]

（三）土地发展权（land development right）

土地发展权为所有权一束权利（a bound of rights）中的一种，为空间权的另一种形态，系指土地所有权人发展或开发其土地的权利，为由英美导入的一个新地权概念。土地为自然资源，数量有限，私人行使土地所有权应符合社会公益，故此各国政府莫不以公权力针对国家经济发展的需要，而管制私人土地根据编定用途计划使用，如此，私人土地的准予开发与限制开发之间，利益价值相差悬殊，"幸与不幸"全赖政府的使用编定。为期消弭土地所有权人间的此种不公平，英国首先于1947年于《城乡计划法》（Town and Country Planning Act）中规定：国家得向私人课征土地发展捐（development charge）。此即发展权国有化（Nationalization of development rights，简称NDR）的滥觞。发展权收归国有后，任何私人欲开发其土地，皆应按照拟开发程度向政府购买对等的发展权。不过，英国的此一发展权国有化制度，自1953年后，逐渐蜕变为"开发许可制"。[3]

在美国，土地发展权系一种可与土地所有权分离而单独移转的财产权

---

[1] 温丰文："空间权之法理"，载《法令月刊》1988年第39卷第3期，第17页。

[2] 陈祥健：《空间地上权研究》，法律出版社2009年版，第12页。

[3] 温丰文：《土地法》，洪记印刷有限公司2015年版，第64—65页。另一种见解认为，未利用容积率的利用权制度，系起于20世纪初的美国纽约，指将土地的上部未利用空间移转至其近邻的土地加以利用的权利。当然，空间本身不能移转，系将某笔（宗）土地所定的利用可能的容积中未利用的容积移转到别的土地上利用。其与建筑物区分所有的空间权不同，于美国法上，其直接称如此的空间权为"移转可能的开发权"（transferable Development Rights，简称TDR）。对此，请参见刘强："关于集合住宅的中国不动产法制度的整备的研究"（日文），日本千叶大学大学院自然科学研究科2003年，第45页。

（transfer of development rights）。发展权的移转简称 TDR，其系依地方自治所定的都市计划开发管制条例的明文规定而赋予。美国于 1970 年前后方才看到 TDR 的实施（见 TDR 运用参照图 [1]）。根据 TDR 制度，存在让与容积的土地与承受容积的土地，前者为抑止开发的土地，后者则指于一定限度内，可以将移转容积加在本来保有的容积上而予以开发的土地。譬如，纽约市与芝加哥市实施 TDR 的旨趣系为保存历史性建筑物与古迹，将应保存地区的发展权移转于其他可实行高密度开发的土地上。进而言之，于此制度下，规划出移出区（sending areas）与移入区（receiving areas），作为建立移转发展权供需市场的基础，透过自由市场的运作，允许移入区的地主向移出区的地主购买其发展权，以进行土地的开发利用。[2]

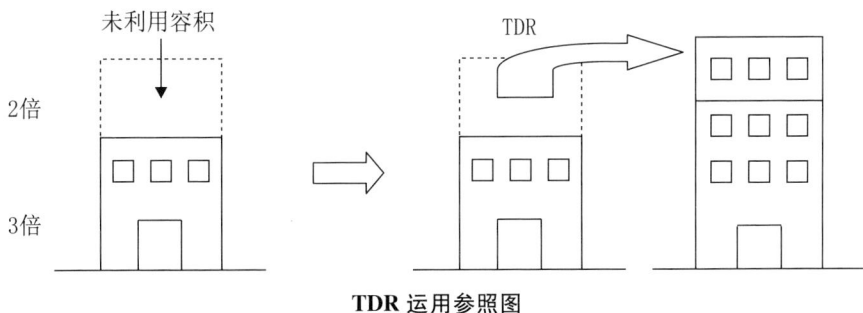

TDR 运用参照图

日本与英国和美国的土地发展权相当的制度为"未利用容积的利用权制度"。[3] 此

---

  1 刘强："关于集合住宅的中国不动产法制度的整备的研究"（日文），日本千叶大学大学院自然科学研究科 2003 年，第 45 页。

  2 温丰文：《土地法》，洪记印刷有限公司 2015 年版，第 65 页。

  3 未利用容积的利用权制度，日本又称为"未利用容积率的利用权制度"。此所谓"容积率"，系指某一特定地皮内，全部建筑物面积的总和与此块地皮面积的比率。法律创设容积率的目的在于为城市居民营造一个良好的都市环境。日本现行《都市计划法》制定于 1968 年，其最近一次修改是在 1993 年 6 月 26 日。按照该法的规定，容积率大小的确定，要与用途地域的种别相适应。值得提及的是，近年来，人们并非仅将《都市计划法》所定的此容积率制度理解为一种简单的规制方法，更重要的系从都市开发途径上予以把握，以至于新近以降，开发权概念被广泛提倡。根据日本《都市计划法》，容积率制度涵括容积率增加的制度与容积率转让的制度。容积率增加的制度又称容积率一般规制的缓和，其用意是将民间的建设活动引导到都市整备中来，具强烈的追求额外利益的特性。容积率转让的制度，是指将某块土地上部未利用空间转让到邻近的别的土地之上予以利用，具强烈的有效利用土地的特性。对此，请参见［日］野村好弘、小贺野晶一："被移转的未利用容积的权利的性格"，载《法律时报》第 64 卷第 3 号，第 22 页；陈兴旺："空间法律问题研究"，山东大学 2006 年 4 月硕士论文，第 21 页。

制度又被称为公法上的空中权制度，涵括特定街区制度、根据综合设计的一团地认定制度、综合设计制度、市街地住宅综合设计制度以及关于宽阔公园、广场、道路等周围的建筑物的特例等情形。这其中，尤以"特定街区制度"最值得注目。

特定街区，系日本《都市计划法》中地域地区的一种。根据日本《都市计划法》第 9 条第 12 项的规定，所谓特定街区，系指为谋求市街地的整备改善，于进行整备的街区的地区，规定其街区内建筑物总面积与地皮面积的比率（容积率）、建筑物高度的最高限制以及壁面位置的限制的街区。特定街区内，容积率的移转为常见的情形，其典型情形如图 1 所示。在这里，一个街区内相邻的所有人 A、B 之间进行未利用容积的融通。此外，特定街区制度尚涵括特定街区内的街区间的移转。对此，请参见图 2 所示的两种情形（甲、乙表示街区）。于这里，将邻接的复数街区指定为特定街区，街区间相互进行容积率的移转。

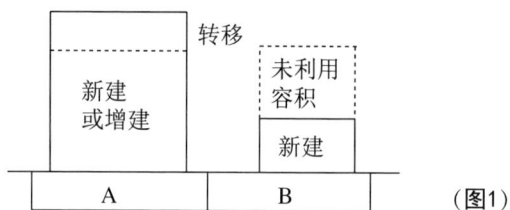

（图1）

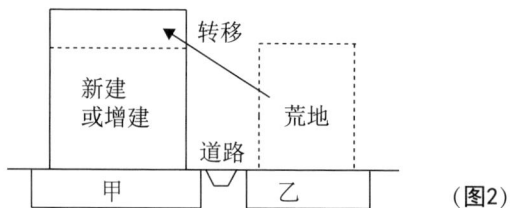

（图2）

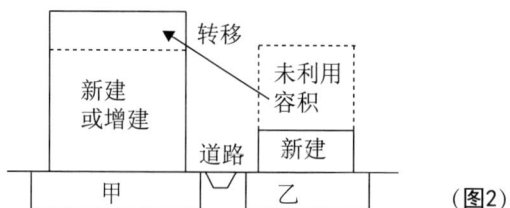

（图2）

在我国台湾地区，其"内政部"营建署研订的"都市计划建筑容积转移办法"，即系以土地发展权移转规则为理论基础，而将土地发展权以容积予以量化。由于 TDR 制度系为使土地准予开发与限制开发之间保持均衡而创设，为一历史性的新制度，故而可期待其将来的更大发展。[1]

（四）不动产证券化

在现今，因包括不动产（土地、建筑物、构筑物及工作物）空间权在内的不动产物权可转化为证券，并以证券表现之，故此，不动产证券化系为一种特殊形态的地权。

不动产证券化，指将原本实体存在的不动产物权证券化为观念上存在的证券，投资者与标的物之间由直接的支配关系转化为持有表彰权利的证券，不动产的价值则由固定的资本形态转化为流动性的资本性证券。其功能在于，可以使小额投资人投资不动产，促进不动产投资普及化，有助于不动产市场的稳定，且由于投资的多样化，也可分散投资风险。而不动产经营专业化，也可抑制投机买卖，提高投资效益。此外，对政府而言，不动产证券化也系政府推行公共建设的方法之一，其可以吸引民间参与，进而减轻政府负担。[2]

由于不动产证券化系借由证券化而提高不动产的流通性，增加不动产筹资渠道，以有效开发利用不动产，提升环境品质，活络不动产市场并保障投资，尤其是因不动产物权得转化为证券，并以证券表现之，故其也为一种特殊形态的地权权利。不动产证券化的形态主要有二：（1）不动产投资信托，指向不特定人募集发行或向特定人私募交付不动产投资信托受益证券，以投资不动产、不动产相关权利、不动产相关有价证券及其他经主管机关核准投资标的而成立的信托。（2）不动产资产信托，日本称为"资产流动型信托"，指委托人移转其不动产或不动产相关权利于受托机构，并由受托机构向不特定人募集发行或向特定人私募交付不动产资产信托受益证券，以表彰受益人对该信托的不动产、不动产相关权

1　温丰文：《土地法》，洪记印刷有限公司 2015 年版，第 67 页。

2　谢哲胜、陈婷兰：《不动产证券化法律与制度运作》（修订 2 版），翰芦图书出版有限公司 2006 年版，第 1 页。

利或其所生利益、孳息及其他收益的权利而成立的信托。[1]

（五）空间权的客体

空间权的客体为空间，惟空间得否为物，可否成为权利的客体，有必要予以分析。

如前述，民法所谓"物"，通说系指除人的身体外，凡能为人力所支配、具独立性，且能满足人类生活需要的有体物与自然力。惟随着近现代及当代以来由"土地法"向"空间法"的转换，以德国、日本等为代表的大陆法系民法学理逐渐发展出一种通说，认为民法对物的概念应予扩张，即不应以物理学的物为限，此正与应对人的概念予以扩张，而不应以生理学上的自然人为限，其尚应涵括法人相同。物除有体物外，凡具法律上排他的支配可能性或管理可能性的，皆得充之。[2]就空间而言，其尽管未像一般的有体物那样存在，但空间因占有位置，故如能对位置加以支配，即可成为物。学理上由此认为，空间即土地的空中或地中若具备独立的经济价值与排他的支配可能性二要件，即可成为民事权利或民事法律关系的客体。

（六）空间所有权与"一物一权原则"

如前述，民法所谓"一物一权原则"，系指一物权的标的物仅以一物为限，以及一物之上不能存立两种内容相同的物权。根据此项原则，一笔（宗）土地仅得成立一所有权，且该所有权的范围及于该土地的上下。惟空间权概念确立后，一笔（宗）土地除地表上的所有权外，尚得于空中或地中成立数个甚至数十个立体叠设的所有权。如此，空间所有权的确立与"一物一权原则"似相违背？惟事实上，若仔细分析所有权的客体，便可发现空间所有权的成立并不违背"一物一权原则"。此即，尽管所有权的客体限于特定的独立物，而所谓特定的独立物，于动产时固然取决于自然的观察，譬如一匹马，一支笔等；于不动产时，则为法技术的观念，颇难利用自然的观察而予决定。[3]盖因不动产中的土地于物理上几乎系接连不断，绵延无垠。一丘块的土地，有时之所以系数个不等的物而同时存在

1　温丰义：《土地法》，洪记印刷有限公司 2015 年版，第 68—69 页。
2　温丰文："空间权之法理"，载《法令月刊》1988 年第 39 卷第 3 期，第 14 页。
3　［日］奥田昌道等：《民法学·物权的重要问题》，有斐阁双书 1975 年版，第 235 页。

着数个所有权，有时之所以仅为一物而仅存在着一个所有权，乃系由于人为的区分（学理上称为"土地的一物性纯粹由人为加以决定"），[1]于不动产登记簿登记为数笔（宗）或一笔（宗）之故。换言之，土地或建筑物等不动产的一物性，完全系透过法技术的运作，而借不动产登记簿所登记的笔（宗）数、个数予以表现。故此，自学理上而言，离开地表的空间（空中和地中），若具备独立的经济价值且有排他的可能性时，即可依不动产物权的公示方法——登记——而表现出其独立的所有权。惟于一物一权原则下，同一空间里，不得并立二个或二个以上的空间所有权，则自不待言。[2]

综据以上分析，可以明了，空间——土地的空中或地中，若具备独立的经济价值与排他的支配、管理可能性二要件，即可成为空间所有权与空间利用权的客体。其与"一物一权原则"等民法学理并不生冲突。空间权构造系统中，有关空间所有权的学理，为应对建筑物区分所有权成立（或确立）的正当化提供了支持、支撑或支援。无疑，其由此实具重要意义与价值。

第四节　建筑物区分所有权的法性质、特性与类型

一、建筑物区分所有权的法性质

关于建筑物区分所有权的法性质，现今学理多认为其系一种物权，即不动产所有权。德国学者海因茨·保利克（Heinz Paulick）谓：建筑物区分所有权为一种真正的所有权，其一方面强调自己专用的特别所有权，另一方面与他人的特别所有权构成一共有权。[3]我国台湾地区学者黄越钦谓：建筑物区分所有权系为一种对住宅予以管领支配的权利，其权利标的物涵括私有部分（专有部分）与共用部

1　温丰文："空间权之法理"，载《法令月刊》1988 年第 39 卷第 3 期，第 15 页。

2　［日］佐藤隆夫："关于空间占有的法的考察"，载日本《法学》第 25 卷第 2 号，第 31 页；［日］丸山英气："土地的立体性楼层利用的法律关系"，载［日］奥田昌道等：《民法学·物权的重要问题》，有斐阁双书 1975 年版，第 235 页。

3　Heinz Paulick：Zur Donmatik des Wohnungseientums nach dem Wohnungseigentumsgesetz Vom 15. Marz 1951，Acp. 1525 HEFT，S. 420 ff.

分。[1]学者戴东雄则更明确地指明："建筑物区分所有权为一独立之不动产所有权概念。但其较一般不动产受较多限制，因为区分所有权之对象系以一栋建筑物为前提。"[2]另一台湾地区学者王泽鉴对此虽未明示其见解，但其在《民法物权》（通则）中将建筑物区分所有权置于第3章"所有权"的名称下予以分析，[3]故而显然地，其事实上也认可建筑物区分所有权为一种不动产所有权。

本书认为，将建筑物区分所有权的法性质厘定为不动产所有权，可资赞同。惟此种不动产所有权系一种特殊的复合性的不动产所有权，其具有区隔于一般不动产所有权的特性。故此，本书主张，应将建筑物区分所有权的法性质解为系一种涵括专有所有权、共有部分持分权及成员权（构成员权）的三位一体的复合性权利。并且，应指出的是，不仅专有所有权、共用部分持分权，且该成员权自身也具物权的效力。

二、建筑物区分所有权的特性

建筑物区分所有权作为一项独立的复合性物权，具如下特性。

（一）复合性

亦即，建筑物区分所有权系由专有所有权、共用部分持分权以及成员权构成。而一般不动产所有权，其构成则系单一的，仅系权利主体对不动产享有占有、使用、收益及处分的权利。

（二）专有所有权的主导性

建筑物区分所有权涵括的三项内容中，专有所有权具主导性，此表现于：（1）建筑物区分所有权人取得专有所有权就意味着取得共用部分持分权（共有所有权）和成员权；反之，建筑物区分所有权人丧失专有所有权亦就意即丧失了共用部分持分权与成员权。（2）通常而言，建筑物区分所有权人专有所有权的大

　　1　黄越钦："住宅分层所有权之比较法研究"，载郑玉波主编：《民法物权论文选辑》（上），五南图书出版公司1984年版，第437页。

　　2　戴东雄："论建筑物区分所有权之理论基础（I）"，载《法学丛刊》1984年第29卷第2期，第28页。

　　3　王泽鉴：《民法物权》（第1册），台湾1992年自版，第192页。

小，将决定共用部分持分权与成员权（譬如表决权）的大小。（3）建筑物区分所有权的成立的登记，系仅登记专有所有权，而共用部分持分权与成员权则不作登记。

（三）一体性

此表现于：（1）构成建筑物区分所有权的三要素即专有所有权、共用部分持分权以及成员权须结为一体，不可分离。转让、处分、抵押、继承时，应将此三者视为一体为之，不得保留其一或其二而转让、抵押其他权利。他人于受让建筑物区分所有权时，亦需同时取得专有所有权、共用部分持分权以及成员权三种权利。（2）同一建筑物上，不能既设定建筑物区分所有权，又复设定一般所有权或共有权。要设定建筑物区分所有权，需将整栋建筑物分隔为专有部分与共用部分，并设定相应的专有所有权和共用部分持分权，否则于权利归属与利益分配上即会发生混乱。[1]

（四）登记公示性

建筑物区分所有权为一种不动产所有权，故而自需进行不动产物权的登记，由此期以表征权利的取得、丧失及变更。惟建筑物区分所有权的法性质较一般不动产所有权复杂，故其依赖登记的公示性尤较一般不动产所有权更重要、更具意义。[2]另外，一栋建筑物上究竟设立了一般所有权抑或建筑物区分所有权，于物理形态上尚无法判断。故自此意义而言，建筑物区分所有权的设定与移转，亦需予以登记。

（五）权利主体身份的多重性

建筑物区分所有权，其因由专有所有权、共用部分持分权及成员权构成，故建筑物区分所有权人的身份也具多重性。也就是说，建筑物区分所有权人有时得分别称为专有所有权人、共有所有权人抑或成员权人；而一般不动产所有权，其权利主体的身份只能是单一的，要么作为所有权人，要么作为共有权人，而不得同时具所有权人和共有权人的双重身份。

---

[1]　陈甦："论建筑物区分所有权"，载《法学研究》1990 年第 5 期。

[2]　戴东雄："论建筑物区分所有权之理论基础（I）"，载《法学丛刊》1984 年第 29 卷第 2 期，第 28 页。

（六）具浓厚的人法的因素

建筑物区分所有权系一种特殊的不动产所有权，其中蕴含了浓厚的人法即管理的因素。于现今，强调对区分所有建筑物的管理由此以维系全体业主的共同体关系并建构安全、舒适、便捷的生活品质，系为建筑物区分所有权呈现的一个重要发展趋势与特征。

三、建筑物区分所有权的类型

（一）建筑物区分所有权的基本类型

建筑物区分所有权的基本类型，根据各国家或地区的实务，其主要有：纵切型区分所有权、横切型区分所有权以及混合型区分所有权。

1. 纵切型建筑物区分所有权（纵割式建筑物区分所有权）

此类建筑物区分所有权系成立于纵切型区分所有建筑物上。所谓纵切型区分所有建筑物，也称纵割式区分所有建筑物，系指一般连栋式或双并式分间所有的建筑物。[1]此种形态的区分所有建筑物，区分所有人间的共用部分极为单纯，除共用的境界壁与柱子外，一般的走廊、楼梯等皆分开，外周壁、屋顶、基地等皆以境界壁为界线而分属于个人所有，其与普通的一栋建筑物的单独所有并无二致，故此种建筑物区分所有的特有问题通常较少。

2. 横切型建筑物区分所有权（横割式建筑物区分所有权）

此类建筑物区分所有权系成立于横切型区分所有建筑物上。所谓横切型区分所有建筑物，也称横割式区分所有建筑物，系指将一栋建筑物以横的水平分割，而将各层分属于不同的区分所有人的建筑物。譬如一栋三层的建筑物，一楼部分为甲所有，二楼部分为乙所有，三楼部分为丙所有，此种形态的区分所有建筑物，各区分所有人间的共用部分除共同壁外，尚有共同的屋顶、楼梯、走廊等，并且，各建筑物区分所有权人的专有部分系立体堆叠而成。由于其一楼以上的专有部分未与基地直接接触，故此种区分所有建筑物乃着重于基地上空的建筑物空间的利用。实务中，此种横切型区分所有建筑物所生的法律问题较纵切型区分所

---

[1] 温丰文："区分所有建筑物与基地之关系"，载《法学丛刊》1990年第35卷第2期。

有建筑物所生的法律问题为多。

3. 混合型建筑物区分所有权（混合式建筑物区分所有权）

此类建筑物区分所有权系成立于混合式区分所有建筑物上。所谓混合式区分所有建筑物，系指上下横切、左右纵割分套所有的建筑物。此种形态的区分所有建筑物，各建筑物区分所有权人所有的部分系以分间墙、楼、地板等与他人所有部分分隔成封闭性空间，构造上形成独立性，二层以上的建筑物区分所有权人，其所有的部分因与基地不直接相通，而系通过走廊、阶梯或电梯与外界相连，故而此种形态的区分所有建筑物中，共用部分占有相当重要的地位。近现代及当代以降的各国家或地区建筑物区分所有权法皆以此类建筑物区分所有权为规范的重心。

（二）考量建筑物区分所有权的类型的意义与价值

考量建筑物区分所有权的类型，具如下实际意义与价值。

1. 处理共用部分与共同关系上的意义与价值

于纵切型区分所有建筑物中，共用部分按一定标准划分后，即分属于各个所有人，他们之间一般并无密切的共同关系，不发生管理团体的成员权问题。而于横切型和混合型区分所有建筑物中，基于维持区分所有权的必要，对建筑物的共用部分不得分割，各建筑物区分所有权人对共用部分享有持分共有权。并且，基于对建筑物的管理、维护与修缮，他们之间发生管理团体的成员权问题。[1]

2. 对立法和法律适用的意义与价值

由于建筑物区分所有权具纵切型、横切型及混合型区分所有权三种类型，而后二者又是建筑物区分所有权的核心和重点，故此，它直接影响到建筑物区分所有权的立法与法律适用。纵观各国家或地区的现行建筑物区分所有权法，有的对三种类型的建筑物区分所有权皆予以统一立法，如前述现行法国《住宅分层所有权法》与日本《建筑物区分所有权法》；而有的则仅对横切型和混合型建筑物区分所有权进行立法，譬如德国现行《住宅所有权法》即属之。不过，自当代各国家或地区有关建筑物区分所有权立法的最新发展趋势看，横切型与混合型建筑物区分所有权仍系立法与法律适用的重点。[2]

1　段启武："建筑物区分所有权之研究"，中南政法学院 1993 年 2 月硕士论文，第 19—20 页。

2　段启武："建筑物区分所有权之研究"，中南政法学院 1993 年 2 月硕士论文，第 19—20 页。

第五章

专有所有权

第一节　专有所有权的涵义与特性

专有所有权（Sondereigentum），又称"专有权"或"特别所有权"，系作为制度的建筑物区分所有权的两个基本灵魂之一：单独性灵魂。关于其涵义，根据学理的通说，系指建筑物区分所有权人（业主）对区分所有建筑物的专有部分予以自由地占有、使用、收益及处分的权利，为建筑物区分所有权构造系统中的单独所有权因素。

专有所有权，学理认为其属于一种空间所有权。德国学者贝尔曼指出，专有所有权系于"供居住或其他用途（尤其是供营业或办公用途）的建筑物空间上成立的空间所有权"；[1] 我国台湾地区学者黄越钦认为，专有所有权并非系对某一有体物加以管领支配，而系对由建筑物材料组成的空间予以管领支配的权利；[2] 中国大陆学者陈甦认为，专有所有权系指建筑物区分所有权人对独自专门使用的建筑空间享有的所有权[3]。

应当指出的是，我国台湾地区律师谢颖青反对将专有所有权解为空间所有

---

[1]　［德］J. Bärmann："德国住宅所有权法"，戴东雄译，载《法学论丛》第 13 卷第 1 期，第 166 页。

[2]　黄越钦："住宅分层所有权之比较法研究"，载郑玉波主编：《民法物权论文选辑》（上册），五南图书出版公司 1984 年版，第 440 页。

[3]　陈甦："论建筑物区分所有权"，载《法学研究》1990 年第 5 期，第 44 页。

权。其于《建筑物区分所有相关问题之研究》一文中指出，就拟制空间为物，进而推知建筑物区分所有权为空间所有权，吾人不表同意。

综上分析，关于专有所有权的涵义，本书采通说，即认为专有所有权系于区分所有建筑物的专有部分上成立（或设立）的所有权；关于其特性，以采空间所有权说为当，应系无疑。

第二节　专有所有权的客体——专有部分

一、专有部分的要件

（一）专有部分的要件的域（境）外法考察

1. 日本法

对于专有部分，日本学理又称为"区分部分"，其涵义依 1962 年、1983 年以及 2002 年《建筑物区分所有权法》第 2 条第 3 项的规定，系指"为区分所有权标的物的建筑物部分"。惟具备何种要件的"建筑物部分"方可成为建筑物区分所有权的标的（物），日本立法与学理通说认为，应自"构造上的独立性"与"利用上的独立性"两方面加以综合判断。[1]

（1）构造上的独立性，又称"物理上的独立性"，[2]其涵义依学理通说，系指一专有部分需与他区分所有人的专有部分或共同部分有隔离的遮蔽设备，而此设备通常也需为建筑物本身的结构（最常见者为分间墙），至于遮蔽物本身可移动其所在，而与区分所有建筑物于结构上并无定着性的，则属不可。[3]学理之所以作如此界定，系出于两方面的考量：一是可以借此使专有部分于外观上与其他部分相区别，且对境界点的标识有明确性；二是可以借此保障专有部分的独立利用的

1　何明桢："建筑物区分所有之研究"，台湾政治大学 1983 年 6 月硕士论文，第 29 页。
2　温丰文："区分所有权之客体"，载东海大学《法学研究》第 2 期，第 58 页。
3　［日］玉田弘毅："分让公寓"，载其所编《新订公寓之法律》（上册），一粒社 1980 年版，第 19 页。

可能。[1]惟依日本判例，所谓"构造上的独立性"，原则上系指四壁具确定的遮蔽性。[2]一栋建筑物的内部，若毫无墙壁间隔，固不得成为专有部分[3]；其仅以屏风、隔扇拉窗间隔者，也不得成为专有部分[4]。易言之，日本判例认定事实上的区分是否客观明确，系以有无固定墙壁间隔为判断依据。至于其固定间隔所用的材料，以一般木材或砖块充之，固无问题，以三合板或铁卷式百叶窗为材料的，日本实务也认为其具构造上的独立性。[5]

不过，新近以降，以上学理与判例关于构造上的隔壁，有倾向于"观念上的隔壁"的趋向。[6]此即学理所谓"无物理性的隔壁"。根据此项见解，观念上与他部分于外观上可以区分，并有固定的界线标识点的，也可成为专有所有权的标的（物）。[7]1967年，日本大阪地方法院判例即是据此而作出。该案中，有相毗连的两间建筑物，其所有人为做生意的方便而未于境界处设置确定的遮蔽性墙壁，建筑物内部仅以暗沟和水泥柱为界，外部则以屋顶的某一段落为界。日本大阪地方法院认为，区分虽无遮蔽性，但客观明确，易从物理上界分，故此判定其具构造上的独立性。[8]

（2）利用上的独立性，又称为"机能上的独立性"抑或"经济上的独立

1　[日] 荒川重胜："区分所有权的客体"，载 [日] 玉田弘毅、森泉章、半田正夫编：《建筑物区分所有权法》（资料），一粒社1988年版，第60页。

2　[日] 新田敏："关于区分所有权客体的独立性"，载日本《法学研究》第46卷第7号，第30页。

3　日本1953年8月19日福冈高等法院判决，载《高等裁判所民事判例集》第6卷第9号，第520页。

4　日本1964年3月12日东京高等法院判决，载《下级裁判所民事判例集》第15卷第2号，第529页。

5　有关以三合板间隔得为建筑物区分所有权的客体的，请参见日本1961年2月16日神户地方裁判所判决，载《下级裁判所民事判例集》第12卷第2号，第293页。有关以铁卷式百叶窗间隔得为建筑物区分所有权的客体的，请参见 [日] 丸山英气：《区分所有建筑物的法律问题——其理论与展开》，三省堂1980年版，第73页；温丰文："区分所有权之客体"，载东海大学《法学研究》第2期，第58页。

6　何明桢："建筑物区分所有之研究"，台湾政治大学1983年6月硕士论文，第30页。

7　[日] 香川保一："区分所有建筑物的成立要件与具体例文"，载《商事法务研究》第352号，第5页（1965年）。

8　参见日本1967年8月21日大阪地方裁判所判决，载《判例时报》第216号，第230页。转引自温丰文："区分所有权之客体"，载东海大学《法学研究》第2期，第58—59页。

性"，系日本学理与立法关于判定得否成为专有部分的第二基准，其涵义系指各区分部分需与一般独立的建筑物相同，具有能够满足人们生活目的的独立功能。[1]实定法上，日本现行《建筑物区分所有权法》第 1 条规定：建筑物区分部分需可供独立住家、店铺、办公室、仓库或其他建筑物用途使用。至于具体判定有无利用上的独立性，学理认为应依该建筑物区分部分的利用目的、状态及具体的构造关系加以判断。并且，判断时并非将该部分自建筑物中完全分离出来独立为之，且也需兼顾该部分于整体建筑物中占据的位置、功能，以及其与整体建筑物的关联如何等。惟有如此，方不至于判断时发生偏差。[2]立基于此等考量，日本学理提出了如下二项具体的判断标准：

第一，独立的出入口。利用上有无独立性，最重要的外观依据系是否存在独立的出入口。一栋建筑物的专有部分，其本身具独立的出入口与外界相通，方可单独使用。也就是说，建筑物区分所有的专有部分若有独立门户与公共走廊抑或公共楼梯等公共设施相通，即得单独使用而为专有所有权的客体；反之，若无独立门户，非经过邻室无从出入时，则不具单独使用的功能，不得成为专有部分。[3]惟日本实务有时为了迁就事实问题，对此标准采取弹性立场。譬如于一栋 2 层楼的建筑物中，其通往 2 楼的楼梯设在建筑物的内部，并由 1 楼房屋的后门作为出入口而出入，故而严格而言，其 2 楼并无直接出入口或经由共用部分与外界相通，应无利用上的独立性。但是，由于 1、2 楼已有不同的人居住十余年，故而日本法院即认为 2 楼得为专有部分。[4]

第二，内部的专用设备、隔间构造。一栋建筑物的专有部分要具有与一般建筑物相同的独立的经济效用，需存在专用设备与隔间构造。为此，日本学理认为，是否具内部设备、隔间构造乃系判断是否具有独立利用可能的另一要素。惟此专用设备、隔间构造需达至的具体程度，则无绝对标准。通常而言，应视建筑

---

1 温丰文："区分所有权之客体"，载东海大学《法学研究》第 2 期，第 59 页。

2 何明桢："建筑物区分所有之研究"，台湾政治大学 1983 年 6 月硕士论文，第 31 页。

3 ［日］川岛武宜："建筑物区分所有等法律的解说"，载《法曹时报》第 14 卷，第 848 页。同时参见该氏编集《注释民法 7》（物权 2），有斐阁 1978 年版，第 31 页。

4 ［日］荒川重胜："区分所有权的客体"，载［日］玉田弘毅、森泉章、半田正夫编：《建筑物区分所有权法》（资料），一粒社 1988 年版，第 57 页。

物的形态及其用途，并就各个具体事例的功能，作综合判断。[1]其中，对于是否以具备浴室、厕所、厨房等日常生活所必需的设施为必要，通说采否定见解。[2]学理认为，以住家为目的的建筑物的专有部分，其内部需有居住空间、厨房、浴室等。但自整体建筑物的使用功能与构造看，该部分的设备系供该建筑物的使用、管理不可欠缺的部分时，则应认为欠缺独立利用可能性，应将此建筑物部分归入共用部分（譬如建筑物的管理人室、机械室）。[3]

惟以上日本学理通说与立法对于判定专有部分的两项要件（构造上的独立性与利用上的独立性），新近以来受到一些日本学者较为强烈的批判。[4]有学者认为，将构造上的独立性与利用上的独立性作为分别的独立要件来判定专有部分并不妥当。他们具体指出："以往对建筑物部分的构造上的独立性的把握，是将其看作因境界壁、地板等的间隔而具有的完全隔断性。然而，此隔断性之有无及其程度却往往应由建筑物部分、包含该建筑物部分的全体建筑物的用途，以及与该全体建筑物的利用目的的联系来决定。若非如此，而系绝对地看待隔断性，将毫无意义。并且，即使是所谓利用上的独立性，以往为我们所把握的与外部的直接出入口及内部专用设备之有无与程度的判断标准，其中任何一项皆与建筑物的构造部分存在联系。故此，将构造上与利用上的独立性分开而论系不恰当。事实上，它们系互为条件而不可分割的一个整体。"[5]

虑及以上的批判，学者丸山英气遂抛弃通说判断专有部分的所谓构造上的独立性与利用上的独立性的二项基准，而新创专有部分的判定的如下五项基准[6]：（1）区分（境界）的明确性。亦即，一栋建筑物的此部分与该栋建筑物的彼部分需予以明确区分。（2）遮断性。亦即，一栋建筑物的此部分与该栋建筑物的彼部

1　［日］丸山英气：《区分所有建筑物的法律问题——其理论与展开》，三省堂 1980 年版，第 77 页。

2　［日］丸山英气：《区分所有建筑物的法律问题——其理论与展开》，三省堂 1980 年版，第 78 页。

3　何明桢："建筑物区分所有之研究"，台湾政治大学 1983 年 6 月硕士论文，第 32—33 页。

4　［日］丸山英气编：《区分所有权法》，大成出版社 1984 年版，第 20 页。

5　［日］丸山英气编：《区分所有权法》，大成出版社 1984 年版，第 20 页。

6　是为著名的五要件说。

分，需以境界壁、天花板、地板等予以隔断（间隔）。（3）通行的直接性。亦即，建筑物的此部分不必经由建筑物的彼部分即能与外部直接相通，且有独立的出入口。（4）存在专用设备。亦即，于该建筑物部分设置了适于使用目的与用途的专用设备。（5）不存在共用设备。亦即，该建筑物部分不存在供全体区分所有权人抑或一部区分所有权人使用的设备。概言之，该建筑物部分不存在共用设备。[1]

2. 美国法

美国称区分所有建筑物的专有部分为"单位"（unit）或"公寓"（apartment），抑或"独立部分"。关于其涵义，根据美国《公寓大厦所有权创设示范法》第 2 条的规定，其需系坐落于一栋建筑物的任一层楼板上，可供独立使用的房间或封闭性空间，且与公共街道，抑或经由共用部分而与公共街道有相通的直接出口。惟根据美国《加利福尼亚州民法典》第 1350 条的规定，专有部分系指建筑物区分所有权要素中的非属于共用部分的部分。[2]

由以上美国《公寓大厦所有权创设示范法》对专有部分的涵义的厘定可以明了，美国法对于专有部分的要件，也系要求其具备构造上的独立性——独立房间抑或闭锁性空间，以及利用上的独立性——可供独立使用且对外有直接出入口。[3] 美国《加利福尼亚州民法典》之所以对专有部分的涵义作概括性规定而与美国联邦《公寓大厦所有权创设示范法》的规定相去甚远，其主要的因由在于，其以此弹性的规定而获得适用与解释的方便。惟无论如何，其必须具备可以封闭的空间，乃系对区分所有建筑物中专有部分的最基本的要求。[4]

3. 德国法

根据德国《住宅所有权法》的规定，所谓专有部分，系指与共有持分不可分离的供特定住宅用或非供住宅用的空间。此空间有别于空气，而具备一定的要

1　[日] 丸山英气编：《区分所有权法》，大成出版社 1984 年版，第 21—23 页。

2　[日] 平松绂："美国的区分所有权立法资料"，载 [日] 玉田弘毅、森泉章、半田正夫编：《建筑物区分所有权法》（资料），一粒社 1988 年版，第 61 页。

3　何明桢："建筑物区分所有之研究"，台湾政治大学 1983 年 6 月硕士论文，第 73 页。

4　Edward M. Ross, "Condominium in California——The verge of an Era", 36 *Southern California Law Review* 364（1963）.

件——完全的独立性。[1]并且，此独立性为强制性规定，受政府制定的特别行政法规的严格监督。依照特别行政法规，判断有无独立性的标准是：该建筑物部分于构造上是否有独立出入的楼梯间或走廊通到户外，功能上有无独立的经济使用价值抑或效用。譬如，作为供住宅用的专有所有权客体的建筑物部分，一方面要具备自由出入的门户，另一方面需能独立维持家计，亦即厨房非具备不可。此外的其他设备，如水槽、排水管及厕所等，也需具备。[2]

4. 法国法

对于专有部分，法国 1938 年法律称为"专有物"。而所谓专有物，系指"归属于一主体的排他性的专有使用部分"。[3]1965 年经修改而制定的现行法国《住宅分层所有权法》乃正式称专有物为"专有部分"（Privatif），其涵义根据该法第 2 条第 1 项的规定，系指"确保一特定建筑物区分所有权人享有排他性使用权的建筑物部分与土地"。据此可以明了，法国现行建筑物区分所有权法所规定的专有部分的要件是：使用上的排他性。

5. 我国台湾地区"法"[4]

我国台湾地区"民法"第 799 条、第 800 条对区分所有建筑物专有部分的要件未设明文，[5]系为立法缺漏，应属无疑。但是，自 1980 年代以降，台湾地区"最高法院"为应对社会生活中的实际问题而相继通过 1982 年台上字第 1193 号判决、1986 年台上字第 907 号判决以及 1991 年台上字第 804 号判决等对专

1　[日]丸山英气："德国住宅所有权法的改革"，载[日]玉田弘毅、森泉章、半田正夫编：《建筑物区分所有权法》（资料），一粒社 1988 年版，第 4 页。

2　戴东雄："论建筑物区分所有权之理论基础（I）"，载《法学丛刊》1984 年第 29 卷第 2 期，第 31 页。

3　[日]小沼进一：《建筑物区分所有权的法理》，法律文化社 1992 年版，第 43 页。

4　本部分论述的我国台湾地区"法"的情况，系为 1929—1930 年《中华民国民法》制定、公布时的情况，之后，尤其于 2009 年台湾地区修改其"民法"物权编时，已对第 799 条等作了诸多变易，仅此说明。

5　应当指出的是，1929 年 11 月《中华民国民法》的物权编立法当时，中国的一般省份（台湾省亦同）尚无现在的公寓大厦。该第 799 条、第 800 条所规定的"数人区分一建筑物而各专有其一部者"，从"其一部之所有人，有使用他人正中宅门之必要者"一语推求，应系指多户聚住一大院落，仅有一可供出入之正中宅门，而该宅门可能为全部住户共有，也可能为其中一户所有的集体住宅而言。对此，请参见姚瑞光：《民法物权论》，吉锋彩色印刷股份有限公司 2011 年版，第 103—104 页。

有部分的要件未设规定的缺漏作了补充。其中，1991 年台上字第 804 号判决具总结和归纳性的意义。其判示："数人区分一建筑物而各有其一部者，谓之区分所有。其区分之各部分为独立之权利客体，成立单独所有权，至其区分方法或为纵的分割，或为横的分割，或为二者交互运用，无论分间抑分套，在所不问。惟基于物权标的物独立性之原则，必须在构造上及使用上均具有独立性始足当之。"[1]

立基于以上判决，并参酌日本法与德国法的经验，台湾地区"内政部"营建署遂于 1987 年草拟的"台湾高楼集合住宅管理维护法"第 4 条第 7 项中对专有部分的要件设立明文。其规定，所谓专有部分，系指"构造上能明确区分，具有排他性且可独立使用之建筑物部分"。学理上，有鉴于台湾地区"民法"未对专有部分的要件予以明定，学理因而展开积极讨论，并力图作出补充。学者陈计男指出，专有部分何种情形下方可成为建筑物区分所有权的客体，应依一般交易观念而定。具体而言，有如下三项基准可以用来判定。[2]

（1）各被区分的部分需于建筑构造上具独立性。

（2）需可供单独使用。亦即，各被区分部分有其使用上的独立性，譬如可供住家、店铺、办公室、仓库使用等。判断一建筑物的区分部分可否供单独使用，其最为重要者乃是看该区分部分有无独立的出入门户。如被区分的一室，非经过邻室而无从单独出入，则此室非与邻室结成一体，便不能成为专有部分。

例如图 1，甲、丙、丁各室非经过乙室无从出入大门，则甲、乙、丙、丁应结成一体为一专有部分；反之，各区分部分虽需经过共用的走廊、楼梯间以通大门，仍得为专有部分。譬如，图 1 区分为甲、乙、丙、丁和 A、B、C、D 两部分，以及图 2 区分为甲、乙、丙、丁四部分的情形，皆可成为专有部分。

1　参见《法令月刊》1991 年第 42 卷第 9 期，第 35 页。
2　陈计男："大厦、公寓的一些法律问题"，载《法令月刊》1977 年第 28 卷第 7 期，第 202—203 页。

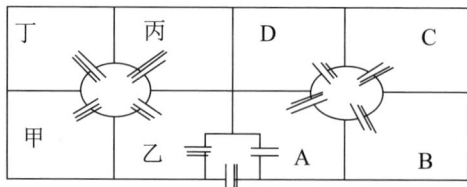

图1

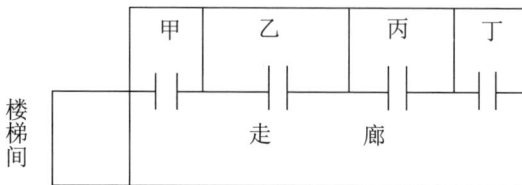

图2

（3）需经登记。[1]学者温丰文自借鉴、参考日本判例学理关于专有部分的要件入手，认为得成为建筑物区分所有权客体的专有部分需于构造和利用上具独立性，[2]并且指明，所谓"构造上的独立性"，乃指各区分所有部分有客观明确的事实区分。换言之，"须在建筑构造上得按各区分部分客观地予以划分范围始可。盖以被区分的建筑物部分，既承认其为一所有权的客体，自须具备适于物的支配的构造，否则即欠缺所有权的内容"[3]；而所谓"利用上的独立性"，则以可否单独使用及有无独立的经济效用为判定标准。[4]对于有无独立经济效用，通说虽不以是否具备浴室、厕所、厨房等日常生活所必需的设施为必要，但学者黄茂荣却从居住品质的视角持肯定意见。其理由谓："浴室、厕所、厨房公用之结果，不但不利公共卫生，还易招致相邻者之不睦，是故这种与卫生有关之设施还是解为或规定为各住宅单位所需自具而不得由数住宅单位共用一个或数个这种设施为妥，否则不得称为分立之住宅。要之，这种设施与住宅之分立性互为必要条件。"[5]此外，关于专有部分的要件，学者王泽鉴也认为，需以具备构造与使用上的独立性

1　陈计男："大厦、公寓的一些法律问题"，载《法令月刊》1977第28卷第7期，第202—203页。

2　温丰文："区分所有权之客体"，载东海大学《法学研究》第2期，第58—59页。

3　温丰文：《建筑物区分所有权之研究》，三民书局股份有限公司1992年版，第18页。

4　温丰文：《建筑物区分所有权之研究》，三民书局股份有限公司1992年版，第19页。

5　黄茂荣："有关公寓法律问题之研究"，载郑玉波主编：《民法物权论文选辑》（上册），五南图书出版公司1984年版，第451—452页。

为已足。[1]

（二）比较分析结论与我国《物权法》和《建筑物区分所有权解释》的立场

综据以上分析，我们可以明了，除法国《住宅分层所有权法》将专有部分的要件厘定为使用上的排他性（相当于日本等国家或地区的"利用上的独立性"）外，日本、德国、美国以及我国台湾地区的立法与学说皆将有无构造与利用上的独立性作为判定建筑物各区分部分得否成为专有部分的标准。尤其是日本的立法明定将构造上的独立性作为判定建筑物各区分部分得否成为专有部分的标准，以及日本判例学说围绕此一判定标准而进行的判例与学理的诸多阐释，皆具重要的参考、借镜价值与意义。新近以来，学理虽对孤立（分离）性地把握构造与利用上的独立性的判定标准予以批判，但此并不影响该判定标准的价值与意义。学理于批判的基础上提出的五项新判定标准，究其实质，乃系构造与利用上的独立性的判定标准的具体化，而非对其的否定。立基于此种分析，本书主张，所谓专有部分，应以构造与利用上的独立性之有无作为判定标准，具体应自区分境界的明确性、遮断性、通行的直接性、专用设备之存在以及共用设备的不存在等进行判定。立基于此，所谓专有部分，应解为指区分所有建筑物中具构造与利用上的独立性、作为建筑物区分所有权的专有所有权客体的建筑物部分。

我国《物权法》未对专有部分的要件作出规定，但2009年最高人民法院发布的《建筑物区分所有权解释》定有明文，依其规定，专有部分的要件有三：（1）具有构造上的独立性，能够明确区分；（2）具有利用上的独立性，可以排他使用；（3）须以建筑物区分所有权客体的形态表现于外部。亦即，一栋建筑物的特定部分虽已具备专有部分的前二项要件，但也仅系观念的、抽象的专有部分，并不必然成立建筑物区分所有权，必待业主将该专有部分作为区分所有权的客体现实化、具体化表现于外部时，方才成为专有部分。[2]此也就是《建筑物区分所有权解释》第2条第1款（三）所称："能够登记成为特定业主所有权的客体。"

以上第（3）项称为形式的独立性要件，前二项称为实质的独立性要件。亦

1　王泽鉴：《民法物权》（1），台湾1992年自版，第195页。
2　谢在全：《民法物权论》（上册），文太印刷企业有限公司2004年修订版，第378页。

即，一栋建筑物区分为数部分，于具备实质的独立性要件后，尚需具备形式的独立性，方可成立建筑物区分所有权。所谓形式的独立性，即指业主以区分所有的意思办理区分所有权登记。故此，此形式的独立性系由业主的区分所有意思与区分所有登记二要件构成。前者称为形式独立性的主观要件，后者称为形式独立性的客观要件。换言之，建筑物区分所有权系依区分所有登记而创设，而区分所有登记则以有区分所有意思为前提。应注意的是，承租人经出租人同意而于承租房屋上增建房屋，其增建部分如具备实质的独立性时，可否成立区分所有权？对此，日本判例认为，应推定当事人间有成立区分所有的意思，承租人可取得增建部分的区分所有权。[1]

我国《物权法》第9条规定："不动产物权的设立、变更、转让和消灭，经依法登记，发生效力；未经登记，不发生效力，但法律另有规定的除外。"据此，因建筑物区分所有权为不动产物权之一种，故需办理登记。申言之，我国建筑物区分所有权系依登记而创设，当事人应依法办理登记，方能取得建筑物区分所有权。

二、专有部分的范围

区分所有建筑物的专有部分系由具有一定平面的长度与一定立体的厚度构成，与其他专有部分或共用部分系以墙壁（共同墙壁）、天花板、地板等相间隔。故此，所谓专有部分的范围，亦即专有部分的界线，乃系指专有部分相互间，抑或与共用部分相互间的分隔部分究至何处界线为止，可以计入专有部分。此问题直接影响到境界部分相接点处各区分所有权人得自由占有、使用及修缮的权利，也会间接影响到为了维持建筑物的整体安全，而对各区分所有权人可能有害于建筑物的安全的行为的禁止，故此，有必要予以分析。

学理关于专有部分的范围存在四说，即"中心说""空间说""最后粉刷表层说"以及"壁心和最后粉刷表层说"。兹分述如下。

---

1 参见日本1963年10月29日最高裁判所判决，载《最高裁判所民事判例集》17卷9号，第1238页；温丰文：《建筑物区分所有权之研究》，三民书局股份有限公司1992年版，第22—23页。

（一）中心说

此说也称壁心说，以日本学者山田幸二与河村贡为代表。[1]目前交易实务上多采此说。按照此说，区分所有建筑物的专有部分的范围达到墙壁、柱、地板、天花板等境界部分厚度的中心。该说赋予各区分所有权人以充分自由占有、使用分隔境界的权利，惟对整体建筑物的维持与管理较有损害。盖因专有部分的范围既然包含境界壁中心线，则各区分所有权人于未超越壁心范围内，得自由占有、使用或变更专有部分。不过，以现实建筑物观之，其分隔部分的内部构造相当复杂，且往往铺设有维持整体建筑物正常使用所必需的各种管线，譬如水管、瓦斯管、电线、电话线等。中心线的认定不仅相当不易，且若可任由区分所有权人自由占有、使用或变更，则对整体建筑物的管理、维护以及管线铺设权益更有重大影响。故此，中心说乃有其不足之处（参见下图）。[2]

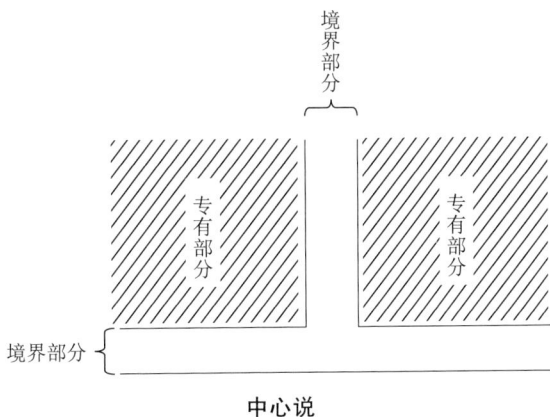

中心说

（二）空间说

也称"全部属于共用部分说"，以日本学者右近健男、舟桥谆一以及我国台

1　[日]山田幸二："专有部分的一部分——共用部分墙壁的疑义"，载[日]玉田弘毅、森泉章、半田正夫编：《建筑物区分所有权法》（资料），一粒社1988年版，第105—106页；[日]河村贡："关于建筑物区分所有权"，载《大厦》第342号，第53页。

2　何明桢："建筑物区分所有之研究"，台湾政治大学1983年6月硕士论文，第34页；温丰文："论区分所有建筑物之专有部分"，载《法令月刊》1991年第42卷第7期，第276页。

湾地区学者史尚宽、李肇伟、黄越钦等人为代表。[1] 此说以建筑物区分所有权的共有权说为立论基础，系与以个别所有权为立论基础的中心说完全对立的主张。[2] 该说自专有部分不过系由建筑材料所围成的空间的观念出发，认为专有部分的范围仅限于由墙壁（共同墙壁）、地板、天花板围成的空间部分。而界线点上的分隔部分，譬如墙壁、地板、天花板等，则为全体或部分建筑物区分所有权人的共用部分。该说的优点在于，其反映了建筑物区分所有权的专有所有权客体所具有的空间性特征。不过，根据该说，由于境界壁（如墙壁、地板、天花板等）为共用部分，故此建筑物区分所有权人欲粉刷墙壁或于墙壁上钉钉子、于地板铺地砖等皆应经其他建筑物区分所有权人的同意方可为之。如此，建筑物区分所有权人的生活必感不便，故而有悖于社会的实际情况。正因如此，该说遭到一些日本学者的严厉批判，认为如依该说，则将彻底破坏日本现行的建筑物区分所有权制度及其规则，使专有部分的界线大打折扣（参见下图）。[3]

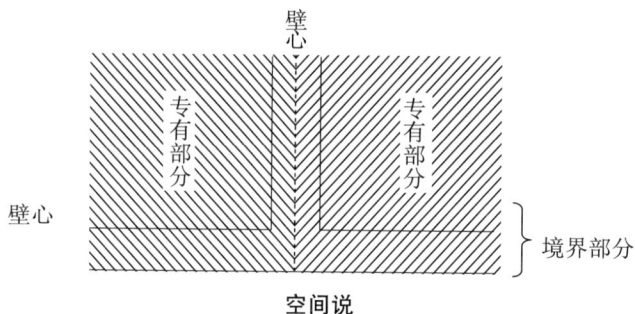

空间说

（三）最后粉刷表层说

此说以日本学者玉田弘毅为代表。[4] 根据该说，专有部分包含至壁、柱等境界

1　［日］右近健男："区分所有与管理"，载《法律时报》第 43 卷第 10 号，第 33 页；［日］舟桥谆一：《物权法》，有斐阁 1974 年版，第 348 页；史尚宽：《物权法论》，史吴仲芳、史光华发行 1975 年版，第 110 页；李肇伟：《民法物权》，台湾 1979 年自版，第 164 页；黄越钦："住宅分层所有权之比较法研究"，载郑玉波主编：《民法物权论文选辑》（上册），五南图书出版公司 1984 年版，第 440 页。

2　何明桢："建筑物区分所有之研究"，台湾政治大学 1983 年 6 月硕士论文，第 34 页。

3　温丰文："论区分所有建筑物之专有部分"，载《法令月刊》1991 年第 42 卷第 7 期，第 276 页。

4　［日］玉田弘毅："建筑物区分所有权法逐条研究"（3），载《判例时报》第 342 号，第 53 页。

部分表层所粉刷的部分。亦即，境界壁与其他境界的本体属于共用部分，惟于境界壁上最后粉刷的表层部分属于专有部分。此见解一方面固可修正第二说的缺点，使建筑物区分所有权人于自己的专有部分自由地装潢，他方面也可匡正第一说的缺失，以利于对整栋建筑物的管理与维护。惟该说的缺点则在于忽视现实区分所有建筑物系以壁心为界线的交易习惯（参见下图）。[1]

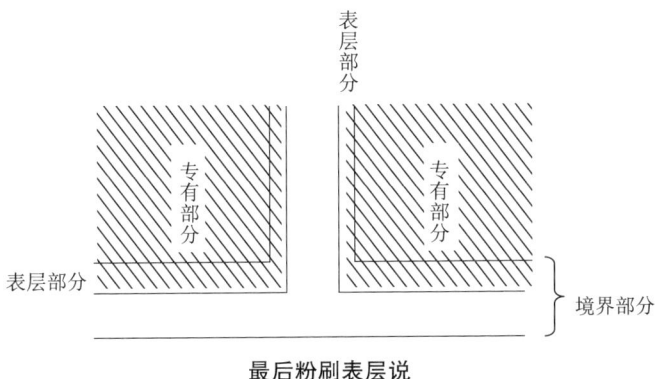

最后粉刷表层说

（四）壁心和最后粉刷表层说

该说也称"中央部分属于共用部分，表面属于专有部分说"，以日本学者川岛一郎、丸山英气为代表。[2] 究其实质，其系对以上三说予以综合折中的产物。按照该说，专有部分的范围应分内部关系与外部关系分别而论。于建筑物区分所有权人相互间，尤其是有关建筑物的维持、管理关系上，专有部分仅包含至壁、柱、地板、天花板等境界部分表层所粉刷的部分；但于外部关系上，尤其是在对第三人（如买卖、保险、税金等）的关系上，专有部分则包含至壁、柱、地板、天花板等境界部分厚度的中心线（参见下图）。[3]

1　温丰文："论区分所有建筑物之专有部分"，载《法令月刊》1991 年第 42 卷第 7 期，第 276 页。

2　[日] 川岛一郎："关于建筑物的区分所有等法律的解说"（上），载《法曹时报》第 14 卷第 6 号，第 24 页；[日] 丸山英气："区分所有权理论及其发展"，载日本《法学家》第 476 号（1971 年），第 113 页。

3　温丰文："论区分所有建筑物之专有部分"，载《法令月刊》1991 年第 42 卷第 7 期，第 276 页。

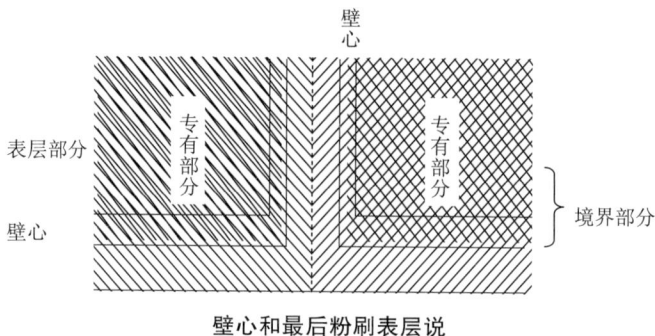

壁心和最后粉刷表层说

　　以上四说中，第四说即壁心和最后粉刷表层说因一方面赋予各建筑物区分所有权人自由占有、使用分界部分表面的权利，另一方面又因其顾及了整体建筑物的维持，并也符合空间权学理的最新动向，而成为新近以降日本的通说。[1]不独如此，该说也得到了我国台湾地区一些学者的赞同。譬如谢在全于其所著《民法物权论》一书中即谓："共同壁具有专有部分与共用部分之双重性质，在相邻区分所有权人间，基于维持、管理之关系，应认为共同壁为区分所有权人所共有，至对第三人等其他关系上，应认为系区分所有权人独有。"[2]另一学者温丰文于其所著《论区分所有建筑物之专有部分》一文中也表明了与谢氏相同的立场。[3]本书认为，第四说因能据以澄清建筑物区分所有权人相互间以及建筑物区分所有权人与第三人间的权益，符合社会的现实情况与未来发展的需要，故而可资赞同。

　　此外，尚需说明的是，以上所论系仅就建筑物的结构说明专有部分的范围，但事实上，专有部分的范围，如前述，除建筑物的结构部外，尚涵括建筑物的附属物与附属建筑物。所谓建筑物的附属物，乃指配置于建筑物内部的水管、瓦斯管、电线、电话线等附属设备。其中，专供专有部分使用的管线应属于专有部分

　　1　[日]丸山英气：《区分所有建筑物的法律问题》，三省堂1981年版，第53页；[日]川岛武宜编集：《注释民法7》（物权2），有斐阁1978年版，第366页；何明桢："建筑物区分所有之研究"，台湾政治大学1983年6月硕士论文，第35页。

　　2　谢在全：《民法物权论》，三民书局1989年版，第239页。

　　3　温丰文："论区分所有建筑物之专有部分"，载《法令月刊》1991年第42卷第7期，第277页。

的范围。[1] 至于供各户共同使用的管线，则属共用部分；所谓附属建筑物，系指仓库、车库等居于从属地位的建筑物。附属建筑物一方面固得依管理规约而成为约定共用部分，另一方面也得成为某一专有部分的附属建筑物。当车库、仓库等附属建筑物从属于某一专有部分时，专有部分的范围涵括该附属建筑物。基于主物的处分及于从物的原则，该专有部分移转或设定负担时，其效力自应及之。[2]

三、专有部分的类型

根据不同的标准可对专有部分作出不同的分类。以专有部分的主体为一人抑或数人为标准，专有部分可分为单独所有的专有部分与共有的专有部分；以专有部分的客体的结合情形为标准，专有部分可分为复合的专有部分与单一的专有部分。

（一）单独所有的专有部分与共有的专有部分

所谓单独所有的专有部分，系指一个专有部分由一建筑物区分所有权人享有所有权；共有的专有部分，系指一个专有部分由二人以上共同享有所有权。个别情形，一个专有部分也有可能由全体建筑物区分所有权人共有。此种情形，其本旨上尽管与管理规约共用部分有异，但功用上却与之相同。[3]

将专有部分分隔为单独所有的专有部分与共有的专有部分，其学理与实务上的法律利益在于，处分、变更以及设定负担的不同。申言之，单独所有的专有部分的处分、变更与设定负担系与一般单独所有建筑物相同，故而建筑物区分所有权人可自由为之。惟共有的专有部分，其变更、处分与设定负担，则通常应根据共有人过半数及其应有部分合计过半数的同意而为之。[4]

（二）复合的专有部分与单一的专有部分

复合的专有部分，系指由数个适合于专有部分的建筑物部分结合而成的专有

1　温丰文："论区分所有建筑物之专有部分"，载《法令月刊》1991 年第 42 卷第 7 期，第 277 页。

2　温丰文："论区分所有建筑物之专有部分"，载《法令月刊》1991 年第 42 卷第 7 期，第 277 页。

3　温丰文："论区分所有建筑物之专有部分"，载《法令月刊》1991 年第 42 卷第 7 期，第 277 页。

4　温丰文："论区分所有建筑物之专有部分"，载《法令月刊》1991 年第 42 卷第 7 期，第 277 页。

部分；单一的专有部分，则指仅由一个适合于专有部分的建筑物构成的专有部分。又所谓"适合于专有部分的建筑物部分"，系指具构造与利用上的独立性的建筑物部分。易言之，专有部分与适合于专有部分的建筑物部分有别，前者系法律上的区分，后者则为事实上的区分。[1] 如下图所示，一栋建筑物有甲、乙、丙、丁、戊、己 6 个适合于专有部分的建筑物部分，此 6 个适合于专有部分的建筑物部分，固得各自成为专有部分而成立 6 个单一的专有部分，同时也可结合甲、乙或乙、丙，丁、戊与戊、己等部分而成为复合的专有部分。易言之，专有部分的个数与建筑物区分所有权的个数虽然一致，但与适合于专有部分建筑物部分的个数则非当然相同。[2] 通常而言，基于界分（分隔、区分）任意性原则，一栋建筑物只要有二个以上的专有部分即可成立建筑物的区分所有，至于区分为多少个专有部分（法律上的区分），则一任当事人的意思。惟复合的专有部分，于区分上不得违背建筑物的连续性。譬如，下图中，甲部分不得与丙、戊或己部分，丁部分不得与乙、丙或己部分结合而成复合的专有部分，则属无疑。[3]

甲	公 共 楼 梯	丁
乙		戊
丙		己

1　温丰文："论区分所有建筑物之专有部分"，载《法令月刊》1991 年第 42 卷第 7 期，第 277 页。

2　温丰文："论区分所有建筑物之专有部分"，载《法令月刊》1991 年第 42 卷第 7 期，第 277 页。

3　温丰文："论区分所有建筑物之专有部分"，载《法令月刊》1991 年第 42 卷第 7 期，第 277 页。

第三节 专有所有权的内容

专有所有权的内容，系指建筑物区分所有权人作为专有所有权人而享有的权利与承担的义务。兹分述如下。

一、建筑物区分所有权人（业主）作为专有所有权人享有的权利

（一）所有权

专有所有权是以区分所有建筑物的专有部分为客体而成立的单独所有权。故此，建筑物区分所有权人作为专有所有权人的权利，乃与一般所有权人享有的权利相同，具绝对性、永久性和排他性。也就是说，建筑物区分所有权人于法律限制的范围内，得自由占有、使用、收益及处分专有部分，并排除他人的干涉。各建筑物区分所有权人得对自己的专有部分予以直接占有、使用，以实现其居住、营业或其他目的，并可将之出租而收取租金，抑或于其上设定负担（如设定抵押权），甚而将之转让等。惟应指出的是，由专有所有权的特殊性决定，于对专有部分进行处分时，需连带处分共用部分持分权与成员权。且依各国家或地区的建筑物区分所有权法的规定，处分专有所有权时，同一栋建筑物上的其他建筑物区分所有人不得享有先买权，惟若管理规约对此有特别规定时除外。譬如《瑞士民法典》第712条之三第1项（"处分"）规定："楼层建筑物所有人（分层建筑物所有人、建筑物区分所有权人——作者注）对于取得应有部分的第三人，无法定先买权，但在成立楼层建筑物所有权时或依嗣后合意，得设立先买权，并得在土地簿册中注明。"

（二）相邻使用权

相邻使用权，系指建筑物区分所有权人为保存其专有部分或共用部分，抑或于改良的必要范围内，可以请求使用其他建筑物区分所有权人的专有部分抑或不属于自己所有的共用部分。但此时若致其他建筑物区分所有权人损害的，应支付赔偿金。[1]

1　参见日本《建筑物区分所有法》第6条第2项。

居住于同一栋区分所有建筑物上的区分所有权人，其各自的专有部分，有如火柴盒一般，紧密地堆砌在同一栋建筑物上，各建筑物区分所有权人彼此间由此形成立体的相邻关系。[1]建筑物区分所有权人为了保存自己所有的专有部分，往往由于建筑物的结构而不得不使用左右或上下相邻的其他建筑物区分所有权人的专有部分，抑或其他不属于自己所有的共用部分。譬如一楼的天花板漏水，非从二楼的地板着手就无从修理，即为适例。于此情形，建筑物区分所有权人彼此间应容忍他人利用自己的专有部分以从事建筑物的维护、修缮、改良等。[2]至于违反此一规定，无正当理由拒绝他建筑物区分所有权人使用自己的专有部分以保存该请求人的专有部分时，依日本1979年大阪地方法院的判决，将构成侵权行为。[3]

不过，使用他人专有部分以维护或修缮、改良自己的专有部分须限于必要范围内，应属无疑。问题是何谓"必要范围"？对此，学理认为，此"必要范围"系一不确定法律概念，其认定应就维护或修缮工事的规模、时期、期间，工事的必要性、紧急性，有无其他维护或修缮的可能方法，以及对其他建筑物区分所有权人专有部分所加损害的种类、程度、性质等情事进行综合判断。概言之，请求使用他人的专有部分时，应尽量于不困扰其他建筑物区分所有权人的时期与方法的范围内为之。[4]

此外，对于此相邻使用权，尚有二点须予说明：（1）对他人专有部分行使使用请求权时，其相对人不以专有部分所有人（专有所有权人）为限，若建筑物区分所有权人已将其专有部分出租或出借，也得向承租人或借用人等专有部分的占有人行使。且该使用请求权行使的对象，也不以物理上前后左右或上下相邻接的专有部分为限，物理上即使未邻接，只要是建筑物维护或修缮、保存的必要范围

1　温丰文："区分所有建筑物法律关系之构造"，载《法令月刊》1992年第43卷第9期，第48页。

2　温丰文："论区分所有建筑物之专有部分"，载《法令月刊》1991年第42卷第7期，第279页。

3　日本区分所有建筑物管理问题研究会编：《区分所有建筑物的管理与法律》，商事法务研究会发行1981年版，第271—272页。

4　〔日〕玉田弘毅："建筑物区分所有权法逐条研究（12）"，载《判例时报》第354号，第114页；转引自温丰文："论区分所有建筑物之专有部分"，载《法令月刊》1991年第42卷第7期，第279页。

内，也得对之行使。[1]（2）为平衡当事人之间的权益，使用他人专有部分以维护、修缮和保存自己的专有部分时，若因此致他建筑物区分所有权人受到损害的，应负回复原状或支付赔偿金的义务。惟其因此所生的损害并非基于违法行为，而系出于适法行为，故而不以归责于行为人的故意或过失为必要。也就是说，其与民法关于侵权行为损害赔偿请求权的要件有别，仅需受害人（其他建筑物区分所有权人）证明损害确已发生即为已足。[2]

二、建筑物区分所有权人（业主）作为专有所有权人承担的义务

（一）不得违反全体区分所有权人的共同利益

如前述，各建筑物区分所有权人的专有部分犹如火柴盒一般，紧密地堆砌于同一栋建筑物上，由此各建筑物区分所有权人对整栋区分所有建筑物的安全与维护，具共同体利益关系。建筑物区分所有权人若违反共同利益而为有害于建筑物的适当管理或正常使用的行为，即使形式上系行使其专有部分所有权权能范围内的行为，也不容许。[3]日本《建筑物区分所有权法》第6条第1项规定："建筑物区分所有权人不得为有害于建筑物保存的行为或其他有关违反区分所有权人共同利益的建筑物管理、使用的行为。"不过，建筑物区分所有权人所为的行为达到何种程度方足以认为系违反共同利益，此犹如权利滥用与诚实信用等不确定法律概念，颇难明示其一般的抽象的判断标准。大体而言，判断建筑物区分所有权人的行为有无违反共同利益，应就各个具体事件，根据社会一般观念予以判定。也就是说，应就行为本身的必要性、行为所受的利益，以及使其他建筑物区分所有权人所受的不利益的程度等各种情事而予通盘考量。[4]通常而言，以下行为系属违反共同利益的行为。

1　参见日本高松高等裁判所1974年11月28日判决，载《判例时报》第771号，第53页。转引自温丰文："论区分所有建筑物之专有部分"，载《法令月刊》1991年第42卷第7期，第279页。

2　温丰文："论区分所有建筑物之专有部分"，载《法令月刊》1991年第42卷第7期，第279页。

3　[日]铃木禄弥：《物权法讲义》（第4版），创文社1994年版，第43—44页。

4　[日]中川善之助、兼子一：《买卖（不动产法大系I）》，青林书院新社1984年版，第50页；温丰文："论区分所有建筑物之专有部分"，载《法令月刊》1991年第42卷第7期，第278页。

1. 对建筑物的不当毁损行为

建筑物区分所有权人对自己的专有部分加以改建或增建，而需拆除其内部梁柱或墙壁的全部或一部时，该梁柱或墙壁即使属于其专有部分的范围，若因而有危及整栋建筑物的安全之虞或影响整栋建筑物的外观时，其他建筑物区分所有权人得以违反共同利益为由而予禁止。[1]

2. 未按专有部分的本来用途与使用目的使用专有部分

建筑物区分所有权人虽可自由占有、使用自己的专有部分，但此占有、使用需按专有部分的本来用途与固有使用目的而为之，否则构成不当使用行为。也就是说，专有部分本身系用于居住、营业或其他特定用途和特定目的的，建筑物区分所有权人必须依此等本来的用途与使用目的对其予以使用，而不得将之供作居住或所定用途以外的其他目的的使用。

法国《住宅分层所有权法》称"专有部分的本来的用途和使用目的"为"不动产用途"，对该"不动产用途"的涵义，立法未予明定，而委诸管理规约与事实审法院的裁判定之。[2] 德国《住宅所有权法》规定，住宅所有权人行使专有所有权时，需尊重整个建筑物的使用目的，不得侵害其他住宅所有权人的权利，以及不可因个人利益而牺牲其他全体住宅所有权人的共同利益。故此，为实现住宅所有权下列各项的保护，专有所有权的行使需受限制[3]：（1）为保护建筑物的使用目的；（2）为保护建筑物的基础、结构、牢固及安全；（3）为保护建筑物美学上的外观；（4）为保护其他住宅所有权人的安全、宁静以及住宅环境的秩序；（5）为维护善良风俗、各地方的习惯以及住宅区居民的作息和名誉等。

日本学理认为，建筑物区分所有权人如搬入危险物品（易燃物或爆炸物）或一定吨数以上的重量物危及建筑物的安全，抑或于纯住家的公寓里经营餐饮业、卡拉 OK 店、色情应招店等有碍居家安宁时，就构成对专有部分的不当使用行为，

---

[1]　[日] 川岛武宜编辑：《注释民法（7）》（物权2），有斐阁1978年版，第366页；温丰文："论区分所有建筑物之专有部分"，载《法令月刊》1991年第42卷第7期，第278页。
[2]　[日] 小沼进一：《建筑物区分所有的法理》，法律文化社1992年版，第123页。
[3]　[德] J. Bärmann："德国住宅所有权法"，戴东雄译，载《法学论丛》第13卷第1期，第171页。

其他建筑物区分所有权人得以违反共同利益为由而加以禁止。[1] 不过，日本实务上，一般公寓大厦管理规约所定的建筑物区分所有权人违反共同利益的行为相当广泛，乃涵括 [2]：（1）将专有部分供作居住或所定用途以外的目的使用；（2）搬入重量物、肮脏恶臭物、危险物等妨害他人的物品；（3）带有噪音、振动或其他令人厌恶的使用行为；（4）变更建筑物的专有部分的基本结构或外观；（5）饲养有危害或困扰他人之虞的动物；（6）体育用品或较重物品的任意投掷；（7）共用部分的不法占有或任意堆放物品；（8）新设、附加或变更电气、瓦斯、给水排水等设施，致影响其容许量；（9）私自设置专用庭院、阳台或停车场等构造物；（10）违反公序良俗的行为。

　　综据上述，我们可以看到，建筑物区分所有权人的行为有无违反共同利益，不独应从财产管理的侧面加以考量，且更应从共同生活的侧面予以权衡。[3] 易言之，生活于同一栋建筑物中的建筑物区分所有权人，其所为的行为有损于建筑物的安全、管理、使用的，固无论矣，其有害于共同生活秩序的，也属违反共同利益的范围，其他建筑物区分所有权人皆得加以禁止。[4] 惟值注意的是，建筑物区分所有权人得禁止其他建筑物区分所有权人为违反共同利益的行为，就学理依据而言，可分为绝对禁止行为与相对禁止行为二类。前者乃不问管理规约有无订定，当然得予禁止，其学理依据可求诸建筑物区分所有权人间所固有的共同关系；后者则需透过管理规约的规定或建筑物区分所有权人大会（业主大会）的决议方可禁止，其学理依据可求诸建筑物区分所有权人团体——管理团体——的意思。[5]

　　1　［日］川岛武宜编辑：《注释民法（7）》（物权2），有斐阁1978年版，第366页。转引自温丰文：“论区分所有建筑物之专有部分”，载《法令月刊》1991年第42卷第7期，第278页。

　　2　［日］川岛武宜编集：《注释民法（7）》（物权2），有斐阁1978年版，第366页。

　　3　［日］玉田弘毅：“建筑物区分所有权法逐条研究（11）”，载《判例时报》第353号，第100页。转引自温丰文：“论区分所有建筑物之专有部分”，载《法令月刊》1991年第42卷第7期，第278页。

　　4　温丰文：“论区分所有建筑物之专有部分”，载《法令月刊》1991年第42卷第7期，第278页。

　　5　温丰文：“论区分所有建筑物之专有部分”，载《法令月刊》1991年第42卷第7期，第278页。

（二） 维持区分所有建筑物存在的义务

建筑物区分所有权人虽对建筑物的专有部分享有单独所有权，但此单独所有权系存在于一栋独立的建筑物中。为此，各国家或地区立法乃课予建筑物区分所有权人维护整体建筑物的存在的义务。美国《公寓大厦所有权创设示范法》第 8 条规定，公寓所有权人不得为有害于整体财产安全和存在的行为，抑或未经全体公寓所有权人的同意，而为减少财产价值或不动产权利的行为。德国《住宅所有权法》第 14 条规定，建筑物区分所有权人（住宅所有权人）对建筑物区分所有权所属建筑物有维持义务。此外，日本《建筑物区分所有权法》第 6 条第 2 项也有类似规定。

除以上所述者外，建筑物区分所有权人作为专有所有权人，尚负有如下义务：（1）不得随意变更通过自己的专有部分的电线、水管、煤气管等；（2）应独自出资维修其专有部分；（3）维护住宅环境的卫生和安宁，以及住宅周边地区的善良风俗和习惯。

第四节　建筑物区分所有权人（业主）作为专有所有权人的法律责任

建筑物区分所有权人（业主）作为专有权人的法律责任，乃是指其实施违反作为专有权人的义务的行为，而应承担的法律后果。各国家或地区的建筑物区分所有权法，皆对业主实施违反作为专有权人的义务的行为而应承担的法律责任及其责任形式作了明定，[1]归纳言之，主要有如下三种。

一、停止侵害、排除妨害

此为建筑物区分所有权法中适用范围最为广泛的一种责任形式，其主要适用于对专有部分的不当使用行为、不当修缮及改良行为等。譬如日本《建筑物区分所有权法》第 57 条第 1 项规定，对实施不当使用行为与不当修缮和改良行为的专

---

[1]　2003 年经修订的台湾地区"公寓大厦管理条例"专设第 5 章规定建筑物区分所有权关系中的"罚则"，共 6 条。

有所有权人，可请求其停止行为，除去行为的结果抑或采取必要的措施预防该行为的持续发生。

二、损害赔偿

损害赔偿为当代民事责任形式中最主要和最常用的责任形式，其实质是法律强制民事违法行为人向受害人支付一笔金钱，旨趣在于填补受害人因违法行为而遭受的财产损失。当代各国家或地区的建筑物区分所有权法皆认可此种损害赔偿责任形式。日本《建筑物区分所有权法》第 6 条第 2 项规定，业主为保存其专有部分或共有部分，抑或为了改良，于必要范围内可请求使用其他业主的专有部分或不属于自己所有的共有部分。此种情形，致其他业主于损害的，应支付赔偿金。我国台湾地区"民法"第 800 条规定，业主有使用他人正中宅门必要的，得使用之，但若因此致其受有损害时，则应予赔偿。

三、将业主自建筑物区分所有权共同体关系中驱逐（即剥夺业主的区分所有权）

（一）概要

建筑物区分所有权的剥夺，又称建筑物区分所有权的拍卖请求或建筑物区分所有权的转让（让与）请求，其本质上系将业主从建筑物区分所有权共同体关系中予以驱逐，为建筑物区分所有权法上的一项特殊制度。此种制度系现代建筑物区分所有权法中对违反义务的业主所采取的最为严厉的制裁措施。由于业主间形成的共同体关系不只是单纯的财产共同关系，而且也包含了相当程度的生活共同关系，因此如何维护业主间的此种共同体关系便成为建筑物区分所有权立法中的一项重要课题。为此，一些国家和地区的立法设立了建筑物区分所有权的剥夺，即将业主从建筑物区分所有权共同体关系（或专有部分）中予以驱逐的制度。

在比较法上，自 1948 年奥地利《住宅所有权法》最先设立建筑物区分所有权剥夺的明文规定以来，¹ 1951 年德国《住宅所有权法》和 1983 年日本《建筑物区分所有权法》均就该制度定有明文。我国 2007 年《物权法》并未规定此制度，其因由何在及是否正当，值得反思。在我国，自 20 世纪 90 年代进行住房的商品化改革以来，区分所有建筑物（商品房住宅）在实务中也出现了业主严重违反义务的情形：（1）业主对自己专有部分的利用，妨碍建筑物的正常使用，尤其是违反全体业主的共同利益，经管理人或业主委员会制止其行为仍然不停止；（2）擅自变更共有部分的构造、使用目的及为其他类似的行为，经管理人或业主委员会制止其行为仍然不停止；（3）其他严重违反法律或管理规约的行为等。² 尤其值得注意的是，在实践中甚至有业主任意变更自己专有部分的构造，从而对建筑物造成不当毁损，如将阳台或庭院扩充为内室，擅自添设铁窗栅栏，改变建筑物的外貌，或为整修内部，抽梁换柱以致影响建筑物的安全结构等，或随意改变建筑物中铺设的管线致使危及整栋建筑物的安全和便捷利用等。毫无疑义，这些行为均严重违反了业主所负有的确保建筑物安全和完整的基本义务，有必要经由一定程序，提请法院通过判决而剥夺其建筑物区分所有权。唯有如此，方能遏制此等恶劣的业主损害其他全体业主共同利益的行为，维系安全、舒适、安宁的居住环境。由于建筑物区分所有权剥夺制度于建筑物区分所有权法上的特殊地位，本部分拟对认可该制度的典型国家——德国和日本——法律上的建筑物区分所有权剥夺制度予以分析、考量，期冀借他山之石，从解释论和立法论角度完善《物权法》的相关规定。

1　奥地利《住宅所有权法》（Wohnungseigentumsgesetz）第 10 条规定："住宅所有权人有下列情事时，得由其他住宅所有权人以诉请求将该住宅所有权人从共同关系中驱逐：（1）未履行对共同关系的义务并且对自己的支付义务未于法院第一次直接先行审理的裁判终结前履行。（2）在自己的住宅所有权（专有部分）或供其共同利用的不动产部分（共有部分），对其他的住宅所有权人为重大的损害。（3）因疏忽、粗野或其他重大的不正当行为使共同居住的人产生厌恶，或于自己的单独所有权内为应受处罚的行为，情节重大的。判决效力发生后满三个月时，原告得依强制拍卖不动产执行法令的规定，请求拍卖违反义务的业主的共有部分的应有份额及与其相结合的住宅所有权。"

2　齐恩平、徐腾飞："论成员权的限制与剥夺"，载《河北大学学报》（哲学社会科学版）2009年第 6 期。

（二）建筑物区分所有权剥夺的比较法考察（一）：以德国法上的转让请求制度为中心

1. 概要

德国法称建筑物区分所有权为住宅所有权。1951 年德国《住宅所有权法》即为规范建筑物区分所有关系的专门性法律，并于 2007 年作了最新修改。2007 年德国《住宅所有权法》仍然维持了 1951 年德国《住宅所有权法》有关剥夺严重违反义务业主的住宅所有权的规定。

根据 2007 年德国《住宅所有权法》第 18 条的规定，一个住宅所有权人严重违反对其他住宅所有权人的义务致使其他住宅所有权人无法继续与其维持共同体关系时，其他住宅所有权人可以请求转让（让与）违反义务之住宅所有权人之住宅所有权；此转让请求，得由业主的过半数以决议为之。根据 2007 年德国《住宅所有权法》第 19 条第 1 项的规定，要求（请求）严重违反义务的业主转让其住宅所有权的判决使每个其他业主均有权依据《德国强制拍卖和强制管理法》第 1 章的规定请求强制执行。要求转让的请求被认可时，违反义务业主的住宅所有权即被剥夺。因此，在德国法上，住宅所有权转让请求制度又被称为剥夺制度或没收制度。[1]

依据 2007 年德国《住宅所有权法》第 18 条的规定及审判实务，建筑物区分所有权剥夺的主要原因为：业主对自己所负的义务有重大违反，以致无法期待继续与其维持共同体关系。具体而言，业主如果不听劝阻，继续严重违反法律所课加的义务，或业主对应分担的费用迟延给付达 3 个月以上且数额超过其住宅整体价值的 3% 时，即视为违反义务，且无法期待继续与其维持共同体关系。[2] 剥夺的方法是，根据有表决权的业主的半数以上的多数决为之。被选定的住宅所有权的受让人可请求违反义务的业主将其住宅所有权转让。该业主不为转让时，被选定

1　［日］伊藤荣寿："对业主的团体的拘束的根据与界限——区分所有中的所有权法与团体法的交错"（2），载爱知学院大学论丛《法学研究》第 51 卷第 2 号（2010 年），第 291 页。

2　［日］丸山英气："住宅所有权的剥夺"，载《横滨市立大学论丛》第 31 卷 2、3 合并号（1975 年），第 50 页。

的受让人可依诉讼方式，请求管辖法院将该业主的住宅所有权拍卖。[1]至于剥夺原因是否以当事人的主观过错为要件，德国理论界和实务界皆认为不以可归责于义务人的原因为限。业主因为酒精或药物中毒而丧失自主意思致有引起火灾的危险，或罹患恶性疾病，或有侵害他人的精神病等，均可构成剥夺的理由。[2]此外，德国实务界还认为，业主若使用自己的专有部分卖淫，也可构成剥夺的理由。[3]

需指明的是，住宅所有权转让请求制度在德国较早的法制中是不予认可的。具体而言，德国于1896年制定的民法典主要是针对旧时代的楼层所有权制度的，并不认可这样的权利剥夺。也正因如此，它成为很多纷争产生的根源。德国现今占据支配地位的民法理论认为，某业主由于实施了重大的违反义务行为，其他业主不能容忍与其继续维持共同体关系的情况发生时，将不能被其他业主容忍的业主自共同体关系中驱逐出去就是必需的、必要的，并应为法律所支持。由此，在业主共同体关系中存在纷争和对立时，作为对大多数业主进行法律救济的手段或措施，德国法上的住宅所有权转让请求制度遂得以被认可。[4]

2. 要件

关于住宅所有权转让请求制度，2007年德国《住宅所有权法》第18条第1项规定了一般性的要件，第2项规定了要件被满足的具体情形。其中，规定一般性要件的第18条第1项规定，认可住宅所有权的转让请求须符合两个要件：（1）业

1　[日]远藤厚之助："楼层的区分所有权的系谱"，载《东洋法学》第4卷第2号（1961年），第69页；《德国住宅所有权与长期居住权法》第18条第1至4项。该法的最新译本参见《德国住宅所有权与长期居住权法》，胡晓静译，载张双根、田士永、王洪亮主编：《中德私法研究》（第5卷），北京大学出版社2009年版，第163—164页。

2　[日]丸山英气："住宅所有权的剥夺"，载《横滨市立大学论丛》第31卷2、3合并号（1975年），第51页。惟对此点存在不同的解释意见，即认为上述的违反义务，须以有"过失"为必要。而所谓过失，系指一般性的生活态度的责任。例如，某住宅所有权人由于酒或麻药中毒而导致的无责任能力的状况，属于有引起火灾的危险的情形，应认为有过失。对此，请参见[日]伊藤荣寿："对业主的团体的拘束的根据与界限——区分所有中的所有权法与团体法的交错"（2），载爱知学院大学论丛《法学研究》第51卷第2号（2010年），第296页。

3　何明桢："建筑物区分所有之研究"，台湾政治大学1983年6月硕士论文，第104页。

4　[日]伊藤荣寿："对业主的团体的拘束的根据与界限——区分所有中的所有权法与团体法的交错"（2），载爱知学院大学论丛《法学研究》第51卷第2号（2010年），第291—292页。

主严重违反对其他业主所负有的义务；（2）由此使其他业主难以期待以后继续与其维持因建筑物区分所有权所产生的共同体关系。[1]

需注意的是，以上第一个要件所述的严重违反义务，其无论系经济上的还是其他种类的，皆属之。违反义务的业主尽管违反的是对业主共同体的义务，但就具体情形而言，并不限于违反者以外的其他所有业主。也就是说，即使对业主共同体中的任何一个业主违反义务，住宅所有权转让请求也是被认可的。并且，所谓违反义务，必须是严重违反义务。违反义务是否严重，应在考虑具体事例的所有情况后作出判定。[2]至于第二个要件，须是其他业主以后不能继续期待与违反义务的业主维持共同体关系，此即"期待不可能性"要件。换言之，若有继续期待与其维持共同体关系的现实可能性，像存在期待可以解决问题的措施时，住宅所有权转让请求是不被认可的。之所以如此，主要是因为住宅所有权转让请求是对业主住宅所有权的重大干涉，是在使用其他所有手段仍然不能解决问题而最后不得已所采取的措施。对"期待不可能性"要件进行判断时必须考虑的是，如果通过排除妨害就可以使其他的业主不受妨碍（或侵害），则违反义务的业主就应继续保有自己的住宅所有权，即其住宅所有权不得被请求转让、不得被拍卖，进而不得被剥夺。[3]

3. 住宅所有权被剥夺的业主受业主大会团体决议（决定）拘束的根据和界限

在德国，认为住宅所有权系一种团体性权利的所谓"团体法的进路"的主张者认为，应将住宅所有权的转让请求制度与团体的除名制度同等把握。所谓团体的除名制度，即依《德国民法典》第737条的规定，于存在重大理由时可以将团体成员除名。也就是说，依德国团体法的规则和法理，当构成团体的成员之间的相互信赖关系发生问题时，将破坏成员之间信赖关系的人予以除名被认为是必要的。团体的除名制度是排除破坏信赖关系的人的手段，而德国《住宅所有权法》

1　［日］伊藤荣寿："对业主的团体的拘束的根据与界限——区分所有中的所有权法与团体法的交错"（2），载爱知学院大学论丛《法学研究》第51卷第2号（2010年），第292页。

2　Vgl. Heinrich Kreuzer, in：Staudingers Kommentar zum Bürgerlichen Gesetzbuch, WEG Band 1, Bear 13. Aufl. , 2005. , § 18 Rdnr. 13（S. 521f）.

3　［日］伊藤荣寿："对业主的团体的拘束的根据与界限——区分所有中的所有权法与团体法的交错"（2），载爱知学院大学论丛《法学研究》第51卷第2号（2010年），第292—293页。

之所以认可剥夺住宅所有权制度，其法理基础正在于此。但是，此一见解的主张者因全面认可对住宅所有权的使用、收益及处分的自由予以团体的拘束，将住宅所有权不是作为所有权而是作为团体性权利而构造，故而在理论上受到强烈批判。故在今日之德国学界，对于住宅所有权转让请求制度，多数学者不再将其与团体的除名制度作同等的看待和把握。[1]

此外，在德国，将住宅所有权理解为共有权的所谓"共有法的进路"的主张者认为，住宅所有权中的特别所有权在经济上姑且不论，于法律上只不过是作为土地的共有份额权的某住宅所有权的附属物，住宅所有权的核心权利始终是土地的共有份额权。与《德国民法典》中的一般共有不同，住宅所有权系土地和建筑物的共有份额权，是一种不能解除各业主之间的共有关系的共有。[2]正因为它是一种不能解除的共有关系，依共有人应受共有关系拘束这一一般原则，设立保护其他共有人免遭违反义务人的妨碍（或侵害）的规则也就非常必要了。可见，住宅所有权转让请求制度是基于不能解除业主之间的共有关系而作为解决纷争的手段存在的。此见解由于有助于防止对多数业主住宅所有权行使自由的侵害，因此被认为是剥夺违反义务业主的住宅所有权的必要理由。对违反义务者住宅所有权的剥夺，由于不可能获得其本人（被剥夺者）的同意，因此只能采取多数决的方式决定。[3]

综上所述，在德国，关于住宅所有权转让请求制度，采"团体法的进路"的见解者认为应与除名制度作同样的考量，而采"共有法的进路"的见解者认为它是解决纷争的手段。可见，两种进路在寻求住宅所有权转让请求制度的根据上是完全不同的。尽管两者存在不同，唯持两种进路的主张者皆认为，基于业主共同体关系是持续性的、不能被解除的，住宅所有权转让请求制度作为其他业主防止

1　［日］伊藤荣寿："对业主的团体的拘束的根据与界限——区分所有中的所有权法与团体法的交错"（2），载爱知学院大学论丛《法学研究》第51卷第2号（2010年），第293—294页。

2　参见德国《住宅所有权法》第11条。

3　［日］伊藤荣寿："对业主的团体的拘束的根据与界限——区分所有中的所有权法与团体法的交错"（2），载爱知学院大学论丛《法学研究》第51卷第2号（2010年），第294—295页。

自己住宅所有权的使用、收益及处分的自由被侵害的手段乃是必要的。[1]

须指明的是，德国《住宅所有权法》上的转让请求制度不能认为得依多数决的方式而无限制地加以适用。理论界和实务界均认为，对之须作如下必要的限制[2]：

（1）住宅所有权被剥夺的业主须严重违反对其他业主所负有的义务，以至于共同体关系继续维系对其他业主来说已经不能忍受。没有严重违反义务就剥夺业主住宅所有权的行为，是不会被认可的。是否严重违反义务，对有关业主来说，系依与妨害人（违反义务的业主）的共同体关系之继续维系是否已经不能忍受而判定。此种判定，应就具体案件情况作综合考虑后确定。由于违反义务须以“严重”为要件，因此可以说，严重违反义务之业主的权利就不再值得保护。总结德国的司法判例，可以把业主违反义务之行为概括为以下几种情形：第一，出租的房屋被作为卖淫的房间使用，而出租人予以默认，其他业主持续地毁损出租人的名誉，该出租人对其他业主实施暴力的情形，可经业主大会过半数决议而剥夺其住宅所有权。[3]第二，业主无视警告，反复、严重地违反德国2007年《住宅所有权法》第14条规定的义务，经业主大会过半数的决议而剥夺其住宅所有权。第三，违反德国2007年《住宅所有权法》第16条第2项和第18条第2项第2句的规定，业主超过3个月不履行费用分担义务且数额超过住宅所有权总价值的3%的，经业主大会过半数决议而剥夺其住宅所有权。

（2）住宅所有权的转让请求，以在业主大会上经多数决议而定之为必要。由于法律设有反对决议的少数业主之表明意见的机会的制度，由此正当的程序得以保障，从而满足了保障正当程序的要件。

（3）由于将引起违反义务业主的住宅所有权被剥夺这一重大后果，因此业主大会议决的生效不是以过半数的出席者同意为条件，而是需以过半数的有表决权的业主同意为条件。也就是说，较之关于其他管理措施的议决，其生效要件被严

1　［日］伊藤荣寿："对业主的团体的拘束的根据与界限——区分所有中的所有权法与团体法的交错"（2），载爱知学院大学论丛《法学研究》第51卷第2号（2010年），第294—295页。

2　［日］伊藤荣寿："对业主的团体的拘束的根据与界限——区分所有中的所有权法与团体法的交错"（2），载爱知学院大学论丛《法学研究》第51卷第2号（2010年），第295—296页。

3　Vgl. Bärmann/Pick/Merle, Wohnungseigentumsgesetz Kommentar, 18. Aufl., 2007, §18 Rdnr. 2 (S. 349).

格化了。并且，根据 2007 年德国《住宅所有权法》第 18 条的规定，请求严重违反义务的业主转让其住宅所有权，须以提起诉讼并获得法院的支持为必要。也就是说，是否剥夺，最终须由法院来判定。经由此种程序上的严格化，以贯彻保障所有权自由原则。

综上所述，在德国法上，由于贯彻了保障所有权自由原则和正当程序原则，因此关于住宅所有权转让之请求受业主大会团体决议（决定）的拘束，自然也就被认为是正当的。

（三）建筑物区分所有权剥夺的比较法考察（二）：以日本法上的拍卖请求制度为中心

日本 1983 年《建筑物区分所有权法》规定了建筑物区分所有权的拍卖请求制度。根据日本 1983 年《建筑物区分所有权法》第 59 条第 1 项的规定，业主为对建筑物的保存有害的行为，或其他有关建筑物的管理或使用违反业主共同利益的行为致业主的共同生活发生显著障碍，而难依其他方法除去障碍，以谋共用部分的持续利用或其他业主共同生活的维持时，其他业主全体或管理团体法人得基于业主大会的决议，以诉讼方式请求拍卖与该行为有关业主的建筑物区分所有权和基地利用权。兹具体分析如下。

1. 立法旨趣

如前所述，日本 1983 年《建筑物区分所有权法》第 59 条第 1 项系规定业主严重违反义务，业主间维持共同生活发生困难而并无其他的方法加以救济时，其他业主得以诉讼方式请求拍卖该违反义务业主的建筑物区分所有权和基地利用权。此即对违反义务者的建筑物区分所有权的剥夺制度。[1] 日本 1962 年《建筑物区分所有权法》对此曾持观望态度并最终未作规定。

日本 1962 年《建筑物区分所有权法》第 5 条第 1 项规定："区分所有人不得为对建筑物的保存有害的行为，或其他关于建筑物的管理或使用不得为违反建筑物区分所有权人的共同利益的行为。"这是对业主间权利义务的规定。当时的立法者认为，由于日本此前并无关于这一点的明文规定，而建筑物区分所有权人的

1　［日］水本浩、远滕浩、丸山英气编：《公寓法》，日本评论社 2006 年版，第 106 页。

权利受该法第 5 条第 1 项的限制乃是建筑物区分所有权在性质上的当然之事，因此无须透过明文规定使之明确化。根据此项规定，业主中的一人为违反第 5 条第 1 项的行为且不能被阻止时，其他业主即可以诉讼方式请求停止该行为，在紧急情况下，也可请求法院作出命令其停止行为的假处分。[1]

与上述第 5 条第 1 项的规定相关联，日本 1962 年《建筑物区分所有权法》在制定过程中对于是否设立拍卖违反义务业主的建筑物区分所有权，是否规定认可强制性地把违反义务者从专有部分中退出的措施存在争议。经过讨论，立法者最终放弃了在立法中设立明文规定的主张。[2]因为在日本的风土人情之下，法律界担心该制度会被滥用，从而造成大量建筑物区分所有权被剥夺的后果。由于当时存在尽管是少数但却是强烈的反对意见，加之设立此制度的必要性还主要停留在观念层面，因此日本 1962 年《建筑物区分所有权法》最终并未规定剥夺建筑物区分所有权的拍卖请求制度。[3]

然而，随着日本区分所有建筑物的广泛建造，随之而来的恶劣的义务违反者逐渐增多，要求剥夺建筑物区分所有权的呼声变得日益强烈。在这样的动向和背景下，日本 1983 年《建筑物区分所有权法》第 59 条从日本社会的现实需要和必要性出发确立了建筑物区分所有权的拍卖请求制度。拍卖请求制度被认为是为了维持业主之间圆满、持续的共同生活的最后手段，因而具有重要意义。

2. 拍卖之诉的要件

（1）实体要件。对违反义务的业主提起拍卖其建筑物区分所有权诉讼的实体要件包括三项：业主为对建筑物的保存有害的行为，或其他有关建筑物的管理或使用违反业主共同利益的行为，或者有为这些行为之虞；由于前述行为致使业主间的共同生活关系的维系发生显著障碍；难以依其他方法除去此种障碍，以谋共

1　［日］伊藤荣寿："对业主的团体的拘束的根据与界限——区分所有中的所有权法与团体法的交错"（2），载爱知学院大学论丛《法学研究》第 51 卷第 2 号（2010 年），第 297 页。

2　［日］末川博、石田喜久夫等："关于建筑物区分所有的法律"，载《民商法杂志》第 46 卷 2 号，第 50 页；［日］我妻荣、星野英一等："关于建筑物的区分所有"，载日本《法学家》第 46 号，第 5 页。

3　［日］伊藤荣寿："对业主的团体的拘束的根据与界限——区分所有中的所有权法与团体法的交错"（2），载爱知学院大学论丛《法学研究》第 51 卷第 2 号（2010 年），第 298 页。

用部分的持续利用或其他业主共同生活关系的维持。须注意的是，日本法上建筑物区分所有权的拍卖请求制度，仅在为了维持业主间的共同生活而无其他的方法可以实现时，才作为所能采取的最后手段或措施。[1]

（2）程序要件。请求拍卖建筑物区分所有权的权利，属于除违反义务者以外的其他全体业主，即属于团体。同时，拍卖请求是以诉讼的方式，即必须通过裁判行使，且以业主大会先期作出决议为必要。也就是说，管理人或于业主大会被指定的业主，得依业主大会的（拍卖）决议为其他全体业主提起拍卖的诉讼。并且，考虑到永久将违反义务者从业主共同体中排除后果的重大性，日本 1983 年《建筑物区分所有权法》第 59 条第 2 项又同时规定，若没有业主及表决权的各四分之三以上的多数赞成，不得向法院提起诉讼，而且还应给予违反义务者辩明自己主张的机会。关于得提起诉讼的人，业主管理团体具有法人资格时，由管理团体法人提起诉讼；业主管理团体未取得法人资格时，考虑到诉讼上的方便，由管理人或业主大会指定的业主为除违反义务者以外的全体业主提起诉讼。

（3）拍卖请求权的性质和内容。拍卖请求权具备实体要件后，须以诉讼的方式行使，即该请求权属于须通过裁判行使的形成权。并且原告的胜诉判决一旦确定，即产生《日本民事执行法》上的拍卖请求权。拍卖请求权的内容，是在法庭上请求拍卖违反义务者的建筑物区分所有权和基地利用权。[2]

3. 法律效果

（1）拍卖请求权的发生。基于日本 1983 年《建筑物区分所有权法》第 59 条而作出的判决，是宣告原告（其他全体业主）有拍卖违反义务者的建筑物区分所有权和基地利用权之请求权的判决。由于此判决的确定，原告即享有拍卖请求权，得依《日本民事执行法》的规定向法院申请拍卖。[3]

（2）拍卖的实行与买受人的限制。依据《日本民事执行法》第 44 条的规定，

1　［日］水本浩、远藤浩、丸山英气编：《公寓法》，日本评论社 2006 年版，第 106 页，第 106—107 页。

2　［日］水本浩、远藤浩、丸山英气编：《公寓法》，日本评论社 2006 年版，第 106 页，第 106—107 页。

3　［日］水本浩、远藤浩、丸山英气编：《公寓法》，日本评论社 2006 年版，第 106 页、第 107 页。

原告应向执行法院提出拍卖申请。而又依据日本 1983 年《建筑物区分所有权法》第 59 条之规定，此项申请须于拍卖的判决确定之日起的 6 个月内为之。由于此拍卖制度是以全面排除违反义务者为目的，因此被申请拍卖的业主或为其利益而欲承买的人不得申请承购，即不能成为拍卖中的买受人。日本 1983 年《建筑物区分所有权法》第 59 条第 4 项对此作了规定。

（3）拍卖价金的交付。自拍卖所得的价金中扣除拍卖本身所需的费用后，剩余金额交付给违反义务的业主（被申请拍卖的业主）。[1]

4. 建筑物区分所有权被拍卖的业主受业主大会决议（决定）拘束的根据和界限

通常认为，建筑物区分所有关系是非常密切的、多数人的共同生活关系，违反日本 1983 年《建筑物区分所有权法》第 59 条规定的行为影响是重大的。为谋求业主之间圆满的共同生活的维系，作为法律上的手段，拍卖请求制度就是必要的。另外，从理论上看，作为对建筑物区分所有权这一具有特殊性制度的内在性制约，应当容许拍卖请求制度。[2] 在日本法上，从在建筑物区分所有权法上被规定的体系位置来看，认可拍卖请求本身的根据应该是其系义务违反行为无法制止时的一种替代手段。与德国法相同，在日本法上，业主也是共同所有建筑物区分所有权共有部分和基地利用权的，在不能解除（废除）存在共有关系的区分所有关系上，为保有其他业主对建筑物区分所有权乃至共有份额权侵害的妨害排除手段，拍卖请求方式就尤为必要。也就是说，拍卖请求作为防止违反义务业主侵害其他业主所有权的手段，乃是必要的，也是必需的。[3]

另外，在日本法上，拍卖请求权是在违反义务业主的行为对其他业主共同生活造成严重侵害而又没有其他方法加以排除时才产生的。此时，由于赞成拍卖请求的多数业主的所有权被侵害，因此反对者以自己的所有权被剥夺为由进行反对

1　[日] 水本浩、远藤浩、丸山英气编：《公寓法》，日本评论社 2006 年版，第 106 页、第 108 页。

2　[日] 伊藤荣寿："对业主的团体的拘束的根据与界限——区分所有中的所有权法与团体法的交错"（2），载爱知学院大学论丛《法学研究》第 51 卷第 2 号（2010 年），第 300 页。

3　[日] 伊藤荣寿："对业主的团体的拘束的根据与界限——区分所有中的所有权法与团体法的交错"（2），载爱知学院大学论丛《法学研究》第 51 卷第 2 号（2010 年），第 301 页。

是不成立的。也就是说，拍卖请求制度满足了保障所有权自由的要求。而拍卖请求须在业主大会上通过多数决决议为之，由此也满足了保障正当程序的要求。并且，建筑物区分所有权是否被拍卖须由法院作出的判决来决定，此与德国法的要求相同，从而对所有权自由的保障也是周全的。概言之，在日本法上，建筑物区分所有权被拍卖的业主受业主大会决议（决定）拘束的根据是正当的。[1]

从司法实践来看，日本法院拍卖违反义务业主的建筑物区分所有权的案件主要包括如下三类：（1）涉及暴力团而认可拍卖请求的案件。[2]例如，暴力团头目将自己享有所有权的公寓作为暴力团事务所使用，大多数暴力团成员出入此房间，与其他暴力团之间发生争斗时造成公寓中的其他业主受到惊吓和不安。（2）涉及管理费的滞纳而认可拍卖请求的案件。（3）因噪音、振动、恶息等"安居妨害"而认可拍卖请求的案件。[3]

（四）建筑物区分所有权剥夺的比较法总结：寻求共识

综上所述，我们不难看到，德国法和日本法上的建筑物区分所有权剥夺制度在基本点上是相同的，或者说日本的建筑物区分所有权剥夺采取了与德国的住宅所有权剥夺相同的步调。[4]但是，为了使剥夺的基准或要件更加明确，德国《住宅所有权法》第18条的规定尤其值得参考。2007年德国《住宅所有权法》第18条第1项尽管系有关得请求转让住宅所有权的一般规定，但在紧接着的该条第2项中列举了剥夺住宅所有权的具体情形：第一，某一业主不顾其他业主的提醒仍然多次严重违反该法第14条规定的义务；[5]第二，业主超过3个月迟延履行其负担

1　[日]伊藤荣寿："对业主的团体的拘束的根据与界限——区分所有中的所有权法与团体法的交错"（2），载爱知学院大学论丛《法学研究》第51卷第2号（2010年），第308页。

2　参见日本札幌地方法院判决1986年2月18日，载《判例时报》第1180号，第3页；参见日本名古屋地方法院判决1987年7月27日，载《判例时报》第1251号，第122页。

3　通常而言，不能认为违反义务的业主侵害了其他业主的建筑物区分所有权和共有份额权的使用、收益及处分的自由，就由此当然认可拍卖请求具有正当性。对此，请参见[日]伊藤荣寿："对业主的团体的拘束的根据与界限——区分所有中的所有权法与团体法的交错"（2），载爱知学院大学论丛《法学研究》第51卷第2号（2010年），第291页。

4　[日]水本浩、远藤浩、丸山英气编：《公寓法》，日本评论社2006年版，第107页。

5　德国《住宅所有权法》第14条第1句规定："每一个住宅所有权人有义务：对特别所有权范围内的建筑物部分保养、使用以及对共有财产进行使用，但不得超出在正常的共同生活中不可避免的限度给任何其他住宅所有权人造成不利影响。"

和费用，并且数额超过其住宅整体价值的3%。此外，除前文所述外，德国理论界和司法实务界还认为，业主向第三人中伤住宅所有权共同体中的其他成员，或者对管理人采取的措施并无根据地持续反对、抵制，或者对其他业主、管理人持续性地表示不信任、侮辱、暴行，或者对业主为持续性的名誉毁损，或者因获有罪判决而使自己的名誉丧失抑或有不道德的态度等，均可构成建筑物区分所有权剥夺的理由。[1]

反观日本法，尽管其《建筑物区分所有权法》也定有剥夺建筑物区分所有权的实体要件和程序要件，且也有一些建筑物区分所有权剥夺的类型化整理，但与德国的情况相较还有待于进一步加强。因此，应对法院认可剥夺建筑物区分所有权的判决进行类型化整理，找出每种案件类型下剥夺建筑物区分所有权的裁判标准。但是，对于德国法上的住宅所有权剥夺不考虑违反义务者是否具有可归责性而一律加以剥夺的立场，日本是否需要加以借鉴，采取类似措施，应持谨慎态度，因为将业主共同体中的违反义务者予以"驱逐"的决定必须慎重。[2]

另外，对建筑物区分所有权的所有和处分自由进行重大限制的拍卖请求，根据业主大会的多数决决议而为之的根据就成为一项问题。德国学界认为，基于业主共同体关系是持续性的、不能被解除的，因而此转让请求制度作为其他业主防止其住宅所有权的使用、收益及处分的自由被侵害的手段乃是必要的。日本学界现今的主流学说认为，拍卖请求应该是在义务违反行为对建筑物不当毁损、不当使用，请求禁止实施这些行为无果时的一种替代手段。尽管存在这样的差异性理解，但德国和日本学界均认为，拍卖请求作为防止违反义务的业主侵害其他业主所有权的手段，乃是必要的、必需的。此点系两国学界的共同认识，值得注意。

德国法和日本法均认为，由于满足了保障所有权自由的要件和正当的程序的要件，因此这两国法律关于转让请求的业主大会团体的决议（决定）可拘束违反

1　[日]丸山英气："住宅所有权的剥夺"，载《横滨市立大学论丛》第31卷2、3合并号（1975年），第49页以下。
2　[日]丸山英气："住宅所有权的剥夺"，载《横滨市立大学论丛》第31卷2、3合并号（1975年），第70页以下；[日]丸山英气："修改的区分所有权法的秩序维持"，载《法律时报》第55卷第9号，第26页以下。

义务者的根据就是正当的。

（五）建筑物区分所有权剥夺制度对我国的借鉴：检讨和建构

建筑物区分所有权的剥夺，是区分所有建筑物管理中的重大问题之一，涉及被剥夺业主的切身和最重要的财产利益——建筑物区分所有权，因此必须慎重。环视当今世界，尽管还有一些国家的建筑物区分所有权法并未明确认可这一制度，[1]但德国法和日本法的肯定立场不容小觑，值得我们认真对待和重视。[2]

在《物权法》于1998年起草之初，由梁慧星研究员主持起草的《中国物权法草案建议稿》第104条第2款曾设有建筑物区分所有权剥夺的规定，该条款的规定系来源于日本1983年《建筑物区分所有权法》第59条和我国台湾地区"公寓大厦管理条例"第22条。[3]但是，该条建议最终未为《物权法》所采纳，以至于我国现今法律体系中并无建筑物区分所有权的剥夺制度。此种局面无疑值得反思、检视。

其实，在区分所有建筑物上，各业主的专有部分均通过共同墙壁、地板、天花板等共有部分相互连接，结构上像火柴盒一样，密不可分。各业主为实现使用专有部分的目的而必须使用共有部分；各业主在行使专有部分权利时，不得妨碍其他业主对其专有部分的使用，不得违反全体业主的共同利益。此种在建筑物的构造和权利归属乃至使用上的不可分割的相互关系，使各业主在事实上"总有"一栋建筑物共同使用的建筑空间，[4]进而使全体业主之间形成一种共同体关系。为维持该共同体关系的存续，尤其为管理相互间共同事务及共有部分的使用、收益，乃不得不结成一团体组织，并借该团体组织的力量共同管理共用设施等共有部分及其他共同事务，维持区分所有关系的持续存在。并且，业主之间的共同关系，除基于建筑物的构造和权利归属以及使用上的不可分割而形成的相互关系外，还更多地渗入了业主在整体生活中必须履行的建筑物存在和生活秩序

1　譬如法国即否定建筑物区分所有权的剥夺。对此，请参见日本土地法学会编：《集合住宅与区分所有法、固定资产税违宪诉讼》（土地问题双书19），第68页。

2　除德国、日本外，奥地利与我国台湾地区也都认可建筑物区分所有权的剥夺。

3　梁慧星主持：《中国物权法草案建议稿：条文、说明、理由与参考立法例》，社会科学文献出版社2000年版，第297—299页。

4　戴东雄："论建筑物区分所有权之理论基础（Ⅱ）"，载《法学丛刊》1984年第29卷第3期。

维持的义务。从现今各国和地区建筑物区分所有权制度的发展状况来看，此种义务有进一步强化的趋势。需特别指明的是，对区分所有建筑物而言，管理是最重要的。[1]在今日，强调对区分所有建筑物的管理以维系全体业主的共同体关系并建构安全、舒适、安宁的生活品质，系建筑物区分所有权制度所彰显的一个重要趋势。[2]

综上所述，笔者认为，我国编纂民法典物权编抑或制定单行的建筑物区分所有权法时，宜明文认可建筑物区分所有权之剥夺。其剥夺的实体要件和程序要件的厘定则应借鉴前述德国法和日本法的经验而为之，即当业主严重违反所负的义务而无其他方法排除因违反义务所造成的障碍（或侵害）时，其他业主全体得经由业主大会的多数决决议而提请法院作出拍卖严重违反义务业主的建筑物区分所有权的判决。同时，鉴于剥夺业主的建筑物区分所有权系区分所有建筑物管理中最为严厉的制裁措施，违反义务的业主在感情上很难接受，因此应当十分慎重。仅在业主严重违反其负有的义务且没有排除因业主违反义务而造成的妨碍（或侵害）乃至没有恢复原状的其他方法时，方能经由业主大会的多数决决议，并向法院提起以严重违反义务的业主为被告的诉讼，于获得法院允许拍卖的判决后，由法院执行拍卖。并且，拍卖的请求作为最后不得已而采取的措施，直到采取该措施前的最后时刻，都应冷静、客观地为解决纷争作出必要的努力。此在比较法上采取的方法是：邀请法律专家、相关业主、有经验的人士以及有关组织（如居委会、人民调解委员会）等参与，并由这些人和组织组成调处严重违反义务的业主与其他全体业主之间纷争的临时机构。[3]这种尽可能限制适用建筑物区分所有权剥夺措施的方法很值得我们重视。至于我国将来的立法之认可拍卖请求的根据和界限，从严谨性和科学性而论，应解释为与前述德国学界和日本学界对建筑物区分所有权剥夺的根据与界限的考量相同。

1　［韩］权承文："中国建筑物区分所有权法的考察"，千叶大学《法学论集》第 25 卷第 2 号（2010 年），第 211 页。

2　譬如为了实现对区分所有建筑物的管理的充实化、适正化，日本《建筑物区分所有权法》曾于 1983 年和 2002 年两次进行修改。德国的情况也大抵与此相同。

3　［日］水本浩、远藤浩、丸山英气编：《公寓法》，日本评论社 2006 年版，第 108 页。

第五节 专有所有权的变动

如前述，建筑物区分所有权为一种不动产物权。故此，所谓专有所有权的变动，根据物权法法理与学理，系指专有所有权的发生、内容的变更及消灭等。其中，专有所有权的发生，系指专有所有权与特定主体的建筑物区分所有权人的结合。自专有所有权人方面观察，为专有所有权的设定、取得。故而，所谓专有所有权的变动，乃涵括专有所有权的设定、取得、变更及消灭四种形态。

一、专有所有权的设定

专有所有权的设定，系建筑物区分所有权成立的前提。故此，各国家或地区的建筑物区分所有权法对于专有所有权的设定，大都予以明文。在德国，根据其《住宅所有权法》的规定，专有所有权的创设有两种方式[1]：(1) 由土地共有人相互间达成合意而于共有土地上（不论有无建筑物）创设专有所有权（第 3 条）。且此种以意思表示创设的专有所有权可于水平建筑物上成立，也就是于同层楼的建筑空间上成立；也可于垂直的建筑物，亦即上下楼的建筑空间或上下左右的多数建筑物的空间上成立；也可于单独平房，譬如一排平房的建筑物上成立，等等。(2) 由建设公司模式创设专有所有权。亦即，先由建设公司取得一基地的单独所有权，然后为将来承建房屋出售。将该土地预先区分为多数所有权，以书面向土地登记机关（设立在德国区法院中的"土地登记局"）表示创设建筑物区分所有权。[2] 据此可知，德国的专有所有权人通常也系建筑物基地的共同所有人。

日本专有所有权的设定与德国的情况有所不同。根据日本法，土地及建于土地之上的建筑物得分别成为所有权的标的物，故此，专有所有权的成立（设立）并不以建筑物与土地的权利为一体性作为前提或条件。只要该专有所有权的客体即专有部分具构造与利用上的独立性，就可根据建筑物区分所有权人的合意而设

1　关于此的翔实情况，本书第 13 章、第 14 章相关部分还会涉及，请予参考。

2　[德] J. Bärmann："德国住宅所有权法"，戴东雄译，载《法学论丛》第 13 卷第 1 期，第 167 页。

定专有所有权。于美国法上，专有所有权的创设以法律承认空间份额为前提，故而美国有关专有所有权的创设条件与日本的情况系基本相同。[1]

按照物权法法理与学理，物权具绝对排他的效力，其取得、丧失及变更需有足可由外部辨识的表征，方可使其法律关系透明，避免第三人遭受损害，维护交易安全。此种可由外部辨识的表征，即系物权变动的公示方法。专有所有权属于不动产物权之一种，其以登记为公示方法。具体而言，其一方面以登记作为依（民事）法律行为而生专有所有权变动的生效要件（创设登记），另一方面也以登记作为依法律规定取得专有所有权的处分要件（宣告登记）。于德国与瑞士法上，专有所有权的设定，系采登记要件主义。根据德国《住宅所有权法》的规定，创设专有所有权时，专有所有权人需将创设专有所有权的合意或意思以书面形式向土地登记机关申请登记，否则不生设定的效力。《瑞士民法典》第 712 条之四第 1 项规定："楼层所有权（分层建筑物所有权、建筑物区分所有权——作者注），因登记于土地登记簿而成立。"第 971 条第 1 项规定："物权的设定，非经登记于土地登记簿，不生效力者，仅在该物权被登记于土地登记簿时，始作为物权而存在。"在我国台湾地区"法"上，专有所有权系依登记而创设，当事人仅于依法办理登记后，方能取得专有所有权。[2]至于登记方法，系先由当事人向登记机关申请建筑物勘测，然后检附建筑物平面图、位置图以及使用执照申请登记。若当事人检附的使用执照无法认定其权利范围和位置的，则应检具起造人分配协议书。登记机关接受当事人申请并经审查无误后，即对各专有所有权人的专有部分单独登记为各专有所有权人的单独所有。[3]此外，法国《住宅分层所有权法》与日本《建筑物区分所有权法》尽管对此并无明文，但根据此两个国家的民法典的规定，系采登记对抗主义。[4]

1　陈甦："论建筑物区分所有权"，中国社会科学院研究生院 1988 年 5 月硕士论文，第 30—31 页。

2　戴东雄："论建筑物区分所有权之理论基础（Ⅰ）"，载《法学丛刊》1984 年第 29 卷第 2 期，第 28 页。

3　温丰文："区分所有权之客体"，载东海大学《法学研究》第 2 期，第 61 页。

4　段启武："建筑物区分所有权之研究"，中南政法学院 1993 年 2 月硕士论文，第 32 页。

二、专有所有权的取得

专有所有权的取得，与一般不动产物权的取得并无本质差异，乃涵括原始取得与继受取得两种。不过，应注意的是，由于专有所有权系与共用部分持分权乃至成员权结为一体而共同构成完整的建筑物区分所有权，故此，受让人取得专有所有权时，也就同时取得了共用部分持分权与成员权。取得行为的公示与设定行为的公示并无差异，分别实行登记要件主义与登记对抗主义。

三、专有所有权的变更

按照物权法法理与学理，物权的变更，就广义而言，涵括主体的变更、客体的变更以及内容的变更。惟对专有所有权而言，其所谓变更，则通常指专有所有权的内容与标的物的变更，而不包括主体的变更。

专有所有权的内容的变更，与一般不动产所有权的内容的变更的不同之处，系在于特定建筑物区分所有权人或第三人可于一定范围的共用部分上设定专用使用权。此种权利无需登记即可对抗第三人。[1]至于专有所有权的客体的变更，德国《住宅所有权法》原则上要求应得到全体住宅所有权人的一致同意。《瑞士民法典》第712条之一第2项规定："楼层所有人得自由管理、使用和装饰其专有部分，但不得妨碍其他楼层所有人行使相同的权利，不得以任何方式损害建筑物的共享部分及共享设备，不得妨碍其功用，不得破坏其外观"；法国《住宅分层所有权法》与日本《建筑物区分所有权法》则只规定了共用部分的变更，对专有部分的变更并无明文，惟对此可解为原则上不允许变更。[2]最后，专有所有权变更的公示，也需经过登记，分别实行登记对抗主义与登记要件主义。

四、专有所有权的消灭

专有所有权的消灭，系指专有所有权与其主体发生分离。就专有所有权人方面而言，为专有所有权的丧失，涵括绝对丧失与相对丧失。前者系指专有所有

1　段启武："建筑物区分所有权之研究"，中南政法学院1993年2月硕士论文，第32—33页。
2　段启武："建筑物区分所有权之研究"，中南政法学院1993年2月硕士论文，第32—33页。

本身的消灭，后者则指专有所有权离去其原来的主体，而与另一主体相结合。通常所称专有所有权的消灭，系指专有所有权的绝对丧失。

此处有必要论及专有所有权的客体的灭失是否必然会导致专有所有权的消灭的问题。此与一般不动产物权的客体的灭失必然会导致不动产物权归于消灭的情况不同。换言之，专有所有权的客体的灭失，并非一概导致专有所有权的消灭。日本《建筑物区分所有权法》第 61 条第 1 项规定，相当于建筑物价格二分之一以上，如果各建筑物区分所有权人一致同意不重建的，则专有所有权归于消灭；若有的建筑物区分所有权人同意重建，有的建筑物区分所有权人不同意重建的，则赞成重建的建筑物区分所有权人得请求按时价购买有关建筑物及其基地的权利（同法第 61 条第 1 项、第 5 项）。此外，在理论上，日本有学者认为，专有所有权的消灭不应仅限于建筑物物理的灭失，即使建筑物未灭失而欠缺建筑物区分所有的要件（即专有部分要件）时，专有所有权仍归消灭，称为专有所有权的法律消灭。[1] 易言之，专有部分的境界壁被除去时，专有部分的构造与利用上的独立性就成为问题，故而专有所有权应认为发生消灭。[2]

德国《住宅所有权法》规定，建筑物毁损部分超出建筑物总价值半数，且此损害不能由保险公司或其他方法获得补偿，住宅所有权人事前无重建合意，而事后又不能就重建达成一致同意的合意时，住宅所有权归于消灭；反之，若住宅所有人事前有重建合意，抑或事后全体住宅所有人达成一致同意重建的合意，则涵括专有所有权在内的住宅所有权不得归于消灭。《瑞士民法典》第 712 条之六第 3 项规定："有下列情形之一者，各楼层所有人，均得请求废止楼层共有关系：（1）楼房价值的损耗已达半数以上，且非耗费巨资不可能重建者；（2）楼层所有权的成立已满五十年以上，且楼房因欠缺稳固性而不再适于使用者。"法国《住宅分层所有权法》规定，只要建筑物未予重建，建筑物区分所有人间的共同关系即告消

1　庄金昌："住宅分层所有权之比较研究"，台北中国文化大学 1984 年 7 月硕士论文，第 93 页。

2　［日］御园生进："区分所有权与登记"，载［日］玉田弘毅、森泉章、半田正夫编《建筑物区分所有权法》（资料），一粒社 1988 年版，第 262 页；［日］浦野雄幸："除去相邻接的区分所有建筑物隔壁时区分所有建筑物的登记效力"，载《判例时报》第 177 号，第 142 页；［日］川岛武宜编集：《注释民法（7）》，有斐阁 1978 年版，第 362 页。

灭，专有所有权随之消灭。[1]

专有所有权的消灭，依各国家或地区法，皆应进行注销登记，方可发生对抗第三人的效力。譬如《瑞士民法典》第 712 条之六第 1 项规定："楼层所有权，因楼房灭失或建筑权消灭，并经涂销土地登记簿中的登记而消灭。"[2]

1　段启武："建筑物区分所有权之研究"，中南政法学院 1993 年 2 月硕士论文，第 33—34 页
2　段启武："建筑物区分所有权之研究"，中南政法学院 1993 年 2 月硕士论文，第 33—34 页。

第六章

共有所有权

第一节　共有所有权的涵义与特性

共有所有权，也称"共有权""共用部分持分权"或"持分共有所有权部分"，[1] 系建筑物区分所有权结构中的一"物法性"要素，它与另一"物法性"要素——专有权——一道，共同构成建筑物区分所有权的"两个灵魂"：共同性灵魂与单独性灵魂。[2] 上一章对建筑物区分所有权的单独性灵魂专有所有权予以论述后，本章对建筑物区分所有权的"共同性灵魂"——共有所有权——进行论述。

所谓共有所有权，系指业主依照法律或管理规约的规定抑或业主大会的决定，对区分所有建筑物内的住房或经营性用房的专有部分以外的共用部分享有的占有、使用和收益的权利。此项由业主享有的共有权，与一般的共有权并不相同，呈现出如下的特性。[3]

（1）自主体看，业主的身份具复合性，其不仅是共有所有权人，且也是专有所有权人与业主管理团体的成员；而一般共有权人的身份却是单一的，即只能是

1　［德］J. Bärmann："德国住宅所有权法"，戴东雄译，载《法学论丛》第 13 卷第 1 期，第 166 页。

2　［日］丸山英气：《现代不动产法论》，清文社 1989 年版，第 109—110 页。

3　段启武："建筑物区分所有权之研究"，载梁慧星主编：《民商法论丛》（第 1 卷），法律出版社 1994 年版，第 321—322 页。

共有所有权人。

（2）自客体看，建筑物区分共有权的客体范围较为广泛，涵括法定共有部分与约定共有部分；而一般共有权的客体则通常仅限于一项财产。

（3）自内容看，区分共有权的权利义务较为广泛：一是全体业主对建筑物整体共同享有的权利义务；二是对建筑物的一部分共同享有的权利；三是一部分业主因于一部共有部分上设定专用使用权而产生的权利义务；四是因对建筑物基地的利用而发生的业主与土地所有人之间的权利义务。而于一般共有权，共有权人的权利义务较为简单，即各共有权人间因共有某一项财产而发生的权利义务。

（4）自种类看，区分共有权可依不同的标准而作出不同的分类。譬如法定共有权与约定共有权、全体共有权与部分共有权、对建筑物的共有权与对附属建筑物的共有权、无负担的共有权与有负担的共有权，等等；而一般共有权仅可分为按份共有与共同共有所有权两种类型。

（5）自权利变动看，区分共有权的设定、移转、消灭决定于专有所有权的设定、移转和消灭。亦即，前者对后者具从属性，后者处于主导地位；而一般共有权的设定、移转和消灭，依各共有人的独立的行为为之，未有主从关系。此外，区分共有权于伴随专有所有权的出让而出让时，其他业主一般无优先购买权；而一般共有权（按份共有）的出让，其他共有权人则有优先购买权。

（6）自标的物的分割看，区分共有权的标的物不得请求分割，而一般共有权的标的物，共有权人可请求其应有部分（份额）的量的分割。

第二节　共有所有权的客体——共用部分

一、共用部分（共有部分）的范围

（一）各国家或地区建筑物区分所有权立法与学理上的共用部分范围

1. 日本

日本《建筑物区分所有权法》对于共用部分的范围，系采排除法而确定。其第 2 条第 4 项规定，共用部分为"专有部分以外的建筑物部分、不属于专有部分

的建筑物附属物和依本法第 4 条第 2 项的规定而约定为共用部分的附属建筑物",
以及"通往数个专有部分的走廊或楼梯，与其他构造上可供建筑物区分所有权人
全体或其一部共用的建筑物部分"（同法第 4 条第 1 项）。据此，日本学理遂将共
用部分界分为法定共用部分与约定共用部分二类。而法定共用部分乃指一构造、
利用上并无独立性的建筑物和设备，约定共用部分则指构造、利用上虽有独立
性，但依建筑物区分所有权人的管理规约而成为共用部分者。[1]

（1）法定共用部分。亦称性质、构造上的共用部分。此部分除变更其构造而
具独立性外，并不能依规定变更为专有部分。它通常系为一栋建筑物的躯体部
分，譬如共用出入口、通道、楼梯、支柱、共同墙壁、楼地板、屋顶等。该部分
系建筑物的存在的不可或缺的要素，同时也为围成专有部分遮闭性空间的遮闭
物，在结构、功能上与建筑物的整体存在密不可分的关系。[2] 其判断标准，玉田
弘毅主张应以该部分的内部构造，以及其于整体建筑物中占据的位置而判断；[3] 而
丸山英气则主张法定共用部分的判断不单纯以构造上为标准，也需自利用上进行
判断。[4] 可见，日本法定共用部分的要件一如专有部分，也需以构造、利用上有
无独立性作为判断标准。[5] 也就是说，只要构造或利用上欠缺独立性，便为共用部
分。建筑物的附属设备为法定共用部分的，通常指该建筑物的水电、瓦斯等主要
管线、电梯、空调、防火及防盗设备等。此为共用部分，主要系因其于效用上是
对整体建筑物的使用起辅助功用。[6] 另外，共用部分也可分为由全体建筑物区分所
有权人共有与由部分建筑物区分所有权人共有二种情形。譬如，分隔专有部分的
分间墙，其是否为建筑物全体区分所有权人共有抑或为相邻的区分所有权人共有，

1　［日］稻本洋之助："建筑物的所有关系"，载［日］玉田弘毅、森泉章等编：《建筑物区分所有权》（资料），一粒社 1988 年版，第 20 页。
2　何明桢："建筑物区分所有之研究"，台湾政治大学 1983 年 6 月硕士论文，第 40 页。
3　［日］玉田弘毅："关于建筑物区分所有的共用部分的种类、形态及其法性质"，载《不动产研究》第 7 卷第 1 号（1965 年），第 57 页。
4　［日］丸山英气："区分所有权的理论及其发展"，载日本《法学家》第 476 号（1971 年），第 113 页。
5　何明桢："建筑物区分所有之研究"，台湾政治大学 1983 年 6 月硕士论文，第 40 页。
6　何明桢："建筑物区分所有之研究"，台湾政治大学 1983 年 6 月硕士论文，第 40 页。

主要系以其结构上有无承担整体建筑物的重量而定。[1]

（2）约定共用部分。根据日本《建筑物区分所有权法》，全体建筑物区分所有权人得依管理规约使原来具构造、利用上的独立性的建筑物部分变易为约定共用部分。譬如建筑物中的管理人室即可依管理规约而使之成为约定共用部分。此外，建筑物中的附属建筑物，譬如建于屋外的车库、仓库、垃圾焚化炉、庭院等，它们原非建筑物的构成部分，与建筑物具附属关系，故而依日本学理的通说也可依管理规约而更易为共用部分。[2]

2. 法国

法国 1938 年法律称共用部分为"共用物"或"共同所有物"。关于此"共用物"的涵义，乃与日本法相同，系采排除法以推定方式而确定。该法第 5 条第 1 项规定，"不宜由一建筑物区分所有权人予以排他性使用的建筑物部分即推定为共用物"。故此，区分所有建筑物上，专有部分之外的一切建筑物部分皆为共用物（共用部分）。如此，共用部分的范围得以扩大，专有部分的范围受到限缩，而成为极少数。[3]具体而言，依该法第 5 条第 1 项的规定，作为建筑物的存立基础的基地、构造壁、屋顶、电气、水道和燃气等设备，以及其他为确保舒适的居住环境而必需的一切设备，皆为共用部分。而专有部分的范围则仅为由共同墙壁、地板隔离而围成的空间。[4]并且，之前所谓共用部分（共用物）为专有部分（专有物）的从物的主张，也被否定，而径直认二者为完全不可分离的整体。[5]

现行法国《住宅分层所有权法》改称"共用物"为"共用部分"。对于其涵义，该法克服了 1938 年法律关于共用部分的涵义的局限，而更具科学性。按照该法第 3 条第 1 项的规定，所谓共用部分，乃指供建筑物区分所有人全体或多数建筑物区分所有权人予以使用抑或对其具有用性的建筑物的各部分与土地。易言

1　[日]川岛一郎："关于建筑物区分所有等法律的解说"（中），载《法曹时报》第 14 卷第 7 号（1962 年），第 106 页；何明桢："建筑物区分所有之研究"，台湾政治大学 1983 年 6 月硕士论文，第 40 页。

2　何明桢："建筑物区分所有之研究"，台湾政治大学 1983 年 6 月硕士论文，第 40 页。

3　[日]小沼进一：《建筑物区分所有之法理》，法律文化社 1992 年版，第 43 页。

4　[日]小沼进一：《建筑物区分所有之法理》，法律文化社 1992 年版，第 43—44 页。

5　[日]小沼进一：《建筑物区分所有之法理》，法律文化社 1992 年版，第 43—44 页。

之，成为建筑物区分所有权人全体抑或一部建筑物区分所有权人共同所有权的标的物的建筑物部分，即为共用部分。显然地，此对共用部分的涵义的厘定，确立了界分专有部分与共用部分的如下大致标准：（1）对建筑物和土地而言，由特定的一建筑物区分所有人予以排他性使用的建筑物部分，即为专有部分；（2）对建筑物和土地而言，由全体区分所有权人或其中的一部分区分所有权人予以使用或对之具有用性的建筑物部分，即为共用部分。[1]并且，该法对于共用部分的涵义的廓清，较成功地自主体与客体相结合的视角而解明了共用部分的概念所反映的事物的属性，尤其是自主体角度厘清了共用部分由建筑物区分所有权人全体或一部予以所有或使用的主体性特征。此外，对于共用部分，法国现行法尚于条文中对其范围予以详尽列举，此也为其一项特色。[2]

3. 德国

德国法所谓住宅所有权人（建筑物区分所有权人）的共用部分，亦即德国《住宅所有权法》中规定的共同财产或共有持分。对于其范围，系采排除法与推定方式而确定。根据该法的规定，其涵括：（1）建筑物所在的土地及附属的庭院，以及围绕建筑物的空地；（2）维持建筑物的安全所必要的建筑物的构成部分，譬如外墙、承重墙、天井、屋顶、天花板、地板等部分；（3）供住宅所有权人共同使用的设施、设备部分，譬如楼梯、电梯、冷暖气设备、瓦斯、自来水、电力系统等；（4）本为专有部分的客体而具有封闭性的空间，惟依住宅所有权人全体的约定，供共同使用的部分。[3]

德国学理据此乃将共用部分的范围分野为法定共用部分与管理规约共用部分二类。而所谓法定共用部分，亦称构造、性质上的共用部分，系指维持建筑物本身的牢固、安全与完整的部分，以及特性上属于住宅所有人全体或一部共同使用的建筑物部分。[4]基地为构造、性质上的共用部分，共有持分的大小由全体共有人

1　［日］小沼进一：《建筑物区分所有之法理》，法律文化社1992年版，第104—105页。

2　［日］小沼进一：《建筑物区分所有之法理》，法律文化社1992年版，第135页。

3　何明桢："建筑物区分所有之研究"，台湾政治大学1983年6月硕士论文，第100页；［日］柚木馨："比较法上的建筑物区分所有"，载《民商法杂志》第44卷第1号（1961年），第5页。

4　戴东雄："论建筑物区分所有权之理论基础（I）"，载《法学丛刊》1984年第29卷第2期，第33页。

（住宅所有权人）根据管理规约或合意予以确定，否则按住宅所有权人专有所有权的客体——专有部分——面积的大小的比例而确定。

应当指出的是，即便如此，德国《住宅所有权法》对专有部分与共用部分的范围的厘定仍系相当笼统。对于二者的界线，依该法第 5 条第 1 项的规定，特别所有权的客体，为不得侵害其他人的专有部分与共用部分，且不变更建筑物的外形或除去该部分的限度范围内的特定的房间，以及该房间所属的建筑物构成体。[1] 日本学者川岛一郎据此认为，建筑物的分隔墙壁、天花板、地板等构成体属于共用部分，而表面可以装潢的部分属于专有部分。[2] 此外，对于管理人室，由于德国《住宅所有权法》并未明定其属于专有部分抑或共用部分，故此通常将之列入管理规约共用部分。[3]

4. 美国

美国称建筑物区分所有权人的共用部分为"共用设备"（common elements）。对于此共用设备的范围，其《公寓大厦所有权创设示范法》第 2 条乃采列举方式而确定。根据该条的规定，建筑物的基地、墙壁、柱子、地板、走廊、楼梯、屋顶、出入口、地下室、庭院、管理人室、中央冷暖气和电力系统、电梯等公共设备，除建筑物区分所有权人另有约定外，原则上皆属于共用部分。[4] 此类共用部分，除性质上为公共使用者外，也有根据建筑物区分所有权人的声明（declaration）而约定为共用部分的情形。[5] 美国的《加利福尼亚州民法典》第 1350 条将共用部分定义为除专有部分以外的整个建筑物部分，[6] 惟专有部分内的中央空调系统、水、电管线等则非属共用部分（第 1353 条）。[7] 美国《俄克拉荷马州区分所有权

1 ［日］川岛一郎："关于建筑物区分所有等法律的解说"（中），载《法曹时报》第 14 卷第 7 号，第 855 页。何明桢："建筑物区分所有之研究"，台湾政治大学 1983 年 6 月硕士论文，第 100 页。

2 ［日］川岛一郎："关于建筑物区分所有等法律的解说"（中），载《法曹时报》第 14 卷第 7 号，第 835—855 页。

3 日本区分所有建筑物管理问题研究会编：《区分所有建筑物的管理与法律》，商事法务研究会发行 1981 年版，第 7 页。

4 ［日］平松绂："美国区分所有权立法"，载［日］玉田弘毅、森泉章等编：《建筑物区分所有权》（资料），一粒社 1988 年版，第 64 页。

5 何明桢："建筑物区分所有之研究"，台湾政治大学 1983 年 6 月硕士论文，第 78 页。

6 何明桢："建筑物区分所有之研究"，台湾政治大学 1983 年 6 月硕士论文，第 78 页。

7 Wallace L. Mitchell Ⅱ，"Fee in condominium"，37 *Southern Califonia Law Review* 86（1964）

法》（Unit ownership Estate Act）规定，共用部分的范围涵括绝对所有权的土地与租借土地。[1]

美国学理系将共用设备界分为普通共用设备与有限共用设备（Limited Common elements）二类。前者相当于法国法所谓全体共用部分，主要涵括基地、共同墙壁、屋顶、俱乐部、游泳池、停车场、电梯、与建筑物相连的楼梯、共同走廊（通道）、存放处以及焚化炉等；[2]后者相当于法国法所谓一部共用部分，包含庭院、天井、阳台以及遮门等。[3]

综据上述，可知美国建筑物区分所有权法中的共用部分的范围较为宽泛，即它涵括了土地。[4]而此土地权利无论系经由租赁而取得，抑或本属其所有，皆为共用部分的构成要素。此外，根据美国各州的建筑物区分所有权法，建筑物的地下室为共用部分。[5]

5. 我国台湾地区

根据台湾地区"民法"第 799 条的规定，共用部分系指"区分所有建筑物专有部分以外之其他部分及不属于专有部分之附属物"。立法技术上，该条规定一如法国法、日本法、德国法，系采推定方式确定共用部分的范围。而台湾地区"最高法院"1982 年 3 月 17 日台上字第 1193 号判决，认为此所谓"共同部分"系指大门、屋顶、地基、走廊、阶梯、隔壁等，性质上不许分割而独立为建筑物区分所有权客体的部分。1987 年"台湾高楼集合住宅管理维护法"（草案）第 4 条第 8 项、第 10 项规定，共用部分为建筑物专有部分以外的建筑物部分，涵括法定共用部分与管理规约共用部分二类。前者系指：（1）建筑物本身所占的地面及其留设的法定空地；（2）穿越数个专有部分的走廊或楼梯，以及其通往室外的通路或门廊；（3）建筑物的主要构造；（4）建筑物的设备。后者则系指专有部分经

1　Unit Ownership Estate Act § 3, Oklahoma Code § 503. 转引自何明桢："建筑物区分所有之研究"，台湾政治大学 1983 年 6 月硕士论文，第 78 页。

2　G. M. Divekar, *Law and Practice of Property Transactions*, Pune：Hand Law House, 1991, p. 346.

3　John Tosh, Nicholos Ordway, et al., *Real estate Principles for License Preparation in Mississippi*, Englewood Cliffs：Prentice Hall, 1990, p. 90.

4　Harold Collin, Eminent Domain, "It's Possible Effect on the Condominium", 14 *Hastings L. J.* 327 (Feb. 1963).

5　何明桢："建筑物区分所有之研究"，台湾政治大学 1983 年 6 月硕士论文，第 80 页。

约定作为共用使用部分，譬如交谊厅、会议室等。最后，台湾地区现行"公寓大厦管理条例"也未对共用部分的范围作出厘定与分类。

台湾学理对其"民法"第799条所称的共用部分的范围作有解释。王泽鉴谓，第799条所称的共用部分，性质上为法定共用部分，其范围涵括：（1）建筑物的基本构造部分，譬如支柱、屋顶、外墙或地下室等；（2）建筑物的共用部分与附属物，譬如墙壁、楼梯、电梯、消防设备、水电瓦斯管线及贮水塔等。[1] 另外，其也认为，区分所有建筑物除法定共用部分外，尚有约定共用部分（管理规约共用部分）。[2] 台湾地区另一学者黄越钦认为，区分所有建筑物的共用部分，即指"共同所有权部分"。[3] 此外，学者温丰文自区分所有建筑物法律关系的构造视角出发，认为区分所有建筑物的共用部分可分为共有共用部分与共有专有部分二类。共有共用部分关系下，共用部分应按其种类、性质、构造的不同，亦即应按其本来的用法，供区分所有权人共同使用，建筑物区分所有权人并得透过集会的决议或管理规约的修订等方式变更共用部分。惟于共有专用关系下，共用部分的使用，则应依设定专用使用权的法律关系为之。而为保障专用使用权人的法律地位与维护交易安全，建筑物区分所有权人（共用部分的共有人）非经专用使用权人承诺，不得径依集会决议或修订管理规约的方式，变更专用使用权或使其消灭。[4]

（二）比较分析结论

立基于以上对各国家或地区建筑物区分所有权立法与学理对共用部分的范围的分析，本书认为，对区分所有建筑物的共用部分，学理上应确立如下二项基本认识：

（1）采日本、德国、法国、美国以及我国台湾地区立法与学说的共同认识，以排除法、列举法以及推定方式确定共用部分的范围。

1　王泽鉴：《民法物权》（1），台湾1992年自版，第198页。
2　王泽鉴：《民法物权》（1），台湾1992年自版，第198页。
3　黄越钦："住宅分层所有权之比较法研究"，载郑玉波主编：《民法物论文选辑》（上册），五南图书出版公司1984年发行，第438页。
4　温丰文："区分所有建筑物法律关系之构造"，载《法令月刊》1992年第43卷第9期，第5页。

（2）根据共用部分的特性，共用部分可分为法定共用部分与管理规约（约定）共用部分。此为共用部分的基本分类。其中，法定共用部分又称性质、构造上的共用部分，包含建筑物的基本构造部分、建筑物的附属物以及建筑物的附属设备三类。自共用部分的所有关系出发，共用部分可分为全体共用部分与一部共用部分。此为有关共用部分的辅助分类。二者界分的法律利益系在于修缮费及其他负担的不同。具体而言，全体共用部分的修缮费与其他负担，由全体建筑物区分所有权人按其专有部分的价值比例分担，一部共用部分的修缮费及其他负担，则仅由相关建筑物区分所有权人分担。至于全体共用部分与一部共用部分的判断标准，固应以实际使用情形，亦即应以该共用部分实际上系供全体建筑物区分所有权人使用，抑或供部分建筑物区分所有权人使用为断。惟供全体人员使用或供部分人员使用不明时，应解为全体共用部分。[1]

基于以上基本认识，共用部分的涵义可确定为：由建筑物区分所有权人全体或一部予以共同所有的，不属于专有部分的法定共用部分与管理规约共用部分。

二、共用部分的法性质

近现代及当代各国家或地区建筑物区分所有权法皆将区分所有建筑物的共用部分推定为各相关区分所有权人共有。但是，所谓共有，按其特性，又有总有、共同共有与按份共有之分别。区分所有建筑物的共用部分究竟属于何种共有，为长期以来学理中的一项重要争点。鉴于解明共用部分的法性质对廓清建筑物区分所有权人作为共有所有权人的权利义务关系具重要价值与意义，故此有必要展开探究。

（一）共有的诸形态

1. 总有（Gesamteigentum）

法制脉络发展史上，总有作为共有的一种形态，发生较晚，其肇源于中古世纪日耳曼社会的村落共同体——马尔克公社。[2]中古世纪的日耳曼，将村落（马

---

[1] ［日］玉田弘毅：《建筑物区分所有权法的现代课题》，商事法务研究会 1981 年版，第 158 页。转引自温丰文：“论区分所有建筑物共用部分之法律性质”，载《法学丛刊》1988 年第 33 卷第 3 期，第 96 页。

[2] ［日］平野义太郎：《关于民法的罗马法思想与日耳曼法思想》，有斐阁 1970 年版，第 112 页。

尔克公社）与其村民调和为一实在的综合体（Genossenschaft），惟村民并不因此丧失其个人的地位。村民基于村落构成员身份，对村落共同体的财产尤其是土地享有占有、使用、收益权，而处分、管理权则完全归属于村落共同体（马尔克公社）。[1] 易言之，村落共同体财产的占有、使用、收益权与处分权、管理权完全分离，分属于各村民与由村民组成的实在综合人（Gesamtperson），形成所有权权能的割裂，此即所谓"所有权的分割"。[2]

惟需指出的是，虽然村民对村落共同体财产享有占有、使用、收益权，但此类权利行使的方法与规则则由全体村民决定。并且，每一村民皆平等地享有这些权利。同时，村民行使这些权利时，必须遵守村落共同体的传统习惯。若村民违反规则与使用方法而妨害了其他村民对财产的占有、使用、收益权时，遭受妨害的一方有权请求停止其行为、排除妨害及赔偿损失。[3] 此种处分权、管理权与占有、使用、收益权能分离，且团体统制色彩极为浓厚的总有形态，于今几已绝迹。[4] 惟于近代法所有权发生之前的农村社会里，其存在却相当普遍。其中，日本农村社会里的"入会制度"即为适例。[5] 此外，我国固有习惯法上的宗族财产、祠堂、学用等，其也类似于总有。[6]

2. 共同共有

亦称"公同共有"或"合有"（Eigentum zur gesamten Hand），系指依法律的规定，或依契约与习惯而结成共同关系的数人，基于共同关系而享有一物的所有权。[7]

1　［日］石田文次郎：《土地总有权史论》，岩波书店 1927 年版，第 124 页；由嵘：《日耳曼法简介》，法律出版社 1987 年版，第 50 页。

2　［日］石田文次郎：《土地总有权史论》，岩波书店 1927 年版，第 342 页。

3　由嵘：《日耳曼法简介》，法律出版社 1987 年版，第 50 页。

4　史尚宽：《物权法论》，史吴仲芳、史光华发行 1975 年版，第 139 页。

5　温丰文："论区分所有建筑物共用部分之法律性质"，载《法学丛刊》1988 年第 33 卷第 3 期，第 97 页。

6　［日］中尾英俊：《入会林野的法律问题》，劲草书房 1977 年版，第 92 页；［日］川岛武宜编集：《注释民法（7）》（物权 2），有斐阁 1978 年版，第 510 页。

7　戴炎辉：《中国法制史》，三民书局 1966 年版，第 304 页；郑玉波：《民法物权》，三民书局 1970 年版，第 116 页。以上内容皆源自温丰文："论区分所有建筑物共用部分之法律性质"，载《法学丛刊》1988 年第 33 卷第 3 期，谨此说明。

该制度最早起源于日耳曼家族共同体。[1] 按照日耳曼家族共同体法，遗产系一项独立的特别财产，归属于继承人全体所有。继承人全体基于"合手"的共同关系结合在一起，共享财产继承权。[2] 各继承人虽然基于家族共同体的一成员的身份而对整个遗产有其应继份（潜在的应有部分），但其应继份系基于身份法上的持分权，而非基于物权法上的持分权，从而该持分权于共同关系存续期间不得自由处分，也不得自由请求分割。往后，此种因继承关系而形成的共同共有形态逐渐扩及婚姻关系，夫妻间的共同共有财产制由此而生。时至近代，伴随"从身份到契约"的观念的流行与发达，共同共有形态乃跃出身份法的领域而成为一项基本的民法制度。进而，无身份关系的人也可根据契约而创造出具共同共有特性的财产。合伙财产的创设即为适例。[3]

就性质而言，共同共有为介于总有与分别共有之间的一种共同所有形态。各共同所有物的全部所有权属于共有人全体，而非按应有部分享有所有权。各共有人对于共有物不独有占有、使用、收益权，且也有管理、处分权。惟其管理、处分权被为达成共同关系的目的而设定的规则拘束。[4] 故而，共同共有与总有乃有如下三点差异：（1）共同共有基于共有人之间的共同关系而成立，而总有则有一超越各主体的团体——共同体——存在；（2）各共同共有人对共有物存在潜在的应有部分，[5] 当共同关系消灭时，其潜在的持分权转化为个人所有权，而总有的构成员（村民或社员）对总有物并无应有部分，因而不得请求分割总有物以转化成个人所有权；[6]（3）在共同共有，对共有物的占有、使用、收益权与管理权、处分权均归属于共有人全体，而在总有，总有物的占有、使用、收益权却与处分权、管

1　王泽鉴：《民法物权》（1），台湾 1992 年自版，第 290 页。

2　黄右昌：《民法诠解》（物权篇，上册），台湾商务印书馆 1977 年发行，第 189 页；[日] 石田文次郎："关于历史的发展过程的土地所有权的诸形态"，载《社会政策时报》1934 年 1 月号，第 46 页。

3　[日] 石田文次郎："民法所有权的形态"，载日本《法商研究》第 1 卷第 1 号，第 46 页。

4　郑玉波：《民法物权》，三民书局 1980 年版，第 116 页；转引自温丰文："论区分所有建筑物共用部分之法律性质"，载《法学丛刊》1988 年第 33 卷第 3 期，第 97 页。

5　王泽鉴：《民法物权》（第 1 册），台湾 1992 年自版，第 291 页。

6　温丰文："论区分所有建筑物共用部分之法律性质"，载《法学丛刊》1988 年第 33 卷第 3 期，第 97 页。

理权分离而分别属于由构成员（村民或社员）组成的共同体。[1]

3. 按份共有

也称"分别共有""普通共有"（Gemeinschaft nach Brachteilen），指数人按其应有部分，对于一物共同享有所有权。按份共有，就其主体而言，必有二人以上，称为共有人。就其客体而言，为一物，称为共有物；就其享有的权利而言，为所有权；就其享有所有权的形态而言，为按应有部分（拉丁文 Quota，德文 Bruchteil、Anteil，法文 Quote-Part，英文 Share）而享有。[2]

按份共有作为一项民法制度，较之总有与共同共有于民法上发生为早。其最早起源于古罗马法。[3]由于罗马法所有权思想系采绝对、自由及排他的所有权观念，[4]故此，此种观念表现于共有关系中，即是每一共有人对共有物有各自的应有部分，并得自由处分；同时，如欲终止共有关系而将之变为单纯的所有时，各共有人得自由请求分割。可见，罗马法上的共有形态的个人主义色彩十分浓烈，各主体之间相互结合的纽带较为脆弱。[5]

时至近代，由于法律思潮曾受个人主义的影响，因而罗马法的共有形态遂被德国、法国、日本、瑞士等主要大陆法系国家的民法继受，且视此种共有形态为共有的常态，而称之为普通共有或通常共有。[6]

按份共有作为共有的一种形态，具有区别于共同共有与总有的独立特性。于按份共有，各共有人分别按其应有部分，对于共有物的全部有占有、使用、收益及处分权，因而与总有的构成员（村民或社员）仅对总有物有占有、使用及收益权大不相同；同时，按份共有的共有人对共有物有明显的应有部分，各共有人

1　温丰文："论区分所有建筑物共用部分之法律性质"，载《法学丛刊》1988年第33卷第3期，第97页。

2　王泽鉴：《民法物权》（第1册），台湾1992年自版，第254页。

3　黄右昌：《民法诠解》（物权篇，上册），台湾商务印书馆1977年版，第188页；王泽鉴：《民法物权》（第1册），台湾1992年自版，第251页。

4　［日］吉野悟：《罗马所有权法史论》，有斐阁1972年版，第139页。［日］筱塚昭次：《土地所有权与现代——历史的展望》，日本放送出版协会1974年版，第29页。

5　［日］原田庆吉：《罗马法》，有斐阁1974年版，第123页。

6　黄右昌：《民法诠解》（物权篇，上册），台湾商务印书馆1977年版，第190页；王泽鉴：《民法物权》（1），台湾1992年自版，第254页；温丰文："论区分所有建筑物共用部分之法律性质"，载《法学丛刊》1988年第33卷第3期，第98页。

原则上得请求分割，并得自由处分其应有部分，因而与共同所有人对共有物仅有潜在的应有部分，各共有人于共同关系存续中不得请求分割的共同所有也有差异。

（二）学理见解

1. 日本学理的主张

对于区分所有建筑物共用部分的所有关系，日本学理存在两种主张，即共同共有说与总有说。兹分述如下。

（1）共同共有说。此为日本学理的通说，以我妻荣等人为代表。我妻荣认为，一栋区分所有建筑物上共同生活的人，为了共用部分的管理与共同生活秩序的维持，往往需要制定管理规约及选任管理人，彼此间因而形成合伙关系。区分所有建筑物的共用部分乃为全体区分所有权人合有（共同共有）。[1]川岛一郎于评析日本《建筑物区分所有权法》第 4 条第 1 项关于共用部分归属于全体区分所有权人共有，但明显的仅供一部建筑物区分所有权人共用部分归属于该部分区分所有权人之共有的规定时说，此所谓共有，与《日本民法》物权编所定的共有并不相同。《日本民法》物权编的共有乃基于个人主义而构成，以认可自由分割与自由处分应有部分为其特征。而区分所有建筑物的共用部分的共有则系为了共同目的，禁止请求分割，也禁止让与应有部分。故此，共用部分的共有，性质上应解为合有（共同共有）。[2]学者森泉章认为，《日本民法》第 208 条规定的共有与日本《建筑物区分所有权法》有关共有的规定的差异，系在于后者的共有乃限制应有部分的自由处分与禁止自由请求分割。故而共用部分的共有性质，应以建筑物区分所有权人间是否因共同目的而形成"合手"的共同关系为判断依据。由于建筑物区分所有权法律关系中，建筑物区分所有权人间因建筑物的保存、管理、使用等关系，将形成一受团体制约的极强的共同关系，故此，共用部分的特性应解为合有系属无疑。[3]学者筱塚昭次于评析德国学者贝尔曼的建筑物区分所有权理论

1　［日］我妻荣：《债权各论》（中卷），岩波书店 1973 年版，第 752 页。

2　［日］川岛武宜编集：《注释民法（7）》（物权 2），有斐阁 1978 年版，第 510 页。

3　［日］森泉章："区分所有权"，载［日］中川善之助、兼子一监修：《买卖（不动产法大系 I）》，青林书院新社 1975 年版，第 47 页。

时谓：贝尔曼认建筑物区分所有权为由物权法因素与人法性因素构成的所谓"共同的空间所有权"（Glmeines Raumleigentun），其法律关系几近合有（共同共有）的特性。[1]此外，其他日本学者如丸山英气、玉田弘毅等基本上也都主张共同共有说。[2]

（2）总有说。此以大泽正男为代表。大泽氏自管理权能与用益权能分离的角度，剖析区分所有建筑物共用部分的法性质，认为其具有"总有"的特性。其于《共用部分的所有关系与共有理论——特别是中高层分让住宅场合》一文中称，若自区分所有建筑物的管理权能与用益权能的分离状态加以观察，显然地，其管理权能归属于具合伙性质的团体（如管理委员会），用益权则属于建筑物区分所有权人个人。故而，区分所有建筑物的共有关系具"总有"的特性。[3]

2. 我国台湾地区学理的主张

对于区分所有建筑物的共用部分的特性，我国台湾地区学理主张按份共有说与共同共有说二种见解。

（1）按份共有说。此为台湾地区学理的通说。王泽鉴、郑玉波等皆主张此说，认为区分所有建筑物共用部分，属于台湾地区"民法"第 823 条第 1 项所定的因物的使用目的不能分割的按份共有。王泽鉴谓：台湾地区"民法"第 799 条所称"建筑物及其附属物之共同部分推定为共有"，应属按份共有。进而主张，此项共用部分具三点特色：一是因物的使用目的不能分割；二是为使专有部分与共用部分成为一体，共同使用部分的所有权应随同各相关区分所有建筑物所有权的移转而移转；三是共有的公共设施属于专有部分的从物，为抵押权的效力所及。[4]郑玉波谓：区分所有建筑物的共同部分，如楼梯、隔壁等，以及附属的共用部分，为不得分割的按份共有。[5]史尚宽认为，区分所有建筑物的共有，实为互

1　［日］篠塚昭次：《论争民法学 2》，成文堂 1976 年版，第 205 页。

2　［日］丸山英气：《区分所有建筑物的法律问题》，三省堂 1981 年版，第 131 页；［日］玉田弘毅："建筑物区分所有若干问题考察"，载日本《私法》第 29 号，第 265 页。

3　［日］大泽正男："共用部分的所有关系与共有理论——特别是中高层分让住宅场合"，载《立正法学》第 4 卷第 1 号，第 185 页。

4　王泽鉴：《民法物权》（1），台湾 1992 年自版，第 200 页。

5　郑玉波：《民法物权》，三民书局 1970 年版，第 125 页。

有，也就是性质上为不得请求分割的共有。[1]另一学者林荣耀于论及共同墙壁的所有关系时也谓："共同墙壁的共有人间，既无基于法律规定或契约约定的公同关系而共有，自系通常共有（按份共有），而非公同共有（共同共有）"。同时，该氏针对有人主张共同墙壁为互有的见解而指出："数人共同享有一个所有权之状态，非共同共有。参照台湾地区'民法'第757条物权法定主义及同法第799条数人区分一建筑物而各有其一部者，其共同部分推定为各共有人之共有之规定，无庸另创互有说，而应认其为分别共有（按份共有）。"[2]此外，学者曹杰、陈计男及李肇伟等也主张按份共有说。[3]

（2）共同共有关系说。此以梅仲协为代表。该氏于其所著《民法要义》一书中指出："公同共有关系亦有出于法律推定者，在数人区分一建筑物而各有其一部者，关于建筑物及其附属物之共同部分，例如正中宅门、共同之屋脊、墙壁、公用之水井、厕所等，推定为各所有人之公同共有（共同共有）。"[4]不过，区分所有建筑物的共用部分为何属于共同共有，该氏仅说明系出于法律的推定，而并未进一步叙明其理由。[5]

（三）本书的见解

综据以上分析，可以明了，对于区分所有建筑物共用部分的法性质，学理上乃有总有、按份共有及共同共有等不同主张。其中，共同共有说为日本学理的通说，按份共有说为我国台湾地区学理的通说。本书认为，对于区分所有建筑物共用部分的法性质，不应一概而论，而应分别根据区分所有建筑物的不同类型而予确定。也就是说，区分所有建筑物共用部分的法性质因区分所有建筑物的不同形态而有不同，或属共同共有，抑或属按份共有。

1　史尚宽：《物权法论》，史吴仲芳、史光华发行1975年版，第110页。

2　林荣耀：《民事个案研究》，长乐书店1986年版，第270页。

3　曹杰：《中国民法物权论》，商务印书馆1976年版，第73页；陈计男："大厦、公寓的一些法律问题——建筑物区分所有"，载《法令月刊》1977年第28卷第7期，第10页；李肇伟：《民法物权》，台湾1979年自版，第163页。

4　梅仲协：《民法要义》，台湾1963年版，第402页。

5　温丰文："论区分所有建筑物共用部分之法律性质"，载《法学丛刊》1988年第33卷第3期，第98页。

如前述，区分所有建筑物于形态上可分为纵割式、横切式与混合式（左右纵割、上下横切）三类。连栋式或双并式等纵割式区分所有建筑物，其共用部分除通常的共同壁外，别无他物。[1] 由于共用部分极为单纯，各建筑物区分所有权人的结合状态也较薄弱，各建筑物区分所有权人对于共用部分，按其应有部分不仅得自由使用、收益，且得自由处分，故而纵割式区分所有建筑物的共用部分的所有关系，宜解为按份共有。但公寓大厦等横切式和混合式区分所有建筑物，其共用部分除共同壁外，尚有大门、楼梯、屋顶等，故此，该类区分所有建筑物的共用部分较纵割式区分所有建筑物的共用部分更为复杂，其建筑物区分所有权人相互间为管理共用部分及处理共同事务，往往需组成一团体组织（如管理团体），[2] 期能借该团体组织的力量，妥订管理方案，以维护区分所有建筑物各部分应有的功能并解决彼此间的纷争，进而维持共同生活秩序。由此之故，横切式与混合式区分所有建筑物的各区分所有权人相互间的结合状态较为密切，彼此间基于共同利益，形成共同关系。[3] 各区分所有权人对于共用部分，固不得请求分割。而且，其对共用部分的使用、收益乃至处分，基于公共安全的考量，需受到团体管理规约的拘束。概言之，横切式与混合式区分所有建筑物共用部分的所有关系与纵割式不同，宜解为共同共有。

此外，本书认为，对于区分所有建筑物共有部分的特性的认识，尚应注意三点：（1）该共有部分的特性不同于传统的按份共有与共同共有，而属于一种特殊的共有形态，故此不应一概而论，而宜分别依区分所有建筑物的不同类型而予确定。亦即，区分所有建筑物共有部分的特性因区分所有建筑物的不同形态而有不同，或为共同共有，抑或为按份共有。（2）《物权法》第 80 条规定，建筑物及其附属设施的费用分摊、收益分配等，无约定或约定不明时，系按照业主专有部分占建筑物总面积的比例确定，由此类似于按份共有。（3）共有权人只有共

1　温丰文："论区分所有建筑物共用部分之法律性质"，载《法学丛刊》1988 年第 33 卷第 3 期，第 99 页。

2　温丰文："论区分所有建筑物共用部分之法律性质"，载《法学丛刊》1988 年第 33 卷第 3 期，第 99 页。

3　温丰文："论区分所有建筑物共用部分之法律性质"，载《法学丛刊》1988 年第 33 卷第 3 期，第 100 页。

同使用、收益的权利，而无权利请求将之分割转化为个人所有，故又类似于共同共有。

三、共用部分的法律地位

（一）共用部分的从属性

共用部分为一同时附随于数个专有部分的附属物或从物，相对于专有部分而言，具从属性。区分所有建筑物的专有部分与共用部分于物理属性上具整体不可分的完整结构体关系，且建筑物区分所有权人取得区分所有权，也必须附带取得共用部分的持分权，以便于使用上获得方便。正是因此，各国家或地区建筑物区分所有权法大都强制明定共用部分对专有部分具从属性。譬如美国《加利福尼亚州民法典》第 1352 条规定，除了另有明白的反对表示外，任何移转公寓或建筑物区分所有单位的行为，皆推定其移转整个建筑物区分所有权。盖因共有部分与专有部分具从属关系。[1]美国《公寓大厦所有权创设示范法》也规定，转让或抵押公寓时，如果转让契约书或其他文件未有特别约定，则其效力应及于共用部分。

（二）共用部分的不可分割性

共用部分本身具不可分割性。美国各州州法与其联邦《公寓大厦所有权创设示范法》规定，区分所有建筑物的共用部分禁止分割。但区分所有建筑物业已完成区分所有权人的使用目的的，则可分割。[2]于美国加州，对于分割共用部分的条件及权利，法律皆设有明文，惟此分割权利可依契约而予放弃。[3]故此，共用部分与专有部分共同构成建筑物区分所有权的物法性权利——共有所有权与专有所有权——的客体。此权利客体需连同建筑物区分所有权人的成员权而一并被处分（含分割）。

美国 1975 年佛罗里达州上诉法院审理的 Reibel 诉 Rolling Green condominium Association Incoporation 一案，为有关共用部分的不可分性及共用部分属于全体建

1　Phlip J. Gregory, "The California Condominium Bill", 14 *Hastings L. J.* 195 （Feb. 1963）.

2　Cal. Civ. Proc. Code § 752 （B）.

3　Alfred V. Contarino & Richard D. Kiner, "Control and Management of Common Elements by Conuenant", 14 *Hastings L. J.* 314 （Feb. 1963）.

筑物区分所有权人共有的典型案例。该案是：一栋区分所有建筑物的一部共用部分租赁给建造此建筑物的人使用，租赁期限为99年。但后来此建筑物的建造人却将租赁权转让给全体建筑物区分所有权人协会。此时各建筑物区分所有权人既为出租人而享有租金的分配，同时又负租金的分担义务。于是，建筑物区分所有权人协会乃以业已取得了共用部分的绝对所有权为由而向部分建筑物区分所有权人提起诉讼，主张该租赁契约无效，并返还已付租金。上诉法院认为该区分所有建筑物共用部分的权利应属于每一个建筑物区分所有权人，并作为建筑物区分所有权中不可分割的附属权利（部分）而存在。进而，建筑物区分所有权人协会并无权利提起本案诉讼，其请求被驳回。[1]

（三）共用部分系连接各专有部分的纽带

共用部分系连接各专有部分的纽带，其地位重要。若无共用部分，则专有部分的使用功能将大受限制，甚至于不可能。生活于同一栋区分所有建筑物上的全体业主之所以形成共同体关系，共用部分的存在系其基础条件之一。当代区分所有建筑物中，伴随居住品质的提升，共用部分的范围更宽泛。《物权法》从应对当下的问题出发，主要对建筑区划内的道路、绿地、车库等争议较大的问题作了明定；《建筑物区分所有权解释》也未对全体共有与部分共有（即所谓"大公"与"小公"）以及约定共用部分加以界分或涉及。

四、《物权法》与《建筑物区分所有权解释》对共有部分（共用部分）的分类

（一）法定共有部分、天然共有部分及约定共有部分

根据《建筑物区分所有权解释》，法律、行政法规明确规定属于业主共有的部分，为法定共有部分。依《物权法》的规定，下列部分属于法定共有部分：（1）建筑区划内的道路，属于业主共有，但属于城镇公共道路的除外；（2）建筑区划内的绿地，属于业主共有，但属于城镇公共绿地或者明确属于个人的除外；（3）建筑区划内的其他公共场所、公用设施；（4）物业服务用房；（5）占用业主共有的

1　W. E Shipley, "Annotation: Standing to Bring Action Relating to Real Property of Condominium", 72 *ALR 3d* 310（1976）.

道路或者其他场地用于停放汽车的车位；（6）电梯、水箱。

所谓天然共有部分，根据《建筑物区分所有权解释》，系指法律没有规定，合同也没有约定，且一般也不具备登记条件，但自其属性上天然属于共有的部分，涵括建筑物的基础、承重结构、外墙、屋顶等基本结构部分，通道、楼梯、大堂等公共通行部分，消防、公共照明等附属设施设备，避难层或者设备间等结构部分。这其中，明确列举外墙、屋顶、通道等属于共有部分，系为了便于解决实务中的纠纷。至于独栋别墅外墙的归属，则应属于独栋别墅的所有权人。

除以上法定共有部分、天然共有部分外，其他不属于业主专有部分，也不属于市政公用部分抑或其他权利人所有的场所和设施等，属于约定共有部分。[1]

（二）楼房建筑物中的共有部分与附属区域内的共有部分

楼房建筑物中的共有部分，依《物权法》第 72 条的规定，以排除法来确定，即在楼房建筑物中，除专有部分以外的部分，皆为共有部分，譬如楼道、电梯间、建筑物外墙面以及楼顶等部位皆属之。

附属区域内的共有部分，《物权法》第 73 条、第 74 条规定的建筑区划内的道路、绿地、公用设施和物业服务用房、车库、车位等设备设施皆属之。实务中，车库、车位与物业服务用房的归属是人民法院裁判实务中的热点问题。

（三）全体共有部分与一部共有部分

根据共有部分的使用人的不同，可以将共有部分划分为全体共有部分与一部共有部分。区分所有建筑物本身、绿地、建设用地使用权等属于建筑区划内全体业主共有，这些共有部分为全体共有部分，俗称"大公"；某一楼层的配电室、走廊等，仅供一部分业主使用，一般定为一部共有部分，俗称"小公"。究竟为全体共有部分抑或一部共有部分，发生疑义时，宜解为全体共有部分。

需指出的是，全体共有部分与一部共有部分的分隔标准强调的是某些共有部分可以为全体业主使用，而某些共有部分由于构造与设计的原因则只能为部分业主使用，但是该共有部分的所有权依然属于全体业主所有。此种划分标准的意义

---

[1]　杜万华、辛正郁、杨永清："最高人民法院《关于审理建筑物区分所有权纠纷案件具体应用法律若干问题的解释》、《关于审理物业服务纠纷案件具体应用法律若干问题的解释》的理解与适用"，载《法律适用》2009 年第 7 期。

与价值在于，使用一部共有部分的部分业主要依据合同的约定支付租金。譬如对于小区的地下室，由于一楼的住户存在天然的使用上的便利性，故该地下室可由一楼的住户共同承租，并交纳租金。但是在地下室已经计入了全体业主公摊面积的情况下，该地下室的所有权依然属于全体业主共同所有。又如，由于楼房的朝向与位置的原因，可能会在某些临街的楼顶设置广告牌，因该广告牌而产生的收益不能只由该栋楼房的业主享有，而应当属于全体业主共同所有。[1]

五、一些特殊的共有部分（共用部分）分析

（一）车库、车位

小区车库、车位的归属，是学理与实务上积极讨论的问题。《物权法》第74条对此并未作一概而论的规定。实务中，业主要求车位、车库权属的一个重要理由往往是购房成本已经涵括车库、车位部分。这主要是因为地方政府通常会规定居民小区需按一定比例配置车位，作为公共配套设施。而且，绝大多数开发商也将这些公共配套设施列为购房成本。于是，业主据此认为，既然购房成本包括车库、车位，则车库、车位应归其所有。本书认为，判断车库、车位的归属，应根据具体情况而予不同处理。首先，如果车库、车位于规划设计中占用的是业主共有部分区域，则可直接依据《物权法》第74条第3款的规定，认定属于业主共有；其次，如果车库、车位并未占用业主共有部分区域，则可根据业主与开发商购房时的约定来确定。如果购房时车库、车位面积没有计入公摊，且未以其他方式实际计入业主的购房款中，则可认定车库、车位不属于业主共有。最后，使用人防工程的车库、车位，因现行法律没有明确规定人防工程的所有权归属，仅规定"人民防空工程平时由投资者使用管理，收益归投资者所有"，基于物尽其用的原则，由立法明定地下防空设施属于投资者所有较为适当，如此可以最大限度地发挥设施的效用，避免资源的浪费，并可及时做到日常的管理和维护。[2]

---

[1] 北京市第一中级人民法院：《关于建筑物区分所有权类案件的调研报告》（2009 年 5 月），第11—12 页。

[2] 北京市第一中级人民法院：《关于建筑物区分所有权类案件的调研报告》（2009 年 5 月），第13—14 页。

《物权法》第 74 条第 1 款规定："建筑区划内，规划用于停放汽车的车位、车库应当首先满足业主的需要。"《建筑物区分所有权解释》第 5 条第 1 款认为，建设单位按照配置比例将车库、车位以出售、附赠或者出租等方式处分给业主的，应认为其行为已符合《物权法》第 74 条第 1 款所谓"应当首先满足业主的需要"的规定。另外，《物权法》第 74 条第 1 款"应当首先满足业主的需要"的规定性质上属于强制性规定，违反该规定而订立的合同应属无效。盖若不属于强制性规定，则开发商可以任意处置车位、车库给业主之外的第三人，或者卖给或出租给某个业主过多的车位、车库，结果使整个小区业主的停车利益受到损害，但因非系强制性规定，开发商即可不承担责任。这样的结果，乃与《物权法》第 74 条的立法目的相悖。故此，《物权法》第 74 条第 1 款对于车位、车库"应当首先满足业主的需要"的规定，系属于《合同法》第 52 条的强制性规定。若开发商违反该规定而出卖或者出租车位，业主请求宣告该买卖行为无效或者请求终止租赁关系的，应予支持。

（二）物业服务用房

物业服务用房是现实中一个争议较大的共有部分。这主要是，如果物业服务用房没有计入购房价款中，也没有计入公摊面积中，则其是否尚属于业主共有？为此，实务中经常发生的纠纷是，当小区选聘新物业服务企业后，开发商或者原物业服务企业对物业服务用房仍主张所有权，拒绝交接给业主委员会或者新物业服务企业。对此，根据《物权法》第 73 条的规定，只要规划用途是属于物业服务用房的，即应当属于业主共有，而不论其是否计入购房价款或者公摊面积。

（三）外墙面

《建筑物区分所有权解释》第 3 条第 1 款将外墙面确定为法定共有部分。实务中发生的问题是，若业主购房时开发商以特别约定的方式保留外墙面的权利，则此种特别约定的效力如何？譬如，开发商于商品房预售合同中往往写明：商品房所在楼宇的外墙面属于出卖人。对此，本书认为，应从两方面进行分析：（1）自所有权的视角分析，外墙面属于该栋建筑物的全体业主共有，开发商于未经全体业主同意的情况下，擅自对外墙面的使用权进行处分，属于无权处分，需经该栋建筑物全体业主的追认抑或取得处分权方为有效。外墙面既然属于共有部分，根据《物权法》的规定，其使用权的行使方式应由各业主共同决定，具体表现方式就是通过业主大会的形式，由该栋建筑物中专有部分占建筑总面积过半数的业主且占总人数过半数的业主同意，否则合同中的该条款系无效，其对全体业主不发生效力。（2）自合同条款的形式和内容分析，此类条款属于格式条款，排除了业主对共有的外墙面进行使用和收益的权利，侵害了业主的合法利益，根据《合同法》的规定，可认为此类格式条款不公平、不合理，属于无效条款。可见，开发商于购房过程中以格式条款方式作出的保留外墙面使用权的约定，应认定为无效。[1]

（四）屋顶平台

屋顶平台的归属主要有两种情况：（1）归业主共有。根据建筑物区分所有权法法理，屋顶平台事关业主的切身利益与区分建筑物之作为一项不动产的判断标准，故此商品房预售合同或销售合同没有约定其归属时，应推定为业主共有，属于区分所有建筑物结构上的法定共有部分。此种情形，屋顶平台不得单独登记为一项独立的不动产，留给开发商自己，或作为买卖标的物出售于他人，而只能公摊到区分所有建筑物的面积中，归业主共有。此时，全体业主或业主委员会有权将屋顶出租，收取租金；但不得单独出卖，盖其并非一个独立物。[2]（2）作为专有部分对待，可单独地登记为一项不动产，成立一项不动产所有权。参照《建筑物区分所有权解释》第2条第2款的规定，符合以下条件的屋顶平台似应作专有部分对待而登记为一项不动产所有权：第一，符合规划；第二，具备构造上的独立性，能够明确区分，以及具有利用上的独立性，可以排他使用；第三，建设单位销售时已经根据规划列入该特定房屋买卖合同。[3] 需注意的是，于屋顶平台归属于某特定的业主或开发商抑或第三人的情形下，其与该栋建筑物的其他业主的不动产权利之间，得适用相邻关系的规则而予调整。

1　北京市第一中级人民法院：《关于建筑物区分所有权类案件的调研报告》（2009年5月），第12—13页。

2　崔建远：《物权法》，中国人民大学出版社2009年版，第206页。

3　杜万华、辛正郁、杨永清："最高人民法院《关于审理建筑物区分所有权纠纷案件具体应用法律若干问题的解释》、《关于审理物业服务纠纷案件具体应用法律若干问题的解释》的理解与适用"，载《法律适用》2009年第7期。

（五）会所

通常认为，除非开发商以合同的形式将会所作为小区的共有部分，否则会所属于开发商所有。其理由如下：第一，会所符合专有部分的全部构成要件；第二，根据对《物权法》第 74 条第 2 款的解释，会所不可能归全体业主共有，除非开发商自愿；第三，若将会所自法律上确定为业主共有，其对业主不一定有利；第四，由于法律上没有明确规定会所是否属于共有部分，故此解释论上宜自会所是否系专有部分着手，若具备专有部分的构成要件，即应为专有部分。[1]

（六）锅炉房

区分所有建筑物的建筑区划内的锅炉房，其本身为一项独立的不动产（区分所有建筑物的附属设施），根据《物权法》第 30 条、第 142 条前句的规定，成立建筑物所有权，并归开发商享有，只是在进行初始登记前，欠缺处分的效力（《物权法》第 31 条）；完成初始登记后，开发商可根据当事人之间的约定，将锅炉房转归业主共有，或出售给特定业主抑或第三人享有，只要其约定不违反法律、行政法规的强制性规定。但无论何种情形，锅炉房的所有权人都负有不妨碍锅炉房为区分所有建筑物功能的发挥服务（譬如冬季供暖等）的义务。

（七）供电、供水、供热、供气、有线电视设施

实务中，因供电、供水、供热、供气、有线电视引起的纠纷较为常见，特别是未实现供水"一户一表"的小区，业主与自来水公司之间常为小区内公用自来水管道的归属及维修养护问题争执不下。最高人民法院《建筑物区分所有权司法解释草案稿》曾规定："建筑区划内已经登记为全体业主共有或者虽未登记但系为保障业主建筑物区分所有权的行使而修建或者埋设的配套设施，包括……供电、供水、供热、供气、有线电视设施，应当认定为《物权法》第 73 条所称属于业主共有的'公用设施'，但根据法律、行政法规规定属于其他权利人所有的除外。"实务界认为，对此类纠纷，应结合《物业管理条例》第 51 条，参考法理并运用社会学解释方法，通过对《建筑物区分所有权解释》第 3 条第 1 款第

[1]　杜万华、辛正郁、杨永清："最高人民法院《关于审理建筑物区分所有权纠纷案件具体应用法律若干问题的解释》、《关于审理物业服务纠纷案件具体应用法律若干问题的解释》的理解与适用"，载《法律适用》2009 年第 7 期。

（二）项兜底条款的再解释，来确定何种归属更符合社会需求与利益平衡，进而作出合理裁判。同时，借鉴我国台湾地区"公寓大厦管理条例"第 10 条、《福建省物业管理条例》第 41 条以及《深圳经济特区物业管理条例》第 78 条的规定，供电、供水、供热、供气、有线电视等这些带有公益性质的特殊公司，负有对铺设到小区内的供电、供水、供热、供气、有线电视等管道、管线、设施进行维修与养护的责任。[1]

第三节　共有所有权的内容

共有所有权的内容，系指建筑物区分所有权人（业主）作为共有所有权人享有的权利与承担的义务，也就是建筑物区分所有权人（业主）对共用部分的权利义务。

一、建筑物区分所有权人（业主）作为共有所有权人的权利

对于建筑物区分所有权人作为共有所有权人的权利，各国家或地区的建筑物区分所有权法大都予以明定。综合各国家或地区建筑物区分所有权法的规定，其主要有如下四项。

（一）对共有部分的使用权

此指各共有所有权人对于共有部分，可按其用法而予使用，涵括共同使用与轮流使用。譬如作为共同设施的电梯、走廊等，依其性质可共同使用，而电话、洗衣机等因使用具有排他性，而仅可轮流使用。需注意的是，无论是共同使用抑或轮流使用，皆应依合理使用的原则使用共有部分。实务中，有关共有部分的使用纠纷主要源自业主的私自搭建行为，譬如搭建雨棚、观景台、封闭露台等。此类行为因侵害了全体业主的公共利益，故通常由物业服务企业依据小区公约或者相关规定提请业主拆除。

---

[1] 陈枫："在现实与文本之间的谨慎选择——从实务角度看建筑物区分所有权司法解释"，载《法律适用》2009 年第 7 期。

（二）共有部分的收益权

此为业主作为共有权人享有的另一项基本权利，亦即，各共有所有权人可依管理规约或其共有份额，获得因共有部分所生的利益，譬如将共有的外墙面、屋顶平台出租，每个业主皆可按其应有份额获得租金。《物权法》第 80 条规定：收益的分配规则，有约定的，按照约定；没有约定或者约定不明确的，按照业主专有部分占建筑物总面积的比例确定。

实务中，共有部分收益的纠纷，主要表现形式是开发商、物业服务企业利用电梯、外墙面作广告，或者是将业主共有的车位出租、出售获利，业主或者业主委员会为此主张归还收益。[1]

（三）对共用部分的单纯的修缮改良权

现当代各国家或地区建筑物区分所有权法大多规定共有所有权人对共用部分享有单纯的修缮改良权，亦即，承认各共有所有权人基于居住或其他用途的需要，可对共用部分享有单纯的修缮改良权。而所谓单纯的修缮改良，其系与变更的修缮改良（bauliche Veränderung）相对，指不影响或损及建筑物共用部分的固有特性的修缮改良行为。[2]根据各国家或地区法的规定，任何建筑物区分所有权人不得对专有部分以外的共用部分为变更的修缮改良行为。[3]惟应注意的是，共有所有权人于行使单纯的修缮改良权时，通常应具备两项要件：（1）获得由建筑物区分所有权人及表决权各四分之三以上的多数集会决议的准许；（2）修缮改良无需过多的费用。[4]

（四）物权请求权

也就是说，建筑物区分所有权人对于共有部分享有物的返还请求权、妨害排除请求权以及妨害预防（防止）请求权。

1　北京市第一中级人民法院：《关于建筑物区分所有权类案件的调研报告》（2009 年 5 月），第 16 页。

2　单纯的修缮改良行为与变更的修缮改良行为的分隔，系现今各国家或地区实务中较感困难的问题。如何确定二者的界线，学理迄无定论，各国家或地区通常交由法官裁量。对此，请参见［德］J. Bärmann：“德国住宅所有权法”，戴东雄译，载《法学论丛》第 13 卷第 1 期，第 172 页。

3　［德］J. Bärmann：“德国住宅所有权法”，戴东雄译，载《法学论丛》第 13 卷第 1 期，第 172 页。

4　日本《建筑物区分所有权法》第 17 条第 1 项。

二、建筑物区分所有权人（业主）作为共有所有权人的义务

（一）按共用部分的本来用途使用共用部分

如前述，共有所有权人对于共用部分的使用，为其一项基本权利。但是，此权利的行使，要求共有所有权人按共用部分的本来用途而为之。所谓"本来用途"，又称"固有用途"，指必须依共用部分的种类、位置、构造、性质，以及依管理规约所定的共用部分的目的或用途使用共用部分。[1]日本《建筑物区分所有权法》与学理称"本来用途"为"使用方法"或"用法"；[2]法国则称为"不动产的用途"；[3]德国《住宅所有权法》明定，共有所有权人对共用部分的使用需以尊重整个建筑物的使用目的为前提。[4]另外，依各国家或地区法，对某些非依共用部分的本来用途使用共用部分，但无损于建筑物的保存及不违反建筑物区分所有权人的共同利益的情形，也准许之。譬如为使走廊美观，允许在其墙壁上悬挂字画或镜架，以及于屋顶修建空中花园等。至于共有所有权人需按共用部分的"本来用途"使用共用部分的情形，其最常见的有：电梯不得作为专门的运输工具而使用，而仅可用于行人之上下楼；停车场系用于停放车辆的，不得用作堆放杂物；屋顶系用于遮挡阳光、雨雪的，不得于其上堆放杂物，且非经约定不得作为他用。

（二）分担共同费用与负担的义务

此为建筑物区分所有权人作为共有所有权人的另一项基本义务。区分所有建筑物的共用部分通常系整体建筑物的实体部分，而既为建筑物的实体部分，则必然会发生管理、修缮、维持、改良等费用。因这些部分发生的费用，由全体建筑物区分所有权人分担。鉴于共用部分被界分为全体共用部分与一部共用部分两类，故此各国家或地区法规定，全体共用部分的费用由全体建筑物区分所有权人

1　[日]丸山英气编：《区分所有权法》，大成出版社1984年版，第72页。

2　戴东雄："论建筑物区分所有权之理论基础（Ⅰ）"，载《法学丛刊》1984年第29卷第2期，第19页。

3　[日]小沼进一：《建筑物区分所有之法理》，法律文化社1992年版，第122页。

4　[德] J. Bärmann："德国住宅所有权法"，戴东雄译，载《法学论丛》第13卷第1期，第172页。

分担，一部共用部分的费用由该部分建筑物区分所有权人分担。

关于共同费用与负担的范围，主要涵括：（1）日常维修及更新土地或楼房的共同部分与公共设备的费用；（2）管理事务的费用，包括管理人的酬金；（3）由建筑物区分所有权人共同负担的由公法规定的捐税；（4）不动产或建筑物区分所有权人连带负担的担保债权人的利息及分期偿还债务。[1]

共同费用与负担的份额分担，根据各国家或地区法的规定，系按共有所有权人对共用部分所占的共有持分（份额）的比例算定。而关于共有持分的算定基准，各国家或地区法未尽一致。

所谓共有持分，又称"共同所有配分率"（tantieme de copropriété）或"共同所有千分率"（Millieme de copropriété），[2] 系指建筑物区分所有权人对于共用部分的潜在的应有份额，即共有持分权。共有持分的算定基准，法国1938年法律第6条第3项规定，根据各建筑物区分所有权人专有部分的范围和状况确定。1965年制定的现行法国《住宅分层所有权法》与之不同，其第5条规定，共有持分依"与建筑物的使用无关系的享益部分的性质、表面积及位置所形成的各项价值"算定。学理认为，此项关于共有持分算定基准的基本依据系专有部分的相对价值。[3] 所谓"享益部分的性质"（consistance），系指该享益部分的物质状态与物理构造。[4] 所谓"表面积"，实际上是较享益部分的性质更为重要的因素，系价值算定的基础，涵括"基地面积"（surface bâtie）、"专有面积"（surface privative）以及"实质面积"（surface réelle）三类。[5] 所谓"享益部分"的位置（situation），系指自享益部分所能瞭望到的视野、享益部分的明亮程度、日照以及闲静状况等。[6]

根据美国《公寓大厦所有权创设示范法》的规定，其系以专有部分与整个财产价值的比率为依据而算定共有持分。[7] 于美国加州，依其建筑物区分所有现制，

1　参见《瑞士民法典》第712条之八。

2　［日］小沼进一：《建筑物区分所有之法理》，法律文化社1992年版，第175页。

3　［日］小沼进一：《建筑物区分所有之法理》，法律文化社1992年版，第186页。

4　［日］小沼进一：《建筑物区分所有之法理》，法律文化社1992年版，第187页。

5　［日］小沼进一：《建筑物区分所有之法理》，法律文化社1992年版，第187页。

6　［日］小沼进一：《建筑物区分所有之法理》，法律文化社1992年版，第188页。

7　Model Statute for Creation of Apartment Ownership §6（A）U. S. C. 1715Y.

共用部分乃属于建筑物区分所有权人共有，而持分比例则推定为每一区分单位相等。[1]惟学理上，有人却主张应以个别建筑物区分所有权人所有的专有部分与整个财产价值的比例来算定其持分比例。[2]

日本《建筑物区分所有权法》第 14 条规定："各共有人的份额，依其所有的专有部分室内面积的比例算定。"德国《住宅所有权法》第 16 条规定，共有持分的算定基准系以专有所有权（特别所有权）对全体建筑物所占的土地面积的大小而确定。《瑞士民法典》第 712 条之五第 1 项规定："成立楼层所有权时，应载明专有部分和各楼层单元的应有部分在建有楼房的土地或在建筑权中所占的价值比例"；第 712 条之八第 3 项规定："建筑物特定的共有部分、设备和设施，个别的楼层所有人未从中受益或受益微小者，在分担费用时，应照顾之。"

于新加坡，对于共有持分的算定基准，其建筑物区分所有权法未作规定，惟实务中系采下述方法确定共有持分比例的大小[3]：

专有部分地板之总面积 t	持分（份额）
100 m² 以下	3.0
101—200 m²	4.0
201—300 m²	5.0
301 m² 以上	6.0

我国台湾地区"民法"对于共有所有权人的共有持分的算定基准未作规定，惟依学理见解，应适用台湾地区"民法"第 817 条第 2 项的规定，推定为均等。[4]

（三）维护与保存共用部分的义务

亦即，建筑物区分所有权人（业主）作为共有权人负有维护和保存共有部分

1　Cal. Civ Code § 1353.

2　Edward M. Ross, "Condominium in California ——The verge of an Era", 36 *Southern California Law Review* 364（1963）.

3　［日］稻本洋之助监修：《公寓管理之考察》，清文社 1993 年版，第 38—39 页。

4　戴东雄："论建筑物区分所有权之理论基础（I）"，载《法学丛刊》1984 年第 29 卷第 2 期，第 19 页。

的义务。

（四）征得同意的义务

《物业管理条例》第 50 条第 2 款规定：因维修物业或者公共利益，业主确需临时占用、挖掘道路、场地的，应当征得业主委员会和物业服务企业的同意；物业服务企业确需临时占用、挖掘道路、场地的，应当征得业主委员会的同意。第 54 条第 1 句规定：利用物业共用部位、共用设施设备进行经营的，应当在征得相关业主、业主大会、物业服务企业的同意后，按照规定办理有关手续。

（五）恢复原状的义务

《物业管理条例》第 50 条第 3 款规定：业主、物业服务企业应当将临时占用、挖掘的道路、场地，在约定期限内恢复原状。

（六）协助义务

《物业管理条例》第 55 条第 1 款规定：物业存在安全隐患，危及公共利益及他人合法权益时，责任人应当及时维修养护，有关业主应当给予配合。

第四节　建筑物区分所有权人（业主）作为共有所有权人的法律责任

建筑物区分所有权人作为共有所有权人的法律责任，系指建筑物区分所有权人作为共有所有权人于违反以上义务时应承担的法律后果。根据各国家或地区法的规定，建筑物区分所有权人作为共有所有权人应承担的法律责任，主要涵括：停止侵害、排除妨碍、清偿债务、赔偿损失以及拍卖或剥夺专有所有权等。由于停止侵害、排除妨碍、赔偿损失、拍卖或剥夺专有所有权等责任形式与建筑物区分所有权人作为专有所有权人的责任形式相同，故不赘述，以下仅对清偿债务予以分析。

清偿债务，也称债务的清偿，系指依债务的本旨而实现债务的内容的给付行为。此处所称"债务的内容"，系指共同费用与负担的分配。各国家或地区法为确保各共有所有权人履行其被分配的债务，大都设定了明确的制度及其规则。法国《住宅分层所有权法》第 19 条规定，共有所有权人对分担的共同费用与负担，应以自己的享益部分设定的法定抵押权而予担保。德国《住宅所有权法》第 18

条、第19条规定，共有所有权人于履行所负担的义务有相当的迟延时，即构成剥夺其居住权。《瑞士民法典》第712条之九与之十，确立了保障债务清偿的法定担保物权与留置权。关于法定担保物权，其规定："楼层所有人共同体，就最近三年应分担的费用，得请求各楼层所有人，以其应有部分设定担保物权"（第712条之九第1项）。关于留置权，其规定："楼层所有人共同体，就最近三年应分担的费用，对楼层所有人房屋内的动产，以及作为房屋设备或增益房屋使用而附属于其房屋的动产，享有与出租人相同的留置权"（第712条之十）。此外，美国建筑物区分所有权现制对建筑物区分所有权人未能履行其费用分担义务时，规定了优先权。其规定，建筑物区分所有权人未能履行其费用分担义务时，管理人或实施管理、修理行为的人对该建筑物区分所有权人的区分所有财产享有优先受偿权。除税捐及登记在先的抵押权外，此优先受偿权优先于其他优先权。[1]

1　Philip J. Gregory，"The California Condominium Bill"，14 *Hastings L. J.* 204（Feb. 1963）；何明桢："建筑物区分所有之研究"，台湾政治大学1983年6月硕士论文，第84页。

第七章

区分所有建筑物诸重要问题考量

第一节　区分所有建筑物的基地问题

一、区分所有建筑物基地的涵义与分类

区分所有建筑物以基地为其基础。而关于基地的涵义，各国家或地区法并无明文。依学理通说，通常解为系指与区分所有建筑物直接接触，并支撑建筑物的土地。其范围，可依不同标准而为不同的分类。

（1）以区分所有建筑物得界分为专有部分与共用部分为标准，基地可分为：各区分所有立体叠上去的专有部分下的基地；共用部分下的基地；自建筑物通往公路的基地；其他基地（空地）。[1]

（2）以区分所有建筑物的类型为标准，基地可分为纵割式区分所有建筑物基地、横割式区分所有建筑物基地以及混合式区分所有建筑物基地。[2] 此种分类系为多数国家或地区的立法与学理所采，本书从之。

二、区分所有建筑物与基地的关系

区分所有建筑物与基地的关系，根据区分所有建筑物的不同类型而有差异。

---

[1]　刘得宽：《民法诸问题与新展望》，五南图书出版有限公司 1995 年版，第 32 页。

[2]　温丰文："论区分所有建筑物与基地之关系"，载《法学丛刊》1990 年第 35 卷第 2 期，第 66—68 页。

在纵割式区分所有建筑物，由于其与独门独院的一般单独所有的建筑物并无多大差异，故其与所坐落的基地的关系较横割式区分所有建筑物与混合式区分所有建筑物与基地的关系更为单纯、明了。域（境）外比较法上，此类纵割式区分所有建筑物，各建筑物区分所有权人原则上对自己的专有部分直接接触的基地享有各自的单独所有权抑或单独的地上权（住宅建设用地使用权）、租赁权等，[1]此外并无更多的问题。故此，以下仅对横割式与混合式区分所有建筑物与基地的关系予以考量。

（一）横割式区分所有建筑物与基地的关系

如前述，横割式区分所有建筑物为上下横切、分层所有的建筑物。譬如一栋五层建筑物，一、二、三、四、五楼分别为甲、乙、丙、丁、戊所有。此种形态的区分所有建筑物，由于二楼以上的专用部分并未与基地直接接触，故而其与纵割式区分所有建筑物与基地的关系并不相同。而关于此类区分所有建筑物与基地的关系，学理上存在如下两种主张。

1. 共有关系说

此以我国台湾地区苏志超及日本学者铃木禄弥为代表。苏氏认为，二楼以上的公寓楼房，以至摩天大楼，其虽并不直接与土地连接，但每一层楼的建筑物区分所有权人对于基地皆享有相同比例的持分权利。亦即，每一单位的房屋区分所有人对于房屋基地皆享有相同比例的持分所有权。苏氏的此一见解，为台湾不动产交易实务所采。[2]

铃木禄弥也持与苏氏相同的主张。其认为，横割式区分所有建筑物二楼以上部分虽未与地表（基地）直接接触，但它与一般空中工作物如高架桥毕竟不同。区分所有建筑物二楼以上部分系以一楼部分为媒介，同受基地地盘的支撑。故而，若援用空间权关系来释明区分所有建筑物与基地的关系，将无法充分廓清二楼以上部分存在的适法性，但若解为由各区分所有权人对基地有共有权或准共有

1　［日］田中宝、山本进一编：《民法总则·物权法》，法学书院1976年版，第303页；［日］玉田弘毅：《公寓的法律》（上），一粒社1980年版，第27页。转引自温丰文："论区分所有建筑物与基地之关系"，载《法学丛刊》1990年第35卷第2期，第67页。

2　苏志超：《土地法规新论》，文笙书局1988年版，第56页。

权，则希恰当。[1]此外，学者石田喜久夫于其所著《区分所有的基地利用权》一文中也持相同主张。[2]

2. 空间关系说

此以日本学者玉田弘毅、台湾地区学者刘得宽以及黄越钦为代表。玉田氏认为，横割式区分所有建筑物直接与其坐落的基地接触的，仅一楼部分而已，二楼以上部分系受下层建筑物的支撑，而未直接与基地地盘接触，故而不需要基地地盘的所有权、地上权或租赁权，各建筑物区分所有权人只要各自对建筑物专有部分的空间位置有空间利用权即可。[3]刘氏认为，建筑物的楼层式区分所有，各专有部分以立体的形态重叠而成，且第二层以上的专有部分与第一层专有部分不同，其与地面并无直接接触。故此，二层以上的专有部分的建筑物区分所有权人，对于基地地盘并无所有权、地上权或土地租赁权的必要，而各自得就其专有部分的位置，具有与地面无直接关系的空间所有权、空间地上权或租赁权。[4]黄氏认为，建筑物区分所有权并非对某一有体标的物加以管领支配，而系对由建筑材料围成的空间予以支配、管领。[5]此外，日本学者森泉章也主张相同的见解。[6]

综合比较衡量以上两种主张，可以明了，单纯依共同关系说抑或空间权关系说来廓清区分所有建筑物与基地的关系，皆有缺憾。盖若仅以共有关系来处理横割式建筑物区分所有权人对基地的关系，基地即为建筑物区分所有权人共有。如此，当该区分所有建筑物拆除改建时，原居住于二、三楼的建筑物区分所有权人是否也得主张将其专有部分改建于一楼空间部分？如果可以，则区分所有建筑物的法律秩序将因此而被破坏；如果不可，则与各共有人按其应有部分对于共有物

1　[日]川岛宜编集：《注释民法（7）》（物权2），有斐阁1978年版，第437页。

2　[日]石田喜久夫："区分所有的基地利用权"，载日本《法学家》第627号，第44页。

3　[日]玉田弘毅："土地立体使用的基本法律问题"，载《不动产研究》第8卷第2号，第49页。转引自温丰文："论区分所有建筑物与基地之关系"，载《法学丛刊》1990年第35卷第2期，第67页。

4　刘得宽：《民法诸问题与新展望》，五南图书出版有限公司1995年版，第32—33页。

5　黄越钦："住宅分层所有权之比较法研究"，载郑玉波主编：《民法物权论文选辑》（上册），五南图书出版有限公司1984年版，第439—440页。

6　[日]森泉章："区分所有权法与都市的立体化"，载《青山法学论集》第16卷4号，第134页。

有全部使用、收益权的共有权本旨不合。[1]另一方面，若仅以空间权关系处理，虽然其较共有关系说更能充分释明横割式区分所有建筑物与基地的固有关系，但却不利于交易实务的进行，有碍于交易实务的进步。立基于如此的分析，本书认为，对于横割式区分所有建筑物与基地的关系，应将共有关系说与空间权关系说予以结合方能释明。也就是说，不动产交易实务上，应以基地的共有（所有权）或准共有（共有地上权或租赁权）关系予以处理，而学理上则采空间权关系说。[2]

（二）混合式区分所有建筑物与基地的关系

混合式区分所有建筑物，系指上下横切、左右纵割而形成的分套（间、房）所有的建筑物，以公寓最具代表性。混合式区分所有建筑物与基地的关系，与横割式区分所有建筑物与基地的关系，并无本旨上的不同，即于不动产交易实务上，系以基础的共有（所有权）或准共有（地上权或租赁权）关系予以处理，而学理上则以空间权关系对待。[3]

三、区分所有建筑物基地利用权的诸形态

区分所有建筑物需以对基地的利用为其基础。此种建筑物区分所有权人基于建筑物区分所有权而享有的对基地的所有权或利用权，即是基地利用权。[4]通常，根据区分所有建筑物所坐落的基地的权源的不同，区分所有建筑物的基地利用权可以分为两类：基于物权性质的所有权、地上权（住宅建设用地使用权）、典权而形成的基地利用权与基于债权性质的租赁权、使用借贷权（借用权）而形成的基地利用权。此两类基地利用权中，基于典权与使用借贷权（借用权）而形成的

1　温丰文："论区分所有建筑物与基地之关系"，载《法学丛刊》1990 年第 35 卷第 2 期，第 68 页。

2　温丰文："论区分所有建筑物与基地之关系"，载《法学丛刊》1990 年第 35 卷第 2 期，第 68 页。

3　温丰文："论区分所有建筑物与基地之关系"，载《法学丛刊》1990 年第 35 卷第 2 期，第 68 页。

4　［日］石田久喜夫："区分所有的基地利用权"，载日本《法学家》第 627 号，第 44 页。转引自温丰文："论区分所有建筑物与基地之关系"，载《法学丛刊》1990 年第 35 卷第 2 期，第 71 页。

基地利用权，实务中并不多见。[1] 故此，以下仅对基于所有权、租赁权以及地上权而形成的基地利用权予以分析。

（一）基于所有权的基地利用权

基于所有权的基地利用权，主要有两种情形：共有与分有。兹分述如下。

1. 共有

此即各建筑物区分所有权人对区分所有建筑物所坐落的基地享有共有持分。[2] 其通常系由建筑物区分所有权人购置公寓房屋时，连同基地的共有持分一并购入而形成。域（境）外比较法上，建筑物区分所有权人共有基地时，对基地的持分比例通常依受让契约或管理规约而定。惟在受让契约或管理规约未有明定而使共有持分比例不明时，究竟应如何确定其持分比例乃成一大问题。[3] 对此，日本学者稻本洋之助认为应依《日本民法》第205条的规定，推定为均等。[4] 学者大泽正男则主张应类推适用日本《建筑物区分所有权法》第14条的规定，按专有部分室内面积的比例确定持分，[5] 此两种主张，根据建筑物区分所有权的本旨，应以采后说为当。[6] 此外，需指出的是，此所谓"共有基地"，理当进一步引申为空间所有权关系。

2. 分有

亦即，建筑物区分所有权人对区分所有建筑物所坐落的基地有各自的单独所有权。实务上，此以相毗邻土地的所有权人以合意形式合盖分层所有的建筑物最为常见。譬如图1所示，甲、乙、丙三人于其相互毗邻的土地上合盖公寓大厦，即为适例。但是，应注意的是，甲、乙、丙等当事人间如仅维持土地的分有关系，

1　温丰文："论区分所有建筑物与基地之关系"，载《法学丛刊》1990年第35卷第2期，第68页。

2　温丰文："论区分所有建筑物与基地之关系"，载《法学丛刊》1990年第35卷第2期，第68页。

3　温丰文："论区分所有建筑物与基地之关系"，载《法学丛刊》1990年第35卷第2期，第68页。

4　[日]稻本洋之助："建筑物区分所有的诸问题（Ⅰ）"，载《不动产鉴定》第7卷第1号，第37页。

5　[日]大泽正男：《财产法的基础课题》，成文堂1980年版，第45页。转引自温丰文："论区分所有建筑物与基地之关系"，载《法学丛刊》1990年第35卷第2期，第69页。

6　台湾地区学者温丰文先生也持此一见解。参见其所著："论区分所有建筑物与基地之关系"，载《法学丛刊》1990年第35卷第2期，第69页。

尚欠妥当。为使彼此间的权益臻于明确，甲、乙、丙建筑物区分所权人间尚需依契约（地上权契约或租赁契约）使自己于其他二人所有的土地上取得基地利用权方为满足。[1]

图1

（二）基于租赁权的基地利用权

现今域（境）外法上，此为基地利用权的最常见形态，涵括两种情形：建筑物区分所有权人全体共同与基地所有权人订立租赁契约，与建筑物区分所有权人个别和基地所有权人订立租赁契约。

1. 建筑物区分所有权人全体共同与基地所有权人订立租赁契约

此即建筑物区分所有权人全体结成一体与基地所有权人共同缔结租赁契约以取得基地利用权而建构分层所有的建筑物。此种情形，基地租赁关系为建筑物区分所有权人全体的准共有关系，[2]建筑物区分所有权人内部的法律关系应准用共有的规定。

这里需考量的问题是，建筑物区分所有权人对基地租赁权准共有时，各建筑物区分所有权人对基地所有权人负担的租金债务的法性质。对此，存在两种主张：（1）不可分债务说，即认为租金债务系以全体建筑物区分所有权人不可分的给付作为债的标的的债务。主此见解者为日本学者铃木禄弥。[3]（2）可分债务说。

1　［日］稻本洋之助："建筑物区分所有的诸问题（I）"，载《不动产鉴定》第7卷第1号，第37页。转引自温丰文："论区分所有建筑物与基地之关系"，载《法学丛刊》1990年第35卷第2期，第69页。

2　温丰文："论区分所有建筑物与基地之关系"，载《法学丛刊》1990年第35卷第2期，第69页。

3　［日］铃木禄弥："区分所有建筑物基地借地权的准共有"，载《民事研修》第150号，第78页。

此为学理通说。日本学者石田喜久夫、台湾地区学者刘得宽及温丰文等皆主张此说。他们认为，居住于同一栋建筑物中的区分所有权人，彼此间虽结成一共同体，但各建筑物区分所有权人互为独立，于租金债务上缺乏主观的结合，而且若仅一二人积欠租金，问题或许比较简单，倘若多数人欠缴租金却要少数人负担，此对少数人而言，未免过苛。有鉴于此，基地所有权人不得以一人或数人的欠租为由，而对全体建筑物区分所有权人终止租约；同时，也不能仅以租赁权的准共有为由，视租金为不可分之债。此种情形，仅可对滞纳租金的建筑物区分所有权人经法定催告程序后，对其租赁权准共有的持分予以终约。如此，方不致影响其他建筑物区分所有权人的权益，且也较符合建筑物区分所有的实情与本旨。[1]

2. 建筑物区分所有权人分别与基地所有人订立租赁契约

此种情形，各建筑物区分所有权人的租赁关系为各自独立重叠于同一基地上，除有特别合意外，建筑物区分所有权人间并不成立租赁权的准共有。但是，由此所引发的问题是，同一基地上可否成立重叠的数个租赁权？对此，日本1959年东京地方法院于一则判决中采取了肯定立场，认为"各建筑物区分所有权人乃各自对其所有部分享有租赁权，只不过其范围系上下重叠而已"[2]。日本实务系以空间租赁权法理处理个别建筑物区分所有权人与基地所有人订立租赁契约的情况。[3]但是，以空间租赁权法理解释个别建筑物区分所有权人与基地所有人订立的租赁契约时，若有建筑物区分所有权人积欠租金致基地所有人终止租约，基地所有人可否进一步请求拆屋还地，遂成疑问。对此可图示于图2中。在图2中，丁有一笔土地，分别与甲、乙、丙订立租赁契约，由甲、乙、丙于土地上建构区分所有建筑物。后因丙积欠租金，致基地所有人丁终止与丙的租约。于此情形，丁是否可以请求丙拆屋还地？对此，应解为经甲、乙的同意，方得为之，否则即构

1　刘得宽：《民法诸问题与新展望》，五南图书出版公司1995年版，第34页；〔日〕石田喜久夫："区分所有权"，载〔日〕金泽良雄等编：《住宅问题讲座3·住宅关系法Ⅱ》，有斐阁1970年版，第147页。转引自温丰文："论区分所有建筑物与基地之关系"，载《法学丛刊》1990年第35卷第2期，第69页。

2　〔日〕稻本洋之助："建筑物区分所有的诸问题（Ⅰ）"，载《不动产鉴定》第7卷第1号，第39页。转引自温丰文："论区分所有建筑物与基地之关系"，载《法学丛刊》1990年第35卷第2期，第69页。

3　〔日〕丸山英气：《区分所有建筑物之法律问题——其理论与展开》，三省堂1981年版，第135页。

成终止权的滥用。[1] 盖如作相反解释，甲、乙即会丧失其建筑物赖以存立的基础，从而极大地损害其利益。不过，需注意的是，基地所有人丁虽不得请求拆屋还地，但可对积欠租金者的区分所有建筑物部分请求让售。[2]

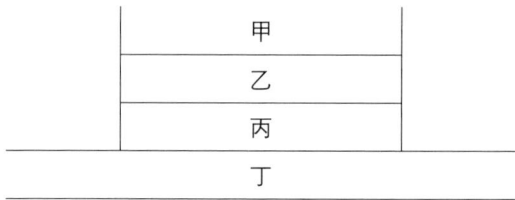

图 2

（三）基于地上权（住宅建设用地使用权）的基地利用权

此为基地利用权的另一常见形态。所谓地上权，也称（住宅）建设用地使用权，指在他人土地上以保有建筑物或其他构筑物、工作物为目的而使用他人的土地，并为此支付偿金的一种他物权。根据罗马法，此项权利可由裁判官依表面情由而给予对物诉讼的保护。[3] 区分所有权人基于地上权的基地利用权，其情形有二：基于地上权的准共有基地利用权、基于区分地上权的基地利用权。

1. 基于地上权（住宅建设用地使用权）的准共有基地利用权

此即建筑物区分所有权人全体与基地所有人（土地所有权人）共同设定地上权（住宅建设用地使用权）契约，并办竣登记后取得的基地利用权，性质上应解为属于各建筑物区分所有权人（业主）准共有。并且，建筑物区分所有权人（业主）彼此间的法律关系以及对基地所有人（土地所有人）的租金债务，系与前述租赁权的准共有相同，[4] 故于此不赘述。

1　参见日本奈良地方裁判所 1965 年 10 月 4 日判决，载《下级裁判所民事裁判例集》第 16 卷第 10 号，第 1543 页。转引自温丰文："论区分所有建筑物与基地之关系"，载《法学丛刊》1990 年第 35 卷第 2 期，第 70 页。

2　温丰文："论区分所有建筑物与基地之关系"，载《法学丛刊》1990 年第 35 卷第 2 期，第 70 页。

3　江平、米健：《罗马法基础》，中国政法大学出版社 1991 年版，第 181 页。

4　温丰文："论区分所有建筑物与基地之关系"，载《法学丛刊》1990 年第 35 卷第 2 期，第 70 页。

2. 基于区分地上权的基地利用权

（1）区分地上权的确立。如前述，区分地上权又称空间地上权、分层地上权或空间建设用地使用权，系指于他人土地的空中或地中的一定范围内的空间，以保有建筑物或其他构筑物、工作物为目的而使用其空间的权利。区分地上权作为一项较晚勃兴的用益物权类型，迄今已为德国、日本、瑞士的物权立法及我国的《物权法》所确立、明定。《德国地上权法》第 1 条（地上权之法定内容）第 1 项规定："土地得设定负担，而使因设定负担而受利益之人，就地面上下所有工作物具有一切可让与及可继承之权利（地上权）。"《日本民法》第 269 条之二第 1 项规定："地下或空间，因定上下范围及有工作物，可以以之作为地上权的标的。于此情形，为行使地上权，可以以设定行为对土地的使用加以限制。"《瑞士民法典》也对区分地上权作了规定。我国台湾地区 1988 年施行的"大众捷运法"于第 19 条第 1、2 项规定："大众捷运系统因路线工程上之必要，得穿越公、私有土地及其土地改良物之上空或地下，……前项须穿越私有土地及其土地改良物之上空或地下之情形，主管机关得就其需用之空间范围，在施工前，于土地登记簿登记，或与土地所有权人协议设定地上权，协议不成时，准用土地征收条例规定征收取得地上权。"且 2010 年台湾地区修改其"民法"物权编时，也明文确立了区分地上权制度及其规则。实务上，台湾地区"最高法院"1985 年 2 月 14 日台上字第 379 号判决也认可了区分地上权，其谓："地上权固以在他人土地上有建筑物或其他工作物或竹木为目的，而使用基地之权，惟所谓在他人土地上有建筑物，并非单指建筑物与土地直接接触者而言。凡以在他人土地上有以建筑物为目的而使用土地者，不论建筑物系直接或间接与土地接触，均得设定地上权。尤以现今二层以上高屋，各层房屋所有权，多为数人所有，虽对于房屋之基地多为共有，然上层房屋则在底层房屋之上，与土地并无直接占有关系，而对于土地使用权之行使，则无任何影响。同理，房地为一人所有，就房屋基地（上面空间）为第三人设定地上权，由其在顶层上建筑房屋使用，亦自非法所不许。"[1]由此可以明了，我国台湾地区立法与实务皆已认可区分所有建筑物得基于区分地上权而成立。[2]

1　杨与龄："论分层地上权"，载《法令月刊》1987 年第 38 卷第 6 期，第 5 页。

2　杨与龄："论分层地上权"，载《法令月刊》1987 年第 38 卷第 6 期，第 5 页。

我国《物权法》第136条规定："建设用地使用权可以在土地的地表、地上或者地下分别设立。新设立的建设用地使用权，不得损害已设立的用益物权。"此所谓于"土地的地上或者地下分别设立建设用地使用权"，系指空间建设用地使用权，其相当于域（境）外比较法上的区分地上权或分层地上权。

（2）基于区分地上权的基地利用权的特性。基于地上权而形成的基地利用权，系指建筑物区分所有权人（业主）分别与基地所有人设定地上权（建设用地使用权），并办竣登记后取得的基地利用权，其特性上属于区分地上权，亦即空间地上权（空间建设用地使用权）。[1]

四、区分所有建筑物与基地利用权的一体性

如前述，区分所有建筑物需以基地为其基础，否则将成空中楼阁。而关于建筑物区分所有权与基地利用权应否一体，乃为建筑物区分所有权法上的重要问题。自建筑物区分所有权法的发展趋势看，各国家或地区大多采肯定立场，规定基地利用权与建筑物区分所有权应结为一体，而不得分离处分。此于学理上称为建筑物区分所有权与基地利用权的一体性。建筑物区分所有权业已立法化的国家，对于建筑物区分所有权与基地利用权的一体性计有两种立法成例：德国立法成例与日本立法成例。兹分述如下。

（一）德国立法成例

德国民法乃继受罗马民法而来，对于不动产物权，其认为土地上的定着物系为土地的重要成分，建筑物等定着物不得成为一个单独所有权的客体，而系与土地结成一体的一个所有权的客体。[2] 由此，德国《住宅所有权法》遂将专有所有权、共有所有权乃至基地利用权视为一个不可分割的整体。

（二）日本立法成例

此立法成例与德国立法成例并不相同。根据此立法成例，土地及其定着物得

---

1   温丰文："论区分所有建筑物与基地之关系"，载《法学丛刊》1990年第35卷第2期，第70页。

2   参见《德国民法典》第94条（土地或建筑物之重要成分）："土地之定着物，特别是建筑物及土地之出产物，尚未分离者，属于土地之重要成分。种子于播种时，植物于栽植时，为土地之重要成分。为建造建筑物而附加之物，为建筑物之重要成分。"

分别成为物权的客体。亦即，于区分所有建筑物，建筑物本身与基地乃为两个独立的不动产，进而严格区分建筑物所有关系与基地利用关系。

对于建筑物区分所有权与基地利用权应否一体，1962 年日本最初制定《建筑物区分所有权法》时，本有采德国 1951 年《住宅所有权法》而将建筑物区分所有权、共用部分持分权以及基地利用权结合成一个特别权利的草案提出，惟因受到日本当时的国内人士与学理的批判，而使该草案最终未能成为法律。[1] 尽管如此，日本立法机关对建筑物区分所有权的一体性仍有相当深刻的认识，其时法务省民事局官员水田耕一发表的有关立法方向的评论即是明证。[2] 学理上，日本 1983 年修改其 1962 年《建筑物区分所有权法》之前，对于建筑物区分所有权与基地利用权的一体性，曾发生过较激烈的争论。[3] 此一争论起于学理对 1962 年旧《建筑物区分所有权法》第 11 条所谓"共有人"概念的理解。该法第 11 条规定："（1）共有人的持分，随其所有的专有部分处分；（2）除法律另有规定外，共有人不得与专有部分分离而处分其持分。"

该条所谓"共有人"的涵义究竟为何，学理发生歧见。以柚木馨为代表的意见认为，此所谓"共有人"系指"共用部分的所有人"。而共用部分涵括该法第 2 条第 4 项所称的"专有部分以外的建筑物部分，不属于专有部分建筑物的附属物，以及依管理规约视为共用部分的附属建筑物"，[4] 惟土地不涵括在内。与此不同，以丸山英气为代表的学者基于建筑物区分所有权的本旨要素，以建筑物区分所有权与基地利用权应一体为由，认为该条所称"共有人"，与"共用部分所有人"乃系有着截然不同的涵义，即它涵括了共用部分所有人与土地所有人。[5]

1　［日］川岛一郎："关于建筑物区分所有等法律之解说（上）"，载《法曹时报》第 14 卷第 6 号（1962 年），第 842 页。

2　［日］水田耕一："土地利用立体化的立法方向"，载《商事法务研究》第 200 号（日本财团法人商事法务研究会出版，1960 年 12 月 25 日、1961 年 1 月 5 日合并号），第 20 页。

3　戴东雄："论建筑物区分所有权之理论基础（Ⅰ）"，载《法学丛刊》1984 年第 29 卷第 2 期，第 26 页。

4　柚木馨于"关于建筑物区分所有等法律"的座谈会上表示的见解，载《民商法杂志》第 46 卷第 2 号，第 43 页。

5　戴东雄："论建筑物区分所有权之理论基础（Ⅰ）"，载《法学丛刊》1984 年第 29 卷第 2 期，第 26 页。

日本 1983 年经修改后的《建筑物区分所有权法》，为以上争论打上了休止符。该修改后的《建筑物区分所有权法》对建筑物区分所有权与基地利用权的一体性作了明定。其将 1962 年旧《建筑物区分所有权法》的第 11 条，改定于修改后的《建筑物区分所有权法》第 15 条，明定："区分所有建筑物共有人的份额，从其所有的专有部分的处分，共有人除于本法有特别规定的情形外，不得与其所有的专有部分分离处分。"不独如此，该建筑物区分所有权法还增设了一条即第22 条，规定："区分所有权人不得将其所有的专用部分与该专有部分的基地利用权分离处分。"如此，日本《建筑物区分所有权法》即将专有部分所有权、共用部分的共有持分权及基地利用权的处分，结合成一个不可分割的整体。

（三）比较分析结论

综据以上分析，可以作出如下三点结论。

（1）为使高层建筑物上的区分所有权关系臻于明确，具安定性，以及对基地与建筑物共用部分的管理能够圆滑地进行，建筑物区分所有权与基地利用权须结为一体，而不得分离。

（2）建筑物区分所有权与基地利用权的一体性，其内容涵括基地利用权的权源为所有权时，不得将建筑物区分所有权与基地所有权分离而单独处分；基地利用权的权源为地上权（住宅建设用地使用权）或租赁权时，不得将建筑物区分所有权与地上权（住宅建设用地使用权）或租赁权分离而分别让与。亦即，建筑物区分所有权人移转建筑物区分所有权时，当然伴随着基地所有权、地上权（住宅建设用地使用权）或租赁权的移转。惟有将区分所有建筑物与基地利用权全面结为一体，方不至于使区分所有建筑物与基地的权利七零八落。

（3）德国、日本立法例的差异系为历史的产物，二者各有其优。这其中，日本立法成例的灵活性较德国为强。故此，本书认为，自我国目前实际出发，未来我国制定单行的建筑物区分所有权法时，宜继续坚持现行做法，采与日本相同的立场，实行土地与建筑物为不同的两个物的原则，将专有部分所有权、共用部分持分权以及基地利用权结合成一个不可分离的整体。

第二节　区分所有建筑物共用部分的专用使用权

一、概要

区分所有建筑物的共用部分如屋顶、外壁、公共电梯、公共走廊、地下室等，根据建筑物区分所有权法法理，应由各建筑物区分所有权人依其固有的使用方法共同使用。惟实际上，本来应由各建筑物区分所有权人依固有使用方法共同使用的共用部分，而设定专用使用权由特定人（特定建筑物区分所有权人抑或特定第三人）专属独占使用的情形，颇为常见，譬如于地下室设置停车场、屋顶加盖房屋以及于外壁悬挂招牌等。此等共有部分专用使用权的客体、法性质以及消灭原因，各国家或地区立法与学理上往往存在问题。本节试根据台湾地区学者温丰文先生《论区分所有建筑物共用部分之专用使用权》一文的研究，[1]并参酌日本的判例、学理对此予以探析。[2]

二、专用使用权的客体

依学理通说，得为专用使用权的客体者，主要有如下二类。

（1）区分所有建筑物本身所占地面以外的空地，譬如将之设置专用庭院或专用停车场，等等。[3]

（2）区分所有建筑物的共用部分，譬如于屋顶设置广告塔，外壁悬挂霓虹招牌等。但是，并非所有的共用部分皆可设定专用使用权。构造上若有固定的使用方法，且属于建筑物区分所有权人生活利用上不可或缺的共用部分，譬如公共楼

1　温丰文："论区分所有建筑物共用部分之专用使用权"，载《法令月刊》1990年第41卷第6期。以下内容主要依据此文而写成，谨此说明。此外，关于此问题的最新研究成果，也请参见（日本）丸山英气古稀纪念论文集《公寓学的构筑与都市法的新展开》（株式会社发展2009年1月23日发行）所载（日本）大野秀夫《专用使用权分让契约与原始管理规约——关于其性质》一文。

2　对于专用使用权，也请参见［日］片桐善卫：《区分所有法的探究》，成文堂2016年版，第98页以下。

3　温丰文："论区分所有建筑物共用部分之专用使用权"，载《法令月刊》1990年第41卷第6期，第15页。

梯、公共走廊等，即不得设定专用使用权。[1] 盖此等共用部分如设定专用使用权，将会影响建筑物区分所有权人的居住品质，甚至妨害建筑物区分所有权人的居住权，破坏物权法的秩序。[2] 至于构造上并无固定使用方法的共用部分，则可创设出附属的利用方法，譬如将地下室充作停车场，楼顶充作儿童游乐场，由建筑物区分所有权人共同使用或设定专用使用权而由特定人使用，以发挥共用部分的经济效用，实现物尽其利。[3]

三、共用部分专用使用权的法性质

关于区分所有建筑物共用部分的专用使用权的法性质，学理迄无定论，归纳言之，主要有三说。兹分述如下。

（一）租赁权或使用借贷权、借用权说

此说认为共用部分设定专用使用权成为特定人的专用部分时，如为有偿，通常系基于建筑物区分所有权人与特定人间的租赁关系，故此，专用使用权具租赁性质；如为无偿，则属于使用借贷权（借用权）性质。立基于此种立论，专用使用权人不得将其专用使用权让与或转租他人。惟应注意的是，仅以租赁关系说明专用使用权的特性，仍未尽妥当。根据当代民法法理，租赁权关系中，承租人对出租物取得完全的使用权，其可依出租物的特性而予排他性的独占使用。[4] 而专用使用权，其主体仅能依设定目的对专用部分予以使用，且得排斥其他建筑物区分所有权人于不妨害其专用使用权行使的范围内利用专用使用权的客体。譬如，将地下室设定为专用使用权停车场后，当专用使用权人未停车使用时，建筑物区分所有权人将之作为集会场所或儿童游戏场所，解释上乃系建筑物区分所有权人的

1　参见日本东京地方裁判所 1979 年 4 月 10 日判决，载《下级裁判所民事裁判例集》，第 30 卷 1—4 号，第 178 页。转引自温丰文："论区分所有建筑物共用部分之专用使用权"，载《法令月刊》1990 年第 41 卷第 6 期，第 15 页。

2　[日] 桑本繁："公寓共用部分的专用使用权"，载《NBL》第 31 号，第 9 页。转引自温丰文："论区分所有建筑物共用部分之专用使用权"，载《法令月刊》1990 年第 41 卷第 6 期，第 15 页。

3　温丰文："论区分所有建筑物共用部分之专用使用权"，载《法令月刊》1990 年第 41 卷第 6 期，第 15 页。

4　王家福主编：《经济法律大辞典》，中国财政经济出版社 1992 年版，第 785 页。

当然权利，而非基于专用使用权人的容忍或施舍。尽管如此，也不能完全否定专用使用权得以租赁权的方式而存在。事实上，专用使用权根据租赁契约而设定者也不少见。[1]

（二）地役权说

此说认为，将共用部分设定专用使用权而由特定人专属使用，其特性上属于为特定人的利益而对区分所有建筑物的共用部分直接所课的物权负担。特定人对专用使用权的行使，与对一般通行地役权、汲水地役权或日照地役权并无不同，仅可于设定目的的利益限度内对共用部分享有使用权。故而，建筑物区分所有权人于不妨害专用使用权行使的范围内，也可利用专用使用权的客体。如前述，地下室为特定人设定专用停车场后，于专用使用权人的汽车全部出去而成为空停车场时，建筑物区分所有权人将之作为儿童游戏场所或集会场所皆无不可。立基于此，专用使用权具地役权的特性。[2]

此外，需提及的是，大陆法系民法役权制度尽管滥觞于罗马法，但由于受诸多因素的影响，近现代及当代大陆法系各国家或地区民法仅对罗马法上的地役权予以继受，而对人役权则加以摒弃。事实上，有学者认为，与其将专用使用权的特性解为地役权，毋宁应将之解为人役权。[3] 盖依民法法理，所谓地役权，系指需役地人为了自己土地的方便和利益而对供役地人设定的权利；[4] 所谓人役权，系指特定人为个人的方便和利益而使用他人所有物的权利。[5] 专用使用权的设定，与其说系为某一特定土地的方便和利益，毋宁说系为某一特定人的方便和利益。最后，学理之所以将专用使用权解为地役权，除以上原因外，尚因地役权与人役权基于共生的特性。透过立法确立人役权制度及其规则，以因应社会的需要，正日

1　温丰文："论区分所有建筑物共用部分之专用使用权"，载《法令月刊》1990 年第 41 卷第 6 期，第 16 页。

2　温丰文："论区分所有建筑物共用部分之专用使用权"，载《法令月刊》1990 年第 41 卷第 6 期，第 17 页。

3　温丰文："论区分所有建筑物共用部分之专用使用权"，载《法令月刊》1990 年第 41 卷第 6 期，第 17 页。

4　江平、米健：《罗马法基础》，中国政法大学出版社 1991 年版，第 168 页。

5　江平、米健：《罗马法基础》，中国政法大学出版社 1991 年版，第 174 页；郑玉波：《民法物权》，三民书局 1980 年版，第 181 页。

渐成为各国家或地区学理的通说。[1]

（三）反射利益说

此说认为，对区分所有建筑物共有部分设定专用使用权后，特定人之所以享有专用使用权，系因其他建筑物区分所有权人不行使其持分（应有部分）权利的反射利益。[2] 故而，专用使用权若为有偿，其设定费与使用费应解为系对其他建筑物区分所有权人不行使持分（应有部分）权利的对价。[3] 显然地，此一见解无法解释专用使用权人为特定第三人的情形。此外，建筑物区分所有权人若依租赁契约将共用部分设定专用使用权，原则上不得再使用该共用部分，但将专用使用权人的租赁权解为系其他建筑物区分所有权人不行使权利的反射利益，也有不妥。[4]

（四）比较分析结论

综据以上分析，本书认为，专用使用权的特性，采租赁权说抑或地役权说较为妥当。惟如前述，无论采租赁权说抑或地役权说，皆有其弊。究其原因，系在于专用使用权的法律构造常因设定方式、有无对价、专用使用权人为建筑物区分所有权人抑或为第三人等的不同而有差异。易言之，对专用使用权的法律特性的把握，应就设定当事人（专用使用权主体）、设定方式以及设定条件等作综合考量。不过，应可得出如下结论：物权（地役权）特性的专用使用权，仅依公寓让售契约（附合契约）而设定，仍有不足，尚需透过管理规约抑或建筑物区分所有权人集会的决议而行之。专用使用权人若非特定建筑物区分所有权人而系特定第三人时，则尚需办理登记。未能满足此等条件的专用使用权，应属于债权（租赁权抑或使用借贷权、借用权）。[5]

1　温丰文："论区分所有建筑物共用部分之专用使用权"，载《法令月刊》1990 年第 41 卷第 6 期，第 17 页。

2　温丰文："论区分所有建筑物共用部分之专用使用权"，载《法令月刊》1990 年第 41 卷第 6 期，第 17 页。

3　［日］桑本繁："公寓共用部分的专用使用权"，载《NBL》第 31 号，第 9 页。

4　温丰文："论区分所有建筑物共用部分之专用使用权"，载《法令月刊》1990 年第 41 卷第 6 期，第 17 页。

5　温丰文："论区分所有建筑物共用部分之专用使用权"，载《法令月刊》1990 年第 41 卷第 6 期，第 17 页；［日］九山英气：《区分所有权法的理论与动态》，三省堂 1985 年版，第 199 页。

四、专用使用权的设定方式

专用使用权的设定方式，依各国家或地区实务的通常做法，主要有三种：公寓让售契约、管理规约以及共有法理。[1]

（一）公寓让售契约

此为专用使用权设定最常见的方式。据此方式，专用使用权于公寓大厦原始出售人（通常为不动产业者抑或都市开发公司）分批出售公寓房屋时，经承买人（建筑物区分所有权人）签约同意，并同时与特定人缔结专用使用权契约而设定。就学理而言，专用使用权的设定，属于共有物（共用部分）的变更或处分，故此应于建筑物区分所有关系成立后，由建筑物区分所有权人共同为之。若由公寓大厦出售人于让售契约中设定专用使用权，将生两项疑问：当事人的性质为何以及设定费与使用费应归何人。[2]

1. 当事人的性质

根据学理，公寓大厦原始让售人将本应归属于建筑物区分所有权人共同使用的共用部分设定专用使用权给特定人专用，若于缔结公寓让售契约时，对专用使用权的对象、存续期间、废止事由等事项向买受人（建筑物区分所有权人）提供充分资料并作充分说明，且经其同意的，可解为系买售人对共用部分将来的使用方法所做的债权的合意。基于此合意，建筑物区分所有权人即负有义务而使专用使用权人由此取得共用部分的专属使用权。[3] 如此，公寓大厦的原始售让人只不过是专用使用权设定契约的形式的当事人，各建筑物区分所有权人方系履行契约义务的实质当事人。惟应注意的是，公寓大厦的原始出让人将共用部分设定专用使

1　［日］玉田弘毅：《建筑物区分所有权法的现代课题》，商事法务研究1981年版，第91页；温丰文："论区分所有建筑物共用部分之专用使用权"，载《法令月刊》1990年第41卷第6期，第15页。

2　温丰文："论区分所有建筑物共用部分之专用使用权"，载《法令月刊》1990年第41卷第6期，第15页。

3　根据学理见解，公寓大厦的原始让售人如未就设定专用使用权有关事项向买受人提供充分资料，并作充分说明，而仅依让售契约设定专用使用权时，应解为无效。换言之，买受人得否认该专用使用权的存在。对此，请参见［日］丸山英气：《区分所有建筑物的法律问题——其理论与展开》，三省堂1981年版，第167页。

用权于特定人之后，其对于该公寓让售契约并未征求买售人的同意，以致买卖标的物无法全部交付于买受人时，应根据债法出卖人负交付其物于买受人的义务的规则，负债务不履行的责任。[1]

2. 设定费与使用费的归属

专用使用权根据公寓让售契约而设定时，其设定费用与按期（按月或按年）缴付的使用费的收取方式主要有三：（1）设定费与使用费皆由原始让售人收取，归原始让售人；（2）设定费由原始让售人收取，但使用费归全体建筑物区分所有权人组成的管理团体收取；（3）设定费与使用费皆由管理团体收取。其中，第一种方式较成问题，盖公寓大厦原始让售人往往将公寓大厦的共用部分或建筑物所占面积以外的空地当作"摇钱树"，一方面将之出售于建筑物区分所有权人，另一方面却又设定专用使用权于特定继受人，借以收取设定费与使用费。故此，原始让售人为获取双重利益而为的追求不当利益的活动，往往是趁公寓大厦承买人（建筑物区分所有权人）的轻率或无经验而为的暴利行为。[2]解释上，建筑物区分所有权人得依有关规定，申请法院撤销或减轻给付。惟如依第二种方式，仅设定费归公寓让售人的，通常可解为：公寓大厦原始让售人出售公寓大厦时，业已将收取的设定费列入已回收的成本而计算每一单位面积的出售价格。至于第三种方式，乃属正常形态，较不成为问题。[3]

综据以上分析，可以明了，根据公寓让售契约方式设定专用使用权时蕴藏的问题较多，也极易发生纠纷。故此，学理认为，根据公寓让售契约设定专用使用权，应有以立法加以禁止的必要。[4]

（二）管理规约

管理规约，也称规约，系建筑物区分所有权人为调整彼此间的利益关系而订

---

[1]　温丰文："论区分所有建筑物共用部分之专用使用权"，载《法令月刊》1990 年第 41 卷第 6 期，第 15 页。

[2]　[日] 丸山英气：《区分所有权法的理论与动态》，三省堂 1985 年版，第 154 页。

[3]　温丰文："论区分所有建筑物共用部分之专用使用权"，载《法令月刊》1990 年第 41 卷第 6 期，第 16 页。

[4]　[日] 丸山英气：《区分所有建筑物之法律问题——其理论与展开》，三省堂 1981 年版，第 166 页。

定的共同遵守的协约。故此，依私法自治、契约自由原则，其内容得由建筑物区分所有权人全体透过集会自行订立，惟不得违反强制性、禁止性规定，也不得违背公序良俗原则以及排除或变更建筑物区分所有权的本旨。[1] 按照各国家或地区法的规定，管理规约不但拘束全体建筑物区分所有权人，且对建筑物区分所有权人的特定继受人也有拘束力。故此，依管理规约设定的专用使用权具物权特性，而与依公寓让售契约方式设定的专用使用权仅具债权特性不同。我国台湾地区较早的"高楼集合住宅管理维护法（草案）"第24条对根据管理规约方式设定专用使用权曾设有明文："法定共用部分有下列情形之一者，得以规约作为专用，取得使用权：（1）建筑物本身所占面积以外之空地；（2）建筑物平面屋顶可使用部分；（3）建筑物附设之防空避难设备。前项使用权不得妨碍原来之使用。"此种依管理规约设定的专用使用权是否亦得拘束建筑物区分所有权人的特定继受人而具物权特性，"草案"未有明文，惟依学理见解，解释上应采肯定立场。[2]

（三）共有法理

区分所有建筑物的共用部分属于全体建筑物区分所有权人共有。而专用使用权的设定，乃共用部分变更或处分之一种。故此，建筑物区分所有权人得依共用部分变更或处分的方式，亦即根据共有的法理，将共用部分为特定人设定专用使用权。[3]

根据共有的法理对共有部分设定专用使用权，程序上依各国家或地区法的规定，仅需建筑物区分所有权人过半数及其持分合计过半数或持分合计逾三分之二的同意即可。此所谓"同意"，通常系透过建筑物区分所有权人集会的决议行之。根据建筑物区分所有权人集会的决议，将共用部分设定专用使用权于特定建筑物区分所有权人时，应解为系建筑物区分所有权人对共用部分的使用方法所做内部的物权合意，其由此设定的专用使用权具物权特性。惟住户集会决议若将共用部分设定专用使用权于特定第三人时，尚需作成设定契约书，并办妥登记，方生物

1　戴东雄："论建筑物区分所有权之理论基础（I）"，载《法学丛刊》1984年第29卷第2期。

2　温丰文："论区分所有建筑物共用部分之专用使用权"，载《法令月刊》1990年第41卷第6期，第16页。

3　温丰文："论区分所有建筑物共用部分之专用使用权"，载《法令月刊》1990年第41卷第6期，第16页。

权的效力，否则该专用使用权仅止于债权特性。[1]

五、专用使用权的消灭

专用使用权的消灭，除与一般权利的消灭（如因抛弃或标的物的灭失而消灭）相同者外，于订有存续期间或其他终了事由时，也可因存续期间的届满或其他终了事由的出现而消灭。[2]未订有存续期间或终了事由时，为保障专用使用权人的法律地位，维护交易安全，各国家或地区法大多规定，非经专用使用权人同意，建筑物区分所有权人不得径依集会决议或以变更管理规约的方式而消灭。[3]

不过，应当指出的是，专用使用权有的具永续性，譬如连接特定专有部分的阳台，通常认为系由相连接专用部分的建筑物区分所有权人享有永久性的专用使用权。此种专用使用权，只要建筑物区分所有权关系存在，就不消灭。惟阳台的专用使用人若滥用其专用使用权时，其他建筑物区分所有权人得依权利滥用的禁止规则，禁止其专用使用权的行使。

第三节　区分所有建筑物的停车场问题

区分所有建筑物的停车场，系现今各国家或地区建筑物区分所有权立法、学理及实务共同关注的问题，即使于一国之内，学理与实务见解也未尽一致。停车场问题为当代区分所有建筑物实务中的重要问题，故而有必要予以分析。在本部分，本书试图对日本、德国、美国、法国等于此问题上的基本状况作一素描。

1　温丰文："论区分所有建筑物共用部分之专用使用权"，载《法令月刊》1990年第41卷第6期，第17页。
2　［日］玉田弘毅："建筑物区分所有权法逐条研究"（10），载《判例时报》第351号，第72页。
3　温丰文："论区分所有建筑物共用部分之专用使用权"，载《法令月刊》1990年第41卷第6期，第17页。

一、各国家或地区法上的停车场问题

（一）日本

日本现行《建筑物区分所有权法》并无关于停车场的规定，但自 20 世纪 50 年代以降，因停车场问题而引发了大量的纠纷。[1]其时，学理与实务为谋问题的解决曾作出巨大努力。迄至最近，由于日本以强化停车场设置义务为宗旨的停车场法案的通过，以及因城市地价再度大幅上升，导致停车场问题再度受到其国人的关注。[2]

1. 分类

依日本学理与实务，区分所有建筑物的停车场（以下简称"停车场"）可作两项分类：（1）屋外停车场（日文汉字：青空駐車場），亦即，通常在基地内划出明显的界线而形成的停车场，也称露天停车场；（2）屋内停车场，亦即，于区分所有建筑物地下或 1 层、2 层部分，甚至于屋顶平台上设置的停车场。[3]此两类停车场中，以屋内停车场最具典型，特别是都市中心部尤为明显。此外，屋内停车场又以于建筑物的 1 层或地下室设置者为最常见。

2. 屋内停车场

（1）纠纷的源起与地方裁判实务见解的歧异。在日本，公寓出售公司出售公寓时，通常也取得对涵括停车场在内的公寓的管理权。故此，于管理公司提高管理费时，建筑物区分所有权人（业主）方面乃以管理公司不认真履行其管理职责为由而与之发生纠纷。绝大多数情形，此种纠纷源于区分所有建筑物的停车场的归属问题。也就是说，建筑物区分所有权人以该停车场属于自己所有为由诉请法院确认或注销，抑或转让以出售公司名义登记的停车场部分的名义所有权。[4]

1　［日］丸山英气编：《区分所有权法》，大成出版社 1984 年版，第 43 页。

2　［日］丸山英气："区分所有的最近的动向"，载《现代法律实务的诸问题》（上），日本律师联合会编 1990 年版，第 279 页。

3　［日］丸山英气："区分所有的最近的动向"，载《现代法律实务的诸问题》（上），日本律师联合会编 1990 年版，第 279 页。

4　［日］丸山英气："区分所有的最近的动向"，载《现代法律实务的诸问题》（上），日本律师联合会编 1990 年版，第 279 页。

对于以上问题，日本学理 [1] 与 1981 年之前的法院所做的判决存在两项分歧意见：第一，认为屋内停车场为专有部分，此为多数判例的见解。既然停车场为专有部分，则出售公司未将其出售于建筑物区分所有权人时，屋内停车场系归其所有应属无疑。第二，认为屋内停车场为共用部分。此见解以神户地判 1969 年 5 月 26 日判决与大阪高判 1980 年 2 月 29 日判决为代表。前者判示："地下室停车场性质上属于构造上的共用部分"。[2] 后者更进一步明示："该案地下车库，虽有独立出入口与分隔墙等，构造上得为独立建筑物使用，但因顾及汽车停车空间的使用需求，以及于设计之初，地下室、天花板为整栋建筑物的配管、配线所在，且地下室的地板面底下为污水处理场，需随时派人经此前往清理，乃认该部分系为全体建筑物区分所有权人的共同使用目的而建造，应属法定共用部分。"[3] 据此判例见解，并根据建筑物区分有权规则，共用部分附随于专有部分而处分，该共用部分归属于作为受让人的建筑物区分所有权人当属无疑，即使出让人未作明确的转让表示，也无关系。[4]

（2）日本最高法院的见解与裁判依据。以上日本地方法院对于屋内停车场的专有部分抑或共有部分的两种见解，日本最高法院于 1981 年 6 月 18 日的判决中明确表示支持专有部分的立场，进而为裁判实务长期存在的争论打上了终止符。日本最高法院作出此一判断的根据，系在于其对建筑物区分所有权法规定的专有部分的成立需具备构造与利用上的独立性两项要件的新解读。

首先，关于构造上的独立性，根据日本《建筑物区分所有权法》，系指该建筑物部分具备作为所有权内容的适于自物理上加以支配的构造。[5] 结合本案，日本最高法院认为，"所谓构造上和其他部分相区分而获独立的建筑物部分，是指由

1　认为其系共用部分者，为右近健男，参见该氏著："区分所有与管理"，载《法律时报》第 43 卷第 10 号（1971 年），第 81 页。认为其系专有部分者，为小川三郎，参见该氏著："管理对象物与管理的主要问题"，载玉田弘毅编：《新订公寓的法律》（上），一粒社 1980 年版，第 19 页。

2　参见日本《判例时报》第 591 号，第 85 页。

3　参见日本《判例时报》第 421 号，第 90 页。

4　［日］丸山英气："区分所有的最近的动向"，载《现代法律实务的诸问题》（上），日本律师联合会编 1990 年版，第 280 页。

5　［日］丸山英气："区分所有的最近的动向"，载《现代法律实务的诸问题》（上），日本律师联合会编 1990 年版，第 280 页。

于具有作为建筑物构成部分的隔墙、楼梯等适于独立的物理性支配的程度，并与其他部分遮断。只要其范围明确即可，至于其四周是否完全隔断，在所不问。本案虽非全部用壁围起，而仅系三方有壁，入口处设横杆遮断，但自明确区分看，构造上的独立性已获满足"。[1]

其次，关于利用上的独立性，在日本最高法院发生了激烈争论。其焦点在于，对本案中存在于屋内停车场下的墙壁内侧附近安装的臭气排泄管以及设置的排水用工作口等该栋建筑物的共用设备的认识问题。[2]日本最高法院认为，即使有共用设备，该屋内停车场也具利用上的独立性而得成为专有部分。盖其满足了以下三项要件：一是"以上共用设备仅占该建筑物部分的很小部分，其余部分能够提供与独立的建筑物未有实质性差别的排他性使用功能"；二是"区分所有权人对共用设备的利用、管理不会对以上排他性使用产生特别限制或妨碍"；三是"将此当作停车场使用，不会对共用设备的保存以及其他建筑物区分所有权人所为的利用施予影响"。也就是说，该建筑物部分为一小部分，其无论对停车场的使用权人，抑或对共用设备的利用权人，只要它们二者不发生相互妨害，利用上也被认为具独立性。[3]概言之，若满足了此等要件，即使存在共用设备，其利用上也应认为具独立性。

（3）实务与学理对日本最高法院裁判见解及其根据的态度。以上日本最高法院的判决一经做出，就有两个下级法院裁决同类案件时，持与其相左的立场。[4]但是，其不久即被1981年7月17日的大阪高法的判决否定，[5]从而使日本最高法院的见解依旧被维持。自此以降，对于屋内停车场的问题，日本裁判实务遂依最高法院的两项经重新解释的标准而判定。由于大多数屋内停车场皆可满足此两项标准而成为专有部分，故于因停车场问题引起的纠纷中，转让人（出售公司）几乎

1　最判1981年6月18日民集第35卷第4号，第789页。

2　［日］丸山英气："区分所有的最近的动向"，载《现代法律实务的诸问题》（上），日本律师联合会编1990年版，第281页。

3　［日］丸山英气："区分所有的最近的动向"，载《现代法律实务的诸问题》（上），日本律师联合会编1990年版，第281页。

4　［日］丸山英气："区分所有的最近的动向"，载《现代法律实务的诸问题》（上），日本律师联合会编1990年版，第281页。

5　参见日本最判1981年7月17日民集第35卷第5号，第977页。

处于常胜状态。[1]

　　学理上，日本最高法院的见解及其根据也受到学者的批判。[2]有学理认为，日本最高法院的裁判见解及其根据至少遗留了三方面的问题：其一，以上经重新解释的专有部分的判定基准仅限定适用于停车场，若将之适用于居住用区分所有建筑物即会成为问题。其二，存在共用设施的情形，进入权系依据什么而获得认可，也需廓清，而此点于日本最高法院的判决中并未释明。其三，由于屋内停车场也系建筑物，故此必须存在对基地的权利。出售公司对一部专有部分予以保留的情形，其确实对基地享有权利，但于全部将专有部分出卖后，其是否尚能仅保留对停车场的权利？对基地无任何权利的情形，是不能发动对建筑物的回收请求权的。易言之，即使是停车场这样的建筑物，其也必须对基地享有权利。但日本的现实情况中，无权利的情形却相当普遍。[3]

　　（4）学理主张。有学理认为，对于屋内停车场归属于公寓出售公司抑或作为受让人的建筑物区分所有权人的争论，日本最高法院将之归结为自该屋内停车场系专有部分抑或共用部分上去判定，此无论如何都是值得怀疑，甚至是可笑的。[4]事实上，由于日本《建筑物基准法》的施行，一个长时期内，建筑物一层部分的容积率是不计入建筑物的总面积的。由此，出售公司曾一度将之作为堆放杂物的场所或作停车用。之后，出售公司干脆将其横切，使之成为店铺而由自己使用，抑或出租给他人使用。惟无论如何，该停车场的权属状态系不清楚。

　　对于屋内停车场，可否透过确认出售公司有无将该停车场让售的意思来决定其归属？对此的答案应是否定的。[5]盖要是出售的话，出售公司的意思表示于任何

---

[1] 参见日本最判 1981 年 7 月 17 日民集第 35 卷第 5 号，第 977 页。

[2] ［日］丸山英气："区分所有的最近的动向"，载《现代法律实务的诸问题》（上），日本律师联合会编 1990 年版，第 282 页。

[3] ［日］丸山英气："区分所有的最近的动向"，载《现代法律实务的诸问题》（上），日本律师联合会编 1990 年版，第 282 页。

[4] ［日］丸山英气："区分所有的最近的动向"，载《现代法律实务的诸问题》（上），日本律师联合会编 1990 年版，第 282 页。

[5] ［日］丸山英气："区分所有的最近的动向"，载《现代法律实务的诸问题》（上），日本律师联合会编 1990 年版，第 282 页。

情形下都是清楚的。譬如于一些重要的说明书、契约、管理规约，以及停车场的设定对价、每月利用费等文书上，皆可确认出售人有无转让的意思；同时，如果出售公司本身想保留建筑物的某一部分，其保留的意旨最低限度上也需公示。盖各种各样的公寓的出让，现今已并非仅系建筑物的出让。也就是说，该建筑物（公寓）首先由公寓公司交由建筑师于图纸上设计出来，之后交由建筑公司建筑，再交由出售公司出售，最后交由管理公司（通常为出售公司）管理。故而，公寓公司本身什么也未做，如果硬要说做了什么，那就是公寓公司所做的计划。进而，公寓公司让渡建筑物，其不仅让渡建筑物的"物"的部分（硬件部分）——建筑物——本身，且也需让渡建筑物的管理方式（软件部分）。[1] 故此，若公寓公司欲保留什么，则需将其保留的意旨表达出来，并作保留意旨的权利登记。只要其未提前作此保留的权利登记，则就意味着其把一切都让渡了。[2]

至此，我们可以明了，以上裁判实务中，透过有关专有部分与共用部分的规则来廓清屋内停车场的归属的做法，其受到批判并不为怪。[3] 进而，关于屋内停车场的问题，透过专用使用权的规则处理无疑系属妥当。也就是说，共用部分上由特定建筑物区分所有权人于设定目的的利益范围内对共用部分享有使用权，其他建筑物区分所有权人于不妨碍专用使用权行使的范围内也可利用专用使用权的客体。此种专用使用权与其说系地役权，毋宁说系人役权。[4] 亦即，其设定，系为特定人的利益而使用他人的物的权利。且根据专用使用权的规则，停车场底下的排水管及工作口等共用设施也将于法理上获得妥洽的释明。[5]

1　［日］丸山英气："区分所有的最近的动向"，载《现代法律实务的诸问题》（上），日本律师联合会编1990年版，第283页。

2　［日］丸山英气："区分所有的最近的动向"，载《现代法律实务的诸问题》（上），日本律师联合会编1990年版，第283页。

3　［日］丸山英气："区分所有的最近的动向"，载《现代法律实务的诸问题》（上），日本律师联合会编1990年版，第283页。

4　［日］丸山英气："区分所有的最近的动向"，载《现代法律实务的诸问题》（上），日本律师联合会编1990年版，第283页。

5　［日］丸山英气："区分所有的最近的动向"，载《现代法律实务的诸问题》（上），日本律师联合会编1990年版，第283页。

3. 屋外停车场

此在日本学理与实务中并未引起大的争论。通常认为，屋外停车场适用有关专用使用权的规则而解释，即所谓屋外停车场，系指共有基地上为特定建筑物区分所有权人或第三人设定的利用权。此种利用权属于专用使用权，其或由管理规约，抑或由契约而设定，但无论采何种方式，皆需进行公示。[1]

（二）美国

美国建筑物区分所有权法制通常将区分所有建筑物的停车场界分为一般停车场与公寓基地内的停车场两种。兹分述如下。

1. 一般停车场

此类停车场，大多数情形系由开发公司将之作为共用部分而让渡给管理团体，尔后由管理团体以月或年为标准，将之出租于建筑物的居住者。停车场有充裕时，即使来客用停车场、非居住者停车场，也可以不同的费用提供其利用。通常，开发公司将大容量的汽车库作为商业用公寓区域而由自己保有所有权，也有将之作为公共停车场的情形。根据公寓文书，建筑物的居住者将较非居住者享有优先权，且能以更便宜的费用获得停车场的使用权。[2]

根据美国建筑物区分所有权现制，开发公司可以根据不同的情形，将车库予以区分所有。惟其买卖、使用与其说系一般营利手段，毋宁说系公共福利设施，其需受诸多限制。共同所有情形，停车费由理事会设定；商业车库情形，费用通常较高。对区分所有车库的费用，根据管理费、运营费以及根据为将来的修缮、改良等所需的储备金标准而设定。[3]

2. 公寓基地内的停车场

根据美国现行建筑物区分所有权制度，大多数郊外建筑的 6 层以下的公寓中，停车场大都建于基地内，该停车场属于共用部分。12 层以上的建筑物中，设有屋内或屋外停车场，抑或二者皆设有之。[4]

1　[日] 丸山英气："区分所有的最近的动向"，载《现代法律实务的诸问题》（上），日本律师联合会编 1990 年版，第 283 页。

2　[日] 稻本洋之助监修：《公寓管理之考察》，清文社 1993 年版，第 98 页。

3　[日] 稻本洋之助监修：《公寓管理之考察》，清文社 1993 年版，第 98 页。

4　[日] 稻本洋之助监修：《公寓管理之考察》，清文社 1993 年版，第 98 页。

（1）停车的权利。根据建筑物区分所有权制度，停车的权利、规则，系由管理团体于"宣言"和管理规约中确定；同时，理事会也可于建筑物规则中随时订定。[1]

（2）现状。在美国的现今，大多数情形，美国居住者的停车需要与建筑物的停车设施能持平，即使不能持平，通常也能于邻近的商业用停车设施或以路上停车等方式获得满足。[2]

（三）法国

法国自 1950 年代以降，根据其《都市计划法》，新建建筑物时，建筑者负有于建筑物基地内，为每一住户设计一停车空间的义务。[3]屋外设置必要停车场空间而无基地时，建筑者即使向地下挖掘 3 层、4 层乃至 5 层楼那样的深度，也需设置。同时，依其现行建筑物区分所有权制度，区分所有建筑物的居住区域与基地内的停车区域系为分别的不动产。故此，非该区分所有建筑物的居住者也要购买基地内的停车场。但实际上，由于出售停车场对出售公司极为有利，故而，由于没有车或者出不起停车场购置费，建筑物区分所有权人未购买而剩下的停车场就由开发公司（出售公司）转卖给外部人（非建筑物区分所有权人、业主）。[4]

不过，将庭院作为停车场利用的古建筑物的情形，建筑物区分所有权人间的停车区域的合理分配系任意决定。亦即，根据其建筑物区分所有权法的规定，由总会（区分所有人大会）决定对谁分配停车区域，以及决定是否对其停车区域予以征收。[5]

停车场使用费充作管理费财源，于法国较少出现，此主要系因一切或者几乎所有的停车场空间，皆由单个的建筑物区分所有权人享有所有权。仅停车场作为共用部分，其被出租而获得租金时，停车场使用费方才作为对建筑物进行管理的

1　［日］稲本洋之助监修：《公寓管理之考察》，清文社 1993 年版，第 99 页。
2　［日］稲本洋之助监修：《公寓管理之考察》，清文社 1993 年版，第 99 页。
3　［日］稲本洋之助监修：《公寓管理之考察》，清文社 1993 年版，第 12 页。
4　［日］稲本洋之助监修：《公寓管理之考察》，清文社 1993 年版，第 13 页。
5　［日］稲本洋之助监修：《公寓管理之考察》，清文社 1993 年版，第 14 页。

追加财源。[1] 此外，法国有关增设停车区域的事例也极少。若增设，则仅可于地下增设。[2]

（四）德国

德国 1951 年制定的《住宅所有权法》未对停车场定有明文，迄至 1973 年 7 月 30 日，其对 1951 年《住宅所有权法》予以修改时方予增定，规定于该法的第 3 条第 2 项。其规定："以持久性界标标明范围的停车场，视为有独立性的房间。"此系大陆法系国家迄今惟一于建筑物区分所有权法中对停车场设立明文规定者，为一项重要的创造。

对于停车场的设置，德国与日本、美国皆未尽相同。在德国，停车场除小部分设置于一定的平地上外，通常设置于建筑物的地下室，从而与建筑物的使用空间构成从属关系。[3] 1973 年 7 月 30 日增定上述内容前，学理认为此类地下室停车场因属建筑物使用空间的附属物，故不得成为德国《住宅所有权法》中的特别所有权的标的物。[4] 惟 1973 年 7 月 30 日的规定否定了学理的此种主张，进而为学理的歧见打上了休止符。

根据德国《住宅所有权法》第 3 条第 2 项的新增规定，不独于一定的平地上设专供汽车用的明显的界标时，可设定专有所有权，且即便系在建筑物的地下室设置停车场（停车场与住宅所有建筑物或营业用空间相结合的情形），该停车场作为从属空间（Nebenraume）也可保有特别所有权的能力，并可独自让与、设定负担。[5] 此一规定，使德国实务处理停车场问题的登记苦恼得到解决。不过，因此规定对"独立性"的涵义并不充分明确，故有待于登记官员的判断。就此而言，实增加了登记官员的负担。[6]

综据上述，德国法系将停车场拟制为专有部分，只要以持久性的界标标明范

1　［日］稻本洋之助监修：《公寓管理之考察》，清文社 1993 年版，第 14 页。

2　［日］稻本洋之助监修：《公寓管理之考察》，清文社 1993 年版，第 14 页。

3　何明桢："建筑物区分所有之研究"，台湾政治大学 1983 年 6 月硕士论文，第 98 页。

4　［日］丸山英气："德国住宅所有权的改革"，载［日］玉田弘毅编：《新订公寓的法律》（上），一粒社 1980 年版，第 21—23 页。

5　庄金昌："住宅分层所有权之比较研究"，台北中国文化大学 1984 年 7 月硕士论文，第 27 页。

6　庄金昌："住宅分层所有权之比较研究"，台北中国文化大学 1984 年 7 月硕士论文，第 27 页。

围，无论停车场系于平地抑或地下室，皆无不可。

（五）美国夏威夷

夏威夷虽属美国国土，但其区分所有建筑物（公寓）的停车场却具独特性，故此有必要予以分析。

根据夏威夷《建筑标准法》，建筑商或土地开发者建筑公寓时，需备置充足的居住者用停车区域，并按住居单元将之分配。同时，也可出售给每一个住居单元，作为共用部分而予维持，且对每一住居单位的建筑物区分所有权人发给"停车许可证书"。[1]多数情形，为保障各建筑物区分所有权人有一个相等的停车空间，各住居单元于其特定的停车区域内需进行再分配。

按照夏威夷建筑物区分所有权法制，公寓尚需设置充分的来客用停车区域。此类停车区域的使用，通常限定为 3 小时，凌晨 2 时到 6 时为关闭期间，不向来客提供停车区域，违反此规定的车辆将被牵引至指定场所。同时，依美国《残疾人法》，公寓也需设有作为来客停车区域之一部的、供身体或精神障害者专用的停车区域——障害者专用停车区域。正常人于该区域停车，抑或妨害残疾停车的，将被牵离，并处 50 至 200 美元的罚款。[2]

另外，在夏威夷，由于一些建筑物区分所有人拥有的车辆台数超过其所有或使用的停车区域数量，故此，为解决此一问题，开发者（出售公司）抑或管理团体通常保有或购入一定数量的预备用停车区域，接受追加的费用后将之出租给居住者。[3]

（六）我国台湾地区

1. 台湾地区"内政部"营建署的基本考量

对于区分所有建筑物的停车场，我国台湾地区"民法"未如德国《住宅所有权法》定有明文。时至 1991 年 4 月 10 日，台湾地区"内政部"营建署方发布"命令"，对之进行规制。该"命令"称："日后建筑物在地下室依法附建的防空避难室兼停车空间，应视为'公共设施'，不准登记为个人私有，也不准分割零

1　［日］稻本洋之助监修：《公寓管理之考察》，清文社 1993 年版，第 91 页。
2　［日］稻本洋之助监修：《公寓管理之考察》，清文社 1993 年版，第 91 页。
3　［日］稻本洋之助监修：《公寓管理之考察》，清文社 1993 年版，第 91 页。

售。"此"命令"表明,"区分所有建筑物依法应附建之停车空间为建筑物之必要设施,其性质与共用走廊、楼梯相同,不必编订门牌号码"[1]。易言之,对于地下室停车场的权属,我国台湾地区"法"认其为与专有部分密不可分的、依附于专有部分的共用部分。[2]

2. 社会反响与学理主张

台湾地区"内政部"营建署的以上"命令"一经发布,便引起轩然巨波。台湾地区建筑业界、代书业界、地下室停车场(位)的现所有权人、地下室停车场(位)的承购人,以及尚未取得地下室停车场(位)的所有权的人、大楼住户等皆极度震撼,深恐影响现有权益及将来可能取得的权益,[3]于是乃无不将注意的焦点集中于地下停车场(位)权利归属的定论的发展上。[4]

同时,台湾地区"内政部"营建署的以上"命令"也受到学界的议论。学理自区分所有建筑物共用部分的范围、大楼地下室的所有权与使用管理权,以及建筑物附建防空避难设备的使用与法定停车场(位)等方面加以批判,认为区分所有建筑物的地下停车场(位)既可以单独成为建筑物区分所有权的标的物而登记所有权,也可为建筑物大楼全体住户共有。共有的情形,根据分管协议方式,可使该共有物分归一共有人或数共有人使用。且无论是单独所有抑或共有物分管协议,有使用权的人皆可将其使用权让与第三人。仅在共有的情形下,附属于区分所有建筑物的所有权一并移转于同一人,而不能单独移转,也不能分割。进而,购买地下室停车场(位)的承买人需认清其所购的停车场(位)的特性,以及是否有单独所有权状、是否购买一物给付两次价金,等等。大楼住户则应注意属于

1　林永汀:"论地下室停车位的所有权与使用权",载《军法专刊》1992年第38卷第5期,第9页。

2　林永汀:"论地下室停车位的所有权与使用权",载《军法专刊》1992年第38卷第5期,第10页。

3　林永汀:"论地下室停车位的所有权与使用权",载《军法专刊》1992年第38卷第5期,第10页。

4　林永汀:"论地下室停车位的所有权与使用权",载《军法专刊》1992年第38卷第5期,第15页。

其共有的地下室是否遭到不当的占用。[1]

（七）加拿大多伦多市

关于区分所有建筑物的停车场，加拿大多伦多市现制最具意义与价值的，是有关停车场（位）设定的数量标准制度。其标准是，对公寓的全体住户（建筑物区分所有权人）而言，凡拥有 2 间卧室（bedroom）者，设置 1 个停车位，拥有 3 间以上的卧室者，设置 2 个地下停车位。同时于基地上，以每 4 个建筑物区分所有人为 1 单位，备置 1 个供来客用的停车位。[2]

二、比较分析结论

综据以上分析、考察，可以明了，各国家或地区区分所有建筑物的停车场问题皆有其独自的特点。其中，建筑物区分所有权法明文做出规定的，仅为德国《住宅所有权法》第 3 条第 2 项，其他国家或地区大多透过城市计划法、建筑标准（基准）法、区分所有建筑物登记规则乃至管理规约等予以规范。比较衡量各国家或地区应对区分所有建筑物停车场问题的立法、学理与实务，结合我国的实际情况，本书认为，未来我国制定建筑物区分所有权法应对停车场问题时，可着重参考、借镜以下国家或地区的实证经验。

（1）采德国法实证经验，将停车场于建筑物区分所有法权中明定。

（2）采日本实证经验，将停车场界分为屋内停车场与屋外停车场两类，并以专用使用权学理来解明此两类停车场的学理基础。至于其特性，因现行《物权法》未认可人役权，而该制度于建筑物区分所有权领域又确实需要，故此，建议未来的建筑物区分所有权单行法创设此制度，用来厘定专用使用权的特性。

（3）采法国与美国夏威夷的实证经验，规定城市或土地开发公司抑或建筑商建构区分所有建筑物时，负有于建筑物的 1 层、2 层、地下空间抑或屋顶平台乃至基地内等设置停车场的义务。

（4）采美国夏威夷的实证经验，将停车区域按建筑物区分所有权人住居单元

1　林永汀："论地下室停车位的所有权与使用权"，载《军法专刊》1992 年第 38 卷第 5 期，第 9 页。

2　［日］稻本洋之助监修：《公寓管理之考察》，清文社 1993 年版，第 111 页。

分配，进而将之设定为供住居单元全体建筑物区分所有权人专有使用。至于停车场数量的设定标准，可参考加拿大多伦多市的实证经验。

（5）借镜美国夏威夷、加拿大的实证经验，设置专供来客用的停车区域，其标准可参照加拿大的实证经验，以每 4 个建筑物区分所有人为 1 单位备置 1 个供来客用的停车位。同时，应设置供身体或精神障害者使用的专用停车区域。

第四节　区分所有建筑物的增建

一、概要

区分所有建筑物的增建，也称区分所有建筑物的增筑，为建筑物区分所有权实务中的一项重要问题。惟迄今为止，除法国《住宅分层所有权法》对之设明文规定外，其他各国皆未定有明文。并且，即使是法国法的此项增建制度，其适用范围也仅限于向上的增建，即在屋顶平台进行的增建，而并不涵括于区分所有建筑物的侧面或地下的增建。

学理与判例实务上，各国对于区分所有建筑物的增建而迈出的步子也较缓慢。迄至现今，除法国于其《住宅分层所有权法》颁布前曾有学理与判例的活跃外，仅日本学理有些许研究，且其研究也仅指出了问题所在，而并未进一步探讨问题的解决路径。于以下部分，本书力图对法国、日本于区分所有建筑物的增建方面的学理、判例，以及法国于此方面的立法状况等予以考量，由此期冀借他山之石，而对我国应对同类问题有所助益。

二、法国的学理、判例及立法

（一）法国《住宅分层所有权法》颁行前的学理与判例

如前述，法国《住宅分层所有权法》颁行前，其有关区分所有建筑物的法律规范，系 1804 年制定的《法国民法典》第 664 条。而关于区分所有建筑物的增建，该第 664 条并无规定。不过，此后学理解释本条时，乃认为区分所有建筑物的增建应遵行如下规则：楼层区分所有建筑物上，最上层的建筑物区分所有权人于不害及其他建筑物区分所有权人权利的前提下，可增建房屋。[1]不久，判例对此进一步认为，该项增建权利的行使，尚需以获得其他建筑物区分所有权人的同意为必要。也就是说，第 3 层的建筑物区分所有权人于未获得第 2 层的建筑物区分所有权人同意的情形下，不独不得为自己使用而增建第 4 层，且即使于屋顶的一部上增建也不允许。时至法国 1938 年法律颁行前，法国学理与判例关于增建获得进一步发展。学理认为，与其确立一项增建的绝对规则，不如优先考虑增建是否适当。亦即，如果增建规模较小且又无害，即应准许增建。但若该增建将对下层施予过度的重压，进而使其他建筑物区分所有权人遭受损害时，该增建就不得被允许。[2]此规则的适用涉及的是，最上层的建筑物区分所有权人于增建工事开始前，需依赖专家的工作，确认该增建将无损于下层的建筑物区分所有权人。[3]

（二）法国现行《住宅分层所有权法》的规定

法国现行《住宅分层所有权法》对于增建设有较翔实的规定，而直接促成现行法较完善地规定区分所有建筑物的增建的因由，主要是：其一，二次大战后，各大城市建筑物的向上增建获得广泛开展。[4]建筑物增建的益处是，居住者不必为购买极为困难的土地而忧心，也无须进行艰难的土地平整与基础工事。同时，轻质材料的使用，使建造方便的、价格便宜的住宅空间成为可能。此一优点与法国当时住宅不足的情况合流，导致于既存的建筑物上进行向上的增建的流行。[5]其二，由于判例、学理的局限，最终必然要求以立法的方式统一应对此类问题。如前述，《法国民法典》第 664 条施行后，鉴于法国实务中存在的由区分所有建筑物的增建引起的问题，经由学理的长期探讨，判例的积极努力，最终形成了应对区分所有建筑物向上增建的规则。不过，至 20 世纪 40 年代以后，尤其是因法国 1938 年法律对此的再度忽视，以及伴随区分所有建筑物的向上增建出现的诸多新情况，既有的透过判例与学理确立的应对此类问题的规则的局限日益暴露。并

1　［日］小沼进一：《建筑物区分所有之法理》，法律文化社 1992 年版，第 23 页。

2　Grenoble，27，nov，1831［S.，1838，2，479］.

3　Aix，20，dec，1886 年判决。

4　Givord et Giverdon，La coproriete Loi du 10 juillet 1965 et Décret du 17 mars 1967，Dalloz，1974，n，1，not 3.，n.496.

5　［日］小沼进一：《建筑物区分所有之法理》，法律文化社 1992 年版，第 23 页

且，此一时期应对建筑物向上增建的问题的新学理虽然有力，[1]但其终因不具严格规则的属性而未被实务一致采行，并一定程度上更加深了实务处理此类问题的混乱局面。[2]于是，以立法方式统一明定区分所有建筑物的增建，就成为 1965 年法国《住宅分层所有权法》的重要任务。该法最终完成了此一任务，从而结束了实务处理增建问题的混乱局面。[3]现行法国《住宅分层所有权法》对于增建的规定，主要可以概括为以下六点。

（1）增建的定义。根据规定，增建系指于屋顶平台进行的向上的增建，而不涵括于建筑物的侧面及地下所为的增建。

（2）关于增建的获准。对此，法国《住宅分层所有权法》并未采判例、学理立基于个人主义精神而确立的规则。依该法第 3 条第 3 项的规定，区分所有建筑物的增建，属于"共用部分的附随权"。也就是说，系认建筑物的向上增建权为一个具团体特性的权利。故而，关于增建的获准，其第 3 条、第 35 条以及第 37 条规定，一建筑物区分所有权人或管理团体欲在建筑物上增建房屋，应由代表全体投票权的三分之二以上的管理团体的构成员的过半数决定。[4]

（3）增建权的让渡。根据法国《住宅分层所有权法》，管理团体原则上可以让渡增建权，[5]惟此需以严格遵守一定的条件为前提[6]。亦即，数人区分所有一栋建筑物的情形，增建权的让渡需获得具直接利害关系的最上层的建筑物区分所有权人全体的同意，即使其中有一建筑物区分所有权人作出反对的表示，也不得让渡。区分所有由数栋建筑物构成（即同一基地的数栋建筑物之间的区分所有）

1　此即学理提出的有关增建的新方案。该方案称：建筑物的增建应根据判例与学理，考量住宅危机等情况，立基于对团体生活的考量而予以因应。该说获得多数人的赞同，成为有力说。对此，请参见［日］小沼进一：《建筑物区分所有之法理》，法律文化社 1992 年版，第 160 页。

2　Kischinewsky—Broquisse，op. cit.，，n. 38—40.

3　［日］小沼进一：《建筑物区分所有之法理》，法律文化社 1992 年版，第 160 页。

4　Kischinewsky—Broquisse，op. cit.，n. 41—42.

5　［日］小沼进一：《建筑物区分所有之法理》，法律文化社 1992 年版，第 161 页。

6　关于增建权的让与，于法国进行其住宅分层所有权的立法时，有人主张应获得全体建筑物区分所有权人的一致同意。惟另有学理认为，增建权的让与对全体建筑物区分所有权人仅有收入而无支出，故认为如需获得全体建筑物区分所有权人的一致同意，未免过苛。对此，请参见 Cabanac，Traité de La construction en copropriété et du nouvear régime de La copropriété，Edition de l'actualite juridequc，t. 2，1970，n. 219.

的情形，经由全体建筑物区分所有权人大会（业主大会、集会），获得代表全体投票权的三分之二以上的代表的过半数的同意后方可让渡（第 35 条第 1 项）。

（4）一建筑物区分所有权人或第三人依特别约定（特约）为自己行使增建权。按照法国《住宅分层所有权法》第 37 条第 4 项的规定，此特别约定不独应当明示增建部分的数量与面积，且其物理构造（如供住居用或供仓库用）等皆需明确。

（5）因向上增建房屋而致其他建筑物区分所有权人于损害时的补偿。此为法国 1985 年 12 月 31 日第 85-1470 号法律新增的规定，被追加规定于法国《住宅分层所有权法》第 36 条。其规定：建筑物区分所有权人或第三人依本法第 35 条进行增建作业，且符合本法第 9 条规定的致其他建筑物区分所有权人于损害时，受损害的建筑物区分所有权人有损害赔偿请求权。此损害赔偿，系为建筑物区分所有权人全体的负担，并根据各个建筑物区分所有权人对共用部分的最初的持分比例而分配。[1]

（6）管理团体本身行使增建权。此涵括以下两种情形。

1）管理团体将增建部分作为共用部分。根据法国《住宅分层所有权法》第 26 条的规定，管理团体获得代表全体投票权的三分之二以上的管理团体的构成员的过半数的同意后，可决定增建共用部分，譬如将增建部分作为管理人室、会议室等。增建具共用目的的情形，依该法第 30 条第 1 项的规定，需尊重该不动产（增建的共用部分）的用途，譬如不得将增建为会议室的共用场所作为卡拉 OK 厅。与新增建的共用场所具直接利害关系的建筑物区分所有权人，因增建而致其享益部分的价值减少、造成重大妨害抑或使享益部分遭受毁坏时，该建筑物区分所有权人得请求损害赔偿。此外，管理团体作出增建决定时，需由管理人向反对该决议的建筑物区分所有权人及未出席集会（业主大会）的建筑物区分所有权人报告。接受此报告的建筑物区分所有权人如认为该增建有奢侈之嫌，且将导致支付过度的费用时，可于收到通知后的 2 个月内，提请第一审法院，请求确认该管理团体的决议（决定）无效。

1　［日］小沼进一：《建筑物区分所有之法理》，法律文化社 1992 年版，第 355 页。

2）管理团体将增建部分作为专有部分。根据法国《住宅分层所有权法》第41条第1项的规定，管理团体为具有独立法人格的组织，其可取得、转让专有部分，管理团体以将来保有或加以处分为目的，可决定是否增建新的专有部分。但此需以严格的条件作为前提，亦即，需获得全体建筑物区分所有权人的一致同意。

三、日本的判例与学理

日本与法国不同，对于区分所有建筑物的增建，其立法并无明文，而学理则称增建为"增筑"。根据日本现今的学理，区分所有建筑物的增筑，涵括由谁增筑及于何地增筑两方面的内容。[1]关于由谁增筑，又分为于区分所有建筑物的上空、地下空间及建筑物的侧面增筑三种情形。[2]其中，以基地的共有所有权、地上权或租赁权为基础而于建筑物的侧面增筑最具代表性。[3]此外，区分所有建筑物的增筑，尚有于未利用的区分所有建筑物的空间以何种方式（途径）增筑，以及于拆毁外壁时的增筑等情形或问题。[4]

日本实务对于区分所有建筑物的增筑，迄无一项直接的判例，间接地系在与此有关的其他事项上对此有附带的涉及。通常认为，建筑物区分所有权人不得单方面利用共有的基地，且作为共用部分的外壁于拆毁时也不得实施单方面的增筑。[5]

外壁拆毁时的增筑，学理认为，需符合增筑的有关程序，此点系必要的。并且，一部分人增筑的意思表示需获得其他建筑物区分所有权人的一致同意。换言之，仅在全体建筑物区分所有权人一致同意时，增筑方可被允许。此外，区分所

1　［日］丸山英气："区分所有的最近的动向"，载《现代法律实务的诸问题》（上），日本律师联合会编1990年版，第284页。

2　［日］丸山英气："区分所有的最近的动向"，载《现代法律实务的诸问题》（上），日本律师联合会编1990年版，第284页。

3　［日］丸山英气："区分所有的最近的动向"，载《现代法律实务的诸问题》（上），日本律师联合会编1990年版，第284页。

4　［日］丸山英气："区分所有的最近的动向"，载《现代法律实务的诸问题》（上），日本律师联合会编1990年版，第284页。

5　［日］丸山英气："区分所有的最近的动向"，载《现代法律实务的诸问题》（上），日本律师联合会编1990年版，第284页。

有建筑物的基地权利为租赁权的情形，由于基地出租人仅出租区分所有建筑物赖以存立的一定范围的基地地盘，故而于建筑物的侧面的增筑，基地利用权的合理性即生疑问。此种情形，学理认为，需获得原基地出租人同意扩大使用其原出租基地地盘的承诺。[1] 至于区分所有建筑物的上空空间或地下空间增筑的情形，由于其十分复杂且涉及多方面的问题，故学理的深入研究尚待展开。

四、小结

综据上述，本书认为，我国未来制定单行的建筑物区分所有权法时，宜就建筑物的向上增建作出明定，而此可借镜法国的经验。至于外壁拆毁情形而于建筑物的侧面的增筑，则宜以日本的学理为基础，而作深入的研究。

1　［日］丸山英气：“区分所有的最近的动向”，载《现代法律实务的诸问题》（上），日本律师联合会编1990年版，第285页。

第八章

建筑物区分所有权（人）的成员权

第一节　建筑物区分所有权（人）的成员权的涵义、特性及形成基础

一、建筑物区分所有权（人）的成员权的涵义与特性

建筑物区分所有权人（业主）的"成员权"，亦称"构成员权"（Mitglied-schaft）抑或"共同管理权"，系指建筑物区分所有权人基于一栋建筑物的构造、权利归属以及使用上的不可分离的共同体关系而产生的、作为建筑物的一个团体组织的成员享有的权利与承担的义务。其具以下四项特性。

（1）成员权系独立于专有所有权与共有所有权之外的权利。专有所有权系专有所有权人对其专有部分享有的权利，虽然其中有必须遵守管理规约等内容，但此只不过系为了全体建筑物区分所有权人的利益而对专有所有权所做的限制。共有所有权系建筑物区分所有权人对共用部分享有的权利，其也涵括某些对全体建筑物享有的权利。此种情形，其内容与成员权有重叠之处，惟其主要系基于财产共有而发生的关系。[1]成员权主要系对全体建筑物区分所有权人的共同事务享有的权利与承担的义务，其不仅仅系单纯的财产关系，其中有很大一部分系管理关系，存在人法（管理）的因素。[2]质言之，成员权为建筑物区分所有权中的"人

---

[1]　段启武："建筑物区分所有权之研究"，中南政法学院1993年2月硕士论文，第50页。

[2]　［日］丸山英气编：《区分所有权法》，大成出版社1984年9月版，第61页；段启武："建筑物区分所有权之研究"，中南政法学院1993年2月硕士论文，第50页。

法性"因素，而专有所有权与共有所有权则为建筑物区分所有权中的"物法性"因素。

（2）成员权系基于建筑物区分所有权人间的共同关系而生的权利。

（3）成员权系一项具永续性的权利。由于成员权系基于建筑物区分所有权人于一栋建筑物的构造、权利归属以及使用上的不可分离的共同体关系而生的，故只要建筑物存在，建筑物区分所有权人间的团体关系就会存续，原则上不得解散，尤其不得以建筑物区分所有权人之一的单独行为解散。基于共同体关系而生的成员权由此与共同关系共始终，具永续性。[1]

（4）成员权系一项与专有所有权、共有所有权紧密结合而不可分割的权利，三者共同构成建筑物区分所有权的完整内容。对此，前文已述，此不赘述。

总之，建筑物区分所有权人的成员权，系建筑物区分所有权的一项基本构成要素，其表现为各建筑物区分所有权人如何于共同关系事务上为意思表示，以及该意思如何得以执行。故此，它本质上属于建筑物区分所有权人的人法上的法律关系的范畴，进而不得单独被转让，且与专有所有权、共有所有权以及基地利用权具一体性，共同构成建筑物区分所有权的本旨要素。[2]

二、建筑物区分所有权（人）的成员权的形成基础

建筑物区分所有权的成立，恒以一栋建筑物为其基础。于该栋建筑物上，各业主（建筑物区分所有权人）的专有部分皆透过共同壁、地板、天花板等共有部分相互连接，结构上如同火柴盒般密不可分。各业主为了实现使用专有部分的目的而需使用共有部分，各业主行使专有部分权利时，不得妨碍其他业主对其专有部分的使用，不得违反全体业主的共同利益。此种于建筑物的构造、权利归属乃至使用上的不可分割的相互关系，使各业主事实上"总有"该栋建筑物的共同使用的建筑空间，[3]进而使全体业主之间形成一共同体关系。为维系该共同体关系，

1　段启武："建筑物区分所有权之研究"，中南政法学院 1993 年 2 月硕士论文，第 49 页。

2　戴东雄："论建筑物区分所有权之理论基础（Ⅱ）"，载《法学丛刊》1984 年第 29 卷第 3 期，第 17 页。

3　戴东雄："论建筑物区分所有权之理论基础（Ⅱ）"，载《法学丛刊》1984 年第 29 卷第 3 期，第 16 页。

尤其为管理相互间的共同事务与共有部分的使用、收益，乃不得不结成一团体组织，并借该团体组织的力量，共同管理共用设施等共有部分及其他共同事务，维持建筑物区分所有权存在的功能。由此，就产生了各业主作为团体组织的一成员而享有的权利与承担的义务，此即建筑物区分所有权（人）的成员权。

事实上，业主之间的共同体关系，不仅系基于建筑物的构造与权利归属抑或使用上的不可分割而形成的相互关系，而且更渗入了业主于整体生活中必须履行的建筑物的存在与生活秩序的维持义务。且自现今各国家或地区建筑物区分所有权法看，此种义务有进一步强化的趋势。

德国《住宅所有权法》规定，业主对区分所有权所属建筑物有维持义务，且在使用共同财产时不得违反共同财产的使用目的；业主应按共同财产的持分（份额）比例分担各种税费与管理费用，违反其应尽义务时，将剥夺其住宅所有权；业主之间的管理规约经登记后，其效力可对抗业主的特定继受人。另外，应注意的是，德国法上的共同体关系尚具物权化的倾向。德国法规定，业主之间的相互关系，依其民法典有关共有的规定处理，且共有部分原则上不得分割。如此就使共同关系于性质上系介于合有与共有之间。[1]此外，根据德国法，以共同秩序作为住宅所有权的内容，并自于登记簿记载时起，对住宅所有权的特定继受人具拘束力，进而有对抗第三人的效力，具物权化的倾向。[2]

日本1962年制定《建筑物区分所有权法》时，曾欲取德国法经验而明定业主有显著的损害共同生活秩序的行为时，法院可应其他业主或管理人的请求，判令剥夺其建筑物区分所有权。后因顾及此可能发生多数人压迫少数人的情况，故未实现。1983年，日本修改1962年旧《建筑物区分所有权法》时，业主间的共同体关系的强化与管理的充实、适正化，成为修法的重要目标。由此，即强调业主之间因共同体关系而形成的团体性特性，采集会（业主大会）中心主义与特别多数决措施。同时，为确保生活秩序与生活关系的有序化，并维持业主私生活的安宁，对业主违反共同利益的行为予以明文禁止，并效仿德国法，明定对违反义

1　何明桢："建筑物区分所有之研究"，台湾政治大学1983年6月硕士论文，第124页。

2　［日］丸山英气："区分所有权的构成"，载《横滨市立大学论丛》第129卷第1号，第90页。

务的业主分别情况而请求停止其行为、禁止使用其专有部分甚至拍卖其建筑物区分所有权（自建筑物区分所有权共同体关系中驱逐）等。

美国《公寓大厦所有权创设示范法》及各州州法，也使业主承担一定的建筑物维持义务与费用分担义务。违反此等义务时，将对其专有部分或拥有的公寓加以拍卖，由此维持和强化业主之间的共同关系。[1]

第二节　建筑物区分所有权（人）的成员权的内容

建筑物区分所有权（人）的成员权的内容，亦即业主（建筑物区分所有权人）作为成员权人享有的权利与承担的义务。

一、业主（建筑物区分所有权人）作为成员权人享有的权利

（一）《物权法》的规定

《物权法》第 76 条第 1 款规定，下列事项由作为成员权人的业主共同决定：

（1）制定和修改业主大会议事规则。根据《物权法》第 76 条第 2 款第 2 句的规定，制定和修改业主大会议事规则，应当经专有部分占建筑物总面积过半数的业主且占总人数过半数的业主同意。

（2）制定和修改建筑物及其附属设施的管理规约。根据《物权法》第 76 条第 2 款第 2 句的规定，制定和修改建筑物及其附属设施的管理规约，应当经专有部分占建筑物总面积过半数的业主且占总人数过半数的业主同意。管理规约的涵义、效力、违反管理规约的效果等，后文将述及，此不赘述。

（3）选举业主委员会或者更换业主委员会成员。根据《物权法》第 76 条第 2 款第 2 句的规定，选举业主委员会或者更换业主委员会成员，应当经专有部分占建筑物总面积过半数的业主且占总人数过半数的业主同意。

（4）选聘和解聘物业服务企业或者其他管理人。根据《物权法》第 76 条第 2 款第 2 句的规定，选聘和解聘物业服务企业或者其他管理人，应当经专有部分占

---

[1]　何明桢："建筑物区分所有之研究"，台湾政治大学 1983 年 6 月硕士论文，第 122 页。

建筑物总面积过半数的业主且占总人数过半数的业主同意。

（5）筹集和使用建筑物及其附属设施的维修资金。因维修基金事关全体业主的共同利益，故此，《物权法》第76条第2款第1句特别规定，筹集和使用建筑物及其附属设施的维修资金，应当经专有部分占建筑物总面积三分之二以上的业主且占总人数三分之二以上的业主同意。

（6）改建、重建建筑物及其附属设施。改建、重建建筑物事关业主等各方面的重大利益，属于重大事项，故此，《物权法》第76条第2款第1句特别规定，改建、重建建筑物及其附属设施，应当经专有部分占建筑物总面积三分之二以上的业主且占总人数三分之二以上的业主同意。

（7）有关共有和共同管理权利的其他重大事项。所谓"有关共有和共同管理权利的其他重大事项"，根据《建筑物区分所有权解释》第7条的规定，系指改变共有部分的用途、利用共有部分从事经营性活动、处分共有部分，以及业主大会依法决定或者管理规约依法确定应由业主共同决定的事项。实施这些事项时，根据《物权法》第76条第2款第1句的规定，应当经专有部分占建筑物总面积过半数的业主且占总人数过半数的业主同意。

（二）请求权

域（境）外法上，业主作为成员权人尚享有请求权，亦即业主作为管理团体的成员而对公共管理事项与公共利益的应得份额享有的请求权。其主要涵括下列四项。

（1）请求召集集会的权利。譬如日本法规定，业主有五分之一以上，且表决权也有五分之一以上的，可向管理人表明会议的目的事项，请求召集集会；德国法规定，有四分之一以上的业主以书面陈明目的及原因而请求时，管理人需召集住宅所有权人会议；瑞士法规定，业主可依约定召集会议。

（2）请求正当管理共同关系事务。譬如德国法规定，业主有权要求正当管理共同关系的事务，尤其有权要求公平衡量业主的共同利益；瑞士法规定，应有部分比例额的确定因错误而为不当，或因建筑物的改建抑或环境的变更而为不当的，业主享有更正请求权。此外，法国法规定，业主的负担份额发生错误时，其有权要求或提请法院加以改正。

（3）请求收取共有部分应得的利益。亦即，业主对共有部分的收益享有请求权。

（4）请求停止违反共同利益的行为，并有权请求拍卖违反义务者的专有权，解除其共同关系。

二、业主（建筑物区分所有权人）作为成员权人承担的义务

业主作为成员权人享有以上权利的同时，也需承担下列义务：

（1）执行业主大会或者业主委员会的决定的义务。此为业主作为成员权人承担的一项基本义务。《物权法》第78条第1款规定："业主大会或者业主委员会的决定，对业主具有约束力"；但"业主大会或者业主委员会作出的决定侵害业主合法权益的，受侵害的业主可以请求人民法院予以撤销"（第2款）。

（2）遵守管理规约的义务。此为业主作为成员权人应承担的另一项基本义务。《物权法》第83条第1款规定："业主应当遵守法律、法规以及管理规约"，即在明揭斯旨。

（3）接受业主委员会与其他管理人的管理的义务。业主委员会或其他管理人为执行管理业务的机关，由业主大会产生，执行业主大会的决议，并于授权范围内，以自己的意思为职务行为，业主作为管理团体组织的一个成员，自需接受其管理。

第三节　建筑物区分所有权（人）的成员权的变动

建筑物区分所有权（人）的成员权的变动，系指建筑物区分所有人（业主）的成员权的取得和消灭。兹分述如下。

一、建筑物区分所有权（人）的成员权的取得

如前述，成员权系区分所有建筑物的全体所有人基于共同关系而享有的一项权利。建筑物区分所有权人只要参与此种共同体关系，就当然成为该共同体关系的管理团体的一个成员，依法或依管理规约享有权利、承担义务。而如何才能参

与此种共同体关系，则系由建筑物区分所有权的复合性与专有所有权的主导性决定。依建筑物区分所有权规则，任何个人只要取得专有所有权，也就取得共有所有权及管理团体的成员权。建筑物区分所有权即是此三项权利的集合。就专有所有权而言，有原始取得与继受取得。与此相应，成员权的取得也有原始取得与继受取得两种方式。凡原始取得建筑物区分所有权，即原始取得成员权；凡经由移转方式取得建筑物区分所有权，也就继受取得成员权。[1]

二、建筑物区分所有权（人）的成员权的消灭

建筑物区分所有权人的成员权系基于建筑物区分所有权人间的共同体关系而生的一项与专有所有权、共有所有权密不可分的权利。只要区分所有建筑物存在，全体建筑物区分所有权人间的共同体关系也就存在，进而产生于此种共同体关系基础之上的成员权也就存续。但是，如果建筑物毁损或灭失，此种共同体关系及立基于此而生的成员权是否尚存在，即有疑问，而此归根结底乃取决于该建筑物是否重建或修复（复旧）。

法国《住宅分层所有权法》规定，区分所有建筑物未重建时，建筑物区分所有权人间的共有关系即告消灭，视为已清算。[2]在瑞士，依其《民法典》第712条之六第1项与第3项的规定，分层建筑物所有权关系的解除与成员权的消灭有三种情形：（1）楼层所有权，因楼房灭失或建筑权消灭，并经涂销土地登记簿中的登记而消灭；（2）楼房价值的损耗已达半数以上，且非耗费巨资不可能重建者；（3）楼房的有机的成立已满五十年以上，且楼房因欠缺稳定性而不再适于使用者。但欲继续维持共同体关系的分层建筑物所有人，也可于获得其他分层建筑物所有人的让步的同意后，避免废止共同体关系。在德国，根据其《住宅所有权法》的规定，若建筑物住宅所有权人事前无重建合意，而建筑物毁损超过总价值的二分之一，且各住宅所有权人又未达成重建合意时，基于该区分所有建筑物而生的共同体关系以及基于共同体关系而生的成员权遂告消灭。

1　段启武："建筑物区分所有权之研究"，中南政法学院1993年2月硕士论文，第59—60页。
2　黄越钦："住宅分层所有权之比较法研究"，载郑玉波主编：《民法物权论文选辑》（上），五南图书出版公司1984年版，第446页。

第九章

区分所有建筑物的管理（一）

第一节　概　要

　　第二次世界大战结束后于各国家或地区获得广泛勃兴的建筑物区分所有权制度，极大地解决了人类自身的居住、生活以及营业等问题。惟随着建筑技术的进步，建筑物乃不断向立体高空方向延伸，由此使建筑物的利用面积增大，其一方面造成人口密度随之增高，人际关系遂趋于复杂化；另一方面，生活于同一栋建筑物上的区分所有权人尽管唇齿相依、祸福与共，但每个人的生活习惯不尽相同，对居住环境的品质要求也不尽一致。其结果，建筑物区分所有权人间的纠纷层出不穷。此种背景下，如何将彼此间的纠纷减少到最低限度，尤其是在纠纷发生后如何获得合理、及时救济，毋宁说系当代建筑物区分所有权法上的重要问题，否则建筑物区分所有权人间的共同关系将陷入紊乱状态，各建筑物区分所有权人生理与心理上的压力将可能无法承受，甚至可能造成精神崩溃或诉诸暴力行为。[1]有鉴于此，建筑物区分所有权法上，建立一整套完善的管理制度，调节各建筑物区分所有权人之间的利害关系，化解彼此间以及建筑物区分所有权人与管理团体之间的纠纷，促进社区的和谐成长，即具重要意义。

　　通常而言，自己的所有物，原则上由自己管理乃系当然。故而，一栋一户建

　　1　戴东雄："论建筑物区分所有权之理论基础（Ⅱ）"，载《法学丛刊》1984年第29卷第3期，第22页。

筑物并不发生管理问题。而于一栋区分所有建筑物上，专有部分虽为各建筑物区分所有权人的单独所有权的对象，但共用部分却为全体或部分建筑物区分所有权人共有，各建筑物区分所有权人间因而发生利害关系，从而也就产生了以管理加以调整的必要，区分所有建筑物的管理由此而生。

近现代及当代法律系统上，"管理"一词广泛见诸公法领域的同时，也普遍见诸私法中，如民法上失踪人的财产管理、法人管理、无因管理、拾得物管理及遗产管理，破产法上的破产财产管理等。而当代建筑物区分所有权法上，管理更成为一项不可或缺的基本内容。

根据各国家或地区的建筑物区分所有权法，区分所有建筑物的管理，系指为维持区分所有建筑物的物理的机能，并充分发挥其社会的、经济的机能，而对之所为的一切经营活动。[1] 通常而言，其涵括建筑物的保存、改良、利用、处分，以及对建筑物区分所有权人共同生活秩序的维持。所谓保存，系指以防止建筑物灭失、毁损或其权利丧失、限制等为目的，而维持建筑物的现状的行为，举凡建筑物的简易修缮（单纯修缮），譬如屋顶漏雨时的简易修补，门窗、玻璃破碎的换修等皆属之。[2] 所谓改良行为，系指不变更物的特性，而增加其效用或价值的行为，譬如将污墙刷成粉壁，地板加贴瓷砖，以增美观等，即属之。[3] 所谓利用行为，系指为满足建筑物区分所有权人的共同需要，不变更物的特性，而对共用部分或基地所为的使用、收益行为，[4] 譬如将地下室辟作停车场等。至于处分行为，[5] 则指就物的权利为移转、设定或消灭，使之发生权利变动的行为。譬如将共用部分设定为专用使用权而由特定建筑物区分所有权人或第三人专属的排他性使用等。[6]

1　陈俊樵："论区分所有建筑物之管理组织"，载《中兴法学》第 24 期，第 191 页。

2　谢在全：《民法物权论》（上），三民书局 1989 年版，第 348 页。

3　谢在全：《民法物权论》（上），三民书局 1989 年版，第 349 页。

4　谢在全：《民法物权论》（上），三民书局 1989 年版，第 350 页。

5　关于"处分行为"应否涵括于"管理行为"中，应依不同情况而确定。就狭义管理行为而言，通常不应将之纳入。惟自维持财产价值的视角而言，"管理行为"不能完全排除"处分行为"，譬如，出售显有败坏之虞之物，既属处分行为，也属管理行为。故而，广义的管理行为，应涵括处分行为在内。对此，请参见〔日〕於保不二雄：《财产管理权论序说》，有信堂 1954 年版，第 7 页以下。

6　温丰文："论区分所有建筑物之管理"，载《法学丛刊》1992 年第 37 卷第 3 期。

惟需指出的是，当代各国家或地区的区分所有建筑物的管理，通常涵括两个层面：各国家或地区行政机关本于行政权的作用而对建筑物所为的行政管理，与建筑物区分所有权人自行订定管理规约，设置管理组织所为的自治性管理。[1]前者通常规定于建筑物基准（标准）法、都市计划法等法规中，属公法（行政法）范畴；后者则由民法或建筑物区分所有权法规定，属于私法范畴。本书系以后者为研究对象，此点于此特别说明。

第二节　管理内容

当代区分所有建筑物的管理，内容上涵括物的管理与人的管理两类，它们共同构成管理的完整内容。

一、物的管理

所谓"物的管理"，系指对建筑物、基地及附属设施的保存、改良、利用乃至处分等物理的管理，原则上仅限于建筑物的共有部分，专有部分不包含在内。

（一）建筑物

一栋区分所有建筑物分为各业主的专有部分与共有部分。共有部分为供各业主共同利用的部分，不论其所有的形态，皆当然成为管理的内容。另外，专有部分相互间或专有部分与共有部分间的墙壁、地板、天花板、柱等所谓境界壁，以及为维持建筑物的安全与外观所必要的支柱、屋顶、外壁等建筑物的基本构造部分，就外部关系而言，它们虽属于专有部分，但就业主之间的内部关系而言，则应视为共有部分，纳入管理内容中。[2]通常，建筑物的管理使用，应以管理规约特别约定，譬如禁止重量物、易燃物、不洁物、发散恶臭物以及其他危险物的搬入，抑或广告招牌的设置与家畜的饲养等。[3]

1　温丰文："论区分所有建筑物之管理"，载《法学丛刊》1992 年第 37 卷第 147 期。

2　［日］大泽正男：《财产法的基础课题》，成文堂 1980 年版，第 29 页；［日］川岛一郎："建筑物的区分所有"，载［日］川岛武宜编集：《注释民法》（7），有斐阁 1984 年版，第 366 页。

3　庄金昌："住宅分层所有权之比较研究"，台北中国文化大学 1984 年 7 月硕士论文，第 125 页。

（二）基地

基地就其利用关系而言，直接或间接地供业主共用，因而得为管理的内容。基地可分为四类：（1）立体重叠上去的专有部分下的基地；（2）由建筑物至公路通路的基地；（3）共有部分的基地；（4）其他基地。其中，第（1）、第（2）为建筑物直接存立的基地，业主以外的人事实上不能加以利用；第（3）情形的基地为管理的内容，自不待言；在第（4）的情形，业主可将基地作为散步或娱乐场所等利用，或将基地的特定部分作为花坛、停车场等利用。

（三）附属设施

附属设施得当然为管理的内容，自不待言。

二、人的管理

所谓"人的管理"，指对业主群居生活关系所为的社区管理。其对象不以居住于区分所有建筑物上的业主的行为为限，凡出入区分所有建筑物的人的行为，皆应纳入。其内容通常可分为对建筑物的不当毁损行为的管理、对建筑物的不当使用行为的管理以及对生活妨害行为的管理。[1]

（一）对建筑物的不当毁损行为的管理

对建筑物的不当毁损行为，譬如将阳台或庭院扩充为室内，擅自添设铁窗栅栏，改变建筑物外貌，或为整修内部，抽梁换柱，致影响建筑物的安全结构等。并且，业主就自己专有部分加以改建或增建，而需拆除其内部梁柱或墙壁的全部或一部时，该梁柱或墙壁即使属于其专有部分的范围，若因而危及整栋建筑物的安全或影响整栋建筑物的外观的，其他业主也可以违反共同利益为由而加以禁止。[2]

（二）对建筑物的不当使用行为的管理

业主通常可以自由使用自己的专有部分，惟其使用行为如有不当，以致违反全体业主的共同利益时，其他业主可透过管理组织加以禁止。所谓对建筑物的不当使用行为，指如在住家的区分所有建筑物内经营加工厂、汽车修理厂、歌舞

1　温丰文："论区分所有建筑物之管理"，载《法学丛刊》1992 年第 37 卷第 3 期，第 27 页。

2　温丰文："论区分所有建筑物之管理"，载《法学丛刊》1992 年第 37 卷第 3 期，第 27 页。

厅，甚至利用美发等合法营业作掩护，经营餐饮业等。此种对建筑物的不当使用，不只带来噪音、振动，降低居住生活品质，且使居家安全蒙受阴影。

（三）对生活妨害行为的管理

生活于同一栋区分所有建筑物上的业主，因生活习惯、嗜好等不同，对建筑物的用途需要也非完全一致。故此，业主彼此间难免发生矛盾、龃龉，甚至造成对他人生活的妨害。譬如饲养动物妨害公共安全，大声喧哗妨碍邻居安宁，任意堆置垃圾或残余食物妨碍环境卫生，等等。此等妨害他人生活的行为，如妨害行为轻微或按地方习惯认为相当者，业主负有容忍义务，否则可透过管理组织加以禁止。

综上可见，区分所有建筑物的管理内容可谓五花八门，种类繁多。其虽然约可分为对物的管理与对人的管理两类，但二者并非截然划分，毫不相干；相反，它们系互为表里，浑然成为一体。欲有效管理区分所有建筑物，一方面需建立健全完备的管理制度、管理规约以及管理组织，另一方面也需充分发挥住户之间的守望相助与长期的紧密合作方可竟其功。

第三节 管理方式

如前述，区分所有建筑物的专有部分系由各建筑物区分所有权人（业主）专有，为单独所有权的对象，而由各建筑物区分所有权人自行管理。但共用部分为全体或一部建筑物区分所有权人共有，因而应由全体或一部分建筑物区分所有权人共同管理。惟此种共同管理于合意的形成及费用的分担上，较难达成共识。若仅是一二个住户等较小规模的区分所有建筑物，固可依民法有关共有的规则处理，但若系数十户、数百户乃至上千户等较大规模的区分所有建筑物，端赖共有规则予以处理，似嫌不足。由此衍生出各式各样的管理方式。[1] 依各国家或地区现制与实务，区分所有建筑物的管理方式主要有以下四类。

1　温丰文："论区分所有建筑物之管理"，载《法学丛刊》1992 年第 37 卷第 3 期，第 26 页。

一、自主管理与委托管理

此为区分所有建筑物管理的基本分类。自主管理，系指建筑物区分所有权人自行执行管理业务或彼此构成一个管理团体执行管理业务。自主管理又依人数之多寡分为直接管理与管理团体组织的管理两类。在建筑物区分所有权人人数较少时，由各建筑物区分所有权人直接管理。此时，共同业务的管理意思依共有理论而决定，并以相互分担方式执行。[1] 建筑物区分所有权人人数众多时，相互间构成一个管理团体，管理并维持共同事务及共用部分，该管理团体以全体建筑物区分所有权人为其构成员，承租人、借用人以管理规约有明文为限，得为构成员。该管理团体的最高意思机关为区分所有权人大会（业主大会）。建筑物区分所有权人借大会表达其管理共同事务的意思，行使其成员权。[2] 大会决议事项直接构成建筑物区分所有权人的权利义务。管理团体设理事会或管理委员会抑或管理者作为其执行机关。

委托管理，系指建筑物区分所有权人将管理业务概括地委托管理公司或第三人加以管理。[3] 此时，建筑物区分所有权人与管理人之间属于一种委托关系，且其相互间通常有一委托合同存在。通常而言，委托管理又可分为全部委托管理与部分委托管理。全部委托管理，指将区分所有建筑物的管理事项全部委托一管理业者管理。此种管理方式下，建筑物区分所有权人几乎与管理业务绝缘，而仅负支付管理费用的义务。其缺点在于，容易导致住户对建筑物管理的漠不关心，且管理业务的进行容易受受托者的操纵。[4] 至于部分委托管理方式，则系指针对建筑物管理的不同特性的事项而委托不同业者进行管理。此一方式下，建筑物区分所有权人较易掌握建筑物管理的主导权，且其所花费用也较低廉。[5]

1　戴东雄："论建筑物区分所有权之理论基础（Ⅱ）"，载《法学丛刊》1984 年第 29 卷第 3 期，第 22 页。

2　戴东雄："论建筑物区分所有权之理论基础（Ⅱ）"，载《法学丛刊》1984 年第 29 卷第 3 期，第 22 页。

3　[日] 大泽正男：《财产法的基础性课题》，成文堂 1980 年版，第 29 页。

4　温丰文："论区分所有建筑物之管理"，载《法学丛刊》1992 年第 37 卷第 3 期，第 26 页。

5　[日] 丸山英气：《区分所有建筑物的法律问题——其理论及展开》，三省堂 1981 年版，第 232 页。转引自温丰文："论区分所有建筑物之管理"，载《法学丛刊》1992 年第 37 卷第 3 期，第 26 页。

当代各国家或地区区分所有建筑物管理的实务上，日本、美国、新加坡以及我国台湾地区基本上系采自主管理与委托管理的双轨制方式。其中，日本、美国更多地采取委托管理方式（日本的情况，参见表 1）。至于委托的对象，既有单个的个人（管理人），也有作为一整体的管理公司。管理公司通常与建筑物区分所有权人透过契约而承担实际管理业务的全部或一部分。[1] 此外，在日本，尚需提及的是，关于委托管理，一个崭新的趋势是将区分所有建筑物全体一并委托给专家管理。[2]

表 1　日本区分所有建筑物管理各形态占比

管理的形态	所占百分比
全部委托管理公司管理	74.9%
一部委托管理公司管理	17.9%
雇用管理人管理	1.8%
由区分所有人自己管理	1.4%
其他不明状态的管理	4.1%

资料来源：日本《法学家》第 927 号（1989 年 2 月 15 日），第 20 页。

美国建筑物区分所有权法制上的自主管理与委托管理，分别被称为"自主有权管理"与"经授权而管理"。[3] 自主有权管理，相当于日本等所谓的自主管理，即由全体建筑物区分所有权人组成的区分所有权人协会（管理团体）或交由协会委员予以管理。[4] 经授权而管理，相当于日本等所谓的委托管理。依美国现制及其实务，经授权而管理（委托管理）情形，专门的职业性管理公司通常被选任为管理人。[5] 对管理公司的选任，管理团体理事会需进行充分的考量，并且需和管理公

1　［日］稻本洋之助监修：《公寓管理之考察》，清文社 1993 年版，第 60 页。

2　日本学者丸山英气 1993 年 10 月于北京召开的中日民商法理论研讨会上的发言。

3　Alfrd V. Contarino & Richard. Kiner，"Control and management of common Elements by ovenant"，14 *Hastings L. J.* 310（Feb. 1963）.

4　Edward M. Ross，"Condominium in California—The verge of an era"，36 *Southern Cali. Rev.* 365（1963）.

5　［日］稻本洋之助监修：《公寓管理之考察》，清文社 1993 年版，第 105 页。

司及其从业人员以及其顾客当面晤谈。[1]具体程序如下[2]：（1）建筑物区分所有权人管理团体理事会邀请各管理公司于区分所有建筑物（公寓）中面谈。（2）双方于管理公司办公室面谈，并对下列事项作出判定：管理公司账簿作成的制度与充分的财务报告履行能力；不动产管理担任者、财务职员，以及其他后勤人员的资格与素质；对区分所有建筑物进行管理的整体经验；管理公司全体职工的职业意识是否高涨。（3）与代表管理公司的管理业务的监督预定官面谈，对管理公司目前的业务量与经验水准作出判断。（4）与管理公司的现在与过去的顾客面谈。

管理公司对理事会直接承担责任。并且，理事会若就财务报告、债务不履行名簿、每月的管理报告书等建立起适当的联系体制，则其会很容易地掌握管理公司履行职务的实态。[3]同时，从另一个角度看，管理公司一定意义上尚系管理团体最重要的财产之一。一方面，管理公司长期计划的制定、管理能力、安全问题、内部规约以及规则的制定与实行等，皆会对理事会成员有教育上的启迪和助益。此外，与管理公司所为的管理具同等重要性的，是"继续性"这一方面，即理事会成员经过一定年限后，需要替换。此时，连接公寓的历史的，即表明公寓的继续性的极其重要的存在实体，便是管理公司。[4]

美国夏威夷关于区分所有建筑物（公寓）的管理，除由建筑物区分所有权人组成的管理团体为之外，尚通过契约将之委托给管理公司执行，但管理团体雇佣选任管理公司与美国的通常做法不尽相同，即其采取招标的方式进行。此即每一管理公司提出其管理报酬与管理维持费的预算总额，二三个管理公司向管理团体理事会投标，理事会从中选择一个具良好服务，且价格也系最低廉的管理公司，委托其执行管理公寓的业务。[5]关于管理维持费的金额，因管理公司所包揽的管理工作范围较为宽泛，故而也无固定的管理维持费支付标准。但此主要是根据建筑物与基地的规模，以及水泳池、网球场、花坛、集会室、24 小时警备、门口男侍

1　[日] 稻本洋之助监修：《公寓管理之考察》，清文社 1993 年版，第 106 页。
2　[日] 稻本洋之助监修：《公寓管理之考察》，清文社 1993 年版，第 106—107 页。
3　[日] 稻本洋之助监修：《公寓管理之考察》，清文社 1993 年版，第 105—106 页。
4　[日] 稻本洋之助监修：《公寓管理之考察》，清文社 1993 年版，第 106 页。
5　[日] 稻本洋之助监修：《公寓管理之考察》，清文社 1993 年版，第 89 页。

者（door-boy，区分所有建筑物门口迎送客人）、烧烤全牲（烧烤野宴，barbecue）等的有无而予算定。[1]此外，管理公司的责任，依夏威夷现制及其实务，主要有：（1）日常管理与营运监督；（2）共用部分的维持、修缮、更新、更换，以及增筑或改筑；（3）有关机械设备的购入、维持以及更新、更换；（4）对建筑物与各住户的利用与利益进行全面服务；（5）为共用部分的维持、运营、修缮、更新雇佣必要的人才，并对之加以监督与解任；（6）制作预算与管理费一览表；（7）管理费的征收；（8）现金账簿的保管；（9）财务报告书的准备。[2]

我国台湾地区区分所有建筑物的管理，主要采取自主管理的同时，也采取了委托管理方式。在自主管理，其大多由各住户组成的管理团体（通常为管理委员会）加以管理。在委托管理，则由管理团体将管理业务的一部或全部委托给管理公司管理。惟实际上，此种委托管理，有时并非基于建筑物区分所有权人的协议，而系建设公司于分批让售建筑物时，由让与人与受让人间订立建筑物管理的委托契约，亦即由受让人分别向让与人委托管理。在此情形，管理契约因系存在于各建筑物区分所有权人与受托人之间，而非全体建筑物区分所有权人共同订立一个委托契约，故而委托人解约或受托人解约（如以不支付管理费用为由）时，皆应个别为之。但如此一来，有关基地与共用部分的管理的法律关系不免发生混乱。为消弭此种混乱，加强管理，学理认为，应采如下方法以克服其弊：个别订立委托管理契约时，其效力及于全体建筑物区分所有权人及其特定继受人。[3]

我国《物权法》第81条第1款规定："业主可以自行管理建筑物及其附属设施，也可以委托物业服务企业或者其他管理人管理。"此系采与日本等国家或地区相同的双轨制方式。

二、管理人方式与非管理人方式

管理人方式，系指设立管理人以管理建筑物的管理方式，反之则为非管理人

1　[日]稻本洋之助监修：《公寓管理之考察》，清文社1993年版，第89页。
2　[日]稻本洋之助监修：《公寓管理之考察》，清文社1993年版，第83页。
3　温汶科："建筑物之区分所有权"，载《法学丛刊》1979年第24卷第4期，第37页；温丰文："论区分所有建筑物之管理"，载《法学丛刊》1992年第37卷第3期，第26页。

方式。[1]管理人的设立，在全部委托管理的情形，系由受托人派遣，但于建筑物区分所有权人自行管理时，则由建筑物区分所有权人管理团体自行选任。由于管理人为当代家园的"守护神"，其素质之好坏，关系建筑物管理的良莠，故而，建筑物区分所有权人管理团体于选任管理人时，若管理规约定有明文，自应依其规定，未有订定时，则应透过集会决议而予决定。得充任管理人的，既涵括自然人，也包括法人。[2]

三、法人与非法人管理

如前述，生活于同一栋区分所有建筑物上的各建筑物区分所有权人基于共同体关系，而当然地结为管理团体。该管理团体依法具有法人资格的，即为法人管理方式，反之则为非法人管理方式。当代各国家或地区法上，明定建筑物区分所有权人管理团体具法人资格的仅有法国、新加坡建筑物区分所有权法，以及我国香港特别行政区《多层大厦（业主立案法团）条例》。德国 2007 年修订其《住宅所有权法》，实质上认可管理团体具法人格，故此也系采法人管理方式。

第四节　管理规约

一、管理规约的涵义

区分所有建筑物上，为使各建筑物区分所有权人获得愉悦、舒适的生活环境，需采取有效的管理方法对建筑物区分所有权人彼此间的利害关系予以规范、调整。其中，透过集会（业主大会）或总会（Versammlung）而认可建筑物区分所有权人广泛的自治权限，订立管理规约（gemeinschaftliche Ordnung，Vereinbarung），并充分发挥该管理规约的功能，乃系达到有效管理目的的基本途径。

管理规约，亦称"规约""住户规约""管理协约""区分所有规约"抑或"管理组织规约"等，系全体建筑物区分所有权人就建筑物与基地的管理、使用

1　温丰文："论区分所有建筑物之管理"，载《法学丛刊》1992 年第 37 卷第 3 期，第 27 页。
2　温丰文："论区分所有建筑物之管理"，载《法学丛刊》1992 年第 37 卷第 3 期，第 26 页。

及所有关系，以书面形式所为的自治规则。根据由私法自治原则所衍生的（管理）规约自治原则，管理规约的订定，只要不违反强制性、禁止性规定，不违背公俗良俗原则或变更、排除建筑物区分所有权的本旨，建筑物区分所有权人皆可自由为之。[1]

《物权法》第76条、第77条、第83条规定：制定和修改建筑物及其附属设施的管理规约，应当经专有部分占建筑物总面积过半数的业主且占总人数过半数的业主同意；业主不得违反法律、法规以及管理规约，将住宅改变为经营性用房；业主应当遵守法律、法规以及管理规约。同时，2007年修订的《物业管理条例》第7条、第17条除重述《物权法》的这些规定外，尚特别明定：管理规约应当对有关物业的使用、维护、管理，业主的共同利益，业主应当履行的义务、违反管理规约应当承担的责任等事项依法做出约定；管理规约应当尊重社会公德，不得违反法律、法规或者损害社会公共利益；管理规约对全体业主具约束力。

依据上述规定，可知区分所有建筑物的管理规约是业主为谋共同利益，确保良好的生活环境，由全体业主透过业主大会而就物业的管理、使用、维护与所有关系等制定的规则。管理规约的存在，是业主为了明确相互之间的权利义务关系，维持物业小区的公共秩序、公共利益，而对应当享有的权利、应当履行的义务、违反管理规约应当承担的责任，以及物业小区的物业的管理、使用和维护作出约定。它如同公司的章程、国家的宪法，具有业主团体（共同体）根本自治法规的性质，系业主团体（共同体）的最高自治规则和业主基于意思自治精神而对小区物业管理所做的自律约定。[2] 通说认为，管理规约系法律行为中的共同行为。[3]

二、管理规约的法性质

管理规约（以下径称"规约"）的法性质，学理因观察角度的不同而有不同

1　温丰文："论区分所有建筑物之管理"，载《法学丛刊》1992年第37卷第3期，第33页
2　奚晓明主编：《最高人民法院建筑物区分所有权、物业服务司法解释理解与适用》，人民法院出版社2009年版，第222—223页。
3　〔韩〕权承文："中国建筑物区分所有权法的考察"，载千叶大学《法学论集》第25卷第2号，第212页。

之见。[1]归纳言之，主要有以下八种见解：（1）认为规约是建筑物区分所有权人间的契约；[2]（2）规约虽非单纯的债权契约，但具有建筑物区分所有权人间的契约的实质；[3]（3）规约系较两当事人之间的契约发展形态更社会化的契约；[4]（4）规约乃集团性的协约，与一般契约有异，具合伙的性质；[5]（5）规约类似于劳动法上的劳动协约；[6]（6）规约乃系具有规定性的规则；[7]（7）规约系规范建筑物区分所有权人的相互关系而具自治法的性质；[8]（8）规约乃有关建筑物区分所有权人相互间权利义务关系的基本规定，属于自治法规或自治规则。[9]

　　学理关于管理规约的以上认识，皆因观察角度的不同而有别，皆言之成理，持之有故。盖自管理规约设定的程序看，它系以建筑物区分所有权人全体的合意为基础，故而认为管理规约为建筑物区分所有权人间的契约，或具契约的实质似无不可。惟若从管理规约的效力所及的范围以观，其不仅对建筑物区分所有权人有效，且对建筑物区分所有权人的概括继受人、特定继承人以及管理人等也有效力。此点即与债权契约有异，盖因债权契约的效力仅及于订约当事人及其概括继受人，并不延及于此外的其他人。故而，若自管理规约的效力及于设定当事人及其概括继受人以外的人以观，主张管理规约类似于劳动协约也无不可。盖劳动协约的效力不仅及于协约当事人，且及于此外的其他人。同时，管理规约的效力既然及于特定继受人，则建筑物区分所有权人即使有更迭，也不影响管理规约的存续，从而管理规约对建筑物区分所有权人乃系一客观化的规范，而为建筑物区分

1　温丰文："论区分所有建筑物之管理"，载《法学丛刊》1992 年第 37 卷第 3 期，第 33—34 页。

2　［日］香川保一："建筑物区分所有等的规则"，载《时的法令》第 437 号，第 29 页。

3　［日］川岛武宜编集：《注释民法（7）》（物权 2），有斐阁 1978 年版，第 389 页以下。

4　［日］筱原弘志："关于建筑物区分所有等的法律要纲"，载《综合法学》第 45 号，第 94 页。

5　日本"关于建筑物区分所有等的法律"的座谈会，末川博的发言，载《民商法杂志》第 46 卷第 2 号，第 63 页。

6　日本"关于建筑物区分所有等的法律"的座谈会，林良平的发言。

7　日本"关于建筑物区分所有等的法律"的座谈会，木下忠良的发言。

8　［日］石田喜久夫："区分所有权"，载［日］金泽良雄等编：《住宅关系法》（住宅问题讲座 3），有斐阁 1970 年版，第 167 页。

9　［日］玉田弘毅：《建筑物区分所有权法的现代课题》，商事法务研究会 1981 年版，第 195 页。

所有权人团体的自治规则。[1]由此以观，管理规约的自治法规与自治规则的主张也称妥当。

总之，以上各种见解，系由不同的视角而对管理规约的法性质所做的面面观，其立论皆有所本，彼此间并不互相排斥。[2]综合比较衡量各种主张，本书认为，管理规约的法性质可以厘定为：管理规约系建筑物区分所有权人管理团体的客观化了（或类似于定款）的自治法规，具建筑物区分所有权人管理团体根本性自治规则的特性，系建筑物区分所有权人管理团体的最高自治规范。[3]

三、管理规约的订立、变更或废止

（一）概要

管理规约的设定、变更及废止，各国家或地区的立法与实务未尽一致。归并起来，主要透过两种途径而为之：（1）透过建筑物区分所有权人全体集会（业主大会）的决议而为之；（2）由建筑公司或出售公司预先订定一定型化的管理规约，于分批让售房屋时，分别与单个买售人（受让人）达成同意该项管理规约的协议。另外，依各国家或地区的法制与实务，为使管理规约的内容明确化，并虑及管理规约的保管和阅览，以及对建筑物区分所有权人的特定继受人与概括继受人发生效力等，管理规约的设定应采书面形式并予登记。

（二）德国法

1. 基本概要

德国称建筑物区分所有权为住宅所有权，其规范建筑物区分所有权关系的《住宅所有权法》制定于 1951 年 3 月 15 日，较近的一次修订是 2007 年 3 月 26 日。在德国法上，管理规约的功用非常强大，它可以变更业主间的相互关系，补充德国《住宅所有权法》所定的内容（德国《住宅所有权法》第 10 条第 2 项、

1　温丰文："论区分所有建筑物之管理"，载《法学丛刊》1992 年第 37 卷第 3 期，第 35 页。

2　［日］玉田弘毅：《建筑物区分所有权法的现代课题》，商事法务研究会 1981 年版，第 196 页。

3　陈俊樵："论区分所有建筑物之管理组织"，载《中兴法学》第 24 期，第 200 页；温丰文："论区分所有建筑物之管理"，载《法学丛刊》1992 年第 37 卷第 3 期，第 34 页。

第3项)。并且，在德国法上，管理规约的订立、变更或废止，须有全体业主的同意（合意），亦即系将管理规约视为契约，管理规约的设定、变更或废止系采一致决。业主团体（共同体）的多数决决议这一团体的拘束不被认可。之所以如此，系与德国法对于管理规约的法律性质的理解和认识有关。[1]

德国的通说的观点将管理规约与契约同等看待，管理规约不受团体法上的规制。管理规约的法律性质被认为系业主为规律相互间的关系，透过为意思表示而成立的契约。只要不违反德国民法典的一般原则，对于管理规约而言，契约自由的原则就是妥当的，其内容自由订立，管理规约的设定、变更或废止须有作为订立契约者的业主全体的合意（同意）。不过，在德国，将住宅所有权理解为团体所有权的团体法的进路的主张者，乃将管理规约与团体中的（公司）章程作同样的看待，试图认可管理规约的设定、变更或废止可依特别多数决决议而为之。此种观点认为，原始管理规约中规定了不公平的内容时，对其予以变更是困难的，从而也就不能顺畅地对区分所有建筑物进行管理，由此就有必要采取解决的措施。但是，从德国《住宅所有权法》的规定来看，业主相互间的关系很难说是法律上的团体（Gesellschaft）。另外，根据这样的将住宅所有权理解为团体所有权的团体法的进路的观点，因可对业主处分自己的住宅所有权的权利等进行强大的规制（限制），所以有可能使对一部分业主的住宅所有权的侵害变得容易化，由此德国的一般性见解认为，不能以多数决决议为管理规约的设立、变更或废止。但如此一来，则系不能解决实务中的原始管理规约的不公平性问题。而为了解决此问题，2007年3月26日德国修改其《住宅所有权法》时，乃对某些事项，认可得依事实上的多数决决议而变更（原始）管理规约的规定。[2]

2. 2007 年德国住宅所有权修改法的新规定

2007年3月26日，经修改的德国《住宅所有权法》作为解决存在不公平的内容规定的原始管理规约的手段，亦即作为谋求管理规约的衡平性（公平性）的

1　［日］伊藤荣寿：“对业主的团体的拘束的根据与界限”，载爱知学院大学论丛《法学研究》第51卷第2号（2010年），第310页。

2　［日］伊藤荣寿：“对业主的团体的拘束的根据与界限”，载爱知学院大学论丛《法学研究》第51卷第2号（2010年），第310—311页。

措施之一，引入了崭新的团体法的规制。[1]具体而言，关于排除住宅所有权的让与
的限制的规定、[2]超过通常的维持或修缮的建筑上的变更、出费以及现代化措施的
费用分担标准的决定，于原始管理规约存在规定时，认可得经由业主大会的决议
（多数决决议）来决定、变更、改变之，该业主大会的决议的效力优先于（原始）
管理规约。也就是说，关于这些事项，业主大会的决议的效力系优先于作为契约
的（原始）管理规约，进而言之，业主大会的决议事实上可以变更或废止原始管
理规约的规定，从而业主大会的决议就具有作为谋求（原始）管理规约的公平性
的手段的功用。这样，2007 年 3 月 26 日德国经修改后的《住宅所有权法》对于
管理规约尽管仍然将之视为契约，其设立、变更或废止不认可得依多数决决议而
为之，依旧维持全体一致的原则，从而维持了过去的一贯原则，但同时，对于
（原始）管理规约中作为不公平的内容而成为问题的事项，又透过使业主大会的
决议（多数决决议）优先，来改变原始管理规约中的规定，借以实现原始管理规
约的公平化。依德国《住宅所有权法》的规定，得优先于原始管理规约的业主大
会的多数决决议可以决定、改变的事项如下[3]。

（1）共有部分、特别所有权的经费及管理费。2007 年 3 月 26 日德国修改其
《住宅所有权法》之前，关于涉及业主共同体关系的管理费用的分担标准，系按
共有份额的比例定之。[4]但是，此规定因系任意规定，[5]故于原始管理规约中定有

1　［日］伊藤荣寿：“对业主的团体的拘束的根据与界限”，载爱知学院大学论丛《法学研究》
第 51 卷第 2 号（2010 年），第 311 页。

2　德国《住宅所有权法》第 12 条第 1 项规定：“可以作为特别所有权的内容约定，一个业主要
让与其住宅所有权，需要其他的业主或第三人的同意。”此规定作为防止人的或经济上不被期望加入
到业主共同关系中来的手段是必要的、必需的。但是，此让与限制的规定，在中规模、大规模的住宅
所有权住宅中并未发挥充分的功用，毋宁说乃存在着弊害。首先，在业主的人数很多的住宅上，取得
人（即买受人）应把握为怎样的人是很困难的，由此在实际上这一规定不能被适用。其次，在管理规
约中规定，让与住宅所有权时，需获得其他的业主或第三人的同意，对于取得人（买受人）而言，是
要浪费金钱和时间的。

3　［日］伊藤荣寿：“对业主的团体的拘束的根据与界限”，载爱知学院大学论丛《法学研究》
第 51 卷第 2 号（2010 年），第 313—314 页。

4　德国《住宅所有权法》第 16 条第 2 项规定：“每一个业主对其他业主负有义务按照其份额比
例（第 1 项第 2 句）承受共有财产的负担并承担养护、维修、其他管理以及共有财产的共同使用所产
生的费用。”

5　参见德国《住宅所有权法》第 16 条第 3 项的规定。

与此不同的管理费用的分担标准时，即使原始管理规约所定的管理费用的分担标准不公平，也要采用并实行之。而要变更原始管理规约关于费用分担标准的规定，须经全体业主的同意。因为管理规约系契约，要变更之，依契约法的原则，须作为契约当事人的全体业主的同意。2007 年 3 月 26 日经修改后的德国《住宅所有权法》为了消弭原始管理规约的不公平性问题，于第 16 条第 3 项规定：关于共有部分、特别所有权的经费及管理费，只要是符合通常的一般的管理，业主可以透过业主大会的多数决方式作出决议，按照利用或原因的标准或者依其他的标准而负担。

（2）对于一般性的管理费用的分担标准，2007 年 3 月 26 日德国经修改的《住宅所有权法》认可依多数决决议而定之。具体而言，关于个别的情况下，与共有部分的维持、修缮、建筑上的变更、出费、现代化措施有关的费用的分担，要考虑业主的使用或使用的可能性，由有表决权的业主的四分之三以上的多数且共有份额的过半数定之（德国《住宅所有权法》第 16 条第 4 项）。第 16 条第 5 项规定：关于管理费用的分担标准的德国《住宅所有权法》第 16 条第 3 项和第 4 项，不得通过管理规约而限制或排除之。由此，业主大会的（多数决）决议就具有优先于作为契约的原始管理规约的效力。

（三）日本法

1. 基本概要

在日本法上，管理规约的设立、变更或废止，由业主及表决权的各四分之三以上的特别多数决决议为之（日本《建筑物区分所有权法》第 31 条第 1 项），此与德国法将管理规约置于契约的地位，其设立、变更或废止须有全体业主的同意不同。需注意的是，现今的日本法系将管理规约置于团体法的规律的位置。但是，日本 1962 的旧《建筑物区分所有权法》与德国法相同，也系将管理规约置于契约的位置，即认为管理规约的设立、变更或废止须有全体业主的合意。[1]需注意的是，于 1962 年，因日本的管理规约主要规定关于业主的权利义务关系的比较重要的事项（内容），故其时认为管理规约的设立、变更或废止须有全体业主的合

1　参见 1962 年日本《建筑物区分所有权法》第 24 条。

意（同意）即是必要的。[1]

日本于1962年制定《建筑物区分所有权法》后，为了适切和正当化地管理区分所有建筑物，乃有必要使管理规约的设立、变更变得顺畅化及圆润进行。由此，1983年日本经修改后的建筑物区分所有权法规定：管理规约的设立、变更或废止由业主及表决权的各四分之三以上的多数，于业主大会的决议为之（日本《建筑物区分所有权法》第31条第1项），即对管理规约引入了多数决决议这一团体的拘束。自1983年修改法至今，在日本，其管理规约始终被置于团体法的规律的位置而加以理解。[2]

2. 日本现行法关于管理规约的设立、变更或废止的规定

日本现行《建筑物区分所有权法》第31条规定："管理规约的设定、变更或废止，以业主及表决权各四分之三以上多数的业主大会的决议为之。于此情形，管理规约的设定、变更或废止对一部分业主的权利有特别影响时，应得其承诺。关于前条第2项[3]规定的业主全体的管理规约的设定、变更或废止，有共享该一部共享部分业主逾四分之一者或其表决权逾四分之一者反对时，不得为之。"兹将日本法该条的立法旨趣、议决要件、业主大会的决议、对少数人的利益的保护及关于一部共有部分的管理规约的情形分述如下。

（1）立法旨趣。依本条的规定，管理规约的设定、变更或废止，原则上须依业主大会的特别多数决的决议而为之。如前述，日本1962年旧《建筑物区分所有权法》关于此点系要求以全体业主的书面的合意（同意）而为之。但是，其结果，对原始管理规约设定后产生的诸多问题，业主于管理规约上进行灵活的、有效果性的对应处理就往往变得很困难，因此日本1983年修改1962年旧建筑物区分所有权法时即决定对之予以修改，引入多数决的原则。此项修改，是为了谋求业主团体自治的圆滑化、灵活化而进行的重要修改之一。并且，本条系强行规

1　［日］川岛一郎：《关于建筑物区分所有等法律的解说》，日本法曹会1989年版，第586页以下。

2　［日］伊藤荣寿："对业主的团体的拘束的根据与界限"，载爱知学院大学论丛《法学研究》第51卷第2号（2010年），第320—321页。

3　日本《建筑物区分所有权法》第30条第2项："关于一部共享部分的事项，无关区分所有人全体的利害者，除区分所有人全体的规约有订定的情形外，得以共享该部分的区分所有人的规约定之。"

定，若以全体业主的合意而为与此不同的规定的，系不允许。业已设定的管理规约中，定有与本条抵触的内容的，所抵触的部分当然归于无效 [1]。

（2）议决要件。为上述管理规约的设定、变更或废止，须依业主及表决权的各四分之三以上的多数决而为之，即需要二重的议决要件。之所以如此，系因为考虑到：区分所有关系一方面是与各业主的份额（专有部分）的大小成比例的财产法的、经济的利害关系（譬如，关于共有部分的负担比例、关于业主对第三人的责任的负担比例等），另一方面它也是一种共同生活体乃至伴有地域社会的性质的具有团体法的因素的东西。[2]

（3）业主大会的决议。依多数决而为管理规约的设立、变更或废止，必须透过业主大会的议决（或决议）而为之。以多数决方式决定这样的重要事项，当然也包含了持有反对意见的业主可以自由发表其意见。由此，日本的通说认为，全体业主于进行了充分的讨论后，达成一定的结论的业主大会的决议这一方法，是最适当、最合理的。单纯依书面的方式以轮流征求意见的表决法而集合了四分之三以上的赞成的，并不能成为本条所称的业主大会的决议。不过，表决权除直接出席集会而行使外，也可以书面的方式而行使。另外，2002 年日本修改其《建筑物区分所有权法》后，若管理规约或业主大会的决议认可，也可以电脑网络系统的方法行使表决权（日本《建筑物区分所有权法》第 39 条第 3 项）。由此，实际出席业主大会的业主未必是多数的业主大会上，也当然可以为管理规约的设定、变更或废止的决议。不过即使在此种场合，也系以业主大会的决议的程序要件获得满足为当然前提。[3]

（4）对少数人的利益的保护。满足业主大会的多数决的要件时，管理规约的设立、变更或废止若对一部业主的权利有特别影响，则应获得其承诺。因为，依多数人的意思可能发生侵害少数人的权利的情况，故为了消弭此弊害，就须对业主间的利害进行调整。例如，共有部分的管理费等的负担比例、表决权的比例，

1　［日］水本浩、远藤浩、丸山英气编：《公寓法》，日本评论社 2006 年版，第 68 页。
2　［日］滨崎恭生："关于建筑物区分所有等的法律及修改不动产登记法的一部的法律的概要"，载《NBL》第 12 号，第 17 页；［日］原田纯孝："判批"，载《判例时报》第 786 号，第 59 页。
3　［日］水本浩、远藤浩、丸山英气编：《公寓法》，日本评论社 2006 年版，第 68—69 页。

或者关于专有部分、共有部分的使用方法等是否对特定的业主或一部分业主作了不利益、不公平的规定，抑或打算变更或废止原始管理规约中认可的一部分业主的专用使用权等，均有很大的可能适用该规定。[1]

需注意的是，所谓"特别的影响"，系指"尽管没有合理的理由，但特定的业主受到了超过其应忍受的限度的不利益"。"特别的影响"之有无的判断，系比较衡量管理规约的设立、变更等的必要性、合理性，与由此而使该业主受到的不利益，以该不利益是否超过了应忍受的限度作为其标准。[2]

（5）关于一部共有部分的管理规约。关于仅供一部分业主共享的"一部共有部分"的管理的事项，当其关系到全体业主的利害时，应当然的以全体业主的管理规约即全体管理规约定之；但其仅关涉一部分业主的利害时，则仅由该一部分业主自治，即仅由共享该部分的业主为之（日本《建筑物区分所有权法》第16条）。

3. 对德国法、日本法的比较、评议、分析与我国法的应有立场

综据以上所言，可知德国法的管理规约系不被作为团体法看待，而系被把握为契约，其设立、变更或废止须全体业主的合意（同意）；日本法的管理规约，于1962年制定旧《建筑物区分所有权法》时虽然作为契约，但在1983年经修改后的《建筑物区分所有权法》上即作为团体法的制度，其设立、变更或废止系依业主大会的特别多数决决议而为之。

德国法和日本法之所以存在上述差异，乃由两国法的建筑物区分所有权（住宅所有权）的权利构造的不同而引起。在德国法上，土地的共有系其住宅所有权的中心的权利构造，建筑物属于土地，因此系在共有法的架构内考虑团体的拘束。而于日本法上，业主享有对专有部分的所有权、对共有部分的共有份额权、对基地利用权的共有份额权这样三项权利，且此三项权利互相不被包含。故此与德国法不同，其仅在共有法的架构内来把握团体的拘束是困难的，或者说在共有法的架构内并不存在拘束。[3]

1　［日］水本浩、远藤浩、丸山英气编：《公寓法》，日本评论社2006年版，第69页。

2　［日］滨崎恭生："关于建筑物区分所有等的法律及修改不动产登记法的一部的法律的概要"，载《NBL》第12号，第29页。

3　［日］伊藤荣寿："对业主的团体的拘束的根据与界限"，载爱知学院大学论丛《法学研究》第51卷第2号（2010年），第326页。

另外，在日本法上，管理规约的对象并不限于共有部分，而是及于建筑物的全体和基地。亦即，即使作为区分所有权的对象的专有部分也为管理规约的规范范围。对区分所有权本身予以团体的拘束，在学理上是困难的。为此，日本 1983 年修改其《建筑物区分所有权法》时，即创制出业主团体，并尝试使该业主团体的决议之拘束少数业主得以正当化。但是，这个业主团体的意义、内容是不明确的，作为团体的拘束的正当化的根据是不充分的。[1]

最后，在德国法上，对于不公平的管理规约，认可得透过业主大会的多数决决议而将之改易；于日本法上，对于管理、共有部分的轻微变更等得以业主大会的多数决决议而为之的措施，在管理规约先期有规定时，管理规约的规定是优先的。[2]

如前述，我国《物权法》第 76 条、《物业管理条例》第 12 条规定：制定和修改建筑物及其附属设施的管理规约，应当经专有部分占建筑物总面积过半数的业主且占总人数过半数的业主同意。可见我国关于管理规约的制定和修改系采普通多数决议。这一规定表明，立法者系将管理规约的制定和修改作为建筑区划内的一般性、常规性事务。此种以普通多数同意的方式制定和修改管理规约，须同时符合下列两个条件：一是必须获得专有部分占建筑物总面积过半数的业主的同意；二是必须获得占总人数过半数的业主的同意。[3]需指明的是，我国《物权法》的此种规定，与德国法之采一致决、日本法采特别多数决，以及我国《公司法》第 43 条第 2 款所定公司章程的变更应经股东会的特别决议相较，乃失之过宽。之所以如此，系因为管理规约是业主团体（共同体）的最高自治规则，而非一般性、常规性事务，其设立、变更或废止攸关各业主的重大利害，故此采普通多数决是不够的。建议我国编纂民法典物权编抑或制定单行的建筑物区分所有权法时，变更现行立场，而改采多数决中的特别多数决来为管理规约的制定、修改或废止。

1　［日］伊藤荣寿："对业主的团体的拘束的根据与界限"，载爱知学院大学论丛《法学研究》第 51 卷第 2 号（2010 年），第 326 页。

2　［日］伊藤荣寿："对业主的团体的拘束的根据与界限"，载爱知学院大学论丛《法学研究》第 51 卷第 2 号（2010 年），第 327 页。

3　全国人大常委会法制工作委员会民法室编：《中华人民共和国物权法：条文说明、立法理由及相关规定》，北京大学出版社 2007 年版，第 118 页。

（四）法国法

法国将管理规约称为"区分所有规约"（reglement de copropriété），其订定、变更及废止，通常由建筑物区分所有权人的集会决议而为之。关于决议的原则，与日本相同，也有旧法即 1938 年法律与新法即现行《住宅分层所有权法》的分别。在旧法即 1938 年法律上，规约系为确保共同享有及共同管理而设定（第 8 条第 1 项），其设定、变更、追加及修正，系采"二重多数决"（double majorite）原则。亦即，"由区分所有权人的过半数及至少不低于投票权数的四分之三的二重多数组成的集会，对区分所有规约的设定，或对既存规约的追加、修正而予决定"（第 9 条第 2 项）。而在新法即现行《住宅分层所有权法》上，尽管依然采取旧法的二重多数决原则，但表决票数上，乃较旧法有所缓和。该法第 26 条第 1 项之（C）规定，"共用部分的享有、使用及管理的范围内的区分所有规约，其设定、修正，由代表全体投票权的三分之二以上的管理团体构成员的过半数决定"。可见，规约的设定、变更及废止的决议原则，法国现行法较日本现行法的规定更为缓和。

（五）意大利法

如前述，意大利关于建筑物区分所有权法律关系，系由其民法典予以规范。区分所有权人之间的规约，规定于第 1138 条。其规定，规约的设定、变更及废止，需透过建筑物区分所有权人会议方得为之。建筑物区分所有权人的人数超过 10 人时，需订定规约。规约的议决原则与方法，依第 1136 条第 1 项、第 2 项的规定，"由代表整栋建筑物价值三分之二及建筑物区分所有权人三分之二出席所组成的建筑物区分所有权人会议而予决定"。并且，"由至少代表建筑物半数价值的共有权和半数以上共有人通过的决议有效"[1]。

四、管理规约事项

基于私法的意思自治原则，于建筑物区分所有权法领域，各国家或地区通常都较为广泛地认可建筑物区分所有权人的规约自治权利。故而，规约事项通常由

---

[1]　庄金昌："住宅分层所有权之比较法研究"，台北中国文化大学 1984 年 7 月硕士论文，第 140 页。

建筑物区分所有权人间的相互的协议而予确定。惟各国实务上，规约事项常常因区分所有建筑物的规模、用途以及建筑物区分所有权人的生活水准与需要的不同而有别。但无论如何，规约的内容既不得违反强行性、禁止性规定及公序良俗原则，也不得变更或排除建筑物区分所有权的本旨。

依德国《住宅所有权法》，得以规约规范的事项，主要有四：一是特别所有权（专有所有权）及共有物（共用部分）的使用方法与原则；二是建筑物区分所有权人的生活公约（Hausordnung）；三是建筑物区分所有权人将共用部分创设为专用使用权（Sonderbenutzung）；四是其他凡本法无明文特别禁止规定者，皆得成为规约的内容。由此可见，德国法上，建筑物区分所有权人享有广泛的规约（契约）自由权利。[1]

惟应注意的是，由于建筑物区分所有权人间的关系具特殊性，尤其受到共同体关系的拘束，故此德国法于赋予建筑物区分所有权人较为广泛的规约订定权限的同时，也对规约自治原则予以一定程度的限制。依该法及判例，下列情形不得依建筑物区分所有权人间的规约而予排除或变更：（1）该法第 5 条第 2 项有关共有所有权的建筑物部分，而该部分对整个建筑物的维持与安全系必需的；（2）该法第 6 条有关专有所有权不得单独处分的规定；（3）该法第 11 条有关共同关系不可解除的规定；（4）该法第 12 条第 2 项有关建筑物区分所有权人出让建筑物区分所有权，需获得其他建筑物区分所有权人的同意，而其他建筑物区分所有权人拒绝同意需有重大理由的规定；（5）该法第 18 条有关剥夺严重违反义务者的建筑物区分所有权的规定；（6）该法第 20 条第 2 项有关管理人的选任的规定；（7）该法第 27 条第 3 项有关管理人的职务与权限的规定；（8）该法第 43 条以下有关法院的管辖权与非诉程序的规定。[2]

日本《建筑物区分所有权法》规定，规约事项涵括三类：（1）有关因建筑物、基地或附属设施的管理、使用而发生的建筑物区分所有权人相互间的事项，

1　戴东雄："论建筑物区分所有权之理论基础（Ⅱ）"，载《法学丛刊》1984 年第 29 卷第 3 期，第 23 页。关于本部分的内容，本书后述相关章节尚会详细分析，请参考之。

2　戴东雄："论建筑物区分所有权之理论基础（Ⅱ）"，载《法学丛刊》1984 年第 29 卷第 3 期，第 23 页。

除本法业已规定者外，得以规约规定（本法第 30 条第 1 项）。对于一部共用部分的事项，而与建筑物区分所有权人全体无利害关系者，除建筑物区分所有权人全体的规约有规定的情形外，得由共用此部分的建筑物区分所有权人以规约定之（本法第 30 条第 2 项）。此为依规约自治原则，建筑物区分所有权人得积极以规约规定的事项。（2）前述依公证证书设定规约的情形，本法第 4 条第 2 项、第 5 条第 1 项、第 22 条第 1 项但书以及第 2 项但书（涵括同条第 3 项准用上述规定的情形），也应成为规约的内容。（3）除第（1）的情形外，如该法无特别禁止规定，其他事项也得依规约自由原则规定为规约的内容。同时，依日本法与判例，下列内容或规定不得以规约而予排除或变更：（1）建筑物区分所有权法的强制性规定，譬如共用部分不得为建筑物区分所有权人的专有所有权的标的物的规定，建筑物区分所有权人不得为有害于建筑物的保存的行为或其他有违反共同利益的行为，以及有关建筑物区分所有权人的共有持分随其专有部分而处分的规定等；（2）规约不得损害建筑物区分所有权人以外的人的权利，譬如即使依规约减少管理人的报酬，如未经管理人的同意，也不生效力。

法国《住宅分层所有权法》对区分所有规约应规范的事项设有详尽规定。规约事项通常规定于长达 50 页左右的文书中。[1]依该法及实务，规约事项主要有如下五项：（1）建筑物区分所有权人的权利义务。（2）共用部分与专有部分的分野。（3）建筑物区分所有权人间管理费用的分担规则的确定。法国《住宅分层所有权法》与实务关于管理费用的分担的确定较为复杂，即它区隔共用部分的管理费用与共用设施的管理费用两种情形而分别确定。与共用部分有关的管理费用，依由区分所有规约而分配给各区域的持分权来分担，通常以千分比表示。对于共用设施，譬如电梯、集中供暖设备等的管理费用，依各区域是否自该设施得到方便和利益而确定应否承担分担义务。譬如关于电梯，第 1 层的建筑物区分所有人不承担管理费用，层数越高，分担的金额也就越多。（4）建筑物内的生活规则。（5）"区分明细书"（区分状况书，etat descriptifde division）。依法国区分所有现制，区分所有规约应涵括记载各区域的十分详细的区分明细书（区分状况书）。

1　［日］稻本洋之助监修：《公寓管理之考察》，清文社 1993 年版，第 4 页。

其中，对于专有部分与共用部分，规则较为简单。亦即，为特定建筑物区分所有人排他性使用而予保留的建筑物部分，皆为专有部分，其费用由该建筑物区分所有权人单独负担。此外的其他部分，为共用部分。区分所有规约的规定有不明确或发生龃龉时，推定为共用部分。[1]

此外，与德国法、日本法相同，法国法于认可建筑物区分所有权人享有广泛的规约订立自由权的同时，也对此种权利给予了一定程度的限制。此主要表现在，规约的内容不得与住宅分层所有权法相悖。譬如，按照法国《住宅分层所有权法》，如建筑物区分所有权人于规约中规定禁止饲养爱畜，则会违反该法而变成无效。惟规约中可以规定：无论何种情形，爱畜不得扰乱居住者的生活。如未有此条规定而发生问题时，法院可以强制建筑物区分所有权人将自己的爱畜放逸。[2]

美国实务上称规约为"区分所有权人的规约"[3]。该建筑物区分所有权人的规约由建筑物区分所有权人订立，并作为管理的根据。规约中应订明管理机关的组成方式，以及对于管理方法的决定与管理内容等。管理内容，不以共同财产（共用部分）的维护、使用为限，并可及于生活秩序的维持。譬如，1975 年美国佛罗里达州法院于 Hidden Harbour Estates Inc. v. Norman 一案中就表示，只要系以增进全体或大多数建筑物区分所有权人的健康、快乐、安宁的生活为目的的有关共用部分的使用的管理规约，皆属有效。该案是：一涵括 202 个区分单位的区分所有建筑物，于建筑物区分所有权人中的 126 人同意、13 人反对的情形下，通过禁止于共用部分的俱乐部和相关区域内使用含酒精性饮料的管理规则。反对的Norman 等人因此向法院请求制止该项规则的实施。Norman 等人的理由称：此不属于维护生活秩序、维护共同财产和公共利益的事项，而是对自由的不合理的限制。上诉法院反复斟酌，最后裁定：只要与建筑物区分所有权人大多数的生活安宁、快乐、健康有关，对于建筑物区分所有权人的部分自由予以限制的管理规约

1　［日］稻本洋之助监修：《公寓管理之考察》，清文社 1993 年版，第 4—5 页。

2　［日］稻本洋之助监修：《公寓管理之考察》，清文社 1993 年版，第 4 页。

3　何明桢："建筑物区分所有之研究"，台湾政治大学 1983 年 6 月硕士论文，第 89 页。

皆属有效。[1]由此可见，关于规约事项，与其他各国相同，美国区分所有权法制及其判例，不仅对单纯的财产的使用、管理予以规范，且尚对建筑物区分所有权人的共同生活秩序的维持而予规范。

对于规约事项，台湾地区现行"民法"并无规定，惟实务上通常采取列举的方式而确定，主要涵括[2]：（1）不得擅自将住宅出售、出租、出典、赠与或交换；（2）不得擅自变更住宅的原状或增建、改建住宅，以免影响安全；（3）不得将住宅供作非居住性用途或非法使用；（4）住宅区域有关公共设施的管理、维护、保养的费用应按规定按月缴纳；（5）不制造公害、不毁损公物、不高声喧哗及不占用公共场所；（6）不储放易燃物品或爆炸性物品；（7）不饲养家禽、家畜，不丢弃废物或倾倒污水；（8）不利用电梯载运笨重或危险的物品，以策安全；（9）不任意竖立或悬挂广告牌或妨碍观瞻的标志（识），不在当街过道晾晒衣物，不在广场巷弄停放车辆；（10）不践踏草坪，不攀折花木；（11）安装铁窗花架应依指定位置和统一标准的颜色设置；（12）为谋社区的福祉，愿接受管理人员的指导。

比较以上各国家或地区规约事项的基本状况，本书认为，我国将来制定单行的建筑物区分所有权法时，对于规约事项，应吸纳、借镜以上各国家或地区的经验。具体而言，可从如下三方面予以借镜。

第一，规约事项委诸建筑物区分所有权人自由确定，即采规约自治原则与规约自由主义。

第二，规约事项不得与建筑物区分所有权法相抵触，不得违反强制性、禁止性规定与公序良俗原则，并不得排除或变更建筑物区分所有权的本旨。

第三，规约所得规范的事项，具体涵括四类：一是关于建筑物区分所有权人间的基础法律关系（或所有关系）的事项，譬如共用部分的份额比例，共用部分的所有关系（含一部共用部分与全体共用部分、各专有部分分配基地利用权的比例），建筑物灭失（一部灭失）时各建筑物区分所有权人的权利义务等。二是关

1　何明桢："建筑物区分所有之研究"，台湾政治大学 1983 年 6 月硕士论文，第 89—90 页。

2　庄金昌："住宅分层所有权之比较法研究"，台北中国文化大学 1984 年 7 月硕士论文，第 145—146 页。

于建筑物区分所有权人间的共同事务的事项，譬如管理团体的组织机构、人数、权限及营运方式、管理人的选任、任期、解任和职务权限、集会的营运方式（如集会召集的通知、表决权比例与法定人数的变更等）、管理费用的数额及缴纳方法（如缴费日期、迟延利息及存放等）。三是关于调整建筑物区分所有权人间的利害关系的事项。此主要涵括：（1）专有部分的使用限制。专有部分虽为专有所有权的客体，建筑物区分所有权人得任意使用、收益及处分之，但为建筑物全体的保存管理的需要及维持建筑物区分所有权人间的共同体秩序，专有所有权的行使应受一定的限制。譬如重量物、易燃物、爆炸危险物、不洁物、散发恶臭物等皆得以规约规定严禁携入；禁止饲养对其他建筑物区分所有权人构成妨碍或危害的动物；供居住用的建筑物，通常不得供居住以外的目的使用。（2）共用部分（含基地）及附属设施的使用方法。譬如在基地内的1楼住宅，接续一定部分作为该建筑物区分所有权人的专用庭院，或将基地的一部分供作停车场，使拥有汽车的人为有偿或无偿的使用。四是关于对违反义务者的处置事项。如前述，日本法、德国法将之规定于建筑物区分所有权法中，而非规定于管理规约中。我国《物权法》第77条、第83条第2款对此设有规定，但同时应在规约中将《物权法》的此等规定进一步具体化，也就是规定其具体细则。

值得指出的是，我国《物业管理条例》第17条第1款规定了管理规约应当规定的内容范围，其规定："管理规约应当对有关物业的使用、维护、管理，业主的共同利益，业主应当履行的义务，违反管理规约应当承担的责任等事项依法作出约定。"实务中，我国城镇小区（小区）住宅物业管理的管理规约规范的事项一般包括如下三方面：（1）物业的使用，包括规定业主的权利义务、相邻关系、物业的使用原则、物业的装饰装修、物业转让、出租的相关事项、物业的用途、物业使用的其它约定、物业的维修养护、业主提交通讯方式的义务、利用物业共有部分获利的归属、未按规定交付有关费用的责任、业主损害他人合法权益的处理以及业主违反物业使用禁止规定的处理等。（2）物业服务企业的选聘，涵括规定启动选聘程序、表决选聘方式、表决选聘标准、作出选聘决定、实施选聘工作、不能及时选聘的处理。（3）附则，规定业主间矛盾纠纷的调处。业主违反管理规约的约定，业主委员会有权责令行为人改正，拒不改正的，业主委员会可以向人民法院提起诉讼；物业使用人违反管理规约的，相关业主承担连带责任等。

此外，需注意的是，我国现今住宅物业管理实务中的管理规约所规范的事项，常常因区分所有建筑物（商品房住宅、公寓）的规模、用途以及业主的生活水平、文化程度等的不同而有差异。但无论如何，如前述，管理规约的内容不得违反强行法规与违背公序良俗，也不得变更或排除业主间的区分所有权的实质。[1] 关于前者，《物业管理条例》第 17 条第 2 款定有明文，即它规定了管理规约的制定应遵循的基本原则："管理规约应当尊重社会公德，不得违反法律、法规或者损害社会公共利益"。至于后者，解释上应当然认为如此。

五、管理规约的效力

管理规约为建筑物区分所有权人团体的最高自治规则，故此，建筑物区分所有权人大会的决议、管理人的行为等皆不得与之相抵触，否则归于无效。

管理规约的时间效力。管理规约本身若定有生效日期的，自应依其规定，如未定有生效日期的，则应解为自管理规约订定之日起生效。不过，管理规约效力发生前，建筑物区分所有权人的既存利益不得受到侵害。[2]

管理规约对人的效力。管理规约除及于设定当事人外，尚及于建筑物区分所有权人的特定继受人：移转继受人与设定继受人。建筑物区分所有权的受让人即为移转继受人。建筑物区分所有权的承租人、借用人为设定继受人。这些人因不属于管理规约订定、变更、废止的当事人，故仅受管理规约事项中有关使用事项的拘束。换言之，承租人、借用人等区分所有建筑物的专有部分的占有人，依管理规约对建筑物、基地或附属设施的使用方法，负与建筑物区分所有权人相同的义务。[3] 惟需注意的是，德国法与日本法关于管理规约对特定继受人产生效力的要件并不完全相同。根据德国法，管理规约对特定继受人发生效力，需以登记于登记簿加以公示为必要（德国《住宅所有权法》第 10 条第 2 项）；而依日本法，则无需登记，也对特定继受人发生效力（日本《建筑物区分所有权法》第 46 条）。

1　温丰文：《建筑物区分所有权之研究》，三民书局股份有限公司 1992 年版，第 155 页。

2　温丰文："论区分所有建筑物之管理"，载《法学丛刊》1992 年第 37 卷第 3 期，第 35 页。

3　温丰文："论区分所有建筑物之管理"，载《法学丛刊》1992 年第 37 卷第 3 期，第 37 页。

我国 2007 年颁布的《物权法》对管理规约的效力未作规定，但同年经修订的《物业管理条例》第 17 条第 3 款就管理规约对人的效力范围定有明文，其规定："管理规约对全体业主具有约束力。"但其对管理规约对区分所有权（专有部分）的承租人、借用人等区分所有建筑物的占有人是否具有效力并未作出规定。实务中，不少城镇住宅物业小区的管理规约规定：管理规约对本物业管理区域内的各业主和使用人具有约束力。[1] 此系不区分业主与承租人、借用人等物业使用人在区分所有关系和管理规约中的不同法律地位，应系不妥。本书认为，对此应借鉴日本法的经验而予厘定，即管理规约的效力虽然原则上应及于业主及其特定继受人，但承租人、借用人等区分所有建筑物的占有人（设定的继受人、物业使用人）应仅受管理规约事项中有关使用事项（内容）的拘束，也就是说，依管理规约对建筑物、基地或附属设施的使用方法，负与业主相同的义务。进而言之，管理规约所定的所有义务并不都能约束物业使用人，物业使用人承担的义务只能是专属于业主之外的、与使用人的身份紧密相连的、尊重其他业主物权的义务。譬如，必须遵守本物业区域内物业共享部位和公用设备设施的使用、公共秩序和环境卫生的维护；必须按有关规定合理使用水、电、气、暖等设施设备，不擅自拆改等。至于管理规约中所定的与使用物业并不直接相关的义务，则不能约束物业使用人。譬如按规定交纳、管理与使用专项维修资金的义务，参加业主大会并予以表决的义务等，即不能由物业使用人履行或承担。[2]

六、原始管理规约（业主临时公约）的公平性及其效力

原始管理规约，又称业主临时公约，指房屋的开发商或销售商于将区分所有（商品房、公寓）住宅分别让与单个的业主时制定的规约。此种原始管理规约由于大多包含了对商品房住宅的开发商或销售商有利而对业主不利的规定，故其公平性和效力问题就需要加以考虑。需注意的是，关于原始管理规约的设立、成立、登记及得规范的事项，日本《建筑物区分所有权法》设有专门的明文规定；

---

[1] 譬如上海市闵行区某住宅小区的管理规约即如是规定。

[2] 奚晓明主编：《最高人民法院建筑物区分所有权、物业服务司法解释理解与适用》，人民法院出版社 2009 年版，第 225—226 页。

关于原始管理规约的效力、撤销（变更），德国《住宅所有权法》除了对于前述某些事项，认可业主大会的多数决决议具有优先于原始管理规约的效力外，尚认可业主享有变更原始管理规约的不公平内容（事项）的请求权。分述之如下。

（一）日本法

日本《建筑物区分所有权法》第 32 条系关于依公证证书而设立原始管理规约的各项问题的规定。其规定："最初所有建筑物专有部分全部的人，得依公证证书设定第 4 条第 2 项、第 5 条第 1 项与第 22 条第 1 项但书及第 2 项但书（包含此等规定于同条第 3 项准用的情形）的管理规约。"兹将该条规定的立法旨趣、原始管理规约的设立程序与成立、原始管理规约应规范的事项及登记程序分述如下。

1. 立法旨趣

在日本法上，管理规约本来是于复数的业主存在区分所有关系时，为规定他们相互间的共同事项而订立的规则，商品房的开发商、销售商在将商品房住宅销售给业主前单独设立管理规约原则上系不允许。但是，对于一些基础性的法律关系，如规约共有部分、关于基地的权利关系等，在商品房住宅（或公寓）的开发商、销售商向单个的业主销售商品房住宅（或公寓）前，其有无及内容的确定，对于作为商品房住宅的买受人的业主而言，也系十分重要从而很期望的。例如，在区分所有建筑物内存在管理人室、业主的集会室（集会场所）等的场合，此等管理人室、业主的集会室系共有部分还是作为特定的专有部分而被开发商、销售商保留权利，对买受人而言乃是不安的，往后往往会变成纠纷或麻烦。另外，作为区分所有建筑物直接的基地的土地以外的花园、道路、停车场等的土地存在的情形，它们是否仍然被作为建筑物的基地而处理、对待，也往往会变成纠纷或麻烦。由此，日本《建筑物区分所有权法》第 32 条规定：关于规约共有部分和基地的权利关系的四项事项，最初所有建筑物专有部分全部的人，得依公证证书单独设定原始管理规约。[1]

1　［日］水本浩、远藤浩、丸山英气编：《公寓法》，日本评论社 2006 年版，第 75 页。

2. 设立程序与原始管理规约的成立

所谓"最初所有建筑物专有部分全部的人",系指建筑物的区分所有虽然成立,但其任一专有部分都还未分属于单个的业主的阶段,对区分所有建筑物专有部分的全部享有所有权的人。在日本实务中,其绝大多数情形系指建成销售的商品房住宅(或公寓)后、销售开始前的商品房住宅(或公寓)的开发商、销售商。另外,数人共同建筑区分所有建筑物,而共有其专有部分之全部的共有者也属之。[1]

应当指出的是,日本法之所以依公证证书而为此种管理规约的设立,是因为此种管理规约系依无对象方的单独行为而设立,且为了能确实地证明其内容。被设立的管理规约,经由商品房住宅(公寓)的开发商、销售商完成日本《不动产登记法》所定的登记程序,其内容即可拘束将来的业主(商品房住宅、公寓的买受人)及其特定继受人。[2]另外,此种管理规约于公证证书合法作成的时点而成立,登记系对抗第三人的要件。并且,此(原始)管理规约由于也是商品房住宅(公寓)被销售后成为业主(买受人)团体(共同体)的管理规约,所以其变更或废止,一般的管理规约的变更或废止的程序对其是当然适用的。[3]

3. 原始管理规约的规范事项与登记程序

依日本法,原始管理规约所规范的事项被限定为四项,即关于规约共有部分的规定和关于基地的权利关系的三项事项。

(1)日本《建筑物区分所有权法》第4条第2项关于规约共有部分的规定。例如,作为区分所有建筑物内的管理人室、集会室、管理人事务所、集会所、仓库而被建的附属设施等,为了使它们成为共有部分,即可以原始管理规约而明定。此等附属设施自构造、性质上看虽然也可成为(作为)专有部分,但在建筑商、开发商出售而其用途被特定化时,毋宁说期望它们从一开始就明确作为共有部分的人是更多的。[4]需注意的是,为了使该关于规约共有部分的规定具有对抗第

1　[日]水本浩、远藤浩、丸山英气编:《公寓法》,日本评论社 2006 年版,第 75 页。

2　[日]水本浩、远藤浩、丸山英气编:《公寓法》,日本评论社 2006 年版,第 75—76 页。

3　[日]水本浩、远藤浩、丸山英气编:《公寓法》,日本评论社 2006 年版,第 76 页。

4　[日]水本浩、远藤浩、丸山英气编:《公寓法》,日本评论社 2006 年版,第 76 页。

三人的效力，须进行必要的登记。此即日本《建筑物区分所有权法》第4条第2项规定："第1条规定的建筑物部分及附属建筑物，得依规约当成共有部分（规约共有部分）。于此情形，非登记其意旨者，不得以之对抗第三人。"

（2）日本《建筑物区分所有权法》第5条第1项关于管理规约基地的规定。该项规定："区分所有人得将建筑物及与建筑物所坐落的土地成为一体管理或使用的庭院、通路或其他土地，依管理规约当成建筑物的基地。"也就是说，原始管理规约可在建筑物所坐落的土地（底地）以外，将应与该土地（底地）作为一体管理、使用的土地（庭院、通路、停车场等）作为建筑物的基地。这样的基地范围的扩张，作为维持区分所有建筑物的全体的使用价值而系必要的场合乃是不少的，其对于商品房住宅（公寓）的买受人（业主）而言，具有重大的利害关系。[1]

（3）日本《建筑物区分所有权法》第22条第1项规定：基地利用权为数人有所有权或其他权利时，业主不得将其所有的专有部分与该专有部分有关的基地利用权分离而处分。但是，原始管理规约可以设立此一规定的例外，亦即原始管理规约另有订定时，不在此限。

（4）日本《建筑物区分所有权法》第22条第2项规定：业主有数个专有部分时，有关各专有部分的基地利用权的比例，按第14条第1项至第3项所定的比例。但是，原始管理规约可以订立与此比例相异的比例。

最后应指出的是，买受人于确认上述各点后，因为系当然买受商品房住宅（公寓）的各专有部分，所以日本法的依公证证书而设立原始管理规约的做法一般不会损害买受人（业主）的利益，不过此种原始管理规约的设立者应充分确保该管理规约的内容适切、正当及合理。[2]

（二）德国法

如前述，德国为确保原始管理规约的公平性，除规定业主大会对于某些事项作出的多数决议具有优先于原始管理规约的效力外，尚认可业主享有变更原始管理规约的规范事项的请求权。所谓原始管理规约的变更请求权，指业主打算变

1　［日］水本浩、远藤浩、丸山英气编：《公寓法》，日本评论社2006年版，第76页。
2　［日］水本浩、远藤浩、丸山英气编：《公寓法》，日本评论社2006年版，第76页。

更具有不公平的内容的管理规约时，基于诚实信用原则（《德国民法典》第242条），对反对变更管理规约的人，得请求其予以同意的权利。[1]于德国，对于是否认可管理规约的变更请求权而发生争论的案件中，多数系涉及管理费用的分担比例。德国《住宅所有权法》规定：按共有份额的比例来分担管理费用。但是，由于此规定系任意规定，所以原始管理规约可以规定与共有份额比例完全不同的费用分担标准。德国2007年3月26日之前的裁判实务对于费用负担严重不均衡的异常情形，认可了业主变更原始管理规约的请求权。[2]

确实，在德国，管理规约因具有契约的拘束力，所以自保护权利的观点看，应当说是不宜轻易认可变更管理规约的内容（事项）的。但实务中，管理规约大多由商品房住宅（或公寓）的开发商、销售商单方面作成，于这样的场合，即有保护取得住宅所有权的业主的必要。由此，2007年3月26日德国修改其《住宅所有权法》时，以较以往法院判例所认定的承认管理规约的变更请求权的要件更缓和的要件而认可了变更请求权，并认为该2007年的修改法设定关于管理规约的变更请求权的明文规定是必要的。[3]于是，2007年经修改的德国《住宅所有权法》即基于使管理规约的变更请求权的要件明确化及缓和以往法院判例的较严格的要件这样两个目的，对管理规约的变更请求权作了如下的规定："各业主只要考虑个案的所有情形，特别是考虑其他的业主的权利及利益，维持现在的规定而欠缺基于重大的理由的衡平性时，都可请求达成与法律不同的管理规约或变更管理规约"（德国《住宅所有权法》第10条第2项第3句）。这样，2007年3月26日经修改的德国《住宅所有权法》，作为对原始管理规约的有针对性的另一种处理手段（措施），是使变更原始管理规约的请求权得以明文化。

（三）我国法应采取的立场

我国《物权法》和《物业管理条例》对于原始管理规约的设立、公平性及效

---

[1] ［日］伊藤荣寿："对业主的团体的拘束的根据与界限"，载爱知学院大学论丛《法学研究》第51卷第2号（2010年），第317页。

[2] ［日］伊藤荣寿："对业主的团体的拘束的根据与界限"，载爱知学院大学论丛《法学研究》第51卷第2号（2010年），第317页。

[3] ［日］伊藤荣寿："对业主的团体的拘束的根据与界限"，载爱知学院大学论丛《法学研究》第51卷第2号（2010年），第318页。

力等并无规定，但如前述，在我国房地产实务中，由开发商、销售商于分别让与
商品房住宅（或公寓）时设定业主临时公约的情形并不少见，而且实际上我国现
今小区物业管理中的大多数管理规约系由开发商或销售商制定。由此，原始管理
规约的设立（制定）程序、登记、效力以及确保其公平性等，以上日本法依公证
证书而设立原始管理规约的经验很值得我国借鉴、取法。德国法为了确保原始管
理规约的公平性而规定对于某些事项，业主大会的多数决决议有优先于原始管理
规约的效力，以及认可业主享有变更原始管理规约的请求权，均可供我国借镜、
参照，并可作为我国编纂民法典物权编抑或制定单行的建筑物区分所有权法时对
于此等问题的立法解释论。

七、管理规约的保管与阅览

各国家或地区的建筑物区分所有权法及其实务关于规约的保管大多一致，即
由管理人保管。惟于无管理人时，则应由使用建筑物的区分所有权人或其代理人
依管理规约或集会的决议所定的人保管。并且，保管管理规约的人遇有利害关系
人的请求时，除有正当理由外，不得拒绝其对管理规约的阅览。至于管理规约的
保管地点，通常应于建筑物内容易看见的地方揭示。

八、小结

对区分所有建筑物而言，管理系最重要的。日本《建筑物区分所有权法》为
了谋求实现管理的充实化、适正化，曾于 1983 年、2002 年进行过两次修改；德
国自 1951 年制定《住宅所有权法》至今，也对自己的该部法律进行过多次修改。
日本和德国的建筑物区分所有权法对于区分所有建筑物的管理系贯彻实行业主大
会和规约自治主义。在我国，居住于同一栋区分所有建筑物上的业主的文化水
平、经济能力的差异等远远比日本、德国大。另外，德国人和日本人中，日本人
尤其具有很强的集体（团体）观念或意识，而在我国社会中，改革开放 40 年以
来，人们的个人主义的倾向变得较强。但是，由于在区分所有建筑物中，业主团
体（共同体）的优位是首要的、必须的，因此在我国，为了使业主的个人主义
（个别性）与业主的团体（共同体）性能同时两立，保障团体（共同体）性的具

体的管理制度的建立就是必要的、必需的。从当代比较建筑物区分所有权法的理论与实务的经验来看，在区分所有建筑物的管理中，必须重视管理规约的功用。之所以如此，盖因区分所有建筑物的管理的根本、骨骼的东西就是管理规约。另外，为了实际管理区分所有建筑物，除特殊的情况（如仅由极少数的业主构成区分所有建筑物）外，管理规约的订立（设定）都应认为是必需的、不可或缺的[1]。

　　我国自 20 世纪 90 年代初进行住房的商品化改革以来，商品房住宅、公寓等获得大量兴建，迄今已然经过了 20 余年。而所谓商品房住宅或公寓，即是由若干个复数的业主区分所有一栋建筑物的各专有部分、共同所有共有部分的区分所有建筑物。此种区分所有建筑物的权利关系、管理运营的基本规则，系由物权法中的建筑物区分所有权法规定。惟在实际的各个商品房住宅或公寓中，为了有组织及合理地进行管理，维持良好的共同生活秩序，按照每栋或每小区商品房住宅（或公寓）的实际情况而订立（制定）管理规则则是必要的。而此所谓管理规则，主要指的即是管理规约。我国《物权法》第六章关于建筑物区分所有权制度的规定，其立法精神重视全体业主为管理商品房住宅或公寓而构成的业主共同体（团体）本身，并明定由全体业主构成管理团体，依业主大会的多数决决议，就商品房住宅（或公寓）的管理、使用及业主相互间的共同事项以管理规约定之。应指明的是，《物权法》尽管未将管理规约的订立（设立）规定为业主团体当然的必须履行的义务，但实务中大多数的商品房住宅或公寓都订立了管理规约。此重视管理规约的做法值得肯定、倡导。另外，在比较法上，日本还存在供业主设立管理规约时参照的模范的"商品房住宅（公寓）标准管理规约"。本书认为，我国也应引入此制度。建议我国政府的有关部门根据我国实务上的已有经验或做法，创制出供业主设定管理规约时参照的模范的标准管理规约。

　　1　［韩］权承文："中国建筑物区分所有权法的考察"，载千叶大学《法学论集》第 25 卷第 2 号，第 212 页。

第五节 建筑物区分所有权人（业主）管理团体

一、建筑物区分所有权人（业主）管理团体的形成

如前述，建筑物区分所有权的创设，恒以一栋建筑物为其基础。因而，生活于同一栋建筑物上的全体建筑物区分所有权人事实上乃形成一共同体关系。该共同体关系的成员，就人数而言，其往往因建筑物规模的大小而有不同，有的多到数千人，有的仅为数十人；就建筑物区分所有权人的资力而言，有的财才雄厚，大楼中央系统的冷气即使 24 小时全天开放，也毫不在乎，有的却财才有限，即使楼梯间的电费也斤斤计较；就大楼居住者的心态而言，也不一致，长久居住的人期待管理方法尽善尽美，暂时落脚的人则认为管理方法越简单越好，而置产保值者或房屋投机商，因无居住或出租之意，则希望不要负担管理费，等等。于如此复杂的诸种关系上，欲统一全体建筑物区分所有权人及其他居住者的意思，颇为困难。故此，为维护建筑物各部分应有的功能，解决彼此间的纷争，进而维护共同生活秩序，协调彼此间的共同利益，乃需要一超越个人的团体组织，以借该团体组织的力量，妥订管理规约，设置管理机构，处理共同事务。[1]由此，建筑物区分所有权人的团体组织得以形成。此种团体组织即建筑物区分所有权人（业主）管理团体。惟对于该管理团体的法性质，各国家或地区的立法与实务存在较大差异，以下即自比较法的视角而予考量。

二、建筑物区分所有权人（业主）管理团体法性质的比较法考量

（一）法国法

法国《住宅分层所有权法》对于建筑物区分所有权人管理团体（Collectivite）的规定最具代表性意义与价值。其将建筑物区分所有权人管理团体的一般事项规定于第 14 条和第 15 条。依第 14 条的规定，若有二名以上保有建筑物不同部分的建筑物区分所有人，即应存在建筑物区分所有权人管理团体。并且，该二名以上

---

[1] 温丰文："论区分所有建筑物之管理"，载《法学丛刊》1992 年第 37 卷第 3 期，第 28 页。

的建筑物区分所有权人全体于法律上系当然构成团体，并各自成为该管理团体的构成员。[1] 同时，按照该法，该管理团体形式上采取"协同管理团体"（Syndicat Coopératif）的名称，并于区分所有建筑物管理规约中加以记载。该管理团体的法性质，依其规定为享有法人格的团体，即其类如公司，有法律上的行为能力，得实施法律行为，并可进行诉讼活动。[2] 对于该管理团体的此诉讼能力，该法第 15 条第 1 项明定："管理团体具参加以请求和防御为内容的诉讼资格，其诉讼对象连某一特定的建筑物区分所有权人也涵括在内。"

法国《住宅分层所有权法》对于管理团体的以上立场，乃直接由来于法国 1938 年法律第 7 条。[3] 该条规定，各建筑物区分所有权人于法律上得当然成为管理团体的构成员。管理人为管理团体的代表人，诉讼时代表管理团体作为原告或被告。法国《住宅分层所有权法》之所以全盘因袭其 1938 年法律对于管理团体的法性质的规定，一个重要的因由在于，传统上法国法律关于"共有物"的管理通常要求全体一致。[4] 1976 年 12 月 31 日第 76—1286 号法律将对共有物的管理的翔实规定追加到《法国民法典》第 815 条第 3 项中之前，系透过判例来因应共有物管理的全体一致的问题。是年的此条改正法将共有物管理的全体一致加以明确化。惟对于建筑物区分所有权，若有关管理的问题皆需获得全体的一致，则会面临极大的困难。故此，需对一些事项以多数决方式进行管理。如此一来，多数决方式即被作为管理团体的方法与法技术而加以运用。[5]

（二）德国法

对于建筑物区分所有权人管理团体，德国法称为"住宅所有权人共同关系团体"，[6] 即"住宅所有权人共同体"。[7] 德国"住宅所有权人共同体"既涵括由 2 名住宅所有权人组成的情形，也包含由约 1300 名住宅所有权人组成的情形。该共同

1　[日] 星野英一："管理团体"，载其所著《民法论集》（第 6 卷），有斐阁 1986 年版，第 160 页。
2　[日] 稻本洋之助监修：《公寓管理之考察》，清文社 1993 年版，第 4 页。
3　[日] 星野英一："管理团体"，载其所著《民法论集》（第 6 卷），有斐阁 1986 年版，第 160 页。
4　[日] 星野英一："管理团体"，载其所著《民法论集》（第 6 卷），有斐阁 1986 年版，第 160 页。
5　[日] 星野英一："管理团体"，载其所著《民法论集》（第 6 卷），有斐阁 1986 年版，第 161 页。
6　戴东雄："论建筑物区分所有权之理论基础（Ⅱ）"，载《法学丛刊》1984 年第 29 卷第 3 期，第 17 页。
7　[日] 稻本洋之助监修：《公寓管理之考察》，清文社 1993 年版，第 22 页。

体关系的形成，非由强行法规定，且住宅所有权人法律上也不当然结成"住宅所有权人共同体"，而系由住宅所有权人透过契约而结成。[1]此为德国法与法国法、日本法的差异之点。

德国于 2007 年最近一次修改其《住宅所有权法》之前，"住宅所有权人共同体"并无权利能力，故而不具法人格。[2]亦即，权利义务的主体非住宅所有权人共同体本身，而系作为共同体关系成员的单个的住宅所有权人，[3]进而发生诉讼时，非住宅所有权人共同体，而系单个的住宅所有权人成为当事人。[4]

应当指出的是，2007 年前，尽管德国住宅所有权人共同体不具法人格，但实务上，该共同体基于《住宅所有权法》第 21 条的原则性规定，得借集会（《住宅所有权法》第 23 条至第 25 条）与管理人（《住宅所有权法》第 25 条至第 26 条）二机构（organe）而成为有行为能力的组织体（Handlungs organisation）。[5]学理由此认为，由于住宅所有权人共同体具各住宅所有权人在人法上结合成一体的特性，且该人法上的结合超越了普通共有关系，而具浓厚的团体性，故而该复杂的住宅所有权人共同体应解为具"部分权利能力的特别团体"（Teilrechtsfähige Körporschaft）。[6]2007 年德国修改其《住宅所有权法》，认可住宅所有权人共同体实质上具有法人格。

（三）日本法

依日本《建筑物区分所有权法》第 3 条、第 47 条以及第 65 条的规定，建筑物区分所有权人的团体涵括三类：管理团体、管理组合法人以及社区管理团体。其中，管理团体于该法第 3 条中被称为"建筑物区分所有权人的团体"，而实务与学理则称为"非法人管理团体"。[7]管理组合法人规定于该法第 47 条，系指一

1　［日］稻本洋之助监修：《公寓管理之考察》，清文社 1993 年版，第 22 页。
2　［日］稻本洋之助监修：《公寓管理之考察》，清文社 1993 年版，第 22 页。
3　［日］稻本洋之助监修：《公寓管理之考察》，清文社 1993 年版，第 22 页。
4　［日］稻本洋之助监修：《公寓管理之考察》，清文社 1993 年版，第 22 页。
5　［德］J. Bärmann："德国住宅所有权法"，戴东雄译，载《法学论丛》第 13 卷第 1 期，第 173 页。
6　戴东雄："论建筑物区分所有权之理论基础（Ⅱ）"，载《法学丛刊》1984 年第 29 卷第 3 期，第 17 页。
7　［日］玉田弘毅："管理团体"，载《法律时报》第 55 卷第 9 号，第 15 页。

般管理团体（建筑物区分所有权人的团体）于具备一定要件并办妥必要的手续后而成立的具法人格的团体。所谓社区管理团体，也称社区团体抑或社区建筑物所有人的团体，依该法第 65 条的规定，系指"一社区内有数栋建筑物，该社区内的土地或附属设施（包含有关此等权利），属于该等建筑物所有人（有专有部分的建筑物，其建筑物区分所有人）共有时，社区建筑物所有人全体，得为实施社区内的土地、附属设施以及有专有部分的建筑物的管理，组成团体"。鉴于社区管理团体为日本《建筑物区分所有权法》的附属规定，故此本书不予讨论。以下着重研议日本建筑物区分所有权法所定的"建筑物区分所有权人的团体"（管理团体）与"管理组合法人"。

1. 管理团体（建筑物区分所有权人的团体）

此为日本具普遍性的建筑物区分所有权人团体组织，[1] 系区分所有建筑物管理制度的核心（管理团体自治）。[2] 对于其名称，日本《建筑物区分所有权法》第 3 条不称"管理团体"，而称为"建筑物区分所有权人的团体"。惟学理与实务上，二者系为通用的概念，且大多数情形多称为"管理团体"[3]。故此，本书也称其为"管理团体"。

关于管理团体的构成，日本《建筑物区分所有权法》与法国法相同，系规定各建筑物区分所有权人应当然结成管理团体，并得成为该管理团体的构成员。[4] 同时，日本《建筑物区分所有权法》第 3 条又进一步将管理团体分为两类：全体管理团体（或全员管理团体）与一部管理团体（或部分管理团体）。[5] 此点与法国法有别。所谓"全体管理团体"，系指一栋区分所有建筑物中的全体区分所有权人，

1　根据日本学者丸山英气先生提供的信息，日本几乎所有的区分所有建筑物上皆有管理团体，且实行所谓"管理团体自治"。管理团体，通常系作为区分所有对象的建筑物于按单元出售时，由出售者的倡议而结成。对此，请参见日本学者稻本洋之助监修：《公寓管理之考察》，清文社 1993 年版，第 57 页。

2　[日] 稻本洋之助监修：《公寓管理之考察》，清文社 1993 年版，第 57 页。

3　[日] 稻本洋之助：《民法Ⅱ》（物权），青林书院新社 1983 年版，第 331 页。

4　[日] 稻本洋之助："区分所有的法理——法构造的变化"，载《法律时报》第 55 卷第 9 号；日本滨崎恭生于"区分所有权法改正的要纲试案"的座谈会上的发言，载日本《法学家》第 774 号，第 14 页。

5　[日] 玉田弘毅："管理团体"，载《法律时报》第 55 卷第 9 号，第 15 页。

为进行建筑物及其基地以及附属设施的管理而结成的管理团体，亦即，一栋区分所有建筑物上，以全体建筑物区分所有权人为构成员而成立的管理团体；[1] 一部管理团体，系指于明显仅供一部分建筑物区分所有权人共同使用的共用部分（一部共用部分）的情形，以该一部分建筑物区分所有权人为构成员而成立的管理团体。

对于以上管理团体的法性质，日本《建筑物区分所有权法》未作明定。故此，学理上乃有不同的主张，归结起来，计有四说：（1）合伙说，认为该管理团体为一合伙形态的组织，应适用《日本民法》第7条以下有关合伙的规定。[2] 主张此说者系以石田喜久夫为代表。[3]（2）无权利能力的社团说，认为该管理团体为一无权利能力的社团。主张此说者系以稻本洋之助与右近健男为代表。[4]（3）折中说。此说为玉田弘毅的旧说，认为该管理团体应视其规模、目的而定其特性。若仅对建筑物物理的设施加以管理，而成为"物的管理团体"的，其应属于合伙；若除对建筑物物理的设施加以管理外，尚对建筑物区分所有权人所为的居住行为予以管理而成为"居住者团体"的，应解为无权利能力的社团。[5]（4）非法人团体说，也称区别否定说。此为玉田弘毅的新说，认为建筑物区分所有权人的管理团体的法性质究竟属于社团，抑或属于合伙，不独实际分类上有其困难，且理论上进行此种区别也殆无可能，故而倒不如否定其界分（区分），而径认为其属于单纯的非法人团体。[6]

以上关于管理团体的法性质的四种学说中，自1962年日本旧《建筑物区分所有权法》颁行以降，第二说即无权利能力的社团说一直占据支配地位，1983年日本修改旧《建筑物区分所有权法》而制定新《建筑物区分所有权法》时，此说进

1　[日]玉田弘毅："管理团体"，载《法律时报》第55卷第9号，第15页。

2　[日]丸山英气编：《区分所有权法》，大成出版社1984年版，第223页。

3　[日]石田喜久夫："区分所有权"，载[日]金泽良雄等编：《住宅问题讲座3·住宅关系法Ⅱ》，有斐阁1970年版，第160页。

4　[日]稻本洋之助："区分所有的管理与规约（Ⅰ）"，载《不动产鉴定》第8卷4号，第59页；[日]右近健男："区分所有与管理"，载《法律时报》第43卷11号，第121页。

5　[日]玉田弘毅："建筑物区分所有的管理的基本问题"，载《时的法令》第824号，第33页。

6　[日]玉田弘毅：《建筑物区分所有权法的现代课题》，商事法务研究会1981年版，第84页以下。

一步获得多数学者与立法机关的支持，成为事实上的通说。[1]

此外，值得指出的是，对于管理团体（建筑物区分所有权人的团体），日本《建筑物区分所有权法》与学理尽管皆认为其为无权利能力的社团，惟依《日本民事诉讼法》第 46 条的规定，非法人的社团抑或财团设有代表人或管理人时，得以其名义起诉或被诉。故而，此无权利能力的管理团体依《日本民事诉讼法》的规定，仍具诉讼当事人能力，此点应予注意。

2. 管理组合法人

此为日本建筑物区分所有权人管理团体组织的另一种形态，其系由管理团体演变而来，但又与管理团体的成立不同，即不得当然成立。

依日本《建筑物区分所有权法》第 47 条第 1 项的规定，管理组合法人需具备如下要件，方可成立：由建筑物区分所有权人及表决权各四分之三以上的多数的集会决议，决定成立法人，规定其名称和办公住所，并于主要办公住所所在地进行登记。

对于依以上要件而成立的管理组合法人，根据日本《建筑物区分所有权法》第 47 条第 7 项的规定，应准用《日本民法》有关法人的规定。也就是说，《日本民法》第 43 条、第 44 条、第 50 条、第 51 条、第 52 条第 2 项、第 54 条至第 56 条、第 59 条、第 73 条至第 76 条、第 78 条至第 82 条，皆得准用于该管理组合法人。尽管如此，管理组合法人仍然不完全等同于《日本民法》的一般法人。[2]其非属公益法人，[3]而系中间法人。[4]不过，依日本《法人税法》[5]及其他有关法人税的适用的规定，管理组合法人乃被视为《法人税法》第 2 条第 6 项所定的公益法人。[6]

1　［日］滨崎恭生："关于建筑物区分所有等法律的改正概要"，载日本《法学家》第 795 号（1983 年 7 月 15 日），第 13 页；［日］小沼进一："区分所有者团体的法律性质"，载［日］丸山英气编：《区分所有权法》，大成出版社 1984 年版，第 223—224 页。

2　［日］玉田弘毅："管理团体"，载《法律时报》第 55 卷 9 号，第 15 页。

3　所谓公益法人，为系与营利法人相对应的一种法人，指以谋求社会公共利益，而不以营利为目的的法人。譬如学术、宗教、慈善等团体，皆属之。当代各国家或地区，公益法人的设立通常需经主管机关的许可。

4　所谓中间法人，指既不以公益为目的，也不以营利为目的的法人。

5　1965 年法律第 14 号公布。

6　参见日本《建筑物区分所有权法》第 47 条第 10 项。

（四）美国法

美国建筑物区分所有权法制称建筑物区分所有权人管理团体为"公寓所有人协会"。该公寓所有人协会并不具公司法人的人格，[1]亦即法律上并无法人格。

不过，关于公寓所有人协会并无法人格的立场，早在20世纪70年代即面临来自判例实务方面的重大挑战。在著名的White v. Cox一案中，美国加利福尼亚州上诉法院就认为公寓所有人协会（建筑物区分所有权人管理团体）具法人实体的特性，从而作出与现行法制相悖的判决。该案是：原告Ronald White在某日沿建筑物区分所有公寓大厦人行道走向庭院中的游泳池，忽然间因绊到置放于庭院的喷雾器而摔倒受伤。该喷雾器因被庭院过长的花草遮蔽而无法看见。故此，Ronald White乃对该公寓所有人协会疏于整修草地的行为提起诉讼，请求过失侵权行为的损害赔偿。[2]惟该公寓所有人协会系一未经法人登记的组织，由每一公寓所有人（建筑物区分所有权人）组成，并由全体公寓所有权人（建筑物区分所有权人）选出的委员代为执行管理业务，负责管理整修共有财产（共用部分），涵括整修公共地域的地面等。传统法律理论下，其应属共同事业的范围，每一成员应对协会的管理行为负责，故此对协会的损害赔偿诉讼，其效果即会归结于每一成员。根据此推论的结果，Ronald White等于对自己提起诉讼，其诉讼根据传统规则应不允许。但是，上诉法院排除传统理论法则，坚持认为公寓所有人协会具法人实体的特性，从而准允了Ronald White的请求。[3]

加州上诉法院的以上判决，激起学理的诸多议论。学理认为，基此判决的结果，原告将来抵押被告（公寓所有人协会）的财产时，可能查封该协会所有人的专有部分，造成极不合理的结果，由此影响成千上万的建筑物区分所有权人。[4]学理遂主张，应借特别立法，解决类似纠纷，以保障其他建筑物区分所有权人的权

1　Edwin G. Alford, White V. Cox, "Tort Action Against the Condominium Association—Implication for the Individual owner", 8 *CAL. Western L. Rev.* 546（1972）.

2　Thomas J. Nussbewm, "The failure of Private Approches to the Statutory Void: Which Way Now for the California Condominium?", 10 *CAL. Western L. Rev.* 359（1974）.

3　何明桢："建筑物区分所有之研究"，台湾政治大学1983年6月硕士论文，第127—128页。

4　Edwin G. Alford, White V. Cox, "Tort Action Against the Condominium Associatio—Implication for the Individual Owner", 8 *CAL. Western L. Rev.* 546（1972）.

益。这里也就彰显出管理团体法人化乃系美国社会的一项必要需求，并确有必要。[1]

（五）新加坡法

新加坡《土地权源（区分所有）法》（1988 年修订）第 158 章称建筑物区分所有权人团体为"管理团体"。[2]根据该法的规定，该"管理团体"于建筑物区分所有权人于权源登记官的"区分所有权一览书"上进行登记时，就自动设立，而区分所有建筑物的全区域的全体建筑物区分所有权人也就自动地成为管理团体的成员。[3]

关于该管理团体的性质，根据新加坡法，其系具法人格的实体，且具永续性。该管理团体可以缔结契约，或就涉及共同所有的财产的事宜，担任诉讼的原告或被告。也就是说，因契约或其他问题遭受损失或损害时，该管理团体也能提起诉讼。当区分所有建筑物因第三人的行为受到损害时，则由管理团体透过向法院提起损害赔偿诉讼而求得解决。[4]

（六）我国台湾地区民间实务上的管理委员会

我国台湾地区"民法"第 799 条与第 800 条并无关于建筑物区分所有权人管理团体的规定。但于民间实务上，却有与此相当的管理组织，称为"管理委员会""自治会"或"互助会"等。[5]根据台湾"内政部"营建署委托中华征信所所做的"台湾高楼及住宅社区管理与维护方案的研究报告"，其民间实务采管理委员会方式者达 92%。[6]进而，管理委员会成为台湾民间实务中建筑物区分所有权人管理团体组织的基本形态。惟此管理委员会与日本法、法国法、德国法上的建筑物区分所有权人管理团体或住宅所有权人共同体存在差异。于管理委员会，其组成并非由全体建筑物区分所有权人当然构成，而系由建筑物区分所有权人全体互选 5 至 10 人作为委员而构成。通常而言，区分所有建筑物的每一层需选出一人作

1　何明楨："建筑物区分所有之研究"，台湾政治大学 1983 年 6 月硕士论文，第 129 页。
2　［日］稻本洋之助监修：《公寓管理之考察》，清文社 1993 年版，第 33 页。
3　［日］稻本洋之助监修：《公寓管理之考察》，清文社 1993 年版，第 33 页。
4　［日］稻本洋之助监修：《公寓管理之考察》，清文社 1993 年版，第 37 页。
5　［日］稻本洋之助监修：《公寓管理之考察》，清文社 1993 年版，第 44—45 页。
6　温丰文："论区分所有建筑物之管理"，载《法学丛刊》1992 年第 37 卷第 3 期，第 26 页。

为委员。管理委员会中，一人为主任委员，代表管理委员会，其余则分别为财务、事务、安全以及环境委员。就管理效果而言，由于该类管理委员会秉持的组织章程与管理规约无法可据，故此，执行业务的效果乃完全取决于建筑物区分所有权人内在意识的认同程度，几无强制力可言，致使效果不彰。[1]

台湾民间实务的管理委员会的法律地位与特性，依台湾地区"法制"，并不明确。惟依台湾地区"最高法院"所作"倚虹园大厦管理委员会"一案的判决，该类管理委员会系为不具当事人能力的非法人团体。[2]之所以如此，其因由是：该管理委员会仅按时向各住户收取管理费、清洁维护费，支付管理人员的薪金、水电费、停车场以及升降机维护费等，属于代支代付的性质，不具当事人能力。[3]

三、比较分析结论

（一）关于名称

各国家或地区建筑物区分所有权法对于由建筑物区分所有权人（业主）组成的管理团体组织的名称未尽一致。日本界分不同情况而分别称为"区分所有权人的团体""管理组合法人"以及"社区管理团体"，法国与新加坡径称为"管理团体"，美国称为"公寓所有人协会"，台湾民间实务称为"管理委员会""自治会""互助会"。这些名称中，自语义学与科学性的视角判定，当以法国、新加坡所称的"管理团体"名称为最优，我国将来制定单行的建筑物区分所有权法时宜采此名称。

（二）管理团体法性质的四种模式及其发展趋向

各国家或地区建筑物区分所有权法关于管理团体的法性质，约可归结为以下四种模式。

1. 不具法人人格的团体

譬如台湾地区民间实务的管理委员会，即为不具法人人格的团体。

2. 具法人人格的团体（法国、新加坡模式）

此以法国《住宅分层所有权法》与新加坡《土地权源（区分所有）法》最

1　温丰文："论区分所有建筑物之管理"，载《法学丛刊》1992 年第 37 卷第 3 期，第 33 页。

2　参见台湾地区"最高法院"1970 年度台上字第 3952 号民事判决。

3　林永汀："公寓大厦之当事人能力"，载《法令月刊》1987 年第 38 卷第 9 期，第 15 页。

具代表性，又称法国、新加坡模式。此模式不区分情形的不同，而一律认可建筑物区分所有权人的管理团体具法人格。此外，我国香港特别行政区也属此种模式。

3. 管理组合法人（附条件的法人格模式）

此以日本《建筑物区分所有权法》最具代表性，又称日本模式。此种模式，究其实质，系一种附条件的承认管理团体为法人的模式。其与法国法、新加坡法及德国法相较，又属于一种折中主义的模式。盖其规定，"由区分所有权人及表决权各四分之三以上的多数的集会决议，决定成立法人，规定名称和办公住所，并在主要办公住所所在地进行登记"的，即成为具法人格的管理组合法人（第 47 条）。

4. 判例实务上的法人格

此以美国最具代表性，又称美国模式。美国传统法律理论不认可建筑物区分所有权人管理团体（公寓所有人协会）具法人格，惟经美国法律理论与社会情势的长久变迁，美国法院最终于 20 世纪 70 年代作出判例，表明认可该类团体具法人格。迄今，建筑物区分所有权人管理团体（公寓所有人协会）具法人格已于美国判例上获得较普遍的认可。

综据以上分析，可以明了，管理团体法人化乃系现今各国家或地区立法与实务的共同趋向。管理团体法人化后，每一建筑物区分所有权人皆当然成为管理团体的构成员，进而建筑物区分所有权人间的管理规约就成为此法人组织的章程，其效力不仅拘束每一建筑物区分所有权人，且对其继受人也得拘束。我国将来制定单行的建筑物区分所有权法时，也应沿管理团体法人化的方向前行。

（三）管理团体法人化的法律利益与弊端

1. 管理团体法人化的法律利益

区分所有建筑物的管理，本于全体建筑物区分所有权人的利益，对第三人或部分建筑物区分所有权人有所交涉或诉讼时，管理团体是否具法人格，是否可以独立提起诉讼或应诉，是否可以独立取得权利、负担义务等，即系建筑物区分所有权人管理团体法人化的问题。[1]管理团体具法人格时，于建筑物区分所有权制度下，乃具如下法律利益：

1　何明桢："建筑物区分所有之研究"，台湾政治大学 1983 年 6 月硕士论文，第 126 页。

（1）管理团体可以自己的名义对外为法律行为，对于取得权利和订立契约皆极为有利。就取得权利而言，首先是能够增加储蓄存款。利用管理团体的名义，能够避免代表人二年或三年普遍更迭而带来的每次变化皆要改变其名义的不便。其次，对取得电话加入权也有利。就订立契约而言，以管理团体的名义对外缔结契约，譬如关于共用部分的修缮的契约以及其他承包契约，乃至于管理委托契约等，以管理团体的名义皆系十分方便。[1]

（2）管理团体具法人格时，管理团体自身就成为权利义务的归属点，有关管理团体的各种法律关系乃当然变得明确、清晰。并且，管理团体的财产与管理人个人的财产也获得明确的分隔。此外，由于管理团体的存在及其代表人的资格皆因法人登记而获公示，故此，第三人在与管理团体为交易行为时，也具便利性、安定性。[2]

（3）区分所有建筑物将来进行改建或重大修缮时，管理团体具法人格，对于接受金融部门的融资也十分方便。管理团体具法人格时，可以管理团体法人的名义为之，此对全体建筑物区分所有权人而言，可谓便捷。[3]

（4）赋税方面，管理团体具法人格时，可以直接以管理团体法人的名义为之，对建筑物、土地征收各种税费时也较方便。[4]

（5）管理团体具法人格时，对单个建筑物区分所有人征收管理费、请求其停止违反义务的行为，以及根据情形的不同而请求损害赔偿等，也十分方便。并且，涉及诉讼事务时，可以管理团体的名义直接起诉或应诉。[5]

管理团体法人化具有的以上五个方面的法律利益，系我国将来制定单行的建筑物区分所有权法时确立管理团体的法性质所应着重考量的因素。易言之，确立我国管理团体的法性质，一个重要的基础即是应当考量各国家或地区建筑物区分

1　[日]星野英一："管理团体"，载其所著《民法论集》（第6卷），有斐阁1986年版，第65页。

2　日本法务省民事局参事官室："区分所有权法改正要纲试案说明"，载日本《法学家》第774号，第45页。

3　何明桢："建筑物区分所有之研究"，台湾政治大学1983年6月硕士论文，第126页。

4　何明桢："建筑物区分所有之研究"，台湾政治大学1983年6月硕士论文，第126页。

5　[日]星野英一："管理团体"，载其所著《民法论集》（第6卷），有斐阁1986年版，第65页。

所有权立法与实务中管理团体向法人化方向发展的基本趋向，以及管理团体法人化具有的法律利益。

2. 管理团体法人化的弊端

管理团体法人化尽管具以上法律利益，但也应看到，管理团体法人化也会有诸多弊端，其中最为重要者，乃系管理团体法人的设立、对其监督以及私法上的财产责任问题，尤其是对区分所有权制度的财产归属理论产生的重大影响。故此，即使美国业已透过判例而事实上认可了管理团体的法人格，其学理迄今仍颇有微词。[1]并且，美国判例认可管理团体（公寓所有人协会）的法人格，也系经过法律理论与社会情势的长久变迁的结果。在较早的 1938 年 Coleman v. California Yearly Meeting of Friends Church 一案中，美国法院乃以原告为被告教会之一员，二者之间存在共同利益、为共同事业（Joint Enterprise）而认原告不得对被告提起诉讼。该案事实是：原告为被告教会的一员，志愿为教会营造议事厅，结果在营建当时，天花板掉下，击中原告和其他志愿工作的会员。原告遂以被告教会缺乏维护为由而提起过失侵权行为的损害赔偿诉讼。往后，于 1948 年的 Neuber v. Royal Realty Co. 一案中，美国法院也采相同理论而驳回了原告的请求。在 1962 年的 Marshall v. International Longshoremen's and Werehousemen's Union 一案中，美国法院认为，该劳工联盟与其会员于主体上有别，且其管理系由会员选出的代表负责，管理性质远在会员之上，故此该劳工联盟应视为于联邦法律下有独立人格的主体，对于疏于管理停车场，致使原告 Marshall 碰及混凝土的阻碍物摔倒受伤，应负损害赔偿责任。[2] White v. Cox 一案即是本此理论而来。可见，管理团体法人化并非一步即可全部到位，而需有一个长期的演变过程，认可管理团体的法人化乃不得不慎重。

立基于以上分析，本书认为，我国将来制定单行的建筑物区分所有权法时，对于管理团体的法性质，一方面应紧跟管理团体法人化的基本趋向，建立与各国家或地区基本相通的管理团体制度；另一方面，为避免我国法律理论的过大更张，又不能急于一步完全到位，而应采慎重立场，逐渐实现之。

---

[1] Comments, 8 *California Western Law Review* 359 (1974).

[2] 何明桢："建筑物区分所有之研究"，台湾政治大学 1983 年 6 月硕士论文，第 165—166 页。

第十章

区分所有建筑物的管理（二）

第一节　建筑物区分所有权人（业主）管理团体的机关

一、概要

上一章对区分所有建筑物的管理方式、管理内容、管理规约以及建筑物区分所有权人管理团体的法性质等作了论述。本章将继续这一进程，对建筑物区分所有权人管理团体内部的管理机关作比较法上的考量、分析。由此之故，本章乃系对上一章的继续与深化。

上一章对建筑物区分所有权人的管理团体的论述表明，建筑物区分所有权人管理团体的法性质，计有四种模式。无论此四种模式之间存在多大的差异，它们于皆设有与其相应的管理机关这一点上系相同。故此，对这些模式下设立的管理机关进行比较法上的考量、评析，实具重要价值与意义。

二、各国家或地区法上管理机关的种类的比较法考量

（一）德国法

德国《住宅所有权法》称管理机关为"管理组织"。该法第 20 条第 1 项规定，共用部分的管理责任属于住宅所有权人与管理人。于被任命的情形，也属于管理顾问会。可见，依德国《住宅所有权法》，对共用部分进行管理的机关有四：住宅所有权人、住宅所有权人会议、管理人以及管理顾问会。

1. 住宅所有权人

将住宅所有权人明定为共用部分的管理机关，系德国《住宅所有权法》的创造。该法第 21 条第 1 项规定，除本法或住宅所有权人之间另有约定外，共用部分的管理属于全体住宅所有权人。此表明，对共用部分的管理系住宅所有权人的义务。故此，采取管理措施时，需以获得全体住宅所有权人的同意为必要（一致决）。惟下述情形，则无须获得全体住宅所有权人的一致同意。

（1）秩序正当的管理措施。秩序正当的管理，系指总体上有益于共同生活的共同秩序，抑或基于公平裁量，符合于住宅所有权人的全体利益。[1]住宅所有权人采取的措施是否符合秩序正当的管理，通常应考虑个案的情形与事情原委后，立基于一般社会观念而判定。程序上，依《住宅所有权法》第 21 条第 3 项的规定，共用部分秩序正当的管理措施，可依多数决而定之，也就是由住宅所有权人以集会方式，由出席者投票的单纯多数而决定。同时，依第 21 条第 5 项，下列情形可依多数决议决而为合于住宅所有权人的全体利益的秩序正当的管理行为：一是订立住宅使用细则。二是对共用部分的秩序正当的维持修缮。此维持修缮，主要系指回复、维持原始状态。德国新近的学理认为，因新技术的开发而引起的便捷性的提高意义上的改善情形，也应涵括在内。惟无论如何，此种价值的增进、改良，需以维持修缮措施的必要为前提。譬如，有修缮电气设施的必要的情形，由于改善，就能提高（增大）该设备的负荷量。相反，电气设备未有修缮的必要时，该设备负荷量的增大需以全体住宅所有权人的同意为必要。[2]三是以重建价格为共用部分投火灾保险，以及就房屋与土地所有权人的责任，为住宅所有权人投相当的保险。[3]四是积存相当的维护准备金。此准备金专门用于共用部分的维持修缮，故不得用于并非维持修缮的建筑物的变更。[4]五是制作经营计划。[5]六是容忍所有的有利于住宅所有权人的必要设施，譬如装接电话接收设备、广播接收设施

1　[日] 稻本洋之助监修：《公寓管理之考察》，清文社 1993 年版，第 26 页。
2　[日] 稻本洋之助监修：《公寓管理之考察》，清文社 1993 年版，第 26 页。
3　[日] 稻本洋之助监修：《公寓管理之考察》，清文社 1993 年版，第 26 页。
4　[日] 稻本洋之助监修：《公寓管理之考察》，清文社 1993 年版，第 26 页。
5　[日] 稻本洋之助监修：《公寓管理之考察》，清文社 1993 年版，第 26 页。

以及能源供给设施等。[1]

（2）建筑上的变更。根据德国《住宅所有权法》第22条第1项后句的规定，建筑上的变更不致使其他住宅所有权人的权利遭受完全侵害或些许侵害的，该措施无需征得其同意。但增设停车场的情形，此作为建筑上的变更乃需获得全体住宅所有权人的同意。并且，任何住宅所有权人于未获得其他住宅所有权人的同意时，原则上不得变更共用部分，尤其是不得变更建筑物的外观，譬如于外壁上凿孔即被禁止。此外，未获得其他住宅所有权人的同意时，也不得变更窗户。[2]

（3）住宅所有权人实施的紧急措施。德国《住宅所有权法》第21条第2项规定，各住宅所有权人无需经其他住宅所有权人的同意，而有权采取防止共用部分遭受紧迫损害的必要措施。[3]

（4）秩序正当管理请求权。[4]

2. 住宅所有权人会议

依德国《住宅所有权法》，住宅所有权人会议由各住宅所有权人当然参与。该机关为强制必设机关，系法律上的最高管理机关，由其决定管理方针与方法，并选任管理人、管理顾问会以及订立管理规约等。[5]

3. 管理人

依德国《住宅所有权法》，此为不可或缺的执行管理业务的必要机关，由建筑物区分所有权人中的一人或第三人担任，抑或由法人担任；原则上依住宅所有权人会议的多数决选举而产生，任期最长为5年，可以连任。管理人出缺而无法立时补选时，法院可根据住宅所有权人抑或有正当利益的第三人的申请，指定管理人。管理人通常采取轮流制，惟于住宅所有权人人数众多或设备的操作需有特

1　［日］稻本洋之助监修：《公寓管理之考察》，清文社1993年版，第26页。

2　［日］稻本洋之助监修：《公寓管理之考察》，清文社1993年版，第26页。

3　［日］稻本洋之助监修：《公寓管理之考察》，清文社1993年版，第27页。

4　［日］稻本洋之助监修：《公寓管理之考察》，清文社1993年版，第26页。

5　［日］柚木馨："比较法上的建筑物区分所有权"，载《民商法杂志》第44卷第1号（1961年），第22页。

别知识抑或技术时，可设置特定管理人。[1]

4. 管理顾问会

此为与住宅所有权人、住宅所有权人会议以及管理人并列的第四机关。[2] 依德国《住宅所有权法》，此为非必设机关。管理委员会系由 3 名委员组成。3 名委员中，通常由作为住宅所有权人的一人担任主席，另 2 名住宅所有权人担任委员。实务中也存在非住宅所有权人而系由第三人经任命而作为管理顾问会委员的情形。[3]

（二）法国法

法国《住宅分层所有权法》称建筑物区分所有权人管理团体的管理机关为"区分所有制度的机关"[4]。按照该法，作为法人的管理团体的内部设有三个具体执行其运营的管理机关：建筑物区分所有权人大会（总会）、管理人以及管理团体参事会。

1. 建筑物区分所有权人大会（总会）

法国法称建筑物区分所有权人大会为"总会"。[5] 该总会为意思决定机关，其权限为认可会计、通过经费的预算，以及决定应否提起诉讼等。总会应一年召开一次大会，通常由管理人、管理团体参事会召集。此外，也有由建筑物区分所有权人提出要求而召开总会的。由于法国《住宅分层所有权法》未规定出席总会乃系建筑物区分所有权人的义务，故此，除非讨论极为重要的事项，否则总会的缺席率通常都较高。[6]

2. 管理人

此为法国法上极其重要的机关，其被授予相当的权限，法律上代表全体建筑物区分所有人，其地位犹如管弦乐队的指挥。[7] 管理人的选任，以总会的单纯多数

1　［日］柚木馨："比较法上的建筑物区分所有权"，载《民商法杂志》第 44 卷第 1 号（1961年），第 22 页。

2　［日］稻本洋之助监修：《公寓管理之考察》，清文社 1993 年版，第 30 页。

3　［日］稻本洋之助监修：《公寓管理之考察》，清文社 1993 年版，第 30—31 页。

4　［日］稻本洋之助监修：《公寓管理之考察》，清文社 1993 年版，第 5 页。

5　［日］稻本洋之助监修：《公寓管理之考察》，清文社 1993 年版，第 6 页。

6　［日］稻本洋之助监修：《公寓管理之考察》，清文社 1993 年版，第 5 页。

7　［日］稻本洋之助监修：《公寓管理之考察》，清文社 1993 年版，第 72 页。

决的决议而定之。实务上将专家（财产管理业者）选任为管理人的情形较多。非专家的情形，该管理人需为建筑物区分所有权人的一员。[1]充任管理人的对象，既有管理公司被选任的情形，也有建筑物区分所有权人中的一人被选任的情形。管理人为建筑物区分所有权人中的一人的情形，该建筑物区分所有权人不得作为参事会的构成员。[2]

3. 管理团体参事会

此为法国法的另一管理机关，系一切建筑物区分所有权人管理团体必须选出的，对管理人予以辅佐、监督、牵制的监督机关、咨询机关。

（三）日本法

日本法对于管理团体的管理机关的设置，区分一般管理团体与管理组合法人而有差异。兹分述如下。

1. 一般管理团体的管理机关

根据日本《建筑物区分所有权法》第25条至第46条的规定，一般管理团体的（管理）机关主要有集会与管理人。

（1）集会。此为一般管理团体的重要机关，法律上作为建筑物区分所有权人的总会的地位而存在，系管理团体的最高意思决定机关。依照日本《建筑物区分所有权法》第34条第1项至第3项的规定，集会由管理人召集。建筑物区分所有权人有五分之一以上，且表决权也有五分之一以上时，得向管理人表明会议的目的事项，请求召集集会。

（2）管理人。此为代表管理团体的业务执行机关，其选任由建筑物区分所有权人以集会决议而定之，[3]任期为1年。实务上，由于对基地的管理等复杂的专业性工作于实操上存在诸多困难，故此，又有透过与专业的管理公司签订契约，而将建筑物、基地的管理的全部或一部委托给管理公司管理的情形。[4]此外，依照日本《建筑物区分所有权法》第27条第1项的规定，"管理人在管理规约有特别规

1　［日］稻本洋之助监修：《公寓管理之考察》，清文社1993年版，第6页。
2　［日］稻本洋之助监修：《公寓管理之考察》，清文社1993年版，第72页。
3　［日］稻本洋之助监修：《公寓管理之考察》，清文社1993年版，第58页。
4　［日］稻本洋之助监修：《公寓管理之考察》，清文社1993年版，第59页。

定时，得所有共用部分"。并且，管理人于其职务范围内与第三人所为的行为，建筑物区分所有权人应分担其责任的比例。比例的算定，依照《建筑物区分所有权法》第 14 条所定的共有持分的比率基准。不过，以管理规约对建筑物及其基地以及附属设施的管理所需的经费定有负担的比例时，依其所定的比例。

2. 管理组合法人的管理机关

根据日本《建筑物区分所有权法》，管理组合法人的管理机关有三：集会、理事以及监事。兹分述如下。

（1）集会。亦即，建筑物区分所有权人大会系管理组合法人的意思机关。管理组合法人特有的集会议决事项有：理事的选任与解任（第 49 条第 7 项）、理事的代表权的限制（第 49 条第 4 项）、监事的选任与解任（第 50 条第 3 项）、管理组合法人的解散（第 55 条第 1 项）、管理组合法人的诉讼（第 57 条第 2 项、第 58 条第 2 项、第 59 条第 1 项、第 60 条第 1 项）。此五项决议事项中，前三项为相对决议事项，后两项为必要决议事项。

（2）理事。根据日本《建筑物区分所有权法》，理事为管理组合法人的必设机关（第 49 条第 1 项），其相当于一般管理团体下的管理人，地位上代表管理组合法人。[1]根据日本历来的通说，理事仅可由自然人充任。[2]理事的任期，依该法第 48 条第 5 项的规定，仅得为 2 年。惟以管理规约，于 3 年以内定有期间时，从其所定。并且，理事缺额或管理规约所定理事人数缺额时，任期届满或因辞职而退职的理事，于重新选任的理事就职前，仍执行其职务（该法第 49 条第 6 项）。

（3）监事。与理事相同，监事也为管理组合法人的必设机关，系对法人的业务执行监督。[3]故此，监事不得兼任理事或管理组合法人的使用人（第 50 条第 2 项）。并且，于管理组合法人与理事存在利害相反的事项时，监事代表管理组合法人（第 51 条）。

---

1 ［日］玉田弘毅："管理团体"，载《法律时报》第 55 卷第 9 号，第 19 页。
2 ［日］玉田弘毅："管理团体"，载《法律时报》第 55 卷第 9 号，第 19 页。
3 ［日］玉田弘毅："管理团体"，载《法律时报》第 55 卷第 9 号，第 19 页。

（四）意大利法

《意大利民法典》第 7 章"共同所有"中对建筑物区分所有权人管理团体的机关设有二类：建筑物区分所有权人会议与管理人。

建筑物区分所有权人会议与法国法、日本法之规定不同。依第 1136 条的规定，其系由代表整栋建筑物价值的三分之二与建筑物区分所有权人的人数的三分之二的建筑物区分所有权人组成。并且，会议的决议需予记录，并由管理人保存。

管理人为另一重要机关。《意大利民法典》对管理人的选任与解任、管理人的职务、代表资格、管理人的处置等设有规定。其中，对于管理人的处置，该法第 1133 条规定，管理人于其权限范围内所为的处置行为，对于全体建筑物区分所有权人具拘束力。对于管理人超越权限范围所为的处置，建筑物区分所有权人会议得无偏见并于 30 日内向法院提起控诉。

（五）新加坡法

如前述，新加坡法与法国法相同，对于管理团体的法性质，认可具法人格。惟对于管理团体内的（管理）机关的设置，其又与法国法存在差异。根据新加坡建筑物区分所有权法，计有三个机关：总会、理事会以及管理人。其中，其总会大体与法国法的总会相当。

理事会通常于各年度的总会上选出，其构成员总数不得超过 14 人。[1]由总会选出的理事会，通常被认为系代表少数建筑物区分所有权人的团体，其主要任务是对区分所有建筑物进行日常管理，并根据需要召集会议。[2]

管理人由总会通过决议而指定，执行管理团体的权利、业务以及机能。此被指定的管理人，于下一次举行的年度总会上，如任期届满，仍可再次被选任。[3]

（六）美国夏威夷法

美国夏威夷对于区分所有建筑物的管理，系由《夏威夷修订法》第 541A 章的"公寓管理规约书"进行规范。[4]其中，对于区分所有建筑物的运营，根据其

1　[日] 稻本洋之助监修：《公寓管理之考察》，清文社 1993 年版，第 34 页。
2　[日] 稻本洋之助监修：《公寓管理之考察》，清文社 1993 年版，第 34 页。
3　[日] 稻本洋之助监修：《公寓管理之考察》，清文社 1993 年版，第 35 页。
4　[日] 稻本洋之助监修：《公寓管理之考察》，清文社 1993 年版，第 82 页。

规定，需按管理规约，由理事会管理。[1]由此，理事会乃为主要的管理机关。此外，根据夏威夷法，总会为意思决定机关，具重要地位。

按照夏威夷区分所有法制，理事会为依管理团体的管理规约，而对区分所有建筑物进行具体管理的机关。理事会成员自建筑物区分所有权人、共同所有人、买卖契约书中载明的买主与法人所有人的负责人中选出。[2]并且，凡建筑物区分所有权人的人数为 100 人以上的，乃必须从中选出 9 名组成理事会。理事会召开第一次会议时，自理事会成员中选出 3 名负责人，即担任理事会与管理团体的集会的议长的理事长，记录集会议事情况的书记担当官，以及担任财务记录的会计担当官。[3]理事会对共同费用的算定与征收，以及对此等费用的合理支配负有责任。最后，理事会需至少一年召开一次会议。理事会召开会议的通知，需在会议召开前 72 小时，抑或于通知各理事会成员的同时，在建筑物内显眼的地方揭示。[4]

总会，根据新加坡区分所有权法制，涵括年度总会与临时总会两种。[5]此二类总会开会的通知，需于至少不迟于开会前的 14 日送达管理团体成员。对缺席总会的建筑物区分所有权人，理事会可委任具有投票权的人代为投票，但需向该人送达委任状。[6]总会的开会，需至少有 50% 的建筑物区分所有权人出席或委任状，方符合法定人数。[7]

（七）瑞士法

《瑞士民法典》第 712 条之一至二十设有管理机关的规定。依其规定，管理机关有二：建筑物区分所有权人会议与管理人。

建筑物区分所有权人会议为意思机关。依第 712 条之十三第 2 项的规定，除法律另有规定者外，该会议及委员适用有关社团的机关与撤销社团决议的规定。会议的召集，除管理规约另有订定外，皆由管理人召集并主持之。建筑物区分所

1　［日］稻本洋之助监修：《公寓管理之考察》，清文社 1993 年版，第 82 页。
2　［日］稻本洋之助监修：《公寓管理之考察》，清文社 1993 年版，第 82 页。
3　［日］稻本洋之助监修：《公寓管理之考察》，清文社 1993 年版，第 82 页。
4　［日］稻本洋之助监修：《公寓管理之考察》，清文社 1993 年版，第 83 页。
5　［日］稻本洋之助监修：《公寓管理之考察》，清文社 1993 年版，第 83 页。
6　［日］稻本洋之助监修：《公寓管理之考察》，清文社 1993 年版，第 83 页。
7　［日］稻本洋之助监修：《公寓管理之考察》，清文社 1993 年版，第 83 页。

有权人会议的权限，依《瑞士民法典》第712条之十三第1项的规定，主要有：（1）决定一切不属于管理人权限的事务管理；（2）选任管理人并监督其管理行为；（3）选举委员及代表，对之为事务管理的委托；（4）按年审核费用预算、结算以及所有人间费用的分配；（5）为维持与翻新工作，估量征集翻新资金；（6）将建筑物投保火灾与其他事故的保险，订立通常的责任保险。

　　管理人为具体的业务执行机关，占据重要地位。关于管理人的选任与解任、管理人的职务、管理人的对外代表权，该法皆有规定。管理人于行使对外代表权时所为的表示、催告、判决以及处分，根据《瑞士民法典》第712条之二十第3项的规定，得因于管理人的住所或物之所在地向管理人提出而发生送达的效力。

三、小结

　　通过以上各国法关于管理机关的规定，可以看到，德国法的规定最具特色，其将住宅所有权人（建筑物区分所有权人）作为独立的管理机关，为其独创；并且，顺位上，其将住宅所有权人作为第一管理机关，也具特色。另外，就各国法的通常规定而言，建筑物区分所有权人大会（集会、总会）、管理人以及监督机关，系为重要的管理机关，它们各司其职，共同发挥对区分所有建筑物的管理功能。未设监督机关（如瑞士法与意大利法）的，管理人乃具重要地位。管理人的管理行为的受监督，系由所选任的建筑物区分所有权人代表或委员来完成（如瑞士法）。故此，自此意义上而言，建筑物区分所有权人会议（集会、总会）、管理人以及监督机关，乃系各国建筑物区分所有权人管理团体的常设机关。而如此的管理机关体制，无疑乃与"三权分立"的理论存在粘连。

第二节　我国区分所有建筑物的业主管理团体的机关（Ⅰ）：业主大会

　　2007年颁布的《物权法》和同年修订通过的《物业管理条例》，对于区分所有建筑物的管理设置了业主大会和业主委员会的组织结构和形式。它们是区分所有建筑物自治管理的两大支柱机构。其中，业主大会犹如公司的股东会，是业主团体的意思决定机构，系业主为共同事务和涉及权利义务的有关事项，召集全体业主所举行的会议；业主委员会犹如公司的董事会，是为执行业主大会的决议事项及区分所有建筑物的维护工作，由业主大会经过一定的民主程序选举产生的组织。业主委员会系业主大会的事务执行机构，受业主大会的委托管理全体业主的共有财产和共同事务。本部分拟对其中的业主大会的诸多问题予以论述。

一、业主大会的特性与业主的权利和义务

（一）业主大会的特性

业主大会由物业管理区域内的全体业主组成，[1] 是小区业主的议事机构，代表和维护物业管理区域内全体业主在物业管理活动中的合法权益，[2] 系管理建筑区划内建筑物及其附属设施的共有部分和共同事务的自治组织。[3] 其法律性质如下。

1. 业主大会是一个自治组织

业主大会由物业管理区域内的全体业主组成，是全体业主作为成员的所有权人联合体，其不是国家机关，也不是事业单位，更不是营利性机构，因此不得为居民委员会所替代。同时，其也不等同于企业法人，而是一个自治性质的组织。[4]

2. 业主大会是独立的社会组织

由于社会条件、传统习惯的不同，各国家或地区法律对于业主大会法律性质的规定未尽相同。归纳起来，各国家或地区关于业主大会的立法例有三种模式，即法人式的业主大会模式、非法人式的业主大会模式和折中式的业主大会模式。如前述，在法国、新加坡、我国香港地区的建筑物区分所有权法以及 2007 年 3 月 26 日新修订的德国《住宅所有权法》上，业主大会为一法人，具有法人人格。尤其是根据新修订的德国《住宅所有权法》第 10 条第 6 项规定，其住宅所有权人共同体（业主大会）甚至可以使用独立的名称，在实质上承认了住宅所有权人共同体（业主大会）的法律人格。只是基于其存在目的，这一新设的法人类型在其

1　参见《物业管理条例》第 8 条第 1 款。
2　参见《物业管理条例》第 8 条第 2 款。
3　崔建远：《物权法》，中国人民大学出版社 2009 年版，第 220 页。
4　崔建远：《物权法》，中国人民大学出版社 2009 年版，第 220 页。

设立、能力范围和责任方式上都与传统的社团法人有所区别。尽管如此，德国法的这一项新规定还是鲜明地突出了其住宅所有权人共同体（业主大会）作为法人所具有的以下两项标志：一是它可以独立地作为法律关系的主体，即以住宅所有权人共同体（业主大会）的名义参与法律活动，并独自作为利益归属的主体；二是作为主体参与诉讼。[1] 自发展趋势看，业主管理团体向法人化方向发展乃是各国家或地区立法与实务上的基本潮流。

如前述，我国《物权法》《物业管理条例》和《建筑物区分所有权解释》均未对业主大会的民事主体资格和诉讼主体资格问题作出明确规定。《物权法》第83条规定了业主大会的管理权能，同时明确规定了业主对侵害自身合法权益的行为，可以依法向人民法院提起诉讼。在《物权法》的制定过程中，其第三次、第四次审议稿曾对业主大会的诉讼地位问题作出过规定，但自第五次审议稿后被删去。另外，依《物业管理条例》的规定，由于业主大会履行职责的形式是召开会议，其只是业主团体的内部议事、决策机构或者议事、决策程序，不直接对外从事民事活动，且其并非常设机构，也没有自己独立的财产，因此它不符合我国法律规定的民事诉讼主体的成立条件。故此，业主大会不具有诉讼主体资格，在诉讼中不应列为诉讼当事人。如果将业主团体比作公司，则业主大会就相当于股东大会。显然，公司对外发生债权债务关系时，股东大会不得作为权利义务关系的主体或者诉讼当事人。可见，在没有成立业主委员会的情况下，应由业主以代表人诉讼的方式提起诉讼；在有业主委员会的情况下，可以业主委员会的名义提起诉讼。[2]

尽管《物权法》《物业管理条例》和《建筑物区分所有权解释》并未赋予业主大会以法人人格，但这并不妨碍其系一个独立的社会组织。这主要系因为，业

---

[1]　唐晓晴："分层建筑物管理的私法自治与公权介入"，2009年12月澳门大学法学院"第二届'全球化背景下之澳门法律改革'国际研讨会"资料，第4页；张双根、田士永、王洪亮主编：《中德私法研究》（总第5卷），北京大学出版社2009年版，第167页。

[2]　北京市第一中级人民法院：《关于建筑物区分所有权类案件的调研报告》（2009年5月），第22页。实务中已有相当多的业主委员会作为原告参与诉讼。譬如《最高人民法院关于金湖新村业主委员会是否具备民事诉讼主体资格请求一案的复函》（2002民立他字第46号）规定，对房地产开发单位未向业主委员会移交住宅规划图等资料、未提供配套公用设施、公用设施专项费、共用部位维护费以及物业管理用房、商业用房的，可以自己的名义提起诉讼。

主大会不只是全体业主汇集在一起参加某个会议，也不是业主之间的松散联合，它有自己的章程，也有自己的执行机构——业主委员会，可以按照章程和议事规则形成自己的决定，可以自己的名义开立账户，以自己的名义享有权利和承担义务。在对外关系上，业主大会可以以自己的名义与物业服务企业签订物业服务合同，也可以授权业主委员会从事这些行为。[1]

3. 业主大会是管理全体业主共有财产和共同事务的自治组织

业主大会的职能较为专一。根据《物权法》第75条、第76条等规定，以及《物业管理条例》第8条、第9条、第10条、第11条、第19条等规定，业主大会只是管理全体业主的共有财产和共同事务，不得作出与物业管理无关的决定，不得从事与物业管理无关的活动。业主大会作出了与物业管理无关的决定，或从事了与物业管理无关的活动时，属于违反强制性规定的情形，按照《合同法》第52条第5项的规定，其行为自始就不具有法律效力，对业主不具有约束力。[2]

4. 业主大会是区分所有建筑物业主管理团体的机关，也是全体业主管理共有财产和共同事务时的议事机构

需特别注意的是，当我们将业主大会与国家机关、事业单位、营利性机构、企业法人乃至居民委员会相比较而论时，业主大会当系一个自治组织，应无疑义；但是，当我们将业主大会置于业主管理团体内部的一个机关而论时，它则犹如股份有限公司的股东会，乃系一个议事机构。具体而言，根据《物权法》第75条、第76条等规定，以及《物业管理条例》第8条、第9条、第10条、第11条、第19条等规定，业主大会应就管理全体业主的共有财产和共同事务的事项进行讨论、议决，然后做出决定。

（二）全体业主和单个业主对于业主大会的权利义务

《物权法》第76条对全体业主作为一个整体享有的权利和承担的义务作了明确规定，其规定下列事项由业主共同决定：（1）制定和修改业主大会议事规则；

1 崔建远：《物权法》，中国人民大学出版社2009年版，第221页；王利明、尹飞、程啸：《中国物权法教程》，人民法院出版社2007年版，第237—238页。

2 崔建远：《物权法》，中国人民大学出版社2009年版，第221—222页；黄松有主编：《〈中华人民共和国物权法〉条文理解与适用》，人民法院出版社2007年版，第253页。

（2）制定和修改建筑物及其附属设施的管理规约；（3）选举业主委员会或者更换业主委员会成员；（4）选聘和解聘物业服务企业或者其他管理人；（5）筹集和使用建筑物及其附属设施的维修资金；（6）改建、重建建筑物及其附属设施；（7）有关共有和共同管理权利的其他重大事项。其中，决定上述第五项和第六项规定的事项，应当经专有部分占建筑物总面积三分之二以上的业主且占总人数三分之二以上的业主同意；决定上述其他事项，应当经专有部分占建筑物总面积过半数的业主且占总人数过半数的业主同意。

此外，根据《物业管理条例》第6条和第7条的规定，单个业主还享有其他一些权利和承担其他一些义务。根据《物业管理条例》第6条的规定，业主在物业管理活动中，享有下列权利：按照物业服务合同的约定，接受物业服务企业提供的服务；提议召开业主大会会议，并就物业管理的有关事项提出建议；提出制定和修改管理规约、业主大会议事规则的建议；参加业主大会会议，行使投票权；选举业主委员会成员，并享有被选举权；监督业主委员会的工作；监督物业服务企业履行物业服务合同；对物业共用部位、共用设施设备和相关场地使用情况享有知情权和监督权；监督物业共用部位、共用设施设备专项维修资金的管理和使用；法律、法规规定的其他权利。

根据《物业管理条例》第7条的规定，业主在物业管理活动中，履行下列义务：遵守管理规约、业主大会议事规则；遵守物业管理区域内物业共用部位和共用设施设备的使用、公共秩序和环境卫生的维护等方面的规章制度；执行业主大会的决定和业主大会授权业主委员会作出的决定；按照国家有关规定交纳专项维修资金；按时交纳物业服务费；法律、法规规定的其他义务。

二、业主大会会议形式、会议召集与表决权计算

（一）业主大会会议的形式

业主大会会议由全体业主组成，有定期会议和临时会议两种。

1. 定期会议

此即全体业主于一定时期必须集合而召开的会议。《物业管理条例》第13条第2款规定，定期会议应当按照业主大会议事规则的规定召开。一般而言，每年

至少应召开一次业主大会的定期会议。

2. 临时会议

此即因特殊情况或为处理紧急事务而临时召开的会议。《物业管理条例》第13 条第 2 款规定，经 20%以上的业主提议，业主委员会应当组织召开业主大会临时会议。在比较法上，我国台湾地区"公寓大厦管理条例"（2016 年修订，下同）第 25 条第 2 项规定："有下列情形之一者，应召开临时会议：一、发生重大事故有及时处理之必要，经管理负责人或管理委员会请求者。二、经区分所有权人五分之一以上及其区分所有权比例合计五分之一以上，以书面载明召集之目的及理由请求召集者。"据此可知，可请求召开临时会议者有二，一为管理负责人或管理委员会，二为少数区分所有权人（业主）。由管理负责人或管理委员会请求召集临时会议的目的，在于发生紧急事故时可以掌握时效，尽速处理。由少数区分所有权人（业主）请求召集临时会议的目的，在于维护少数业主的权益。也就是说，当少数业主认为其权益受到忽视，而定期会议不及处理，或管理负责人、管理委员会不予重视时，可以请求召开临时会议，以维护自身的权益。[1]我国台湾地区立法上的此种考量和规定，可以作为我国《物业管理条例》第 13 条第 2 款有关召开临时会议的规定的立法解释论，建议将来修改《物业管理条例》时对其予以借鉴和吸纳，以对临时会议作出明文规定。

（二）业主大会会议的召集

业主大会会议，不论是定期会议还是临时会议，皆须经一定程序由有权召集人召集，其所做的决议方才发生法律上的效力。若未经召集人依法定程序召集，而只是业主偶然的集会，即便与会人数已达到法定人数，也不得称为业主大会，其因此所为的决议自然不发生法律上的效力。[2]

1. 召集人

《物业管理条例》第 15 条第 1 项规定，业主委员会召集业主大会会议。此规定适用于平常业主大会会议的召集人的场合，而对业主大会第一次会议的召集人，该条例则未作规定。故此，有必要依比较法上的经验进行解释，并在将来修

---

1 温丰文："论区分所有权人会议"，载《法令月刊》1995 年第 46 卷第 11 期。
2 温丰文："论区分所有权人会议"，载《法令月刊》1995 年第 46 卷第 11 期。

改《物业管理条例》时予以吸纳，作出明确规定。

在域外比较法上，业主大会第一次会议的召集人通常由起造人（建设单位）担任。例如，前述我国台湾地区"公寓大厦管理条例"第 28 条第 1 项、第 2 项规定："公寓大厦建筑物所有权登记之区分所有权人达半数以上及其区分所有权比例合计半数以上时，起造人应于三个月内召集区分所有权人召开区分所有权人会议，成立管理委员会或推选管理负责人。前项起造人为数人时，应互推一人为之。……"据此可知，在我国台湾地区"法"上，起造人系业主大会第一次会议的召集人，其担任会议召集人通常只有一次，而非常态或多次。而所谓起造人，系指建筑物在申请建造许可时，依建筑法的规定申请建筑之人。在先建后售或先售后建的情形，系以买卖合同的卖方（一般为建筑业者）为起造人。[1] 也就是说，我国台湾地区"法"上的起造人，系指我国《物业管理条例》中所称的"建设单位"。由于《物业管理条例》并没有对业主大会第一次会议的召集人作出规定，因此建议借鉴我国台湾地区的做法，将《物业管理条例》中所称物业的"建设单位"作为召集人。

2. 召集程序

根据《物业管理条例》第 14 条第 1 款、第 2 款的规定，业主大会会议召开前 15 日应当通知全体业主，且住宅小区的业主大会会议应当同时告知相关的居民委员会。此所谓"通知"或"告知"，并未明确是书面的通知、告知或口头或其他方式的通知或告知，但在解释上应认为系以书面通知或告知为原则。此外，因急迫情事召开临时会议时，解释上应认为可以公告方式进行通知或告知。例如，我国台湾地区"公寓大厦管理条例"第 30 条第 1 项即规定："区分所有权人会议，应由召集人于开会前十日以书面载明开会内容，通知各区分所有权人。但有急迫情事须召开临时会议者，得以公告为之；公告期间不得少于二日。"此规定值得借鉴。

（三）业主大会表决权及表决能力

关于业主大会表决权的表决能力及表决能力大小的计算标准，在域外比较法

1　温丰文："论区分所有权人会议"，载《法令月刊》1995 年第 46 卷第 11 期。

上有两种立法成例：一是以人头数为准，如德国、瑞士。按照德国法与瑞士法，业主大会决议的计算系以区分所有建筑物住户的人头数为准，[1]一人享有一份表决权，即使一人持有二个专有部分也只能算作一个人头数。二是以专有部分面积比例为准，如日本。日本《建筑物区分所有权法》第 38 条规定，业主大会决议的计算系以专有部分楼地板面积比例为准，而根据该法第 14 条第 3 项规定，专有部分楼地板面积则以墙壁或其他区划的内测线所围成部分的水平投影面积为依据。[2]

我国台湾地区"公寓大厦管理条例"系采德国、瑞士立法例，即以人头数为准。也就是说，各专有部分的业主有一份表决权，数人共有一专有部分的，该表决权应推由一人行使。不过，我国台湾地区"法"又同时认为，若业主大会会议的决议单纯以人头数为准，很可能造成专有部分面积较少的多数人支配专有部分面积较多的少数人的不合理现象。故此又规定，业主大会会议决议的计算方式，除计算专有部分的业主的人数外，还须计算区分所有权比例。所谓区分所有权比例，指业主的专有部分与区分所有建筑物专有部分全部面积总和之比。同一业主有数专有部分的，其区分所有权比例应予累计。此外，为避免少数"大户"操纵会议，损及多数"小户"的权益，我国台湾地区"公寓大厦管理条例"还规定，任一业主的区分所有权占全部区分所有权五分之一以上者，其超过部分不予计算。[3]换言之，每个业主所拥有的投票权最多不超过全部投票权的五分之一。同时，如果业主书面委托他人代理出席业主大会会议的，受托人接受委托的表决权也不能超过全部业主人数的五分之一，超过部分也不予计算。一言以蔽之，每个受托人接受委托的投票权不得超过全部专有部分数量的五分之一，否则仅按五分之一的数量计算。[4]

我国《物权法》第 76 条和《物业管理条例》第 12 条采取了与我国台湾地区"公寓大厦管理条例"和日本法相似的办法，其基本规则是，业主表决权按照专有部分的面积与建筑物专有部分总面积的比例确定。具体而言，对于一般事项，

　　1　德国《住宅所有权法》第 25 条第 2 项、《瑞士民法典》第 712 条之十五。
　　2　温丰文："论区分所有权人会议"，载《法令月刊》1995 年第 46 卷第 11 期。
　　3　温丰文："论区分所有权人会议"，载《法令月刊》1995 年第 46 卷第 11 期。
　　4　奚晓明主编：《最高人民法院建筑物区分所有权、物业服务司法解释理解与适用》，人民法院出版社 2009 年版，第 138 页。

要求专有部分占建筑物专有部分总面积过半数的业主同意；对于特别事项，要求专有部分占建筑物专有部分总面积三分之二以上的业主同意。可以看出，各个业主的表决权虽然仍然是一人一票，但是由于决议的通过不仅要求一定比例的业主同意，而且要求同意的业主的专有部分面积达到一定比例，因此表决权的表决能力即存在差别。[1]根据《物权法》第 76 条和《物业管理条例》第 12 条，《建筑物区分所有权解释》第 9 条明确规定："（一）业主人数，按照专有部分的数量计算，一个专有部分按一人计算。但建设单位尚未出售和虽已出售但尚未交付的部分，以及同一买受人拥有一个以上专有部分的，按一人计算；（二）总人数，按照前项的统计总和计算。"按此规定，业主人数原则上应当按照专有部分的数量计算，但在一人（包括建设单位）拥有数个专有部分的情况中，如果同时复计人数，将导致该人享有双重优势。因此，该司法解释特别规定，建设单位尚未出售和虽已出售但尚未交付的部分，以及同一买受人拥有一个以上专有部分的，按一人计算。该规定并不会对这类权利人行使管理权造成影响，因为其专有部分面积在建筑物专有部分总面积中的比例未被改变。[2]

三、业主大会的决议方法与决议效力

（一）业主大会会议的决议方法

在域外比较法上，业主大会的决议有一致决与多数决两种方法。多数决又可分为特别决议与普通决议两种。德国、法国、瑞士、日本（尤其是其 1962 年制定的旧《建筑物区分所有权法》）均规定有一致决。例如，根据德国《住宅所有权法》的规定，处分行为须实行一致决。具体而言，下列情形须采一致决：（1）住宅所有权（区分所有权）的再区分；（2）住宅所有权的合并；（3）新增建筑物的结构；（4）改变、增加、减少共有权的份额；（5）改变专有所有权部分；（6）改变

1　杜万华、辛正郁、杨永清："最高人民法院《关于审理建筑物区分所有权纠纷案件具体应用法律若干问题的解释》、《关于审理物业服务纠纷案件具体应用法律若干问题的解释》的理解与适用"，载《法律适用》2009 年第 7 期。

2　杜万华、辛正郁、杨永清："最高人民法院《关于审理建筑物区分所有权纠纷案件具体应用法律若干问题的解释》、《关于审理物业服务纠纷案件具体应用法律若干问题的解释》的理解与适用"，载《法律适用》2009 年第 7 期。

专用使用权部分；（7）改变共同关系公约；（8）修改建筑计划；（9）改变共有部分与附属设施；（10）重建建筑物。另外，根据法国《住宅分层所有权法》的规定，在管理规约有错误时，于准许修改管理规约的期间经过之后，欲变更管理规约所规定的管理费用的分摊规定的，就应适用一致决。

需注意的是，我国《物权法》《物业管理条例》及《建筑物区分所有权解释》并未规定适用一致决的情形。依这些法律、行政法规及司法解释的规定，我国只承认多数决。所谓多数决，指经业主人数和区分所有权比例过半数同意的决议。其中，仅单纯过半数同意的为普通决议，提高其同意比例的为特别决议。分述之如下。

1. 特别决议

根据《物权法》第 76 条、《物业管理条例》第 12 条的规定，下列事项应经特别决议：（1）筹集和使用建筑物及其附属设施的维修资金；（2）改建、重建建筑物及其附属设施。此两项事项，因将对业主的权益产生重大影响，所以采特别决议，也就是应当经专有部分占建筑物专有部分总面积三分之二以上的业主且占总人数三分之二以上的业主同意。

2. 普通决议

根据《物权法》第 76 条、《物业管理条例》第 12 条的规定，下列事项应实行普通决议：（1）制定和修改业主大会议事规则；（2）制定和修改建筑物及其附属设施的管理规约；（3）选举业主委员会或者更换业主委员会成员；（4）选聘和解聘物业服务企业或者其他管理人。此四项事项，因对业主的权益影响较小且不具重大性，故此只要经专有部分占建筑物专有部分总面积过半数的业主且占总人数过半数的业主同意即可。

（二）业主大会会议的决议效力

业主大会所做的决议的效力，则包括决议的效力的位阶、决议的效力的范围以及决议违法的撤销三个方面的问题。

1. 决议效力的位阶

业主大会尽管是业主团体的最高意思机关，但其所做的决议不得违反管理规约。所谓管理规约，如前述，指业主为增进共同利益，确保良好生活环境，经业主大会决议的共同遵守事项，[1] 即业主对有关物业的使用、维护、管理，业主的共同利益，业主应当履行的义务，违反义务时应当承担的责任等事项依法作出的约定。[2] 管理规约如同国家的宪法或公司的章程，具有业主团体自治法则的性质，是业主团体的最高自治规则，因此，业主大会的决议不得与之相抵触。[3]《物业管理条例》第 17 条第 2 款规定："管理规约应当尊重社会公德，不得违反法律、法规或者损害社会公共利益。"据此，业主大会的决议也不得违反国家法律、法规或者损害社会公共利益。另外，由于业主委员会系业主大会的常设机构和执行机构，执行业主大会的决定事项，[4] 因此业主大会的决议不但可以约束业主，而且对业主委员会也有约束力。换言之，业主委员会所做的有关共同事务的管理或决议，不得与业主大会的决议相抵触。[5] 由此可见，业主团体的构成员，其所遵守的规定，以国家法律、行政法规的效力位阶最高，管理规约次之，业主大会的决议再次之，最后为业主委员会的决议。[6]

2. 决议的效力范围

《物权法》第 78 条第 1 款规定："业主大会或者业主委员会的决定，对全体业主具有约束力。"须注意的是，对全体业主具有约束力的业主大会的决定，必须是依法设立的业主大会作出的，且必须是业主大会依据法定程序作出的，同时应符合法律、法规及规章的规定，不违背社会公德，不损害社会公共利益、国家利益和他人的合法权益的决定。此三点必须同时具备，才对全体业主具有约束力，否则没有约束力。[7] 另外，须探讨的是，业主大会的决议是否对业主的继受人也有约束力。

业主的继受人，包括概括继受人与特定继受人。前者如继承人、营业合并人或财产概括承受人，由于这些人系权利义务的概括承受人，因此应受业主大会决

---

[1]　温丰文："论区分所有权人会议"，载《法令月刊》1995 年第 46 卷第 11 期。
[2]　参见《物业管理条例》第 17 条第 1 款。
[3]　温丰文："论区分所有权人会议"，载《法令月刊》1995 年第 46 卷第 11 期。
[4]　参见《物业管理条例》第 15 条。
[5]　温丰文："论区分所有权人会议"，载《法令月刊》1995 年第 46 卷第 11 期。
[6]　温丰文："论区分所有权人会议"，载《法令月刊》1995 年第 46 卷第 11 期。
[7]　全国人大常委会法制工作委员会民法室编：《中华人民共和国物权法条文说明、立法理由及相关规定》，北京大学出版社 2007 年版，第 342 页。

定的约束，自不待言。后者则包括区分所有权的买受人、受赠人等移转继受人，以及区分所有建筑物的承租人、借用人等设定继受人。关于这些特定继受人是否也受业主大会决定的约束，理论上有否定说与肯定说两种意见。否定说认为，一般合意的商定、达成，仅能约束合意的当事人，业主大会的决定在性质上为业主间的合意，因此不能对抗特定继受人，即对特定继受人并无约束力。肯定说则认为，业主大会为业主团体的意思决定机关，按照团体法的规则和法理，其所做的决定对于特定继受人应有约束力。[1]

在域外比较法上，日本《建筑物区分所有权法》采肯定说，其第 46 条规定："管理规约和集会的决议，对区分所有权人的特定继受人也生效力"，"占有人关于建筑物或其基地或附属设施的使用方法，负与区分所有权人基于管理规约或集会决议所负义务相同的义务"。我国台湾地区"公寓大厦管理条例"对此虽无明文规定，但在解释上也采肯定说。台湾地区学者温丰文就此特别指明，区分所有建筑物的法律关系具有三重构造，除因专有部分而发生相邻关系和因共有部分而发生共有关系外，还因为维持共同生活秩序，促进共同利益，形成团体（共同体）关系；而业主大会既然为业主团体的最高意思决定机关，其所做的决定系为业主的共同利益，从而只要是业主团体的构成员，不问其在决议前加入，抑或于决议后加入，均有遵守业主大会作出的决议的义务。也就是说，业主大会的决议对特定继受人也有约束力。[2]

我国理论界与实务界的通说均采肯定说，即认为业主大会或业主委员会的决定不仅约束业主，而且约束区分所有权的买受人、互易人和受赠人，业主死亡后的继承人、受遗赠人，区分所有建筑物的承租人、借用人。[3]《建筑物区分所有权解释》第 16 条第 2 款也采肯定说，其规定："专有部分的承租人、借用人等物业

---

[1] 温丰文："论区分所有权人会议"，载《法令月刊》1995 年第 46 卷第 11 期。另外，日本学者玉田弘毅自团体法的规则与法理出发，认为业主大会系业主团体的意思机关，其作出的决定，效力应及于特定继受人。对此，请参见［日］玉田弘毅：《建筑物区分所有法的现代的课题》，商事法务研究会 1984 年版，第 223 页。

[2] 温丰文："论区分所有权人会议"，载《法令月刊》1995 年第 46 卷第 11 期。

[3] 黄松有主编：《〈中华人民共和国物权法〉条文理解与适用》，人民法院出版社 2007 年版，第 253 页。

使用人，根据法律、法规、管理规约、业主大会或者业主委员会依法作出的决定，以及其与业主的约定，享有相应权利，承担相应义务。"我国的此种立场与各国家和地区在此问题上的立场是一致的。

3. 决议违法的撤销

业主大会所做决议违法，包括程序违法和内容违法。在比较法上，业主大会的召集程序或决议的方法违反法律、行政法规或管理规约时，业主得于决议后一定期间内请求法院撤销其决议（决定）。此项诉讼为形成诉讼。提起撤销决议的诉讼，经法院判决确定者，该次业主大会会议如系召集程序违法的，撤销其全部决议（决定）；如系决议方法违法的，则只撤销该特定决议的事项。业主大会会议的内容违反法律、行政法规或管理规约的，则系无效，此无效系不待法院判决而当然的无效。不过对于决议的内容是否违法有争议时，仍须提起确认之诉，而由法院判决确认之。[1]

我国《物权法》和《物业管理条例》并未将业主大会的决议违法区分为程序违法和内容违法两种类型，但根据《物权法》第 76 条的立法精神，《建筑物区分所有权解释》第 12 条将《物权法》第 78 条第 2 款规定的"业主合法权益"解释为不仅包括侵害业主的实体权利，也包括作出决定的程序违反法律规定。[2] 对于业主大会作出的决议违法的，《物权法》和《物业管理条例》规定了下列两种撤销制度。

（1）行政撤销。《物业管理条例》第 19 条第 2 款规定，业主大会作出的决定违反法律、法规的，"物业所在地的区、县人民政府房地产行政主管部门或者街道办事处、乡镇人民政府，应当责令限期改正或者撤销其决定，并通告全体业主。"此所谓"撤销"系行政法上的撤销，其撤销权力人是作为行政机关的物业所在地的区、县人民政府房地产行政主管部门或者街道办事处、乡镇人民政府。

（2）请求人民法院撤销。《物权法》第 78 条第 2 款、《物业管理条例》第 12

---

[1]　温丰文："论区分所有权人会议"，载《法令月刊》1995 年第 46 卷第 11 期。

[2]　杜万华、辛正郁、杨永清："最高人民法院《关于审理建筑物区分所有权纠纷案件具体应用法律若干问题的解释》、《关于审理物业服务纠纷案件具体应用法律若干问题的解释》的理解与适用"，载《法律适用》2009 年第 7 期。

条第 5 款规定："业主大会或者业主委员会作出的决定侵害业主合法权益的，受侵害的业主可以请求人民法院予以撤销"，此在理论上称为请求法院撤销。需注意的是，业主行使此撤销权须符合下列条件：业主大会的决定违法，如没有按照法定程序作出决定；业主大会的决定侵害了业主合法权益，如决定将明确属于某特定业主的绿地作为全体业主共有的停车位；此类撤销权属于受侵害的业主，未受侵害的业主不享有此项权利；此类撤销权的行使须通过诉讼的方式，即受侵害的业主请求人民法院撤销业主大会的决定。[1]

　　另外，为弥补《物权法》的立法漏洞，《建筑物区分所有权解释》第 12 条就此项撤销权的行使期限作了明确规定："业主以业主大会或者业主委员会作出的决定侵害其合法权益或者违反了法律规定的程序为由，依据物权法第七十八条第二款的规定请求人民法院撤销该决定的，应当在知道或者应当知道业主大会或者业主委员会作出决定之日起一年内行使。"应注意的是，此处行使撤销权的一年的期间性质上为除斥期间，其不存在中止、中断和延长的问题，系不变的固定期间。

第三节　我国区分所有建筑物的业主管理团体的机关（Ⅱ）：业主委员会、物业服务企业与其他管理人

一、业主委员会

（一）业主委员会的涵义、功用与职责

　　业主委员会系业主大会的事务执行机构，受业主大会的委托管理全体业主的共有部分和共同事务。换言之，业主委员会基于业主大会的授权，具体执行业主大会通过的管理规约和决定，不得独立于业主大会而存在和活动，故此，其系业主大会的事务执行机构。并且，于业主大会闭会期间，业主委员会具体执行业主

1　王利明、尹飞、程啸：《中国物权法教程》，人民法院出版社 2007 年版，第 240—241 页；崔建远：《物权法》，中国人民大学出版社 2009 年版，第 224 页。

大会通过的管理规约和决定，由此也系业主大会的常设机构。[1]另外，依《物业管理条例》的规定，业主委员会须由业主大会经过一定的民主程序选举产生；业主委员会主任、副主任于业主委员会成员中推选产生。且业主委员会本身应当自选举产生之日起 30 日内，向物业所在地的区、县人民政府房地产行政主管部门和街道办事处、乡镇人民政府备案。

《物业管理条例》第 15 条规定，业主委员会执行业主大会的决定事项，履行下列职责：（1）召集业主大会会议，报告物业管理的实施情况；（2）代表业主与业主大会选聘的物业服务企业签订物业服务合同；（3）及时了解业主、物业使用人的意见和建议，监督和协助物业服务企业履行物业服务合同；（4）监督管理规约的实施；（5）业主大会赋予的其他职责。

（二）业主委员会的决定及其效力

业主委员会的决定及其效力，与业主大会的决定及其效力相同，前已论及，兹不赘述。惟应注意的是，业主大会和业主委员会的决定，只要符合议事规则，超过法定比例，且不违反法律禁止性、强制性规定，即为合法有效，其效力应及于建筑区划内的全体业主。

（三）业主委员会的诉讼地位

业主委员会的诉讼主体问题，于《物权法》起草过程中即具有争议。《物权法》第三次、第四次审议稿规定，业主委员会可以以自己的名义提起诉讼，但第五次审议稿之后均不再规定。2008 年的最高人民法院司法解释征求意见稿曾试图突破《物权法》的立法局限，承认业主委员会的诉讼主体地位，惟最终通过的《建筑物区分所有权解释》也不再涉及此问题。目前实务与通说认为，业主委员会符合我国《民事诉讼法》第 49 条所规定的"其他组织"的条件，故此其作为原告的主体资格已被法律确认，仅法律上并未承认其被告主体资格。此主要是考虑到业主委员会无独立财产，不能独立承担民事责任。

本书认为，自学理上赋予业主委员会完全的（原被告）诉讼主体资格并无任何障碍，系可行的。事实上，"独立承担责任"并不是判断一个组织是否具有法

---

1 王利明、尹飞、程啸：《中国物权法教程》，人民法院出版社 2007 年版，第 238—239 页。

律上诉讼主体资格的前提条件。另外，业主委员会背后真正的权利义务主体是全体业主，业主委员会对外行为的法律后果由全体业主承担。譬如，当需要全体业主承担责任时，可依法对允许转让的业主共有财产予以折价、拍卖，可强制执行业主共有财产的经营收益，可对物业管理费用收入中属于业主结余留存的部分予以扣划，等等。当此等财产仍不足以承担责任时，尚可要求全体业主根据其专有部分的比例按月或一次性缴纳一定费用。当然，如果业主委员会的行为违反了法定职责，或超越了业主大会的决议与授权范围而造成侵权或违约的，以及部分业主委员会委员未依法定程序，擅自以业主委员会的名义从事经营活动或物业管理活动而造成侵权的，其行为的后果则不得由全体业主承担，而应由有过错的业主或业主委员会委员承担责任。[1]

二、物业服务企业与其他管理人

《物权法》第 81 条规定，业主可以自行管理建筑物及其附属设施，也可以委托物业服务企业或者其他管理人管理。对建设单位聘请的物业服务企业或者其他管理人，业主有权依法更换。业主共同管理权与物业服务企业的管理权系两个不同的概念，其法律基础和内容皆不一样。物业服务企业管理权来源于全体业主的授权或委托，其内容表现为对物业本身和对业主等人的行为的管理。而业主管理权则是基于区分所有权产生的业主自身的自治权。

物业服务企业依据物业服务合同与管理规约，对小区进行物业服务的同时还承担一定的管理职能，对业主占用小区共有部位、私搭乱建等行为有制止、管理等职责。该管理权的旨趣在于更好地维护业主团体的合法利益，故此系属于业主成员权的延伸和体现。当然，作为合同当事人的业主与物业服务企业，具有平等的民事主体地位。物业服务企业的管理，并非是自上而下的"管理"或者行政意义上的"管理"，而仅系基于维护业主共同利益的需要，为履行物业服务合同所实施的管理，故而不得超出合同约定的权限实施管理。

对物业服务企业正当行使管理权的审查，即审查物业服务企业是否存在滥用

1　陈枫："在现实与文本之间的谨慎选择——从实务角度看建筑物区分所有权司法解释"，载《法律适用》2009 年第 7 期。

管理权的行为。首先，审查其管理行为是否违反了法律、行政法规的规定，譬如对业主罚款、限制业主出行自由等。其次，审查其管理行为是否超出了物业服务合同和管理规约的授权范围，譬如对业主私搭乱建行为，直接进行拆除。最后，审查物业服务企业是否存在怠于行使管理职责的行为，譬如不按其在物业服务合同中的承诺安排保安巡逻，对进出小区的车辆人员未按规定登记等。实务中，此主要集中于业主财物被盗、失火、车辆丢失等财产和人身损害的情况，对此应主要以物业服务企业的过错程度作为裁判依据。

另外，《物权法》第 83 条第 2 款规定了业主对他人侵害自己合法权益的行为享有诉权。该规定于强调业主大会和业主委员会自治管理的同时，一定程度上限制了物业服务企业的管理权和相应的诉权。一些仅在少数业主之间发生，不涉及多数业主权益的纠纷中，物业服务企业的管理权也会受到限制，此时业主可以自行向人民法院起诉。并且，由于物业服务企业仅承担相应的管理职能，对侵害多数或全体业主的行为只能主张停止侵害、排除妨碍，无权对收益返还或者损失赔偿主张权利，盖该部分权利主体系相应的业主。[1]

所谓区分所有建筑物的其他管理人，则系指物业服务企业以外的从事物业服务管理的自然人。

第四节　若干问题研究（一）

一、管理者型与理事会型

以上对各国法管理机关种类的比较分析与考察表明，建筑物区分所有权人管理团体的机关，大抵可以分为两种类型：管理者型与理事会型。兹分述如下。

（一）管理者型

管理者型，系指建筑物区分所有权人管理团体的各机关中，以管理者为中轴和核心的管理制度类型。在此类型下，作为一人的职业管理者的存在被认为是极

---

[1]　北京市第一中级人民法院：《关于建筑物区分所有权类案件的调研报告》（2009 年 5 月），第 23—24 页。

其优越的制度，而此管理者的设置乃成为法律上的强行规定。[1]并且，在管理者型，管理机关结构简明，主要为总会（区分所有权人大会、集会）与管理者，管理团体的团体性较弱。[2]属于此类型的国家以德国最具代表性。此外，意大利、瑞士也属之。法国总体上属于此类型，[3]只不过法国尚设置了与理事会近似的管理团体参事会（Conseilsyndical），以辅佐、监督管理者。另外，采管理者类型的各个国家，于各自国家之内，尚存在一个全国性的"管理者或管理业者团体组织"[4]。欧洲的成长史与杂居型居住的长期传统与教训，使管理者型制度的采用获得广泛认同，[5]此主要可由以下事实获得证明。

（1）距今 1800 年前，当时拥有百万人口的大都市罗马，即有数量众多的平民居住于面对大街的一层店铺的复合型集合住宅里。当时，各居住者并非按照各套间、单元购买所居住的房屋，而系租赁、借用各套间、单元，形成杂居关系。在这里，就已存在管理问题。[6]

（2）19 世纪之前的巴黎的繁华市区已少有单门独户的住宅，而人们大多统一居住在六七层的集合建筑物（区分所有建筑物）中。在此集合建筑物里，第 1 层居住管理人夫妇，第 2 层居住过着优雅生活的、拥有财富的贵族等上流阶层，第 3 层居住富裕的中产市民阶层，第 4 层居住下级官吏、小市民，而最上层的房间里则居住贫困的劳动者、贫穷的画家等。二次大战后，这些集合住宅遂被人继承下来，成为区分所有公寓。[7]

（二）理事会型

此以美国为其代表，新加坡、日本属之，指在建筑物区分所有权人管理团体的各机关中，以理事会为中轴和核心的管理制度类型。理事会型作为民主主义的基本形态无疑是优良的制度，但实际运营却有其困难。美国理事会的权限较日本

1　［日］稻本洋之助监修：《公寓管理之考察》，清文社 1993 年版，第 136 页。
2　［日］稻本洋之助监修：《公寓管理之考察》，清文社 1993 年版，第 136 页。
3　［日］稻本洋之助监修：《公寓管理之考察》，清文社 1993 年版，第 136 页。
4　［日］稻本洋之助监修：《公寓管理之考察》，清文社 1993 年版，第 137 页。
5　［日］稻本洋之助监修：《公寓管理之考察》，清文社 1993 年版，第 136 页。
6　［日］稻本洋之助监修：《公寓管理之考察》，清文社 1993 年版，第 137 页。
7　［日］稻本洋之助监修：《公寓管理之考察》，清文社 1993 年版，第 137 页。

的权限为大。但由于美国事实上实行自主管理制度，故此有人认为，美国形式上尽管系理事会型，但管理的实际营运上却让人感到属于管理者型。[1]

　　日本建筑物区分所有权人管理团体的管理机关于形式和法律上虽然主要采管理者型，但实际的运营上却大多采取了理事会型，而此乃系经半个多世纪的发展而造成。1962 年的旧《建筑物区分所有权法》虽然没有管理团体的规定，但管理的实践上却采管理者型，而不采理事会型。[2]迄至 20 世纪 70 年代，于 1972 年至 1973 年石油危机前后的第三次公寓大流行之际，公寓乃广泛流行开来。但是，因公寓的缺陷而产生的问题却成为一个重大的社会问题。由此，实务上乃不断发生了建筑物区分所有权人与分让公司（区分所有建筑物出让人）以及建设公司（区分所有建筑物建设商）进行交涉的情况。如果建筑物区分所有权人结成管理团体出面进行交涉，则建筑物区分所有权人的力量就会变得十分强大。此种情况下，管理团体为一种优良的制度就成为社会的一般认识。进而，日本立法机关遂于 1983 年对旧《建筑物区分所有权法》予以修改时，确定了采用理事会型的管理团体的方针。此外，此种理事会型的管理机关体系也合于日本传统的村落社会的状况。[3]

二、意思机关——建筑物区分所有权人（业主）大会（集会、总会）

（一）建筑物区分所有权人大会的特性

　　建筑物区分所有权人大会，也称建筑物区分所有权人集会、总会，属于强制必设机关，为管理者型与理事会型体制下共同设置的机关，通常由建筑物区分所有权人全体组成，其犹如股份公司的股东大会，为建筑物区分所有权人团体的最高意思决定机关。[4]建筑物区分所有权人借此参与共同事务的管理，行使自己的成员权。故此，建筑物区分所有权人大会系建筑物区分所有权的"人法"上的重要因素。当然，它也系建筑物区分所有权人自治的表征，而为私法自治的一环。

1　［日］稻本洋之助监修：《公寓管理之考察》，清文社 1993 年版，第 137 页。
2　［日］稻本洋之助监修：《公寓管理之考察》，清文社 1993 年版，第 137 页。
3　［日］稻本洋之助监修：《公寓管理之考察》，清文社 1993 年版，第 138 页。
4　日本法务省民事局参事官室编：《新公寓法》，商事法务研究会 1986 年版，第 212 页。

（二）建筑物区分所有权人大会的决议

1. 建筑物区分所有权人大会的召集、主持及记录

各国建筑物区分所有权法对于建筑物区分所有权人大会的召集、主持和记录的规定不尽一致。德国住宅所有权人大会系由住宅所有权人全体、管理顾问会委员以及管理人组成。根据德国《住宅所有权法》第 24 条的规定，管理人每年至少应召集一次住宅所有权人大会，但无管理人或管理人违反召集会议的义务而设有管理顾问会时，由与会主席或其代理人召集会议。有建筑物区分所有权人约定的情况抑或有四分之一以上的建筑物区分所有权人以书面陈明目的、原因而请求时，管理人必须召集会议。召集以书面为之。无特别紧急的情况时，管理人需于会议召开一周前，将会议议题以书面形式公布。除另有决议外，管理人为会议的主席。会议作成的决议应予记录。记录应由主席及一名住宅所有权人签署。设有管理顾问会时，应由该会议主席或其代理人签署。各建筑物区分所有权人皆有阅览的权利。

依照日本《建筑物区分所有权法》第 34 条至第 37 条及第 49 条的规定，管理人至少每年应召集一次集会。没有管理人时，建筑物区分所有权人有五分之一以上，且表决权也有五分之一以上的，得召集集会。集会的召集通知，至少应于开会日一周前载明会议的目的、事项，并发通知于各建筑物区分所有权人。召开集会时，除管理规约中另有规定或另外作出决议的情形外，由管理人或召集集会的建筑物区分所有权人之一人为主席。并且，集会的议事，应由主席制作议事记录。记录中，应记载议事的要点及结果，并由主席及出席集会的两名建筑物区分所有权人于记录上签名。

在法国，依其《住宅分层所有权法》，总会（区分所有权人大会）需至少一年召开一次。根据管理者、管理团体参事会以及建筑物区分所有权人的请求，也可召开临时总会。[1] 对于总会的具体开会情况，该法作了详尽规定。依规定，总会得讨论的议题，需在事前提出，临时提出讨论某一议题的不被允许。[2] 某项议题的讨论，应于总会开会日期的 15 日前送达各建筑物区分所有权人。同时，若建筑物

1　[日] 稻本洋之助监修：《公寓管理之考察》，清文社 1993 年版，第 71 页。

2　[日] 稻本洋之助监修：《公寓管理之考察》，清文社 1993 年版，第 71 页。

区分所有权人有另外的议题而需提出讨论的，需于总会开会日期的 6 日前提出。此新提出的议题当然也应通知所有的建筑物区分所有权人。总会结束时，管理人负有将制作的议事记录分送给各建筑物区分所有权人的义务。[1]

对于建筑物区分所有权人大会的召集、主持及记录，《瑞士民法典》第 712 条之十四规定，建筑物区分所有权人会议，除另有规定外，由管理人召集并主持；并且，决议应作成记录；该记录应由管理人或担任主席的建筑物区分所有权人保管。

2. 建筑物区分所有权人的表决权与表决能力

各国建筑物区分所有权法与实务，对于建筑物区分所有权人的表决权与表决能力，归纳言之，计有如下四种模式。

（1）新加坡模式。此为新加坡建筑物区分所有权实务采取的模式。该模式的内容，前已述及，此不赘述。

（2）德国、瑞士模式。此模式又称"人头数原则"。据此原则，各建筑物区分所有权人仅有一票议决权，而与建筑物区分所有权人的专有部分的数量与共有持分的大小无关。此种模式下，即使一人持有二个专有部分，也只能算一个人头而仅有一票议决权。同理，若二人共有一个专有部分，也只能算一个人头。惟需提及的是，在德国，此"人头数原则"近年来实务上乃频繁变更，进一步发展出所谓"物件数原则"与"价值原则"。[2] 所谓物件数原则，系指依各建筑物区分所有权人的专有部分的数量而确定议决权的原则；而所谓价值原则，则指根据共有持分的大小以确定投票权数的多少的表决权原则。[3]

（3）日本模式。此模式区别于新加坡模式。依此模式，建筑物区分所有权人的表决权及表决能力系以专有部分室内面积的比例为标准而确定。而专有部分的室内面积则以墙壁或其他区划的内侧线部分的水平投影面积为依据。[4]

（4）法国模式。此模式与日本模式系依比率（比例）而确定表决权的大小这

1　［日］稻本洋之助监修：《公寓管理之考察》，清文社 1993 年版，第 71 页。
2　［日］稻本洋之助监修：《公寓管理之考察》，清文社 1993 年版，第 28 页。
3　［日］稻本洋之助监修：《公寓管理之考察》，清文社 1993 年版，第 28 页。
4　参见日本《建筑物区分所有权法》第 14 条第 3 项。

一点上相同，惟于具体计算上则存在差异。法国《住宅分层所有权法》第 22 条第 2 项规定，各建筑物区分所有权人享有的表决权的大小，依其专有部分与全部建筑物价值的比率而确定，比率越高，表决权也就越大。

以上四种模式中，第一种模式即新加坡模式，依地板总面积的大小而将持分（份额）分为四个等级，以确定表决权及表决能力的大小，实务上具可操作性和便捷性。但是，由于地板面积的幅度过大，而持分差额过小，由此导致所确定的各建筑物区分所有权人的表决权的大小或许可能不公正。以德国、瑞士为代表的第二种模式，也具明显的可操作性和方便性，但其弊端也是明显的。如前述，建筑物区分所有权虽然具有人法性的要素存在，但本旨上仍不失为一种物权。故此，集会决议若单纯以人头数为准，则极有可能导致专有部分较小的多数人支配专有部分较大的少数人，而有失公平。[1] 正是因此，德国法近年来于实践中乃频繁变更此"人头数原则"而发展出"物件数原则"与"价值原则"。并且，德国法、瑞士法虽然规定集会决议以计算人头数为准，但除需投票人过半数外，尚需所有权部分合计过半数方属有效，[2] 以济其弊。可见，德国法、瑞士法的此一"人头数原则"的不妥，已为立法者所洞悉。

3. 建筑物区分所有权人大会的决议方法

建筑物区分所有权人大会的决议方法，各国建筑物区分所有权法上有"一致决"与"多数决"两种方法。其中，多数决又可分为"特别多数决"与"普通多数决"两种。各国法及其实务对于何种事项应经一致决或多数决，应经多数决的事项中，哪些应经特别多数决抑或普通多数决，皆有必要予以考察和分析。

（1）一致决，又称"全体一致决"（Einstimimigkeit vertragsprinzip），以德国《住宅所有权法》的规定最具代表性。此外，法国、瑞士也有某些事项需采一致决。

依德国《住宅所有权法》的规定，对于一般的管理行为系采多数决原则，而对处分行为则采一致决。惟一致决的集会表决，实际运作上常常发生困难，盖因只要有一住宅所有权人表示反对，所决议的事项即会由此而搁浅。[3] 故此，实务上

1　温丰文："论区分所有建筑物之管理"，载《法学丛刊》1992 年第 37 卷第 3 期，第 30 页。

2　参见德国《住宅所有权法》第 23 条至第 25 条、《瑞士民法典》第 712 条之十六。

3　温丰文："论区分所有建筑物之管理"，载《法学丛刊》1992 年第 37 卷第 3 期，第 30 页。

乃尽量限制该原则的适用。依德国法及其判例所确定的原则，"一致决"主要适用于下列情形 [1]：住宅所有权（区分所有权）的再区分；住宅所有权的合并；新添建筑物的结构；改变、增加或减少共有权的持分；改变专有所有权部分；改变专用使用权部分；改变共同关系公约（Geschaftsordnung）；建筑计划的修正或改善；改变共用部分与附属设备；改变使用目的；对建筑物进行重建，建筑物区分所有权人事前无合意，且建筑物毁损部分超出建筑物总价值半数，而该损害不能由保险公司或透过其他方法获得补偿时，方得以全体一致决而重建。

根据法国《住宅分层所有权法》，也有需经全体建筑物区分所有权人一致通过方可决议的事项。譬如管理规约有错误时，准许修正的除斥期间经过后，欲变更区分所有管理规约所定的管理费的分担时，就应采一致决。[2]

（2）特别多数决。此以日本《建筑物区分所有权法》的规定最具代表性。另外，法国法也有规定某些事项需采特别多数决。而依德国《住宅所有权法》的规定，特定管理行为即采三分之二或四分之三的特别多数决（qualifizierte Mehrheite）。若建筑物遭受破坏且超过建筑物价值的一半的部分尚存在时，抑或损害以保险或其他方法予以填补时，即应依多数决作出重建或修缮的决议。[3]

在日本，其 1962 年旧《建筑物区分所有权法》规定，管理规约的设定、变更以及共用部分的变更等，采一致决原则（第 12 条第 1 项）。1983 年日本修改该旧法而制定新的《建筑物区分所有权法》时，为增强管理团体的灵活性、圆滑性，加强集会的功能，乃将旧法的一致决变更为特别多数决。依其规定，适用特别多数决的情形主要有：共用部分的变更，由建筑物区分所有权人及表决权的各四分之三以上的多数集会，以决议确定（第 17 条）；管理规约的设定、变更及废止，依建筑物区分所有权人及表决权各四分之三以上的多数集会的决议为之（第31 条）；由建筑物区分所有权人及表决权各四分之三以上的多数集会决议，决定成立法人，规定其名称和事务所（第 47 条）；对违反共同利益的建筑物区分所有

1　［德］J. Bärmann："德国住宅所有权法"，戴东雄译，载《法学论丛》第 13 卷 1 期，第 173—174 页。
2　［日］稻本洋之助监修：《公寓管理之考察》，清文社 1993 年版，第 6 页。
3　［日］稻本洋之助监修：《公寓管理之考察》，清文社 1993 年版，第 27 页。

权人提起诉讼，请求于相当期间内，禁止该建筑物区分所有权人使用其专有部分的，得基于集会，以建筑物区分所有权人及表决权各四分之三以上的多数通过（第 58 条）；建筑物一部灭失时，得于集会以建筑物区分所有权人及表决权各四分之三以上的多数，就灭失的共用部分为修复的决议（第 61 条第 5 项）；得于集会以建筑物区分所有权人及表决权各五分之四的多数，做出将建筑物拆毁，并于建筑物基地上重新建造建筑物的决议（第 62 条第 1 项）；建筑物区分所有权人共用的基地抑或附属设施的变更，需由建筑物区分所有权人及表决权各四分之三以上的多数集会，以决议确定（第 21 条）；管理组合法人的解散，需由建筑物区分所有权人及表决权各四分之三以上的多数集会，以决议确定（第 55 条）。

在法国，特别多数决又称为"二重多数决"（double majorite）[1]，其适用于极其重要的事项。依法国法，管理规约的设定、修正，共用部分的一部出卖，不动产用途的改良（如设置电梯），共同设施的变更、追加，以及关于建筑物增建的获准、增建权的转让等，皆需以建筑物区分所有权人的过半数及全体表决权的三分之二（667／1000）的过半数的赞成为必要。[2]

（3）普通多数决。此在各国建筑物区分所有权法上皆有规定。按照德国实务，一般管理行为采普通多数决。在法国，称普通多数决为"绝对多数决"。依其现行法制，较为重要的问题，即应以绝对多数决（501/1000）以上的赞成为必要。绝对多数决议决的事项主要涵括：因设置换气装置而需于外壁凿孔，以及单个建筑物区分所有权人自费于共用部分上实施工事等。[3]

应注意的是，日本法的普通多数决与法国法的普通多数决（绝对多数决）并不相同。依日本法，普通多数决为二重过半数普通多数决，即应有建筑物区分所有权人及表决权各过半数的同意的多数决。依其规定，下列事项即应适用此多数决：共用部分的管理事项（变更及保存行为除外，第 18 条第 1 项）；属于建筑物区分所有权人共有的基地或附属设施的管理事项（变更及保存行为除外，第 21 条、第 18 条第 1 项）；管理人的选任、解任（第 25 条第 1 项）；对管理人诉讼权

1　［日］稻本洋之助监修：《公寓管理之考察》，清文社 1993 年版，第 6 页。
2　［日］稻本洋之助监修：《公寓管理之考察》，清文社 1993 年版，第 6 页。
3　［日］稻本洋之助监修：《公寓管理之考察》，清文社 1993 年版，第 6 页。

的授予（第 26 条第 4 项）；集会主席的选任（第 41 条）；管理组合法人的理事以及监事的选任与解任（第 49 条第 7 项、第 50 条第 3 项、第 25 条第 1 项）；理事有数人时，代表理事的选任或共同代表的决定（第 49 条第 2 项）；管理组合法人的事务（第 52 条第 1 项）；请求提起停止违反共同利益行为的诉讼（第 57 条第 2 项、第 4 项）；建筑物较小规模灭失时的修复（第 61 条第 3 项）。

以上对于建筑物区分所有权人大会（集会）决议的方法的分析表明，各国法及其实务对于集会决议的方法不尽相同。德国法、法国法皆规定了全体一致决议决原则，其中尤以德国法最为突出。日本 1962 年的旧法也有全体一致决的规定，但 1983 年对旧法加以修改而制定新的建筑物区分所有权法时，为增强管理团体的灵活性，乃放弃旧法的立场，而一律改采特别多数决。盖因在一致决下，只要有一建筑物区分所有权人不表同意或有一人迁徙他处，行踪不明，致难取得其同意时，该项需加以决议的事项就难获决定，从而区分所有建筑物也就不能得到圆滑、适正的管理。[1]

综据上述，立基于促进区分所有建筑物的有效利用，健全和强化建筑物区分所有权人管理团体的功能以及充分尊重当事人的意思的考量，本书认为，我国将来制定单行的建筑物区分所有权法而规范此类问题时，应采德国法、日本法的经验，并借镜法国法的规定，于主要采日本的特别多数决与普通多数决议决原则的同时，辅之以采德国法和法国法的一致决原则。其中，一致决原则主要适用于建筑物区分所有权的再区分、合并等特别重大的事项，其他重大事项与普通事项则应采特别多数决与普通多数决而为之。

4. 建筑物区分所有权人大会（集会）决议的效力

建筑物区分所有权人大会决议的效力于时间和地点的范围上，各国法与学理不存在争议，[2]惟于人的范围上，学理存在分歧。本来，立基于少数服从多数的原则，集会决议的效力自应及于建筑物区分所有权人全体，惟是否及于建筑物区分所有权人的继受人，乃有疑问。建筑物区分所有权人的继受人，根据其性质可分

1　温丰文："论区分所有建筑物之管理"，载《法学丛刊》1992 年第 37 卷第 3 期，第 32 页。
2　温丰文："论区分所有建筑物之管理"，载《法学丛刊》1992 年第 37 卷第 3 期，第 32 页。

为概括继受人与特定继受人，后者又可分为移转继受人与设定继受人。[1]

概括继受人，主要涵括继承人、营业合并人以及财产概括承受人等。此等继受人因系权利义务的概括承受人，故而应受集会决议的拘束，亦即为集会效力所及。[2] 至于移转继受人，则主要指建筑物区分所有权的买受人、受赠人等，而建筑物区分所有权的承租人、借用人则为设定继受人。此二类继受人合称特定继受人。建筑物区分所有权人集会的效力是否得拘束之，学理有肯定与否定两说。依否定说，一般合意的商定，仅能拘束合意当事人，集会的决议，性质上为区分所有权人间的合意，故不能对抗特定继受人，亦即对于特定继受人并无拘束力。而肯定说则认为，集会为建筑物区分所有权人团体的意思决定机构，依团体法的规则，其所为的决议对特定继受人应有拘束力。[3]

以上肯定与否定两说，本书认为，应以肯定说为当。盖因建筑物区分所有权关系除因有专有部分而成为相邻关系，与因有共用部分而成为共有关系外，各建筑物区分所有权人尚由于为维持共同生活秩序、促进共同利益而形成共同体关系。而集会既然为建筑物区分所有权人团体的最高意思决定机关，其所做决议又系为建筑物区分所有权人的共同利益，则其效力自应及于特定继受人。[4]

集会的效力及于特定继受人，此点于日本《建筑物区分所有权法》中得到了明定，规定于第46条第1项、第2项："规约及集会的决议，对建筑物区分所有权人的特定继受人也生效力。占有人关于建筑物或其基地或附属设施的使用方法，负与建筑物区分所有权人基于规约或集会决议所负义务相同的义务。"此种立法，对于我国制定单行的建筑物区分所有权法具参考、借镜价值。

1　温丰文："论区分所有建筑物之管理"，载《法学丛刊》1992年第37卷第3期，第32页。

2　温丰文："论区分所有建筑物之管理"，载《法学丛刊》1992年第37卷第3期，第32页。

3　此为日本学者玉田弘毅的新说。玉田氏本主张集会决议的效力与规约有别，不具物权效力，也就是不得对抗建筑物区分所有权人的特定继受人［详见玉田弘毅："区分所有者集会——区分所有建筑的管理机构（Ⅰ）"，载《不动产研究》第10卷第2号，第82页］。但后来，玉田氏自团体法的规则考察，认为集会为建筑物区分所有权人团体的意思机关，其所作决议的效力应及于特定继受人（详见其所著《建筑区分所有权法的现代课题》，商事法务研究会1981年版，第223页）。温丰文："论区分所有建筑物之管理"，载《法学丛刊》1992年第37卷第3期，第32页、第46页。

4　温丰文："论区分所有建筑物之管理"，载《法学丛刊》1992年第37卷第3期，第32页。

第五节　若干问题研究（二）

一、执行机关——管理者

（一）管理者的名称与法性质

管理者于不同的情形乃有不同的称谓，"理事会型"管理体制下，称为"理事"，而不称"管理者"；但于我国台湾地区民间实务上，与此相当的机关乃被称为"管理委员会"；我国《物权法》称为"业主委员会"。但无论如何，管理者为"管理型"制度下普遍采取的一个名称，具广泛性。

管理者的特性，依各国法及其实务，其为管理业务的具体执行机关，如同管弦乐队的指挥，于区分所有建筑物的管理中居于重要地位。

（二）管理者的选任、解任与任期

管理者的选任，有依管理规约直接将特定人确定为管理者的。惟通常系依管理规约确定管理人的选任及其方法，而具体选任事宜则委由建筑物区分所有权人大会（集会）为之。至于管理人的解任，依各国法，系于管理人不履行建筑物区分所有权人大会委托的管理义务时，以管理规约所定的方法或依建筑物区分所有权人会议的决议而将之解任。根据管理规约确定管理人的解任方法的，系与选任的程序相同。并且，管理人有不正当或有不适于执行管理业务的情况（如年老、病弱、长期外出）时，各建筑物区分所有权人皆得向法院请求解任管理人。此解任请求权不得以管理规约而予排除。[1]

在德国，依其《住宅所有权法》第 20 条的规定，管理者的任命与解任系由住宅所有权人大会的多数决议而定之，任期为 5 年。5 年期满，即使没有特别解任的事由，依法律的规定，该管理者的职务也已终结。对任期届满，职务终了的管理者，可由住宅所有权人大会重新任命。但此一任命需考量其业绩。此外，即使于任职期间，管理者若有重大事由，也可将之解任。[2]

1　庄金昌："住宅分层所有权之比较研究"，台北中国文化大学 1984 年 7 月硕士论文，第 176 页。
2　［日］稲本洋之助监修：《公寓管理之考察》，清文社 1993 年版，第 29 页。

日本《建筑物区分所有权法》第25条规定，建筑物区分所有权人于管理规约无规定时，得依集会决议选任或解任管理人。同时，管理人有不正当行为或其他不适于执行职务的情况的，各建筑物区分所有权人得请求法院将之解任。被选任的管理人，其既可为建筑物区分所有权人中的一人，也可为其他第三人，此第三人涵括管理公司。

在意大利，关于管理人的选任，其民法典第1129条规定："当分层住宅所有人（建筑物区分所有权人——作者注）超过四人时，分层住宅所有人会议得指派一管理人，若分层住宅所有人不为此选任时，得由一个或数个分层住宅所有人申请法院指定。"至于管理人的任期与解任，同条后句规定："管理人的任期为一年，得由分层住宅所有人会议随时将其解任，也得由分层住宅所有人申请法院解任。"此外，依其民法典第1131条最后一项规定，管理人于管理期间不提出账目或有充分理由确定其有严重不法行为的嫌疑时，得将其解任，且选任以及以任何事由终止管理人的职务的，皆需以适当方法予以登记。

对于管理人的选任，《瑞士民法典》第712条之十七第1项、第2项规定，管理人不能由建筑物区分所有权人会议选任时，各建筑物区分所有权人皆得请求法院指派管理人。并且，对区分所有建筑物有正当理由的抵押权人与保险人也享有同一权利。对于管理人的解任，第712条之十八规定，建筑物区分所有权人会议得随时依其决议解任管理人，并得保留可能发生的赔偿请求权。并且，建筑物区分所有权人会议忽视重大事由的存在而拒绝解任管理人的，各建筑物区分所有权人得于一个月内请求法院将其解任。对于法院指定的管理人，未得法院的同意，不得于其任期届满前将之解任。

综据上述，本书认为，我国将来制定单行的建筑物区分所有权法而对管理人的选任、解任以及任期作出规定时，宜注重考量以下各点。

（1）于管理规约中明定管理人的选任、解任及其方法，具体的选任与解任则由建筑物区分所有权人大会议决之。

（2）管理人有不正当行为（如有重大嫌疑）或不适于执行管理业务的情事（如年老、病弱、长期外出等）时，各建筑物区分所有权人得向法院请求将之解任。此权利不得以管理规约而予排除。

（3）采德国法经验，对任期届满、职务终了的管理人，建筑物区分所有权人大会可立基于对其管理业绩的考量而作出是否再将之选任为管理人的决议。

（4）采德国、意大利、日本、法国的经验，明定管理人的任期。惟任期系规定为 5 年抑或 1 年、2 年，值得斟酌。本书认为，既不宜过长，也不宜过短。过长容易导致管理者的惰性，不利于管理者为积极有效的管理；过短，因管理者变动频繁，也不利于管理者从事管理事务。故此，建议折中德国、意大利及日本立法成例，而规定为 3 年。

（三）管理者的职责与权限

1. 各国法关于管理者的职责与权限的规定

（1）日本法。日本法关于管理者的职责与权限的规定，主要可以概括为如下八点：第一，共用部分的管理，此为管理者最为重要的职务权限，其又包括共用部分的维持与改良两个方面。第二，执行建筑物区分所有权人集会的决议以及管理规约所定的行为。第三，承担事务报告的义务。第四，管理规约的保管及于有利害关系人请求阅览时，将之提供给该人阅览。第五，会议的召集。第六，有关委托规定的适用。建筑物区分所有权人选任管理人、委托管理人处理共用部分的管理等有关全体建筑物区分所有权人共同利益的事项。建筑物区分所有权人与管理人的关系，实质上具委托关系的特性。[1] 日本《建筑物区分所有权法》第 28 条规定：管理人的权利义务，除本法及管理规约另有规定外，依有关委托的规定。故而，管理人应以善良管理人的注意处理事务。处理事务中，依建筑物区分所有权人的请求，报告事务的处理情况。处理事务终了后，应即时报告处理事务的过程。同时，管理人得对建筑物区分所有权人请求预先支付管理费用。管理人以自己的名义负担债务时，得请求建筑物区分所有权人代其清偿或请求提供相当的担保。并且，管理人处理事务非因自己的过失遭受损害时，得对建筑物区分所有权人请求损害赔偿。[2]第七，特殊规定：其一，管理所有。共用部分属于建筑物区分所有权人全体或一部共有，但管理规约另有规定时，管理人得所有共用部分（第 17 条第 1 项）。其二，

---

[1]　庄金昌："住宅分层所有权之比较研究"，台北中国文化大学 1984 年 7 月硕士论文，第 142 页。
[2]　庄金昌："住宅分层所有权之比较研究"，台北中国文化大学 1984 年 7 月硕士论文，第 142 页。

优先受偿权。[1]第八，对外代表权。日本《建筑物区分所有权法》第 26 条第 2 项规定，管理人关于其职务代理建筑物区分所有权人。同条第 4 项复规定："管理人依管理规约或集会决议，关于其职务，为建筑物区分所有人，得为原告或被告。"同时，"对管理人的代理权所加的限制，不得对抗善意第三人"（第 26 条第 3 项）。

（2）德国法。按照德国《住宅所有权法》，管理人的职责与权限，由该法及住宅所有权人大会的决议而定之，主要可以归结为如下八点[2]：第一，执行住宅所有权人会议的决议。作为住宅所有权人的受托人的管理人，其主要的职责乃是执行住宅所有权人会议的决议，并监督住宅规则的执行，在法律上代表住宅所有权人。第二，对区分所有建筑物为通常的保存并修缮共用部分的设施。第三，紧急情形下，对共用部分的维持、保存采取必要的措施（第 27 条第 1 项、第 3 项）。第四，管理、保存管理经费（第 27 条第 1 项、第 4 项）。第五，依该法第 27 条第 2 项的规定，管理人得以全体住宅所有权人的名义为下列行为：其一，于住宅所有权人共同事务的范围内，请求、受领、清偿负担和费用，清偿款项和抵押利息；其二，履行或受领与共用部分的管理有关的支付或给付；其三，接受以全体住宅所有权人的名义的意思表示及送达；其四，采取其他法律上不利益的措施；其五，基于住宅所有权人大会的决议的授权，诉讼上或诉讼外主张请求权。第六，管理人应将住宅所有权人的款项与自己的财产分别保存。第七，管理人得请求住宅所有权人出具载明代理权范围的授权书。第八，预算与年度决算的作成与实行。德国法上，预算的作成、年度决算的实行以及应住宅所有权人的请求而为中途决算，乃系管理者的另一主要义务。其《住宅所有权法》第 20 条规定，管理者每年需制作管理计划。该计划涵括：共用部分管理的预计收入与支出、住宅所有权人按照自己应有部分的大小承担的负担与费用分担义务以及住宅所有权人的维护准备金的分担数额。

（3）法国法。法国《住宅分层所有权法》规定的管理者的职责与权限，主要有六项[3]：第一，承担执行总会（区分所有权人大会）决议的任务；第二，遵守区分所有管理规约；第三，管理并保全建筑物，紧急情形下，可依自己的判断，

1　庄金昌："住宅分层所有权之比较研究"，台北中国文化大学 1984 年 7 月硕士论文，第 143 页。

2　［日］稻本洋之助监修：《公寓管理之考察》，清文社 1993 年版，第 29 页。

3　［日］稻本洋之助监修：《公寓管理之考察》，清文社 1993 年版，第 6 页。

决定进行紧急施工；第四，制作管理团体的会计报告书与预算案；第五，为民事和诉讼上的一切行为，代表管理团体；第六，雇佣管理人员，并有权将之解雇。

（4）意大利法。《意大利民法典》对管理人的职务与权限的规定，见于第1130条、第1131条。依其规定，管理人的职责与权限主要有五项：第一，执行建筑物区分所有权人大会的决议，并遵守管理规约；第二，对共用部分使用的管理与共同利益事项的执行；第三，收取分担金并支付建筑物共用部分所需的通常的维护经营管理费用；第四，一年结束时，提出管理的账目；第五，依职权或依建筑物区分所有权人间的管理规约，抑或于建筑物区分所有权人会议赋予的权利范围内，代表管理团体对其他建筑物区分所有权人或第三人进行诉讼。

（5）瑞士法。对于管理人的职责与权限，《瑞士民法典》规定于第712条之十九和二十的第1项，依规定，主要有四项：第一，依法律与管理规约的规定，以及建筑物区分所有权人会议的决议，为共同管理的一切行为，并为防止或除去损害，采取一切紧急措施；第二，将共同费用及负担分派给各建筑物区分所有权人，并为其记账，收取其分担金额，并为管理及依规定使用现有资金；第三，对于特殊权利的行使，土地、建筑物的共用部分以及共同设备的使用，应注意监督是否遵守法律、规章以及管理规约的规定；第四，管理人对外代表管理团体与各建筑物区分所有权人，其在提起的民事诉讼中，除简易程序外，应先获得建筑物区分所有权人会议的授权，惟遇有紧急情形时，得于事后补行授权。

2. 比较分析结论

综据上述考量、分析，可以明了，管理者的职责与权限，概言之乃涵括两个方面：对内关系的职责与权限以及对外关系的职责与权限。前者为管理者与建筑物区分所有权人之间的关系，后者为管理者与第三人之间的关系。依各国法，除管理者对外的代表权为管理者对外关系的职责与权限外，其余皆为管理者对内关系的职责与权限。另外，也可看到，各国法对管理者的职责与权限的规定大体一致，仅于一些非重要的方面存在细微差异。综合比较、考量各国法的规定，自比较法的视角予以评判，本书认为，当以德国法、日本法的规定最为妥当、详尽。但同时，意大利法、法国法及新加坡法的规定也有可取之处。我国将来制定单行的建筑物区分所有权法而规定管理人的职责与权限时，宜斟酌如下各点。

（1）管理人的职责与权限，应涵括对内与对外两个方面。

（2）管理人的对内方面的职责与权限主要有：第一，遵守管理规约与执行建筑物区分所有权人会议的决议。第二，为通常保存及修缮共用部分的必要措施，以使全体建筑物区分所有权人获得最大利益。第三，紧急情况下，对共用部分的维持、保存采取必要的措施，并立基于自己的判断，决定进行施工等。第四，以全体建筑物区分所有权人的名义实施下列行为：其一，于区分所有权人共同事务的范围内，请求、受领及清偿负担和费用；其二，履行或受领与共用部分的管理有关的给付或支付；其三，接受以全体建筑物区分所有权人的名义的意思表示及送达；其四，采取或防止其他法律上的不利益的措施。第五，建筑物区分所有权人会议的召集。第六，管理规约的保管及应请求而提供阅览。第七，预算和年度结算的作成及实行。第八，管理经费的保管。第九，其他应由管理人管理的事项。

（3）管理人对外方面的职责与权限。亦即，管理人代表管理团体抑或建筑物区分所有权人于诉讼上或诉讼外主张请求权。

二、监督、咨询机关

监督、咨询机关为另一类管理团体中的机关，惟各国法并未普遍设立此类机关。并且，对于其特性，即使设立了此类机关的国家，也有不同认识。

（一）法国法

依法国《住宅分层所有权法》，于总会和管理者之外，尚有第三类机关——管理团体参事会。其组成系依建筑物规模的不同而通常由3—10名建筑物区分所有权人组成。[1]其为兼具监督与咨询的双重特性的机关。其任务主要是辅佐管理者并对管理活动予以管控。管理团体参事会有权要求管理者提出所有的管理文件并进行会计监查。[2]同时，管理团体参事会除享有依总会的决议而受委托的限定为特定目的的权利外，仅为咨询机关。由此也可看到，管理团体参事会实际上并无多大的权限。[3]尽管如此，它却于管理团体和管理者之间起着桥梁的功用，系二者相通的

1　[日]稻本洋之助监修：《公寓管理之考察》，清文社1993年版，第7页。
2　[日]稻本洋之助监修：《公寓管理之考察》，清文社1993年版，第7页。
3　[日]稻本洋之助监修：《公寓管理之考察》，清文社1993年版，第71页。

管道。[1]此外，管理团体参事会与管理者之间也有密切关系。譬如，区分所有建筑物的现状及其问题，建筑物区分所有权人皆可透过管理团体参事会而获知悉、了解。[2]

（二）德国法

在德国，依其《住宅所有权法》第29条的规定，设有"管理顾问会"，系属于非必设机关，其成立需依住宅所有权人的多数决议而定。建筑物的规模庞大且有数量众多的住宅空间时，该管理顾问会尤其需要设置。[3]管理顾问会的特性，系与法国的管理团体参事会相同，属于管理者的咨询机关，支持并监督管理者处理事务。[4]根据德国法，管理顾问会被授予三职权[5]：（1）辅助管理人执行其职务（第29条第2项）；（2）住宅所有权人会议议决经营计划、经营计划的结算以及报告账目费用的计算前，应予审查，并表达意见（第29条第3项）；（3）管理顾问会主席或其代理人，于无管理者的情形抑或管理者不召集住宅所有权人会议时，应召集住宅所有权人会议。

需指明的是，德国法的管理顾问会，经实践检验，系为一具重要功用的机关，其作为各住宅所有权人提出希望、提案、表达苦情的机关，以及作为各种纠纷与争执在发生的最初阶段即将之进行预防和处理的机关，对于区分所有建筑物的圆滑、适正的管理卓有贡献。[6]

（三）日本法

日本《建筑物区分所有权法》对于一般管理团体未设与法国法、德国法类似或相同的监督、咨询机关，但于管理组合法人，其设有与法国、德国相似的机关——监事。

依日本法，监事为管理组合法人的必设机关，其特性与德国、法国的同类机关稍有不同，即为业务执行的监查机关。其职务与权限，主要有四项[7]：（1）监

1　［日］稻本洋之助监修：《公寓管理之考察》，清文社1993年版，第72页。
2　［日］稻本洋之助监修：《公寓管理之考察》，清文社1993年版，第72页。
3　Bärmann/Pick/Merle, Wohnungseigentumsgestz, Kommentar, 4 Aufl, S. 771.
4　庄金昌："住宅分层所有权之比较研究"，台北中国文化大学1984年7月硕士论文，第17页。
5　［日］稻本洋之助监修：《公寓管理之考察》，清文社1993年版，第31页。
6　［日］稻本洋之助监修：《公寓管理之考察》，清文社1993年版，第31页。
7　［日］丸山英气编：《区分所有权法》，大成出版社1984年版，第236页。

察法人的财产状况；（2）监察理事的业务执行情况；（3）发现财产状况或理事执行业务不合规定时，向建筑物区分所有人大会（集会）进行报告；（4）为进行第（3）的报告，必要时可以召集集会。另外，于管理组合法人与理事的利害有相反的事项时，监事代表管理组合法人，称为监事的代表权。

通过以上对法、德、日三国设立的监督、咨询机关的分析，可以看到，无论管理团体法人化抑或非法人化之下，此类监督、咨询机关的设立皆有其必要。此三国之中，法、日系在管理团体法人化下强行设立此类机关，其与其他机关——集会（意思机关）与管理者抑或理事（执行机关）共同构成三权分立的权力结构体系。德国法与法国、日本法不同，此类机关是否设立，系委由住宅所有权人的多数决而定，为非必设机关。即使如此，德国实务上，此类机关通常皆有设立。并且，实证经验证明，其对区分所有建筑物的圆滑、适正的管理确有贡献。此外，其作为咨询机关，对建筑物区分所有权人表达苦情、期望以及提出提案，也提供了很好的途径，对于消弭不同情形下的纠纷、争执于萌芽状态，实颇有助益。

综据上述，借镜德国、日本及法国的实证经验，我国将来制定单行的建筑物区分所有权法时，对于同类问题的规范，宜由下列思路展开：（1）宜设与法、德、日相类似的管理机关。至于是否强制设立，应依建筑物区分所有权法对于管理团体是否具法人格而定：管理团体具法人格的，应强制设立；不具法人格的，为任意设立。（2）此类机关的特性，不采日本的经验，而采德、法的经验，规定为兼具监督与咨询特性的管理机关。（3）此类机关的组成、职责及权限，可效仿德国、日本及法国的经验而予规定。

第六节 区分所有建筑物的修缮

一、概要

区分所有建筑物的修缮是区分所有建筑物管理中经常发生的问题。实际生活中，区分所有建筑物的修缮在特定情形是十分必要的。这些情形大致有：其一，尽管建筑技术与建筑材料的进步使今日的区分所有建筑物更为坚固，但因自然腐朽、日晒雨淋，区分所有建筑物本体仍会逐渐毁损，由此发生外壁污损脱落、墙壁龟裂、水管生锈、堵塞、破裂抑或防水层破裂漏水等；其二，因地震、火灾、风灾、水灾、泥石流、煤气爆炸、飞机坠落以及机动车的冲撞等偶发性灾害导致区分所有建筑物（如因地震、煤气爆炸造成建筑物外墙龟裂）或地基（如因水灾、泥石流灾害造成地基塌陷）损害时，需实施补强措施；其三，区分所有建筑物自建成后经过一定的年限（如三年、五年或十年等），即往往有修缮（定期修缮）的必要，比如，此时墙壁剥落、管线腐蚀、屋顶龟裂、窗户破旧、朽坏等，需要重新粉刷外墙、更换各种排水管线、修补裂缝及换修共有部分（如楼梯间）的窗户等；其四，区分所有建筑物内设置的共用设施（如电梯、水塔、灯管等）因自然或人为的因素而损坏时，也需要予以修缮。区分所有建筑物本体抑或其他共用设施的毁损、朽坏、倾颓，常常对业主的安全与生活品质产生重大影响。由此，对于区分所有建筑物，平时需加以维护，如有损坏则需进行修缮，以确保维持其正常功能。[1]

区分所有建筑物的修缮，涉及业主（尤其是相关业主）的切身和重要的财产利益——专有部分所有权与共有部分份额权以及修缮费用的承担等。在物权法于1998年起草之初，由梁慧星研究员主持起草的《中国物权法草案建议稿》第96条、第97条及第98条曾设有区分所有建筑物修缮的详细规定，这些条文的规定系主要借镜日本《建筑物区分所有权法》第61条和我国台湾地区"公寓大厦管理条例"（2016年修订）第10条、第11条而拟定。[2]但是，这些条文建议最终未为物权法完全采纳，以至于我国现今法律体系中并无完善、翔实的区分所有建筑物修缮制度。[3]

我国《物权法》第76条第1款中的第六项和该条第2款只规定"改建、重建建筑物及其附属设施"，"应当经专有部分占建筑物总面积三分之二以上的业主

1　廖国宏："区分所有建筑物修缮与重建问题之研究"，台湾东海大学法律研究所2005年6月硕士论文，第53页。值得指明的是，关于区分所有建筑物的修缮，我国台湾地区学者廖国宏于其硕士论文中作有研究，本部分的写作一些地方受惠于该先生所做的研究，谨致谢忱和敬意。

2　梁慧星主编：《中国物权法草案建议稿：条文、说明、理由与参考立法例》，社会科学文献出版社2000年版，第285—290页。

3　尽管如此，区分所有建筑物的修缮仍引起了我国实务界人士的积极关注。比如在"崔江诉汪文海侵犯相邻权一案"中，实务界人士对建造、修缮建筑物造成相邻不动产权利人损害的性质等给予了极大的关注。关于此，请参见陈希国、刘晓蕾、纪金洁主编：《民商事典型疑难问题适用指导与参考（物权纠纷卷）》，中国检察出版社2013年版，第103页。

且占总人数三分之二以上的业主同意";第 79 条规定:"建筑物及其附属设施的维修资金,属于业主共有。经业主共同决定,可以用于电梯、水箱等共有部分的维修。维修资金的筹集、使用情况应当公布。"这些规定不足以应对实际的需要,盖区分所有建筑物的修缮除涉及修缮如何得以决定外,还面临如何调整业主之间的权益、由谁进行修缮以及修缮费用的筹集和分担等问题。这些问题如不能妥善解决,业主之间的修缮共识就难以凝聚,进而造成修缮事业无从进行。故此,本部分拟自比较法(尤其是日本法、我国台湾地区"法"及德国法之比较)与实证考察的视角,对区分所有建筑物的修缮所涵括的上述重要法律问题进行剖析,期借他山之石及实证经验,对我国《物权法》和《物业管理条例》关于区分所有建筑物的修缮制度提出若干建议。

修缮系指区分所有建筑物的专有部分与共有部分经过一定年限或发生损坏、倾颓、朽坏时,为恢复其原有效用或功能而对之所实施的一切必要行为。[1]因区分所有建筑物的修缮旨在恢复建筑物与基地的物理性能,故性质上属于区分所有建筑物的物的管理的范畴。区分所有建筑物包含各业主单独所有的专有部分与共有的共用部分,一专有部分的修缮往往需要使用他人的专有部分或共有部分,共有部分的修缮涉及修缮共识的形成、费用的分担等,且无论专有部分或共有部分的修缮,均涉及对业主间的权益冲突进行调整。[2]

修缮与修复有别。修缮是区分所有建筑物损坏、倾颓或朽坏程度轻微时所进行的一种管理、复原、修理行为;修复亦称复旧,是指区分所有建筑物因天灾人祸(如地震、火灾、风灾、水灾、泥石流、煤气爆炸、飞机坠落以及机动车的冲撞等)而造成一部分灭失或大规模灭失时进行的管理和恢复原状的行为,它是区分所有建筑物遭受损坏、倾颓等的程度较严重时所实施的管理和复旧行为。本部分重点论述专有部分(含约定专用部分)与共有部分(含约定共有部分)的修缮,

---

[1] 黄江颖:"区分所有建筑物修缮与重建之研究",台湾东海大学法律研究所 1993 年 6 月硕士论文,第 9 页。

[2] 廖国宏:"区分所有建筑物修缮与重建问题之研究",台湾东海大学法律研究所 2005 年 6 月硕士论文,第 53—54 页。

至于修复（复旧）则不涉及。[1]于本部分之末，将涉及与专有部分和共有部分的修缮具有密切关联的修缮费用的来源或取得。

二、专有与约定专用部分的修缮

（一）专有与约定专用部分的修缮决定与费用承担

1. 基本概要

依最高人民法院《建筑物区分所有权解释》第 2 条的规定，专有部分是指具有构造上和利用上的独立性，能够明确区分，可以排他使用，且能够登记为特定业主所有权的客体。又依建筑物区分所有权法理，约定专用部分系指区分所有建筑物共有部分经约定供特定业主使用的部分。尽管前者为专有部分，后者为共有部分，但在使用形态上它们均是供特定业主或特定使用权人使用。专有部分上系成立专有所有权，享有该专有所有权的业主除法律另有规定外，其可对专有部分予以自由占有、使用、收益、处分，并排除他人的干涉（《物权法》第 39 条）。由此，专有部分修缮的决定应由业主为之，并由业主自身承担其费用。若业主将其专有部分交由承租人、借用人或是其他经其同意的人使用的，关于修缮的决定与费用承担则应依双方的约定或依《合同法》第 220 条、第 221 条的规定为之。[2]

值得注意的是，本来应由各业主依原来的使用方法共同使用的共有部分，透过业主大会的决议而将该共有部分中的一部分设定专用使用权由某特定业主或第三人专属的独占使用（例如由某特定人在地下室设置停车场、在楼顶加盖房屋及在外壁上悬挂招牌等）的情形，在今日实务中也较广泛地存在。[3]亦即，约定专用部分性质上与专有部分相同，故其修缮应由该特定业主或特定第三人为之，并自行负担修缮费用。不过，比较法上的通说与实证经验认为，因使用约定专用部分肇致的损坏尽管应由约定专用部分使用权人承担修缮义务与费用，但如损坏系因

　　1　需说明的是，本书作者已对区分所有建筑物的修复自比较法（主要是日本法）的视角作有探讨，对此请参见本书相关部分的论述。

　　2　廖国宏："区分所有建筑物修缮与重建问题之研究"，台湾东海大学法律研究所 2005 年 6 月硕士论文，第 54—55 页。

　　3　温丰文：《建筑物区分所有权之研究》，三民书局股份有限公司 1992 年版，第 69 页。

约定专用部分的结构老旧、朽坏而引起，则应对专用使用权设定时的情形、费用（对价）负担及损坏的状况、程度等予以衡平考量后决定修缮义务与费用的承担，而非一律由专用使用权人负担。[1]

2. 二人或二人以上共有专有或约定专用部分时的修缮决定与费用承担

实务中，专有部分由二人或二人以上共有的情形也不时有之。既然为共有，则其修缮决定与费用承担即应依物权法共有的规定处理。《物权法》第 97 条规定："处分共有的不动产或者动产以及对共有的不动产或者动产作重大修缮的，应当经占份额三分之二以上的按份共有人或者全体共同共有人同意，但共有人之间另有约定的除外。"据此规定，共有物除简易修缮（如公共楼梯间电灯损坏无法照明，或玻璃、窗户碎裂时的换修，[2] 共有墙面龟裂时的简单修补 [3]）应由共有人自行为之外，其他修缮（如重大修缮）行为除另有约定外，应由三分之二以上的按份共有人或全体共同共有人同意后（共同）为之。此时，修缮费用有约定的按约定负担，没有约定或者约定不明确的，按份共有人按份额负担，共同共有人共同负担（《物权法》第 98 条）。约定专用部分如系约定二个或二个以上使用权人共同使用，此时成立《物权法》第 105 条的准共有，应参照、准用《物权法》第 8 章的上述规定。

3. 其他问题

应指出的是，业主和约定专用部分使用权人修缮其专有或约定专用部分系其自身的权利，若未有业主或约定专用部分使用权人委托，他人不得代替为之。但是，若专有或约定专用部分的损坏程度已对建筑物本身的构造产生重大影响，业主或约定专用部分使用权人不修缮自己的专有或约定专用部分系违反全体业主的共同利益时，其他业主可代替修缮该专有或约定专用部分，由此产生的费用由该

1　[日]玉田弘毅编：《公寓的法律纷争》，有斐阁 1984 年版，第 139—140 页；廖国宏："区分所有建筑物修缮与重建问题之研究"，台湾东海大学法律研究所 2005 年 6 月硕士论文，第 55 页。

2　[日]稻本洋之助、镰野邦树编著：《注释区分所有公寓标准管理规约》，日本评论社 2012 年版，第 79 页。

3　廖国宏："区分所有建筑物修缮与重建问题之研究"，台湾东海大学法律研究所 2005 年 6 月硕士论文，第 55 页。

专有部分的业主或约定专用部分的使用权人承担。[1]

（二）修缮专有或约定专用部分时的权益调整

要对专有或约定专用部分实施修缮，除由业主或使用权人自行决定是否进行修缮并承担其费用外，调整业主之间的权益也十分重要。换言之，因修缮专有或约定专用部分时常常需要使用他人的专有部分、约定专用部分或共有部分，且使用时可能损害其他业主或第三人的权益，造成损害，若他业主或第三人据此加以阻扰，则不利于修缮工程的实施，所以有必要对修缮专有或约定专用部分时涉及的业主或第三人的权益加以调整。在我国今日的区分所有建筑物修缮的实务中，此种情形屡有发生。惟我国《物权法》和《物业管理条例》并无调整业主权益的规定，是为重要立法缺漏，宜借他国和地区经验予以补充。

为使专有或约定专用部分的修缮顺利进行，日本《建筑物区分所有权法》与我国台湾地区"公寓大厦管理条例"（2016年修订）创设了业主或约定专用部分使用权人可对他人的专有部分、约定专用部分或共有部分在必要范围内予以使用，[2]以及业主和约定专用部分使用权人应对因修缮而造成的损害予以恢复原状和赔偿的制度。

1. 修缮专有或约定专用部分时，业主或约定专用部分使用权人可对他人的专有或约定专用部分在必要范围内予以使用

所谓对他人的专有或约定专用部分的使用，又称"对他人的专有部分或约定专用部分的进入或一时的使用权"，[3]系允许修缮专有或约定专用部分时，业主或约定专用部分使用权人可对他人的专有或约定专用部分于必要范围内予以使用，

1　[日]青山正明：《注解不动产法5区分所有法》，青林书院1997年版，第326—327页；[日]稻本洋之助、镰野邦树：《注释建筑物区分所有权法》（第2版），日本评论社2004年版，第336页；廖毅宏："区分所有建筑物修缮与重建问题之研究"，台湾东海大学法律研究所2005年6月硕士论文，第55页；陈华彬："日本区分所有建筑物修复制度的考察分析与启示"，载《环球法律评论》2013年第2期，第86页。

2　需注意的是，除日本法和我国台湾地区"公寓大厦管理条例"外，德国《住宅所有权法》于第14条第4项也设有类似的规定。限于篇幅，本书重点分析前二者的规定，对于德国法的规定仅于相关部分涉及。

3　[日]稻本洋之助、镰野邦树：《注释建筑物区分所有权法》（第2版），日本评论社2004年版，第49页。

由此使修缮工程得以顺利进行。此对专有部分等的一时的使用，须是"业主因保存或改良其专有部分或共有部分"，且须限定于"必要范围"内（日本《建筑物区分所有权法》第 6 条第 2 项第 1 句）。所谓"必要范围"，指业主或约定专用部分使用权人请求使用他人专有部分等时，应尽量在不困扰他业主的时期、方法与最小限度的必要的场所范围内为之。由此，其使用的期间当然是暂时性（临时性）的，长期、永久或随时的使用是不允许的。而且，依日本实务与解释，该请求权为业主之间相互享有的法定请求权，各业主应就使用的范围、方法与时期等订立具体的协议（契约）。未订协议（契约）而使用他人的专有部分等产生损害的，使用人不仅须支付补偿金，且被使用的专有部分等的业主可以权利滥用为由而请求停止该使用。[1]

应指出的是，日本《建筑物区分所有权法》第 6 条第 3 项还规定：上述规定"对业主以外的专有部分占有人准用之"。亦即，对他人专有部分等行使使用请求权时，除可对专有部分的所有人（业主）为之外，若业主已将其专有部分出租或出借时，也可向承租人或借用人等专有部分的占有人行使。[2] 且使用请求权行使的对象，不限于物理上前后左右或上下相邻接的专有部分，物理上即使未邻接，只要是建筑物修缮的必要范围内，均可对之行使。[3]

如前述，对他人专有部分等的使用请求权，性质上为法定请求权且为强行规定。由此，业主等不得以管理规约或当事人之间的约定（契约）来加以排除。且此使用请求权包含了对他业主的专有部分等的进入权。[4] 该使用请求权的对象为现在使用专有部分等的业主、承租人或借用人。当此等人拒绝请求人对专有部分等

1　［日］稻本洋之助、镰野邦树：《注释建筑物区分所有权法》（第 2 版），日本评论社 2004 年版，第 50 页。

2　［日］原田纯孝："区分所有建筑物中出租人的权利义务"，载《法律时报》第 55 卷 9 号，第 35 页；温丰文：《建筑物区分所有权之研究》，三民书局股份有限公司 1992 年版，第 44 页；［日］丸山英气编：《区分所有法》，大成出版社 1984 年版，第 57 页；［日］稻本洋之助、镰野邦树：《注释建筑物区分所有权法》（第 2 版），日本评论社 2004 年版，第 52—53 页。

3　［日］玉田弘毅："建筑物区分所有法逐条研究（12）"，载《判例时报》第 354 号，第 114 页；温丰文：《建筑物区分所有权之研究》，三民书局股份有限公司 1992 年版，第 44 页。

4　［日］稻本洋之助、镰野邦树：《注释建筑物区分所有权法》（第 2 版），日本评论社 2004 年版，第 51 页。

的使用时，请求人可诉请法院依《日本民法》第414条第2项但书的规定以判决代替其承诺（同意）后予以使用。之所以需要获得请求对象的承诺（同意），是因为对他人专有部分等的使用权与《日本民法》第209条的邻地使用权相类似。《日本民法》第209条第1项规定："土地所有人在境界及其附近建造围墙或建筑物，或者修缮，可以请求在必要的范围内使用邻地。但未经邻人的承诺，不能进入其住宅。"而该条的使用邻地的请求，通说与实务见解认为，如果不能获得邻人的承诺（同意），则需获得代替承诺（同意）的判决之后方能使用邻地。考虑到对邻人的人格的尊重与保护，若未获得邻人的承诺（同意），则即便有代替承诺（同意）的法院的判决，也不允许进入邻人的住宅。惟区分所有建筑物因具有不同于土地相邻关系的特质，所以应当是：尽管未获得被进入的专有部分等的权利人的承诺（同意），但若获得了代替该承诺（同意）的法院的判决的，也是可以进入的。[1]

我国台湾地区"公寓大厦管理条例"第6条第1项第2款规定："他住户因维护、修缮专有部分、约定专用部分或设置管线，必须进入或使用其专有部分或约定专用部分时，不得拒绝。"同条第2项还规定："进入或使用，应择其损害最少之处所及方法为之，并应修复或补偿所生损害。"据此，在我国台湾地区，业主修缮专有与约定专用部分时，系以对他人专有部分等的进出权、使用权作为权益调整的手段。

上述进出权、使用权的行使主体为业主或约定专用部分使用权人（即他住户），其行使的相对人则为因修缮而需进入或使用其专有或约定专用部分的业主、使用权人或占有人；进入或使用，应选择损害最少的处所与方法为之；进出权、使用权的性质，依台湾地区学者通说，其为民法相邻关系的特别规定，为一种邻地使用权（相邻关系使用权），而非独立请求权。[2]

为妥善调整业主间的权益并基于科学性和严谨性的考量，我国应借鉴比较法上的如下经验：

其一，为使修缮顺利进行，日本法与我国台湾地区"法"的规定值得借鉴。

1　[日]稻本洋之助、镰野邦树：《注释建筑物区分所有权法》（第2版），日本评论社2004年版，第51页。

2　谢在全：《民法物权论》（上册），中国政法大学出版社2011年版，第214页。

依日本法，修缮专有或约定专用部分时，业主或约定专用部分使用权人可对他人的专有部分等予以使用；依我国台湾地区"法"，住户因维护、修缮专有部分、约定专用部分或设置管线，必须进入或使用他人的专有或约定专用部分时，该他人不得拒绝，即修缮专有或约定专用部分的业主或使用权人享有进出、使用权。日本法与我国台湾地区"法"此种明定进出、使用权的做法，较之我国目前以相邻关系规则来调处区分所有建筑物修缮中对他人专有或约定专用部分的进出和使用，对业主的保护更为有利，值得借鉴。

其二，日本法规定，对专有部分等的使用只能是"一时（暂时）性"的使用，即需是"业主因保存或改良其专有部分或共用部分"，于"必要范围"内使用。对此，我国台湾地区"法"只规定，进入或使用应选择损害最少的处所与方法为之。两相比较，日本法的规定完善、明确，而我国台湾地区"法"的规定则欠周延。另外，值得提及的是，由梁慧星研究员主持起草的《中国民法典草案建议稿附理由（物权编）》第 311 条第 2 款也规定，因修缮而进入或者使用他人专有或约定专用部分时，应选择损害最少的处所及方法为之。[1]此规定具有积极意义，值得重视。

其三，对他人专有部分等的进出、使用权，其性质依日本通说与实务见解，为一种强制性的法定请求权，而且对于他业主的专有部分的进入，即便未获得该人的承诺（同意），但若获得了代替该承诺（同意）的法院的判决也是可以的。对此，我国台湾地区学说与实务见解认为，对他人专有部分等的进出、使用权属于民法相邻关系的特别规定，为一种邻地使用权（相邻关系使用权），而非独立请求权。值得注意的是，此种认识在我国目前的司法实务中也得到了某种程度的反映，即现今司法实务与学界倾向于以相邻关系规则作为裁判区分所有建筑物中进出并使用他人专有或约定专用部分的法律依据或规则。[2]惟本书认为，基于此种

1　梁慧星主编：《中国民法典草案建议稿（物权编）》（陈华彬执笔），法律出版社 2013 年版，第 165 页。

2　譬如，（2014）穗中法五终字第 61 号"朱卫东诉郭有才、广州市商业储运公司物权保护纠纷案"中，被告因修缮其房屋漏水部位而经承租人（原告房屋彼时已出租）同意进入原告所有的住宅，但原告以所有权受到侵犯为由，拒绝被告进入并使用其住宅，要求恢复原状、赔偿损失并由此诉至法院。经二审，法院认定原被告房屋上下相邻，构成不动产相邻关系，于是依《物权法》第 88 条、第 92 条有关相邻关系的规则进行裁判，以调整业主间权益。

进出、使用权权利的明确性和法定性，进而可以作为一种独立的诉因提起诉讼以周到保护使用人的考量，我国应取日本法的经验，将对他人专有部分等的进出、使用权解释为一种法定请求权，而非相邻关系的特别规定，不属于一种相邻关系使用权。

2. 修缮专有或约定专用部分时，业主或约定专用部分使用权人可使用不属于自己所有的共有部分

修缮专有或约定专用部分时，业主或约定专用部分使用权人除可进出、使用他人的专有或约定专用部分外，也可使用不属于自己所有的共有部分。对此，日本《建筑物区分所有权法》第6条第2项定有明文。日本法之所以规定可以使用不属于自己所有的共有部分，是因为业主对于自己所有（即业主自身享有共有份额权）的共有部分得当然享有使用权。而所谓"不属于自己所有的共有部分"，主要指供一部分业主共用的建筑物部分与附属建筑物。[1]

我国台湾地区"公寓大厦管理条例"第6条第1项第4款规定："于维护、修缮专有部分、约定专用部分或设置管线，必须使用共用部分时，应经管理负责人或管理委员会同意后为之。"应指出的是，该条款为我国台湾地区2003年修改其"公寓大厦管理条例"时所新增，2006年再度修改该"公寓大厦管理条例"时维持此规定。于本款规定被追加规定前，业主修复专有或约定专用部分而需使用共有部分时，是无需经任何人同意的。现行"公寓大厦管理条例"之所以规定修缮专有或约定专用部分而使用共用部分时应经管理负责人或管理委员会的同意后为之，系在避免业主任意使用共有部分而导致公共利益受到侵害。具体言之，其一，共有部分性质上尽管系业主共有而应由住户共同使用，但若住户因修缮而于共有部分上任意置放工作物、材料等，可能造成其他住户使用上的不便；[2]其二，由于性质上的特殊性，某些共有部分（如机房、水塔等）住户不得擅自进入，而应与管理负责人或管理委员会一同进入，由此维护其他业主或住

1　[日]稻本洋之助、镰野邦树：《注释建筑物区分所有权法》（第2版），日本评论社2004年版，第50—51页。

2　陈佳文、陈帅正："公寓大厦管理条例修正方向之探讨（一）"，载《现代地政》第284期（2006年2月），第35页。

户的权益 [1] 。[2]

上述业主或住户因修缮专有或约定专用部分而取得管理负责人或管理委员会的同意后使用共有部分的，应依前述台湾地区"公寓大厦管理条例"第 6 条第 2 项的规定，选择损害最少的处所与方法为之。若业主或住户未经同意使用共有部分，管理负责人或管理委员会应负责协调，若业主或住户置之不理，则应请求主管机关或诉请法院为必要的处置。相反，若管理负责人或管理委员会无正当理由拒绝业主或住户使用共有部分，业主或住户可诉请法院排除妨害而予使用。[3] 为妥善调整业主间的权益，我国应借鉴比较法上的如下经验。

其一，在使用共有部分方面，日本法的规定值得借鉴。其规定业主或专用部分使用权人修缮专有或约定专用部分时，可使用不属于自己所有的共有部分。而所谓"不属于自己所有的共有部分"，应解释为供一部分业主共用的建筑物部分与附属建筑物。至于业主对于自己所有（即业主自身享有共有份额权）的共有部分，其当然有使用权。对此，我国台湾地区"法"并无规定。

其二，在对共有部分使用的管理（同意）方面，我国台湾地区"法"的规定值得取法。其规定，于维护、修缮专有或约定专用部分抑或设置管线必须使用共有部分时，应经管理负责人或管理委员会的同意后为之。其旨趣在于避免业主任意使用共有部分而导致公共利益受到侵害。此规定堪称允当。

其三，在对共有部分使用的限制方面，我国台湾地区"法"认为，业主或住户因修缮专有或约定专用部分而取得管理负责人或管理委员会同意使用共有部分时，应选择损害最少的处所与方法为之。此点值得借鉴。

其四，在对共有部分使用纠纷的调处方面，我国台湾地区"法"的规定与解释论值得借鉴。依其规定和解释，业主未经同意使用共有部分的，管理人应负责协调，业主置之不理仍予使用的，应请求主管机关或诉请法院采取必要的措施；

1　戴东雄："公寓大厦管理条例上专有部分与共用部分之理论及屋内漏水之修缮"，载《法学丛刊》1998 年第 43 卷第 1 期，第 14 页。

2　廖国宏："区分所有建筑物修缮与重建问题之研究"，台湾东海大学法律研究所 2005 年 6 月硕士论文，第 61—62 页。

3　廖国宏："区分所有建筑物修缮与重建问题之研究"，台湾东海大学法律研究所 2005 年 6 月硕士论文，第 62 页。

相反，若管理人无正当理由拒绝业主或住户使用共有部分的，业主或住户可诉请法院排除妨害而予使用。

3. 业主或约定专用部分使用权人应对因修缮而造成的损害恢复原状和赔偿

业主或约定专用部分使用权人应对因修缮而造成的损害恢复原状和赔偿，包括使用他人专有或约定专用部分与共有部分所造成的损害，以及修缮工程本身所肇致的损害。

所谓使用他人专有或约定专用部分与共有部分所造成的损害，指使用的业主等对于因其使用他人的专有或约定专用部分抑或共有部分所造成的损害，负有恢复原状或支付补偿金的义务。在域外比较法上，日本《建筑物区分所有权法》第6条第2项后句与我国台湾地区“公寓大厦管理条例”第6条第2项对此均定有明文。我国物权法与《物业管理条例》未有明文规定，但鉴于比较法经验的可借鉴性，本书认为，在这些方面，我国也应作同样的解释和对待。应注意的是，与侵权行为损害赔偿请求权系基于行为人故意、过失的违法行为不同，此种使用人对他人专有或约定专用部分抑或共有部分所造成的损害系基于适法行为而生，故受害人仅需证明有损害的发生即可请求恢复原状或赔偿损害。另外，此恢复原状与补偿金请求权性质上为债权请求权，故应适用普通消灭时效的规定[1]。

所谓修缮工程本身所导致的损害，指实施修缮过程中挖断共用管线，毁损、拆除梁柱、墙壁等因故意或过失对他人造成的损害。此因属侵权行为，所以依《侵权责任法》第15条责任承担方式的顺序，无论修缮工程系由业主等亲自实施，抑或委托他人为之，该业主等均应恢复原状；若不能恢复原状或恢复原状有明显困难时，应予损害赔偿。另外，此侵权行为损害赔偿请求权的消灭时效为3年的普通诉讼时效。

三、共有与约定共有部分的修缮

共有部分是指专有部分以外的建筑物部分与不属于专有部分的建筑物附属

---

[1]　温丰文：《建筑物区分所有权之研究》，三民书局股份有限公司1992年版，第44页；黄江颖：“区分所有建筑物修缮与重建之研究”，台湾东海大学法律研究所1993年6月硕士论文，第15页；廖国宏：“区分所有建筑物修缮与重建问题之研究”，台湾东海大学法律研究所2005年6月硕士论文，第62—63页。

物，以及依管理规约约定为共有部分的附属建筑物。亦即，共有部分可以区分为
法定共有部分、天然共有部分及约定共有部分三类。依最高人民法院《建筑物区
分所有权解释》，法律、行政法规明确规定属于业主共有的部分，为法定共有部
分，其涵括：（1）建筑区划内的道路，属于业主共有，但属于城镇公共道路的除
外；（2）建筑区划内的绿地，属于业主共有，但属于城镇公共绿地或者明确属于
个人的除外；（3）建筑区划内的其他公共场所、公用设施；（4）物业服务用房；
（5）占用业主共有的道路或者其他场地用于停放汽车的车位；（6）电梯、水箱。
所谓天然共有部分，依《建筑物区分所有权解释》，系指法律没有规定，合同也
没有约定，而且一般也不具备登记条件，但从其属性上天然属于共有的部分，包
括建筑物的基础、承重结构、外墙、屋顶等基本结构部分，通道、楼梯、大堂等
公共通行部分，消防、公共照明等附属设施设备，避难层或者设备间等结构部
分。除上述法定共有与天然共有部分外，其他不属于业主专有部分，也不属于市
政公用部分或者其他权利人所有的场所和设施等，属于约定共有部分[1]。[2]

共有与约定共有部分的修缮，与专有与约定专用部分的修缮相同，涉及修缮
的决定与程序、修缮费用的承担及业主间的权益调整。以下就德国法、日本法与
我国台湾地区"法"有关共有与约定共有部分的修缮的决定予以分析。

（一）共有与约定共有部分的修缮决定及其程序

1. 德国法

如前述，德国规范区分所有关系的《住宅所有权法》制定于1951年，2007
年时进行过最新一次修改。与日本法和我国台湾地区"法"相同，共有部分的修
缮被认为属于区分所有建筑物共有部分管理的范畴。[3]依其规定，共有部分管理的
决定及其程序分为以下四种情形：（1）共有部分的通常的使用、管理，由业主共

---

[1] 也就是说，约定共有部分是指构造上、利用上具独立性的专有部分，经业主管理规约的约定
而供业主共同使用者。对此，请参见陈华彬：《建筑物区分所有权》，中国法制出版社2011年版，第
113—114页。

[2] 杜万华、辛正郁、杨永清："最高人民法院《关于审理建筑物区分所有权纠纷案件具体应用
法律若干问题的解释》、《关于审理物业服务纠纷案件具体应用法律若干问题的解释》的理解与适用"，
载《法律适用》2009年第7期。

[3] Wolf-Rüdiger Bub, in: Staudingers Kommentar zum Bürgerlichen Gesetzbuch, WEG Band1, 13. Aufl.,
2005., § 20 Rdnr. 4（S. 540）.

有份额的过半数的多数决同意后为之（第 15 条、第 21 条）。（2）超过共有部分的通常的维持、修缮的建筑上的变更。此与共有部分通常的使用、管理相同，由业主共有份额的过半数的多数决同意后为之（第 22 条第 1 项）。（3）采取使共有部分现代化的措施。此因涉及业主的重大共同利益，所以其决定与程序要求较严，需由业主四分之三以上的多数且共有份额的过半数同意后为之（第 22 条第 2 项）。（4）采取使共有部分发生本质（根本）性变更的措施。此因涉及业主的根本、重大利益，所以其决定与程序要求最严，即需获得全体业主的一致同意后方可为之。[1] 据此可知，在德国，区分所有建筑物共有部分修缮的决定及其程序，系分别不同的情形而确定。当涉及对共有部分作本质（根本）性的变更时，需获得全体业主的一致决，即经业主全体同意后为之。[2]

2. 日本法

日本《建筑物区分所有权法》制定于 1962 年，之后于 1983 年和 2002 年曾进行过两次修订。依其规定，区分所有建筑物的修缮与德国法相同，也属于区分所有建筑物管理的范畴。日本 2002 年修订其《建筑物区分所有权法》时根据采取措施的重大性，依次将共有部分的（广义的）管理（修缮等）行为界分为"共有部分的狭义的管理"（日本《建筑物区分所有权法》第 18 条第 1 项）、"共有部分的轻微变更"（日本《建筑物区分所有权法》第 18 条第 1 项）、"共有部分的变更"（日本《建筑物区分所有权法》第 17 条第 1 项）及"共有部分的保存行为"（日本《建筑物区分所有权法》第 18 条第 1 项）等四类。[3] 据此四类区分，日本法就共有与约定共有部分的修缮的决定与程序作出了不同的规定。

依日本《建筑物区分所有权法》第 17 条第 1 项、第 18 条第 1 项的规定及其

1　[日]伊藤荣寿：《所有权法与团体法的交错：对业主的团体拘束的根据与界限》，成文堂 2011 年版，第 125—155 页。

2　值得指出的是，德国法尤其强调涵括修缮在内的对区分所有建筑物的管理，认为对住宅所有权人共同关系（业主共同体关系）而言，包括修缮在内的管理系特别重要的。盖通过这样的管理（修缮），可以延长建筑物的寿命。在德国，建筑物的寿命通常被认为可长达二百年。对此，请参见 Werner Merle, in: Bärmann, Wohnungseigentumsgesetz Kommentar, 10. Aufl., 2008., Vor § 20 Rdnr. 1 (S. 560).

3　[日]伊藤荣寿：《所有权法与团体法的交错：对业主的团体拘束的根据与界限》，成文堂 2011 年版，第 125 页。

解释，所谓"狭义的管理"，系指除"共有部分的变更"和"共有部分的轻微变更"外，并不引起共有部分的确定性变更的"对共有部分的单纯修缮改良行为"。例如改装共同的浴池，规定共有部分的使用方法，指定来客用的停车位置，雇人清扫共有部分等，均属于狭义的管理事项。[1] 由于此事项性质较轻微，所以依普通程序（即由业主人数与表决权逾二分之一）的决议予以决定即可，且也可依管理规约而由管理人决定是否对共有部分进行此等狭义的管理行为。所谓"共有部分的轻微变更"，系指"共有部分的外观或效用无明显的改变"。由于此事项性质上较轻微，所以其在程序上与狭义的管理行为相同。另外，依解释，此"轻微变更"，在法律上并不是日本《建筑物区分所有权法》第 17 条所定的"变更"，而是将其作为"管理"加以对待和处理。[2] 所谓"共有部分的变更"，系指"共有部分的外观或效用的明显改变"。由于此事项涉及业主的重大共同利益，所以须由业主人数与表决权各四分之三以上的多数决同意后为之，同时仅可依管理规约而将业主的四分之三的法定人数减至过半数。所谓"共有部分的保存行为"，系指为防止共有部分的毁损、灭失而维持共有部分的现状的行为。此类行为因性质上属于轻微的行为且有利于全体业主，所以无需业主大会作出决议，业主可单独为之。[3]

值得指出的是，日本法的共有部分的修缮决定及其程序要求与前述德国法的共有部分的修缮决定及其程序要求十分近似。之所以如此，盖因日本 2002 年修改其建筑物区分所有权法而规定共有部分的修缮决定及其程序时着重参考借鉴了德国法。[4] 所不同的是，日本法规定了共有部分的保存行为由各业主单独为之，德国法规定了共有部分的本质（根本）性变更应经全体业主同意后为之。为更加清晰、明确地检视、对照日本法与德国法的共同点与差异，并从中觅到可供我国借

1　［日］稻本洋之助、镰野邦树：《注释建筑物区分所有权法》（第 2 版），日本评论社 2004 年版，第 106—107 页。

2　［日］稻本洋之助、镰野邦树：《注释建筑物区分所有权法》（第 2 版），日本评论社 2004 年版，第 101 页。

3　［日］稻本洋之助、镰野邦树：《注释建筑物区分所有权法》（第 2 版），日本评论社 2004 年版，第 95—107 页。

4　［日］伊藤荣寿：《所有权法与团体法的交错：对业主的团体拘束的根据与界限》，成文堂 2011 年版，第 126 页。

镜、取法之处，兹将日本法与德国法关于共有部分的修缮决定及其程序表解说明如下 [1]。

日本法	德国法
共有部分的狭义的管理（《建筑物区分所有权法》第 18 条第 1 项） 程序：由业主与表决权的过半数同意后为之	共有部分的通常的使用、管理（《住宅所有权法》第 15 条、第 21 条） 程序：由业主共有份额的过半数同意后为之
共有部分的轻微变更（不伴有外观或效用的明显变更）（第 18 条第 1 项） 程序：由业主与表决权的过半数同意后为之	共有部分的超过通常的维持、修缮的建筑上的变更（第 22 条第 1 项） 程序：由业主共有份额的过半数同意后为之
共有部分的伴有外观或效用的明显变更（第 17 条第 1 项） 程序：由业主与表决权的各四分之三以上的多数同意后为之	采取使共有部分现代化的措施（第 22 条第 2 项） 程序：由业主的四分之三以上的多数且共有份额的过半数同意后为之
共有部分的保存行为（第 18 条第 1 项） 程序：由各业主单独为之	共有部分的本质（根本）性变更 程序：由全体业主同意后为之

3. 我国台湾地区"法"

我国台湾地区"公寓大厦管理条例"设有共有部分的修缮决定及其程序的规定，与德国法、日本法不同的是，其将共有部分的修缮区分为一般修缮与重大修缮，分述如下 [2]。

（1）一般修缮。"公寓大厦管理条例"第 8 条第 1 项、第 11 条第 1 项将共有部分的变更、拆除、改良与修缮并列规定，由此在解释上，变更、拆除与改良行为均非本条例所称的修缮行为。而修缮行为应如何进行，又因一般修缮与重大修缮而有差异。[3]

---

[1]　［日］伊藤荣寿：《所有权法与团体法的交错：对业主的团体拘束的根据与界限》，成文堂 2011 年版，第 126 页；陈华彬：《建筑物区分所有权》，中国法制出版社 2011 年版，第 296—297 页。

[2]　廖国宏："区分所有建筑物修缮与重建问题之研究"，台湾东海大学法律研究所 2005 年 6 月硕士论文，第 64—69 页。

[3]　廖国宏："区分所有建筑物修缮与重建问题之研究"，台湾东海大学法律研究所 2005 年 6 月硕士论文，第 64 页。

上述条例第 10 条第 2 项第 1 句规定："共有部分、约定共有部分之修缮、管理、维护，由管理负责人或管理委员会为之。"此所谓"修缮"，即指一般修缮，具体包括简易修缮（如换修灯泡或玻璃）、通常维修（如修补破裂的防水层）及周期（计划）修缮（如定期维修电梯、修补外墙）等。共有部分的此等修缮由管理负责人或管理委员会为之。尽管如此，台湾地区学者通说认为，业主仍然有权对共有与约定共有部分实施简易修缮和保存行为。[1] 盖简易修缮与保存行为由业主单独为之，既具有迅速便捷的效果，也对其他业主或物业使用人（专有部分占有人）有益无害。[2]

（2）重大修缮。依"公寓大厦管理条例"第 11 条第 1 项的规定，共有与约定共有部分的重大修缮，应依业主大会的决议为之。所谓业主大会的决议，指业主为共同事务与涉及有关权利义务的事项，召集全体业主所举行的会议。重大修缮的决议，除管理规约另有规定外，应由业主三分之二以上及其区分所有权比例合计三分之二以上出席，以出席人数四分之三以上及其区分所有权比例占出席人数区分所有权四分之三以上的同意后为之（第 31 条）。重大修缮的判定，应依具体情形视工程规模、费用多寡等综合判断。一般言之，翻修区分所有建筑物的外墙、全面更换管线及改建大门等均属之。[3]

4. 评议分析

由上可知，各国家和地区关于共有与约定共有部分的修缮决定及其程序的最大差异，在于德国与日本基本相同，我国台湾地区则区分为一般修缮与重大修缮而异其规定。同时，在立法表述上，我国台湾地区将共有部分的变更、拆除、改良与修缮并列规定，由此带来各概念解释与适用的困难。此外，我国台湾地区"法"关于业主大会会议的决议，还设有出席门槛的限制（业主与区分所有权比例三分之二以上）。此限制应无必要，盖只要有业主及区分所有权过半数以上同

1　谢在全："区分所有建筑物共有部分之管理：最高法院八十二年度台上字第 1802 号民事判决评议"，载《高雄律师会讯》1996 年第 1 卷第 6 期，第 24 页。
2　廖国宏："区分所有建筑物修缮与重建问题之研究"，台湾东海大学法律研究所 2005 年 6 月硕士论文，第 65 页。
3　廖国宏："区分所有建筑物修缮与重建问题之研究"，台湾东海大学法律研究所 2005 年 6 月硕士论文，第 65 页。

意，决议即可成立，有多少业主与多少区分所有权比例出席应无需加以规范。[1] 德国法与日本法将共有与约定共有部分的修缮类型化为四种情形，并针对每种情形而设立不同的规定，具有清晰明确的优点，堪称允当。如前述，我国《物权法》第76条第1款中的第六项和该条第2款只规定"改建、重建建筑物及其附属设施"，"应当经专有部分占建筑物总面积三分之二以上的业主且占总人数三分之二以上的业主同意"。此规定过于笼统、简略，不足以应对实务的需要。我国将来制定单独的建筑物区分所有权法或编纂民法典物权编时，宜取德国法与日本法的经验，分别不同情形而对共有与约定共有部分的修缮决定及其程序予以明文。

（二）修缮共有与约定共有部分的费用分担

在比较法上，修缮共有与约定共有部分的费用，除业主大会会议的决议或管理规约另有规定外，应由业主按其共有的应有部分（应有份额、共有持分）的比例分担。[2] 共有的应有部分按照业主专有部分占建筑物总面积的比例确定（《物权法》第80条第2句）。另外，依建筑物区分所有权法理与比较法上的通说，专有部分的共同壁、楼地板或其内的管线，[3] 其维修费用应由该共同壁双方或楼地板上下方的业主共同承担。惟修缮系因可归责于业主或物业使用人（专有部分占有人）的事由而引起时，其费用应由该业主或物业使用人（专有部分占有人）承担。[4] 鉴于比较法经验的可借鉴性，本书认为，在这些方面，我国也应作同样的解释和对待。

1　廖国宏："区分所有建筑物修缮与重建问题之研究"，台湾东海大学法律研究所2005年6月硕士论文，第68页。

2　对此请参见德国《住宅所有权法》（2007年修订）第16条第2项、日本《建筑物区分所有权法》（2002年修订）第19条以及我国台湾地区"公寓大厦管理条例"（2016年修订）第10条第2项、第11条第2项。

3　此所谓"其内的管线"，仅限于一部共用的管线，全体共用的管线的修缮费用通常应由业主按其共有的应有部分（应有份额、共有持份）的比例分担。对此，请参见谢在全："区分所有建筑物共有部分之管理：最高法院八十二年度台上字第1802号民事判决评议"，载《高雄律师会讯》1996年第1卷第6期，第24页；廖国宏："区分所有建筑物修缮与重建问题之研究"，台湾东海大学法律研究所2005年6月硕士论文，第70页。

4　参见我国台湾地区"公寓大厦管理条例"（2016年修订）第12条。

我国《物权法》第 80 条规定："建筑物及其附属设施的费用分摊、收益分配等事项，有约定的，按照约定；没有约定或者约定不明确的，按照业主专有部分占建筑物总面积的比例确定。"由此规定，可知我国法关于共有与约定共有部分的修缮费用的分担，系与德国、日本及我国台湾地区的做法基本相同，惟我国的规定较为简略。值得提及的是，我国建设部于 1989 年颁布的《城市异产毗连房屋管理规定》，对异产毗连房屋（含区分所有建筑物）发生自然损坏时的修缮费用的承担自房屋主体结构、共有墙体、楼盖、屋盖、楼梯及楼梯间、房屋共有部分的修饰、房屋共有、共用的设备及附属设施等七个方面作了规定。尽管该规定已被废止，但其对于现今处理区分所有建筑物修缮实务中的费用负担仍不失其参考价值。另外，我国《物权法》第 79 条第 1、2 句还规定："建筑物及其附属设施的维修资金，属于业主共有。经业主共同决定，可以用于电梯、水箱等共有部分的维修。"据此规定可知，在我国，经全体业主共同决定，建筑物及其附属设施的维修资金，可以用于修缮电梯、水箱等共有部分，[1]惟业主如何决定维修资金的使用，则应依《物权法》第 76 条第 5 项的规定为之。[2]

（三）修缮共有与约定共有部分时的权益调整

区分所有建筑物的共有与约定共有部分的变更修缮，往往可能对某特定专有部分的使用产生特别的影响。譬如，由于共有部分的变更修缮，造成不能自由出入某专有部分，或者造成某专有部分的采光（日照）、通风等受到影响或恶化。为应对此问题，即需对有关业主的权益进行调整。

在域外法上，日本《建筑物区分所有权法》第 17 条第 2 项规定："共有部分的变更（修缮）对专有部分的使用有特别影响时，应（必须）获得该专有部分所有权人的同意。"据此规定，可知当共有部分的变更（修缮）对专有部分的使用有特别影响时，尽管业主大会已经依该法第 17 条第 1 项以多数决做出了变更（修缮）共有部分的决议，但若其未获得该专有部分受到特别影响的业主的同意（承

---

[1] 需注意的是，德国法、日本法并无与我国类似的规定，但我国台湾地区"法"有之，对此请参见台湾地区"公寓大厦管理条例"第 10 条第 2 项第 2 句。

[2] 全国人大常委会法制工作委员会民法室编：《中华人民共和国物权法条文说明、立法理由及相关规定》，北京大学出版社 2008 年版，第 123 页。

诺），该共有部分的变更（修缮）也是不能进行的。[1]之所以如此，系在于避免个别业主因业主大会会议的多数决决议而遭受不利益，为保护个别专有部分受到"特别影响"的业主的利益。所谓"特别影响"，指因修缮工程的进行导致业主出入不便，或是因修缮的结果而导致专有部分的采光（日照）、通风等受到影响，且其影响已超出一般程度而对其特别不利益。至于影响是否超出一般程度，应就变更修缮行为的必要性及其利益与个别业主由此所受的不利益加以衡量。但是，当共有部分的变更修缮对专有部分的影响轻微或暂时不能确定是否产生影响，抑或共有部分变更修缮的施工虽造成其出入不便但时间并不长，除有特别情事外即不得拒绝同意（承诺），否则应视为违反全体业主共同利益的行为[2]。另外，如受特别影响者为已设定专用使用权的共有部分，而该专用使用权的取得系支付了相当的对价时，则业主大会会议的决议关于该专用使用权的废止或该部分的变更，应获得专用使用权人的同意；若订有契约的，应依契约处理[3]。

除日本《建筑物区分所有权法》外，德国法与我国台湾地区"法"对共有与约定共有部分修缮时的权益调整也设有类似规定。德国《住宅所有权法》第14条第4项规定："在维持或修缮共同财产（共有部分）的必要范围内，业主应容许他人进入及使用其专有部分。"台湾地区"公寓大厦管理条例"第6条第1项第3款规定："管理负责人或管理委员会因维护、修缮共有部分或设置管线，必须进入或使用业主的专有部分或约定专用部分时，业主不得拒绝。"值得指出的是，德国法与我国台湾地区"法"的这些规定的解释论大体与上述日本法的解释论相同。[4]我

1　[日]稻本洋之助、镰野邦树：《注释建筑物区分所有权法》（第2版），日本评论社2004年版，第105页。
2　[日]川岛武宜编集：《注释民法（7）·物权（2）》，有斐阁1981年版，第381页；[日]渡邊晋：《5订版最新区分所有法的解说》，住宅新报社2012年版，第66页；[日]稻本洋之助、镰野邦树：《注释建筑物区分所有权法》（第2版），日本评论社2004年版，第105页；廖国宏："区分所有建筑物修缮与重建问题之研究"，台湾东海大学法律研究所2005年6月硕士论文，第70页。
3　[日]青山正明编：《区分所有法》，青林书院1997年版，第91页；廖国宏："区分所有建筑物修缮与重建问题之研究"，台湾东海大学法律研究所2005年6月硕士论文，第71页。
4　关于此方面的德国法的解释论，参见[日]伊藤荣寿：《所有权法与团体法的交错：对业主的团体拘束的根据与界限》，成文堂2011年版，第125页以下；关于此方面的我国台湾地区"法"的解释论，参见廖国宏："区分所有建筑物修缮与重建问题之研究"，台湾东海大学法律研究所2005年6月硕士论文，第70—71页。

国现行法律体系中并无与日本、德国及我国台湾地区相类似的规定，仅《物业管理条例》第 55 条第 1 款规定："物业存在安全隐患，危及公共利益及他人合法权益时，责任人应当及时维修养护，有关业主应当给予配合。"此规定过于简略且较偏狭，为妥善应对实务的需要，有关业主对于建筑物的维护、修缮提供方便（即"配合"），不应仅限于物业存在安全隐患时，且日常的修缮改良也应如此。而所谓"应当给予配合"，解释上应认为涵括可以进入他人的专有部分。同时，为使我国实务中顺利应对和处理此类问题并使立法得以完善，我国将来宜通过立法吸纳日本、德国及我国台湾地区的经验，于立法上创制与这些国家或地区相同的清晰、明确的规定。

四、区分所有建筑物修缮费用的来源或取得

对于区分所有建筑物的修缮而言，修缮费用的筹措与取得是十分重要的。如前述，专有或约定专用部分的修缮费用由业主或使用权人自己承担，共有或约定共有部分的修缮费用由全体或一部分共有人分担。这些修缮费用的来源或取得途径主要涵括：管理费、专项维修资金、保险金、从政府部门获得的补助、从金融机构获得的贷款及临时收取的费用等。[1] 分述如下。

（一）管理费

我国《物权法》与《物业管理条例》并无管理费的规定，但在区分所有建筑物管理的实务上，由管理委员会向业主预先收取维持管理共有部分所需的费用，用以支付日常维护、修缮支出及管理人的薪资的现象并不少见。管理费性质上为管理、维护、修缮共有部分所需的费用，其金额应由业主大会的会议决议确定，同时也可以管理规约明定，具体由管理委员会按时收取。[2]

（二）专项维修资金

在实务与域外比较法上，关于区分所有建筑物的修缮费用，各国家或地区法

1　廖国宏："区分所有建筑物修缮与重建问题之研究"，台湾地区东海大学法律研究所 2005 年 6 月硕士论文，第 83 页。

2　廖国宏："区分所有建筑物修缮与重建问题之研究"，台湾地区东海大学法律研究所 2005 年 6 月硕士论文，第 83—84 页。

均设有专项维修资金制度。此制度设立的旨趣，系为避免修缮费用一时不易筹措或取得。[1]德国《住宅所有权法》称专项维修资金为"特别费用"（第16条第3项），其主要用于共同财产（共有部分）的重大修缮。[2]依日本法，共有部分的管理费用包括"管理费"与"特别修缮费"。前者是指维护日常管理所需的费用，后者是指将来计划范围内的大规模修缮所需费用的预备金。此预备金即专项维修资金。[3]另外，我国台湾地区"公寓大厦管理条例"称专项维修资金为"公共基金"，并设有该制度的明文规定（第18条）。

根据建设、财政部2007年颁发、2008年施行的《住宅专项维修资金管理办法》，我国住宅专项维修资金是指专项用于住宅共用部位、共用设施设备保修期满后的维修和更新、改造的资金（第2条第2款）。其由业主交纳，[4]所有权属于业主，实行专户存储、专款专用、所有权人决策、政府监督的原则（第9条），主要用于住宅共用部位、共用设施设备保修期满后的维修和更新、改造，不得挪作他用（第18条）。[5]业主大会成立前使用该专项维修资金的，须经住宅专项维修资金列支范围内专有部分占建筑物总面积三分之二以上的业主且占总人数三分之二以上的业主讨论，通过使用建议后予以使用；[6]业主大会成立后，其使用应由业主大会决定，业主委员会无权决定予以使用。业主委员会违规使用的，业主可以诉请人民法院予以撤销[7]。[8]

1　黄江颖："区分所有建筑物修缮与重建之研究"，台湾地区东海大学法律研究所1993年6月硕士论文，第12页。

2　［日］伊藤荣寿：《所有权法与团体法的交错：对业主的团体拘束的根据与界限》，成文堂2011年版，第260页、第263页。

3　［日］渡邊晋：《5订版最新区分所有法的解说》，住宅新报社2012年版，第229页；［日］稻本洋之助、镰野邦树编著：《注释区分所有公寓标准管理规约》，日本评论社2012年版，第85页。

4　参见（2004）长中行终字第168号行政判决书："龚某某诉某市房屋产权管理局履行房屋权属转让登记法定职责一案"。

5　参见（2010）罗刑初字第46号刑事判决书："白某某挪用公款一案"。

6　参见（2012）二中民终字第05129号民事判决书："高某某诉北京某物业管理中心物业服务合同纠纷一案"。

7　参见（2011）虹民三（民）初字第1093号民事判决书："崔某诉上海某物业管理有限公司、某业主委员会物业服务合同纠纷案"。

8　范君主编：《物业纠纷：诉讼指引与实务解答》，法律出版社2014年版，第298页、第306页。

在保证住宅专项维修资金正常使用的前提下，业主委员会可按国家有关规定将该资金用于购买国债，但不得利用其从事国债回购、委托理财业务或者将购买的国债用于质押、抵押等担保行为。专项维修资金的收益归业主共有，转入住宅专项维修资金滚存使用，不能取出挪作他用，应用于住宅共用部位、共用设施设备保修期满后的维修。房屋所有权转让时，业主应当向受让人说明专项维修资金交存和结余情况并出具有效证明，该房屋分户账中结余的专项维修资金随房屋所有权同时过户。受让人应当持专项维修资金过户的协议、房屋权属证书、身份证等到专户管理银行办理分户账更名手续。[1]

（三）依建筑物损害保险合同而获得的保险金

为能确保因火灾、风灾、水灾等灾害造成区分所有建筑物毁损或灭失时筹措到修缮费用，预先与保险公司订立建筑物损害保险合同即十分必要。[2]由此，在域外比较实务上，各国家或地区大多定有依建筑物损害保险合同而获得保险金的制度。与前述专项维修资金制度相同，此也系为避免修缮费用一时不易筹措而设立的制度。依域外法经验，订立区分所有建筑物损害保险合同，宜经业主大会会议的决议为之，保险费由管理费中支付。[3]我国立法与实务上并无此项制度，此无疑为一项重要缺漏，宜借域外法[4]与实证经验予以填补并设明文规定。

需要指出的是，在我国今日的实务中，已经发生了将依建筑物损害保险合同获得的保险金作为建筑物修缮费用的实例。譬如，北京市朱雀门家苑（小区）为了解决因漏水等引起的物业纠纷，并为解除业主对家庭财产可能遭受损失的后顾之忧，该小区业主委员会即动用公共资金向保险公司为全体业主投保家庭财产险。最终，该家苑（小区）业委会通过对该保单内容的公示及进行投票，完成投

---

[1] 范君主编：《物业纠纷：诉讼指引与实务解答》，法律出版社 2014 年版，第 298 页、第 303 页。

[2] 黄江颖："区分所有建筑物修缮与重建之研究"，台湾东海大学法律研究所 1993 年 6 月硕士论文，第 45 页。

[3] 廖国宏："区分所有建筑物修缮与重建问题之研究"，台湾东海大学法律研究所 2005 年 6 月硕士论文，第 93 页。

[4] 日本法上也定有依建筑物损害保险合同而获得保险金的制度，其做法与经验值得我国重视。对此请参见［日］稻本洋之助、镰野邦树编著：《注释区分所有公寓标准管理规约》，日本评论社 2012 年版，第 84 页、第 454 页。

保事宜。

（四）从政府部门获得的补助

在实证经验与比较法上，当区分所有建筑物的修缮除关涉业主与其他物业使用人（专有部分占有人）的利益外，也关乎社会的公共利益时，政府部门通常应给予修缮费用的补助。例如我国台湾地区"公寓大厦管理条例"第 10 条第 3 项规定："共有部分、约定共有部分，若涉及公共环境清洁卫生之维持、公共消防灭火器材之维护、公共通道沟渠及相关设施的修缮，其费用政府得视情况予以补助……"此规定值得借鉴。值得提及的是，我国的一些地方已经在此方面开始了实践。譬如，宁波市 2011 年发布的《关于印发宁波市物业专项维修资金管理办法实施意见的通知》中，即对住宅的维修建立了政府补贴机制，也就是说，由政府对特定地区的住宅维修给予一定的补贴。[1]我国将来应在地方实践经验的基础上，建立全国层面的从政府部门获得修缮资金补助的制度。

（五）与金融机构融资获得的贷款等

当业主交纳的管理费、专项维修资金、依建筑物损害保险合同而获得的保险金以及由政府部门获得的修缮补助费用不能满足共有或约定共有部分的修缮需要，尤其是区分所有建筑物的共有或约定共有部分遭受重大毁损或灭失时的重大修缮或大规模修缮，此等费用大多无法完全满足修缮之需，此时为避免修缮费用的不足而拖延修缮工程的实施并防止损害的继续扩大，[2]往往即需通过从金融机构融资，获得贷款而予解决。

另外，如前述，在我国，在保证住宅专项维修资金正常使用的前提下，业主委员会可按国家有关规定将住宅专项维修资金用于购买国债（《住宅专项维修资金管理办法》第 26 条第 1 款）。此购买国债所获得的收益，属于因融资而获得的收益，应专款用于共有或约定共有部分的修缮。

---

[1]　对此请参见《关于印发宁波市物业专项维修资金管理办法实施意见的通知》（甬政办发〔2011〕222 号）。其中，该通知第 4 条对住宅物业专项维修财政补贴资金的承担方式（业主承担一半维修经费，另一半由市和区人民政府财政补贴）、补贴资金申请方式及程序等做出了具体规定。

[2]　黄江颖："区分所有建筑物修缮与重建之研究"，台湾地区东海大学法律研究所 1993 年 6 月硕士论文，第 45 页。

（六）临时收取的修缮费用

为了共有或约定共有部分的修缮，可经由业主大会的决议而由业主委员会临时收取修缮费用。一般言之，当共有或约定共有部分的修缮急迫而又无前述各项费用可以使用时，即需采取临时收取修缮费用的措施予以应对。

第七节　区分所有建筑物的修复：以日本法为视角的分析与借镜

一、概要

区分所有建筑物的修复，又称区分所有建筑物的复旧，是指区分所有建筑物因地震、火灾、风灾、水灾、泥石流、煤气爆炸、飞机坠落以及机动车的冲撞等偶发性灾害导致区分所有建筑物一部灭失所实施的修复（或复旧）的行为，[1] 它是当代各国建筑物区分所有权法中普遍规定的一项制度。其中，在现今比较法上，尤以日本《建筑物区分所有权法》的规定最为翔实、完善。

日本《建筑物区分所有权法》制定于 1962 年，1983 年曾进行第一次修改，至 2002 年复进行第二次修改。依日本《建筑物区分所有权法》的规定，区分所有建筑物发生一部灭失时，在业主不通过出让处分区分所有权和基地利用权时，其可以有两种选择：修复或重建。其中，日本《建筑物区分所有权法》第 61 条规定修复，第 62 条规定重建。

我国自 20 世纪 90 年代进行住房的商品化改革以来，区分所有建筑物（商品房住宅）获得大量兴建。惟实际生活中，我国是一个地震、火灾、风灾、水灾、泥石流、煤气爆炸及其他灾害频发的国家，区分所有建筑物因此等灾害而一部灭失时如何予以修复，现行法律的规定十分简略，为此乃有必要借鉴比较法的经验予以建构和完善。本部分立基于对日本区分所有建筑物的修复制度的分析、考量，期借他山之石，从解释论和立法论角度完善《物权法》的相关规定。

1　[日] 稻本洋之助、镰野邦树：《注释建筑物区分所有权法》（第 2 版），日本评论社 2004 年版，第 325、330 页。

二、日本区分所有建筑物小规模一部灭失的修复

日本《建筑物区分所有权法》将相当于建筑物价格二分之一以下部分的灭失，称为小规模一部灭失。而所谓相当于建筑物价格二分之一以下部分的灭失，是以一部灭失的时点为基准，区分所有建筑物灭失的程度是灭失前全体建筑物价格的二分之一以下的情形。亦即，将一部灭失前全体建筑物的价格与一部灭失后全体建筑物的价格进行比较，后者是前者的二分之一以上的情形。例如，全体建筑物的价格灭失前的状态是10亿元，在一部灭失后，仍然还有超过5亿元的价格即属之。[1]此时对区分所有建筑物进行修复，因修复的对象系专有部分抑或共有部分而有不同的修复程序及费用负担等。分述之如下。

（一）灭失的专有部分的修复

1. 业主可单独修复灭失的专有部分

区分所有建筑物小规模一部灭失时，对于灭失的建筑物部分中的专有部分，依日本《建筑物区分所有权法》第61条第1项、第2项的规定，各业主可自己单独承担费用而予以修复。此无论全体建筑物的灭失程度，以及灭失部分中专有部分所占的比率而均如此。并且，即便是一个专有部分全部灭失，业主也可单独承担费用而进行修复。此种情形，对该专有部分享有所有权的人，其尽管仅是形式上享有区分所有权的人，但因其与该专有部分相伴随的共有部分份额并未消灭，所以其仍然被作为业主对待。[2]业主修复自己的专有部分时，于必要范围内可请求使用其他业主的专有部分（第6条第2项）。

另外，依日本法，业主单独修复自己的专有部分，即使业主大会就共有部分的修复或重建做出了决议，修复专有部分的业主也不受其拘束。[3]业主大会的决议涉及专有部分的修复时，仅赞成该决议的业主就自己专有部分的修复受其拘束[4]。

1　[日]稻本洋之助、镰野邦树：《注释建筑物区分所有权法》（第2版），日本评论社2004年版，第329页。

2　[日]滨崎恭生：《建筑物区分所有权法的修改》，日本法曹会1989年版，第371页。

3　[日]石田喜久夫："重建"，载《法律时报》第55卷9号，第33页。

4　[日]稻本洋之助、镰野邦树：《注释建筑物区分所有权法》（第2版），日本评论社2004年版，第336页。

2. 关于业主对灭失专有部分的置之不理

若业主可以单独修复其灭失的专有部分却不为修复，而将该专有部分原封不动地置之不理时，其他业主可否请求其予以修复？本来，就专有部分的修复仅该业主有自决权，其他业主不得介入。但是，当该业主对灭失专有部分置之不理的行为被认为违反业主的共同利益，修复该专有部分系为保全全体区分所有建筑物而必须采取的措施时，应认可其他业主得请求该业主修复被其置之不理的专有部分（第6条第1项）。[1]

3. 其他问题

应指出的是，小规模一部灭失的情形，业主修复专有部分的目的在于使专有部分恢复到灭失前的状态，但无须与灭失前完全相同。不过，现今日本通说认为，若业主对专有部分的修复有害于区分所有建筑物的保存或有其他违反共同利益（第6条第1项）的情形时，其他业主或管理人可以加以制止。[2]

此外，因业主修复自己的专有部分系其自身的权利，因此未有业主委托，他人不得代替为之。但是，若专有部分的损坏程度已对建筑物本身的构造产生重大影响，业主不修复自己的专有部分也系违反全体业主的共同利益，此时为不损害全体业主的共同利益，其他业主可以代替修复专有部分，由此产生的费用由该专有部分的业主承担。[3]

（二）灭失的共有部分的修复

1. 基本概要

日本《建筑物区分所有权法》规定，在区分所有建筑物灭失部分的价格比例

---

1 ［日］半田正夫："因灭失的修复、再建等"，载玉田弘毅等编：《建筑物区分所有权法》，创文社 1988 版，第 117 页。

2 ［日］青山正明：《注解不动产法 5 区分所有法》，青林书院 1997 年版，第 327 页；廖国宏："区分所有建筑物修缮与重建问题之研究"，台湾私立东海大学法律学研究所 2005 年硕士论文，第 73 页。值得指明的是，关于日本区分所有建筑物的修复（复旧），台湾地区学者廖国宏先生于其硕士论文《区分所有建筑物修缮与重建问题之研究》中作介绍，本部分的写作一些地方受惠于廖先生于该论文中的介绍，谨致谢忱和敬意。

3 ［日］青山正明：《注解不动产法 5 区分所有法》，青林书院 1997 年版，第 326—327 页；［日］稻本洋之助、镰野邦树：《注释建筑物区分所有权法》（第 2 版），日本评论社 2004 年版，第 336 页；廖国宏："区分所有建筑物修缮与重建问题之研究"，台湾私立东海大学法律学研究所 2005 年硕士论文，第 73—74 页。

在二分之一以下时，各业主即使单独修复共有部分也是可以的（第 61 条第 1 项），其修复费用由进行修复的业主向其他业主依共有部分的份额比例请求偿还（第 61 条第 2 项）。但考虑到承担修复费用的各业主经济能力的差异，应承担修复共有部分费用的业主，就费用的支付可以请求法院给予一定的宽限期限（第 61 条第 13 项）。[1]

不过，在小规模一部灭失的情形，共有部分的修复若允许各业主按照自己个别的判断进行，则会发生修复的方法、修复的程度不一致的问题，且修复费用的承担方式也会变得错综复杂。为避免此等问题，日本《建筑物区分所有权法》第 61 条第 3 项规定，此种情形，应以业主大会的决议来规定共有部分的修复计划。此修复计划原则上应以业主及表决权各过半数而决定之。不过，管理规约若有另外的规定时，应从其规定（第 61 条第 4 项）。业主在着手修复工程前，若业主大会做出了修复或重建的决议，业主应受其拘束，即其不能个别、单独地实施修复工程（第 61 条第 1 项但书）。[2]

值得注意的是，如前述，在区分所有建筑物一部灭失的情形，由业主及表决权的各过半数在业主大会上做出修复共有部分的决议。不过，所谓修复共有部分，是指将一部灭失的共有部分恢复原状，所以当修复后的共有部分的构造、用途与原来的共有部分明显不同时，即不能认为是共有部分的修复，而应视为共有部分的变更。此时须由业主及表决权各四分之三以上的多数决同意后为之（第 17 条）。另外，管理规约做了特别规定时，应依其规定（第 61 条第 4 项、第 17 条第 1 项但书）。换言之，此四分之三的多数决的业主的法定人数，可以以管理规约减至过半数。应注意的是，若业主大会就修复灭失的共有部分做出了决议，则修复共有部分就成为全体业主这一团体的任务并以团体的名义为之。此时修复的费用由全体业主负担（第 19 条）。业主负担的此项费用，不得请求法院给予相当的宽限期限。[3]另外，与专有部分紧密相连的共有部分（如两个专有部分之间的隔墙），应允许业主于修复自己的专有部分时予以修复，而不受灭失的共有部分的

1　［日］水本浩、远藤浩、丸山英气：《公寓法》，日本评论社 2006 年版，第 113 页。
2　［日］水本浩、远藤浩、丸山英气：《公寓法》，日本评论社 2006 年版，第 113 页。
3　［日］水本浩、远藤浩、丸山英气：《公寓法》，日本评论社 2006 年版，第 113—114 页。

修复决议的拘束 [1]。

2. 召集业主大会后业主大会做出决议前对共有部分的修复

在着手修复工程前业主大会做出了修复或重建决议时，业主应受其拘束，即其不能个别、单独地为修复工程（第 61 条第 1 项但书）。不过，日本学说认为，在召集业主大会后至业主大会做出决议前，若灭失的共有部分的修复对业主而言十分急迫、必要，则应解释为允许其着手为修复工程，但此外的其他情形应解释为不得修复共有部分。[2]

3. 业主着手为共有部分修复后业主大会决议的效力

业主已经着手修复共有部分，但在修复工程完成前业主大会做出了决议，此时该业主是否还能按其原来的意旨完成共有部分的修复？对此，日本通说认为，除业主大会做出决议时修复工程已接近完成，或者修复工程依其性质不宜中断外，应作否定性解释。换言之，业主大会做出了重建决议时，应中止修复工程；业主大会做出了修复决议时，应解释为业主应受该决议中规定的修复方法的拘束。

4. 业主实施共有部分的修复工程后业主大会做出决议时的费用偿还请求

当业主个别地实施共有部分的修复工程后，抑或于修复工程结束后，业主大会就修复或重建做出了决议，该业主是否还能请求其他业主偿还费用？对此，现今日本学者的通说认为，已经实施的修复共有部分的工程若效果上违反过半数或五分之四以上业主的意思，则其可能为无用的工程，但实施修复共有部分的工程的业主仍可依日本《建筑物区分所有权法》第 61 条第 2 项的规定，请求其他业主偿还费用。[3]

三、日本区分所有建筑物大规模一部灭失的修复

日本《建筑物区分所有权法》将区分所有建筑物一部灭失后剩余部分的价格

---

[1] ［日］青山正明：《注解不动产法 5 区分所有法》，青林书院 1997 年版，第 327 页；廖国宏："区分所有建筑物修缮与重建问题之研究"，台湾私立东海大学法律学研究所 2005 年硕士论文，第 75 页。

[2] ［日］稻本洋之助、镰野邦树：《注释建筑物区分所有权法》（第 2 版），日本评论社 2004 年版，第 338 页。

[3] ［日］稻本洋之助、镰野邦树：《注释建筑物区分所有权法》（第 2 版），日本评论社 2004 年版，第 338 页。

与毁损前价格的比率小于二分之一的情形，称为大规模一部灭失。例如区分所有
建筑物的价格灭失前是 10 亿元，灭失后变成不足 5 亿元的情形即属之。灭失部分
中专有部分与共有部分的比率并非界定是否构成大规模一部灭失应予考虑的内
容。于大规模一部灭失的情形，业主通常难以原原本本地将灭失的部分作为建筑
物维持其效用，该建筑物实际上处于需要修复或重建的状态。对业主而言，此时
需要迅速做出是修复还是重建建筑物，抑或原原本本地维持大规模一部灭失的状
态的抉择。[1]

　　在大规模一部灭失的情形，若业主选择对区分所有建筑物予以修复，则其专
有部分的修复乃与小规模一部灭失情形对于专有部分的修复相同，业主可以以自
己的费用单独为之。[2]但是，对于大规模一部灭失情形业主对共有部分的修复，日
本《建筑物区分所有权法》则作了特别规定。分述之如下。

　　（一）须依特别多数决议决是否对共有部分予以修复

　　1. 基本概要

　　在大规模一部灭失情形，日本《建筑物区分所有权法》并未规定业主大会做
出修复决议前业主可自行修复共有部分。由此，日本通说认为，在大规模一部灭
失情形，无论有无修复决议，业主均不得自行修复共有部分。[3]换言之，在大规模
一部灭失，共有部分的修复须经由业主大会而由业主及表决权各四分之三以上的
同意后为之（第 61 条第 5 项）。之所以需要业主及表决权各四分之三以上的同
意，是因为日本《建筑物区分所有权法》的立法旨趣与其说是考虑修复的费用负
担，毋宁说是更加考虑到希望解除区分所有关系的人的利益。也就是说，希望解
除区分所有关系的业主，在由业主及表决权各四分之三以上的多数决定修复共有部
分时，其可以通过行使买取请求权而个别、单独地从原来的区分所有关系中脱离。[4]

　　1　［日］稻本洋之助、镰野邦树：《注释建筑物区分所有权法》（第 2 版），日本评论社 2004 年
版，第 341 页。
　　2　廖国宏："区分所有建筑物修缮与重建问题之研究"，台湾私立东海大学法律学研究所 2005 年
硕士论文，第 75 页。
　　3　［日］稻本洋之助、镰野邦树：《注释建筑物区分所有权法》（第 2 版），日本评论社 2004 年
版，第 342 页。
　　4　［日］水本浩、远藤浩、丸山英气：《公寓法》，日本评论社 2006 年版，第 114 页。

值得指出的是，因大规模一部灭失对共有部分的修复所需要的费用较小规模灭失对共有部分的修复所需要的费用高，该费用负担对各业主将产生重大影响。由此，日本学说认为，业主及表决权各四分之三以上同意的特别议决的门槛尤其不得以业主之间订立的管理规约予以降低（缓和），[1] 以免侵害少数反对者的权益；但是，若业主愿意缓和团体决议的拘束力而以管理规约提高议决的门槛（如将四分之三提高至五分之四），从而进一步使议决要件严格化的，则应解释为允许[2]。

此外，因为大规模一部灭失情形共有部分的修复体现和反映了业主及表决权各四分之三以上的多数意思，所以日本学说认为，修复的内容除将共有部分恢复到从前的状态外，变更共有部分的构造或用途也是可以的。[3]

2. 修复工程的实施与费用负担

修复共有部分的工程所需要的费用，依日本《建筑物区分所有权法》第19条的规定，由除为买取请求的人以外的全体业主承担。赞成修复共有部分决议以外的业主，尽管为买取请求但却不脱离区分所有关系时，须受修复决议的拘束，因为其此时参加到业主团体修复共有部分的活动中，所以须负担有关费用。至于赞成修复决议以外的业主就所负担的费用的支付是否可以请求法院给予宽限期限，日本《建筑物区分所有权法》并无明文规定。不过，若考量共有部分的修复的团体性质，则应作否定解释。[4]

3. 业主大会未作出修复共有部分决议时业主可否个别、单独地修复共有部分

于大规模灭失情形，业主大会未作出修复决议时，业主个别、单独地修复共

1　［日］滨崎恭生：《建筑物区分所有权法的修改》，日本法曹会1989年版，第375页；［日］稻本洋之助、镰野邦树：《注释建筑物区分所有权法》（第2版），日本评论社2004年版，第341—342页；［日］青山正明：《注解不动产法5区分所有法》，青林书院1997年版，第332页；廖国宏："区分所有建筑物修缮与重建问题之研究"，台湾私立东海大学法律学研究所2005年硕士论文，第76页。

2　［日］稻本洋之助、镰野邦树：《注释建筑物区分所有权法》（第2版），日本评论社2004年版，第341—342页；廖国宏："区分所有建筑物修缮与重建问题之研究"，台湾私立东海大学法律学研究所2005年硕士论文，第76—77页。

3　［日］水本浩、远藤浩、丸山英气：《公寓法》，日本评论社2006年版，第114页；［日］稻本洋之助、镰野邦树：《注释建筑物区分所有权法》（第2版），日本评论社2004年版，第342页。

4　［日］水本浩、远藤浩、丸山英气：《公寓法》，日本评论社2006年版，第342页；［日］稻本洋之助、镰野邦树：《注释建筑物区分所有权法》（第2版），日本评论社2004年版，第342页。

有部分所支出的费用，其他业主是否需要分担？对此，依日本《建筑物区分所有权法》第 61 条第 5 项的文意应作否定解释。但日本学说认为，因区分所有建筑物大规模一部灭失情形对专有部分的修复各业主可自由为之，而且还可能存在自己的专有部分没有遭受任何损坏的业主，所以不能阻止此等业主为了修复与利用自己的专有部分而根据其自身判断对共有部分进行修复。[1]业主在修复自己的专有部分时，若有必要，可自己负担费用而同时修复共有部分。[2]此时对于因此而受益的人，可依不当得利或无因管理规则予以解决[3]。

（二）业主大会作出修复决议后的买取请求权

依团体法的规则与法理，业主大会作出的修复共有部分的决议对各业主及其继受人均有拘束力。由此，修复共有部分所需费用也应由全体业主负担。但是，并非所有的业主均有能力或愿意负担修复费用，若要求未赞成修复共有部分决议的人必须承受修复的巨额负担，未免过于严苛。为避免少数业主的权益遭受过度损害，日本《建筑物区分所有权法》于是规定未赞成修复决议的业主得于决议通过后，向赞成修复决议的人请求买取其专有部分所有权、共有部分份额权及基地份额权，由此脱离区分所有关系。此即日本建筑物区分所有权法中的买取请求权制度。[4]兹就该买取请求权的行使主体、对象、性质、效果、买取指定人的指定、再买取请求权，以及召集业主大会的人或买取指定人的催告权与买取请求权的消灭等分述如下。

1. 买取请求权的行使主体、对象、性质及效果

依日本《建筑物区分所有权法》第 61 条第 7 项的规定，买取请求权的行使主体为赞成修复决议者以外的业主，其范围包括在业主大会上就修复共有部分投

1　廖国宏："区分所有建筑物修缮与重建问题之研究"，台湾私立东海大学法律学研究所 2005 年硕士论文，第 76 页。

2　廖国宏："区分所有建筑物修缮与重建问题之研究"，台湾私立东海大学法律学研究所 2005 年硕士论文，第 76 页。

3　［日］稻本洋之助、镰野邦树：《注释建筑物区分所有权法》（第 2 版），日本评论社 2004 年版，第 3 页；［日］水本浩、远藤浩、丸山英气：《公寓法》，日本评论社 2006 年版，第 114 页。

4　廖国宏："区分所有建筑物修缮与重建问题之研究"，台湾私立东海大学法律学研究所 2005 年硕士论文，第 77 页。

反对票的业主、未参加业主大会行使议决权的业主以及此等人的概括继受人。[1]买取请求权行使的对象则为赞成修复决议的业主及其概括继受人和特定继受人，其不论为一人、一部分人或所有的人均可[2]。

买取请求权尽管名称上系请求权，但本质上具有形成权的性质。[3]故此，只要合法行使此权利，其请求买取的意思表示到达相对人时，以市价购买其区分所有权和基地利用权的买卖契约即告成立，无须相对人承诺。[4]而且，依《日本民法》第176条的规定，不动产物权变动只要当事人意思表示一致即生效力，不待登记。因此，当买卖契约成立（生效）时，请求人的区分所有权和基地利用权即移转于相对人。请求人负有交付专有部分与移转登记的义务，相对人则负有支付价金的义务，此两项义务发生同时履行抗辩关系（《日本民法》第533条）[5]。

2. 买取指定人的指定

应注意的是，若买取请求权行使的对象（相对人）完全由未赞成修复共有部分的决议者决定，则可能造成被请求权人（相对人、对象）集中于少数业主，也可能使原本未准备应买的业主遭受突然性质的请求。[6]由此，2002年日本修改其《建筑物区分所有权法》时即增设"买取指定制度"。依此制度，区分所有建筑物大规模一部灭失时，自业主大会做出修复决议之日起二周内，赞成修复共有部分决议的人以全体合意指定买取指定人，被指定的买取指定人对修复决议赞成者以外的业主以书面通知该指定情况时，接受该通知的业主仅可对买取指定人行使买取请求权。[7]买取指定人无论为赞成修复决议的业主抑或其以外的人，也无论为一

1　[日]稻本洋之助、镰野邦树：《注释建筑物区分所有权法》（第2版），日本评论社2004年版，第344页。

2　廖国宏："区分所有建筑物修缮与重建问题之研究"，台湾私立东海大学法律学研究所2005年硕士论文，第77页。

3　[日]水本浩、远藤浩、丸山英气：《公寓法》，日本评论社2006年版，第117、125页。

4　[日]伊藤荣寿："对区分所有人团体的拘束的根据与界限"，载爱知学院大学论丛《法学研究》第51卷第2号（2010年），第328页。

5　[日]水本浩、远藤浩、丸山英气：《公寓法》，日本评论社2006年版，第74页。

6　[日]吉田徹等："建筑物区分所有法一部修改概要（2）"，载《NBL》第755号（2003年），第70页；廖国宏："区分所有建筑物修缮与重建问题之研究"，台湾私立东海大学法律学研究所2005年硕士论文，第79页。

7　[日]水本浩、远藤浩、丸山英气：《公寓法》，日本评论社2006年版，第114页。

人或数人（例如指定赞成修复决议的全体业主）均可。此外，无论为自然人或法人也均可。至于所谓赞成修复决议以外的人，例如指定区分所有建筑物的开发商也是可以的。[1]但无论为何者，指定时应获得买取指定人本人的承诺（同意）[2]。

此外，日本《建筑物区分所有权法》第 61 条第 9 项还规定，若买取指定人无法清偿买卖价金的全部或一部，除非赞成决议的人能证明买取指定人具有资力且无执行困难，否则其他赞成修复共有部分决议的人应负连带清偿责任[3]。由此，即使未赞成修复共有部分决议的人无法随意选择买取请求权的行使对象（相对人），其利益实际上仍不会受到影响[4]。

3. 再买取请求权

如前述，在大规模一部灭失情形，于业主大会通过修复共有部分的决议后，赞成决议者以外的业主对于赞成决议的所有人或一部分人可请求以市价买取其专有部分所有权、共有部分份额权及基地份额权。此时，若赞成修复共有部分决议的人未指定买取指定人，则受请求的赞成决议者，可于受请求后二个月内对其他全部或一部赞成修复共有部分决议的人，请求按照排除未赞成决议的业主后专有部分楼地板面积比例（日本《建筑物区分所有权法》第 14 条）以市价买取该专有部分所有权、共有部分份额权及基地份额权，以确保赞成决议者之间负担的均衡。学说上称此为"再买取请求权"，其性质与买取请求权相同，即为形成权[5]。

譬如，表决权相等的甲、乙、丙、丁业主中的甲、乙、丙赞成修复，丁反对时，修复共有部分的决议成立的情形，丁对甲为买取请求后，甲对乙请求再买取。若甲、乙、丙、丁业主依日本《建筑物区分所有权法》第 14 条规定的共有

1　[日] 水本浩、远藤浩、丸山英气：《公寓法》，日本评论社 2006 年版，第 114 页。

2　[日] 稻本洋之助、镰野邦树：《注释建筑物区分所有权法》（第 2 版），日本评论社 2004 年版，第 351 页。

3　[日] 水本浩、远藤浩、丸山英气：《公寓法》，日本评论社 2006 年版，第 116 页。

4　[日] 吉田徹等："建筑物区分所有法一部修改法概要（2）"，载《NBL》第 755 号（2003年），第 70 页；廖国宏："区分所有建筑物修缮与重建问题之研究"，台湾私立东海大学法律学研究所 2005 年硕士论文，第 79 页。

5　[日] 吉田徹等："建筑物区分所有法一部修改法概要（2）"，载《NBL》第 755 号（2003年），第 70 页；廖国宏："区分所有建筑物修缮与重建问题之研究"，台湾私立东海大学法律学研究所 2005 年硕士论文，第 78 页。

部分份额的比例相等，则除丁业主外，因算定的甲、乙、丙业主依日本《建筑物区分所有权法》第 14 条所规定的比例各为三分之一（乙也为三分之一），所以甲可请求乙买取丁的专有部分所有权、共有部分份额权及基地权利的三分之一。从而丁的专有部分所有权、共有部分份额权及基地权利，从丁那里在其对甲请求买取的时点即归属于甲；但之后从甲那里，在甲对乙请求再买取的时点，其中的三分之一即归属于乙（三分之二归属于甲）。此前丁的专有部分所有权、共有部分份额权及基地权利，变成由甲、乙共有（或准共有）。[1]

4. 召集业主大会的人或买取指定人的催告权与买取请求权的消灭

值得注意的是，买取请求权的行使期限若不加以限制，则可能会发生修复工程进行到相当程度才行使的情形，此不但将使法律关系长期不安定，也会使修复工程由此延滞。[2]因此，日本《建筑物区分所有权法》第 61 条第 10 项、第 11 项规定，召集业主大会的人（通常为管理人），或有买取指定人时由该指定人，对赞成决议以外的业主应规定 4 个月以上的期间，以书面催告其是否行使买取请求权。在此期间经过后，受催告的未赞成决议者即不得再行使买取请求权。换言之，未赞成修复决议的业主的买取请求权因催告期间经过而消灭。[3]

（三）业主大会未作出修复或重建决议时的买取请求权

区分所有建筑物大规模一部灭失时，因不能满足法定表决要件致修复或重建的决议不能作出时，希望修复的业主、希望重建的业主以及修复或重建都不希望的业主的利害关系就会出现对立。此时，除了认可各业主可个别独立地处分自己的区分所有权外，并无其他方法使业主从此种复杂的对立利害关系中脱身。为此，日本《建筑物区分所有权法》第 61 条第 12 项规定，若从区分所有建筑物大规模一部灭失的原因发生之日起 6 个月内无法作出修复或重建决议，各业主相互

1　[日]水本浩、远藤浩、丸山英气：《公寓法》，日本评论社 2006 年版，第 116 页。

2　[日]吉田彻等："建筑物区分所有法一部修改法概要（2）"，载《NBL》第 755 号（2003年），第 70 页；廖国宏："区分所有建筑物修缮与重建问题之研究"，台湾私立东海大学法律学研究所 2005 年硕士论文，第 79 页。

3　廖国宏："区分所有建筑物修缮与重建问题之研究"，台湾私立东海大学法律学研究所 2005 年硕士论文，第 79 页。

之间可以行使买取请求权。[1] 易言之，在此情形，业主无论是赞成或反对修复或重建，均可行使买取请求权，也均可成为被请求的对象 [2]。

四、日本区分所有建筑物修复制度对我国的借镜：检讨、建构及完善

区分所有建筑物的修复，是区分所有建筑物管理中的重大问题之一，涉及业主（尤其是相关业主）的切身和重要的财产利益——专有部分所有权和共有部分份额权以及修复费用的承担等，因此十分重要。前述分析表明，日本法的经验不容小觑，值得我们认真对待和重视。

在《物权法》于 1998 年起草之初，由梁慧星研究员主持起草的《中国物权法草案建议稿》第 96 条、第 97 条及第 98 条曾设有区分所有建筑物修缮（修复、复旧）的详细规定，这些条文的规定系来源于 1983 年日本《建筑物区分所有权法》第 61 条和我国台湾地区"公寓大厦管理条例"第 10 条和第 11 条。[3] 但是，这些条文建议最终未为《物权法》完全采纳，以至于我国现今法律体系中并无完善、翔实的区分所有建筑物修复制度。

《物权法》第 76 条第 1 款中的第 6 项和该条第 2 款只规定"改建、重建建筑物及其附属设施"，"应当经专有部分占建筑物总面积三分之二以上的业主且占总人数三分之二以上的业主同意"。第 79 条规定："建筑物及其附属设施的维修资金，属于业主共有。经业主共同决定，可以用于电梯、水箱等共有部分的维修。维修资金的筹集、使用情况应当公布。"这些规定不足以应对实际的需要，因为区分所有建筑物的修复除涉及须具备哪些程序要件外，在大规模一部灭失的场合还面临如何调整业主之间的权益、由谁进行修复，以及修复费用如何分担等问题。

为妥善规范我国实务中区分所有建筑物的修复，本书认为，我国有必要借镜日本法的经验，并将之作为我国编纂民法典物权编，抑或制定单行的建筑物区分

1　［日］水本浩、远藤浩、丸山英气：《公寓法》，日本评论社 2006 年版，第 116—117 页。

2　［日］青山正明：《注解不动产法 5 区分所有法》，青林书院 1997 年版，第 327 页；廖国宏："区分所有建筑物修缮与重建问题之研究"，台湾私立东海大学法律学研究所 2005 年硕士论文，第 80 页。

3　梁慧星主编：《中国物权法草案建议稿：条文、说明、理由与参考立法例》，社会科学文献出版社 2000 年版，第 285—290 页。

所有权法时的立法论参考；同时，现阶段可将之作为实务中处理区分所有建筑物因地震、火灾、风灾、水灾、泥石流、煤气爆炸以及机动车的冲撞等偶发性灾害导致区分所有建筑物一部灭失时所实施的修复（或复旧）的解释论参考。

（1）在界分区分所有建筑物小规模一部灭失的修复和大规模一部灭失的修复方面，日本法的经验值得借鉴。依日本法的规定，区分所有建筑物毁损后的价格与毁损前的价格的比例超过二分之一的，为小规模一部灭失；区分所有建筑物毁损后的价格与毁损前的价格的比例少于二分之一的，为大规模一部灭失。并据此规定不同的修复程序、费用负担及权益调整等的手段或方法。

（2）关于区分所有建筑物小规模一部灭失，日本法规定，各业主可自己承担费用而单独修复专有部分，此时在必要范围内可请求使用其他业主的专有部分。惟此种情形对共有部分的修复，日本法规定应以业主及表决权各过半数的决议规定修复计划。

（3）关于区分所有建筑物大规模一部灭失，日本法规定，业主可自己承担费用而修复自己的专有部分；但对于共有部分，则须由业主及表决权各四分之三以上的特别多数决议决是否对之予以修复。当特别多数决议决对共有部分予以修复时，希望解除区分所有关系的业主可通过行使买取请求权而个别、单独地从原来的区分所有关系中脱离。

（4）日本法规定业主大会作出修复决议后买取请求权的行使主体为赞成修复决议者以外的业主。此买取请求权具有形成权的性质。当请求买取的意思表示到达相对人时，以市价购买区分所有权和基地利用权的买卖契约即告成立，无须相对人承诺。

（5）日本法规定了买取指定人制度。区分所有建筑物大规模一部灭失情形，自业主大会作出修复决议之日起二周内，赞成修复决议的人以全体的合意指定买取指定人，被指定的买取指定人对修复决议赞成者以外的业主以书面通知指定情况时，接受通知的业主仅可对买取指定人行使买取请求权。日本法的这一经验值得借鉴。

（6）为确保赞成修复共有部分决议者之间的负担的均衡，应认可业主的再买取请求权，其性质与买取请求权相同，为形成权。

（7）业主大会未作出修复或重建决议时，日本法规定，业主无论是赞成或反对修复或重建，均可行使买取请求权，同时也均可成为被请求的对象。此经验值得借镜。

第八节　区分所有建筑物的重建

一、概要

区分所有建筑物的重建是区分所有建筑物管理中最难解决的问题。[1]造成重建困难的原因很多，其中最主要者有如下五个方面：其一，传统所有权观念的束缚。区分所有权中的专有部分分属于各业主所有，与一般的单独所有权无异。因此，欲对整栋区分所有建筑物拆除而予以重建，原则上必须经全体业主同意。但实践中要做到这一点相当困难。其二，重建所需费用筹措不易。我国今日的区分所有建筑物的住户，少则数十户，多则数百户甚至上千户，重建区分所有建筑物时，可预见其意见的分歧。且每个业主的经济能力不同，生活习惯有别，价值判断互异，对于重建费用的负担能力也有差别，欲取得重建共识并非易事。这一点会影响到有关业主是否赞成重建，并成为重建事业进行的最大阻力。其三，重建工程进行期间迁居的问题也使重建面临困难。重建工程进行期间，区分所有物的住户势必暂时搬离，而临时住处的觅得及其费用（如租金等）也是决定重建能否顺利进行的重要因素。其四，利害关系人权益调整的困难。欲重建区分所有建筑物，除非全体业主一致同意，否则就可能形成多数人对少数人的强制。若专有部分设有抵押权或出租他人，重建前尚须对这些人的权益合理安排，否则将妨害重建的进行。另外，我国区分所有建筑物的基地使用权为建设用地使用权，重建时申请适当延长使用权的期限也有必要，这也要经过较复杂的行政程序。其五，

1　［日］伊藤荣寿："对区分所有人团体的拘束的根据与界限"，载日本爱知学院大学论丛《法学研究》第51卷第2号（2010年）。应指明的是，在当代比较法上，区分所有建筑物的重建通常被认为属于广义的管理的范畴。重建是为了使建筑区分所有权得以再生，只是一时的消灭权利，所以是一种管理手段。据此，对业主进行的团体拘束得以正当化。

建筑物完成后容积率等规定的严格化。建筑物完成后，容积率、建蔽率[1]等条件变化而较以前更严格时，将不利于重建。一般而言，若容积率、建蔽率相当宽裕，重建时可将原业主分配剩余的专有部分出卖以作为重建费用的一部分。反之，建筑物建筑后容积率等变为较严格时，将有碍于业主意思的统一，妨害重建的进行。[2]

实际生活中，区分所有建筑物的重建在特定情形是十分必要的。这些情形大致有：其一，区分所有建筑物因自然腐朽、灾害（如地震、火灾、水灾）毁损，或因其他原因已经影响住户人身安全；[3]其二，区分所有建筑物的修缮费用过高时，为符合经济效率而重建；其三，因业主家庭人口增加，重建可改善、增大必要的生活空间；其四，建筑物坐落基地附近的土地利用情况发生改变，只有重建区分所有建筑物方能增加土地的有效利用。[4]

我国《物权法》设有一个条文规范区分所有建筑物的重建，即第76条第1款中的第6项和该条第2款，其内容十分简略，只规定"改建、重建建筑物及其附属设施"，"应当经专有部分占建筑物总面积三分之二以上的业主且占总人数三分之二以上的业主同意"。此种规定不足以应对实际的需要，因为区分所有建筑物的重建除涉及须具备哪些程序要件外，还面临如何调整业主之间的权益、由谁

---

[1] 所谓建蔽率，指建筑面积占基地面积的比率。土地利用固然应当力求充分利用与集约利用，但建筑面积与基地面积若不保持一定比率，而将基地所有的面积完全作建筑使用，不仅妨碍通风、采光，影响居民健康，而且一旦发生灾害，居民的生命安全也堪忧。因此，建筑面积与基地面积应保持一定的比率。参见温丰文：《现代社会与土地所有权理论之发展》，五南图书出版公司1984年版，第92页。

[2] 黄江颖："区分所有建筑物修缮与重建之研究"，台湾东海大学法律研究所1993年6月硕士论文，第49页。

[3] 当区分所有的集合住宅老朽而不适于居住时，在现今比较法上，各国家或地区的立法定有如下三种供业主采取的应对措施：一是由全体业主经由一致决或多数决而重建区分所有建筑物；二是每个业主将自己的居住房间（专有部分）出售而买取替代的住宅；三是将全体区分所有建筑物一并出售而向每个业主分配卖得的价款，业主再以分配所得的价款买取其他的住宅。其中，第三种应对措施由美国《统一公寓（区分所有权）法》（Uniform Condominium Act）第2-120条所采取，第二种和第一种应对措施为多数国家所采取，尤其是第一种措施与现今多数国家人民的观念相合，即通过重建老朽的建筑物而实现旧建筑物的更新。参见［日］水本浩等编：《公寓法》，日本评论社2006年版，第118页。

[4] 江颖："区分所有建筑物修缮与重建之研究"，台湾东海大学法律研究所1993年6月硕士论文，第8页。

进行重建、由数栋建筑物构成的小区内的特定栋区分所有建筑物的重建、区分所有建筑物一部灭失的复旧（修复）与重建的关系，以及区分所有建筑物遭受灾害全部灭失时的再建与重建的关系等问题。这些问题如不能妥善解决，一方面，业主之间的重建共识难以凝聚，重建事业无从进行；另一方面，也会使重建陷入一团乱麻，无法厘清各方面的法律关系。因此，本部分拟从比较法（尤其是德国法、日本法、我国台湾地区"法"之比较）的视角，对区分所有建筑物的重建所涵括的以上重要法律问题进行剖析，期借他山之石，对我国《物权法》和《物业管理条例》关于区分所有建筑物的重建制度提出若干建议。

重建系指将既存的区分所有建筑物全部拆除，而在建筑物的基地上重新建造建筑物。[1] 重建与增建、改建有别。增建指于建筑物上增加其面积或高度；改建则系将建筑物的一部分拆除，于原建筑物基地范围内改造，而不增加其面积或高度。增建、改建后的建筑物与原建筑物仍然为同一物，二者均属于物权客体的变更，而非物权的取得或消灭。此与重建前和重建后的建筑物系属两个不同之物截然有别。重建前的原建筑物既经拆除，其所有权即归消灭（绝对消灭），而重建后的新建筑物则为新生所有权的取得（原始取得），因此，重建前与重建后的建筑物系两个不同之物。正因如此，重建前的建筑物若设有抵押权的，其抵押权会因原建筑物的拆除而消灭（《物权法》第 30 条）。存在于原建筑物的抵押权，其效力不及于重建后的新建筑物。反之，增建、改建前的建筑物设有抵押权的，其效力会及于增建、改建后的建筑物。[2]

重建也与再建有别。重建系指新建筑物的基地上原来有旧建筑物存在，将之拆除后重为建筑而言。再建则指新建筑物基地上原有的旧建筑物因灾害毁损或全部朽坏已不存在，嗣后再为建筑。在重建，因基地上尚有旧建筑物存在，旧建筑物的区分所有关系在决定重建之时并未消灭；而再建时，因基地上的旧建筑物已不存在，旧建筑物的区分所有关系在决定再建之时已然消灭。此乃二者的相异之

1　［日］水本浩等编：《公寓法》，日本评论社 2006 年版，第 119 页。
2　温丰文："公寓大厦重建法律问题之研究"，载《法学丛刊》2000 年第 45 卷第 1 期。温丰文先生是我国台湾地区研究建筑物区分所有权的资深学者，本部分的写作一些地方受惠于温先生此篇文章和其他相关著述，谨致谢忱和敬意。

处。但无论重建或再建，其前后两个建筑物均是各自独立不同的物，则为二者的相同之处。[1]本部分重点研究区分所有建筑物的重建，于该部分之末也会涉及重建与再建的关系。

二、重建的要件

区分所有建筑物的重建，须具备一定的要件方可为之。以下就德国法、日本法及我国台湾地区"法"有关重建所应具备的要件予以分析。

（一）德国法

如前述，德国称建筑物区分所有权为住宅所有权，其规范区分所有关系的《住宅所有权法》制定于1951年，最近一次修改是2007年。该法关于重建仅设有一个相关条文，即第22条。根据该条第1项，逾越通常保存或修缮的建筑上的变更与使用，不得依第21条第3项所规定的多数决为之，而应经全体业主同意。也就是说，一般区分所有建筑物的重建，应经一致决方可为之。至于建筑物因灾害而毁损时，该法原则上规定应予以复旧（修复）。依该法第21条第3项的规定，建筑物毁损时，应以过半数的多数决为复旧决议；依同条第4项，各业主也可请求复旧。不过，为防止复旧所需费用过巨以保护业主权益，第22条第4项对复旧设有限制规定：建筑物毁损超过其价值的二分之一，[2]且无法以保险或其他方法填补其损害时，不得依第21条第3项为复旧决议，也不得依第21条第4项请求复旧。此时如要复旧，须经全体业主同意方可为之。不过，业主也可决议重建，只是此项重建决议，也须经全体业主一致决。可见，在德国，区分所有建筑物的重建，无论是一般建筑物还是毁损建筑物，均采一致决，应经业主全体同意。[3]

1　温丰文："公寓大厦重建法律问题之研究"，载《法学丛刊》2000年第45卷第1期。

2　在德国法上，当建筑物的毁损超过其价值的二分之一时，称为"大规模灭失"，未超过二分之一时，称为"小规模灭失"。对此，请参见［日］伊藤荣寿："对区分所有人团体的拘束的根据与界限"，载日本爱知学院大学论丛《法学研究》第51卷第2号（2010年）。

3　温丰文："公寓大厦重建法律问题之研究"，载《法学丛刊》2000年第45卷第1期；［日］伊藤荣寿："对区分所有人团体的拘束的根据与界限"，载日本爱知学院大学论丛《法学研究》第51卷第2号（2010年）。

（二）日本法

1. 基本概要

日本 1962 年制定的《建筑物区分所有权法》对重建并无直接的明文规定，因为制定时作为其参考、比较对象的德国法和法国法均不存在重建制度，并且日本当时也未认识到该制度的必要性。有关区分所有建筑物的重建，依该法第 12 条第 1 项前句及第 35 条第 3 项的立法精神与《日本民法》第 251 条的规定，须经全体业主同意方可为之。此乃考虑到重建须拆除现存建筑物，而业主对各自的区分所有部分保有处分权，所以需获得全体业主的同意。但一致决的重建决议几近不可能，因为只要有一业主反对，重建即无从进行。[1]

日本 1962 年《建筑物区分所有权法》制定后，区分所有建筑物急速增加，重建的必要性虽然还未成为现实问题，但是将来会成为社会问题，若重建须获得全体业主的同意方可为之，无疑有碍于社区（小区）的更新与发展。为消除此种不合理现象，日本 1983 年修订《建筑物区分所有权法》时，改采多数决的重建制度。[2]修订后的第 62 条第 1 项规定："因老朽、毁损、一部灭失或其他事由，参酌建筑物的价格或其他情形，致维持建筑物效用或回复需费过大时，得于集会以区分所有人及表决权各五分之四以上的多数决，作以拆除建筑物，且在建筑物基地上重新建筑同一主要使用目的的建筑物为主旨的决议。"

日本 2002 年修改《建筑物区分所有权法》时，对以上规定作了进一步修改，修改为："得于集会（业主大会——笔者注），以区分所有人及表决权各五分之四以上的多数，作以拆除建筑物，且在该建筑物的基地或其一部的土地上或者包含该建筑物的基地的全部或一部的土地上重新建筑建筑物为主旨的决议。"此修改旨在使重建能够顺利进行，与 1983 年的规定相较，具有下列特色[3]：

其一，规定重建决议只须在业主大会上得到业主及表决权各五分之四以上的

1　［日］伊藤荣寿："对区分所有人团体的拘束的根据与界限"，载日本爱知学院大学论丛《法学研究》第 51 卷第 2 号（2010 年）。

2　［日］伊藤荣寿："对区分所有人团体的拘束的根据与界限"，载日本爱知学院大学论丛《法学研究》第 51 卷第 2 号（2010 年）。

3　［日］水本浩等编：《公寓法》，日本评论社 2006 年版，第 119 页。

多数同意即可作出，摒弃了1983年修改法规定的重建须因建筑物老朽、毁损、一部灭失或其他事由，参酌建筑物价格或其他情形，致维持建筑物的效用或回复建筑物原状需费过大的客观要件。而按1983年修改法，不具备这些客观要件的，业主大会作出的重建决议无效。

其二，1983年修改法规定，重建的建筑物须坐落在原建筑物的基地上。若扩大基地范围，如购买原建筑物坐落基地的邻地与原基地合并后新建建筑物，即不认为具有基地的同一性，不得视为重建。2002年修改法对此予以缓和，认为重新建造的建筑物可坐落于以下基地：一是原建筑物的基地；二是原建筑物基地的一部分，如将原建筑物基地的一部分出卖，而在剩余土地上重新建造建筑物；三是包含原建筑物基地的全部的土地，如购买或借用原建筑物基地的邻地或者其周围的土地而扩大基地；四是包含原建筑物基地的一部分的土地，如一方面将原建筑物基地的一部分出卖，同时又购买或借用原建筑物基地的邻地。另外，将原一栋的区分所有建筑物重建为两栋区分所有建筑物，或者将原共有基地上的两栋建筑物重建为一栋建筑物，均无不可。

其三，2002年修改法对新建筑物的使用目的不再有特别限制。依1983年修改法，重新建筑的建筑物的主要使用目的须与原建筑物相同，若将原属住家专用的建筑物全部改作商业用或办公用，即违反使用目的的同一性，不得谓为重建。据此，作出将居住用的区分所有建筑物重建为商业用或商业与居住合用的重建决议，或者将商业用的区分所有建筑物重建为居住用的区分所有建筑物或者二者合用的重建决议，均无不可。

其四，2002年修改法完善了有关重建决议程序的规定。

2. 重建决议

因为重建事宜而召开业主大会时，其程序原则上与一般业主大会相同，惟因重建对每一业主的权益影响甚大，故此，日本《建筑物区分所有权法》第62条对重建决议的方式和内容、会议的召集、通知和记录等设有特别规定。

(1) 决议的方式与内容。依日本现行《建筑物区分所有权法》，重建采业主及表决权各五分之四以上的多数决。此五分之四之比例为强制规定，不得以管理规约或依其他合意而提高或降低。[1]

按日本《建筑物区分所有权法》第 62 条第 2 项，业主大会为重建决议时，其内容应有重建计划的概要，且该概要应包括下列四项内容，缺一不可：

一是重新建造建筑物的设计概要，包括整栋建筑物的设计及每一专有部分的设计。除整栋建筑物的用途、建筑材料、楼层、楼地板总面积、各层楼面积应在重建决议中决定外，每一专有部分的配置、用途、建筑平方米等也应在重建决议中议定之。[2]

二是重建费用的概算额。重建费用包括拆除原建筑物及建筑新建筑物所需的费用，其数额应于重建决议时估定，并以在重建决议的时点所估计的概算额为准并获满足。[3]

三是有关重建费用分担的事项。作出重建决议时，参加重建者的人数还未完全确定，难以估计每人应分担的重建费用，因此每一参加重建者的分担额无须于重建决议时确定。但重建费用的分担方法和标准则应事先决定，以便依循。重建费用的分担方法与标准不得危害各业主的衡平（第 62 条第 3 项），否则重建决议归于无效。如无特别情事，重建费用的分担应依取得新建筑物专有部分的楼地板面积的比例定之。[4]

四是有关新建筑物区分所有权归属的事项，即新建筑物各专有部分的分配方法。是按原专有部分面积比例分配，还是依原有价值比例分配，或者依抽签方式分配等，应明定之。无论采取何种方式，都不得违背衡平原则（第 62 条第 3 项）。另外，若建筑物的容积增加致专有部分经分配后还有剩余，应出售还是归全体业主共有，也应于重建决议时明确决定。[5]

1　温丰文："公寓大厦重建法律问题之研究"，载《法学丛刊》2000 年第 45 卷第 1 期；［日］石田喜久夫："重建"，载《法律时报》第 55 卷第 9 号。对此也有反对意见，参见［日］水本浩等编：《公寓法》，日本评论社 2006 年版，第 120 页。

2　［日］稻本洋之助、镰野邦树：《注释公寓区分所有法》，日本评论社 1997 年版，第 333 页；温丰文："公寓大厦重建法律问题之研究"，载《法学丛刊》2000 年第 45 卷第 1 期。

3　［日］水本浩等编：《公寓法》，日本评论社 2006 年版，第 120 页。

4　［日］滨崎恭生："关于建筑物区分所有法律的修改"，载《法曹时报》第 38 卷第 6 号；温丰文："公寓大厦重建法律问题之研究"，载《法学丛刊》2000 年第 45 卷第 1 期。

5　温丰文："公寓大厦重建法律问题之研究"，载《法学丛刊》2000 年第 45 卷第 1 期。

（2）会议的召集与通知。为重建事宜的业主大会的召集程序与一般业主大会的召集程序不同，须按 2002 年《建筑物区分所有权法》新设的第 62 条第 4 项至第 7 项规定的程序为之。缺少下列任何一项程序，重建决议无效[1]：

一是召集人至少应于该业主大会召开之日的两个月前，向各业主发出会议通知（第 62 条第 4 项）。

二是除会议目的、重建决议的议案要点外，还须通知下列事项：重建的理由；不重建时维持或回复该建筑物效用所需费用的数额及其明细；确定了该建筑物之修缮计划的，该计划的内容以及建筑物修缮积攒金累积的数额等。由此，通知中既有实施重建的相关信息，也有不实施重建而仍维持原建筑物现状的信息，业主可自更加广阔的视角判断是否应该重建。

三是召集人至少应于该业主大会召开之日一个月前，就召开该业主大会应通知的事项，对业主召开有关情况的说明会（第 62 条第 8 项）。说明会的召开准用一般业主大会召开的规定（《建筑物区分所有权法》第 35 条、第 36 条），即说明会的召集者（管理者等）至少应于开会一周前附会议目的事项发通知给各业主，但该期间可以管理规约予以延长。

（3）会议记录。有关重建决议的业主大会应作成会议记录。该会议记录除应记载一般业主大会所应记载的事项外，还应记载每一业主是否赞成重建的情况，以作为确定《建筑物区分所有权法》第 63 条所定卖渡请求权人及其相对人的依据。若会议记录未记载各业主赞成与否的情况，虽不影响决议的效力，但在进行《建筑物区分所有权法》第 63 条所定程序（即由召集人书面催告不赞成重建决议的业主答复是否参加重建）之前，应先补正。[2]

（三）我国台湾地区"法"

我国台湾地区"公寓大厦管理条例"（2016 年修订）定有重建制度，其原则上采一致决，例外采多数决，分述如下[3]。

1　[日]水本浩等编：《公寓法》，日本评论社 2006 年版，第 121 页。

2　[日]稻本洋之助、镰野邦树：《注释公寓区分所有法》，日本评论社 1997 年版，第 337 页；温丰文："公寓大厦重建法律问题之研究"，载《法学丛刊》2000 年第 45 卷第 1 期。

3　温丰文："公寓大厦重建法律问题之研究"，载《法学丛刊》2000 年第 45 卷第 1 期。

1．一致决重建的要件

"公寓大厦管理条例"第13条第1句规定："公寓大厦之重建，应经全体区分所有权人及基地所有权人、地上权人或典权人之同意。"据此，一致决重建的要件有二：一是全体业主的同意；二是基地所有权人、地上权人或典权人的同意。在我国台湾地区，建筑物与其坐落的基地属于两个独立的不动产，若公寓大厦坐落基地属于业主共有，则只要经业主全体同意，即可重建；若基地非属于业主共有，而系业主经由承租或设定地上权、典权等方式取得基地的准共有权，尚须经基地所有权人的同意方可重建。至若公寓大厦及其所坐落的基地另有地上权或典权存在，则还须经地上权人或典权人的同意方符合重建的要件。

2．多数决重建的要件

依"公寓大厦管理条例"第13条但书及第31条关于"特殊事项之议决比例"的规定，须有下列情形之一方采多数决重建：（1）配合城市更新计划而实施重建；（2）严重毁损、倾颓或朽坏，有危害公共安全之虞；（3）因地震、水灾、火灾、风灾或其他重大事变，肇致危害公共安全。所谓其他重大事变，指类似于地震等原因而可能对建筑物造成重大破坏者，如煤气爆炸、飞机坠落、暴力破坏等。

公寓大厦具备上述客观要件时，得经业主大会的多数决实施重建。业主大会为重建决议时，应有全体业主中人数及区分所有权比例均达三分之二以上的业主出席，以出席业主中人数及区分所有权比例均达四分之三以上的业主同意行之。因三分之二的四分之三即为二分之一，因此实际上只要全体业主中人数及区分所有权比例均达二分之一以上的业主同意，即可决议重建。[1]

（四）评议分析

由上可知，各国家和地区关于重建要件的最大差异，在于德国采一致决，日本采多数决，我国台湾地区原则上采一致决，例外采多数决。但一致决事实上难以实行，其立法规定形同虚设。我国《物权法》第76条对于重建采多数决而不采一致决，符合当代业主共同体（团体）关系的本质和实际，应值肯定。至于日

1　温丰文："公寓大厦重建法律问题之研究"，载《法学丛刊》2000年第45卷第1期。

本 2002 年修订的《建筑物区分所有权法》所定的其他重建要件，例如在客观要件上，须在原建筑物的基地或其一部，或者包含原建筑物基地的全部或一部的土地上重新建筑建筑物，在程序要件上，决议内容须有重建计划概要、履行严格的召集程序、为完善的通知以及为此而召开说明会等，我国《物权法》与《物业管理条例》则未明定。我国将来制定单独的建筑物区分所有权法或编纂民法典物权编时，宜取日本法的经验，将这些要件明文化。

三、业主间及业主与第三人间权益的调整

（一）业主间权益的调整

要对区分所有建筑物实施重建，除须符合前述重建要件外，调整业主之间的权益也十分重要。在德国，由于重建采一致决，每一业主对重建决议均有否决权，因此只有充分调整彼此间的权益直至每一业主满意，才有通过重建决议的可能。因此，德国《住宅所有权法》对业主间权益的调整并无规定。但在采多数决重建的日本，达到法定比例的表决权即可通过重建决议，为保护少数不参加重建者的权益，其《建筑物区分所有权法》对权益调整即设有详细规定。另外，我国台湾地区"公寓大厦管理条例"所定重建制度中的多数决，也有权益调整的相关规定。我国《物权法》和《物业管理条例》虽采多数决，但并无调整业主权益的规定，是为重要立法缺漏，宜借他国经验而予补充。

为保护少数不参加重建者的权益，日本《建筑物区分所有权法》创设了卖渡请求权和买回请求权两种制度。

1. 卖渡请求权

反对重建决议而不参加重建事业的业主的区分所有权和基地利用权，并不基于重建决议而立即消灭，但重建决议作出后，重建事业的参加者得对不参加重建事业的业主请求行使卖渡请求权。[1]所谓卖渡请求权，指参加重建者于一定期间内，对于不参加重建的业主及其继受人请求以市价卖渡其所有权及基地利用权的权利。依团体法的规则，一旦作出重建决议，不赞成重建决议的业主也受其拘

---

[1] ［日］伊藤荣寿："对区分所有人团体的拘束的根据与界限"，载日本爱知学院大学论丛《法学研究》第 51 卷第 2 号（2010 年）。

束，他们可自行出售其区分所有权或请求参加重建者收买其区分所有权，以脱离区分所有关系。但若不赞成重建的业主不愿为上述行为，重建工作即难以进行，为打破此一僵局，特设卖渡请求权制度。[1]

卖渡请求权的行使须先确定参加与不参加重建事业的业主。依日本《建筑物区分所有权法》第 62 条第 1 项、第 2 项、第 3 项的规定，重建决议作出后，业主大会召集人应立即书面催告未赞成重建决议的业主（包括其继受人）答复是否依重建决议内容参加重建。受催告的业主应自催告之日起两个月内答复参加与否，逾期未为答复者，视为不参加重建。通过此程序，未赞成重建决议的业主可重新考虑是否参加重建事业。

卖渡请求权本质上具有形成权的性质。[2] 只要合法行使此项权利，其请求的意思表示到达对方时，以市价购买对方区分所有权和基地利用权的卖渡（买卖）契约即告成立，无须相对人承诺。[3] 且依《日本民法》第 176 条的规定，不动产物权变动只要当事人意思表示一致即生效力，不待登记。因此，当卖渡（买卖）契约成立（生效）时，相对人的区分所有权和基地利用权就移转于请求权人，相对人负有交付专有部分与移转登记的义务，请求权人则负有支付价金的义务，此二项义务发生同时履行抗辩的关系（《日本民法》第 533 条）。[4] 不过，日本《建筑物区分所有权法》为顾及相对人于一时之间无法觅得代替住处，致生活发生显著困难的情况，特设建筑物让出（专有部分交付）的犹豫期限，以资保护。[5] 其第 63 条第 5 项规定：因卖渡请求权的行使，答复不参加重建的区分所有人因让出建筑物，致其生活有发生显著困难之虞，且对重建决议的实行不致有太大影响时，法院得依该人的请求，于价款交付或提存之日起不超过一年的期限内，对建筑物的让出给予相当的犹豫期限。此项请求应以诉讼为之，法院于斟酌各种因素后，得

1　参见日本法务省民事局参事官室编：《新公寓法》，商事法务研究会 1983 年版，第 346 页；温丰文："公寓大厦重建法律问题之研究"，载《法学丛刊》2000 年第 45 卷第 1 期。

2　[日] 水本浩等编：《公寓法》，日本评论社 2006 年版，第 117 页、第 125 页。

3　[日] 伊藤荣寿："对区分所有人团体的拘束的根据与界限"，载日本爱知学院大学论丛《法学研究》第 51 卷第 2 号（2010 年）。

4　[日] 水本浩等编：《公寓法》，日本评论社 2006 年版，第 125 页。

5　温丰文："公寓大厦重建法律问题之研究"，载《法学丛刊》2000 年第 45 卷第 1 期。

为给予一年以内犹豫期限的判决。此项判决属形成判决，于判决确定后，卖渡请
求权人须先支付价金，相对人得于犹豫期限内暂不交付专有部分，而移转登记则
不在犹豫期限的范围内。卖渡请求权行使后，区分所有建筑物全体即变为重建事
业参加者的所有权（区分所有权和共有部分的应有部分权）的对象，由此可以拆
除原区分所有建筑物。因此，重建决议的效力并非强制未赞成重建决议者参加重
建，而是使附期限的卖渡请求权得以成立。[1]

2. 买回请求权

所谓买回请求权，又称"再卖渡请求权"，[2]系允许卖渡请求权的相对人于一
定条件下买回其业已丧失的区分所有权，借以保护其权益。卖渡请求权主要是为
使重建事业能够顺利进行而设。卖渡请求权人于行使权利后，若将建筑物置之不
顾，长期不实施重建，则与创设此项制度的目的相悖，因此日本法又同时设此买
回请求权制度加以制衡。[3]不过，依日本《建筑物区分所有权法》第63条第6项、
第7项的规定，买回请求权的行使视参加重建者未着手建筑物拆除工事是否有正
当理由而不同，无正当理由的，得行使买回请求权；有正当理由的，原则上不发
生买回请求权问题。

买回请求权也具有形成权的性质，于意思表示到达相对人时即生效力。买回
请求权人行使该权利后，即不再受重建决议效力的拘束，参加重建者若要完成或
实现原重建计划，必须以其他方法取得其同意方能进行。[4]

我国台湾地区"公寓大厦管理条例"第14条第1项规定："公寓大厦有前条
第二款或第三款所定情形之一，经区分所有权人会议决议重建时，区分所有权人
不同意决议又不出让区分所有权或同意后不依决议履行其义务者，管理负责人或
管理委员会得诉请法院命区分所有权人出让其区分所有权及其基地所有权应有部

1　［日］稻本洋之助、镰野邦树：《注释公寓区分所有法》，日本评论社2004年版，第380页以
下。另外，日本也有观点认为，重建决议乃是通过对参加重建事业的人授予卖渡请求权来违背反对重
建决议的业主的意思而剥夺其区分所有权和基地利用权。
2　［日］水本浩等编：《公寓法》，日本评论社2006年版，第125页。
3　［日］滨崎恭生："关于建筑物区分所有法律的修改"，载《法曹时报》第38卷第6号；温丰
文：《公寓大厦重建法律问题之研究》，载《法学丛刊》2000年第45卷第1期。
4　［日］滨崎恭生："关于建筑物区分所有法律的修改"，载《法曹时报》第38卷第6号；温丰
文："公寓大厦重建法律问题之研究"，载《法学丛刊》2000年第45卷第1期。

分。"据此，在我国台湾地区，区分所有建筑物经由多数决实施重建时，系以出让请求权作为权益调整的手段。

上述出让请求权的行使主体为管理委员会或管理负责人；其行使的相对人则为不同意重建决议又不出让区分所有权，或同意后不依决议履行其义务的业主及其继受人；出让请求权的行使应以诉讼方式为之。此诉讼为形成之诉，法院判决直接创设相对人出让其区分所有权及基地所有权等应有部分的义务，无须相对人承诺。相对人的区分所有权及基地所有权等应有部分于判决确定时即移转于受让人，不待登记。[1] 为妥善调整业主间的权益，我国应借鉴比较法上的经验：

（1）在区分参加重建者与不参加重建者方面，日本法的规定值得借鉴。依日本法的规定，重建决议作出后，业主大会召集人应即时书面催告未赞成重建决议的业主答复是否依重建决议内容参加重建，受催告的业主自催告之日起两个月内答复参加重建的，与赞成重建决议者一并列入参加重建者之一类；答复不参加重建或逾期未为答复者，则列入不参加重建者之一类。对此，我国台湾地区"法"的规定欠周延。

（2）日本法对卖渡请求权定有行使期间，而我国台湾地区"法"对出让请求权则未定行使期间，应属不妥。卖渡请求权具有形成权的性质，其行使会使相对人丧失区分所有权及基地利用权，因而应明定其行使期间（除斥期间），以使当事人之间的法律关系尽早确定。

（3）与我国台湾地区"法"未明确规定不同，日本法规定按市价行使卖渡请求权，[2] 值得借鉴。卖渡请求权是违背相对人的意思强制其出让区分所有权及基地利用权，但不能因之完全否定相对人本来的权利，请求相对人出让区分所有权及基地利用权时，应支付合理对价，以实现均衡。[3]

（4）为妥善、公平地顾及少数业主的权益，应认可少数业主的买回请求权。

1　温丰文："公寓大厦重建法律问题之研究"，载《法学丛刊》2000 年第 45 卷第 1 期。

2　尽管如此，参加重建的人与不参加重建的人发生严重对立时，于诉讼中争论"市价"的确定或计算是很多的。参见［日］太田知行、村辻义信、田村诚邦：《公寓重建的法律与实务》，有斐阁 2005 年版，第 181 页。

3　温丰文："公寓大厦重建法律问题之研究"，载《法学丛刊》2000 年第 45 卷第 1 期。

（二）业主与第三人间权益关系的调整

在比较法上，重建决议仅对该栋建筑物的业主及其继受人产生拘束力，对第三人并无拘束力。但在重建与专有部分承租人的关系上，重建决议得作为更新或解除租赁契约的正当事由。[1]

我国现阶段，许多房产都是通过按揭贷款的方式购买，因此区分所有建筑物上设立了抵押权的情形不在少数。由此带来的法律问题有：在专有部分上有抵押权的人可否禁止拆除原建筑物，可否要求增加担保以及在新建筑物上取得的专有部分是否属于原抵押权客体的代位物。比较法上的通说认为，自理论上而言，不能排除抵押权人禁止拆除原建筑物的请求，此时实务上可通过增加担保避免之。重建决议已经规定了参加重建的业主对新建筑物的特定专有部分保有区分所有权，因此原抵押物与新建筑物中特定的专有部分存在明确的牵连关系，应认为后者系原抵押权客体的代位物。而不参加重建的业主因出让自己的区分所有权和基地利用权所获得的价金债权，也可认为是原抵押权客体的代位物。[2]鉴于比较法经验的可借鉴性，本书认为，在这些方面，我国也应作同样的解释和对待。

四、重建合意的成立与重建主体的厘定

区分所有建筑物的重建，是由参加重建者依卖渡请求权购买不参加重建者的区分所有权和基地利用权后，依重建决议内容而实行。惟参加重建者之间实际上并不存在重建契约的约束，因此并不当然负有依重建决议的内容而为重建的义务。为了解决这一问题，日本法设有重建合意成立的规定。

日本《建筑物区分所有权法》第 64 条规定："赞成重建决议的各区分所有人，依重建决议内容回答参加重建的各区分所有人及购买区分所有权或基地利用权的各承买指定人（包括此等人的继受人），视为依重建决议内容为实施重建的合意。"依此规定，成立重建合意的当事人包括：（1）赞成重建决议的业主；（2）业主大会会议时对重建决议持反对、保留意见或未出席会议，经催告后同意依重建决议内容参加重建的业主；（3）经前述（1）（2）全体的同意指定购买区分所有

1　[日]水本浩等编：《公寓法》，日本评论社 2006 年版，第 123 页。
2　[日]水本浩等编：《公寓法》，日本评论社 2006 年版，第 123 页。

权和基地利用权的承买指定人；（4）前述（1）（2）（3）的继受人，涵括概括继受人与特定继受人。[1]当事人间所成立的合意的内容为"依重建决议内容实施重建"，参加重建者均受重建决议的拘束。既然依重建决议内容而为重建系合意事项，当事人间即相互负有依重建决议内容而为重建的义务。[2]

参加重建者之间，基于上述重建合意的（拟制）成立，形成"参加重建者团体"，成为重建事业的主体。[3]参加重建者团体与原来的业主团体（区分所有人团体）系两个不同的主体，有如下三点不同[4]：（1）成员不同。业主团体系由全体业主组成，而参加重建者团体则由同意重建的业主及因卖渡请求权的行使而受让区分所有权和基地利用权的人组成。（2）成立目的不同。业主团体的成立目的在于对建筑物及其附属设施进行管理，维护共同生活秩序，而参加重建者团体的成立目的则在于为重建事业。（3）消灭时点不同。业主团体于不参加重建者的区分所有权和基地利用权全部出让时归于消灭，[5]而参加重建者团体则于新建区分所有建筑物完成时归于消灭。

由于原业主团体自参加重建的业主行使卖渡请求权而将不参加重建的业主予以排除时消灭，因此自将赞成重建的人集合在一起的角度而论，参加重建者团体属于一种任意团体，[6]其法律性质通说认为系一种类似合伙契约的关系，其成员共同从事区分所有建筑物的重建。由于其成员之间不是区分所有关系，而是类似合伙契约的关系，因此不再适用有关业主大会、管理规约等的规定，而是在不违反重建决议的前提下，类推适用民法有关合伙的规定，以调整彼此间的权利义务关系。具体而言，在为重建事业时，有关重建决议内容的变更或追加，应经参加重

1　温丰文："日本建筑物区分所有法之重建制度"，载王仁宏教授祝寿论文集编辑委员会：《商事法及财经法论论文集——王仁宏教授六十岁生日祝贺论文集》，元照出版公司1999年出版，第117页；〔日〕水本浩等编：《公寓法》，日本评论社2006年版，第127页。

2　温丰文："日本建筑物区分所有法之重建制度"，载王仁宏教授祝寿论文集编辑委员会：《商事法及财经法论论文集——王仁宏教授六十岁生日祝贺论文集》，元照出版公司1999年出版；〔日〕玉田弘毅：《新公寓法》，文久书林1984年版，第256页。

3　〔日〕水本浩等编：《公寓法》，日本评论社2006年版，第127页。

4　温丰文："公寓大厦重建法律问题之研究"，载《法学丛刊》2000年第45卷第1期。

5　在日本，区分所有建筑物重建时，原区分所有关系何时消灭，学说有二：一为参加重建者行使卖渡请求权将不参加重建者的区分所有权排除时消灭，二为建筑物拆毁时消灭。通说系采前者。

6　〔日〕水本浩等编：《公寓法》，日本评论社2006年版，第127页。

建者全体同意。至于有关业务的执行，如动工日期的决定、拆除工事合同的订立等，则一般经参加重建者过半数同意即可。重建完成时，应另成立新的业主团体，而于重建确定不能完成时，则应解散参加重建者团体，办理清算。[1]

五、小区内区分所有建筑物的重建

若区分所有建筑物所坐落的基地位于一小区内，基于小区的整体不可分割性，当特定栋区分所有建筑物的业主已依法决定为建筑物的重建时，是否需要再得到小区内其他栋区分所有建筑物的业主的同意？对此，比较法上分如下两种情况而予处理：

（1）小区内各区分所有建筑物的基地为各自分割、基地利用权分属各栋区分所有建筑物的业主单独所有或共有的情形，依基地利用权的单独性，小区内他栋区分所有建筑物的业主并无任何理由介入，[2]其中一栋区分所有建筑物的重建无须得到他栋建筑物的业主的同意。

（2）小区内基地利用权属于小区内全体区分所有建筑物的业主共有的情形，一栋建筑物欲重建时，除须获得该栋建筑物业主的重建决议外，还须获得该小区内其他栋区分所有建筑物多数业主的同意。日本于 2002 年修订其《建筑物区分所有权法》，增订第 69 条，专门规定"小区内的建筑物的重建承认决议"，共计 7 项，内容十分翔实。

依其规定，在 A、B、C、D 四栋区分所有建筑物共有基地而组成小区时，若 A 栋区分所有建筑物打算重建，须履行下列程序：首先，以 A 栋建筑物的业主及表决权各五分之四以上的多数决作出重建决议。其次，在以 A、B、C、D 栋区分所有建筑物的业主为成员的小区业主大会上，按照《建筑物区分所有权法》第 69 条规定的程序，由表决权四分之三以上的多数决认可（或承认）该 A 栋建筑物的重建。最后，因小区业主大会认可（或承认）A 栋建筑物的重建而给他栋建筑物以特别影响时，必须获得他栋建筑物的业主的表决权四分之三以上的赞成。依对

1 温丰文："日本建筑物区分所有法之重建制度"，载王仁宏教授祝寿论文集编辑委员会：《商事法及财经法论文集——王仁宏教授六十岁生日祝贺论文集》，元照出版公司 1999 年出版。
2 日本法务省民事局参事官室编：《新公寓法》，商事法务研究会 1983 年版，第 336 页。

第 69 条的解释，特定栋建筑物的重建决议必须先于小区业主大会的认可（承认）决议，[1] 从而避免特定栋建筑物的业主不想重建却被其他栋建筑物的业主"强制重建"的情形。另外，按第 70 条，如果是拆除小区内的全部建筑物而进行"一揽子"重建，则须在小区业主大会上获得小区建筑物所有人及表决权各五分之四以上的赞成，同时还须获得每栋建筑物的业主及表决权各三分之二以上的赞成，方可为之。[2]

我国《物业管理条例》第 9 条第 1 款规定："一个物业管理区域成立一个业主大会"，即无论小区内建筑物的栋数，一个小区成立一个业主大会。而依《物权法》第 76 条第 1 款第 6 项和该条第 2 款以及《物业管理条例》第 11 条第 6 项和第 12 条第 3 款，业主大会决定重建建筑物，应当经专有部分占建筑物总面积三分之二以上的业主且占总人数三分之二以上的业主同意。这一规定无法防止特定栋建筑物的业主不想重建，而业主大会却"强制重建"的情形，尚须完善。

六、区分所有建筑物一部灭失的复旧（修复）与重建

对于区分所有建筑物一部灭失时的复旧（修复），我国《物权法》和《物业管理条例》均未设规定，应借鉴比较法的经验予以厘清。

（1）区分所有建筑物的一部灭失，通常为复旧（修复）与重建的共同原因，且二者均为避免建筑物一部灭失所带来的不便与危害，进而实现对建筑物及所坐落基地的更有效利用。但是，复旧是在保留原建筑物的前提下对建筑物所为的修复，而重建则必须拆除原建筑物，重新建筑一新建筑物。[3]

（2）如前述，日本《建筑物区分所有权法》将建筑物的一部灭失区分为建筑物价格二分之一以下的灭失（即小规模一部灭失）与超过二分之一的灭失（即大规模一部灭失）两种情形。对于专有部分，无论其为小规模灭失抑或大规模灭失，其复旧（修复）均可由专有部分的所有权人自行决定，且自己承担复旧（修

1　［日］水本浩等编：《公寓法》，日本评论社 2006 年版，第 141 页。

2　［日］伊藤荣寿："对区分所有人团体的拘束的根据与界限"，载日本爱知学院大学论丛《法学研究》第 51 卷第 2 号（2010 年）。

3　黄江颖："区分所有建筑物修缮与重建之研究"，台湾东海大学法律研究所 1993 年 6 月硕士论文，第 138 页。

复）费用。共有部分的复旧（修复）或就整栋建筑物已有重建决议时，专有部分的复旧（修复）也不受其拘束。[1]业主大会的决议涉及到专有部分的复旧（修复）时，仅赞成该决议的业主就自己专有部分的复旧（修复）受其拘束。灭失的专有部分的原所有权人不欲复旧（修复）时，其他业主可否请求其复旧（修复），学说认为原则上不可，仅在保全整栋建筑物的必要限度内，方能例外地认可。[2]另外，进行专有部分的复旧（修复）工事时，可于必要时使用其他业主的专有部分（日本《建筑物区分所有权法》第6条第2项）。[3]

共有部分一部灭失时，若灭失部分的价格比例在二分之一以下（即小规模灭失），其复旧（修复）可由各业主单独为之，实施复旧（修复）的业主得对其他业主按照共有部分的共有份额追偿复旧（修复）所需的费用（日本《建筑物区分所有权法》第61条第2项）。但若已为复旧（修复）决议，业主即不得再自行为共有部分的复旧（修复），此时复旧（修复）系管理人的职责之一（日本《建筑物区分所有权法》第61条第1、3项，第26条第1项）。若共有部分灭失的价格超过二分之一（即大规模灭失），其复旧（修复）的决定须经业主及表决权各四分之三以上的多数决为之（日本《建筑物区分所有权法》第61条第5项）。此规定更多地考虑到希望解除区分所有关系的业主的立场，由此，他们可以行使买取请求权，请求赞成复旧（修复）决议的人买取自己的区分所有权及基地利用权，以从区分所有关系中脱离出来。[4]

（3）在比较法上，建筑物小规模灭失时的复旧（修复）决议对于全体业主均有拘束力，但于大规模灭失的复旧（修复）决议通过后，不赞成决议的业主得对赞成决议的业主请求行使买取请求权，借以脱离区分所有关系。因建筑物一部灭失而符合重建要件且已为重建决议时，重建决议对于全体业主均有拘束力，但不参加重建事业的业主得借由卖渡请求权制度脱离区分所有关系。重建决议虽对业主以外的人并无拘束力，但因重建须拆除原建筑物，因此须对所涉第三人权益进

1　[日]石田喜久夫："重建"，载《法律时报》第55卷第9号。

2　[日]半田正夫："灭失的复旧、再建等"，载[日]玉田弘毅等编：《建筑物区分所有权法》，一粒社1988年版，第117页。

3　[日]水本浩等编：《公寓法》，日本评论社2006年版，第113页。

4　[日]水本浩等编：《公寓法》，日本评论社2006年版，第114页。

行调整，此点与复旧（修复）不同。[1]

（4）建筑物一部灭失的复旧（修复），依日本《建筑物区分所有权法》，其实施主体系由业主个人或管理人为之，区分所有建筑物的重建则由参加重建者团体为之。[2]

（5）按日本《建筑物区分所有权法》第61条第1项的意旨，区分所有建筑物共有部分一部灭失的复旧（修复）与重建成排斥关系，若已有重建决议，即不得再为复旧（修复）。[3]但专有部分一部灭失的复旧（修复）是否须受重建决议的限制，有认为不受限制者，有认为赞成重建决议的业主方受限制者，[4]存在分歧。

七、区分所有建筑物遭受灾害全部灭失时的再建与重建

当区分所有建筑物全部灭失时，就不再存在专有部分与共有部分，区分所有权及共有部分的共有份额权也由此消灭，业主仅共有基地。按民法法理，再建区分所有建筑物应取得全体基地共有人的同意，但此实属不易。为解决此问题，日本于1995年阪神、淡路大地震后不久即制定了《关于罹受灾害区分所有建筑物的再建等的特别措施法》（以下简称"特别措施法"）。依此，区分所有建筑物全部灭失时的再建须依基地共有人等的表决权的五分之四以上的多数决而为之。该法系日本《建筑物区分所有权法》的特别法，其主要内容和特色有如下几点：

（1）该法旨在便利因大规模的火灾、地震灾害及其他灾害而灭失的区分所有建筑物的再建，进而支援催受灾害地区的复兴。

（2）该法第一次使用"再建"的概念，适用于区分所有建筑物因政令指定的灾害而全部灭失的情形。此种情形，基地共有人得通过再建决议，于从前的基地上重新建筑新的建筑物。再建决议须在基地共有人大会上作出。该法第1条规定

1　黄江颖："区分所有建筑物修缮与重建之研究"，台湾东海大学法律研究所1993年6月硕士论文，第139页。

2　黄江颖："区分所有建筑物修缮与重建之研究"，台湾东海大学法律研究所1993年6月硕士论文，第140页。

3　黄江颖："区分所有建筑物修缮与重建之研究"，台湾东海大学法律研究所1993年6月硕士论文，第140页。

4　［日］远藤浩编：《公寓：建筑、买卖、管理、租赁》，青林书院1988年版，第508页。

了会议的召集程序和议事程序。

（3）该法的中心概念是有基地利用权的人，而建筑物区分所有权法的中心概念则是区分所有人（业主）。另外，该法有关期间的计算具有特殊性。

（4）再建的要件。建筑物因大规模的火灾、地震及其他灾害全部毁损时，基地共有人或准共有人得自规定适用特别措施法的政令施行之日起三年内，经共有人大会，以基地共有者等的表决权五分之四以上的多数决，决定在原建筑物的基地或其一部的土地或包含其一部的土地上再建建筑物（特别措施法第2条、第3条）。此规定排除了《日本民法》第251条有关共有物的变更应经共有人全体同意的规定。[1]

（5）基地分割请求的禁止。建筑物因灾害全部毁损时，基地共有人等自适用特别措施法的政令施行之日经过一个月之次日起，至该政令施行后经过三年止的期间内，不得请求分割基地及有关基地的权利（特别措施法第4条）。此规定排除了《日本民法》第256条共有人可以随时请求分割共有物的规定。[2]

（6）买取请求权期间的延长。建筑物因灾害一部毁损时，各业主对他业主可请求以市价买取其建筑物及基地权利的期间，为自规定适用本特别措施法的政令施行之日起算一年内（特别措施法第5条）。此规定排除了日本《建筑物区分所有权法》第61条第12项有关买取请求权的期间为自灭失之日起算六个月内的规定。[3]

我国是一个地震、火灾、风灾及其他灾害频发的国家，区分所有建筑物因此等灾害而全部灭失时如何予以再建，现行法律并无规定，虽已有学者探讨，[4]但尚不充分且仅止于理论层面的解释，更务实的做法是进行这方面的立法。

八、小结

区分所有建筑物自建成后经过相当年月，必会老朽、损坏。我国自20世纪

1　[日]水本浩等编：《公寓法》，日本评论社2006年版，第180页。

2　温丰文："公寓大厦重建法律问题之研究"，载《法学丛刊》2000年第45卷第1期；[日]水本浩等编：《公寓法》，日本评论社2006年版，第181页。

3　温丰文："公寓大厦重建法律问题之研究"，载《法学丛刊》2000年第45卷第1期；[日]水本浩等编：《公寓法》，日本评论社2006年版，第183页。

4　周江洪："区分所有建筑物的灾后重建"，载《中国社会科学》2008年第5期。

90 年代进行住房商品化改革以来，区分所有建筑物（商品房住宅）的建设已然经过了近 30 年。区分所有建筑物的重建于不远的将来必成为不能回避的重大社会问题。本书以上自民法等私法制度的视角对区分所有建筑物的重建进行了分析、论述。比较法的经验表明，此种分析、论述是基础性的、决定性的，因而是必不可少的。尽管如此，也应看到，区分所有建筑物的重建涉及的法律问题非常复杂。在我国现今的法律体系下，重建还涉及《民法总则》《合同法》《侵权责任法》《城乡规划法》《房地产管理法》《土地管理法》《建筑标准法》《建筑法》，甚至行政法、经济法等领域。对于这些相关领域，也有必要予以重视并作深入研究。

第十一章

区分所有建筑物管理的文化与社会性上的问题

区分所有建筑物管理的文化与社会性上的问题，为各国家或地区区分所有建筑物上普遍发生的一类问题。各国家或地区由于其特有的民族文化、社会经济、历史传统等的差异，有关此类问题的种类及对于它的基本态度或立场也未尽相同。譬如在美国，爱畜的饲育、生活噪音、管理费用、区分所有者之不在以及社会的流动性等皆属于此类问题。但于新加坡，屋顶或浴室之漏水以及由此而生的纷争乃为其独特的管理的文化与社会性上的问题，为他国之所未见。本章将立足于比较法的考察，对各国家或地区区分所有建筑物管理的文化与社会性上共同发生的诸多问题予以考量，以期为我国因应同类问题提供借镜，有所裨益。

第一节　爱畜的饲育问题

爱畜的饲育，为各国家或地区区分所有建筑物上一个具有普遍性的问题。由于各国家或地区社会经济发展的状况以及民族文化、历史传统的差异，对待此类问题的态度也未尽一致。兹分述如下。

一、各国家或地区的比较分析与考量

（一）法国

在法国，区分所有管理规约中约定不得饲养爱畜，系被认为无效。[1]并且，

1　［日］稻本洋之助监修：《公寓管理之考察》，清文社 1993 年版，第 15 页。

建筑物区分所有权人管理机关仅可于建筑物区分所有权人饲育的爱畜使人确实无法忍受时，方可请求爱畜的主人将爱畜放逸。[1] 爱畜引起其他建筑物区分所有权人的厌恶或使之遭受妨碍时，爱畜的主人应以支付金钱的方式进行救济。此外，对爱畜的排泄物不予收拾的爱畜的主人，将被课以 600—1300 法郎的罚金。[2]

（二）美国

美国与法国的态度稍有不同，其关于爱畜的饲育，设有较为严格的限制。依其规定，爱畜的饲育需经理事会许可后，方可为之。[3] 过往的一个较长时期中，由于爱畜产生的噪音已使理事会花费了大量的时间而予处理，故此，现今大多数区分所有建筑物上，爱畜的饲育受到严格的限制。

依美国实务，建筑物区分所有权人可饲育高度在 20 英寸以下的小犬 1 只，或猫 2 只，但饲育体重超过 20 磅的爱畜，以及集体用膳人员饲育爱畜皆不被允许。[4] 犬的主人于带犬至户外而途经共用部分时，应将犬抱起，或用绳牵系。于院子或里院，不能将犬带至通路或理事会决定的场所以外的其他地方。[5] 对致他人妨碍及产生噪音的爱畜，理事会将以书面形式进行劝告。被劝告之人应于 3 日内将爱畜自建筑物基地上转移。主人放手饲育其爱畜时，任何捕捉到爱畜的人皆可将之送进管理者大楼而关闭之。被捕捉的爱畜由其主人领回时，该主人应向捕捉之人或管理者支付 15 美元的补偿金。[6]

另外，需注意的是，美国虽对爱畜的饲育设有严格的限制，但对高龄者及残疾人之饲育爱畜却网开一面。其规定，即使爱畜所生的噪音、臭气给邻人生活带来妨碍，且遭到强烈的反对时，接受公共融资的区分所有建筑物上的建筑物区分所有权人或管理人，也不得禁止高龄者、残疾人饲育爱畜。[7]

1　［日］稻本洋之助监修：《公寓管理之考察》，清文社 1993 年版，第 15 页。
2　［日］稻本洋之助监修：《公寓管理之考察》，清文社 1993 年版，第 15 页。
3　［日］稻本洋之助监修：《公寓管理之考察》，清文社 1993 年版，第 114 页。
4　［日］稻本洋之助监修：《公寓管理之考察》，清文社 1993 年版，第 113 页。
5　［日］稻本洋之助监修：《公寓管理之考察》，清文社 1993 年版，第 114 页。
6　［日］稻本洋之助监修：《公寓管理之考察》，清文社 1993 年版，第 114 页。
7　［日］稻本洋之助监修：《公寓管理之考察》，清文社 1993 年版，第 114 页。

（三）日本

日本对于爱畜的饲育，经历了由"原则禁止"到"原则认可"的过程。[1] 早在 20 世纪 30 年代，因受"公团租赁住宅区管理规则"禁止饲育爱畜条款的影响，迄至最近之前的一个较长时期中，几乎所有的区分所有建筑物，皆原则上禁止爱畜的饲育。[2] 但新近以来，此种状况获得改善，大多数区分所有管理规约与建筑物的使用细则规定："不得饲育给他人带来妨害的爱畜。"惟对于妨碍的种类、爱畜的范围却不清楚。从而，对于是否构成妨害，乃完全由各建筑物区分所有权人的主观的意思而判断。其结果，以"没有带来妨碍"为由而持续不断地饲育爱畜的建筑物区分所有权人也就日渐增多。[3]

以上情况的出现，促使日本立法机关不得不对饲育爱畜的利弊作出衡量。其结果，立法机关采取了正面的立场，爱畜的饲育细则获得通过，爱畜饲育进而获得认可。[4] 对此，人们评价为：此正好体现了确立爱畜饲育这一制度的现实性与人类性。[5]

（四）德国

德国的情况与法国相类似，其乃一般性地认可区分所有权人有饲育爱畜的自由。但最近德国法院所做的判例表明，此种自由应受一定的限制，即爱畜的饲育不得致他人以妨害。[6] 该案为一建筑物区分所有人于自己的专有部分饲育 25 只猫，被其他住宅所有人控诉至法院。其结果，法院乃判决该建筑物区分所有人应将饲育的猫的数量减为 2 只。其判决理由谓：只有减为 2 只，方不致对其他住宅所有权人产生妨碍。[7]

此外，需指出的是，在德国一些区分所有建筑物上，也有以管理规约禁止爱畜的饲育的。[8] 譬如在饲育猫、犬的情形，将被认为系违反有关专有部分的使用规

1　［日］稻本洋之助监修：《公寓管理之考察》，清文社 1993 年版，第 114 页。
2　［日］稻本洋之助监修：《公寓管理之考察》，清文社 1993 年版，第 113 页。
3　［日］稻本洋之助监修：《公寓管理之考察》，清文社 1993 年版，第 114 页。
4　［日］稻本洋之助监修：《公寓管理之考察》，清文社 1993 年版，第 114 页。
5　［日］稻本洋之助监修：《公寓管理之考察》，清文社 1993 年版，第 114 页。
6　［日］稻本洋之助监修：《公寓管理之考察》，清文社 1993 年版，第 153 页。
7　［日］稻本洋之助监修：《公寓管理之考察》，清文社 1993 年版，第 153 页。
8　［日］稻本洋之助监修：《公寓管理之考察》，清文社 1993 年版，第 24 页。

约（即违反专有部分的通常的用法），进而任何住宅所有权人皆可请求其停止饲育。[1]

最后，在德国，爱畜的饲育，通常作为"共有的秩序"（"共同关系上的规则"）中的利用规制的一般问题而对待或把握。[2]也就是说，爱畜的饲育是以共有关系上的规则或在建筑物使用细则中作详细规定。在现今，动物的饲育系典型的建筑物的使用规制。区分所有人得依多数决而对动物的饲育做出限制。而动物饲育的基本的禁止，系对特别所有权的限制，由管理人予以公布，于区分所有人的集会上以多数决而议决，并为建筑物使用细则的（规范）内容之一。[3]

在德国，成为建筑物中的住居障害的动物饲育，通常是犬与猫被大量饲育的情形。至于饲养的金鱼、鉴赏鱼、鸟禽等诸种小动物，则并未成为障害，进而不得被禁止饲育。概言之，在德国，区分所有建筑物上的动物饲育的纷争通常仅因犬与猫的饲育而引起。为此，德国法院于此方面做出过诸多判例。[4]

（五）奥地利

在奥地利，住居所有权的管理涵括：住居所有权的变更权、对值得保护的利益的侵害、建筑物上的变更。其建筑物使用细则的目的是：不得侵害共同生活秩序，不得致其他任何共有人于损害。以下动物的饲育得被禁止：猛兽、爬虫类（浴槽中的鳄那样的东西）、鸡、鸭以及饲育、养殖大量的动物等，皆不允许。另外，在奥地利，动物饲育的一般禁止，对区分所有建筑物上的每个居住者皆有拘束力。另外，也不允许以契约（即达成合意）的方式来禁止一般的动物饲育。此点与德国不同，也就是说，德国法允许根据契约上的合意来达成对一般动物的饲育的禁止。此外，在奥地利法上，对于动物饲育与音乐演奏的规定，因认为并不会对建筑物的使用细则产生影响，故将之作为利用规制的对象而予对待或处理。当然，在奥地利法上，违反对所有权的限制的行为是不允许的。譬如，不得也未

1　［日］稻本洋之助监修：《公寓管理之考察》，清文社1993年版，第24页。

2　Hans Diester, Wichtige Rechtsfragen des Wohnungseigentums unter Berücksichtigung der Novellierung des WEG（NJW Schriften 19）. 1974. S. 110ff. Rdn. 207ff.

3　［日］片桐善卫：《区分所有法的探究》，成文堂2016年版，第73—74页。

4　［日］片桐善卫：《区分所有法的探究》，成文堂2016年版，第23—24页。

见有一般性的禁止来访者进入区分所有建筑物的情形发生。[1]

此外，在奥地利，动物饲育，也是建筑物使用细则的规范内容。一般性地排除饲养狩猎用的动物，于住居所有权领域是不允许的。但是，对于饲养鳄那样的危险动物是不允许的。不过，饲育斗犬被认为是正当的。[2]

（六）美国夏威夷

夏威夷是一个多文化、多人种的社会，因而区分所有建筑物上有关文化与社会性上的问题较多。其中，爱畜的饲育即为著例。

在夏威夷，对饲育爱畜的规制，通常包含在区分所有建筑物使用细则中，由管理者雇佣的管理人严格予以执行。[3]由于夏威夷独特的地理环境，大多数区分所有建筑物中，依管理规约的规定，犬、猫的饲育皆不得被准许。[4]盖因在夏威夷炎热的气候条件下，犬、猫会发出特别的恶臭。但于个别区分所有建筑物上，也允许建筑物区分所有权人或承租人饲育小犬或小猫。此种情形，饲育者需自理事会或管理人处取得许可证书。[5]于建筑物区分所有人将其专有部分出租于承租人时，承租人是否被准许饲育爱畜，应于租赁契约中明记。[6]否则，建筑物区分所有权人有权要求承租人将猫或犬转移。承租人不同意时，建筑物区分所有权人可解除租赁契约。另外，爱畜的饲育给其他建筑物区分所有权人造成妨害时，建筑物区分所有权人与承租人应对受妨害之人的现实及心理的损害，一并承担责任。[7]

此外，还应提及的是，在夏威夷个别允许饲育爱畜的区分所有建筑物中，其管理规约规定：犬的主人将犬带至户外时，应携带乙烯基袋与小型铁锹（Shovel），以便随时将犬的粪便拾起；于市立及州立公园，则完全禁止携犬游览。[8]

1　［日］片桐善卫：《区分所有法的探究》，成文堂 2016 年版，第 83 页。
2　［日］片桐善卫：《区分所有法的探究》，成文堂 2016 年版，第 83—84 页。
3　［日］稻本洋之助监修：《公寓管理之考察》，清文社 1993 年版，第 87 页。
4　［日］稻本洋之助监修：《公寓管理之考察》，清文社 1993 年版，第 93 页。
5　［日］稻本洋之助监修：《公寓管理之考察》，清文社 1993 年版，第 93 页。
6　［日］稻本洋之助监修：《公寓管理之考察》，清文社 1993 年版，第 87 页。
7　［日］稻本洋之助监修：《公寓管理之考察》，清文社 1993 年版，第 87 页。
8　［日］稻本洋之助监修：《公寓管理之考察》，清文社 1993 年版，第 93 页。

二、小结

以上 6 个国家或地区关于饲育爱畜的管理制度，足以反映区分所有建筑物上有关爱畜饲育的概况。由上述考量可知，除夏威夷外，各国家或地区原则上皆认可爱畜的饲育。此尤其以德国、美国及法国等欧美国家最为凸显。日本系在借镜、权衡欧美的"原则认可"立场后，而于新近更易其旧有的"原则禁止"态度，采行"原则认可"立场的。夏威夷立基于其特殊的气候条件，尽管一方面于大部分区分所有建筑物上禁止爱畜的饲育，但另一方面也允许个别的区分所有建筑物饲育爱畜，并为此设有较为周详的规定。此等情况表明，原则上认可爱畜的饲育乃各国家或地区的共同趋势。并且，随着各国家或地区高龄化社会的到来，爱畜因其勃勃生机，更多地被视为"家族的一员"或"伴侣"而得到人类的怜爱。此外，爱畜于满足人类的多方面的需求上也确有其必要。[1]在高龄者、身体残疾人的情形尤其如此。毫无疑义，我国将来制定单行的建筑物区分所有权法时，对于同类问题的处理，理应顺应各国家或地区的"原则认可"趋向。此外，美、法、德、日、奥于原则上认可爱畜的饲育下，又设有较为周详的诸多管理规则加以规制，[2]诸多对爱畜饲育的管理规制中，以美国和夏威夷地区的规制为最妥当，值得重视。

此外，应指出的是，在以上多数国家或地区法上，将动物带到宾馆、酒店、饭店，被认为是可以的。但于日本则不可以。此主要系由不同的历史、文化的差

---

[1] 在当代各国家或地区，饲育爱畜的利益被归结为五点：（1）Human Animal Bond。在当代的机械文明中，人们失去的是给予人的心灵以滋润的自然的一部分，而爱畜正可以将人的心灵与自然连接起来，成为人类与自然的纽带。（2）盲导犬。对于眼睛失明的人而言，盲导犬可谓是人的身体的一部分，在日本也被称为"Eye Mate"。盲导犬不仅是眼睛的朋友，且也是心灵的朋友。除盲导犬外，尚有帮助耳聋的人感知声音的"听导犬"。（3）有助于培育人类的爱心。（4）可以消弭人的孤独情绪。（5）可以治疗疾病。在敬老院、精神病院、儿童医院乃至看守所等，爱畜对于高血压病、心脏病、自闭症的治疗、恢复等，具良好的效果。对此，请参见刘强："关于集合住宅的中国不动产法制度的整备的研究"（日文），日本千叶大学大学院自然科学研究科 2003 年，第 67—68 页。

[2] 饲育爱畜的弊端主要被归结为六点：（1）发出各种噪音，影响居家安宁；（2）发生咬伤人的事件；（3）散发各种臭气；（4）污染、损坏建筑物的共用部分；（5）使人类感染狂犬病等；（6）使不动产的价值降低。对此，请参见刘强："关于集合住宅的中国不动产法制度的整备的研究"（日文），日本千叶大学大学院自然科学研究科 2003 年，第 69 页。

异所造成、所使然。还有，宪法、民法及区分所有权法是第一规范群，管理规约、建筑物使用细则是第二规范群，道德、伦理及其他广义上的规范等则是第三规范群。其中，第二规范群系区分所有建筑物中的自治（自主）法规，其对于动物的饲育，具实质的法的拘束力。当然，第一与第二规范群也具最优先的拘束力。[1]

第二节　区分所有权人之不在的问题

一、对各国家或地区的比较考量、分析

（一）法国

在法国，建筑物区分所有权人不居住于区分所有建筑物上，而将自己的专有部分出租的现象正日渐增加。[2]此无疑会对建筑物的管理带来影响，增加困难。由于承租人未有"自己之家"的感觉和意识，故此实际生活中乃出现了对共用部分的管理漠不关心，并有不尊重建筑物区分所有权人间订立的管理规约的倾向。[3]另外，由于房屋的出租而不易收回，也使对区分所有建筑物进行工事改善遇到困难。于此背景下，法国立法机关新近乃对其《住宅分层所有权法》的个别条款作出如下修改：改良工事的情形，表决权由此前的四分之三更易为三分之二；为节省能量而进行改良的情形，表决权由此前的四分之三变易为二分之一。[4]

（二）日本

日本区分所有建筑物上的区分所有人之不在的问题也有相当的普遍性。此种情况的发生与法国相同，其乃起因于区分所有建筑物的一部专有部分的"租赁化"。[5]

根据1987年的调查，日本区分所有建筑物（公寓）的"租赁率"在迅速上

1　[日]片桐善卫：《区分所有法的探究》，成文堂2016年版，第91—96页。
2　[日]稻本洋之助监修：《公寓管理之考察》，清文社1993年版，第17页。
3　[日]稻本洋之助监修：《公寓管理之考察》，清文社1993年版，第17页。
4　[日]稻本洋之助监修：《公寓管理之考察》，清文社1993年版，第18页。
5　[日]稻本洋之助监修：《公寓管理之考察》，清文社1993年版，第123页。

升。全体住户中，1%—20% 租赁化的公寓占 62%，21%—40% 租赁化的公寓占 14.7%，80%以上租赁化的公寓占 1.9%，而租赁化率为零的公寓仅占 13%。此外，一般的旧的区分所有建筑物中，租赁化比例更高。最近的倾向进一步表明，不独于大都市圈，且即便在地方都市里，租赁化也在迅速蔓延。[1]

根据日本《建筑物区分所有权法》，承租人非为建筑物区分所有权人，故此其不得为管理团体的成员。由此，遂进一步引发下述问题[2]：（1）承租人对管理运营的参与意识问题。（2）不在建筑物区分所有权人的漠不关心。建筑物区分所有权人缺席集会，及不提出委托书，使建筑物区分所有权人集会的召开变得困难。（3）有限的常住建筑物区分所有权人集中（承担）了整栋建筑物管理的运营上的诸多负担。此表现为管理人及其工作人员担负管理事务的周期缩短。

为了消弭以上弊端，新近以来，日本学界乃极力主张扩充现有管理者制度的功能，[3]也就是使承租人成为管理团体的一成员。日本现行法制下，承租人虽然负有遵守有关建筑物、基地等的管理规约、集会的决议以及建筑物区分所有权法所定的各项义务的义务，但其承担的这些义务，却并未使之成为管理团体的一成员。故此，为使问题得到解决，乃应将承租人纳入到管理团体中。当然，承租人参加到管理团体中，最低限度应以获得建筑物区分所有权人的委托书为必要。[4]

（三）美国夏威夷

美国夏威夷区分所有建筑物上的不在所有人问题也普遍发生，但其发生的因由与法国、日本不同，即并非由于租赁化而引起，而主要系建筑物区分所有人自身未对其进行经常性利用而导致。此尤其以未经常利用其公寓的日本人所有者为最多。此类问题已给管理人和管理团体带来种种烦恼。[5]

由于不在所有人的普遍存在，管理费及其他征收金于期日届满前常常不能获得及时的收缴，各建筑物区分所有权人也常常忘却完纳不动产税。并且，大多数情形他们皆完全不能出席管理团体的大会。如此一来，对大量需要解决的问题以

1　[日] 稻本洋之助监修：《公寓管理之考察》，清文社 1993 年版，第 123 页。
2　[日] 稻本洋之助监修：《公寓管理之考察》，清文社 1993 年版，第 123 页。
3　[日] 稻本洋之助监修：《公寓管理之考察》，清文社 1993 年版，第 125 页。
4　[日] 稻本洋之助监修：《公寓管理之考察》，清文社 1993 年版，第 75 页。
5　[日] 稻本洋之助监修：《公寓管理之考察》，清文社 1993 年版，第 95 页。

及应采取的措施皆发生了不必要的迟延的情况。[1]

二、小结

区分所有建筑物中区分所有权人之不在，主要出于两种情况：一是因建筑物专有部分的租赁化而导致区分所有权人之不在，此在日本和法国尤为突出；二是因区分所有权人对自己的专有部分的利用的懈怠而产生的区分所有权人之不在，在美国夏威夷尤其如此。我国于不久的将来也会发生同样的问题，尤其是第一种情形的区分所有者之不在的问题。[2]无疑，如何应对此类问题，以及于区分所有权人之不在的情形下，如何维护建筑物区分所有权人管理团体的功能，实系一项重要的问题。本书认为，日本学者提出的应对此类问题的主张不无参考价值，应值重视。

第三节 管理费分担金的滞纳与迟延

管理费分担金系为确保区分所有建筑物的功能，维持区分所有建筑物的圆滑的管理所必需的费用。各国家或地区建筑物区分所有权法上，区分所有权人支付管理费系其作为管理团体成员的基本义务，为各国家或地区建筑物区分所有权法与管理规约共同规定。不过，即便如此，管理费的支付仍系各国家或地区管理实务中的一项难题。此主要表现为建筑物区分所有权人对管理费分担金的滞纳与迟延支付。

一、新加坡

根据新加坡《建筑物区分所有权法》，管理团体为实现其运营与功能，有权依总会（建筑物区分所有人大会）的授权及其决定的管理费数额，对各建筑物区

1　［日］稻本洋之助监修：《公寓管理之考察》，清文社1993年版，第95页。
2　本书作者居住的区分所有建筑物小区，据管理者介绍，就有业主（建筑物区分所有权人）长达近20年不在的问题。该不在的业主的专有部分业已积满很高、很深的灰尘（尘土）。

分所有权人收缴必要的管理费分担金。[1] 各建筑物区分所有权人也有义务按其持分（份额）支付此管理费分担金。[2] 管理团体通常以书面通知各建筑物区分所有权人支付管理费分担金。[3] 建筑物区分所有权人于管理费分担金超过支付期日 30 日仍不支付的，将依管理团体所定的利率加收利息。并且，管理团体将此作为债权，请求简易法院予以收取。另外，建筑物区分所有权人对应支付的管理费分担金迄至支付日期届满时仍不支付的，管理团体即向该建筑物区分所有权人以书面送达支付请求书。此请求提出后 14 日内，对应支付而未支付的管理费分担金抑或未支付利息的建筑物区分所有权人，将以违反义务而被处以 1 万新加坡元以下的罚金。而且，根据管理费分担金或利息之未支付的日数，作出支付 100 新加坡元以下的罚金的有罪判决。[4]

二、日本

日本的区分所有建筑物上，管理费的滞纳也普遍发生，其发生件数占全户数比例的 7.5%。滞纳期间在 1—2 月的占 62%，3—5 月的占 20%，6 个月以上及 1 年以上长期滞纳的，占全户数比例的 1.38%。[5]

在日本，滞纳管理费的数额通常并不较大。对届期未缴纳管理费的，先后以口头、书面予以催缴。对 6 个月和 1 年以上的滞纳，经过这些形式的催缴而仍不能实现时，则采“支付命令”的方式催缴。[6] 如果被催促的人于支付命令发出 2 周时间后提出“异议陈述”的，即进入诉讼程序。之后，该管理费的滞纳乃依诉讼方式而予解决。

三、美国夏威夷

在美国夏威夷，管理费的滞纳也常常发生。为因应此类问题，设有诸多规

1　[日]稻本洋之助监修：《公寓管理之考察》，清文社 1993 年版，第 36 页。
2　[日]稻本洋之助监修：《公寓管理之考察》，清文社 1993 年版，第 36 页。
3　[日]稻本洋之助监修：《公寓管理之考察》，清文社 1993 年版，第 36 页。
4　[日]稻本洋之助监修：《公寓管理之考察》，清文社 1993 年版，第 36 页。
5　[日]稻本洋之助监修：《公寓管理之考察》，清文社 1993 年版，第 126 页。
6　[日]稻本洋之助监修：《公寓管理之考察》，清文社 1993 年版，第 126 页。

定。依其规定，对超过支付日期 10 日仍不支付管理费的，迄至支付时止，加算年率 12 % 的利息或延滞金，抑或二者同时加算。理事会于建筑物区分所有权人不履行支付义务发生后的 90 日内，对该建筑物区分所有权人，应向其显示滞纳日数与滞纳数额，并递交要求支付管理费的通知。此通知递交后，若 10 日内仍不支付延滞金，则理事会对该建筑物区分所有权人的住居单元（专有部分）享有优先权。此优先权，由登记机关进行登记。[1]

四、我国台湾地区

在我国台湾地区，依据其中华征信所的调研报告，管理费的迟延与滞纳乃区分所有建筑物中发生的一类普遍性问题。为应对此问题，各区分所有建筑物的管理规约皆设有诸多详尽的规定。譬如其规定，各建筑物区分所有权人应在管理规约所定的期间内支付管理费，无正当理由而迟延支付时，将被课以滞纳金。1 周以上迟延时，课以管理费 10% 的滞纳金，15 日以上迟延时，课以管理费 30% 的滞纳金，30 日以上迟延时，除课以管理费 50% 的滞纳金外，若此时仍不支付管理费的，连续 3 个月或总的迟延日数达 4 个月时，管理委员会可以采取诸如切断电气与水道等的适当的措施。[2]

以上各国家和地区对于管理费分担金的支付迟延或滞纳所采取的措施，当有一定的代表性与借镜、参考价值。就措施而言，新加坡与美国夏威夷地区的规定较日本和台湾地区的规定更为严格，其对遏制恶质建筑物区分所有权人的滞纳、迟延行为，具更积极的功用。而日本、台湾地区的规定则相对轻缓，尤其是日本对迟延、滞纳者的惩戒具浓厚的温情脉脉色彩，[3]不利于对此类行为进行阻止，故此受到人们的批判。日本学理乃积极主张应加强对恶质建筑物区分所有权人的滞纳、迟延行为的处罚力度。[4]本书认为，此一主张，应值赞同，并可作为我国处理同类问题的参考。

1　［日］稻本洋之助监修：《公寓管理之考察》，清文社 1993 年版，第 86 页。
2　［日］稻本洋之助监修：《公寓管理之考察》，清文社 1993 年版，第 46 页。
3　［日］稻本洋之助监修：《公寓管理之考察》，清文社 1993 年版，第 127 页。
4　［日］稻本洋之助监修：《公寓管理之考察》，清文社 1993 年版，第 127 页。

第四节　因乐器演奏所生的噪音问题

噪音系区分所有建筑物管理的文化与社会性上的另一类问题，几乎所有的国家或地区皆有存在。但是，由于近现代及当代以来，建筑技术有了长足进步，建筑物的隔音性能得到极大的改善，由此所谓区分所有建筑物的噪音问题，通常而言，非指建筑物区分所有权人进行通常的生活活动所生的噪音，而主要系指因演奏乐器等发出的噪音。而关于演奏乐器所生的噪音是否为法所不许，各国家或地区的态度未尽一致。

在法国，近现代及当代以降的区分所有建筑物较以前的旧区分所有建筑物更具优良的隔音性能。同时，由于各建筑物区分所有权人喜好用地毯铺盖地板，故此，建筑物的隔音效果更具优良性。也正是因此，通常的生活活动上的噪音在法国并不存在。[1]

对于因演奏乐器所生的噪音是否为法所容许，法国的现制较为积极。迄今，钢琴、吉他、小提琴等乐器于法国皆获广泛普及。尽管如此，因演奏乐器而与邻人发生纠纷的情况却并不多见。并且，即使有了纠纷，大多数情形也容易获得解决。法国长期的生活实践业已形成了如下的规则：晚间10时之后弹奏乐器不得妨害邻人。但于白天，伴有一定程度的噪音系允许的。[2]

德国法制对于乐器的演奏，与法国的立场基本相同。但德国考量此一问题的着眼点与法国不同。依德国现制，所有的建筑物区分所有权人皆可于自己的专有部分中自由活动。并且，建筑物区分所有权人于自己的专有部分中弹奏乐器而使其他的建筑物区分所有权人听到时，其他的建筑物区分所有权人不得由此而提出异议。[3]其因由为：弹奏乐器的行为纯粹属于一种文化活动。当然，夜间弹奏乐器自不被允许。可见，德国现制系采与法国同样立场，肯定弹奏乐器的适法性。[4]

1　［日］稻本洋之助监修：《公寓管理之考察》，清文社1993年版，第14页。
2　［日］稻本洋之助监修：《公寓管理之考察》，清文社1993年版，第14页。
3　［日］稻本洋之助监修：《公寓管理之考察》，清文社1993年版，第153页。
4　［日］稻本洋之助监修：《公寓管理之考察》，清文社1993年版，第153页。

在瑞士，对音乐演奏的完全禁止也是不允许的。但是，得根据时间的不同而对音乐演奏进行规范。譬如，8 时以前与 20 时以后，得禁止音乐的演奏。此外，对于特定的乐器，譬如二重奏乐器、打击乐器即被禁止。[1]

在美国夏威夷地区，对于区分所有建筑物的居民而言，噪音常常成为深刻的问题。与法国不同，夏威夷区分所有建筑物的居住者并未普及钢琴、小提琴及小号等乐器。拥有此类乐器的居住者，依夏威夷市有关法制的规定，夜间 10 时以后不得发出致人妨害的洪亮声音。[2]

以上四个国家或地区对于因演奏乐器所生的噪音问题，立场基本一致，即肯定乐器演奏的适法性，惟夜间不得演奏。德国与夏威夷地区对于白天演奏未有限制。此点容易导致居住者滥用，如弹奏音量宏大的乐器即可明显致其他建筑物区分所有人于妨害。法国设有限制，即仅有一定限度的弹奏乐器的音量才被允许。两相比较，本书认为，法国现制的做法更为可取。

---

1 ［日］片桐善卫：《区分所有法的探究》，成文堂 2016 年版，第 83 页。
2 ［日］稲本洋之助监修：《公寓管理之考察》，清文社 1993 年版，第 153 页。

对业主的团体的拘束的根据与界限——建筑物区分所有的所有权法与团体法的交错（一）[1]

第一节 过往的议论的到达点：对业主的团体的拘束的多样化与根据论的变迁

本章和下一章将以有关建筑物区分所有权法的立法、学说史为线索，分析对业主进行团体的拘束的形成过程。日本法对业主进行团体的拘束的进路，于 1983 年的《建筑物区分所有权法》修改前后，系有很大的不同。故此，以下先对日本 1983 年进行《建筑物区分所有权法》修改前的团体的拘束的内容进行分析，之后对 1983 年修改后的《建筑物区分所有权法》中的团体的拘束的内容加以检视。

一、基于作为共有持分（份额）权人的团体的拘束

（一）为管理共用部分而受团体的拘束：日本"旧民法"的规定

1. 日本法典调查会的议论

《日本民法》制定当时，其第 208 条认可了建筑物区分所有权制度。该第 208

1　本章和下一章（第十三章）系依据日本学者伊藤荣寿"对区分所有人的团体的拘束与界限——区分所有的所有权法与团体法的交错"（1）和（2）而编译，该文载日本爱知学院大学论丛《法学研究》第 51 卷第 1 号、第 2 号，时间是 2010 年。现今编译而成的这一成果，系本书作者 2010 年 12 月赴日本青山学院大学法学部访学研究期间的一项重要收获，谨予特别说明，并向伊藤先生致以谢忱和敬意。

条将建筑物区分所有权作为一物一权原则的例外，认可于建筑物的一部分上得成立所有权，且认为于此种情形，建筑物及其附属物的共用部分应推定为共有，共用部分的修缮费用等的分担，按享有所有权的部分的比例而定。而此即是当时所定的建筑物区分所有制度的基本构造。同时，依《日本民法》旧第257条的规定，区分所有的共用部分尽管通常应为共有，但不认可共有人享有共有物的分割请求权。若着眼于建筑物区分所有的权利构造，则旧民法的规定与现行日本《建筑物区分所有权法》的不同点在于，其对有关基地利用权的共有持分权未作任何规定，以及将共用部分"推定"为共有。对业主进行团体的拘束的，仅有第252条，其基本点是：将之作为共用部分的管理，按共有人的持分（份额）依多数决而进行。对此第252条的立法理由，作为该条的起草人的富井政章谓：对共有物的管理由全体业主共同为之是不便的，由于对共用部分的管理将变成妨碍共有人全体的不利益，故此，认可依多数决而为之。

对业主的团体的拘束，仅可就共用部分的管理而为之的因由，通常认为系由当时的人们对建筑物区分所有权的认识所造成、所使然。《日本民法》制定当时，建筑物区分所有权的存在尚未获得一般性的认可，当时的法学家们对有关建筑物区分所有权的规定本身一概予以否定，[1]且对建筑物区分所有权的研究也几乎未有。当时的日本民法典调查会对建筑物区分所有权的讨论集中在建筑物区分所有权的规定的必要性上。由于存在认为设立建筑物区分所有权没有必要性的主张，所以完全是围绕设立《日本民法》旧第208条的规定是否具有必要而展开的。

日本民法典调查会上，对《日本民法》旧第208条进行了如下的讨论。首先，长谷川乔提出：在当时的日本，"数人区分一栋建筑物而各有其一部的所有权"的区分所有建筑物是否真的存在，乃是有疑问的。对此疑问，作为日本民法的起草人的梅谦次郎指出：在东京银座大街上就有建筑物的1层和2层分属于不同的人所有的房屋，且日式建筑物中将一栋建筑物区隔开而由不同的人分别享有其所有权的情形也是有的，尤其是在羽后国由利郡，于一个屋檐下建构房屋的习惯是一直存在的。为了应对这些情况，《日本民法》旧第208条是有必要的。加

1　[日]新田敏："民法制定过程中的区分所有权"，载［日］手塚丰教授退职纪念论文集：《明治法制史·政治史的诸问题》，庆应通信1977年，第838页以下。

之，今后西式建筑物日益增多，这就使我们更有必要规定建筑物区分所有权。对
于梅谦次郎的这些话，长谷川乔仍然认为，区分所有建筑物在当时的日本并不存
在，因而《日本民法》旧第 208 条没有存在的必要，并提出删除该第 208 条。但
是，这一删除第 208 条的意见仅少数人赞成，于是《日本民法》旧第 208 条的规
定乃被维系下来。

《日本民法》旧第 208 条，系承袭日本旧民法财产编第 40 条的规定而来。梅
谦次郎对于《日本民法》旧第 208 条与旧民法财产编第 40 条的关系，作了如下两
点说明：第一，旧民法规定对于各自的所有部分各自可以随意处分，此规定之前
没有，删除之；第二，共用部分由谁所有有发生纠纷的可能，故应当设立对于它
的规定。其结果，《日本民法》旧第 208 条遂变成了与日本旧民法财产编第 40 条
的规定大体相同。而日本旧民法财产编第 40 条系以波伦索那得起草的民法草案为
基础，而波伦索那得规定有关建筑物区分所有规则的因由，系在于使人们相信，
区分所有建筑物于日本将会极大地增加。

以上分析表明，日本民法典调查会上，对于区分所有，完全系是否有必要设
立其规定的讨论，而对区分所有中的管理等问题则完全未有展开，对业主的团体
的拘束的必要性乃至根据，也可以说完全没有进行考量。对业主的团体的拘束，
仅《日本民法》第 252 条规定共用部分由业主共有，业主基于作为共有持分权人
的身份，依多数决对共有物进行管理，仅此而已。

2.《日本民法》制定以后的议论

《日本民法》制定之后对区分所有权制度的议论也几乎没有。必然地，对业
主的团体的拘束的议论也是没有的。譬如梅谦次郎仅谈到，《日本民法》旧第 208
条系规定：一栋建筑物被区分为数部分而分别归数人所有的情形，共用部分被推
定为共有，且规定关于它（共用部分）的修缮费等的负担的分担。[1] 另外，他也
谈到，在建筑物区分所有中，分割区分建筑物的共用部分（如墙壁）事实上是不
能为之的，且也不能将之进行交易，故此，《日本民法》旧第 257 条规定：不认
可共有人有共有物的分割请求权。同样地，《日本民法》的另一起草者富井政章

1　[日] 梅谦次郎：《民法要义卷之二物权篇》，和佛法律学校 1896 年版，第 91 页以下。

也只谈到,《日本民法》旧第 208 条系关于所有权的界限的特别规定。[1]于此等说明中,《日本民法》旧第 208 条系在下列之点上有其价值或意义:区分建筑物这一个物为数人所有,构成关于所有权的客体的民法原则的例外规定。亦即,《日本民法》旧第 208 条的存在价值与意义仅在于表明:日本民法认可了作为一物一权原则的例外的建筑物区分所有权制度。

《日本民法》制定之后的学理,与《日本民法》的起草人一样,对于区分所有关系也仅仅着眼于区分所有客体的特殊性而论述。[2]这些论述大多认为:将一栋建筑物进行区分,数人分别所有建筑物的一部分的情形,由于产生了规定各所有人的权利的界限的必要性,故而《日本民法》旧第 208 条的存在是必要的。即使在这里,也只不过是着眼于所有权的客体的特殊性,而并未着眼于予以团体的拘束的《日本民法》第 252 条而展开其议论。《日本民法》中,对业主的团体的拘束,仅仅限于作为共有物的"共用部分",为了对之加以"管理",认可依多数决而管理之这一点。

(二) 对《日本民法》旧规定的继承:日本 1962 年《建筑物区分所有权法》

1. 日本 1962 年《建筑物区分所有权法》制定的经过

1962 年日本制定《建筑物区分所有权法》,基本和在主要方面,系继承《日本民法》旧第 208 条与第 257 条的思路。建筑物区分所有关系被认为系由业主对建筑物的被区分部分的单独所有权与对共用部分的共有持分权这样的基本的权利构造构成。该 1962 年法上,与《日本民法》起草者的主张相同的思路被维持下来。不过,1962 年法于下列几个例外的点上,修正了《日本民法》的规定,导入了进行团体的拘束的规则。如前述,在《日本民法》旧规定下,仅关于管理的事项认可多数决(第 252 条),共用部分的变更要求全体的一致同意(第 251 条),但 1962 年法,对于管理的事项不独认可单纯的多数决(1962 年法第 13 条),且对于轻微的变更认可依特别多数决为之(1962 年法第 12 条第 1 项)。此所谓"轻

1　[日] 富井政章:《民法原论第 2 卷物权上》,有斐阁 1906 年版,第 98 页。
2　[日] 横田秀雄:《物权法》(改版增补),清水书店 1906 年版,第 286 页;[日] 三潴信三:《全订物权法提要上卷》,有斐阁 1927 年版,第 55 页;[日] 石田文次郎:《物权法论》,有斐阁 1932 年版,第 439 页。

微变更"，指不需要显著较多的费用的改良行为，通常是指比较小规模的且不太
奢侈的改良行为。1962 年法上，团体的拘束越过了共用部分的管理，即使轻微变
更也扩大及之。尽管如此，我们仍然可以说，日本 1962 年《建筑物区分所有权
法》，对于团体的拘束，在基本思路上仍然与《日本民法》旧规定相同，主要系
在对共用部分这一共有物的管理上予以认可，其范围仅稍微扩大至轻微变更。

2. 着重（着眼）于所有权的讨论的展开

日本 1962 年法的立法者谓：业主相互之间的关系，系一种对相邻关系中的权
利加以限制的关系。学理上，业主相互之间的关系，也作为相邻关系加以把握和
理解。按照通说的主张，规定建筑物区分所有权的《日本民法》旧第 208 条就是
作为关于相邻关系的规定而安排其位置的，此种位置安排意在对业主的制约，即
认为"各专有部分在物理上相互邻接，彼此的用役面形成密切的相邻关系，一业
主对自己专有部分的使用、收益、处分与其他的区分所有权相互强烈地制约"。
故此，专有部分的所有权相互之间乃是一种相邻关系，于是区分所有关系乃自相
邻关系的视角加以理解和规定。[1] 若根据如此的考量思路，则相邻关系有可能成为
使团体的拘束变得正当化的根据。

另外，日本《建筑物区分所有权法》制定后，着眼于区分所有中管理的重要
性，由此试图释明业主之间的关系的主张也出现了。譬如铃木禄弥指出："业主
之间相互的关系，较之单纯的相邻人或单纯的共有人相互之间的关系，是更加密
切、复杂的，且它的人数也系众多，故此有对之进行团体的规制的必要。"这就
是自业主之间的特殊关系出发而认可团体规制的必要性，并使之正当化的主张。[2]
但是这一见解只是说业主之间存在强烈的结合关系，至于业主之间具有怎样的强
烈的结合关系，于哪些地方应受团体的拘束，则未予详细说明。

概言之，日本 1962 年《建筑物区分所有权法》承袭了《日本民法》旧规定，
明定依照多数决对共用部分进行管理（1962 年法第 13 条），同时规定依特别多数
决而决定共用部分的轻微变更（1962 年法第 12 条但书），扩大了对业主的团体的

1　[日] 我妻荣著，有泉亨补订：《新订物权法》（民法讲义Ⅱ），岩波书店 1980 年版，第 526
页。

2　[日] 铃木禄弥：《物权法讲义》，创文社 1964 年版，第 23 页。

拘束的内容范围。不过，应当注意的是，对共用部分的轻微变更，系被涵盖在对共用部分的广义的管理中的。故而，1962 年法中的团体的拘束的根据，可以说乃与《日本民法》的旧规定相同。

二、基于作为业主管理团体的构成员的团体的拘束

（一）团体的拘束的多样化——日本 1983 年《建筑物区分所有权法》

1. 日本 1983 年《建筑物区分所有权法》修改的经过

日本 1962 年《建筑物区分所有权法》制定后，如预料的那样，区分所有建筑物急速增加。同时，1962 年立法时未曾预料到的各种问题也日增。在此背景下，扩大对业主的团体的拘束，尤其是导入团体法的规则成为紧迫课题。同时，自此时起，对业主予以团体的拘束的必要性获得广泛的、一般性的认可。学理上，主张对 1962 年法中的共有物（共用部分）管理的规定、集会的决议的规定、管理规约的修改以及废止的规定等真正地实现使团体法和所有权法相衔接，且在区分所有中导入团体法的必要性的观点也涌现出来。于此背景下，日本于 1983 年修改其《建筑物区分所有权法》时即重点解决 1962 年法中所产生的众多的管理问题，而新设或修改了诸多规定，进而广泛地认可团体的拘束。1962 年法中，仅"共用部分"的"管理"和"轻微变更"认可依照多数决为之，而 1983 年修改法在关于规律的对象与规律的内容两方面扩大其范围。对于"共用部分"，不独"管理"，且关于"变更"，认为也可依特别多数决的议决而为之（1983 年修改法第 17 条第 1 项）。另外，建筑物一部灭失时，也认可依多数决决议而对区分所有建筑物进行"复旧"（1983 年修改法第 61 条）。不独如此，不仅"共用部分"，且关于"基地"和"专有部分"而对违反义务者、违反义务的行为的禁止、专有部分的使用禁止、拍卖请求等，皆导入并规定依多数决决议而为之（1983 年修改法第 57 条以下）。此外，管理规约的设定、变更及废止也规定并导入依特别多数决决议而为之（1983 年修改法第 31 条第 1 项）。此外，对共用部分、对基地利用权的共有持分权、对专有部分的区分所有权乃至重建决议等，也都规定依特别多数决决议而为之（1983 年修改法第 62 条）。

概言之，根据 1983 年修改法，进行团体的拘束的对象和内容皆大幅度扩张，

并在各个方面认可团体的拘束。尤其值得指出的是，以往仅关于"共用部分"的
"管理"认可团体的拘束，而如今则是极大地超越"共用部分"，使涵括专有部分
在内的建筑物全体及基地的管理，对业主皆可进行团体的拘束。

　　2. 着重（着眼）于团体的讨论的展开

　　日本 1983 年修改法中导入的团体法的规则，实际上应理解为是对共同管理的
法律结构的整备。业主区分所有一栋于物理上结成一体的建筑物，共有共用部
分，共同使用基地及附属设施，由此，业主必须共同管理这些物。业主为了建筑
物等的管理，必须当然服从团体的拘束，而不能自该拘束中脱离出来。

　　区分所有关系中，为了管理的需要而广泛地扩大团体的拘束的学理上的根
据，是 1983 年修改法第 3 条的规定："业主全体，得因为实施建筑物与其基地及
附属设施的管理，组成团体。"该规定在 1983 年修改法新导入时作为确认建筑物
管理的基本法律构造而具宣示性的特性。但实际上，它被认为构成区分所有关系
中的团体处理的支柱。集会系团体意思的决定机关，管理规约系自治规则，此外
还有管理团体的代表作为执行机关等，故此第 3 条被认为是于社团性上理解区分
所有关系的基础。

　　1983 年修改法的立法者，以过往就存在的共用部分的多数决管理规定为基
础，扩大解释"管理"的对象和内容，不仅共用部分，且使基地、专有部分，也
认可得受各种各样的内容的团体的拘束。修法者在关于区分所有的所有事项中甚至
都使用了"管理"的概念，且它是在非常广义的意义上使用"管理"这一概念的。

　　1983 年的修改法以后，团体的拘束的根据已不是业主系"共用部分"的持分
权人这一点，而是对物理上连接成一体的区分所有建筑物的一部予以所有的"业
主团体的构成员"这一点。以 1983 年修改法为分水岭，非从所有权法，而系不得
不自团体法的视点来说明团体的拘束的根据，是因为团体的拘束已不仅在共有物
（共用部分），且也在基地、专有部分上得到认可。

　　（二）团体的拘束的强化——日本 2002 年《建筑物区分所有权法》

　　日本于 2002 年再度对 1983 年的《建筑物区分所有权法》进行修改，在该修
改法（以下简称"2002 年法"）中，1983 年修改法的团体法的处理的方向继续
被推进。第一，不伴有形状或效用的显著的变更的要件，由业主及表决权的各四

分之三以上的赞成更易为二分之一的多数（2002 年修改法第 17 条第 1 项），透过表决要件的缓和来强化团体的拘束；第二，关于"重建决议"，废除了 1983 年修改法所定的"由于建筑物老朽、损伤、一部灭失及其他事由，按照建筑物的价格及其他情事，维持建筑物的效用或者回复建筑物需要的费用过巨"这一重建的"客观要件"，仅规定透过业主及表决权的各五分之四以上的赞成的特别多数决决议即可（2002 年修改法的 62 条第 1 项）实施重建。

2002 年的修改法，为了区分所有建筑物管理的圆滑化、适正化这一目的，业主因组成团体，使得团体的拘束得到更进一步的强化。强调业主系"业主团体的构成员"之一员的 1983 年修改法的方向，经由 2002 年修改法得到进一步的推进和强化。值得指出的是，2002 年修改法的担当者在谈到重建时，特别指出：区分所有权的"绝对性的、浓烈的单独所有权的特性系弱小的，而是具浓厚的、反映团体性拘束的权利特性的、共同所有形态的特殊性（权利）"[1]。此外，学理上也出现了"应自个人主义的区分所有权，转换到应服从于团体的限制（制约）的区分所有权"的主张。[2]

三、过往的讨论的到达点

（一）团体法的思路（进路）及其学理依据

日本 1983 年修改法的修法担当者对于诸多团体的拘束的规定的实质根据或理由，系认为是为了管理区分所有建筑物的需要。同时，对业主进行团体的拘束的学理依据，认为是业主构成（组成）团体（1983 年修改法第 3 条）。2002 年修改法上，对业主的团体的拘束的实质的根据仍然与 1983 年修改法相同，认为是管理的圆滑化、适正化的需要；至于学理的依据，则认为建筑物区分所有权的单独所有权的特性业已改变，而应作为团体的权利加以考量或把握。如此，为了使对业

1　［日］吉田彻："建筑物区分所有法的修改"，载［日］细川清编：《进展中的民事立法与民事法务行政》（2005 年，第 79 页）；丸山英气编《改订版区分所有法》（大成出版社 2007 年版，第 41 页以下，丸山英气执笔）谓：业主享有的建筑物区分所有权，与其说是共有持分权这一权利，毋宁说是构成员权这一权利应当优位。此点获得了立法的认可。

2　［日］内田贵、饭岛正、升田纯、元木周二、森田宏树、吉田彻："座谈会：区分所有等的修改与今后的公寓管理"，载日本《法学家》第 1249 号（2003 年）第 15 页，森田宏树的发言。

主的团体的拘束正当化，即将建筑物区分所有权自团体法的视角加以把握，此种
思路或进路，如下称为"团体法的思路或进路"。

（二）认为建筑物区分所有权具有特殊性的见解或主张

1983 年的修改法以前，业主为何应受团体的拘束这一点主要是在对建筑物区
分所有权的特性与法律构成的讨论中涉及的。譬如，具有代表性的观点认为区分
所有权由对专有部分的所有权、对共用部分的持分权以及业主作为管理团体的构
成员而享有的构成员权这一三位一体的权利构成。[1]此主张系参考德国的见解，于
区分所有权中添加构成员权，进而使业主之间的关系具团体性，于此基础上进行
对业主的团体的拘束，其旨趣在于使区分所有建筑物的管理圆滑化。另外，如前
述，也存在着将区分所有建筑物全体视为共同所有的见解。[2]此见解，透过重视管
理建筑物全体这一点，而使对业主的团体的拘束正当化。

对于以上两种见解，多数人认为，为了实现区分所有关系中的管理的圆滑
化、适正化这一实务上的需求，对业主进行团体的拘束就有其必要性，而这主要
系透过多数决方法为之。亦即，对业主的团体的拘束的根据，存在于对业主的区
分所有权的内在制约或限制中。此点的依据是 1983 年修改法的第 3 条：业主构成
（组成）"团体"。2002 年修改法的修法担当者，承继了 1983 年修改法的修法担当
者的这一思路。但是，如果过分认可对业主的区分所有权予以无限制的制约（限
制），则很可能违反《日本宪法》第 29 条第 1 项的规定。另外，业主构成团体的
规定（1983 年修改法第 3 条）也仅仅是事实的、宣示性的规定，此规定本身并不
创设业主的权利义务。故此，即使据此规定，使团体的拘束正当化也是困难的。

2002 年的修改法之后，一种有力的主张或见解出现了，这就是对区分所有关
系以"集团的建筑物所有权""建筑物所有的共同性"等概念进行解释。[3]但是，
"集团的""建筑物所有的共同性"的涵义是不明确的。故而有学者指出，以这些
概念来解释区分所有关系是不适当的。

1　[日]丸山英气："区分所有权的构成"，载横滨市立大学论丛社会科学系列第 29 卷 1 号
（1977 年），第 91 页以下。

2　[日]玉田弘毅：《建筑物区分所有法的现代的课题》，三省堂 1981 年版，第 4 页。

3　[日]加藤雅信：《新民法大系 II 物权法》（第 2 版），有斐阁 2005 年版，第 284 页。

另外，对业主的团体的拘束的根据，也有人认为是：区分所有权系以物理上连接成一个不可分的一栋建筑物的各个部分为客体，一业主与其他的业主只有共同利用才能发挥其效用，且只要区分所有关系存在，共同利用关系就必须继续存在。此正系区分所有权的特殊性。由此特殊性决定，产生了由全体业主共同实施区分所有建筑物等的利用和管理的必要。此外，新近以来，认为"现今的区分所有权系由伴有基地利用权的专有部分的所有权+共用部分的共有持分权+构成员权"构成，"于集合住宅（区分所有建筑物）上，存在极端被压缩的相邻关系和共有关系"的主张也出现了。[1]但是，所谓"极端被压缩的相邻关系和共有关系"，其涵义是十分暧昧的、模糊的，不能对区分所有进行法律上的明确的释明。

值得指出的是，新近对于区分所有的法律构成的以上诸说，无论何者，都是将区分所有厘定为"共同所有"，之后再将区分所有关系把握或理解为一种"特殊"的关系，进而尝试使对业主的团体的拘束正当化。另外，如前述，日本 2002 年修改法的修法担当者也将区分所有权理解为具浓厚色彩的"共同所有形态的特殊情形"。

第二节 德国《住宅所有权法》中的讨论

德国与日本的情形相同，住宅所有权（区分所有权）关系中，所有权法与团体法的关系也仍然是一个问题，人们都在所有权法、共有法以及团体法的视角展开讨论。如下逐一加以考量、分析。

一、以共有持分权为中心的住宅所有权：共有法的思路（进路）

（一）德国《住宅所有权法》对住宅所有权人相互关系的规定

如前述，德国《住宅所有权法》（WEG）公布于 1951 年 3 月 15 日，自 3 月 20 日起施行。按照其规定，住宅所有权系对居住部分的特别所有权，与对其所属的共同财产（共有财产、共用部分，gemeinschaftlichen Eigentum）的共有持分权

---

1 ［日］河上正二："物权法讲义（18）"，载《法学 Seminar》第 657 号（2009 年），第 88 页，第 4 章"所有权"（4）"建筑物区分所有等"。

的结合（WEG 第 1 条第 2 项）。作为特别所有权的对象的居住部分，以完全独立
为必要（WEG 第 3 条第 2 项）。另外，特别所有权的客体的变更、除去、附加
（接合、连接）不得逾越《住宅所有权法》第 14 条允许的范围而侵害其他的住宅
所有权人的权利，或者改变建筑物的外部构造。

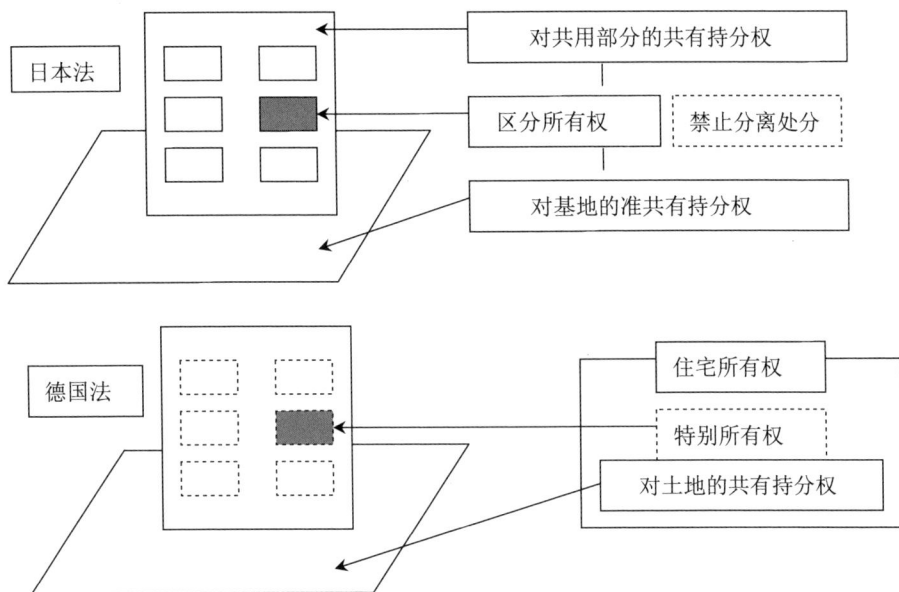

日本法与德国法的建筑物区分所有权（住宅所有权）的权利构造

　　构成共同财产的，是作为基地的土地与非属特别所有权抑或第三人的所有物
的建筑物的一部分、设施及设备（WEG 第 1 条第 5 项）。建筑物的一部，为了其
存立或安全而必要的东西，设施与设备供住宅所有权人共同使用的，即使存在于
作为特别所有权的客体的房间（Raum）中，也不能认为系特别所有权的客体，而
为共有财产（共同财产、共用部分）。譬如建筑物的基石、壁、电梯等，皆属于
共有财产。另外，根据管理规约（Vereinbarung），成为特别所有权的客体的建筑
物的构成部分，也可使之成为或作为共同财产。

　　德国法上的住宅所有权应当怎样设定？根据德国法，因建筑物系土地的构成
部分，建筑物不能独立（单独）成为所有权的客体，故此，对建筑物的一部分不

能认可得成立所有权。按照德国《住宅所有权法》的规定，认可两种设定方式。第一种是：数人共有土地及其上的建筑物（《德国民法典》第94条第1项）的情形，共有人依契约相互对居住部分赋予（或授予）所有权，相互间通过限制共有持分权来设定住宅所有权（WEG第3条第1项）。第二种是：土地的单独所有人根据分割的意思表示而设定住宅所有权（WEG第8条第1项）。具体而言，分让业者将自己的土地和建筑物作为住宅所有权关系而分让时，即采此种方法。较之第一种方式，此第二种方式被一般性地采用或利用。[1]

住宅所有权被设定为复数的住宅所有权时，各住宅所有权人相互间产生怎样的法律关系？根据德国《住宅所有权法》的规定，住宅所有权人之间的法律关系，原则上是《德国民法典》中作为债务关系的共同关系（Gemeinschaft，WEG第10条第2项）。所谓"共同关系"，即《德国民法典》第2编债法第8章"债权各论"第17节规定的法定债务关系，亦即某权利共同归属于有份额（持分）的数个权利人时，存在于数个权利者之间的关系。譬如某土地被共有时，土地共有人之间当然存在此共同关系。

但是，德国《住宅所有权法》中的共同关系与《德国民法典》中的共同关系还是存在很大的差异。《德国民法典》中的共同关系，各持分权人可以请求废止共同关系（《德国民法典》第749条），而《住宅所有权法》上的共同关系，住宅所有权人则不能请求废止（WEG第11条第1项）。应注意的是，共同关系的废止请求权，是与日本法中的共有物分割请求权（《日本民法》第256条）相当的权利，持分共同关系（Bruchteilgemeinschaft）中的各持分权人，无论何时皆可请求废止共同关系。而与此不同，《住宅所有权法》中的共同关系，若也与《德国民法典》相同而认可请求废止共同关系，则住宅所有权关系（区分所有权关系）就不可能继续存在，故而，该废止请求权是被排除（禁止）的。

住宅所有权人对于住宅所有权人相互之间的关系，可以管理规约约定（或规定）与法律的规定不同的内容（WEG第10条第2项）。此管理规约的设定、变更及废止，应以全体住宅所有权人的合意为之。

1　采取此第二种方法，分让业者设定住宅所有权时，通常也设定管理规约。该分让业者设定的管理规约因涵括了作为分让业者自身利益的内容，所以之后也有将之予以解除的必要性或情形。

关于住宅所有权人相互之间的具体的权利义务，德国《住宅所有权法》作了如下规定：各住宅所有权人有就特别所有权的客体的建筑物部分加以自由使用的权利（WEG 第 13 条第 1 项）。同时，各住宅所有权人对于特别所有权的客体的建筑物部分及共同财产，不得以越出共同生活中的一定范围而使其他住宅所有权人遭受不利益的方法加以利用（WEG 第 14 条第 1 项）。此外，住宅所有权人可依管理规约规制特别所有权及共同财产的使用，只要不违反该管理规约，住宅所有权人可以经由多数决方式而决定对特别所有权的客体的建筑物部分与共同财产作适合其特性的使用（WEG 第 15 条第 2 项）。

德国法对于住宅所有权人相互关系的特色性规定，有下列两点。第一，它规定，管理规约可以约定：住宅所有权人让与住宅所有权时，需要获得其他的住宅所有权人或管理人等第三人的同意（WEG 第 12 条第 1 项）。此主要系为了不让有害的住宅所有权人进入住宅所有权人共同体关系而设立的规定。第二，如前述，为了处置住宅所有权人相互之间发生的严重问题，规定了住宅所有权的剥夺（Entziehung des Wohnungseigentums）制度。某住宅所有权人若有重大的义务违反，致其他的住宅所有权人难以期待继续维持与其的共同关系时，其他的住宅所有权人可以请求该义务违反者让渡其住宅所有权。

对于管理，德国《住宅所有权法》于第 20 条以下设有详细的规定。首先，原则上住宅所有权人与管理者（Verwalter）负有对共同财产进行管理的义务，设立了管理顾问会（Verwaltungsbeirat）的情形，该管理顾问会也负有管理义务（WEG 第 21 条第 3 项）。通常的管理事项涵括：制定建筑物的使用规则、共同财产的通常的维持与修缮、缔结有关共同财产的保险契约、维持准备金的积攒及作成预算等（WEG 第 21 条第 5 项）。超越这些通常的范围而进行管理时，应根据全体住宅所有权人的合意为之。譬如超越共同财产的通常的维持或修缮的建筑上的变更以及支出费用的情形，建筑物的二分之一以上灭失且依保险不能补偿的，不得根据多数决决议，而必须依照全体住宅所有权人的合意为之（WEG 旧 22 条 [1]）。

根据法律或管理规约，住宅所有权人能够透过集会的决议而予决定的事项，

---

[1]　对于此条文的修改，后文将会述及。

由住宅所有权人集会（大会）作出决议处理（WEG 第 23 条第 1 项）。具体执行法律或管理规约所规定的管理事项的，是管理者。管理者的选任与解任，由住宅所有权人依多数决为之（WEG 第 26 条第 1 项）。管理者的职务内容是：执行住宅所有权人集会的决议事项，维持、修缮、紧急处置共同财产，对共有的金钱进行管理，制作预算以及进行决算（WEG 第 27 条、第 28 条）。

（二）以共有持分权为中心的住宅所有权

1. 保利克（Paulick）的见解或主张 [1]

保利克被认为是学理通说的见解或主张的代表者。根据其见解或主张，住宅所有权（法）系与源自于罗马法的、德国民法以之为基础的、绝对且排他性的所有权概念相乖离（即不相干）的。他认为，认可对居住部分的特别所有权，意味着逸出了对于物的一部分不能认可其得成立所有权的《德国民法典》的存立基础。住宅所有权人不能无条件、无限制地行使自己的排他性权利，而需与有排他性权利的其他住宅所有权人协调而行使权利。此点具特殊性。

保利克并未特别提及对住宅所有权人予以团体的拘束。对于德国《住宅所有权法》第 14 条的规定，他只是说：住宅所有权人内部存在强力的相邻关系，这就是使内在于所有权中的制约（限制）具体化。如此一来，依据保利克的观点，特别所有权并不是法律世界中的新的所有权，而是"依存于《德国民法典》第 96 条的规定，系共有持分权的构成要素，且与之共命运的东西"。

2. 魏特瑙尔（Weitnauer）的见解或主张 [2]

德国《住宅所有权法》制定后至今，占据对住宅所有权的理解的通说地位的，是魏特瑙尔的见解或主张。该人对于住宅所有权的学理构成，与保利克相同，系自土地及建筑物的共有这一权利构造出发而理解。首先，他认为住宅所有权系单独所有权与共有持分权的结合。若论此二项权利的关系，则单独所有权系在对包括建筑物在内的土地的共有这一架构中被容许（或存在）的，故此，住宅所有权的核心的权利乃是共有持分权，住宅所有权可以厘定为："特别的形成的

1　Heinz Paulick, Zur Dogmatik des Wohnungseigentums nach dem Wohnungseigentumgesetz vom 15, Märdnr 1951, AcP 152 (1952), S. 420ff.

2　Hermann Weitnauer, Das Wohnungseigentumsgesetz, JZ 1951, S. 161ff.

共有"（ein besonders ausgestaltetes Miteigentum）。且住宅所有权人的相互的法律关
系，是《德国民法典》第741条以下的特别形成的持分共同关系。之所以为特别
形成的持分共同关系，其因由如下：第一，与《德国民法典》不同，德国《住宅
所有权法》不认可废止共同关系的请求（WEG第11条）；第二，存在依多数决
而允许对重大的义务违反者实施住宅所有权的剥夺的规定（WEG第18条）；第
三，对于共同关系存在着机关，即存在着管理者、住宅所有权人大会（住宅所有
权人集会），以及因情形的不同的管理顾问会（WEG第20条以下）。

　　魏特瑙尔将住宅所有权解为由作为传统的所有权形态的共有持分权与所有权
构成，住宅所有权人间的共同关系，为《德国民法典》所定的共同关系（第741
条以下）。与《德国民法典》中的共同关系的差异在于，其不存在认可住宅所有
权人的共同关系的废止请求权的规定、依多数决决议对重大的义务违反者的住宅
所有权的剥夺的规定，以及存在关于住宅所有权人大会（集会）、管理者、管理
顾问会等这些机关的规定。此等规定不能在团体法的架构中把握，而是彻底地作
为《德国民法典》上的共同关系的例外，于共有法的架构中把握。住宅所有权人
的共同关系由于被认为是《德国民法典》中的共同关系，故而共同关系应作与
"团体"（Gesellschaft）、"合手共同关系"（Gesamthandsgemeinschaft）不同的理
解，对于财产关系、权利主体，不应作团体法的对待或处理。

　　3. 判例学理（德国联邦最高法院1968年1月17日判决）[1]

　　德国联邦最高法院（以下简称"BGH"）对于住宅所有权的构造，也采与魏
特瑙尔的见解大致相同的立场。1968年1月17日，BGH的判决对住宅所有权的
权利构造判示如下："住宅所有权系自通常的民法的所有权概念出发的，它是真
正的所有权，且是单独的所有权（BGB第903条以下）与持分共有（BGB第
1008条以下）的混合物。亦即，它是对居住部分或其他的空间的单独所有权（特
别所有权），与对土地的持分所有（共有、共同财产，WEG第1条）的结合。住
宅所有权的构造，经济上特别所有权是否为第一顺位，可自规定权利的设定方法
的WEG第3条第1项与第8条第1项导出，法律层面上，共有应置于特别所有权

　　1　BGHZ 49，250.

之前，特别所有权是形成共有的附属物。"之后的大多数判决，也都引用 BGH 1968 年 1 月 17 日的判示内容，且实务上也采与此判决相同的立场或态度。

（三）否定共有法的思路（或进路）的见解或主张

如前述，住宅所有权是以对土地的共有持分权为核心的权利，自共有法的视角解明进行团体的拘束的根据的通说的见解，亦即对共有法的思路（或进路），自德国《住宅所有权法》制定之初起，就存在反对的声音。首先，《住宅所有权法》实施后不久，对于将住宅所有权置于《德国民法典》中的特别所有权的主张，韦森贝格（Wesenberg）、杜尔克特（Dulckeit）等就表达了反对的意见。应当提及的是，作为住宅所有权的一部的特别所有权不宜作为《德国民法典》中的所有权加以承认的主张尽管不具很大的影响力，但特别所有权究竟是怎样一种权利，对住宅所有权的各种限制应如何把握，还是不断被人们提及。此外，重视实际的经济交易的观点的伯尔纳（Börner），与尝试自共有、合有的视角进行检视的舒尔策·奥斯特洛（Schulze-Osterloh），也对通说的见解提出反对的主张。

1. 韦森贝格的见解或主张 [1]

韦森贝格自以下两点出发，认为住宅所有权并非《德国民法典》中的所有权：第一，可以于管理规约中规定限制住宅所有权的让与（WEG 第 12 条第 1 项）。但若认为住宅所有权系《德国民法典》中的所有权，就应认为不应进行如此的限制。第二，住宅所有权有被剥夺的可能（WEG 第 18 条第 1 项）。若住宅所有权系《德国民法典》中的所有权，则所有人得自由处分自己的所有物，且也不得被剥夺。韦森贝格立基于这两点而指出，将住宅所有权理解为《德国民法典》中的所有权是困难的，而应将住宅所有权的构造理解为土地的共同的权利人（共有人）享有上级所有权（Obereigentum），住宅所有权人享有下级所有权（Untereigentum）。韦森贝格的此一见解被人们评论为："不必成为（或作为）讨论的对象，从而没有影响力。"

2. 杜尔克特的见解或主张 [2]

杜尔克特与韦森贝格相同，也对认为住宅所有权系《德国民法典》中的所有

1　Gerhard Wesenberg, Der Inhalt des Wohnungseugentums, DriZ 1951, S. 123f.

2　Gerhard Dulckeit, Die Verdinglichung Obligatorischer Rechte, 1951, S. 70ff.

权的见解持怀疑态度。住宅所有权的设定通常依下列方法为之：数人共有土地，
同时共有建筑物（《德国民法典》第 94 条第 1 项），从而于相互间认可特别所有
权，且进而限制各个人的共有持分权（WEG 第 3 条第 1 项）。但是，杜尔克特谓：
若允许所有权（共有持分权）被别的所有权（特别所有权）限制，则可谓仍然系
不完的所有权。住宅所有权，自《住宅所有权法》规定的内容看，确实"与所
有权类似"（eigentumsähnliches），但若考量其效力，则只不过是对全体住宅所有
权人共有的客体的物的限制物权（beschränkt dingliches Recht）。

3. 伯尔纳的见解[1]

伯尔纳谓：自经济的观点看时，住宅所有权的主要的价值并非在于对土地的
共有持分权，而系对居住部分的特别所有权，故此，住宅所有权的核心的权利并
非共有持分权，而系对特别所有权这一居住部分的权利。特别所有权的对象，其
独立、垂直且水平的界限被厘定，系与土地类似的物，故而对土地的共有持分
权，为特别所有权的本旨的构成部分。

4. 舒尔策·奥斯特洛的见解或主张[2]

舒尔策·奥斯特洛将住宅所有权人的共同关系解为合手共同关系，认为对于
数人而言，复数的财产对象物系以共同的方式归属时，常常是存在合手权限，故
而，对复数的住宅所有权人而言，共同财产、从物、管理财产等复数的"财产"
的归属，应属于合手共同关系。

5. 小结：共有法的思路（或进路）的维持

否定共有法的思路（或进路）的见解或主张，如前述，于以下两点上受到批
判。第一，所有权的处分不能自由为之，而是得于管理规约中规定：未获得其他
的住宅所有权人等第三人的同意不能进行让渡。如此的特别所有权不能认为系
《德国民法典》中的所有权。第二，所有权由于有绝对的效力，不能被剥夺，而
德国《住宅所有权法》却规定可依多数决决议而剥夺之，故此，住宅所有权不能
认为系所有权。

---

[1] Bodo Börner, Das Wohnungseigentum und der Sachbegriff des Bürgerlichen Rechts, in: Festschrift für Dölle, Bd. 1, 1963, S. 201ff.

[2] Joachim Schulze-Osterloh, Das Prinzip der gesamthänderischen Bindung, München, 1972, S. 154ff.

值得指出的是，通说的主张者对以上否定特别所有权与住宅所有权系所有权的见解也作了如下的反驳：第一，德国《住宅所有权法》第12条第1项尽管规定得依管理规约对住宅所有权的让与进行限制，但此系立法者对所有权的处分自由的限制，立法者可以认可限制住宅所有权的处分权限的管理规约。第二，对德国《住宅所有权法》第18条认可住宅所有权的剥夺，认为此系为了保持住宅所有权人之间的关系不能解构及维系其均衡而认可的。某住宅所有权人由于有重大的义务违反行为，其他的住宅所有权人因而不能期待继续维持与其的共同关系时，必须认可得将其自共有关系中驱除。此即认可住宅所有权的剥夺制度。

以上考量表明，通说的见解与作为判例学理的共有法的思路（或进路），根据住宅所有权人的多数决决议而对业主的拘束，系有力的。但此时并未自团体法的视角加以考量。另外，德国《住宅所有权法》对于住宅所有权人大会（集会）、管理者等机关的规定，也被认为系与《德国民法典》中的共同关系的不同之处，着眼于团体法的侧面的主张或见解是不存在的。之所以如此，盖因认为住宅所有权人的共同体关系，原则上即是《德国民法典》中的共同关系，系彻底地自共有法的视角来把握和理解住宅所有权的法律关系。

二、作为物权的团体持分权的住宅所有权：团体法的思路（进路）

（一）学理构成上反映团体法的侧面的见解或主张

1. 有关住宅所有权的问题的喷出：1970年代修改时的讨论

德国《住宅所有权法》制定后不久，住宅所有权制度尽管并未获得很大的利用，但伴随这一制度为德国人民日渐了解、普及，各种各样的问题也就涌现出来。第一，住宅所有权人的集会（大会）虽然由管理人召集，但管理人不为集会（大会）的召集时，管理人以外的人召集集会的权限并不被认可；第二，欠缺管理人时，基于有利害关系的第三人的申请，法院虽然得任命管理人，但实务上迄至任命完成，乃需要很长的时间；第三，分让业者根据原始管理规约，使管理者的任职期间显著延长，抑或限制管理者的解任时，导致住宅所有权人自身不能选择适当的管理人。

　　为了应对以上问题，德国遂于 1973 年对《住宅所有权法》进行修改。因应
以上第一和第二的问题，其规定，根据住宅所有权人大会（集会）的决议，得设
置管理顾问会，其享有住宅所有权人集会（大会）的召集权限（WEG 第 24 条第
3 项）；因应以上第三的问题，其规定，管理者的任职期间最长为 5 年（WEG 第
26 条第 1 项第 2 句），其再任管理者需由新的住宅所有权人大会（集会）的决议
定之（WEG 第 26 条第 2 项）。此外，存在重大的事由时，可以将管理人解任
（WEG 第 26 条第 1 项第 3 句）。

　　但是，对于实务中的下列问题却未进行立法的修改：第一，由于建筑技术的
进步，大多数的住宅所有权人居住的建筑物变得具有复杂的构造，且对规模巨大
的建筑物不能进行圆滑、适正的管理。第二，原始管理规约的问题。不动产业者
等的分让业者拟定的原始管理规约，存在如下的规定：一定情形下得剥夺住宅所
有权及对住宅所有权的让与和使用方法进行限制。但是，管理规约因为系契约，
其设定、变更及废止只能依全体住宅所有权人的一致合意而为之，而由分让业者
作成的管理规约，就使对之加以修改发生困难。第三，住宅所有权人共同所有的
"管理财产"（Verwaltungsvermögen）的法性质问题。对于管理费债权、金钱等所
谓"管理财产"的归属，因《住宅所有权法》中无明确规定，故对此等"管理财
产"，各住宅所有权人对之享有的持分（份额），学理上认为系与住宅所有权相分
立且可予以处分。其结果，某住宅所有权人的债权人扣押对管理财产的持分（份
额）时，管理者就变得必须向扣押债权人支付住宅所有权人对管理财产的持分。
如此，本应使用于对土地、建筑物的管理的金钱就发生了溢出。

　　为了因应以上问题，1976 年巴伐利亚州政府公布了《住宅所有权法的修改
案》。该修改案引起了学界与实务界的关注。之后，德国联邦参议院于 1977 年作
成了《住宅所有权法的修改提案》，随后，德国联邦政府于 1978 年将之公布。其
具体内容是，首先，对于以上第一问题，有这样的提案，即一个住宅所有权人共
同体关系中，100 个以上不能设定住宅所有权；对于第二个问题，有提案谓，管
理规约的设定、变更或废止依住宅所有权人的四分之三以上的多数及持分的过半
数而为之；对于第三个问题，设立了住宅所有权人对管理财产享有持分的规定，
且明定此持分仅可与住宅所有权一起（一同）被处分。

不过，以上修改提案并未获实现。其主要是管理规约的设定、变更或废止并不要求有全体住宅所有权人的合意，而系认为依多数决决议即可为之。不能将全体一致缓和为多数决决议的因由：第一，对所有权加以限制的管理规约，非根据所有权人间的全体的合意来设定，学理上存在问题；第二，住宅所有权人反对多数决决议时，摆脱该决议的效力的方法并不存在。

以上关于住宅所有权的实务问题，无论何者，都将住宅所有权作为土地的共有持分权，而自共有法的视角加以理解。由此，学理上，为了应对实务中的管理问题，将住宅所有权自团体法的角度加以理解的主张或见解也就出现了，且其日益变得有力。

2. 贝尔曼（Bärmann）的见解或主张：共有持分（份额）权、特别所有权及构成员权的三位一体的学理 [1]

贝尔曼为了解决之前实务中提出来的诸多问题，吸取比较法的经验，于学理上对住宅所有权予以检讨。其结果，即是他主张住宅所有权是由三个要素构成的三位一体的统一体（dreigliederigen Einheit：Trinität），即第一，对土地及建筑物的共有持分权，第二，对居住部分的特别所有权，以及第三，作为对于共同关系的权利（Teilhabe）的构成员权（Mitgliedschaftsrecht）。正如德国《住宅所有权法》所彰示的那样，住宅所有权系共有持分权、特别所有权以及共同关系中的构成员权的统一。此共同关系的构成员权应作如是的理解：不应从典型的人的结合（Personenvereiningung）的视角理解，而应将其解为内容上崭新的法制度。其结果，住宅所有权人的共同体关系就被认为是学理上处于持分共同关系（Bruchteilgemein-schaft）和合有关系（Gesamthandsgemeinschaft）的中间地位（或位置）的东西。

以上贝尔曼的见解或主张的主要旨趣，被认为系为了应对实务中的问题。首先，让与住宅所有权的情形，谁应当负担未支付的管理费这一问题。贝尔曼说，自未支付管理费的住宅所有权人那里承继房屋的特定承继人应负责任，受让住宅所有权，新参加到住宅所有权人的共同关系中的住宅所有权人负有责任。并且，住宅所有权让与的情形，住宅所有权人对管理财产的持分，法律上当然由让与人

1　Johannes Bärmann, Zur Theorie des Wohnungseigentumsrecht, NJW, 1989, S. 1061.

移转到受让人。惟管理财产与住宅所有权独立而成为扣押、让与的对象系不可以。此外，为了圆滑地进行管理，至少应当部分地赋予住宅所有权人共同关系以权利能力与当事人能力。

贝尔曼为了达成以上目的，尝试自社团法的视角来理解住宅所有权，即将住宅所有权人的共同关系非理解和把握为《德国民法典》第 741 条以下的共同关系，而是以《住宅所有权法》中存在的社团法的规定为依据（WEG 第 24 条以下），按《德国民法典》第 54 条的未登记的社团而理解和把握。住宅所有权人共同关系中的社团法的构造，具体而言有如下三个方面：

第一，意思形成的方法。住宅所有权人共同关系的意思形成的方法，与《德国民法典》中的单纯的权利共同关系的规定已经有所乖离。何以如此？盖《德国民法典》中的共同关系，并非进行对意思形成的充分的规律，系任意规定，而《住宅所有权法》对意思形成的规定则系强行规定，且意思形成的方式系委诸住宅所有权人大会（集会）这一机关。

第二，住宅所有权人集会（大会）。《德国民法典》中的共同关系并不存在如此的意思决定机关，住宅所有权人的大会（集会）系以与社团的社员总会相类似的方式进行规律。由此，住宅所有权人集会（大会）可谓具社团的构造。

第三，管理者。德国《住宅所有权法》第 27 条规定，管理者有限定性的、强行性的权限，此与社团理事，尤其是与完成登记后的社团理事相类似。由此，管理者被认为具住宅所有权人全体的代表权（organschaftliche Vertretung）。住宅所有权人共同关系，面向共同关系的目的，且由于有相对于构成员的法律上的独立的财产，故而应认为系对财产予以合有。

由以上三点，再与德国《住宅所有权法》对共同管理的翔实规定一并考量，可知住宅所有权人的共同关系的规律，并非《德国民法典》第 744 条至第 748 条的单纯的权利共同关系，而是与团体法中的规律相近似的。由此，住宅所有权人共同关系的特性，与单纯的权利共同关系是明显不同的，其具有与社团类似的构造。盖因其认可未支付管理费的责任由特定承继人负担，对管理财产的持分不能与住宅所有权分离而独立移转，以及承认住宅所有权人团体具权利能力和诉讼能力等。

3. 默勒（Merle）的见解或主张 [1]

默勒承继贝尔曼的考量思路，也尝试自团体法的视角理解住宅所有权。具体而言，其将住宅所有权解为由关于共同关系的权利（Teilhabe）、共有持分权、特别所有权、对管理财产的持分的构成员权（Mitgliedschaftsrecht）构成。

如同大多数的见解，默勒一方面将住宅所有权解为特别所有权与共有持分权的结合，另一方面又指出，住宅所有权并非《德国民法典》中的所有权。何以如此？盖因根据《德国民法典》第903条，所有权仅得以物为客体，而住宅所有权则系以特别所有权与共有持分权这样的两个权利为客体。住宅所有权应当理解为如何的权利呢？默勒与贝尔曼同样的着重指出：住宅所有权法的规律与团体法中的规律相类似，应系如此来分析住宅所有权的权利构造。默勒指出：各住宅所有权人有按照业务执行权（德国《住宅所有权法》第21条第1项中的基准）管理共同财产的权利。此外，基于《住宅所有权法》第24条第6项第3句与第28条第4项，也有情报和监督权（Informations und Kontrollrechte）。而且，对于管理者的选任与解任的规定（WEG第26条第1项），其认为系相当于其他团体中的机关的选任或解任的规定。至于住宅所有权人大会的决议的撤销权（WEG第23条第4项，第43条第1项第4句）与表决权（WEG第25条第2项），其认为则是作为人的团体（Personengesellschaft）的权利的基本要素。

对于住宅所有权人间的相互关系，默勒指出：大多数的住宅所有权人因从事日常的亲密的共同生活，故存在继续性的、强烈的相邻关系。住宅所有权人的共同关系因为是社会的、人与人之间的共同关系，故而住宅所有权人不仅服从单纯的债务关系中的通常的义务，且也必须服膺特别的信义诚实的义务。概言之，住宅所有权人负有必须遵守的超过《德国民法典》第242条的诚实义务（Treuepflicht）。

由以上的考量可知，默勒是将住宅所有权人看作参加继续性的人的结合。由此，在与其他的住宅所有权人的法律关系中的住宅所有权人的法律地位，必须叫作构成员权。而且，管理财产被认为是合有财产。各住宅所有权人对管理财产的持分，系土地的构成要素。如此，住宅所有权服从于土地法的规定，也就是系与

1　Werner Merle, Das Wohnungseigentum im System des bürgerlichen Rechts, 1978, S. 172.

土地类似的构成员权（grundstücksgleiches Mitgliedschaftsrecht）。概言之，住宅所有权是以特别所有权与共有持分权为对象的与"土地类似的权利"。

4. 勒尔（Röll）的见解或主张 [1]

勒尔承袭贝尔曼、默勒的见解或主张，以重构住宅所有权为旨趣或志向。其对于住宅所有权的构造，系与贝尔曼相同，即尝试以"统一体理论"（Einheittheorie）而予说明。他指出：特别所有权并非对像建筑物内部的壁那样的建筑物的构成部分的单独所有权，而系对房间的单独的支配权，其始终是《德国民法典》中的真正的所有权。其依据是规定特别所有权的效力的《住宅所有权法》第13条第1项。它相当于规定所有权的效力的《德国民法典》第903条。共有持分权也与特别所有权相同，是《德国民法典》上的真正的所有权。立基于这些论断，勒尔认为，住宅所有权是特别所有权与共同关系的统一体。对于贝尔曼将住宅所有权解为由特别所有权、共有持分权及对住宅所有权人共同关系的构成员权的三位一体的权利，勒尔认为共同关系存续期间，共有持分权实务上是往后退的、不重要的、退居次要的。

（二）作为物权的团体持分权的住宅所有权：容克尔（Junker）的见解

1. 作为物权的团体持分权（dinglicher Gesellschaftsanteil）的住宅所有权

容克尔认为，现有学理不能充分应对实务中的大多数问题的因由，是其将住宅所有权于共有法的架构中加以理解。为了充分应对实务中的问题，他主张有必要将住宅所有权置于新的法地位。[2]

（1）特别所有权非《德国民法典》中的所有权。容克尔参照反对通说的见解的观点，着眼于所有权的客体与效力此两点，认为构成住宅所有权的特别所有权并非《德国民法典》中的所有权。

1）关于所有权的客体的问题。若着眼于所有权的客体这一点，则在以下两点上，特别所有权的客体可以说与《德国民法典》中的所有权的客体是不同的。

第一，构成住宅所有权的特别所有权，不能解为系以《德国民法典》中的所

1　Ludwig Röll, in：Münchener Kommentar yum Bürgerlichen Gesetzbuch, Bd. 6, 3. Aufl. , 1997, WEG Vor § 1 Rdnr. 10ff.（S. 370ff.）.

2　Michael Junker, Die Gesellschaft nach dem Wohnungseigentumsgesetz, 1993, Vorwort.

有权的客体的物（Sache）——有体物（körperlicher Gegenständ）——为其客体（《德国民法典》第903条、第90条）。特别所有权的客体，是特定的居住部分及该居住部分所属的建筑物的构成部分（WEG第3条第1项）。容克尔认为，如此的建筑物的构成部分可谓是"真空的空间"（luftleerer Raum），是欠缺《德国民法典》中的作为物的资格（Sacheigenschaft）的。学理上，住宅所有权关系存在的某建筑物，为了建筑物的存立与安全，仅由作为必要的建筑物构成的情形、根据住宅所有权人的管理规约由仅属于共同财产的建筑物部分构成的情形，作为特别所有权的对象（客体）的居住部分是不存在的。此时，特别所有权的客体（对象）就单纯是"几何学上的空间"（umbauter geometrischer Raum），极端地说，是"真空的空间"，盖因它们不能谓为有体物。

第二，容克尔指出，着眼于规定住宅所有权的设定方式的《住宅所有权法》第3条，也不能将特别所有权解为《德国民法典》中的所有权。根据《住宅所有权法》第3条第1项的规定，共有人可以经由契约而认可相互对居住部分的特别所有权，由此限制土地的共有。也就是说，所有的住宅所有权人透过相互赋予以居住部分为客体（对象）的特别所有权，来相互限制对土地及建筑物全体的共有持分权。

2）所有权的效力问题。容克尔说，即便着眼于所有权的效力，特别所有权也与《德国民法典》第903条规定的所有权（Eigentum）不同。

第一，住宅所有权人对住宅所有权客体的利用的权利受较多的规制。譬如管理规约规定供事业用、居住用的建筑物，成为特别所有权的客体的部分，不能供作其他的用途使用。另外，住宅所有权人根据管理规约，也可规范特别所有权的使用方法（WEG第15条）。管理规约因采契约自由原则，所以其内容可以自由规定，管理规约规定的事项具物权的效力（WEG旧第10条第2项、WEG新第10条第3项）。如此，便可依管理规约而自由规定住宅所有权的内容。此外，根据德国法，管理规约也可规定禁止住宅所有权人将居住部分予以使用租赁（Miete）或用益租赁（Pacht）。

第二，住宅所有权人即使在处分的情形也受诸多的限制。将特别所有权解为单独所有权时，立基于《德国民法典》的基本原则，当然可以与对土地的共有持分权分立而单独让与特别所有权。但是，作为住宅所有权的特别所有权，却不能

在没有对土地的共有持分权的情形下而让与，也不能于其上设定物权（WEG 第 6
条第 1 项）。此外，根据德国法，管理规约可以规定：住宅所有权人无其他住宅
所有权人或管理人等第三人的同意而不得让与住宅所有权（WEG 第 12 条第 1
项）。如此的管理规约的规定因具物权的效力（WEG 第 12 条第 3 项），故于存在
有限制让与规定的管理规约时，若不能获得同意，则住宅所有权的让与就是无
效的。

　　第三，与《德国民法典》中的所有权不同，住宅所有权人的住宅所有权有违
反其意思而被剥夺的可能。亦即，根据《住宅所有权法》第 18 条的规定，某住
宅所有权人对其他的住宅所有权人所负的义务有重大违反，致使不能期待继续维
持与其的共同关系时，根据住宅所有权人过半数的决议，其他的住宅所有权人可
以请求法院令违反义务的住宅所有权人让与其住宅所有权。法院命令住宅所有权
的让与的判决，具住宅所有权的任意拍卖及代替向住宅所有权的买受人为让与的
必要的意思表示的效力（WEG 旧第 19 条），故此即使违反住宅所有权人的意思，
住宅所有权也得被移转给特定承继人。对此，容克尔指出，如果称构成住宅所有
权的特别所有权系《德国民法典》中的所有权，则住宅所有权当然不能于违背其
权利人（住宅所有权人）的意思的情形下被"剥夺"。

　　（2）作为"物权的团体持分权"的再构成。容克尔以一些判例与学理业已指
出的那样，主张住宅所有权应作为"物权的团体持分权"而构成。

　　1）团体的存在。容克尔指出，住宅所有权人相互之间的法律关系，是满足了
作为团体（Gesellschaft [1]）的要件的。[2] 住宅所有权人相互之间的法律关系，是以对

　　1　Gesellschaft 于广、狭义二义上被使用。首先，广义的 Gesellschaft，涵括依当事人的自由的（意
思）决定而形成，为达成共同目的而被利用的一切的人的结合，不仅组合（Gesellschaft）、合名公司
（Offene Handelsgesellschaft）、合资公司（Kommanditgesellschaft），且具社团特性的构造的股份公司（Ak-
tiengesellschaft）、有限公司（GmbH：Gesellschaft mit beschränkter Haftung）、协同组合（Genossenschaft）
等也包括在内。狭义的 Gesellschaft，仅指具社团性的构造之外的人的团体。容克尔这里主要是在广义
上使用 Gesellschaft 概念。其将 Gesellschaft 译为"组合"未必妥当。本书作者译 Gesellschaft 一词为
"团体"。

　　2　对于团体（Gesellschaft）与共同关系（Gemeinschaft），通常认为，前者以追求共同的目的为
必要，而后者则并不以此为必要。容克尔认为，团体由于是追求共同的目的，所以其特性是依当事人
的自由的意思而形成；与此不同，共同关系的当事人则由于欠缺此意思，不是意思共同关系，而系命
运或强制共同关系。

土地的"保存及管理"为目的的关系，以透过共同作业而达成共同目的为依归，故可理解为系基于私法上的法律行为的复数人（多数人）的合同（Zusammenschluß）。

将住宅所有权人的法律关系解为团体的因由，尤其在于：第一，住宅所有权人大会（集会）决议的方法与召集集会的程序的规定；第二，管理者的选任、解任等的规定；第三，权利的设定、让与、限制等的实体的规定。所有这些，尤其与有关有限公司的规定相类似。

容克尔尤其指出，住宅所有权的剥夺制度与有限公司中的除名（Ausschließung）制度相类似。在有限公司，根据判例与学理，由于某社员的存在而使超过忍受限度的重大事由发生时，该人得被除名。容克尔认为，如此的除名制度的根据，与作为重大义务违反者的住宅所有权人的住宅所有权被剥夺的正当化理由系相类似。此外，容克尔认为，住宅所有权人之间相互的关系可以依管理规约而规律，且可依管理规约而规定特别所有权的内容（WEG 第 5 条第 4 项）。此外，住宅所有权人也可依管理规约而对特别所有权与共同财产的使用予以规制（WEG 第 15 条第 1 项），应将住宅所有权人解为团体的构成员，将管理规约解为住宅所有权人的团体契约（Gesellschaftsvertrag），进而经由团体契约而规律各住宅所有权人的团体财产。不过，容克尔又指出，由于立法者并未赋予住宅所有权人的团体以法人格，所以得成为对团体财产予以所有的权利主体的，并非住宅所有权人的团体，而系作为团体的构成员的住宅所有权人。

2）物权的团体持分权的内容。那么，容克尔以"物权的团体持分权"来构筑的住宅所有权，具体又是一种具怎样内容的权利呢？容克尔将住宅所有权厘定为由特别所有权与对共同财产的共有持分权构成的权利。此点与很多学者是共通的。但是，容克尔是以管理规约的设定，也就是透过订立团体契约，将设定住宅所有权的土地与建筑物的全部财产的价值作为整体财产，而归属于作为团体构成员的住宅所有权人全体为前提的。各住宅所有权人拥有的特别所有权及对共同财产的共有持分权，无论何者，都是作为对该团体财产的权利而构成的。特别所有权不是《德国民法典》中的所有权，而是对住居设施中的全部财产价值的团体财产的一部的权利，具体而言，是对建筑物的一部分（居住部分）的直接且排他的权利；另一方面，对共同财产的共有持分权，应解为是对除特别所有权的客体外的一切的财产价值的团体持分权。按照此种思路，管理财产也就涵括在共同财产中。容克尔认为，此二种权利的归属方法是：特别所有权直接的物权性的归属于各构成员（住宅所有权人），而共同财产则合手的归属于住宅所有权人。如此，住宅所有权系对团体的持分权，但因系得直接行使对团体财产的权利，故具物权的特性，从而就使各住宅所有权人的权利成为物权的团体持分权。

3）学理问题的解决。将住宅所有权人之间的法律关系于学理上置于团体的位置，透过将住宅所有权解为物权的团体持分权，容克尔指出，由此可以使住宅所有权法如下的学理问题得到廓清。

第一，其可以释明《住宅所有权法》认可对建造前的建筑物得成立特别所有权（WEG 第 3 条第 1 项、第 8 条第 1 项）此一点。德国《住宅所有权法》尽管认可建筑物建造前得产生对取得特别所有权的期待权，但是，根据住宅所有权人的团体，无论有无建筑物，只要认为住宅所有权人团体是存在的，则可以认可对未被建构的建筑物的一部分的特别所有权。

第二，容克尔指出，与各种各样的团体相同，住宅所有权人的团体得根据作为团体构成员的住宅所有权人的决定而解散。《住宅所有权法》由于规定不能废止住宅所有权人的共同体关系（WEG 第 11 条），所以住宅所有权人的关系好像是不能解除的。但是，在容克尔看来，《住宅所有权法》因设有共同体关系被废止时的安排的规定（WEG 第 17 条），故特别所有权的废止，即住宅所有权人的团体的解散也是可以的。

2. 由容克尔的主张或见解所能看到的实务问题的解决之策

容克尔认为，通过将住宅所有权解为物权的团体持分权，不独使住宅所有权法的团体法的规律有了其根据，且也使实务中不能解决的问题有可能获得解决。

（1）从全体一致决原则到多数决原理的转移。对于管理规约的设定、变更或废止需由全体住宅所有权人达成一致的合意而为之的德国判例与通说的见解，容克尔持反对意见。其指出，住宅所有权人的团体与别的其他的团体相同，为了其存续，有时存在需对基本事项予以变更的情形。不过，该团体契约的变更应在如何的要件下进行，即必须全体一致抑或依特别多数决，或者依单纯多数决而为之，《住宅所有权法》并未给出明确的规定。对于此，容克尔指出，住宅所有权人的团体的意思形成，原则上按多数决原则办理，对于住宅所有权人的团体契约的变更，准用《有限责任公司法》（GmbHG）第 53 条第 1 项、《股份法》（Aktiengesetz）第 179 条第 2 项、《协同组合法》（Genossenschaftsgesetz）第 16 条第 1 项以及《德国民法典》第 33 条第 1 项第 1 句，根据住宅所有权人的四分之三以上的多数就可为之。《住宅所有权法》在此等方面（即管理规约的设定、变更或废止），完全无需以全体一致决的决议为必要。

（2）特定承继人的责任。根据契约等法律行为取得住宅所有权的人，对让与人未支付的管理费（Beitragsrückständ）是否负其责任，《住宅所有权法》并未给出明确的规定。对此问题，在合名公司与资合公司，团体持分权的特定承继人对让与人的债务负其责任（《德国商法典》第 173 条）。自此等团体法的规定，并从团体法的一般原则出发，可知新加入团体的构成员应总括性（概括性）地承继之前的构成员对团体的债务。故而，容克尔认为，通过将住宅所有权置于物权的团体持分权这样的位置，就可以导出住宅所有权的特定承继人得承继让与人未支付的管理费债务的结论。住宅所有权人即使因强制拍卖的方法而取得住宅所有权，也应基于与法律行为而取得的情形相同的方法承继债务。

（3）当事人能力。德国判例与大多数学理认为，由于住宅所有权人的共同关系应作为《德国民法典》中的共同关系来考量，故此，住宅所有权人全体不能以自己的名义负其义务抑或起诉、应诉等诸多不方便就发生了。对此，容克尔指出，住宅所有权人的团体，如果着眼于作为团体（Gesellschaft）的侧面，即应类推适用承认合名公司有当事人能力的《德国商法典》第 124 条。确实，住宅所有权人的团体虽然与合名公司相同而无法人格，但团体财产与团体的构成员具一定程度的独立性，且虑及诉讼上的便捷，是应当认可其具当事人能力的。

（4）对第三人的责任的限制。基于与第三人的契约，住宅所有权人的团体即使对第三人负有义务，容克尔认为，也可以透过将住宅所有权解为物权的团体持分权而获得妥当的应对。学理上，由于认为住宅所有权人的团体无独立的法人格，故限制住宅所有权人的责任的方法是没有的，认为各住宅所有权人对第三人负无限责任。但是，透过将住宅所有权解为对团体的物权的持分权，作为团体的构成员的各住宅所有权人就应解为只不过仅单纯对自己的负担部分负无限制的责任。此外，责任负担部分，依团体持分权比例定之。

（5）少数者保护（Minderheitenschutz）的认识。容克尔指出，透过将住宅所有权人的关系置于物权的团体加以把握或理解，住宅所有权人的团体中明确认识对少数者的保护和关心，也有重要的意义。具体对少数者的保护对策有以下五点。

第一，与一切的团体的结合（gesellschaftlicher Zusammenschluß）相同，住宅所有权人的团体中实行多数支配（多数统治）时，也应有强行法规（zwingendes Recht）和善良风俗（gute Sitte）的限制。违反强行规定与善良风俗的管理行为是不允许的。作为违反善良风俗的决议而应无效的具体实例，是以因具有某国籍或某肤色而做出不认可住宅所有权的租赁这样的决议。另外，以某特定承继人不信仰某特定的宗教为理由，住宅所有权人或第三人不作出住宅所有权的让与同意（WEG 第 12 条）的决议，也应认为系违反善良风俗。

第二，透过将住宅所有权人的法律关系置于物权的团体加以把握或理解，得认为课予了团体的构成员以"团体的诚实义务"（gesellschaftliche Treuepflicht）。所谓团体的诚实义务，指一切的关系人，不得侵害包含共同的利益及共同目的的共同参加者的利益，且负有增进、提升共同的利益的义务。此团体的诚实义务，系以《德国民法典》第 242 条的诚实信用原则作为其实体法的根据。此义务，不仅以保护少数者为目的，且也虑及构成员的利益和权限，故而具重要意义。也就是说，不独多数人，而且就是少数人滥用性地行使权利，也是被禁止的。

第三，认为透过团体法的平等对待（处理、把握）原则（Gleichbehandlungsgrundsatz），可以禁止对各构成员的差别对待。此项原则，是在股份相同的前提下，必须平等对待的《股份法》第 53 条彰示的。此团体法的平等对待原则，即便对住宅所有权人的团体也得适用。如此，住宅所有权人对共同财产的共有持分权和特别所有权，未有本人的同意不得被变更、不能完全被剥夺。与其他的构成员相较，对某构成员作不利的对待时，对于侵害其法律地位的多数决决议，需获得该构成员的同意，方为有效。

第四，透过将住宅所有权把握或理解为物权的团体持分权，因多数决决议而受拘束的少数住宅所有权人，得给予特别的权利保护。

第五，透过将住宅所有权把握或理解为物权的团体持分权，作为保护受"不当冷遇"（unbillige Benachteiligung）的住宅所有权人的手段，得于作为团体契约的管理规约中进行内容规制（Inhaltskontrolle）。住宅所有权人的团体，非由住宅所有权人全体或过半数联合（共同）设立，而是自分让业者那里取得住宅所有权时，规制团体契约的内容的必要性就产生了。此种情形，团体契约并非取决于住宅所有权人之间的协议，而是分让业者预先决定将来产生的住宅所有权人团体契约的内容。由此，所有的有关人的利益被周全考虑是难以做到的。

3. 对容克尔的学说的评价

容克尔为了实现对于管理费的权利义务被承继、认可住宅所有权人的团体以当事人能力以及限制对住宅所有权人的第三人的责任，乃以业已存在的住宅所有权的剥夺制度、住宅所有权设施的管理、管理者、集会等为基础或出发点，使住宅所有权成为物权的团体持分权，进而使住宅所有权服膺于团体法的规律。容克尔的见解，与试图在共有法的框架中把握住宅所有权、解释住宅所有权的各种问题的过往的主张不同，其为了应对和解决实务问题，而试图再构筑适切的住宅所有权的权利构造。

容克尔的主张，被评价为使住宅所有权的团体法的权利构成达到了终极点，其主张尽管几乎未被采纳、未被学理接受，但在很多的涉及住宅所有权的权利构成的讨论中都会对之作详细的介绍与批判，故就此而言，其主张的意义还是很大的。对于容克尔的见解，主要自如下三方面加以批判：第一，批判容克尔的构成住宅所有权的特别所有权并非《德国民法典》中的所有权；第二，批判容克尔的住宅所有权人的团体与别的其他团体具类似性，将住宅所有权作为对团体的物权的持分权；第三，批判容克尔将住宅所有权人的关系把握为团体，并认为如此做的目的系在于"土地的保存和管理"。并且，更重要的批判是，将住宅所有权作为团体的权利时，实质将使住宅所有权的效力显著弱化，经由团体的拘束而对住宅所有权人的权利进行侵害的可能性就发生了，此点于批判者之间系共通的认识。

三、德国 2007 年新《住宅所有权法》中的新进路（新思路）：归纳性的进路或思路

至此可以看到，本节第一部分中，对于住宅所有权，系着眼于住宅所有权法

的沿革与规定，将住宅所有权的核心的权利把握和理解为土地的共有持分权，这
就是所谓共有法的进路。但是，按照共有法的进路，应对现实中必须解决的建筑
物管理中的问题是困难的，由此乃将住宅所有权人相互之间的法律关系理解或把
握为团体，将住宅所有权解为对团体的权利的团体法的进路出现了。但是，按照
团体法的进路，其学理上面临不能解释的问题，且实务上也会发生侵害住宅所有
权人的财产权的问题。

　　在这样的背景下，2000 年，为修正原始管理规约中不公正的内容的判例出现
了。时至 2005 年，对住宅所有权人共同体关系部分性地认可有权利能力的判例出
现了。2007 年德国修改其《住宅所有权法》时，受到此两个判例的影响，且为了
解决现实中的纠纷，提出了灵活、柔软的处理方法。此种方法被称为"归纳性的
进路"，其内容具体而言，是根据两个判例，而分别考量住宅所有权人的内部关
系的纠纷，与住宅所有权人乃至住宅所有权人共同体的外部关系的纠纷。

　　（一）内部关系中的团体的拘束

　　德国在 2007 年进行《住宅所有权法》修改前，曾进行过的非常激烈的讨论
是：何种建筑物的管理事项需经由住宅所有权人全体的一致合意而为之。《住宅
所有权法》中，住宅所有权人虽然可以透过管理规约而变更法律的规定，但该管
理规约的设定、变更或废止则系需经全体住宅所有权人的一致合意。为此，分让
业者单方面设定的原始管理规约中存在不公平的管理费用的分担规定，分让住宅
所有权时，分让业者即使设定对自己方便的好的管理规约，该管理规约的内容的
变更也需经全体住宅所有权人同意。另外，对于超越通常的管理范围的情形，也
系如此。有一人反对，或有不居住的住宅所有权人时，获得住宅所有权人全体的
同意是十分困难的。由此，应以全体一致的方式来决定的事项，而以多数决的决
议之时，是否应当加以认可，就成为问题。对此，过往的实务中，是首先采
取以过半数的多数决的方式来进行决议。但是，2000 年 9 月 20 日德国联邦最高
法院（Bundesgerichthof，简称"BGH"）做出了如下决定：全体一致的必要事项
而以多数决的决议为之的，系无效。

　　1. 2007 年的《住宅所有权法》的修改

　　由于 2000 年 9 月 20 日 BGH 的决定，住宅所有权人大会（集会）以多数决决

议的事项，原则上就变成仅住宅所有权法中认可的关于使用、管理、维持修缮的事项。此外的其他事项要以多数决决议为之，需在管理规约中规定。如此，为了透过多数决决议而进行圆滑的管理，承认管理规约中的多数决决议的规定的效力，即意味着要设置"开放条款"（Öffnungsklausel）。但是，要在管理规约中规定新的"开放条款"，由于此属于管理规约的变更，故需要全体一致。如此一来，实务中热烈讨论的问题是：为了今后对建筑物进行圆滑的管理，有必要修改《住宅所有权法》。并且，根据 BGH 2000 年 9 月 20 日的决定之后的讨论情况，德国联邦司法部于 2004 年 10 月公布了"修改住宅所有权法及其他法律的法律"（Gesetzes zur Änderung des Wohnungseigentumsgesetzes und anderer Gesetze）的"讨论草案"（Diskussionsentwurf），2005 年 5 月，联邦政府确定了"政府草案"（Regierungsentwurf），2007 年 3 月，德国《住宅所有权法》被修改。

德国 2007 年 3 月对《住宅所有权法》所做的修改，其内容主要涵括如下五点：第一，住宅所有权人的意思形成应容易地为之。具体而言，废除了管理规约可规定对让与进行限制的规定（WEG 第 12 条第 4 项）、管理费用的分担标准（WEG 第 16 条第 3 项、第 4 项）、管理费用的支付方法（WEG 第 21 条第 7 项），以及变更和现代化的措施（WEG 第 22 条第 1 项和第 2 项）。另外，将管理规约中的物权的权利人的同意限定在必要的范围（WEG 第 5 条第 4 项），以及认可管理规约的变更请求权（WEG 第 10 条第 2 项），皆系为使意思形成容易化而采取的措施。第二，对住宅所有权人共同体关系认可有部分的权利能力，如此，住宅所有权人团体、住宅所有权人与债权人之间的法律关系得以明确厘定（WEG 第 10 条第 6 项和第 7 项、第 27 条）。另外，住宅所有权人对外部的责任，受共有持分的限定（WEG 第 10 条第 8 项）。第三，住宅所有权人之间的纠纷，以往作为非讼事件，但修改法作为诉讼事件处理（WEG 第 43 条以下）。第四，住宅所有权人大会（集会）决议的内容与对住宅所有权人适用的裁判决定，需作成决议录（Beschluss-Sammlung），并进行信息提供（WEG 第 24 条第 7 项）。第五，未支付管理费的住宅所有权人的债权，强制拍卖住宅所有权时，应优先受清偿（《强制拍卖法》第 10 条第 1 项第 2 句）。

住宅所有权人的内部关系中的团体的拘束，主要是指以上修改内容中的第一点。以往，住宅所有权法中的多数决决议，仅限于法律或管理规约预定的事项，具体而言，仅对使用、管理、维持修缮允许适用多数决决议。超越这些范围的内容的多数决决议，依 BGH 2000 年 9 月 20 日的决定，系无效。但是，不能实现全体的合意时，若不能依多数决决议为之，则住宅所有权人共同关系的管理就会变得困难。故此，为了扩大住宅所有权人的决议事项的范围，就有必要缓和住宅所有权人的意思形成的要件。以下就住宅所有权人的内部关系的规律，也就是管理规约的变更请求权、管理费用的分摊规则、对于超越通常的维持或修缮的建筑上的变更与支付费用乃至现代化措施等予以分析。

（1）管理规约的变更请求权。在德国，大多数的住宅所有权系由分让业者予以分让。此时，分让业者即作成原始管理规约，其对分让业者有利而对住宅所有权人不妥当的内容的规定就存在了。大多数的法院判决认为，为了解决该原始管理规约的问题，变更管理规约的请求权应予认可。所谓管理规约的变更请求权，指住宅所有权人打算变更含有不公正的内容的管理规约时，基于诚实信用原则，对于反对变更管理规约的人，得请求其同意的权利。前述德国联邦政府的"政府草案"如是规定：法院判例认可的管理规约的变更请求权，应使法律上的根据明确，进而使变更请求权的要件缓和。

2007 年德国新修改的《住宅所有权法》出于使管理规约的变更请求权的要件明确，及使以往的法院判例中严格的要件予以缓和的目的，新设立了如是的规定："各住宅所有权人考虑所有的情况，特别是考虑其他的住宅所有权人的权利与利益，若维持现在的规定系欠缺基于重大理由的衡平性时，得请求订立与法律不同的管理规约或变更管理规约"（WEG 第 10 条第 2 项第 3 句）。

（2）管理费用的分摊规则。2007 年经修改的《住宅所有权法》第 16 条第 3 项规定："住宅所有权人可以背离第 2 项的规定，[1]透过多数决方式作出决议，《德国民法典》第 556 条第 1 项意义上的、并非直接向第三人结算的共有财产或者特别财产的经营费用和管理费用按照消耗或者花费确定，并按照这一标准或者

　　1　2007 年经修改的德国《住宅所有权法》第 16 条第 2 项规定："每一个住宅所有权人对其他住宅所有权人负有义务按照其持分比例承受共有财产的负担并承担养护、维修、其他管理以及共有财产的共同使用所产生的费用。"

其他标准分摊，只要这符合规范管理。"并且，在经修改后的 2007 年新《住宅所有权法》中，不独经费，而且个别情况下的一般的管理费用的分摊标准，也认可得依特别多数决决议而为之。亦即，第 16 条第 4 项规定："住宅所有权人可以在个别情况下背离第 2 款的规定，针对第 21 条第 5 款第 2 项意义上的养护或维修，或者第 22 条第 1 款和第 2 款意义上的建筑物改变或使用，通过决议就费用分摊进行规范，如果这一背离法律规定的标准考虑到了住宅所有权人的使用或者使用的可能性，第 1 句规定的规范费用分摊的决议，需要第 25 条第 2 款意义上的全部有表决权的住宅所有权人的四分之三多数和全部共有份额的过半数同意。"

（3）超越通常的维持或修缮的建筑上的变更、支付费用及现代化措施。以往，对于超过通常的维持或修缮的建筑上的变更与支付费用，认为需要全体住宅所有权人的同意。而根据 2007 年修改后的《住宅所有权法》第 22 条第 1 项的规定，对于为建筑上的变更或支付费用，无需住宅所有权人全体的同意，而可径依多数决决议的方式为之。

此外，2007 年经修改的《住宅所有权法》中，为了使住居设施的改良、建筑上的变更得透过特别多数决决议为之，第 22 条第 2 项尚设有如是的规定："第 1 项第 1 句规定，如果是为了《民法典》第 559 条第 1 项规定的现代化或者使共有财产适应技术状况，并且不改变住宅规划的特点，也不使任何住宅所有权人相比其他住宅所有权人受到不合理妨害，则可以背离第 1 项的规定，通过第 25 条第 2 项意义上的全部有表决权的住宅所有权人四分之三多数并且代表全部共有份额过半数的住宅所有权人同意后作出决议。第 1 项意义上的权限不得通过住宅所有权人协议予以限制或排除。"

2. 小结

综据上述，德国 2007 年经修改的《住宅所有权法》使可依多数决决议而进行的管理的范围扩大了。尤其是 2007 年经修改的《住宅所有权法》并未改变通说对于住宅所有权的理解：住宅所有权系对土地的共有持分权。对住宅所有权人内部关系的各项规制，于不侵害反对决议的少数住宅所有权人的所有权、使用权、收益权以及处分的自由的前提下，使其受团体的拘束正当化。故此，2007 年经修改的《住宅所有权法》基本维持了以往的判例与通说的立场，实现了与它们的整合或合流。

（二）外部关系中的团体的拘束

对住宅所有权人的团体的拘束，新近热烈讨论的另一个问题是：住宅所有权人共同关系（住宅所有权人共同体）的权利能力。迄今为止，判例系将住宅所有权的权利构造作为以土地的共有持分权为核心来理解，住宅所有权人共同体关系被把握或理解为《德国民法典》中的共同关系。如此，住宅所有权人共同体关系被视为持分共同关系，因而也就不认可住宅所有权人共同体关系的权利能力，在与第三人的关系上，住宅所有权人全体被认为系契约的当事人。

但是，2005 年 6 月 2 日 BGH 的决定却做出了一个划时代的判断：在共同财产的管理的法律交易中，住宅所有权人共同体关系具权利能力。并且，由德国联邦政府提出的《住宅所有权法修改草案》也接受 BGH 2005 年 6 月 2 日的这一决定。以下先分析 2005 年 6 月 2 日的决定，明了其意义，之后分析 2007 年新修改的《住宅所有权法》对此的新规定的内容。

1. BGH 2005 年 6 月 2 日的决定

[案件基本情况]

X 与 Y 是位于慕尼黑的本案件中的居住设施的住宅所有权人。本案件中的居住设施由于位于以前的奥林匹克村，所以自城市基础结构这一城市规划的观点看，它是特殊的。垃圾处理设施、其他的能量供给设施，并非各自独立存在，而系作为复数的共同设施而存在。能量供给设施非设置在保障供给的区划的土地上，而是设置在部分邻接的与区划连为一体的土地上。车和人的通行，是区分不同的区域的。在机动车专用道路和停车场出入口，设置有供步行者使用的通路拱门。

关于本案中居住设施的管理，当时的管理者系代理"住宅所有权人共同体关系"（"住宅所有权人团体"）而与奥林匹克村事业参与整备有限合资公司（以下称"ODBG"）于 1976 年 9 月 22 日签订了单独的契约。其内容是：本案件中居住设施的整备、维持、经营、修缮皆委托 ODBG 为之。第二年，即 1977 年，ODBG 估计的预算与决算费用由住宅所有权人大会（集会）的决议认可（通过）。1990 年 3 月 21 日，住宅所有权人团体做出决议：ODBG 可以为由全部决算、全部预算认可的契约费用的支付，以及基于决算的剩余金支付和管理费前期支付。

2000 年 4 月 5 日的住宅所有权人集会（大会）上，是否认可 2000 年、2001 年的预算成为大会（集会）讨论的议题。大会做出的决议案中，只单纯地表明了与本案有关的全部费用，而个别的预算项目则没有涵括之。作为个别的支出，有预定的补修道路上供通行者使用的通路的混凝土拱门的 146 465 德国马克。大会（集会）的决议案于附加了一定条件的情况下获得通过。X 反对该决议，在混凝土拱门补修的范围内，提出本决议为无效的申诉。

慕尼黑地方法院驳回申诉。X 又即时上诉，拜恩州上级地方法院认可了其上诉。但是，因与柏林上级地方法院的决定抵触，所以拜恩州上级地方法院根据 2004 年 12 月 29 日的决定，向 BGH 呈示再上诉。

BGH 撤销原决定，认可申诉。BGH 基于详细的理由，对于共同财产的管理的与法律交易有关的范围内，做出了认可住宅所有权人共同体关系具有部分的权利能力的决定。如此，本案中的 ODBG 给付金钱的（支付）债务，就变成了住宅所有权人共同体关系的债务。

2. BGH 2005 年决定中的部分的权利能力

BGH 2005 年的决定尽管判示，在个别的预算项目没有计入的情形下，全体预算的决议被认可是无效的，但是，该判示最重要的地方在于：其认可了住宅所有权人共同体关系（住宅所有权人共同体）具有部分的权利能力。而 BGH 之所以认可住宅所有权人共同体关系具有部分的权利能力，其依据主要有如下两点：第一，住宅所有权人共同体关系类似于团体。具体而言，住宅所有权人共同体关系具有也应称为定款的管理规约，对于管理，其作有住宅所有权人大会（集会）的多数决决议，有住宅所有权人大会（集会）、管理者、管理顾问会这些独立的机关，且不认可住宅所有权人关系可以解除等等，无不与团体类似。此理由与过往的团体法的思路（进路）的主张者提出的理由相同。第二，根据住宅所有权法的立法者的意思与《住宅所有权法》旧第 27 条和第 28 条的规定，"管理财产"与住宅所有权人本身的财产是独立的，它归属于住宅所有权人共同体关系。BGH 特别指出，此点是作出前述判决的决定性因由。

　　BGH 指出，透过认可住宅所有权人共同体关系具有部分的权利能力，可以解决实务中的如下问题：第一，住宅所有权人共同享有的债权等"管理财产"因归属于住宅所有权人共同关系，故让与住宅所有权时，与住宅所有权独立的对"管理财产"的持分不得被处分，如此也就可以防止管理财产流出的情况发生；第二，即使由对共同财产的管理的法律交易中产生（取得）了对第三人的债权，要行使该债权，过往全体住宅所有权人需对管理者为个别授权（WEG 旧第 27 条第 2 项第 5 句），而如今，住宅所有权人共同体关系因为被限定为有部分的权利能力，故而在此范围内是不需要个别的授权的，住宅所有权人共同关系自身就可以成为债权人，如此就使行使债权权利变得容易了；第三，以往由于通常认为住宅所有权人全体基于管理契约而负有债务，于住宅所有权人更易时是否承继对第三人的债务就成为问题，惟如今，讨论此问题的必要性就没有了；第四，得认可住宅所有权人共同体关系的当事人能力与登记能力，进而对不支付管理费的住宅所有权人就可以采取强制执行的程序，如此就可以使管理得以圆滑、适正的进行。

　　3. 2007 年德国新《住宅所有权法》中的部分的权利能力

　　BGH 于 2005 年做出决定时，正值修改《住宅所有权法》的讨论达到最盛之时，德国联邦政府提出的修改草案（简称"政府草案"）也大约于此时公布，由此给予《住宅所有权法》的修改以很大的影响。审议"政府草案"的德国联邦参议院于 2005 年 7 月表明了自己的态度。这就是要认可住宅所有权人共同体关系具有部分的权利能力。之后，联邦政府又对"政府草案"追加了一些内容规定。2006 年 3 月，联邦政府将进行追加以后的新"政府草案"向联邦议会提出。而于此新"政府草案"中，既设有认可住宅所有权人共同体关系具有部分的权利能力的规定，也设有关于"管理财产"的归属的规定。2007 年 3 月，德国《住宅所有权法》的修改得以完成。以下试考量该修改后的《住宅所有权法》于哪些方面认可了住宅所有权人共同体关系具有权利能力、因认可住宅所有权人共同体关系具有部分权利能力而对"管理财产"的归属所生的影响，以及由管理契约所生的债务由谁负担等。

　　（1）部分的权利能力。2007 年经修改的《住宅所有权法》（以下称"新法"）由于认可住宅所有权人共同体关系具有部分的权利能力，所以住宅所有权人与住宅所有权人共同体关系法律地位的混乱就可以避免。该修改法对住宅所有权人法律上的地位作了如下的规定："按照该法规定的权利和义务，特别是特别所有权和共同财产的主体，于无其他的规定时，就是住宅所有权人"（WEG 第 10 条第 1 项）。此规定旨在明确界分住宅所有权人与住宅所有权人共同体关系的权利义务。

这里值得提及的是，修改后的新法是如何认可住宅所有权人共同体关系的权利能力的具体范围的？新法第 10 条第 6 项规定："在一切的管理（gesamte Verwaltung）"上，认可住宅所有权人共同体关系具有权利能力。此"一切的管理"，涵括住居设施的使用、管理，以及有关涉及共同财产的住宅所有权人的一切活动。BGH 2005 年的决定仅在"对于共同财产的管理的法律交易"上认可有权利能力，而新法则对一切的管理认可住宅所有权人共同体关系有权利能力。新法如此做的因由是：BGH 2005 年的决定仅认为"对于共同财产的管理的法律交易"上有权利能力，此种认识的正当化根据并不存在。譬如某住宅所有权人饲养的犬将建筑物出入口的门等共同财产损坏而发生损害赔偿请求权的情形，由于系关于"使用"的事项，故若根据 BGH 2005 年的决定，则住宅所有权人共同体关系就不认为有权利能力。而依新法，因其认可此种对居住设施的"使用"的情形，住宅所有权人共同体关系具有权利能力，故而可依住宅所有权人共同体关系的方式而予处理。

但是，住宅所有权人共同体关系的权利，必须与个别的住宅所有权人的权利区隔开来。对于此，新法规定：各住宅所有权人对第三人或其他的住宅所有权人有个别的请求权，譬如要求为通常的管理的请求权（WEG 第 21 条第 4 项），仅某住宅所有权人的权利被侵害时所引起的损害赔偿请求权，皆归属于各住宅所有权人，而非归属于住宅所有权人共同体关系（WEG 第 10 条第 6 项第 3 句）。此种个别的请求权之外的权利，于所有（一切）的管理的范围内，均由住宅所有权人共同体关系成为（作为）权利主体。

（2）"管理财产"的归属。德国新《住宅所有权法》第 1 条第 5 项将构成住宅所有权的一部分的共同财产界定（定义）为："土地与非属特别所有权或第三人的所有权的客体的建筑物的一部分、设施及设备。"由此，此界定（定义）中

未包含的存在于土地上的从物、现金、银行存款债权等所谓"管理财产"，应如
何归属于谁，在以往系不明确。

按照过往的学理，共有法的思路（进路）的意见是：住宅所有权人按照《德
国民法典》第741条应对"管理财产"予以共有。如此，学理上也就意即对"管
理财产"的持分与住宅所有权可个别（分别）独立地移转。但是，如此一来，住
宅所有权与"管理财产"就可能归属于不同的主体，进而造成权利关系的紊乱，
并且也会使专供住宅所有权的管理之用的"管理财产"发生流出的问题。由此，
遂采团体法的进路（进路）的见解，即"管理财产"系住宅所有权人共同体关系
这一团体的财产，系合手的归属于住宅所有权人。如此，"管理财产"也就不能
与住宅所有权分离处分。

对于以上问题，BGH 2005年的决定认为，住宅所有权人共同体关系仅在对于
共同财产的管理的法律交易的范围内具权利能力，也就是说，住宅所有权人共同
体关系就共同财产的管理的法律交易，得成为"管理财产"的权利主体。但是，
对于共同财产的管理的法律交易之外的情形，"管理财产"归属于谁的问题依旧
未得到解决。因此，新法为使"管理财产"的归属得以明确，作出了如下的规
定："管理财产归属于住宅所有权人共同体关系。管理财产在共同财产的所有的
管理的范围内，由法律上发生、根据法律行为取得的物和权利，以及由发生的债
务构成。管理财产包含特别是因与第三人和住宅所有权人的法律关系而生的请求
权和权限以及收取的金钱。一切（全部）的住宅所有权归属于一人时，管理财产
归属于土地的所有人"（WEG第10条第7项）。

（3）因管理契约所生的债务。过往的判例认为，因与第三人的管理契约产生
的债务，归属于全体住宅所有权人。故此，依该管理契约产生的债务于住宅所有
权被让与或拍卖时，特定承继人是否应承继就引起激烈争论。对此，BGH 2005年
的决定认为，基于与第三人的管理契约所生的债务，归属于住宅所有权人共同体
关系。据此，各住宅所有权人原则上就不对第三人负担债务了，在与第三人的关
系上，住宅所有权的特定承继人是否承继债务也不再成为问题。但是，为了清偿
因管理契约所生的债务，于作为责任财产的"管理财产"并不充裕时，BGH 2005
年的决定所彰示的规则或办法会产生不便。

有鉴于此，新法与 BGH 2005 年的决定不同，其规定："每个住宅所有权人按照其共有份额（第 16 条第 1 项第 2 句）对于在其作为共同体成员期间产生的或者在这一期间到期的住宅所有权人共同体的义务对债权人承担责任"（WEG 第 10 条第 8 项第 1 句）。住宅所有权人按照共有持分的范围（大小），对债权人直接负担责任。住宅所有权人对第三人的责任，与住宅所有权人共同体关系的责任是无关联的另外独立存在的，住宅所有权人共同体关系与住宅所有权人系并存的就债务负其责任。也就是说，住宅所有权人虽然受自己的共有持分的比例的限定而承担责任，但其系与住宅所有权人共同体关系连带的对第三人负其责任。并且，住宅所有权发生移转时，债务人是谁也是明确的。新法由于设有这些规定，避免了由 BGH 2005 年的决定所生的不便。

4. 与过往的讨论（或议论）的关系

BGH 2005 年的决定，其最根本的，是以一个判例而认可住宅所有权人共同体关系具有部分的权利能力。[1] 但是，需要指出的是，此决定毕竟只是就对于共同财产的管理的法律交易的情形，而承认住宅所有权人共同体关系具有部分的权利能力。另外，受 BGH 2005 年决定的影响而制定的德国新《住宅所有权法》也与此同。故此，对于 BGH 与新法，并不能认为它们业已直接自团体法的视角来把握或理解住宅所有权的权利构造本身。而事实上，BGH 2005 年的决定和新法，仍然将住宅所有权理解为以对土地的共有持分权为核心这一过往的权利构造，此点并未发生任何变化。

（三）二种共同关系：共有法与团体法的交错

以上谈到，通过认可住宅所有权人共同体关系具有部分的权利能力，几个管

---

[1] 对于 BGH 2005 年 6 月 2 日的决定，有赞成与否定两种意见。认可住宅所有权人共同关系具部分的权利能力，由于是由 Bärmann 提出的主张，采团体法的进路的见解，对此"决定"是持肯定立场的，而采共有法的进路的见解，对此"决定"则通常持否定立场。反对本决定的见解，参见 Reinhard Bork，Wider die Rechtsfähigkeit der Wohnungseigentümergemeinschaft：eine resignierendeb Polemik，ZIP 2005，S.1025。不过，即使是采共有法的进路，由于 BGH 2001 年 1 月 29 日的判决（BGH146，341）认可民法上的组合（团体）有部分的权利能力，故此该共有法的进路中，认为应当认可住宅所有权人共同关系具部分的权利能力的人也是存在且不少的。关于 BGH 2001 年判决，请参见［日］福泷博之："德国民法中的组合的权利能力（1）（2. 完）；BGH 的判决与 Karsten Schmidt 的见解"，载《关西大学法学论集》第 54 卷第 1 号第 1 页、第 2 号（2004 年）第 21 页。

理问题被解决了。但是，与此同时，重大的理论问题却发生了。这就是，在住宅
所有权系共有的架构内，具有部分的权利能力的住宅所有权人共同体关系应置于
何种地位。

　　住宅所有权人共同体关系系持分共同关系。在持分共同关系中，对其客体
（对象物）的权利，并不归属于共同关系自身。盖因对客体的持分权，是直接、
绝对的归属于数人的权利人的。但是，住宅所有权人共同关系被认可具部分的权
利能力。如此，住宅所有权人共同体关系作为持分共同关系，于规律住宅所有权
人相互间的内部关系的同时，也系对于一切（所有）的管理的权利义务的主体。
关于此内部关系的共同关系，与作为对于管理的权利义务主体的共同关系，系应
当一体性抑或分别把握，学理上存在分歧。

　　首先，一部分学理认为，不能分隔住宅所有权人内部的共同关系与作为对于
管理的权利义务主体的住宅所有权人共同关系，而应一体性的把握，是为"一体
理论"（Einheitstheorie）。此理论认为，住宅所有权人共同体关系并非团体而系共
有者间的持分共同关系，故而方于共同财产的管理的范围内，认可其有部分的权
利能力。由于偏重住宅所有权人共同体关系为持分共同关系，故而理论上区隔内
部关系与外部关系系不可能。

　　另一方面，大多数的学理将住宅所有权人内部的共同关系，与作为关于管理
的权利义务主体的共同关系予以区别性地理解或把握，是为"分离理论"（Tren-
nungstheorie）。盖因着重于对住宅所有权这一财产，2007 年的新法是完全地认可
两个不同的权利主体的。第一，住宅所有权因为是对涵括土地与建筑物的共同财
产的共同的所有权（WEG 第 1 条第 5 项），故当然的直接归属于各住宅所有权人。
第二，"管理财产"单纯地归属于住宅所有权人共同体关系本身（WEG 第 10 条
第 7 项）。此"管理财产"，并不是直接归属于各住宅所有权人的权利，而是住宅
所有权人统一体的共同关系的权利。住宅所有权人共同（体）关系作为团体，有
与作为其构成员的住宅所有权人的权利义务独立且分离的权利义务能力。故此，
住宅所有权人的共同体关系，应分为两方面加以理解。并且，立法者也是以存在
这样两个不同的住宅所有权人的共同关系的分离理论为前提的。为此，立法者新
设立了两个规定：（1）规定住宅所有权人于无其他明确的规定时，系权利和义

务，特别是特别所有权和共同财产的权利主体（WEG 第 10 条第 1 项）；（2）住宅所有权人共同（体）关系于共同财产的一切（所有）的管理的范围内，对第三人与住宅所有权人，以其自己本身取得权利、负担义务（WEG 第 10 条第 6 项）。住宅所有权人共同体关系对住宅所有权人有明确的独立的法律地位，此点是明确的。此外，2007 年新法一方面认可管理人以"住宅所有权人全体的名义"为管理时，在持分共同关系的权限范围内有代理权（WEG 第 27 条第 2 项）；另一方面，认可管理人以"住宅所有权人共同关系的名义"为管理行为时，有为了住宅所有权人共同关系的代理权（WEG 第 27 条第 3 项）。此两项不同的规定的前提是存在两个不同的住宅所有权人共同体关系。

那么，以上对新法的理解，与过往的讨论之间具有怎样的关联？过往的通说也认可住宅所有权人享有特别所有权、共有持分权以及对持分共同关系的权利。此三项权利，无论何者都不可或缺。故此，对于住宅所有权人共同关系部分存在权利能力及住宅所有权人对共同体关系具有权利，以往的共有法的架构中也可以觅到其踪迹。概言之，此三种权利系三位一体的这样的主张或见解，是十分有力的。此外，应当提及的是，认可住宅所有权人共同体关系部分有权利能力，对持分共同关系理论也产生了影响。过去以来，对住宅所有权人共同体关系，是认可其具有与团体相类似的特性的。不过，由于住宅所有权人的相互关系终究是持分共同关系，故此，要使部分的权利能力这一团体法的表征正当化，其理论的根据就当然是应当具备的。

四、由德国法得到的启示

对住宅所有权人的团体的拘束，过往通常是自共有法的视角进行考量，并采所谓共有法的思路（进路）。其因由是：第一，住宅所有权系以土地的共有持分权为核心而构成的权利。住宅所有权虽然是由对居住部分的特别所有权与对土地的共有持分权构成，但因存在"地上物属于土地"的原则，故对土地的共有持分权被认为系核心的权利。第二，德国《住宅所有权法》中有关团体拘束的规定，被透过《德国民法典》的共有规定来考量。应当予以团体的拘束的事项中，共同财产的使用、管理与住宅所有权的让与请求，前二者由于与《德国民法典》中的

管理规定相同，得以《德国民法典》为依据，后者是解除住宅所有权人间的共有
关系的必要手段。共有法的思路（进路），其理论上虽然是正当的，但因其不能
解决不公正的原始管理规约等实务中的管理问题，故而受到严厉批判。

批判共有法的思路（进路）的见解中，有力的主张是将住宅所有权自团体法
的视角加以再构成，并提倡试图使团体法的根据得以明晰的所谓团体法的思路
（进路）。此主张以共有物的使用、管理、让与请求为中心，着重于管理人、集会
的规定等，觅到与团体法中的表征相同的内容，进而使住宅所有权作为团体上的
权利而再构成。共有物的管理、让与请求等，对住宅所有权人予以团体法上的拘
束的根据，是自住宅所有权人系团体构成员上去寻求。但是，此未被一般人接
受，之前的共有法的思路（进路）仍然占据通说地位。其因由是：第一，从《住
宅所有权法》的发展脉络与法律的规定看，住宅所有权系以土地的共有持分权为
核心的权利，以团体法的思路（进路）来理解为作为团体的权利，是很困难的。
第二，团体法的思路（进路）偏重于实务的重要性，而有过度弱化所有权的效力
的危险。尤其是管理规约，其设定、变更或废止依多数决决议为之时，多数决决
议对住宅所有权人产生很大影响，权利极有被侵害的可能，此为最大的问题。故
此，团体法的思路（进路）并未成为通说而占据主导地位。

在德国，共有法的思路（进路）长期居于通说的地位，系一种通说的见解或
主张。由于住宅所有权系对土地的共有持分权的所有权，原则上未经本人同意即
不能进行团体的拘束，例外的因住宅所有权人系共有持分权人，住宅所有权的让
与请求与共有物的管理，如前述，团体的拘束是被认可的。此外，管理规约因系
契约，所以也需要住宅所有权人全体的一致合意（同意）。

以上的思路（进路），无论何者，皆为于厘定住宅所有权这一权利的构造后，
采用演绎性地解决问题的"演绎性的进路"。惟德国 2007 年修改《住宅所有权
法》的过程中，则并未采用此"演绎性的进路"。共有法的进路，不能处理现实
中需要解决的管理问题；团体法的进路，理论上的困境不能消弭，且实质上尚有
侵害住宅所有权人的财产权的危险。德国法此二种进路（思路）的窘境，需要通
过摒弃厘定住宅所有权的特性后即试图演绎性地提出解决个别问题的办法而予克
服。德国 2007 年《住宅所有权法》的修改中，不再采用演绎性的进路，而是限

定问题发生的情形，采取"归纳性的进路"。此种进路一方面原则上维持住宅所有权核心的权利系对土地的共有持分权这一基本点，另一方面于个别的情形着重于住宅所有权人相互间的关系，探寻团体的拘束的根据与界限。具体而言，管理费用的分摊标准与现代化措施等，被新导入团体的拘束中。若将以上所述予以图示，即是：

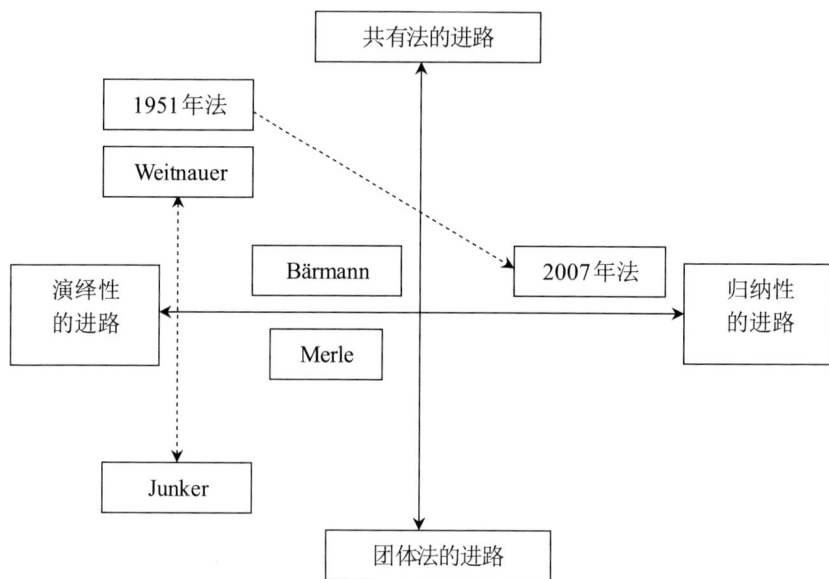

德国对住宅所有权的考量思路（进路）

经由本章第一节的分析、考量，可以明了，日本法围绕团体的拘束的根据的讨论之所以是混乱、迷惘的，其因由系在于，为了解决现实的问题，而导入多样化的团体的拘束的制度。尽管如此，厘定建筑物区分所有关系的特性，由此出发而试图演绎性地释明团体的拘束的根据与建筑物区分所有关系为一种特殊的关系，乃依旧是不可能的。故而，采纳德国法的第三种进路——归纳性进路，以释明对业主的团体的拘束的根据与界限，应当认为是有用的。

住宅所有权人相互间的关系，系由作为土地的共有持分权人产生的"共同关系"（Gemeinschaft），由于无团体形成的意思，所以不能解为"团体"（Gesellschaft）。并且，德国法上，尽管共有法的进路基本被维持，但其2007年的《住宅所有权法》修改中，扩大了对住宅所有权人的团体的拘束。而其背后的根据是：（1）对所有权的自由的保障，即不能透过多数决决议，而侵害反对决议的少数人的所有权的使用、收益及处分的自由；（2）对正当的程序的保障，也就是说，透过多数决而形成团体的意思时，召开住宅所有权人大会（集会）等，由此保障反对决议的少数人表达意见的机会，保障正当程序。

第十三章

对业主的团体的拘束的根据与界限——建筑物区分所有的所有权法与团体法的交错（二）

第一节　对业主的团体的拘束的根据与界限

一、概要

上一章第二节，考察了德国法对住宅所有权人的团体的拘束的根据。对此问题，以往存在认为住宅所有权的核心的权利系对土地的共有持分权，从而由共有法的视角加以把握和理解的共有法的进路，与将住宅所有权解为物权的团体持分权的团体法的进路。但是，在预定了住宅所有权的权利构造后，透过此而演绎性地解决问题的演绎性进路，仍不能解决以管理为中心的实务问题。故此，于2007年的住宅所有权法修改中，乃尝试采取归纳性的进路，根据问题发生的每个具体情形而寻求团体的拘束的根据与界限。

经由上一章第一节的分析、考量，可以看到，即便日本法上，过往通常是在厘定建筑物区分所有权的法性质后，而采试图使对业主的团体的拘束正当化的演绎性进路。但是，如此并不能解决实务问题。故此，日本法与德国法相同，又采归纳性的进路，依照对业主进行团体的拘束的每个必要的情形，尝试使团体的拘束的根据与界限明确化，而此被认为系有用。以下篇幅中，我们将一方面与德国法进行比较，另一方面对日本法中对业主的团体的拘束的根据成为问题的个别情

形予以分析。不过，德国法与日本法的建筑物区分所有权（住宅所有权）的权利
构造是不同的。德国法上，建筑物系附属于土地，而日本法上，土地与建筑物则
为各自独立的不动产。由此，日本的建筑物区分所有关系的权利构造是：（1）对
专有部分的区分所有权；（2）对共用部分的共有持分权；（3）基地利用权的共有
持分权。此系日本法的三种权利构造。以下拟对各个具体制度中对业主的团体的
拘束的根据与界限加以分析。应当指出的是，对于日本法的考量进路（思路），
图示如下即是：

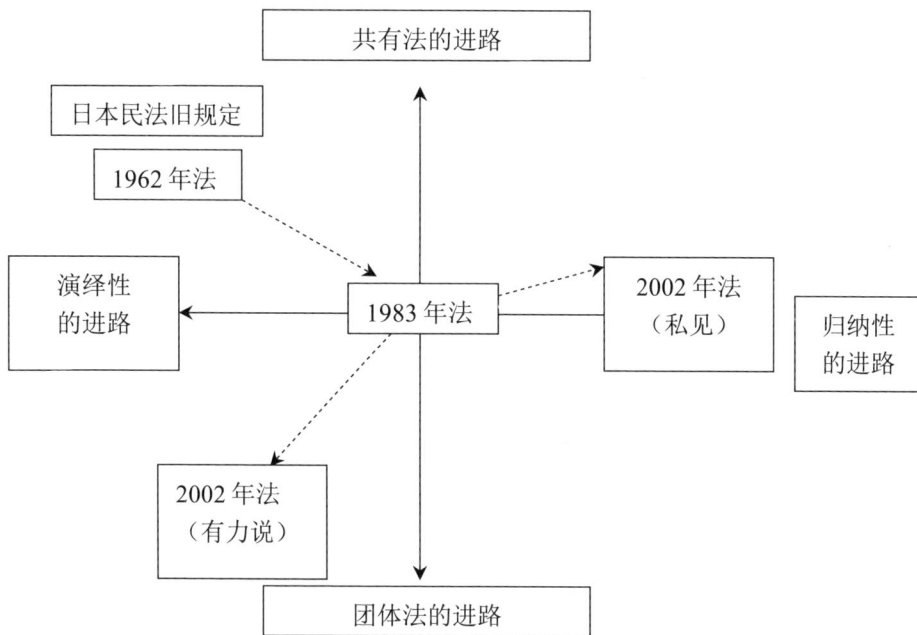

日本建筑物区分所有权的考量进路（思路）

　　日本的建筑物区分所有权法对业主进行团体的拘束是多种多样的。其主要涵
括：（1）对仅以共用部分为对象的管理和变更的规定；（2）对共用部分和专有部
分产生影响的有关请求拍卖与管理规约的规定；（3）有关重建决议的规定。值得
指出的是，自立法发展脉络史看，团体的拘束是按照（1）（2）（3）的次序逐次
扩大的。其中，（1）和（2）在德国法上也有类似的规定，故此以下将通过与德

国法的比较来探求团体的拘束的根据，至于德国法上并无类似规定的（3），则借鉴由对（1）（2）的分析而可能获得的结论，来探讨团体的拘束正当化的根据，并明了其界限。

二、各种具体情形对业主的团体的拘束的根据与界限

（一）对于管理的规定

《日本民法》第252条规定：共有物的管理依多数决为之。对区分所有建筑物的共用部分的管理依多数决为之，被认为系从来的当然之事。何以如此？盖因共用部分由建筑物区分所有人（业主）共有之（日本《建筑物区分所有权法》第11条第1项）。故此，对共用部分的管理的多数决的根据与界限，几无检视的必要。以下我们将对共用部分的管理的团体的拘束的根据与界限加以分析，并厘定其拘束的界限。

广义的管理行为涵括诸多内容，惟若自管理措施的重大性的视角分类，则可分为：（1）共用部分的狭义的管理，（2）共用部分的轻微变更（不涵括形状或效用的明显的改变），以及除第（2）之外的（3）共用部分的变更。自立法发展脉络史的视角看，系按（1）（2）（3）的次序而认可团体的拘束。以下依此次序而展开。此外，与管理、变更制度类似，也可以说是广义的管理，尚包括（4）小规模灭失的修复（复旧）与（5）大规模灭失的修复（复旧）。对（4）和（5），也予以考量、分析。

需指出的是，对以上内容进行分析、检讨时，也拟对德国法的类似制度予以分析。若比较德国法与日本法的规定，大体上（1）系德国法的通常的使用、管理，（2）是超过通常的维持、修缮的建筑上的变更、支付费用，（3）是现代化措施与本质的变更，（4）与（2）相同，系超过通常的维持、修缮的建筑上的变更、支付费用，（5）是对建筑物大规模灭失的再建的应对。不用说，日本法与德国法非常类似的规定与完全不同的规定都有。不过，日本进行建筑物区分所有权立法时，德国法的规定曾系其比较借镜的重要对象，故而对德国法与日本法作比较分析，是具重要价值的。

1. 共用部分的狭义的管理

（1）德国法的通常的管理。日本《建筑物区分所有权法》第18条规定：业主（建筑物区分所有人）根据集会的多数决决议对区分所有建筑物的共用部分进行管理。与日本法的此规定类似的，是德国《住宅所有权法》的如下规定："住宅所有权人根据集会的多数决决议进行通常的使用、管理"（WEG第15条、第21条）。德国《住宅所有权法》的该规定，是参考《德国民法典》的规定而作成的。故此，以下先对《德国民法典》关于通常的管理的规定予以分析，之后对德国《住宅所有权法》关于通常的管理的规定予以考察。

1）《德国民法典》中的管理多数决规定。《德国民法典》将共有物的管理规定于第2编"债法"第8章"债权各论"第17节"共同关系"中。所谓共同关系（Gemeinschaft），是指复数的权利主体就某项权利而有观念上的持分。[1] 共同关系因规定有某项权利的复数的人之间的法律关系，故被作为债务关系而对待（或规定）。

同时，《德国民法典》第3编"物权"第3章"所有权"第5节"共有"中，也有关于共有的规定。故此，共同关系的规定与共有的规定的关系就成为问题。不过，与《日本民法》不同，《德国民法典》的共有规定并不是规定共有关系的原则。盖由复数的人享有所有权的共有，系复数的人享有权利的共同关系的特则（《德国民法典》第1008条）。而作为共有的特则，存在对物权的设定（《德国民法典》第1009条）、对特定承继人的效力（《德国民法典》第1010条）及基于共有的请求权（《德国民法典》第1011条）的规定。故此，作为分析与检讨对象的共有物的管理与变更的事项，物权的共有中并无规定，而是专门于《德国民法典》第741条以下有关共同关系的规定中被规律。

惟共同关系中对于管理的规定，其情形较为复杂。首先，考量一下共同关系的管理的结构。共同关系的标的的管理，由共同关系人全体共同为之（《德国民法典》第744条第1项）。此规定意味着共同关系的标的的管理原则上需以全体的合意为之。故而，持分权人之间存在合意，抑或全体做出一致决定的情形，便

---

[1]　Karsten Schmidt, in: Münchener Kommentar zum Bürgerlichen Gesetzbuch, Bd, 5, 5. Aufl., 2009, §741 Rdnr. 1（S. 715）.

可依该合意或决定而为管理。如此的持分权人的合意或决定不存在时，对于"通常的（ordnungsmäßig）管理"，可依多数决的决定而为之，依多数决决定而不能进行管理的，持分权人得请求依公平衡量而符合全体共同关系人利益的管理及利用（《德国民法典》第 745 条第 2 项）。也就是说，持分权人不能全体达成一致而进行共同管理的，得依多数决的决定而进行管理。

得根据多数决的决定而进行的管理，系为"通常的管理"。之所以将根据多数决的决定而进行的管理限定为"通常的范围"，其因由主要是，为了不使反对决议的少数人的利益受到侵害。依多数决的决定的管理，为管理行为时，对反对决议的少数人的利益应予考虑。

2)《德国民法典》管理规定的团体的拘束的根据与界限。《德国民法典》规定通常范围的管理依多数决的决定而为之，被认为系为了保护共同关系。也就是说，于持分权人间的意见不一致时，为了保护共同关系，透过多数决的决定而为通常的管理就是必要的。而这就是《德国民法典》将不可分割的标的物的管理置于共同关系中规定的因由。另一方面，为了保护共同关系而承认多数决决定的效力时，反对决定的少数人的所有权的使用、收益、处分的自由有被侵害的危险。之所以如此，盖因为通常的管理而生费用时，反对管理的人也需负担管理费用（《德国民法典》第 748 条）。由于赞成多数决的决定的多数人"介入"了反对多数决的决定的少数人的共有持分权，并不利益地把握、处理、对待反对多数决的决定的少数人的私有财产，故而反对多数决的决定的少数人必须受到保护。此共同关系的保护与对少数人的保护，应认为系多数决管理规定的解释指针。某项管理行为，其是否适宜依多数决的决定而进行"通常的管理"，应自此两方面进行判断。

那么，反对多数决的决定的少数人应如何具体受到保护？第一，如前述，允许依多数决的决定而管理的事项，应限定为管理中的"通常（范围）的管理"。并且，对通常性进行判断时，不能侵害反对多数决的决定的少数人的利益，也就是不能侵害其所有权的使用、收益及处分的自由。对此通常性进行判断时，事后有无金钱的负担也是重要的考量因素。概言之，依多数决的决定而为通常范围的管理的，需符合保障所有权的自由这一要件。第二，做出进行管理的决定时，征

询少数利害关系人的意见（Gehör）也是必要的。所有的持分权人，必须保障其
参加到共同关系的意思形成中，并适当地征询少数利害关系人的意见。换言之，
持分权人的参加权与表决权的行使，不能受到妨碍。法律上征询少数利害关系人
的意见，因为系恰当地收集信息的机会，故而，此机会未被给予时，反对决定的
少数人得对赞成决议的多数持分权人请求损害赔偿。概言之，依多数决的决定而
进行管理，也要符合保障正当程序的要件。第三，仅于共同管理的标的物得分割
的情形，反对决定的少数持分权人，得行使《德国民法典》第 749 条第 1 项的共
同关系的解消请求权（Aufhebungsanspruch）[1]。

　　3）德国《住宅所有权法》中的管理规定。德国《住宅所有权法》对于管理
的规定，被置于第 1 章 "住宅所有权" 的第 3 节 "管理"（Verwaltung）中。管理
的概念因与 "业务执行"（Geschäftsführung）未能界分，故被认为是多义性的。
管理的法律界限是处分，事实界限是本质的变更。得成为该管理的对象的，系共
同财产（gemeinschaftliches Eigentum）。而所谓共同财产，系指土地、特别所有权
及非属第三人的所有权的标的物的建筑物的一部、设施和设备（WEG 第 1 条第 5
项）。

　　与《德国民法典》相同，德国《住宅所有权法》中共同财产的管理的规定，
适用于住宅所有权人共同关系中的住宅所有权人的内部关系。对住宅所有权人共
同关系而言，因管理系特别重要的，故而立法者于第 3 节集中规定与管理有关的
内容。这里的管理规定，系以《德国民法典》第 741 条以下有关共同关系的管理
的规定为基础而作成。

　　需指出的是，管理规约中存在对于管理的规定时，原则上其效力上应优先于
《住宅所有权法》的规定（WEG 第 10 条第 2 项）。管理规约的设定、变更及废
止，需以全体的合意为之。此系因为，管理规约被视为契约。对于《德国民法
典》共同关系的标的物的管理，合意的效力同样应优先。故此，德国《住宅所有
权法》的管理的规定，仅于管理规约无特别规定时，方予适用。

　　明定管理根据多数决的决议而为之的德国《住宅所有权法》第 21 条第 3 项，

---

　　[1]　参见《德国民法典》第 749 条（解消请求权）第 1 项："各共同关系人得随时请求解消共同
关系。"

系参考《德国民法典》第 745 条第 1 项第 1 句而作成，对于住宅所有权人共同关系，认为可于必要范围内加以变更。《德国民法典》第 745 条第 1 项规定："与共同关系标的性质相当之通常管理及利用，得以多数之同意定之。多数之同意，应按应有部分之数额计算之。"对此，德国《住宅所有权法》第 21 条第 3 项规定，"只要没有通过住宅所有权人协议对共有财产的管理加以规定，住宅所有权人可以通过多数表决方式对合乎共有财产性质的、规范的管理作出决议"。而第 15 条第 2 项规定："只要不违背按照第 1 款达成的约定，住宅所有权人可以通过多数决方式决定对特别所有权范围内的建筑物部分以及共有财产合乎其性质的、规范的使用。"在这里，将管理与使用分别规定的因由，系认为管理仅以作为共有物的共同财产为对象，而使用则不独共同财产，且特别所有权的标的物也为其对象。

4）团体的拘束的根据与界限。如前述，德国《住宅所有权法》中的通常的使用（WEG 第 15 条）、对共同财产的通常的管理（WEG 第 21 条第 3 项），基本是承袭得以多数决的决定而对共有物进行通常的管理的《德国民法典》第 745 条的规定。故此，对于住宅所有权共同关系的管理，依多数决的决议即可的根据，乃与《德国民法典》相同：于不能解消的共有关系中，为了避免发生管理不能的情况。

应当指出的是，适用多数决的情形，反对多数决的少数人的所有权的使用、收益及处分的自由有受到侵害的危险。为此，与《德国民法典》相同，德国《住宅所有权法》也虑及对反对决议的少数人的保护：将管理事项限定为"通常的管理"。且与该通常的管理相当的事项，乃由《住宅所有权法》第 21 条第 5 项具体列举。即：建筑物的使用规则的制定；共同财产的通常的维持与修缮；根据共同财产的现价而订立火灾保险契约，以及住宅所有权人作为建筑物和土地的占有人而订立应负担的损害赔偿责任的保险契约；准备相当的维持准备金；预算的作成；为了住宅所有权人的利益，容忍电话加入设备的设置、广播接收信息装置的设置及能量供给设施等的设置。不过，也有人指出，仅这些列举的事项，未必当然就是通常的管理的范围。管理的通常（性）的判断标准，应依公平的判断，看其是否合于全体住宅所有权人的利益而定。合于全体住宅所有权人的利益，系指考虑个别情况下的特殊情形后，而应判断为有益。譬如购买除雪机，于考虑其价

格、气候、共同关系的规模等之后，就可认定为系正当。对这些管理作有益性的
判断时，应考虑共同关系的资金能力。譬如管理的目的本身即便是正当的，但若
因此而破坏共同关系的财政体系（架构）时，也不认为属于通常的管理的范围。
在所有的情形，皆应分析所支出费用的效果。也就是说，判断是否有通常（性）
时，应考虑事后有无经济负担。主要是对住宅所有权人不能产生经济负担。如
此，由于将"管理"限定为"通常的"范围，且事后不能产生费用负担，故而没
有侵害反对决议的少数人的所有权的使用、收益及处分的自由，通常认为，其符
合了保障所有权的自由的要件。此外，此通常的管理由于通过住宅所有权人大会
的决议而为之，且设有征询少数利害关系人的意见的程序，故被认为也有程序上
的保障，进而满足了保障正当的程序的要件。德国法上，因这两个要件的满足或
符合，对业主的团体的拘束得以正当化。

（2）日本法的狭义的管理。如前述，德国《住宅所有权法》关于管理的规
定，系承袭《德国民法典》关于共有物的管理的规定，其根据多数决而为通常的
管理的根据，系在于它是保护住宅所有权人相互间的关系的必要手段。且其界限
是费用的多寡，尤其是事后有无费用负担。其旨趣在于不侵害少数人的所有权。
日本的建筑物区分所有中的共用部分的管理的规定，系承袭《日本民法》关于共
有物的管理的规定而来。故此，以下依照日本法的发展脉络进行分析，并与德国
法加以比较，由此对团体的拘束的根据与界限加以考量。

1）《日本民法》旧规定。日本 1962 年制定《建筑物区分所有权法》前，专
有部分的区分所有权规定于《日本民法》旧第 208 条中，对共用部分的共有持分
权，由《日本民法》第 249 条以下的共有规定予以规范。也就是说，共用部分的
管理，适用关于共有物的《日本民法》第 252 条，其管理可经由过半数的决定而
为之。那么，对共有物的管理可依多数决而为之的因由何在？对此，《日本民法》
的起草者解释说："以全体的合意为管理尽管被认为系必要的，但其却是不便的。"

2）日本 1962 年的《建筑物区分所有权法》。日本 1962 年制定的《建筑物区
分所有权法》对于共用部分的管理与变更，主要继受《日本民法》关于共有物的
管理与变更的规定。也就是说，"对于共用部分的管理的事项，除前条（共用部
分的变更——笔者注）的情形外，以共有者持分的过半数决定。但是，保存行为

则由各共有人决定"（日本 1962 年《建筑物区分所有权法》第 13 条）。此规定与
《日本民法》第 252 条的规定大体相同。此《建筑物区分所有权法》的管理规定，
被认为单纯是对《日本民法》的共有物管理规定的承袭。进而，得以建筑物区分
所有权人的多数决为共用部分的管理的根据，被解为系与以多数决为《日本民
法》的共有物的管理的根据相同。不过，日本 1962 年《建筑物区分所有权法》
为防止侵害反对决定的少数人的所有权的使用、收益及处分的自由，也设有《日
本民法》没有的规定。譬如其规定：共用部分的管理对专有部分的使用产生特别
影响时，需获得该专有部分所有人的同意（1962 年《建筑物区分所有权法》第
13 条第 2 项）。

3）日本 1983 年《建筑物区分所有权法》及其以降。日本 1983 年对 1962 年
《建筑物区分所有权法》进行修改，修改后的第 18 条承继了 1962 年法第 13 条的
规定。当时的修法担当者特别指出：对管理的内容的规定，没有变化。学理上，
由于对管理的内容的规定并无变化，所以几乎没有被讨论。但是，1983 年法对于
多数决的决议方法，导入了建筑物区分所有权人大会决议，整备、完善了反对决
议内容的少数人的意见表达程序，且按人头数进行表决。往后，日本于 2002 年再
度修改《建筑物区分所有权法》时，狭义的管理的规定仍然未有变化。

4）团体的拘束的根据与界限。得依建筑物区分所有权人的多数决决议而为
区分所有建筑物的共用部分的管理的根据，以往并没明确讨论过。由前述分析可
以看到，建筑物区分所有中的管理的多数决决议的根据，可自《日本民法》有关
共有的规定中的管理多数决的根据求得。也就是说，作为保护赞成决议的多数人
与反对决议的少数人这两方面的利益的手段或方法，需依多数决而实施管理。特
别是区分所有建筑物的管理，是对不能分割的共有物的管理，若采取全体一致的
合意，则管理势必就成为不可能，故此，为了避免如此的事态发生，就有必要采
取多数决而实施管理。狭义的管理，即不认可变更建筑物的形状、效用的管理，
只是单纯的改良行为，所以对反对决议的少数人享有的所有权的使用、收益及处
分的自由不会被侵害，如此就满足了保障所有权的自由的要件。此外，因强调需
经由建筑物区分所有权人大会而为决议，所以也保障了正当的程序，从而也满足
了保障正当的程序的要件。所有这些，皆可解为使对建筑物区分所有权人的团体

的拘束得以正当化。如此，根据建筑物区分所有权人的多数决决议而为狭义的管
理的根据，日本法与德国法就变成相同了。不过，对于多数决决议的界限，德国
系以事后有无费用负担作为标准，而日本却未采取如此的标准。德国法上，多数
决决议是否被允许，系以管理是否在"通常的"范围内而定。判断管理是否具
有通常（性）时，费用是要考虑的。另一方面，日本多数决决议是否被允许，系
以管理行为是否为变更行为为标准，具体根据标的物本身的外形有无变更而予客
观的判定。日本法上，根据外形这一客观的标准，其界限就被确定了，故此，反
对决议的少数人的所有权的使用、收益及处分的自由不会被侵害，如此就使团体
的拘束得以正当化。

需指出的是，以上德国法与日本法之所以有如此的差异，其因由是，德国
《住宅所有权法》与日本《建筑物区分所有权法》的权利构造不同。德国的住宅
所有权，系对以土地的共有持分权为核心的权利，"管理"是以涵括建筑物的全
体土地为对象的；而日本法上，"管理"则以区分所有建筑物的共用部分为对象。
由此之故，德国法与日本法由于管理的对象具极大的不同，所以其判断标准也就
有异了。

2. 共用部分的轻微的变更

（1）德国法涵括于"通常的管理"中的超过通常的维持或修缮的建筑上的变
更与支付费用。日本《建筑物区分所有权法》第 18 条规定：不独共用部分的狭
义的管理，且轻微的变更（不伴有形状或效用的明显的变更）也需经由多数决决
议而为之。与此日本法的规定相当的，是德国《住宅所有权法》第 22 条第 1 项
的规定：超过通常的维持或修缮的建筑上的变更与支付费用，得以多数决决议而
为之。

在德国，以往对于超过通常的维持或修缮的建筑上的变更与支付费用，应依
如何的要件而为之，各种讨论是紊乱的。德国 2007 年修改其《住宅所有权法》
时明定：超过通常的维持或修缮的建筑上的变更与支付费用，可以多数决决议而
为之。但是，超过义务、侵害住宅所有权人的权利时，则需获得该住宅所有权人
的同意（WEG 第 22 条第 1 项）。

对于超过通常的维持或修缮的建筑上的变更与支付费用，得以进行团体的拘

束的根据何在？对此，应认为系与通常的管理相同。盖超过通常的维持或修缮的
建筑上的变更与支付费用，即便超出通常的范围，也属于住宅所有权人的义务范
围内的必要措施。存在超过义务而侵害住宅所有权人的权利时，需获得该住宅所
有权人的同意。故此，因未侵害反对者的所有权的使用、收益及处分的自由，故
而它满足了保障所有权自由的要件。此外，由于经由住宅所有权人大会的决议为
之，所以正当程序也得以保障，进而满足了正当程序的要件，团体的拘束由此得
以正当化。

（2）日本法中与"狭义的管理"同视的"轻微变更"。德国法上，超过通常
的维持或修缮的建筑上的变更与支付费用经由多数决决议而为之的根据，乃与通
常的管理相同，其未侵害反对决议的少数人的所有权的使用、收益及处分的自
由，也就是正当的程序被保障；另一方面，日本《建筑物区分所有权法》中的轻
微的变更，乃与《日本民法》的规定不同。日本 1983 年修改《建筑物区分所有
权法》时，其表决要件被变更，2002 年再度修改时，其范围被变更。以下按照日
本法的发展脉络予以分析，并与德国法加以比较，考量团体的拘束的根据与界限。

1）1962 年的《建筑物区分所有权法》。根据日本 1962 年《建筑物区分所有
权法》，以区分所有建筑物的共用部分的改良为目的且不需要显著较多费用的变
更，可依共有人的持分的四分之三以上的多数决而为之（1962 年《建筑物区分所
有权法》第 12 条）。此规定缓和或改变了变更需有全体的合意的《日本民法》第
251 条的规定。对于轻微变更得进行团体的拘束的因由，是共用部分与专有部分
具不可分的关系，它们与一般的共有物不同，无论分割抑或让与持分（份额）皆
不允许。也就是说，为了顺利地进行广义的管理，以往的变更概念的一部分，要
作与狭义的管理同样的对待、把握和处理。具体而言，轻微变更应如何予以判
断？有人谓：其除了根据每个具体的情形而予判断外，尚应是较小的规模的改良
与并不过分的行为。作为并非轻微变更的实例，譬如将作为共用部分的楼梯改造
成电梯、增建作为共用部分的附属物的库房（堆房）或机动车的车库等，皆
属之。

共用部分的变更（措施），是否不得对反对措施的少数人的所有权的使用、
收益及处分的自由产生侵害？变更，通常需要较多的费用，故此，反对变更措施

的建筑物区分所有权人事后也要负担费用，此种可能是存在的。对此，应解为：
日本 1962 年《建筑物区分所有权法》中的轻微变更，指的是并不需要显著巨额
费用的改良行为。需要支付相当高的分担费用、不适当的较通常需要更多的过分
费用的措施，不被认可。

此外，共用部分的变更，由于各种原因，可能对某专有部分的使用产生特别
的影响。譬如，进行共用部分的变更工事期间，进出某专有部分变得不自由、不
方便，抑或某专有部分的采光、通风变得恶化等，皆属之。在此等情形，学理认
为，若不能取得专有部分的所有权人（建筑物区分所有权人）的同意，就不能进
行共用部分的变更，也就是说，需采取保护建筑物区分所有权人的利益的措施。

2）1983 年的《建筑物区分所有权法》。日本 1983 年修改后的《建筑物区分
所有权法》对轻微变更的处理或对待作了重大的变更，即将轻微变更的要件由四
分之三的多数缓和或改变为过半数。轻微变更与狭义的管理相同，变成经由建筑
物区分所有权人大会，由建筑物区分所有权人和表决权的各过半数而为之。

之所以如此，系与日本 1983 年修改法强化团体的拘束这一点有关。日本
1983 年修改后的《建筑物区分所有权法》，强调建筑物区分所有的团体法的侧面，
为此而采取的措施就是在建筑物区分所有权人大会的表决决议上增加人头数的要
件，即不仅表决权（持分），且建筑物区分所有权人的人头数也被纳入多数决要
件中。按照 1962 年的《建筑物区分所有权法》，轻微变更依共有人持分的四分之
三以上的多数决而为之，但是，若在 1983 年的修改法中改变为需要建筑物区分所
有人和表决权的各四分之三以上的多数，则就加重了轻微变更的要件，而这乃与
1983 年修改《建筑物区分所有权法》的旨趣系在实现区分所有建筑物管理的圆滑
化相悖。故此，1983 年的修改法将轻微变更变成经由建筑物区分所有权人大会，
由建筑物区分所有权人与表决权的各过半数而为之。

轻微变更的议决要件尽管得以缓和，但轻微变更本身的内容则未当然变化。
故此，以多数决决议来为轻微变更的措施的根据，乃与日本 1962 年《建筑物区分
所有权法》的规定相同，与狭义的管理相同。

3）2002 年的《建筑物区分所有权法》。日本于 2002 年对《建筑物区分所有
权法》进行修改之前，为了维持、保全建筑物而定期进行预定的外壁、房屋的大

规模的修缮（工事），但不作为轻微变更对待，而系作为通常的变更处理。根据
1983 年经修改后的《建筑物区分所有权法》，实施除轻微变更之外的变更措施，
需建筑物区分所有权人与表决权的各四分之三以上的多数于建筑物区分所有权人
大会上为决议。为此，实施定期的大规模修缮，根据单纯的多数决决议，亦即依
建筑物区分所有权人与表决权的各过半数的决议就显出不足，而需根据建筑物区
分所有权人与表决权的各四分之三以上的多数的特别多数决决议而为之。不过，
若对定期的大规模修缮采取特别多数决决议，则议决要件就过于严格了，如此就
会给建筑物的适正的、圆滑的管理带来障碍。

故此，2002 年日本经修改的《建筑物区分所有权法》对于定期的大规模的修
缮，立基于应当与作为轻微变更的狭义的管理相同的对待（把握、处理），而明
定根据单纯多数决的决议而为之。如此，对于包含大规模修缮工事的共用部分的
改良行为，不问费用的多寡，变成得以与狭义的管理相同的要件而为之。

4）团体的拘束的根据与界限。根据日本 1962 年《建筑物区分所有权法》，
依多数决的决定而为变更，不能侵害反对者的权利，且不负担显著的费用负担。
也就是说，是满足保障所有权的自由的要件的情形。1983 年修改法基本沿袭了
1962 年法的立场，且导入建筑物区分所有权人大会决议制度，可谓是采取保障正
当程序的要件。2002 年经修改的《建筑物区分所有权法》改变了轻微变更的定
义，其范围被扩大，对建筑物区分所有权人的团体的拘束得以强化。此种扩大团
体的拘束的范围的根据何在？通常而言，2002 年法与 1983 年修改法相同，皆系
区分所有建筑物管理的适正化、圆滑化。对于轻微变更，2002 年修改法主要预设
了两个方面的问题：第一，轻微变更是伴有外形的变更的小规模的改良且并不奢
侈、过分的行为，故此，得认其系与管理相同的措施；第二，2002 年修改法的旨
趣之一，是立基于修缮计划的定期的大规模修缮。这两方面，2002 年修改法既没
有侵害反对决议的少数人的所有权的使用、收益及处分的自由，且又规定，依建
筑物区分所有权人大会的决议而为之，故此也有正当的程序保障，满足了正当的
程序保障的要件。由于有此两个方面的要件，所以通常认为，它使对建筑物区分
所有权人的团体的拘束得以正当化。

如前述，日本法与德国法对于管理、变更的概念的考量思路（进路）是有较

大不同的。德国法着重于事后的费用负担的判断标准，而日本法则系以费用负担
是少的且系客观地进行管理为判断标准。但是二者在以下两点上具有共通性：一
是特别强调和重视不能侵害反对者的所有权的使用、收益及处分的自由；二是保
障反对者之表达意见的机会。

3. 共用部分的变更

（1）德国法中的变更。日本《建筑物区分所有权法》第 17 条规定：除区分
所有建筑物的共用部分的轻微变更外，其余的变更需由建筑物区分所有人及表决
权的各四分之三以上的特别多数决决议为之。于德国《住宅所有权法》上，因无
关于变更允许多数决决议为之的规定，故原则上需由全体一致的合意为之。德国
法对变更的此种规范，系承继《德国民法典》的考量思路（进路）而来。不过，
作为其例外，《德国民法典》第 559 条第 1 项规定的现代化抑或使共同财产适用
现今的技术状况而采取的措施，则可依住宅所有权人的四分之三以上的多数且由
共有持分的过半数的决议为之。故此，以下先分析《德国民法典》与德国《住宅
所有权法》对于变更的规定，之后分析作为其例外的现代化措施的规定的内容及
正当化的根据。

1）《德国民法典》中的变更的规定：全体一致决原则。《德国民法典》对于
实施"通常的管理"的措施，即便伴有变更的行为，也可依多数决的决定而为
之。不过，对于本质上的（wesentlich）变更，则不能依多数决的决定而为之，而
需经持分权人全体的合意而为之。盖因本质上的变更，相当于事实上的处分行
为，系超过了依多数决决定而管理的界限。相当于本质上的变更的，有"外形上
的变更"或"经济目的的显著变更"。变更的本质（性），不独应根据交易观念，
且应依对共同关系产生决定性的影响而判定。持分权人自身需支付较多的资金
时，通常认为构成本质上的变更。此种本质上的变更，不独不可依多数决决定而
为之，且根据《德国民法典》第 745 条第 2 项的规定向法院为管理的请求也是不
可以的，而需透过全体的一致合意为之。

本质上的变更与通常的管理不同，由于反对实施本质上的变更的措施的人事
后负担金钱的可能性较大，故其有侵害少数人的所有权的使用、收益及处分的自
由的危险。正是因此，为不侵害所有权的使用、收益及处分的自由，本质上的变

更依多数决决定而为之就是不允许的。

2）德国《住宅所有权法》中的变更规定：全体一致决原则。与《德国民法典》的本质的变更需由持分权人的全体一致而为之相同，德国《住宅所有权法》中的建筑上的变更及采取需花费特别大的费用的措施，原则上得依住宅所有权人的全体一致（决）而为之。也就是说，这里的无论何者皆超越了通常的管理的范围，而构成对共同财产的事实上的处分，故而需要全体的一致。并且，自对住宅所有权人的共同关系不得请求解消（WEG 第 11 条第 1 项）看，采取全体一致合意的必要性也是很高的。

3）德国《住宅所有权法》中的例外：现代化措施的根据与界限。德国《住宅所有权法》第 22 条第 2 项规定："第 1 项第 1 句规定，如果是为了《民法典》第 559 条第 1 款规定的现代化或者使共有财产适应技术状况，并且不改变住宅规划的特点，也不使任何住宅所有权人相比其他住宅所有权人受到不合理妨害，则可以背离第 1 项的规定，通过第 25 条第 2 项意义上的全部有表决权的住宅所有权人四分之三多数并且代表全部共有份额过半数的住宅所有权人同意后作出决议。第 1 项意义上的权限不得通过住宅所有权人协议予以限制或排除。"此系 2007 年进行住宅所有权法修改时新导入的规定。

得以特别多数决决议而为现代化措施的根据是，即便超过了住宅所有权人的义务甚至权利被侵害，该措施因对共同财产的现代化或使共同财产适应技术状况而有益处，故而乃与全体住宅所有权人的利益攸关。该措施一方面使建筑物的效用增加，进而有益于多数住宅所有权人，但同时也有可能侵害反对该措施的少数住宅所有权人的所有权的使用、收益及处分的自由。故此，原则上应依全体一致的方式而为之，惟德国《住宅所有权法》却明定以多数决决议而为该措施。此种考量思路的根据何在，遂成问题。

（2）日本法中的共用部分的变更。如前述，德国法上的变更原则上需以全体的合意为之，其例外的是对于现代化措施可依特别多数决的决议而为之。与此不同，日本法的共用部分的变更则仅依特别多数决决议而为之即可。与德国法不同，日本法上的变更不要求全体的合意，其认许团体的拘束的因由，与此问题的立法发展脉络有较深的关联。以下按照发展脉络而予分析，弄清对于变更的团体的拘束的根据与界限。

1）《日本民法》旧规定。现今《日本民法》第 251 条对于共有物的变更需以全体的合意为之的理由，在《日本民法》的立法过程中并未明确地进行讨论。《日本民法》第 251 条的起草者富井政章谓：本条对于变更需由全体一致而决定的规定，系当然之事。之后，该氏又曾指出：共有物的变更需全体一致的合意的因由，系因共有物的变更为处分行为，故而需要全体共有人的一致的合意。此外，《日本民法》的另一起草者梅谦次郎也对此进行相同的释明。可见，变更采全体一致而为之的原则，系因变更乃为所有权的处分，此点被认为是当然之事。之后的学理，对变更需全体的合意的理由也未有特别的讨论，这大抵是受到了《日本民法》的这些起草者们的考量思路的影响的结果。

2）1962 年的建筑物区分所有权法。1962 年日本制定《建筑物区分所有权法》时，于第 12 条设有如下规定："共用部分的变更，如果没有共有者全体的合意，则不能为之。但是，以共用部分的改良为目的，且不需要显著的较多的费用的变更，则依共有人的持分的四分之三以上的多数决的决定而为之。"据此，可知共用部分的变更，原则上乃与《日本民法》第 251 条相同，需依全体的合意而为之。不过，其例外的对于轻微变更，则规定以特别多数决而为之。此点前文已述，兹不赘述。

3）1983 年《建筑物区分所有权法》以降。1962 年日本制定《建筑物区分所有权法》后，区分所有建筑物急剧增加，之前未曾料及的一些问题发生了。其中的一个问题即是对共用部分的变更的规范。要实施共用部分的轻微变更以外的变更，与《日本民法》相同，需有全体的合意。但是，若变更需依全体的合意为之，则区分所有建筑物的圆滑的维持、管理就会出现障碍。故此，日本 1983 年对其《建筑物区分所有权法》进行修改时，对于变更即放弃了采用《日本民法》的1962 年《建筑物区分所有权法》的规范进路，而明定得依建筑物区分所有权人及表决权的各四分之三以上的多数的决议而为之。并且，2002 年再度进行《建筑物区分所有权法》的修改时，对于轻微变更以外的变更，未作修改。

4）团体的拘束的根据与界限。如前述，日本 2002 年《建筑物区分所有权法》，对于大规模的修缮的"伴有形状或效用的显著变更"，是作为"轻微变更"

来对待，作与狭义的管理相同的对待和处理。轻微变更以外的变更，与 1983 年《建筑物区分所有权法》相同，由建筑物区分所有权人及表决权的各四分之三以上的多数的赞成，由建筑物区分所有权人大会（集会）的决议定之（2002 年《建筑物区分所有权法》第 17 条）。

日本 1983 年《建筑物区分所有权法》设立可依多数决决议来为变更的因由，是大规模修缮等的措施如果不能实施，则建筑物的老朽化等情况就会出现。日本 1983 年《建筑物区分所有权法》的此目的本身可谓正当。但是，日本 1983 年《建筑物区分所有权法》设定的作为变更措施的具体形态的定期性大规模修缮，日本 2002 年再度修改《建筑物区分所有权法》时，就变成轻微变更，而作与狭义的管理相同的对待或把握。根据日本 2002 年《建筑物区分所有权法》，轻微变更之外的变更以特别多数决议而为之的必要性，并不明确。

根据以上所述，对于变更，若分析得对建筑物区分所有权人为团体的拘束的根据，则可说由于需有建筑物区分所有权人及表决权的各四分之三以上的多数的赞成，故存在有压倒性的多数的意思，也可以说对少数人的所有权的使用、收益及处分的自由未有侵害的盖然性是高的，且保障所有权的自由的要件系充足的盖然性也是高的。另外，需以建筑物区分所有权人大会（集会）为决议而决定，故正当的程序也被保障，进而满足了正当的程序保障的要件。此外，对专有部分的使用产生特别影响时，需获得该专有部分的所有权人的同意（2002 年《建筑物区分所有权法》第 17 条第 2 项），故而一定程度上也没有侵害反对决议的少数人的所有权的使用、收益及处分的自由。

需提及的是，德国法上，为现代化的措施而不得不卖掉住宅所有权时，系对少数人的权利的侵害，从而该措施不得被认可。此点在日本法下是否允许可能成为问题。不过，如前述，在日本和德国，管理的对象物是不同的。故此，在德国，无论《德国民法典》抑或《住宅所有权法》，对于管理与变更的界分标准主要在于费用负担这一点上。而在日本，管理与变更的标准则并不在费用负担这一点上。自管理的圆滑化、适正化的视角看，若系必要的措施，即便有高额的费用负担，甚至不得不卖掉一部分建筑物区分所有权人的区分所有权，也是被认可的。

4. 小规模灭失的修复（复旧）

接下来，作为与管理类似的制度，分析修复（复旧）制度。修复是建筑物区分所有权人的权利客体的建筑物的一部分灭失，而对灭失部分采取的措施。不过，依多数决决议而实施修复措施的对象，仅限于共用部分，专有部分的修复只能由本人为之。故此，修复系对共用部分而为紧急的管理措施。

（1）德国法中的小规模灭失。德国法上，低于建筑物的价格的二分之一的灭失，称为小规模灭失。此小规模灭失，其得作为通常的管理，而予修复。德国《住宅所有权法》规定：建筑物超过其价格的二分之一灭失，且其损害不能依保险及其他方法填补时，其再建，不得作为通常的管理而为决议（WEG 第 22 条第 4 项）。此外的情形，作为通常的管理而为决议。

德国法上，建筑物属于土地的定着物，即便建筑物的小规模灭失，因也可解为系共有物的"土地"的通常的管理，故未设特别的规定。小规模灭失的修复而对住宅所有权人为团体的拘束的根据，应作与通常的管理相同的把握或考量。

（2）日本法中的小规模灭失。日本《建筑物区分所有权法》规定：相当于建筑物的价格的二分之一以下的部分灭失时，得于建筑物区分所有权人大会（集会），以建筑物区分所有权人及表决权的各过半数为修复灭失的共用部分意旨的决议（第 61 条第 3 项）。

德国法上，即便建筑物一部分灭失，也系作为对土地的管理而对待，而日本法上，建筑物并非土地的附属物，而为建筑物区分所有权人的权利的标的物。小规模灭失，即意味着所有权的标的物的一部灭失。如此的修复得以多数决决议而为之，并进行团体的拘束的根据何在？

1）1962 年的《建筑物区分所有权法》。日本 1962 年制定《建筑物区分所有权法》，区分所有建筑物小规模灭失时，各建筑物区分所有权人不独对灭失的自己的专有部分，且对灭失的共用部分也可修复（第 35 条第 1 项）。可对小规模的灭失予以修复的理由，是认为如此可以维持以往的权利关系，且尽可能通过修复建筑物而使以往的权利义务关系得以存续。故此，建筑物区分所有权人单独进行修复是允许的。日本 1962 年《建筑物区分所有权法》只规定了建筑物区分所有权人单独进行修复，作与共有物的保存行为（《日本民法》第 252 条）相同的处理或对待。

2) 1983 年《建筑物区分所有权法》以降。日本 1983 年经修改的《建筑物区分所有权法》，大大变易了修复的规定。相当于建筑物的价格的二分之一以下的部分灭失时，得于建筑物区分所有权人大会（集会），为修复灭失的共用部分意旨的决议（第 61 条第 3 项）。此决议因系普通决议（第 39 条第 1 项），故可依建筑物区分所有权人及表决权的各过半数为之。

与日本 1962 年《建筑物区分所有权法》不同，修复得以多数决决议而为之的理由，在于修复灭失的共用部分系被涵括于广义的建筑物的管理中，故需服从于团体的管理。也就是说，作为对建筑物的管理，团体的拘束得以正当化。

3) 团体的拘束的根据与界限。修复而使业主受团体的拘束的根据何在？有日本学者对此曾解释说：修复只不过是"非常时候（特殊时候）的管理"。由此，修复而使业主受团体的拘束的根据，乃与共用部分的变更与管理受团体的拘束的根据相同。也就是说，修复被界分为小规模灭失的修复与大规模灭失的修复，前者由建筑物区分所有权人及表决权的各过半数，后者由建筑物区分所有权人及表决权的各四分之三以上的多数决，为修复灭失共用部分意旨的决议（日本《建筑物区分所有权法》第 61 条）。概言之，修复的根据，应作与共用部分的管理与变更的根据相同的考量、对待或把握。

进行小规模灭失的修复，由于伴有外形的大的变更，故原则上应解为相当于变更行为。不过，区分所有建筑物的专有部分与共用部分系结为一体，且不得予以分割，故此，即便是变更行为，较小的规模且费用负担并不大时，也应将之作与管理相同的对待。透过与管理相同的根据，修复依多数决决议而为之即具正当性。

5. 大规模灭失的修复

(1) 德国法中的大规模灭失。根据德国法，建筑物超过其价格的二分之一灭失时，称为大规模灭失。大规模灭失，其损害依保险或其他方法而填补时，建筑物的再建作为通常的管理措施而对待（WEG 第 22 条第 4 项）。损害不能填补，抑或经由损害的填补，超过建筑物的价格的二分之一的灭失部分不能修复，建筑物的再建，需全体的合意。盖大规模灭失的修复，巨额的费用是必要（必需）的，若可经由多数决决议而为之，则反对决议的少数住宅所有权人就会负担过大的费用，如此就侵害了此等少数人的权利。大规模灭失的修复由于作与本质上的变更相同的把握或对待，故解为不能对住宅所有权人进行团体的拘束。此外，不能实施修复时，根据住宅所有权人的请求，住宅所有权人共同关系即解消（WEG 第11 条）。

（2）日本法中的大规模灭失。日本法上，超过区分所有建筑物价格的二分之一的部分灭失时，得于建筑物区分所有权人集会（大会），以建筑物区分所有权人及表决权的各四分之三以上的多数为修复灭失的共用部分意旨的决议（日本《建筑物区分所有权法》第 61 条第 5 项）。与小规模灭失相同，德国法系作对土地的管理相同的考量或对待，而日本法对于建筑物区分所有权人的权利标的物的建筑物的灭失应作如何处理，则成为问题。

1）1962 年《建筑物区分所有权法》。日本 1962 年《建筑物区分所有权法》规定：区分所有建筑物大规模灭失时，建筑物区分所有权人应为对于建筑物的再建协议，协议不能达成一致时，各建筑物区分所有权人可以请求其他的建筑物区分所有权人买取自己的权利（第 35 条第 3 项）。也就是说，对于大规模灭失的修复，不能进行团体的拘束。大规模灭失，维持以往的权利关系，是复旧建筑物抑或全部拆毁建筑物而重建建筑物，应由建筑物区分所有权人全体以协议定之。不过，当此不可能或不能获得全体的同意时，允许自建筑物区分所有权关系中脱离出来。大规模灭失的修复需由全体的合意定之，故可解为系作与变更行为相同的对待或把握（《日本民法》第 251 条、日本 1962 年《建筑物区分所有权法》第 12 条）。

2）1983 年《建筑物区分所有权法》以降。根据日本 1983 年《建筑物区分所有权法》，即便超过建筑物的价格的二分之一的部分灭失，也得于建筑物区分所有权人集会（大会），为修复灭失的共用部分意旨的决议（第 61 条第 5 项）。此时，建筑物区分所有权人及表决权的各四分之三以上的多数是必要（必须）的。是小规模灭失抑或大规模灭失，以一部灭失时作为其标准，比较一部灭失前的状态的建筑物的价格与一部灭失后的状态的建筑物的价格后定之。

与 1962 年《建筑物区分所有权法》不同，大规模灭失的修复得以多数决决议为之的理由，如前述，系在于修复涵括于广义的建筑物的管理中。大规模灭失的修复，是非常时期的变更行为，故应作与共用部分的变更相同的考量。

3）团体的拘束的根据与界限。大规模灭失时的修复，因会极大地变更建筑物的外形，故原则上应当然获得全体的同意。但是，对于区分所有建筑物，为了建筑物的圆滑的维持与管理，仅基于变更行为的因由，通常并不要求需有全体的合意。盖因若采全体的合意，则由于少数人的反对而不能实施修复行为时，任何其他措施都是不能实施的，如此区分所有权的价值就会显著下降，进而就有侵害多数人的权利的可能。故此，透过与实施变更行为时相同的理由，依多数决决议而为之即被认为是正当化的。

但是，与共用部分的变更相同，进行修复时，强使人或硬要人接受某种效用的可能性也是有的。故此，为防止对反对决议的少数人的所有权的使用、收益及处分的自由的侵害，与共用部分的变更相同，引起建筑物的特性的变更的修复，不当的、奢侈的、较通常（平常）需要巨额费用的修复（措施），应解为是不允许的。

（二）拍卖请求的规定

建筑物区分所有关系中，各业主所有建筑物的各一部分，对维持、保护建筑物的良好的状态，各业主具共同的利益。违反此共同利益而给建筑物的管理、使用带来妨碍的行为，系不允许。故此，日本《建筑物区分所有权法》规定：建筑物区分所有权人不得为对建筑物的保存有害的行为，抑或其他有关建筑物的管理或使用违反建筑物区分所有权人的共同利益的行为（第6条）。日本《建筑物区分所有权法》为有效防止建筑物区分所有权人为此类行为，规定了对违反义务者的停止请求（第57条）、使用禁止的请求规则（第58条），且明定：若违反义务者的行为致建筑物区分所有权人的共同生活发生显著障碍，而难依其他方法除去此障碍，以谋共用部分利用的确保抑或其他建筑物区分所有人共同生活的维持时，其他建筑物区分所有权人全体或管理组合法人得基于建筑物区分所有权人大会（集会）的决议，以诉讼请求拍卖与该行为有关的建筑物区分所有权人的区分所有权与基地利用权（第59条）。

拍卖请求一旦被认可，违反义务的建筑物区分所有权人的区分所有权及共用

部分的共有持分权、基地利用权的共有持分权，将违反其本人的意思而被剥夺性
地拍卖。违反共同利益的义务违反者，仍然系建筑物区分所有权人，其享有所有
权的处分的自由。故此，对所有权的使用、收益及处分的自由的重大限制的拍卖
请求，根据建筑物区分所有权人的多数决决议而实施的根据，就成为问题。以下
篇幅，拟比较分析可谓是日本的此项制度的母法的德国法的情况，对拍卖请求，
分析建筑物区分所有权人得服从团体的拘束的根据。

1. 德国法中的让与（转让）请求规则

（1）立法旨趣。德国《住宅所有权法》第 18 条第 1 项规定："如果一个住宅
所有权人严重违反对其他住宅所有权人的义务，致其他住宅所有权人无法继续与
其维持共同关系的，其他住宅所有权人可以请求转让其住宅所有权。"此转让
（让与）请求，得由住宅所有权人的过半数以决议为之（WEG 第 18 条第 3 项）。
请求或要求住宅所有权人转让其住宅所有权的判决使每个共有人皆有权依据《强
制拍卖与强制管理法》（Gesetz über die Zwangsversteigerung und Zwangsverwaltung）
第 1 章的规定请求强制执行（WEG 第 19 条第 1 项）。要求让与的请求一旦被认
可，违反义务的住宅所有权人的住宅所有权即被剥夺。由此，此让与请求规则，
又称剥夺制度或没收制度。

那么，缘何要认可让与请求规则？德国制定其民法典之前的旧时代的楼层所
有权制度中，是不认可得为如此的权利剥夺的，故而其成为很多纠纷发生的源
泉。应当认可让与请求规则的理论上的理由，是住宅所有权法中不认可住宅所有
权人共同关系的解消请求（要求），进而言之，是在于不认可住宅所有权人共同
关系得发生解除（或废止、解消）的这一均衡。某住宅所有权人由于为重大的违
反义务的行为，其他的住宅所有权人不能容忍与其继续维持共同关系的状态一旦
发生，将违反义务的住宅所有权人自共同关系中驱逐就必须得到认可。由于住宅
所有权人共同关系中的纷争与对立，对住宅所有权人进行法律救济的手段，就是
向法院提起让与请求之诉。

（2）要件。让与请求规则，德国《住宅所有权法》第 18 条第 1 项规定了一
般性的要件，第 2 项规定要件被满足的具体实例。首先，规定一般性要件的第 18
条第 1 项规定，认可住宅所有权的让与请求需符合两个要件：某住宅所有权人对

其他的住宅所有权人就负有的义务有严重违反；由此使其他的住宅所有权人难以继续期待此后与其维持共同关系。

关于严重违反义务的内容，无论经济的抑或其他种类的，皆属之。负担义务的对象方是共同关系，也就是说，并不限于其他的所有的住宅所有权人，而即便对其他的一个住宅所有权人违反义务，让与请求也被认可。而且，此违反义务，必须是严重的。是否严重，应在考虑具体案件的所有情况后确定。

另外，需其他住宅所有权人此后不能继续期待与其维持共同关系，简称"期待不可能性"。当然，若有现实可能性抑或存在可以期待解决的措施时，让与请求是不被认可的。何以如此？盖因让与请求是对所有权的重大干涉，是在利用其他所有手段而仍然不能解决时采取的措施。对"期待不能性"进行判断时，需考虑的是，若经由排除妨害，其他的住宅所有权人就能获得利益，则违反义务的住宅所有权人就应保有住宅所有权的利益，也就是其住宅所有权不能被拍卖。

（3）团体的拘束的根据与界限。德国法上，住宅所有权系以对土地的共有持分权为核心的权利，住宅所有权也涵括了相当于日本建筑物区分所有权的特别所有权这一单独所有权。故此，以多数决决议而剥夺住宅所有权的让与请求规则的正当化根据，就成为问题。

采取团体法的思路（进路）的见解，是将住宅所有权的让与请求与团体的除名制度予以同视。除名制度，譬如于组合上，按照《德国民法典》第737条的规定，于存在重大理由的情形，可将构成员除名。如此，团体法上，因为构成员的继续性关系是存在的，由于构成员相互的信赖关系成了问题，故将破坏信赖关系的人除名就是必要的。除名制度是排除破坏信赖关系的人的办法，住宅所有权法认可这样的制度，其与采取团体法的思路（进路）的见解进行的考量相同。但是，如上一章第二节所述，此主张全面地认可对所有权的使用、收益及处分的自由的团体的拘束，将住宅所有权并非作为所有权，而系作为团体性的权利加以构成，故理论上受到强烈批评。故此，通常而言，让与请求规则不能被解为系除名制度。

另一方面，采取共有法的思路（进路）的见解认为，相当于日本的建筑物区分所有权的特别所有权，其经济上姑且不论，法律上只不过是形成作为土地的共有持分权的某住宅所有权的附属物，住宅所有权的核心的权利始终是土地的共有

持分权。住宅所有权是土地及建筑物的共有持分权，但它与《德国民法典》中的
通常的共有不同，是不能解消共有关系的（WEG 第 11 条）。但是，因不能解消共
有关系，所以自共有人应受共有关系的拘束看，自违反义务的人那里设置为保护
其他的共有人的手段就是必要的。故此，让与请求规则，是立基于不能解消共有
人之间的关系的作为解决纷争的手段而设置的。此见解由于防止了对住宅所有权
人全体的利益，特别是对多数人的所有权的使用、收益及处分的自由的侵害，故
而被认为是剥夺违反义务的人的住宅所有权的必要理由。对违反义务者的住宅所
有权的剥夺，因为不可能获得其本人（被剥夺者）的同意，故为防止赞成决议的
多数人的所有权的使用、收益及处分的自由被侵害，就只能采取多数决。

此外，住宅所有权的让与请求规则，团体法的思路（进路）系除名制度，共
有法的思路（进路）是解决纷争的手段，足见此制度或规则的根据存在歧见。不
过，无论何者皆认为，立基于住宅所有权人相互的关系是继续性的、不能解消
的，故让与请求规则或制度作为其他的住宅所有权人防止所有权的使用、收益及
处分的自由被侵害的手段乃是必要的。两种思路（进路）在此点上是共同的。

让与请求，不得认为得依多数决议而无限制地认可，相反，对之需作如下
限制：

第一，需住宅所有权人对其他的住宅所有权人严重违反所负的义务，共同关
系的继续维系对其他的住宅所有权人来说，已系不能忍受。未有严重违反义务而
提起的诉讼是不会被认认可的。违反义务是否严重，对有关的住宅所有权人来
说，系依与妨害人的共同关系的继续维系是否已经不能忍耐而判定。此判断，应
就具体事案中的所有情况作通盘考量后而确定。违反义务的"严重性"的要件是
必需的，故可以说反对的少数人的权利就不值得保护，进而也就满足了保障所有
权的自由的要件。

判例上的具体实例有：出租的房屋作为卖淫的房间使用，而出租人默认，其
他的住宅所有权人持续地毁损出租人的名誉，该出租人对其他的住宅所有权人实
施暴力。[1] 此外还有：住宅所有权人无视警告，反复严重地违反《住宅所有权法》

1　Bärmann/Pick，Wohnungseigentumsgesetz Kommentar，18. Aufl.，2007，§ 18 Rdnr. 2（S. 349）.

第 14 条所定的义务（WEG 第 18 条第 2 项第 1 句）；住宅所有权人超过 3 个月不履行负担与费用的分担义务（WEG 第 16 条第 2 项），其数额超过住宅所有权的全体价值（Einheitswert）的 3%（WEG 第 18 条第 2 项第 2 句）。

应当指出的是，以上的违反义务，需以有"过失"为必要。此所谓过失，系通常的对生活的态度或责任。譬如，某住宅所有权人由于酒精或麻药中毒而导致无责任能力的状况下，有引起火灾的危险，应当认为有过失。

第二，需让与请求于住宅所有权人的大会（集会）上以多数决决议决定。由于设有反对决议的少数人表达意见的机会的制度，故此，正当的程序得以保障，进而满足了正当的程序保障的要件。

第三，由于会引起住宅所有权的剥夺这一重大后果，所以议决要件并非是出席者的过半数，而是由有表决权的住宅所有权人的过半数而决定。也就是说，较对于其他措施的决议，其要件被加重。而且，要求严重违反义务的人让与其住宅所有权，应以提起诉讼并获得法院的判决为必要（WEG 第 18 条）。也就是说，最终由法院来判断。透过此种程序的加重，保障所有权的自由的要件系充足的这一盖然性也就是高的。

综据上述，由于满足了保障所有权的自由的要件与正当的程序的要件，故让与请求制度或规则对于业主的团体的拘束，就应当认为是正当化的。

2. 日本法的拍卖请求规则

日本法与德国法相同，建筑物区分所有权人由于享有所有权的使用、收益及处分的自由，故当然也是不能违反自己的意思而使自己的建筑物区分所有权和共有持分权被剥夺的。尽管如此，日本现行法还是设有透过多数决决议而拍卖建筑物区分所有权的规定。此规定的根据何在？以下先分析日本法上该制度的发展脉络，之后廓清其团体的拘束的根据与界限。

（1）1962 年日本制定《建筑物区分所有权法》时对此制度或规则的观望与暂缓考虑。日本 1962 年制定的《建筑物区分所有权法》第 5 条第 1 项规定："建筑物区分所有权人不得为对建筑物的保存有害的行为，或其他关于建筑物的管理或使用，不得为违反建筑物区分所有权人的共同利益的行为。"此系规定建筑物区分所有权人之间的权利义务。当时的立法担当者认为，由于日本《建筑物区分

所有权法》制定前未有明文规定，但建筑物区分所有权人的权利受该第 5 条第 1
项的限制乃系建筑物区分所有的特性上的当然之事，故而透过明文规定使之明确
化。由于此项规定，使建筑物区分所有权人中的一人为违反《建筑物区分所有权
法》第 5 条第 1 项的行为，且不能被阻止时，其他的建筑物区分所有权人基于该
规定，得以诉讼请求停止该行为，有紧急的必要时，也得请求法院作出命令其停
止行为的假（临时）处分（处置）。

　　日本 1962 年制定《建筑物区分所有权法》，与该第 5 条第 1 项的规定相粘连，
对于是否设置拍卖违反义务的建筑物区分所有权人的区分所有权，是否设置强制
性地自专有部分中退出的规定，系讨论过的，但最终放弃在立法上作出明定。盖
因在日本的风土人情下，担心该制度会被滥用，尽管这有《日本民法》的公共福
祉原则加以禁止，但还是有可能造成剥夺所有权的后果。由于当时存在尽管是少
数但却是强硬的反对意见，加之设立此制度的必要性尚主要停留在观念的理论层
面上，故日本 1962 年的《建筑物区分所有权法》最终并未规定此制度或规则。

　　（2）1983 年的《建筑物区分所有权法》。日本 1983 年修改其《建筑物区分
所有权法》时，建筑物区分所有权的剥夺于实务上得到了认可，自日本社会的现
实需要与必要性出发，设立了拍卖请求制度（第 59 条）。通常而言，建筑物区分
所有权关系是非常密切的、多数人的共同生活关系，违反第 59 条的规定的行为的
影响是重大的，为了谋求圆满的共同生活的维持与存续，作为法律上的手段，拍
卖请求制度就被认为是必要的。此外，理论上，建筑物区分所有权作为伴有内在
性限制的权利，也应当容许该制度或规则。

　　不过，得以多数决决议为拍卖请求的理论上的根据，系建筑物区分所有权的
内在限制，这一点并未展开。建筑物区分所有权由于系单独且独立的所有权，所
以建筑物区分所有权人享有所有权的使用、收益及处分的自由。对此点，也未展
开。不过，若以内在性限制作为拍卖请求的根据，极端地说，则应当限制建筑物
区分所有权的所有事项，盖它们皆可解为系基于建筑物区分所有权的内在性限
制。如果这样，则建筑物区分所有中多数决决议不认可的事项可谓是没有的，进
而建筑物区分所有权也就变为不是所有权了。可见，引起所有权的剥夺这一重大
后果的拍卖请求以多数决决议而予认可的根据，仅自内在性限制的视角加以厘清

是不够的。

（3）团体的拘束的根据与界限。日本以往的学理对于得以多数决决议为拍卖请求的理论上的根据几乎没有进行过检视，而通常作如下的说明：其与1983年修改《建筑物区分所有权法》的修法担当者的主张相同，拍卖请求是作为对建筑物区分所有权的内在性限制而被认可的。学者中也有人指出，拍卖请求权是违反者之外的建筑物区分所有权人全体团体性地享有且行使的权利。那么，为何以多数决决议为拍卖请求，是作为对建筑物区分所有权的内在性限制而被认可？

日本《建筑物区分所有权法》中的区分所有权的拍卖请求制度，与使用禁止的请求制度（第58条）以及对占有人的交付请求制度（第59条），被合称为"自建筑物区分所有权关系中排除的制度"。建筑物区分所有权关系是非常密切的多数人的共同生活关系，建筑物区分所有权人实施的违反共同利益的行为，其样态是多样的，且产生的影响也是重大的，故仅靠禁止请求制度（第57条）、由管理规约所定的请求违约金等个别的防御途径，是有不能防止共同生活关系被破坏的危险的。具体而言，譬如即便受到被禁止的判决，但仍然不服从，或者多次反复为各种多样的违反行为，等等。这些例子表明，即使采取禁止的方法也是有不能处理、应对的情形，如此的问题自一定意义而言，就是得以禁止的方式予以应对的情形成了问题。得行使禁止请求权的行为，即日本《建筑物区分所有权法》第6条第1项中规定的违反共同利益的行为。通常而言，害及建筑物的物理上的保全或利用的行为，就会被认定为系损害区分所有建筑物中的共同生活利益的行为。前者涵括对建筑物的不当毁损行为与对建筑物的不当使用行为，后者涵括噪音、振动、恶臭、有毒气体的发散等的安居妨害行为（nuisance）。此禁止请求权的根据，系在于违反建筑物区分所有权人间的法定义务。

如果自日本《建筑物区分所有权法》中拍卖请求制度的体例位置看，拍卖请求制度本身被认可的根据，应该是为义务违反行为的对建筑物的不当毁损行为、对建筑物的不当使用行为、噪音、振动、恶臭、有毒气体的发散的情形中，因不能为禁止请求，故作为其替代的手段，拍卖请求就是必要的。与德国法相同，即便日本法上，建筑物区分所有权人也是共有共用部分及基地利用权的，不能解消的作为共有关系的建筑物区分所有权关系，由其他的建筑物区分所有权人保有对

建筑物区分所有权乃至共有持分权的侵害的妨害排除手段，拍卖请求就是必要
的。也就是说，拍卖请求作为为防止义务违反者对其他的建筑物区分所有权人的
所有权的使用、收益及处分的自由的侵害，乃是必要的、必需的。

日本法上，认可拍卖请求，是无除去障害的其他方法，而义务违反者的行为
造成了共同生活的显著障害。此时，由于赞成拍卖请求的决议的多数人的所有权
的使用、收益及处分的自由被侵害，故反对者主张所有权的使用、收益及处分的
自由已不获支持，不能指称拍卖请求是剥夺所有权。换言之，它满足了保障所有
权的自由的要件。此外，由于需在建筑物区分所有权人集会（大会）上以多数决
决议为之，故而也满足了保障正当程序的要件。并且，需要有法院作出的判决，
此与德国法所需的要件相同，进而保障所有权的自由的要件系充足的盖然性乃是
高的。由这些方面可以认为，拍卖请求而对建筑物区分所有权人的团体的拘束是
正当化的。

不过，与德国法不同，日本法上，仅满足上述要件，拍卖请求还不能正当
化。德国住宅所有权是以对土地的共有持分权为核心的权利，作为不得解消共有
关系的处理纷争的手段，让与请求制度或规则得以正当化。而日本法上，业主不
独有对共用部分、基地利用权的共有持分权，且也有对专有部分的区分所有权，
故而得拍卖建筑物区分所有权的理论上的根据就成为问题。

日本法对于得拍卖建筑物区分所有权的根据，应自日本法的权利构造中去寻
找。也就是应自对建筑物区分所有权、共用部分的共有持分权及基地利用权的共
有持分权，无论何者原则上皆系不能分离处分（日本《建筑物区分所有权法》第
15 条、第 22 条）这一点去探寻。日本法下，为维持建筑物区分所有人的共同生
活，替代共有关系的解消手段的应对纷争的手段，拍卖请求是必要的。不过，透
过共有持分权不得与建筑物区分所有权分离处分，建筑物区分所有权本身的拍
卖请求被认可也就可解了。日本法之下，建筑物区分所有权与对共用部分的共
有持分权及基地利用权的共有持分权之间，由于未有主从关系，故可做如是的
解释。

（4）裁判的实例。日本实际的裁判例中认可拍卖请求的案件，主要可以分为
三类：第一类，涉及日本的暴力团而认可拍卖请求的案件；第二类，涉及管理费

的滞纳而认可拍卖请求的案件；第三类，因噪音、振动等"安居妨害"而认可拍卖请求的案件。其中，第一类和第三类案件，皆系对建筑物区分所有权乃至共有持分权的所有权的使用、收益及处分的自由实施了侵害。至于不支付管理费的案件，通常而言，不能认为侵害了建筑物区分所有权及共有持分权的使用、收益及处分的自由，故其不能正当化，而应解为管理组合（管理法人）基于成为（或作为）优先权（先取特权）的对象的管理费债权，透过实施对未支付管理费的人的建筑物区分所有权的强制执行而得以解决。不过，义务违反者的责任财产完全没有的情形，可谓是进行了对所有权的使用、收益及处分的自由的侵害，故拍卖请求应解为被认可。

（三）管理规约的规定

管理规约作为建筑物区分所有权人相互间的规范，得规范建筑物等的使用、管理的各种各样的事项。管理规约主要对共用部分、基地设置规范。日本《建筑物区分所有权法》规定，管理规约的设定、变更及废止，得于建筑物区分所有人集会（大会），以建筑物区分所有权人及表决权的各四分之三以上的多数决决议为之。惟管理规约对建筑物区分所有权人进行团体的拘束的根据及界限在哪里，是需要解明的。

以下经由与德国法的管理规约进行比较而予以分析。不过，德国法与日本法，对于管理规约得规范的事项范围，其设定、变更以及废止等的议决要件，是完全不同的。德国法上，得于管理规约中规定的内容并无特别的限制。此外，管理规约的设定、变更及废止需要全体的合意。但是，是否宜认可不公正的原始管理规约的效力系一大的问题，此点德国法与日本法是共通的。自对此问题应如何加以解决看，德国法具重要价值与意义。另外，日本1962年制定《建筑物区分所有权法》时，对管理规约曾做过与德国法类似的规定。

1. 德国法对管理规约的规定

德国法上，管理规约（Vereinbarung）是对作为土地的共有持分权人的住宅所有权人间的相互关系，得进行补充乃至变更《住宅所有权法》的规定的内容的东西（WEG第10条第2项、第3项）。此管理规约制度，为何与日本法一样会发生不公正的原始管理规约的问题？此外，德国法又是如何予以解决的？以下尝试予以考量和分析。

（1）作为契约的管理规约：其设定、变更及废止采全体合意的原则。德国
《住宅所有权法》上，管理规约的设定、变更及废止需以全体的合意为之。多数
决决议的团体的拘束不被认可，其因由与对管理规约的法律特性的理解有关。

德国通说的见解将管理规约与契约同视，管理规约不受团体法的规律，管理
规约也不适用团体的拘束。之所以如此，盖因管理规约的法律特性被认为系住宅
所有权人为规范相互间的关系而经由为意思表示成立的契约。只要不违反《德国
民法典》的一般原则，对于管理规约，契约自由的原则就是妥当的，其内容自由
厘定，管理规约的设定、变更及废止需有作为订立契约者的住宅所有权人的全体
的合意。不过，管理规约的设定、变更及废止需有全体的合意时，不公正的原始
管理规约的适正化就变得困难了。与日本法相同，德国法上，大多数的住宅所有
权系由分让业者分让，分让业者作成的原始管理规约，通常设立对分让业者有利
的规定或设立内容不妥当的规定，如此问题就发生了。

故此，采取团体法的思路（进路）的见解，将管理规约与团体中的定款同
视，认可管理规约的设定、变更及废止得依特别多数决的决议而为之。此主张认
为，原始管理规约中存在不公正的内容时，因不能实施圆滑的管理，故而有应对
的必要。不过，自德国《住宅所有权法》的规定看，住宅所有权人相互间的关
系，很难说存在法律上的团体（Gesellschaft）。故此，通常认为，不能使管理规约
服从于团体性的拘束，也就是不能以多数决决议而为之。如此，通说的见解就得
以维持，但却由此不能解决实务中的问题。有鉴于此，2007年德国修改其《住宅
所有权法》时，对于一定的事项乃认可得依事实上的多数决决议而为管理规约的
内容的变更。

（2）具体情形的团体的拘束：谋求管理规约的衡平性的手段的住宅所有权人
集会（大会）决议。德国2007年修改其《住宅所有权法》，修改后的该法对原始
管理规约的有针对性的应对手段之一，就是使变更管理规约的请求权得以明文
化。不过，2007年修改后的该法，更值得注意的是，作为处理或应对内容不公正
的原始管理规约的手段，也就是作为谋求管理规约的衡平性的方法，除管理规约
的变更请求权明文化外，尚导入了崭新的团体法上的规制。具体而言，对于让与

限制的废止 ¹、超过通常的维持或修缮的建筑上的变更、支付费用以及现代化措施的费用分担标准，管理规约有规定时，也可透过为住宅所有权人集会（大会）的决议而予改变，该住宅所有权人大会（集会）的决议的效力优先于管理规约。进而言之，住宅所有权人大会（集会）的决议优先于作为契约的管理规约的内容，事实上系将管理规约的内容予以改变或废止。如此，住宅所有权人集会（大会）的决议就具有谋求管理规约的衡平性的手段的功用。

德国 2007 年经修改后的《住宅所有权法》，对作为契约的管理规约，其设定、变更及废止不认可得依多数决决议而为之，而维持全体一致的原则；也不自团体法的视角把握住宅所有权关系，而始终认为系土地的共有持分权，维持了过往的住宅所有权的法律架构。对于管理规约中的内容不公正而成为问题者，经由使住宅所有权人大会（集会）的决议优先，来确保管理规约的衡平性。以下具体考量优先于管理规约的多数决决议的内容。

1）共同财产与特别所有权的经费、管理费。德国 2007 年修改前的《住宅所有权法》，对于涉及住宅所有权人共同关系的管理费用的分担标准，是按共有持分的比例而分摊（WEG 旧第 16 条第 2 项）。不过，由于此规定被认为系任意规定，原始管理规约存在不同的分摊标准时，即便该标准不公正，也要采用之。而

1　住宅所有权人的管理规约中，住宅所有权人可以规定：要让与住宅所有权，需获得其他的住宅所有权人或第三人的同意（WEG 第 12 条第 1 项）。此规定，作为防止人的或经济上不被期望加入到住宅所有权人共同关系中来的手段是必要的、必需的。但是，此让与限制的规定，在中规模、大规模的住宅所有权住宅中，并未发挥充分的功用，毋宁说乃存在着弊害。首先，在住宅所有权人的人数很多的住宅中，取得人应把握为如何的人（即买受人应当是怎样的人）是很困难的，所以实质上这一规定不能被适用。另外，管理规约规定，让与住宅所有权时，以获得其他的住宅所有权人或第三人的同意为必要，此对于取得人（买受人）而言，是要浪费金钱和时间的。德国 2007 年经修改的新的住宅所有权法于小规模的住宅所有权住宅存在活用限制让与的规定的余地，又存在允许于管理规约中进行让与的限制，但同时，基于住宅所有权人的集会（大会）的决议，可以废止管理规约中的让与限制的规定（WEG 第 12 条第 4 项第 1 句）。且此决议权限，不得依住宅所有权人的管理规约而予限制或排除。以多数决决议而废止让与限制的规定，其根据何在？首先，对于住宅所有权的让与、以获得他人的同意为必要的根据就成为问题。盖原则上，权利的让与需以获得他人的同意为必要，此依《德国民法典》第 137 条是不允许的。管理规约中规定住宅所有权的让与以获得第三人的同意为必要的根据，实际上是要拒绝让与，必须有重大的理由，故此它是设置的界限。让与限制规定，无绝对性的效力，它只不过是防止不被期望的人加入到住宅所有权人共同关系，作为管理的一种手段而于管理规约中规定。让与限制的规定在住宅所有权关系的管理规约中的存续是否适当的判断，只不过是判断防止不被期望的人加入是否必要。故此，得将之于通常的管理的范围内而予把握，多数决决议是正当化的。

要改变该管理规约对于分摊标准的规定，则需要全体住宅所有权人的同意。盖因
管理规约被认为是契约，要改变之，按契约法的原则，需作为契约当事人的全体
住宅所有权人达成意思合致。

2007 年经修改后的新《住宅所有权法》规定：共同财产与特别所有权的经
费、管理费，只要合于通常的管理的情形，就应按照利用或原因的标准抑或根据
其他的标准而负担（WEG 第 16 条第 3 项）。

2）一般性的管理费用的分担标准。一般性的管理费用的分担标准，2007 年
经修改后的《住宅所有权法》也认可依多数决的决议而定之。对于个别的情形，
对于与共同财产的维持、修缮、建筑上的变更、支付费用、现代化措施有关的费
用负担，要考虑住宅所有权人的使用或使用的可能性，由有表决权的住宅所有权
人的四分之三以上的多数且共用持分的过半数决定（WEG 第 16 条第 4 项）。对于
明定管理费用的分担标准的德国《住宅所有权法》第 16 条第 3 项与第 4 项，不得
透过管理规约而予以限制或排除（WEG 第 16 条第 5 项）。如此，住宅所有权人大
会（集会）的决议就优先于作为契约的管理规约。

（3）团体的拘束的根据与界限。如前述，按照德国《住宅所有权法》，管理
规约由于被认为系契约，故其设定、变更及废止，需要全体住宅所有权人的合
意。于分让业者定有不公正的原始管理规约的内容时，修改不公正的原始管理规
约的内容就系十分困难。如上一章第二节所考量的那样，为解决如此的实务问
题，试图透过多数决决议来变更原始管理规约的内容。但是，因管理规约的内容
十分宽泛，故透过多数决议来厘定管理规约，就会导致住宅所有权的法律特性
的改变，故而就认为，对于管理规约，并不认可多数决的团体的拘束。

按照如此的德国法的考量，并不侵害反对改变管理规约的少数住宅所有权人
的所有权的使用、收益及处分的自由，惟其反面，也难以防止对期望将不公正的
管理规约改变为适正的内容的多数住宅所有权人的所有权的使用、收益及处分的
自由的侵害。尽管如此，德国法原则上，对于管理规约还是不能进行团体的拘
束。其理由系在于，认可依多数决决议而为管理规约的设定、变更及废止时，住
宅所有权的所有权的特性就有可能被弱化。德国法上，住宅所有权始终是所有
权，贯彻尊重所有权的使用、收益及处分的自由的原则是重要的。

故此，2007 年经修改后的《住宅所有权法》设置了即便原始管理规约中有规定时，对于以下事项，住宅所有权人集会（大会）决议的规定（决定、决议）应优先的强行规定：实施通常的管理措施所生的经费、管理费的分担标准（WEG 第16 条第 3 项）；超过通常的管理的措施（超过通常的维持、修缮的建筑上的变更、支付费用、现代化措施）而特别产生的费用的分担标准（WEG 第 16 条第 4 项）。对于前者，因具与通常的管理相同的根据而得以正当化。至于后者，因有可能超过通常的管理的范围，故本来是需要全体的合意的。但为何多数决决议即可使之正当化？盖其作为广义的管理，顾及到了不能侵害反对者的所有权的使用、收益及处分的自由，因而满足了保障所有权的自由的要件。另外，由于要求以住宅所有权人大会（集会）的决议为之，故正当的程序也获得保障，进而满足了保障正当程序的要件。此外，需由有表决权的住宅所有权人的四分之三以上的多数且共有持分的过半数的决议为之，故保障所有权的自由的要件被强化了。由于这些方面的缘由，团体的拘束得以正当化。

（4）变更请求权。为应对不公正的原始管理规约，以往德国多数判例认可对管理规约进行变更（改变）的请求权。管理规约的变更请求权，指住宅所有权人打算变更内容不公正的管理规约时，基于诚实信用原则（《德国民法典》第 242条），对反对变更管理规约的人，得请求其同意的权利。据此变更请求权，管理规约的设定、变更及废止的要件尽管要求全体的合意，但实务的问题就变得可以应对和处理了。

管理规约的变更请求权是否存在发生争论的，通常是管理费用的分摊比例。德国《住宅所有权法》规定：按共有持分的比例来分摊管理费用（WEG 旧第 16条第 2 项）。但是，由于此规定系任意规定，故原始管理规约可以规定与共有持分比例完全不同的费用分摊标准，如此就使一部分住宅所有权人可能负担重大的费用。过往的判例对于费用负担显著不均衡的异常情况，认可了得对原始管理规约进行改变的请求权（变更请求权）。

确实，管理规约具契约的拘束力，自权利保护的视点看，是不应当轻易认可管理规约的变更（改变）的。惟实务上，管理规约大多由分让业者单方面作成，如此，就有保护取得住宅所有权的人的必要。2007 年德国修改其《住宅所有权

法》时，较过往判例设定的认可管理规约变更请求权的要件更为缓和的方式认可
了变更请求权，并认为如此做是必要的。

这样，德国 2007 年经修改的《住宅所有权法》就立基于使管理规约的变更
请求权的要件明确化及缓和过往判例的严格要件的旨趣，而对管理规约的变更请
求权作了如下的厘定："各住宅所有权人只要考虑个案的所有情形，特别是考虑
其他的住宅所有权人的权利及利益，维持现在的规定而欠缺基于重大的理由的衡
平性时，皆可请求达成与法律不同的管理规约或变更管理规约"（WEG 第 10 条第
2 项第 3 句）。

2. 日本法对管理规约的规定

日本法上，管理规约的设定、变更及废止，由建筑物区分所有权人及表决权
的各四分之三以上的特别多数决决议为之（日本《建筑物区分所有权法》第 31
条第 1 项），系与德国法将管理规约置于契约的地位，其设定、变更及废止需全
体的合意不同。如今的日本法，系将管理规约置于团体法的规律的位置。不过，
日本 1962 年的《建筑物区分所有权法》与德国相同，也系将管理规约置于契约
的地位而予考量。

（1）需全体的合意的管理规约：1962 年法中的管理规约。日本法中的管理规
约，于 1962 年《建筑物区分所有权法》制定当时，系与德国法相同，作建筑物
区分所有权人间的契约而把握或对待，管理规约的设定、变更及废止需有全体的
合意（第 24 条）。确实，管理规约现今大多厘定区分所有建筑物的管理、使用乃
至处理方法，故以团体法来把握或对待乃系当然之事。不过，1962 年当时，管理
规约大多厘定建筑物区分所有权人的权利义务关系的较重要的事项，故认为管理
规约的设定、变更及废止需有全体的合意乃是必要的。

（2）适用团体法的管理规约：1983 年法中的管理规约。日本于 1962 年制定
《建筑物区分所有权法》后，为了适正地管理区分所有建筑物，有必要使管理规
约的设定、变更及废止变得圆滑。故此，1983 年修改后的《建筑物区分所有权
法》对管理规约的设定、变更及废止，就规定得由建筑物区分所有权人及表决权
的各四分之三以上的多数，于集会决议为之（第 31 条第 1 项），对管理规约导入
了多数决决议这一团体的拘束。自 1983 年修改法至今，管理规约被置于团体法的

位置加以理解。

确实，对于与共用部分和基地的狭义的管理以及轻微变更有关的事项，根据多数决决议厘定管理规约，自共有物管理的法理与学理的视角看，应认为是妥洽的。不过，日本法上，也得依管理规约而对专有部分进行规律，对建筑物区分所有权加以限制是允许的。自所有权人原则上得自由使用、收益、处分自己的所有权的对象的所有物看，管理规约的设定、变更及废止，建筑物区分所有权人本人的同意是十分必要的。

（3）团体的拘束的根据与界限。管理规约的设定、变更及废止得依多数决决议而为之的根据何在？根据日本1983年修改《建筑物区分所有权法》的修法担当者的意见，将管理规约的设定、变更及废止的要件自全体一致变更为多数决决议，是为了适正地进行管理，及为了能圆滑地进行管理规约的设定、变更及废止。此较任何事情都重要。得进行团体的拘束的根据，仅系为了管理的适正化。不过，仅试图透过管理的适正化这一暧昧的概念，而使多数决决议正当化，乃是困难的。管理规约超越了共用部分的管理，其对专有部分的使用、管理也予规律。另外，建筑物区分所有权人集会的决议中，不得采单纯多数决，而需采特别多数决的理由，系在于不显著地侵害一部分建筑物区分所有权人的权利。

学理上，有见解认为，管理规约的设定、变更及废止依多数决决议而为之的根据，系在于管理规约乃是建筑物区分所有权人团体的最高的自治规范。[1]此见解赋予管理规约以单纯的债权契约以上的客观的效力乃至物权契约的效力。惟管理规约系自治规范具有如何的法律意义，为何就当然具契约以上的效力，并不明确。

值得指出的是，与德国法的管理规约得规定宽泛的事项不同，日本法的管理规约得规定的事项往往受到限制：第一，日本《建筑物区分所有权法》第30条第1项规定，管理规约得规定的事项系关于建筑物等的管理或使用的事项。第二，管理规约也未必就规定对于建筑物等的管理或使用的事项。譬如对于基地部分、共用部分的规定（第4条第2项，第5条）、共有关系（第11条第2项）、共有持分的比例（第14条第4项）、负担、利益收取的比例（第19条、第29条）等的

1　［日］玉田弘毅：《建筑物区分所有法的现代课题》，三省堂1981年版，第195页以下；［日］丸山英气编：《区分所有法改订版》（原田纯孝执笔），大成出版社2007年版，第207页。

规定，即是对于建筑物区分所有权本身的规定。此等规定，为对于权利的内容及
比例的规定，是在规定权利本身。

管理规约的设定、变更及废止依多数决决议而为之，得进行团体的拘束的根
据，可自不侵害反对决议的少数建筑物区分所有权人的所有权的使用、收益及处
分的自由，以及保障正当的程序此二方面而予解明。

首先，管理规约得规定的事项：第一，限于管理或使用（第 30 条第 1 项）。
第二，对专有部分、共用部分、建筑物的基地、附属设施，综合考虑它们的形状、
面积、位置关系、使用目的、利用状况，以及建筑物区分所有权人支付的对价和
其他情况，谋求建筑物区分所有权人间的利害的衡平调整的内容，管理规约需予
规定（第 30 条第 3 项）。学理上，也有人提出，管理规约的内容违反公序良俗
（《日本民法》第 90 条）时，应无效。且 2002 年日本再度修改其《建筑物区分所
有权法》时，规定了管理规约应有衡平性的内容。此虽然旨在谋求建筑物区分所
有权人之间的衡平，但其有助于防止对反对多数决决议的少数人的所有权的使
用、收益及处分的自由的侵害。此外，第三，管理规约的设定、变更及废止对一
部建筑物区分所有权人的权利有特别影响时，应获得其承诺（同意）（第 31 条第
1 项）。所谓"特别影响"，应将管理规约设定、变更等的必要性、合理性，与由
此而使一部分建筑物区分所有权人受到的不利益作比较而确定。其具体的事例，
譬如管理费等的负担比例对特定的建筑物区分所有权人有不利益、不公平，将专
有部分限定为住居用途，以及实施物权特性的专用使用权的变更等。

此外，管理规约的设定、变更及废止由于透过建筑物区分所有权人集会（大
会）的决议为之，故而正当的程序也被保障。且系以建筑物区分所有权人及表决
权的各四分之三以上的多数决为之，也就是要求有压倒性的多数的意思，故所有
权自由的保障要件的充足的盖然性是高的。

其次，日本法上的管理规约与德国法不同，它对作为对专有部分的单独且独
立的所有权的区分所有权的管理与适用方法也予规律。故此，得对共用部分的管
理的范围而予规律的正当化根据就成为问题。对此，系作与拍卖请求的情形相同
的考量或分析。日本法上，因建筑物区分所有权与共用部分及基地的共有持分权
无论何者是不能分离处分的（第 15 条、第 22 条），故此，建筑物区分所有权也得

被解为受规律的对象。

（4）小结。德国法的管理规约，不作为团体法的规律，而是把握为契约，其设定、变更及废止需有全体住宅所有权人的合意；日本法的管理规约，1962 年制定《建筑物区分所有权法》时虽然作为契约，但 1983 年修改《建筑物区分所有权法》时就作为团体法的规制，其设定、变更及废止得依特别多数决决议而为之。

日本和德国之所以存在以上差异，系因二国法的权利构造的不同引起。德国法上，土地的共有系核心的权利构造，建筑物属于土地，故此是在共有法的架构内考量团体的拘束；日本法上，建筑物区分所有权人享有对专有部分的所有权、共用部分的共有持分权及基地利用权的共有持分权三项权利，此三项权利皆互不包含。故此，与德国法不同，仅于共有法的架构内把握团体的拘束是困难的，抑或说共有法的架构内不存在拘束。

日本法上，管理规约的对象，不限于共用部分，且及于建筑物的全体和基地。也就是说，作为建筑物区分所有权的对象的专有部分也为管理规约的效力所及。对建筑物区分所有权本身予以团体的拘束，理论上系十分困难。为此，日本 1983 年修改其《建筑物区分所有权法》时，就创设出建筑物区分所有权人的团体，尝试使团体的拘束正当化。不过，这个团体的意义、内容并不明确，作为团体的拘束的正当化的根据并不充分。

此外，德国法上，对于不公正的管理规约，认可得透过多数决决议而将之改变。日本法上，管理、轻微变更等得以多数决决议而为之的措施，于管理规约有规定时，过往认为，管理规约当然优先。对此点，今后有必要进行检讨。

三、重建决议的根据与界限

（一）围绕重建决议制度的过往的议论

1. 日本对于引入重建决议制度的讨论

区分所有建筑物的重建，民法上并不存在类似的制度，且日本 1962 年制定的《建筑物区分所有权法》中也不存在。其因由是，日本《建筑物区分所有权法》制定当时作为比较法的对象的德国法、法国法皆不存在此制度，且对于其必要性的认识也不存在。重建决议制度创设前，要进行区分所有建筑物的重建，需要全体建筑物区分所有权人的合意。此系因为，区分所有建筑物的重建，需要拆毁现存的区分所有建筑物，由于建筑物区分所有权人对区分所有建筑物具处分权限，故此就需要获得其全体的同意。

日本 1962 年法制定后，区分所有建筑物急剧增加。当时，重建制度的必要性虽然还未成为现实的问题，但将来老朽化的区分所有建筑物会成为社会问题。其老朽化的区分所有建筑物，根据民法的原则，对于重建需有全体的合意，即便一人反对，重建也不能进行，由此区分所有建筑物就可能贫民窟化。1983 年的建筑物区分所有权修改法就导入重建制度，规定："因破旧、损毁、一部灭失或其他事由，参酌建筑物的价格或其他情事，致维持或回复建筑物的效用需费过巨时，得于集会，以建筑物区分所有人及表决权各五分之四以上的多数决，为拆毁建筑物且在建筑物基地上重新建筑同一主要使用目的建筑物意旨的决议（以下称为重建决议）"（第 62 条）。

重建决议非依全体的合意而系由建筑物区分所有权人及表决权各五分之四以上的多数决为之的根据在于，建筑物的区分所有是不能分离的物的共同所有，因伴有对基地利用的物理的拘束，故建筑物区分所有关系的继续维系变成显著不合理时，采取以任何方法来整理其关系的措施就是不可或缺的、必需的。[1]

实质性支撑以多数决议而实施重建的，系 1983 年法的改正，建筑物区分所有权人为了管理建筑物而构成团体（第 3 条）。由于该团体的存在，即使专有部分也得为了管理而予团体的拘束，也就是将重建置于建筑物的广义的管理的位置，并由此使对建筑物区分所有权人的团体的拘束正当化。

日本 1983 年《建筑物区分所有权法》中，重建需有建筑物"因破旧、损毁、一部灭失或其他事由，参酌建筑物的价格或其他情事，致维持或回复建筑物的效用需费过巨"这一"客观要件"，虑及到了不使少数人的所有权的使用、收益及处分的自由受到侵害；且使议决要件较共用部分的变更、大规模灭失的修复等的其他的特别多数决决议的要件更严格，要求压倒性的多数的意思，以及要求重建

---

[1] ［日］滨崎恭生：《建筑物区分所有法的改正》，日本法曹会 1989 年版，第 377 页以下。

决议应按照一定的独自的程序而为之。此等要件的具备，尤其是因设定了客观要件，使重建决议制度没有变成剥夺一部分建筑物区分所有权人的区分所有权的多数决的横暴，而系谋求调整多数人与少数人两方的利害的制度。

2. 时至 2002 年《建筑物区分所有权法》修改时的讨论

（1）围绕重建决议的法院的判例。日本于 1983 年《建筑物区分所有权法》中导入重建决议制度，旨在为了应对不远的将来日本将要发生的公寓的老朽化问题。惟该修改法规定重建决议制度之后不久的期间，它并未得到实际的利用。1995 年 1 月 17 日发生的阪神、淡路大地震，使无数的公寓被毁坏，重建决议制度由此受到关注。此时，重建决议制度存在如下缺陷。

第一，是应对建筑物全体被损坏、灭失时的对策。建筑物全部灭失时，由于并不存在专有部分与共用部分，建筑物区分所有权与共用部分的共有持分权由此而消灭，建筑物区分所有权人变成仅共有基地的关系。此时，为了再建区分所有建筑物，基地的变更就成为必要。而作为共有物的基地的变更，根据民法原则，需要全体的合意（《日本民法》第 251 条）。但实际上获得全体的合意十分困难。故为解决此问题，阪神、淡路大地震后不久，1995 年 3 月，日本就制定了《关于罹受灾害区分所有建筑物的再建等的特别措施法》（以下简称《罹受灾害公寓法》）。依此法律，与日本《建筑物区分所有权法》中的重建决议相同，区分所有建筑物灭失时的再建，也需以基地共有人等的表决权的五分之四以上的多数决而为之（《罹受灾害公寓法》第 3 条）。

第二，判断保护少数人的"客观要件"是否满足的困难。具体而言，日本 1983 年法的"客观要件"中的"老朽""建筑物的价格及其他情事""效用维持或回复""过巨的费用"等的表述是暧昧的。且围绕此要件是否满足，也发生了一些诉讼案件。譬如老朽化建筑物的重建决议中，客观要件是否满足而发生争论的①大阪地判 1999 年 3 月 23 日判时 1677 号 91 页判决，作为该判决的控诉审的②大阪高判平成 2000 年 9 月 28 日判时 1753 号 66 页判决、③神户地判平成 1999 年 6 月 21 日判时 1705 号 112 页判决，以及④神户地判 2001 年 1 月 31 日判时 1757 号 123 页判决。后两个判决与阪神、淡路大地震有关。

以上法院判决中的"客观要件"，尤其是其中的"老朽化"与"费用的过巨

性"要件何种情形下才是满足的，以及应当如何把握重建决议制度，乃发生
争议。

（2）2002 年法制审议会中间试案。由于因重建决议制度的客观要件是否满足
而引起争议的判例的出现，修改客观要件的暧昧的主张或意见也就出现了。2001
年 2 月，日本设立建筑物区分所有权法部会，对"为了区分所有建筑物管理的适
正化"，"自重建的实施的圆滑等的视点出发"，决定对《建筑物区分所有权法》
进行重新审视。

以上法院判决中，①和②系有关老朽化的公寓的案件，③系有关罹受灾害公
寓的案件，它们所引发的问题并不相同。老朽化的公寓，重建成为问题的情形
是，围绕建筑物系居住抑或非居住的状态而发生激烈对立，进而演变成客观要件
是否满足的争论。伴随老朽化公寓的增加，认为今后有必要明定要件；另一方
面，有关罹受灾害公寓，明定要件则是困难的。因而宜分别规定要件。2002 年 3
月，《建筑物区分所有权法改正要纲中间试案》中，重建决议的客观要件就变为
如下提案（内容）：

首先，老朽化的情形，有两项提案，其中第 1 项提案是这样的："建筑物自
被建筑之日起经过 30 年或 40 年。"此提案是 1983 年法作为建筑物的维持变得不
合理时的基准。也就是说，建筑物的维持不独是直接的不合理，且不维持建筑物
也并非不合理。第 2 项提案是不允许重建的情形。无论何者，为防止少数人的权
利被侵害，其实体法的要件都是共有这一必要的前提。不过，对于这些提案，也
有人批判说，30 年、40 年的"年数要件"是否妥当，且也有人自功利主义的视
角，认为根本就不需要什么客观要件。

其次，对于损伤、一部灭失及其他情形，有如下的提案："建筑物效用的维
持或回复费用，超过了现在的建筑物的价格。"另外，还有提案是："建筑物效用
的维持或回复，超过同等建筑物的再建所需费用的二分之一。"第 1 提案较第 2 提
案的判断标准明确，惟有人批判说，根据费用的多寡是不能判断建筑物维持的合
理性的。无论如何，在这里，防止少数人的所有权被侵害的考量仍是存在的。但
是，对于这些提案，与老朽化的情形相同，有人自功利主义的角度批判说，"客
观要件"并不需要。

此外，整备重建决议的程序要件的提案也出现了：第一，集会召集通知，应于会议开会日一个月前发出；第二，发集会通知时，重建的理由、建筑物的效用的维持抑或为回复所需费用的概算额必须明示。

以上"中间试案"的"客观要件"，使1983年法的"客观要件"明确化，并以替代的旨趣而提出。故此，重建仍然被考量为是"建筑物的管理"的手段。但是，自建筑物的管理这一视角理解或把握重建时，应如何评价现存的建筑物，也就是管理现存的建筑物是否成为困难，乃是最大的问题。由此之故，自功利主义视角，删除"客观要件"的主张就出现并变得有力了。其结果，由2002年9月日本的法制审议会总会决定的"修改建筑物区分所有等法律的一部的法律案要纲"中，重建决议就仅根据建筑物区分所有权人及表决权的各五分之四以上的多数决而为之。但同时也有人提出应附加如下的要件："建筑物自新建之日起经过30年"，"由于损伤、一部灭失及其他事由，建筑物的效用的维持或回复（含建筑物通常应当有的效用的确保），需要超过该建筑物的价格的费用"。

日本国会进行最终检视后，"客观要件"被完全删除，2002年12月，仅依多数决决议就可为重建的改正案获得通过，此即日本现行《建筑物区分所有权法》的重建制度。

（3）对日本2002年修改法的评价。日本2002年修改法为了重建的圆滑化，删除了"客观要件"，仅依特别多数决决议而为重建（第61条）。据此，防止侵害反对决议的少数人的所有权的使用、收益及处分的自由的要件被完全剔除。重建决议的程序规定，较先前的"中间试案"得到极大完备。建筑物区分所有权人大会（集会）的召集通知需于2个月前发出（第62条第4项），通知中需包含"以重建为必要的理由""不进行重建时该建筑物的效用的维持或回复（含建筑物通常应该有的效用的确保）所需费用的数额及其详细""建筑物的修缮计划确定时，该计划的内容"以及"建筑物的修缮积累金的数额"（第62条第5项）。而且，需于建筑物区分所有权人集会（大会）的一个月前召开说明会（第62条第6项）。尽管如此，对此修改法的评价，存在很大的分歧。

赞成修改法的意见中，有人自功利主义的立场出发，认为较之费用，效用系变得重要时，与其说少数人的不利益，毋宁说全体的效用对社会来说是更加期望的，故而剥夺少数人的所有权是不必虑及（顾及）的。[1]此种主张进一步认为，建筑物区分所有权人区分所有物理上结为一体的一栋建筑物，并构成团体（第3条），所以就当然应当服从多数决决议这一团体的拘束。实际上，依多数决决议为重建时，反对重建的少数人对多数人的利益的侵害应予避免，并应将保护多数人的利益置于重心而考量。当然，防止对少数人的所有权的使用、收益及处分的自由的侵害是欠缺的。少数人的所有权的使用、收益及处分的自由需受到保障，此点完全被忽视了。

此外，对于2002年法删除"客观要件"，[2]指出其理论上的问题，并对修改法作有力批判的见解还是存在的。[3]何以如此？盖因重建决议进行后，重建决议赞成者经过一定的程序，对反对重建的少数建筑物区分所有权人得请求卖渡其区分所有权（第63条），尽管少数人有所有权的使用、收益及处分的自由，但其建筑物区分所有权还是被剥夺。主张重建应不独有多数决决议，且尚应有某些必要要件的人指出，建筑物区分所有权毕竟是所有权，自所有权人得自由地对所有权为使用、收益及处分的视点看，实质上使引起剥夺效果的卖渡请求权发生的重建决议是不应轻易认可的。尤其是仅以建筑物的效用的增加为目的的重建，仅依多数决就予认可，理论上是难以成立的。[4]

1　［日］福井秀夫：《司法政策的法与经济学》，日本评论社2006年版，第160页以下；［日］久米良昭："老朽公寓重建：仅住民的五分之四的多数决就可以了"，载《经济学家》2002年6月18日号。

2　日本法制审议会建筑物区分所有法部会上，关于客观性要件有无必要性，曾产生过激烈争论。该建筑物区分所有法部会上的讨论，可在日本法务省的官方网站（http://www.moj.go.jp/）上查阅并觅到。另外，2002年的《建筑物区分所有权法》修改时，即便对于程序，也指出了很多的问题。对此，请参见山冈淳一郎《你的公寓成为废墟之日》（草思社2004年版），以及岛本慈子《住宅丧失》（筑摩书房2005年版）等等。

3　［日］山野目章夫："对公寓的重建的法律改正的评价"，载日本《法学家》第1249号（2003年），第49页以下，［日］千叶惠美子："检证新公寓重建决议制度：自理论的视点"，载日本《法学家》第1249号（2003年），第55页以下。

4　［日］千叶惠美子："检证新公寓重建决议制度：自理论的视点"，载日本《法学家》第1249号（2003年），第56页以下；［日］镰野邦树、山野目章夫：《公寓法》，有斐阁2003年版（山野目章夫执笔），第197页。

（二）重建决议的根据与界限

1. 团体的拘束的根据与界限

日本 2002 年修改后的《建筑物区分所有权法》，在使先前重建决议的"客观要件"的暧昧变得明确化上，获得良好的评价。但是，仅依多数决决议就进行重建的根据还是没有被明示，且其界限也不清楚，由此使理论上发生问题，各种议论蜂起。

若与其他的制度相较，日本的重建决议制度，以其对于程序的翔实规定而具特色。且与其他的制度相较，其需要有严格的表决要件。自规定看，正当的程序保障的要件可以说是满足了。召开说明会、以建筑物区分所有权人集会的决议为之、集会决议中需规定一定的事项等，少数人的表达意见的机会也被保障了。另外，集会决议需要建筑物区分所有权人及表决权的各五分之四以上，由于要求压倒性的多数意思，所以不侵害反对者的所有权的使用、收益及处分的自由的盖然性是高的。而且，设置了一定程度的防止对反对者的所有权的使用、收益及处分的自由的侵害的规定。不过，这些对正当程序的保障乃至防止对所有权的使用、收益及处分的自由的侵害的补强要件，也不能使重建决议对业主的团体的拘束正当化。概言之，由于有了这些规定，正当的程序保障可以说是有了，惟保障所有权的自由的要件还是阙如的。

不用说，区分所有建筑物由于老朽化等利用价值降低乃至丧失时，对建筑物区分所有权人而言，必须有处分区分所有权、共有持分权及变更基地利用的方法。而此作为不能解消共有关系的手段是必要的、必需的。这样的情形，反对决议的人不得基于所有权的使用、收益及处分的自由而主张自己的建筑物区分所有权的存续。盖建筑物区分所有权人虽然是所有权人，但作为对建筑物的一部分的权利的建筑物区分所有权、共有持分权，不能主张永续性的存在。日本在《公寓的重建的圆滑化法等的法律》（以下简称"重建圆滑化法"）中规定，对于因老朽化等于防灾、居住环境上显著成为问题的公寓，市町村长得劝告建筑物区分所有权人重建（第102条、第103条）。这样的规定也可明了不能主张建筑物区分所有权的永续存在。重建决议制度，赞成决议的人的建筑物区分所有权的使用、收益及处分的自由被侵害，而反对决议的人的建筑物区分所有权的使用、收益及处分的自由未被评价为侵害时，作为共有关系的纷争解决手段，才是正当化的。

故此，为使评价为没有侵害反对重建决议的人的建筑物区分所有权的使用、收益及处分的自由，重建要件应如何设置就成为问题。对此，可参考召集集会的通知应规定一定的事项（第 62 条第 5 项）。此系为补强反对决议的建筑物区分所有权人的所有权的使用、收益及处分的自由受到侵害。也就是说，为"担保"重建这一判断的合理性，应提供必要的信息。具体而言，若参考召集通知中应确定的事项，则重建被评价为不侵害少数人的所有权的使用、收益及处分的自由的要件，应为如下：（1）老朽、损伤、一部灭失等的存在，系进行重建的必要的理由；（2）不重建建筑物时，该建筑物的效用的维持或回复（含确保该建筑物通常应该有的效用），需要巨额的费用。

为重建决议的集会召集通知中，若未记载以上的理由要件与费用要件，将被认为存在程序性瑕疵，重建决议乃系当然无效。对此，也存在如下的意见：理由要件不充足，即重建的理由不存在，抑或不充分时，费用要件不充足，也就是费用的算定没有根据抑或薄弱时，无论何者，只要集会召集通知中有记载，重建决议就应为有效。[1]但是，进行合理的判断的前提的必要信息错误时，由于不能做充分的判断，所以不能允许重建，盖因有对反对者的所有权的使用、收益及处分的自由被侵害的可能。理由要件与费用要件不充分时，重建决议应为无效。另外，仅以"效用增加"为旨趣的重建，有侵害反对者的所有权的使用、收益及处分的自由之虞，未满足所有权的自由保障的要件，不能使团体的拘束正当化，不应被认可重建。

与德国法不同，日本法上，不仅对共用部分和基地利用权的共有持分权，且也存在对专有部分的单独且独立的作为所有权的建筑物区分所有权。故此，对于

1　譬如［日］吉田彻编《一问一答：改正公寓法》（商事法务 2003 年版）第 82 页中就谓：召集通知中的记载一部不完备时，是比较轻微的程序违反，是当然不能立即就否定重建决议的效力的，此系限定主张重建决议可能无效的情形。［日］佐久间毅《民法的基础 2 物权》（有斐阁 2006 年版，第 232 页）谓：程序即使有违反，但集会的召集通知没有相当重大的（违反）情形，重建决议就并非无效。如果不是这样，则反对者就非常容易提起决议无效之诉，重建容易进行的法律改正的旨趣就会丧失。此系显著限制重建决议无效的主张。但是，这样的见解，使规定程序保障的充实的意义也就几乎没有了。而且，与反对者的所有权的使用、收益及处分的自由的关系上，也会发生大的问题。

重建，不独对共用部分及基地利用权的共有持分权，且对专有部分的单独且独立的作为所有权的建筑物区分所有权也得受团体的拘束的根据就成为问题。此点应解为：建筑物区分所有权与共用部分及基地的共有持分权无论何者皆不能分离（第15条、第22条），共有关系的解消手段因为是必要的，所以也可处分建筑物区分所有权。

2. 日本现行重建决议制度的有力见解

日本2002年对《建筑物区分所有权法》进行修改前，存在赞成仅依多数决决议为重建的见解。此见解认为，以往的"客观要件"的问题，在于由谁来认定它这一点。并且，"客观要件"的判断，1983年法系由法院事后来为之，而2002年的修改法则由建筑物区分所有权人的团体来为判断。

确实，重建决议中大量的程序规定被设置。但是，为何仅透过满足程序要件，客观要件就被认为获得满足呢？此点是不明白的。另外，管理、变更制度、拍卖请求制度、管理规约制度等受团体的拘束的其他制度，是存在防止侵害建筑物区分所有权人的所有权的使用、收益及处分的自由的要件的，但对于可能引起更重大的权利侵害的重建决议，却无需任何的要件，这自建筑物区分所有权法的体系看不能不说是欠缺平衡的。

并且，重建决议的程序规定中，与程序具不同特性的内容也被包含了。确实，召开说明会、于集会决议为之、于集会决议中规定一定的事项，此三点为了程序的保障，乃是必要的，被认为具正当的程序保障的功用。但是，建筑物区分所有权人及表决权的各五分之四以上，于召集通知中明示一定的事项，此二点并非作为对程序的保障而规定。其中，前者的表决要件，要求压倒性的多数的意思，具有提高不侵害反对者的所有权的使用、收益及处分的自由盖然性。此外，后者的召集通知的要件，因2002年的修改法中剔除了"客观要件"，所以一定程度上系以防止侵害反对者的所有权的使用、收益及处分的自由的目的而设置。

3. 2002年法修改的价值

以上的"理由要件"与"费用要件"，大体与2002年进行《建筑物区分所有权法》修改前的所谓"客观要件"相同。2002年法修改时，"客观要件"被剔除的因由，实质上是通过将该要件的举证责任自赞成决议的人转换为反对者。也就

是说，重建决议后，裁判上的纷争发生时，以往的"客观要件"的充足性，是赞
成多数决决议的多数的建筑物区分所有权人应予证明的。对此，根据 2002 年法，
重建决议后，裁判上的纷争发生时，反对决议的少数的建筑物区分所有权人得举
证证明客观性要件不充足。形式上，经由于召集通知中规定理由要件和费用要
件，所有权自由的保障要件是充足的就彰显了。此外，因存在压倒性的多数人的
意思，重建决议的合理性一定程度上是可以获得确保的。

立法论上，日本《建筑物区分所有权法》第 62 条第 1 项设有但书，理由要
件与费用要件不存在时，重建决议不能的意旨应予明定。日本现行法上，召集通
知中的理由要件与费用要件的内容没有或者不充分时，重建决议系有效抑或无
效，并不明确。另外，参加重建的人与不参加重建的人之间发生激烈的对立时，
对于卖渡请求权的"市价"，诉讼中发生争论的可能性也很高。[1] 无论如何，现行
法的架构内，并不能完全排除纷争的发生。另外，2002 年经修改的《建筑物区分
所有权法》，对修改前存在的建筑物也适用。故此，对修改前后重建决议的要件
做相同的解释是人们期望的。重建决议虽然有侵害反对者的所有权的使用、收益
及处分的自由的危险，但现行法为防止此点的要件并没有被明定，由此有透过解
释论来防止对少数人的所有权的使用、收益及处分的自由的侵害的必要。2002 年
经修改的《建筑物区分所有权法》的重建决议，经由以上的解释，有变得正当化
的可能。

4. 日本最高法院 2009 年 4 月 23 日判决

日本现行法对于重建决议的规定是否正当化，是否具合宪性，日本最高法院
于 2009 年 4 月 23 日的判决（判时 2045 号第 116 页）中首次给出了回答。以下对
此判决予以分析。

（1）案件事实与裁判要旨。

［案件事实］

X 等（原告、控诉人、上告人）系享有本案小区第 17 栋的专有部分的建筑
物区分所有权人。

1　［日］太田知行、村辻义信、田村诚邦《公寓重建的法与实务》（有斐阁 2005 年版，第 181
页）指出："早期，为了实现重建，对于市价的评价（估价），有进行周到的准备的必要性。"

Z（补助、追加参加人）系由本案小区内建筑物的全体区分所有权人组成的、基于管理规约而对小区的土地、附属设施以及小区内建筑物等实施管理的小区管理组合。Z 的理事长 A 于 2004 年 12 月对小区内建筑物的区分所有权人发出重建的临时总会召集通知，呈示小区内建筑物的一揽子重建事业的实施计划方案。该计划中，各建筑物区分所有权人将区分所有权和基地权让与给 Y，Y 建构新的小区内建筑物后，根据与建筑物的区分所有权、基地权转让给各建筑物区分所有权人的全部让与方式而进行等价交换。

2005 年 3 月 6 日，Z 的临时总会开会，对本案一揽子重建决议进行投票。投票结果获得了小区内建筑物区分所有权人的五分之四以上、小区内建筑物的基地持分比例表决权的五分之四以上的赞成，且由于小区内建筑物各栋的建筑物区分所有权人的各三分之二以上、小区内建筑物各栋的表决权的各三分之二以上的赞成，本案一揽子重建决议获得通过。X 等对本案一揽子重建决议投反对票。故此，A 向 X 等发出信函，要求他们答复是否参加本重建事业。X 等各自在答复书的参加栏按上章印。但是，未提出重建组合的管理规约等的承诺书与重建程序的同意书。

Y 自赞成重建决议的建筑物区分所有权人受让建筑物区分所有权后，于 2005 年 8 月 5 日对 X 等行使建筑物的卖渡请求权。对此，X 等主张：建筑物区分所有权法规定不能违反所有权人的意思而使区分所有权移转于他人，此相当于剥夺，是对宪法上的财产权的限制，并不允许。

第一审（大阪地判 2007 年 10 月 30 日）、原审（大阪高判 2008 年 5 月 19 日）判示：无论何者，日本《建筑物区分所有权法》第 70 条皆不违反《日本宪法》第 29 条的规定，故驳回 X 等的请求。X 等提出上告（上诉）。

[裁判要旨]

驳回上告（上诉）。并谓：区分所有权系以一栋建筑物中的构造上被区分的各专有部分为标的物的所有权，它伴随有共用部分的共有持分、基地利用权。区分所有权的行使（含伴随区分所有权的行使的共有持分、基地利用权的行使）由于必然会给其他的区分所有权人的区分所有权的行使以影响，故区分所有权的行使与其他的区分所有权的行使应当进行调整，这是不可避免的。由区分所有权人的集会决议而反映的其他区分所有权人的意思的行使的限制，是内在于区分所有权本身中的，应该说这是区分所有权的特性。

区分所有建筑物，由于老朽化而产生重建的必要时，大多数的区分所有权人即使有重建的意思，若一部分区分所有权人反对，则重建就变成不能，从而良好且安全的居住环境的确保、基地有效的活用就会成为障碍或问题。一部分区分所有权人的区分所有权的行使，因为不能妨碍大多数的区分所有权人的区分所有权的合理的行使，故一栋重建的情形，以区分所有权人及表决权的各五分之四以上的多数进行重建决议的意旨的《建筑物区分所有权法》第 62 条第 1 项，鉴于区分所有权的以上特性，应该说是有充分的合理性的。且同法第 70 条第 1 项规定，若小区内的各建筑物的区分所有权人及表决权的各三分之二以上赞成，小区内以区分所有权人及表决权的各五分之四以上的多数赞成，得为小区内全体建筑物的一揽子重建的决议。该规定应该说没有丧失其合理性。另外，小区内全体建筑物的一揽子重建，与一栋重建相同，不参加重建的区分所有权人，由于受卖渡请求权的行使，得以市价卖渡区分所有权及基地利用权。

如此看来，若比较考量规范的旨趣、必要性、内容以及由该规范而受到限制的财产权的种类、性质和程度，则《建筑物区分所有权法》第 70 条并未违反《日本宪法》第 29 条。此点，就最高法院 2000 年第 1965 号、同年第 1703 号、2002 年 2 月 13 日大法庭判决、民集第 56 卷第 2 号第 331 页的旨趣而言，也是明确的。故此，论旨不能采用。

（2）分析。本案判决日本《建筑物区分所有权法》第 62 条的重建决议的规定与第 70 条的小区一揽子重建决议具合宪性，有十分重要的意义。其由以下三点大的内容构成。

1）限制区分所有权的根据的判断。建筑物区分所有权系以一栋建筑物的一部分为标的物，且有与共用部分、基地利用权不能分离处分这一特殊性，由此出发，建筑物区分所有权人相互间的权利行使的调整是不可或缺的，进而导出得对权利的行使予以限制的结论。

2）重建决议的正当化的根据的判断。老朽化的区分所有建筑物若不进行重建，则良好且安全的居住环境与基地的有效活用就会成为障碍或问题，且因会妨碍大多数的建筑物区分所有权人的区分所有权的合理行使，故重建决议是合理的。此外，透过以市价为之的卖渡请求权，对反对者的经济上的损失给予补偿。

3）日本《建筑物区分所有权法》第 62 条、第 70 条的合宪性的判断。由以上第 1 点和第 2 点，比较考量规范的目的、必要性、内容以及由该规范而受到限制的财产权的种类、性质和程度等，日本《建筑物区分所有权法》第 70 条并不违反《日本宪法》第 29 条。

5. 小结

重建决议系经由对参加重建事业的人赋予卖渡请求权，违反反对重建决议的区分所有权人的意思而剥夺其区分所有权。故此，重建有对区分所有权人的所有权的使用、收益及处分的自由发生侵害的危险。依多数决决议而为重建的根据，系在于被评价为不侵害反对决议的区分所有权人的所有权的使用、收益及处分的自由。由此，如前述，解释论上，设定新的要件是必要的。且为使重建决议得评价为不侵害少数人的所有权的使用、收益及处分的自由，以下措施应认为是必要的。

（1）重建决议的表决要件的缓和。现今，重建决议需要区分所有权人及表决权的各五分之四以上的赞成，属于非常严格的表决要件，它意即对反对决议的区分所有权人的所有权的使用、收益及处分的自由的侵害的盖然性是很低的。故此，设定防止所有权受侵害的要件，可将其缓和为区分所有权人及表决权的各四分之三以上的赞成。

（2）创设区分所有关系的解消制度。自以往迄今，区分所有关系的解消是不允许的。何以如此，盖因尽管没有全体的合意，但若仅依多数决决议而使区分所有关系解消，是违反反对决议的区分所有权人的意思的，实质就变成强制性地使对建筑物的一部分的所有权消灭。重建也有同样的情况。但是，重建毕竟是一种管理手段，为了使区分所有权再生，只不过是一时的消灭权利，故而是被允许的。但是，如前述，重建决议被允许时，对赞成决议的多数人的所有权的使用、收益及处分的自由的侵害，就应解为反对决议的少数人的所有权的使用、收益及处分的自由不受侵害。对重建作"最终（终极）的管理"而理解或把握并无必然性。若不进行区分所有建筑物的重建，拆毁区分所有建筑物，解消区分所有权人

之间的关系，将区分所有建筑物与基地一揽子卖掉的理由也还是存在的。此点转
化为立法上的措施是可能的。

第二节　对第十二章与第十三章的归纳

对建筑物区分所有权人进行团体的拘束的根据，过往是认为区分所有权人系
区分所有权人（管理）团体的构成员这一所谓有力的主张。但是，建筑物区分所
有权法上，区分所有权人享有区分所有权这一单独且独立的所有权，同时又立基
于作为团体的构成员而受团体的拘束。如此就矛盾了。

在第十二章和第十三章中，我们看到，为了对建筑物区分所有权人予以团体
的拘束，第一，需满足保障所有权的自由的要件，第二，需保障反对决议的少数
区分所有权人表达意见的机会，也就是满足正当的程序要件。并且，存在重大的
侵害所有权的可能性时，应使表决要件严格，且以法院的判决为必要，由此补强
所有权的自由保障的要件。对建筑物区分所有权人的团体的拘束的根据与界限，
自这些方面进行判断有其必要。

在共同所有（"共有"）这一所有权法与团体法的交错的场面，主体间的团
体性结合关系这一团体的意思，是规律团体的财产归属关系。也就是说，团体法
是规律所有权法的。但是，区分所有关系上，主体间的团体性结合关系，并不规
律财产归属关系。此点，归纳第十四章第一节的分析结论，是可以得到确认的。

（1）根据多数决为管理的理由，是管理若需以全体的合意为之，则会发生管
理不能，为避免之，只有采取多数决。民法上，共有物的狭义的管理通常依多数
决为之（如《日本民法》第 252 条），团体性结合关系并不存在的狭义的共有人
之间也复如是。故此，自共有标的物这一财产归属关系出发，作为共有人的区分
所有权人间的团体性结合关系受到规律。

（2）依多数决为拍卖请求的理由，系因为不能解消区分所有权人之间的共有
关系，是作为除去对共有持分权的权利侵害的必要手段。由于专有部分与共用部
分、基地利用权不能分离处分，故拍卖区分所有权也是允许的。由此，拍卖请
求，自财产归属关系出发，区分所有权人间的团体性结合关系受到规律。

（3）日本依多数决为管理规约的设定、变更及废止的理由，应自与对共用部分、基地利用权的管理相同的理由上去探求。

（4）依多数决为重建的理由，系反对决议的少数人的区分所有权、共用部分的共有持分权，对赞成决议的多数的区分所有权人的区分所有权、共用部分及基地利用权的共有持分权的侵害，为防止此点而依多数决为重建就是必要的。

对区分所有权人予以团体的拘束之所以系必要，盖因区分所有权人共有共用部分及基地利用权，该共有关系不能解消，且拍卖请求、管理规约、重建，对共用部分、基地利用权的共有持分权与对专有部分的区分所有权不能分离处分。区分所有，团体的意思不独当然规律财产归属关系，且也规律区分所有权人间的团体性结合关系。由此，团体法系规律所有权法这一过往的通说的主张是不妥洽的。区分所有权关系是"特殊"的。

第十四章

制定我国单行的建筑物区分所有权法

第一节 我国解决城市（镇）居民住宅问题的基本政策和制度

住宅问题，系当代一切国家的一个重大的社会经济问题。[1]由于各国政治、经济制度的差异，使各国住宅政策也不尽相同，从而形成了各种不同的住宅模式。[2]我国是社会主义国家，有关住宅问题的基本政策和制度也经历了不同的发展阶段，即新中国成立后至 1978 年期间，传统的住房公有化、福利型制度的形成、完善和发展时期；1978 年以后，对此种旧住宅政策和制度进行改革的时期。其中，前一个时期又分为两个阶段：1949 年至 1956 年期间和 1956 年至 1978 年期间。兹分述如下。

一、1949 年至 1978 年期间：住房公有化、福利型制度的形成、完善和发展时期

（一）新中国成立初期（1949—1956 年）

此一时期为我国国民经济恢复和执行第一个五年计划的时期。开国之初，人民政府面临着城市公私房产方面的严重情况。[3]为此，中共中央及时颁布了对城市房产的政策，迅速建立了城市房产管理机构。这些政策主要有如下三个方面。

1　杨重光等：《中国房地产经济研究》，河南人民出版社 1992 年版，第 44 页。

2　杨重光等：《中国房地产经济研究》，河南人民出版社 1992 年版，第 44 页。

3　蔡穗生等："中国住房政策总体描述"，载《中国房地产》1991 年第 8 期。

1. 保护私人房产及其合法的租赁关系

政府承认一般私人所有的房屋产权，并保护此种产权所有人的正当合法经营，禁止任何机关、团体或个人任意占有私人房屋。当然，官僚资本、战犯及罪大恶极的反革命分子的房产乃不在保护之列，而系收归国有。与此同时，也明令禁止地产的投机活动。[1]

2. 住房取得采用租赁制

早在 1948 年 12 月，中共中央就宣布"所有公共机关和个人被允许居住公共房屋及公共房屋办公者，均须向房产管理处付出必要的房租，作为修理房屋与水电设备、添置家具及管理人员的经费与建造新房之用"[2]。1952 年 5 月，中央人民政府重申："一切公有房地产皆实行租赁制，机关自建、自购房屋也不例外。"[3]因为"租赁一则可以限制浪费房屋，二则可以做到以租养房和建房"。私人房产亦然。[4]1950 年 8 月，中央人民政府又宣布："对机关、团体、部队、学校需住民房者，也须在自由协议的基础上进行租赁关系。"另外，对于实行包干制（供给制）的职工，住房、家具、水电等，系作为实物分配给他们及其家属无偿使用。国家将此部分职工实行的包干制待遇一律改为货币工资制待遇，并一律缴租、纳费。[5]

3. 租金既要能够养护房屋，又要职工负担得起

1955 年 8 月，国务院制定了公家住宿收租标准，各种房屋使用面积每月平均为 0.12 元/平方米。1957 年，根据周恩来总理的指示："必须适当地提高职工住公房的收费标准。"于是，平均租金增至 0.25 元/平方米。相比之下，对私房租金的规定，较为笼统，即由主客双方自由协议订立租约，租金既不宜过高，也不宜太低，原则上应为除掉房屋折旧赔偿金和必需的修理费后，房租中的利息大体相当于社会平均利润。[6]

（二）1956 年至 1978 年期间

此 22 年期间，由于经济建设的大起大落和"左"倾思想的影响，城镇住宅

---

1 蔡穗生等："中国住房政策总体描述"，载《中国房地产》1991 年第 8 期。
2 蔡穗生等："中国住房政策总体描述"，载《中国房地产》1991 年第 8 期。
3 蔡穗生等："中国住房政策总体描述"，载《中国房地产》1991 年第 8 期。
4 蔡穗生等："中国住房政策总体描述"，载《中国房地产》1991 年第 8 期。
5 蔡穗生等："中国住房政策总体描述"，载《中国房地产》1991 年第 8 期。
6 蔡穗生等："中国住房政策总体描述"，载《中国房地产》1991 年第 8 期。

建设受到很大的限制，住宅建设发展较慢。[1] 这一时期，国家住宅政策和制度主要
有如下两个方面。

1. 对城镇私人出租房屋实行社会主义改造

1956 年 1 月，中共中央宣布对城市房屋私人占有制进行改造的基本方针，即
按照中共对工商业改造政策的原则，通过采用国家经租、公私合营方针，对城市
房屋占有者以类似赎买的办法，于一定时期内给予固定的租金，逐步改变所有制
关系，同时对依靠房租作为全部或主要生活来源的房东和二房东，进行逐步的教
育和改造，将他们由剥削者改造成为自食其力的劳动者。[2]

私有出租房屋的改造起点在大城市一般是建筑面积 150 平方米（约合 10 间
房），中等城市一般是 100 平方米（约合 6—7 间房），小城市（含镇）一般是
50—100 平方米（约合 3—6 间房）。凡房主出租房屋的数量达到改造起点的，即
将其出租房屋全部由国家统一管理，统一修缮和统一调配使用，在一定时期内按
月付给房主原房租 20%—40% 的固定租金。[3] 此固定租金，实际上为赎买的费用。
此种国家经租的方法为私房改造的主要形式。[4]

2. 城市房屋统一管理、统一调配，住宅建设实行"六统一"

1962 年，全国第一次城市工作会议经国务院召集而召开。此次会议确定了全
民所有制房屋实行统一经营和管理的方针。[5] 翌年，第二次城市工作会议又对实行
统一管理的范围和步骤作了明确规定，即城市的公有住宅和机关、事业单位房
屋，以及中小学校校舍，应当逐步由市人民委员会统一经营管理。第一步可先把
市属的公用房屋统一经营管理起来，统一规章制度，统一租金标准，统一调剂和
分配，统一组织维修，统一建设。[6] 此次会议还要求："今后在大中城市新建和扩
建的企业事业单位，要把住宅、校舍及其他生活服务和有关市政设施方面的投
资，拨交所在城市实行统一建设、统一管理。"至 1978 年，国家仍多次重申此第

1　杨重光等：《中国房地产经济研究》，河南人民出版社 1992 年版，第 46 页。
2　蔡穗生等："中国住房政策总体描述"，载《中国房地产》1991 年第 8 期。
3　参见《中国房地产》1991 年第 8 期，第 17 页。
4　参见《中国房地产》1991 年第 8 期，第 17 页。
5　参见《中国房地产》1991 年第 8 期，第 17 页。
6　参见《中国房地产》1991 年第 8 期，第 17 页。

二次会议精神，并进一步明确称为"六统一"，即"统一分配""统一规划""统一投资""统一设计""统一施工""统一管理"。[1]至于房屋统建的方法，一是把国家、地方、企业投资都交给城市房管部门，实行统一建设；二是把国家、地方投资捏在一起，实行局部统建和组织企业集资统建。[2]

（三）小结

综据以上对1949年新中国成立迄至1978年之前实行的住房政策和制度的考察，可以看到，此种住宅政策和制度，究其实质，是事实上的公有化、福利型住宅制度。此制度并非是几项简单的福利政策或几条福利措施，而是一个以供给制为核心，以实物分配为特征的，几乎完全排斥商品经济运行机制的住房制度体系。[3]它从住房的生产、流通到分配、消费，都有自己独特的运行机制，即国家单一投资建设住房，然后由政府单向流通到职工，并采用实物分配的形式，最后由职工无偿消费（因为房租连维修费都远远不够）。[4]此种住宅政策、制度及其运行机制系传统的高度集中的计划经济体制的产物，存在如下弊端[5]：（1）抑制了住房投资的回流，破坏了资金运动的一般循环规律；（2）削弱了住房供给的扩张机制，破坏了住房再生产的一般规律；（3）强化了人们对住房的需求，破坏了支付能力决定现实需求的规律；（4）形成了按权力、关系、人情等分配住房的分配机制，破坏了按劳分配原则；（5）加剧了住房占有中的两极分化，破坏了社会主义的公平、正义原则。

二、改革时期（1978年以降）：住房商品化

（一）背景

自20世纪70年代以降，我国城市居民的住房发生了严重的短缺问题。[6]此种情况的发生，直接导源于城市人口的急剧增长。一方面，由于70年代末落实政

---

1 参见《中国房地产》1991年第8期，第17页。
2 参见《中国房地产》1991年第8期，第17页。
3 参见《中国房地产》1991年第8、11期。
4 参见《中国房地产》1991年第8、11期。
5 参见《中国房地产》1991年第8、11期。
6 参见《中国房地产》1991年第8期，第17页。

策，大批下放干部和下乡知识青年相继返城，城市人口急剧增长；另一方面，这一时期正值 50 年代出生的人进入婚龄，形成生育高峰，促使人口增长加速。[1] 据统计，1978 年我国城镇居民人均居住面积仅为 3.6 m²，大大低于国际上公认的最低住房标准。正是在这种背景下，为了解决城市居民住房供需矛盾日益突出的问题，克服公有化、福利型住房制度的弊端，国家开始了对旧有住房政策和制度进行改革的工作。

（二）改革历程

1. 探索、试点阶段（1978—1987 年）

我国住房制度的改革最早起于 1978 年中共中央关于发挥国家、地方和个人的积极性，加快住宅建设速度的指示。该指示指出："职工住房问题，要由国家、地方、企业共同努力，有计划地逐步加以解决。"依此指示，除国家补助投资加快住宅建设外，主要靠地方和企业自筹资金，增加投资。地方财政除了搞农田基本建设和支持农业、工业发展外，主要应用在职工住房建设上。全民所有制工业企业从企业基金和职工宿舍的更新改造资金中安排建房资金，集体所有制企业从税后积累中提取建房资金。[2]

继中共中央关于解决城市住房问题也要发挥个人的积极性的指示后，1979 年，有关部门在西安、南宁、柳州等城市进行由国家建房出售给私人的试点。1980 年 3 月，全国城市房产住宅工作会议总结了试点工作情况，认为住宅商品化具有可行性。[3] 4 月 20 日，邓小平作出指示，认为"城镇居民个人可以购买房屋，也可以自己盖。不但新房子可以出售，老房子也可以出售。可以一次付款，也可以分期付款，10 年、15 年付清"[4]。之后，有关部门当即决定，扩大住宅出售的试点工作，有计划地由国家建设一批住宅，向私人出售。1982 年 4 月 17 日，国务院发布《关于城市出售住宅试点问题的复函》，确定试行新建公有住宅补贴出售的办法：个人支付售价三分之一，取得住房的有限产权，其余三分之二由国家

1　参见《中国房地产》1991 年第 8 期，第 17 页。

2　参见《中国房地产》1991 年第 8 期，第 17 页。

3　参见《中国房地产》1991 年第 8 期，第 17 页。

4　参见《人民日报》1984 年 5 月 15 日第 1 版。

给予补贴。1984 年，国务院批转《城乡建设环境保护部〈关于扩大城市公有住宅补贴出售试点报告〉的通知》（国发〔84〕140 号），进一步确定北京、天津、上海为扩大试点城市，并再次重申，个人购买住房，原则上支付售价的三分之一。如果买房者的收入情况好和所在单位的补贴能力差，对个人支付的比例可作适当调整，有的支付三分之二，有的支付全价。[1] 1988 年，国务院召开全国城镇住房制度改革工作会议，总结了近 10 年来住房制度改革的试点和探索经验。翌年 2 月 25 日，国务院发布《在全国城镇分期分批推行住房制度改革的实施方案》。此方案的公布，标志着我国城镇住房制度的改革进入了一个新阶段。

2. 1988 年 2 月至 1991 年 11 月：住房制度改革分批分期在全国推开

1988 年 2 月，国务院《关于在全国城镇分期分批推行住居制度改革的实施方案》（以下简称"方案"），对我国城镇住房制度改革的目标、任务及若干具体政策作了明确规定。对于住房制度改革的目标，其规定："按照社会主义有计划的商品经济的要求，实现住房商品化。从改革公房低租金制度着手，将现在的实物分配逐步改变为货币分配，由住户通过商品交换，取得住房的所有权或使用权，使住房这个大商品进入消费品市场，实现住房资金投入产出的良性循环，从而走出一条既有利于解决城镇住房问题，又能够促进房地产业、建筑业和建材工业发展的新路子。"而关于住房制度改革的具体政策，主要涵括：（1）合理调整公房租金标准，即公房租金标准应按住房的折旧费、维修费、管理费、投资利息和房产税五项因素计算。每平方米使用面积月租金定在 1 元以上。（2）从实际出发，确定发住房券（补贴）的系数。（3）理顺住房资金渠道，建立住房基金。（4）坚持多住房多交租和少住房可得益的原则。（5）积极组织公有住房出售。住房制度改革的主要目的之一，乃是推动职工个人购买住房，把群众的购买力引导到改善居住条件上来，以便通过国家、企业和职工的共同努力，加快解决住房困难问题的进程。为此，应以"标准价"向职工出售新建住房。此"标准价"包括：住房本身的建筑造价、征收和拆迁补偿费。（6）配套改革金融体制，调整信贷结构。（7）对住房建设、经营在税收政策上给予优惠。（8）加强房产市场管理。

1　城乡建设环境保护部城市局编：《1982—1984 年国家房地产政策重要文件选编》，第 198 页。

国务院批准发布上述"方案"的同时，国务院办公厅又于同月转发了国务院住房制度改革领导小组《关于鼓励职工购买公有旧住房的意见》（以下简称"意见"）。该"意见"提出了出售旧房的政策和措施，对有关住房售价及其付款形式、贷款期限和利率、高层建筑物的电梯费和高压水泵费，以及各类住房的暖气费的负担、住房管理体制的改革等作了规定。其中，关于住房管理体制，其规定，公寓式的楼房卖给职工后，可委托代管和维修，公共部分的维修，由住户每年交纳维修费。此后，迄至 1989 年 12 月 21 日，为加强城市异产毗连房屋的管理、维护房屋所有人、使用人的合法权益，明确管理、修缮责任及保障房屋的正常使用，原建设部发布了《城市异产毗连房屋管理规定》。此所谓"异产毗连房屋"即指存在区分所有权的建筑物。[1] 1990 年 12 月，中共十三届七中全会明确提出了 2000 年实现小康生活水平的战略目标，把改善城填居民居住条件作为一项重要内容，并要求通过住房制度改革，加快房地产综合开发和住房商品化进程。据此精神，1991 年 6 月 7 日，国务院发布了《关于继续积极稳妥地开展城镇住房制度改革的通知》（以下简称"通知"）。该"通知"在总结前十余年住房制度改革经验的基础上，阐明了住房制度改革的根本目的和意义，并对今后的住房制度改革作出了规划部署和政策规定。主要涵括。（1）合理调整现有公有住房的租金，有计划有步骤地提高到成本租金。（2）出售公有住房。按市场价购买的公房，购房后拥有全部产权，按标准价购买的公房，拥有部分产权。（3）实行新房新制度。（4）住房建设应推行国家、集体、个人三者三方共同投资体制，积极组织筹集建房和合作建房，大力发展经济实用的商品住房。（5）发展住房金融业务。

3. 1991 年以降：全面推进住房制度改革

1991 年 11 月 30 日，国务院办公厅转发了国务院住房制度改革领导小组《关于全面推进城镇住房制度改革的意见》（以下简称"意见"）。该"意见"指出，向居民个人出售新旧公房是推行住房商品化的基本措施之一。住房价格区分为标准价和市场价，标准价包括住房本身的建筑造价及征收和拆迁补偿费。按标准价购房后拥有部分产权，即占有权、使用权、收益权和有限处分权。该"意见"的

1　梁慧星主编：《社会主义市场经济管理法律制度研究》，中国政法大学出版社 1993 年版，第 99 页。

发布，标志着我国住房制度的改革进入了全面推进阶段。之后，为解决向居民个人出售新旧房屋后的维修养护问题，1992 年 6 月 15 日，建设部又颁发了《公有住宅售后维修养护管理暂行办法》（以下简称"办法"）。该"办法"与前述《城市异产毗连房屋管理规定》（1989 年 12 月 21 日）共同构成我国当时有关多层和高层区分所有建筑物的两个基本法规。

（三）小结

综上考察，我们可以看到，自 1978 年我国开始对旧有住房制度和政策进行改革以降，我国的住房制度发生了重大变化，即由此前的公有化、福利型住宅制度转变为有偿的多元主体的住宅商品化制度。此种制度将城市（镇）居民住房的生产、交换、取得均纳入市场经济轨道，这无疑会从根本上改善居民的居住条件，满足人们日益增长的住房需求。

另外，将住房的生产、交换、取得纳入社会主义市场经济中，在大量的多层和高层建筑物按居住单元被出售后，乃产生了对居住于同一栋建筑物上的若干单元的所有者之间的相互关系加以规范、调整的必要。这就为建筑物区分所有权制度的建立奠定了物质基础。事实上，自 20 世纪 80 年代初开始，我国城市业已兴建起了大量的多层和高层建筑物。至 80 年代中后期，随着我国城市经济体制改革的不断深入，在大都市和经济特区（如深圳、珠海），人口聚集，地价高涨，为解决居民的住房问题，建筑物更向高层发展。而在这些多层和高层建筑物按单元出售后，各单元所有者之间的一项崭新的法律关系随之产生。此崭新的法律关系即建筑物区分所有权法律关系。

第二节　制定我国单行的建筑物区分所有权法的必要性

我国社会主义市场经济体制确立后，尤其是 2007 年《物权法》规定建筑物区分所有权制度后，在其基础上制定我国单行的建筑物区分所有权法，具有充分的必要性。兹分述如下。

一、制定单行的建筑物区分所有权法，是我国城市（镇）公有化、福利型住房制度转入商品化住房制度的客观要求

如前述，在过去一个相当长的时期中，我国的城市建筑物虽然绝大多数为多层和高层建筑，但我们却并未感到有建立建筑物区分所有权制度，制定单行的建筑物区分所有权法的必要。此原因不在于我国城市的建筑物在物质形态上与各西方国家的建筑物有什么本质的不同，而在于我们几十年来实行的所谓住宅公有化、福利型住房制度。[1]在此种制度下，每栋建筑物基本上属于单一的所有人（国家或集体）。当我国民用住宅的建设与分配逐步由福利型领域转入商品化领域后，与住宅的建设、出售、分配、管理、使用、维修、调换等有关的法律关系发生了很大的变化，出现了许多新的法律问题需要加以研究解决。[2]如此一来，乃要求建立我国的建筑物区分所有权制度，制定单行的建筑物区分所有权法。

（1）实行住宅商品化以后，大多数住宅的使用者的法律身份将由住宅承租人转化为住宅所有权人。而当住宅成为个人所有的生活资料时，明确其权利归属乃是公民个人财产所有权获得安全保障的必要条件，也是买卖、租赁和抵押住宅，以充分发挥住宅的经济效用的必要法律条件。在高层住宅建筑物以单元为单位在社会上出售时，必然产生如何用统一的标准划分专有部分和共用部分，确定二者之间的关系的问题。此种划分系合理确定住宅所有权人之间的权利义务关系的基础，住宅所有人有关使用、维修、管理住宅建筑物共用部分的一切法律关系，皆要基于此种划分而确定。故此，在我国，以法律规定划分住宅建筑物的专有部分和共用部分的统一标准，是推进住宅商品化，保护住宅所有权人合法权益的必要措施。[3]

（2）在多层和高层建筑物按单元出售给各住宅所有权人后，产生了维修管理上的需要。一方面，为维持整栋建筑物的固有功能，需对该栋建筑物加以经常性的维修管理；另一方面，也需对建筑物的共用部分、共用设备、设施加以维修、

1　陈甦："论建筑物区分所有权"，中国社会科学院研究生院1988年5月硕士论文，第49页。

2　陈甦："论建筑物区分所有权"，载《法学研究》1990年第5期，第47页。

3　陈甦："论建筑物区分所有权"，载《法学研究》1990年第5期，第47页。

管理。在旧的公有化、福利型住宅制度时期，此两方面的维修、管理通常由国家房产部门承担。但是，在住宅出售给单个所有权人后理当不再由房产部门承担。并且，由于住宅商品化，同一单位上的各成员将极难共处于一栋建筑物上，住户的单位界线又被打破，从而此类建筑物也不能由住户所在单位来管理维修。这样一来，商品化住宅建筑物特别是共用部分，则只能由住宅所有权人自己来共同维修、管理。当一栋多层或高层建筑物有多数所有权人时，建筑物管理的方式、维修的出资比例标准等，应当由法律给予明确的规定，以保证每一个所有人都能平等合理地承担管理维修义务。[1]

（3）我国城市土地归国家所有，当住宅建筑物为国有时，土地所有权和土地使用权（相对于建筑物而言是住宅建设用地使用权）以及住宅所有权同属于国家。但在住宅作为商品出售给个人后，国家仍拥有土地所有权，而住宅所有权与住宅建设用地使用权则归于住宅所有权人。这样就在国家和住宅所有权人之间产生了以有偿使用土地为内容的财产关系。多层或高层建筑物中的每个单元的住宅所有权人不论其住宅是否与土地直接相连，都有住宅建设用地使用权，从而也都有缴纳住宅建设用地使用权出让金的义务。而这种权利义务的大小显然应以其专有部分所占的比例来确定。因此，建筑物区分所有权制度的建立，有助于国家确立与多层或高层建筑物中的各个住宅所有权人之间有关土地使用权的法律关系。[2]

（4）在住宅为公有时，多层或高层住宅建筑物中的住户之间的关系，并不影响房产部门或拥有建筑物的企事业单位对建筑物的维修和管理。但在住宅商品化以后，住户由公房承租人转化为私房所有人，住户之间的关系发生了以下变化：一是这种关系的性质由承租人之间的关系转变为所有人之间的关系，且由其所有权的标的物的共用部分联系到一起；二是此种关系的内容不仅限于生活上的关心和帮助的伦理范围，而且还延伸到出资维修和管理的经济范围；三是对此种关系的和谐的维持不再仅仅依靠互不侵犯的不作为方式就能实现，而系必须通过共同协商、出资等积极行为来实现。这就要求全体所有权人组成团体。而此种团体成立的根据即是建筑物的区分所有，其性质、组成方式、议事规则等皆需由建筑物

1　陈甦："论建筑物区分所有权"，载《法学研究》1990 年第 5 期，第 47 页。
2　陈甦："论建筑物区分所有权"，载《法学研究》1990 年第 5 期，第 47 页。

区分所有权法而规定。[1]

二、我国城市化进程的加速，迫切要求制定单行的建筑物区分所有权法

所谓城市化，是指人口向城市社区集中的过程，通常通过原有城市的扩大、非城市社区向城市社区的转化以及新建城市三种途径而实现。据统计，当人类进入 20 世纪 80 年代以后，已经有 17.2 亿人居住于各种规模不等、形态各异的城市中。尤其引人注目的是，在美国的波士顿—华盛顿 D.C. 地区、洛杉矶—旧金山地区，在欧洲的伦敦地区、巴黎地区、鲁尔地区，在日本的东京—大阪地区，城市化的延续正在使许多大城市连为一体，形成被称为人类居住空间新型组织形式的"城市带"。这一使人类生存格局发生重大变化的社会过程，即是城市化。[2]

我国的城市化进程始于 1949—1957 年。[3] 1950—1955 年，城市化水平从 1949 年的 10.6% 上升到 13.5%，1956 年至 1959 年，城市化水平又由 13.5% 上升至 19.7%。[4] 1960 年，由于政策失误和国家遭受三年自然灾害，国家动员 2000 多万城市人口回乡务农，城市人口遂由 1960 年的 13 073 万降至 1962 年的 11 659 万。1966—1978 年，由于十年动乱，干部下放及知识青年上山下乡，城市人口徘徊在 1 亿—1.1 亿之间，城市化水平徘徊在 14% 左右。[5] 1978 年中共十一届三中全会以后，由于改革开放及充分发挥中心城市的功用，我国的城市化进程于几经波折后，终于以不可阻挡的势头加快了。尤其是 1979—1985 年期间，在农业超常规增长的带动下，国家经济全面繁荣，城市化水平迅速提高。[6] 至 1990 年底，城市化水平达到 18.96 %。[7] 城市化进程加速发展的直接结果，乃是城市人口膨胀，地价高昂，为解决城市（镇）居民的居住问题，有效利用土地空间，遂不得不兴建多层或高层建筑物。进而，此类建筑物乃成为解决城市尤其是大都市和中小城市市

1　陈甦："论建筑物区分所有权"，载《法学研究》1990 年第 5 期，第 47—48 页。

2　陆学艺：《社会学》，知识出版社 1991 年版，第 220 页。

3　张秉忱等编：《中国城市化道路宏观研究》，黑龙江人民出版社 1991 年版，第 1 页。

4　张文范："谈谈中国的城市化问题"，载《地名知识》1992 年第 4 期。

5　段启武："建筑物区分所有权之研究"，中南政法学院 1993 年 2 月硕士论文，第 61 页。

6　张秉忱等编：《中国城市化道路宏观研究》，黑龙江人民出版社 1991 年版，第 2 页。

7　张文范："谈谈中国的城市化问题"，载《地名知识》1992 年第 4 期。

民居住问题的主要途径。如此一来，也就客观上需要制定我国的建筑物区分所有权法以予以因应。

另外，自我国人口分布看，1990 年底，东部沿海地带（大陆）的土地面积占全国国土面积的 13.6%，人口却占全国总人口的 41.3%，其中城市（镇）人口占全国城镇人口的 46.77%，居全国之首。中部地带，土地面积占全国的 47.4%，人口占全国人口的 35.8%，其中城镇人口占全国城镇人口的 36.17%。西部地带，土地面积占全国的 39%，人口占全国总人口的 22.9%，其中城镇人口占全国城镇人口的 17.06%。[1]因此，在人口十分稠密的东部和中部城市地区，由于人均土地占有面积十分低下，为解决城市居民的居住问题，不得不兴建大量的多层和高层建筑物。[2]由此，也就要求制定我国的建筑物区分所有权法，以对多层和高层建筑物上的各住宅所有人之间的法律关系予以规范。

三、区分所有建筑物（集合住宅）是城市（镇）居民取得住宅的最佳途径

于城市中取得住宅，对一个城市的市民而言乃具重要意义。一方面，就取得的住宅的权利属性而言，一为取得住宅的所有权，二为取得住宅的承租权（租赁权），三为取得住宅的借用权。我国由于实行住宅的商品化制度，因而绝大多数情形系主要取得住宅的所有权。另一方面，就取得的住宅的类型看，无非有二：一户独门独院式的住宅和集合住宅（区分所有住宅）之一部（单元）。如前述，由于我国城市化进程加快，地价昂贵，因此欲在城市中独立兴建或取得独门独院式的住宅乃十分困难。并且，兴建一户独门独院式的住宅，对城市的成长、营运也极为不利，同时对城市的整体规划也会产生妨碍。故此，各住宅所有权人取得区分所有建筑物的一单元，不失为于城市（镇）中取得住宅所有权的最佳途径，从而也就决定了制定建筑物区分所有权法有其必要性。

1　张文范："谈谈中国的城市化问题"，载《地名知识》1992 年第 4 期。转引自段启武："建筑物区分所有权之研究"，中南政法学院 1993 年 2 月硕士论文，第 65 页。

2　段启武："建筑物区分所有权之研究"，中南政法学院 1993 年 2 月硕士论文，第 65 页。

四、以区分所有建筑物解决城市（镇）居民的居住问题，具有经济性

城市（镇）居民购买区分所有建筑物的一单元，较其兴建或购买一户独门独院式住宅更具经济性。由于城市人口膨胀，地价高昂，单个的个人兴建或购买一户独门独院式建筑物将花费巨额资金。为将这个高昂的地价分摊到更多人身上，区分所有建筑物（集合住宅）显然更为合适。并且，此种以区分所有建筑物方式使市民取得住宅，对买卖双方皆有利。对买方（住宅所有权人、区分所有权人）而言，价格上具便宜性；对卖方而言，也无需经过较长时间才可收回投在该栋建筑物上的资金，并可自非常复杂的管理工作中解脱出来。这些情况表明，区分所有建筑物（集合住宅）对解决城市（镇）居民的居住问题具极大的优越性，由此也就决定了制定建筑物区分所有权法有其充分的必要性。

五、现行《物权法》对于建筑物区分所有权的规定，未能囊括全部的区分所有法律关系，需制定单行的建筑物区分所有权法

2007 年 3 月颁布的《物权法》对建筑物区分所有权作了规定，称为"业主的建筑物区分所有权"。但该法仅规定了区分所有权中的一些原则性或主要的事项，而未对区分所有制度作出全面、系统的规定。自规定的内容看，其比较简单、原则，不足以调整区分所有领域的所有法律关系。由此，也就产生了制定一部调整区分所有关系领域的所有问题的单行区分所有权法的必要。惟有如此，才能厘定我国现今复杂的区分所有法律关系，进而为房地产业的发展，特别是为居民创造舒适、安全、便捷、安宁的居住环境提供法律基础。

第三节　制定我国单行的建筑物区分所有权法的立法思想与主要条文试拟

一、立法思想

参考、吸纳及借镜世界各国家或地区建筑物区分所有权的立法、学理及实务经验，建构与各国家或地区基本相通的建筑物区分所有权制度及其规则。

建构完善、全面的建筑物区分所有权制度及其规则，以实现对我国建筑物区分所有权法律关系的全面调整。

立法一方面应当立足于当代中国有关建筑物区分所有的各种实际关系，另一方面也应着眼于今后一个比较长的时期中区分所有关系的发展。也就是说，对今后一个相当长的时期，建筑物区分所有权制度及其规则可能出现的各种发展趋向作出安排，尽可能增大该法律的预测性功能。

追求安全、健康、舒适、便捷及安宁的居住生活环境，系该法的基本价值取向，此价值取向应贯穿于该法的所有条文中。

二、我国单行的建筑物区分所有权法应涵括的主要条文试拟

第1条（建筑物区分所有权的定义）

建筑物区分所有权，是指数人区分一建筑物而各专有其一部，就专有部分有单独所有权，并就该建筑物及其附属物的共用部分，除另有约定外，按其专有部分比例共有的建筑物所有权。

前款专有部分，指区分所有建筑物在构造上及使用上可以独立，且可单独作为所有权的标的物的建筑物部分。共用部分，指区分所有建筑物，除专有部分以外的其他部分及不属于专有部分的附属物。

第2条（区分所有权人对专有部分的权利）

除法律另有限制外，区分所有权人对其专有部分，可以自由使用、收益、处分，并排除他人的干涉。

专有部分不得与建筑物共用部分的应有部分及基地使用权的应有部分分离而为移转或设定负担。

第3条（专有部分的正当使用及共同利益违反的禁止）

区分所有权人对专有部分的利用，不得妨碍建筑物的正常使用及违反区分所有权人的共同利益。

前款规定，准用于区分所有权人以外的专有部分占有人。

第4条（区分所有权人和专有部分占有人应遵守的事项）

区分所有权人和专有部分占有人应遵守下列事项：

（一）维护、修缮专有部分或行使其权利时，不得妨碍其他区分所有权人的安宁、安全及卫生；

（二）其他区分所有权人因维护、修缮专有部分或设置管线，必须进入其专有部分时，无正当理由不得拒绝；

（三）管理人或管理委员会因维护、修缮共用部分或设置管线，必须进入或使用其专有部分时，无正当理由不得拒绝；

（四）其他法律或管理规约规定的事项。

前款第（二）项及第（三）项所称进入或使用，应选择其损害最少的处所及方法，并应补偿因此所生的损害。

区分所有权人或专有部分占有人违反第（一）项规定，经请求仍不停止的，管理人或管理委员会可以请求人民法院为必要的处置。

第 5 条（共用部分任意变更的禁止）

区分所有建筑物周围上下、外墙面、楼顶平台及防空避难室等，非依法令规定并经区分所有权人会议决议，区分所有权人或专有部分占有人不得变更其构造、颜色、使用目的及设置广告物。

区分所有权人或专有部分占有人违反前款规定，管理人或管理委员会应予制止，制止无效的，可以请求人民法院责令停止其行为或恢复原状；造成损害的，由该区分所有权人或专有部分占有人负赔偿责任。

第 6 条（区分所有权人对建筑物共用部分及基地的使用收益权）

各区分所有权人按其共有的应有部分比例，对建筑物的共用部分及其基地有使用收益的权利。但另有约定者，从其约定。

区分所有权人和专有部分占有人应依设置目的与通常的使用方法使用共用部分。但另有约定且不违反城市规划法与建筑法的有关规定的，从其约定。

区分所有权人和专有部分占有人违反本条第二款规定，管理人或管理委员会应予制止，并可请求人民法院为必要的处置。如有损害，并得请求损害赔偿。

第 7 条（专有部分、共用部分等的管理、修缮、维护及其费用负担）

专有部分的修缮、管理、维护，由各区分所有权人承担，并负担其费用。

共用部分的修缮、管理、维护，由管理人或管理委员会承担，其费用由区分所有权人按其共有的应有部分比例分担，但修缮费系因可归责于区分所有权人的事由而生时，由该区分所有权人负担。

前款共用部分、约定共用部分的管理、维护费用，区分所有权人会议或规约另有规定的，从其规定。

第 8 条（共用部分及其相关设施的拆除、重大修缮或改良）

共用部分及其相关设施的拆除、重大修缮或改良，应依区分所有权人会议的决议为之。

依前款所生费用，由各区分所有权人分担。

第 9 条（一部共用部分的修缮及其费用负担）

专有部分的共同壁、楼地板及专有部分内的管线，其维修费用由该共同壁双方或楼地板上下双方的区分所有权人共同负担。但修缮费系因可归责于区分所有权人的事由而生时，由该区分所有权人负担。

第 10 条（区分所有建筑物的重建）

因破旧、损坏、倾颓、一部灭失致维持或回复区分所有建筑物需费过巨，或因地震、水灾、风灾、火灾或其他重大事变致区分所有建筑物有危害公共安全的危险时，得于集会，以区分所有人及表决权各五分之四以上的多数决，为拆毁建筑物且在该建筑物的基地，或其一部的土地，或该建筑物的基地的全部或包含其一部的土地上建筑新的建筑物意旨的决议。

重建决议，应决定下列事项：

一、重新建筑建筑物的设计概要。

二、建筑物的拆毁及再建建筑物的建筑所需费用的概算额。

三、有关前款所规定费用分担的事项。

四、有关再建建筑物的区分所有权归属的事项。

第 11 条（区分所有权的出让）

区分所有建筑物有第十条规定的情形之一，经区分所有权人会议决议重建时，区分所有权人不同意决议又不出让区分所有权，或同意后不依决议履行其义务的，管理人或管理委员会得诉请人民法院责令区分所有权人出让其区分所有权。

前款的受让人视为同意重建。

第 12 条（区分所有权人和专有部分占有人的义务）

区分所有权人和专有部分占有人不得任意弃置垃圾、排放各种污染物、恶臭物或制造喧嚣、振动及其他类似行为。

区分所有权人和专有部分占有人不得于楼梯间、共同走廊、消防设备及防空设施等地堆放杂物、设置栅栏，或违规设置广告物或私设路障及停车位，侵占通道、妨碍出入。

区分所有权人和专有部分占有人饲养动物，不得妨碍公共卫生、公共安宁及公共安全。但法律或管理规约另有禁止饲养动物的规定的，从其规定。

区分所有权人或专有部分占有人违反前三款规定时，管理人或管理委员会应予制止或按规约处理，必要时可以请求人民法院予以处理。

第 13 条（管理基金的设立）

区分所有权人的人数达二十人以上的，应当设立管理基金。管理基金的来源如下：

（一）区分所有权人依区分所有权人会议决议所缴纳的款项；

（二）本基金的孳息；

（三）其他收入。

管理基金应设专门的账户予以储存，并由管理人或管理委员会负责管理。

管理基金应依区分所有权人会议的决议使用。

第 14 条（应负担或应分担费用的强制缴纳）

区分所有权人或专有部分占有人积欠应负担或应分担的费用已逾一月或达相当金额的，经定相当期间催告仍不给付的，管理人或管理委员会可以请求人民法院责令其给付应缴纳的金额及迟延利息。

第 15 条（强制停止其行为）

有下列情形之一的，由管理人或管理委员会促请其改正，于二个月内仍未改正的，管理人或管理委员会可依区分所有权人会议的决议，请求人民法院强制停止其行为：

（一）对专有部分的利用，妨碍建筑物的正常使用及违反区分所有权人的共同利益，经制止而不停止的；

（二）擅自变更共用部分的构造、颜色、使用目的、设置广告物或其他类似行为，经制止而不停止的；

（三）其他违反法律或管理规约的行为情节重大的。

前款的当事人如为区分所有权人时，管理人或管理委员会可依区分所有权人会议的决议，诉请人民法院命区分所有权人出让其区分所有权及基地使用权应有部分；于判决确定后三个月内不自行出让并完成所有权移转登记手续的，管理人或管理委员会可以申请人民法院拍卖。

第 16 条（管理规约）

有关区分所有建筑物、基地和附属设施的管理、使用，以及区分所有权人等的相互关系，除法律另有规定外，应以管理规约规定。

第 17 条（权利义务的继受）

区分所有权的继受人应继受原区分所有权人依本法或管理规约所规定的一切权利义务。

第 18 条（区分所有权人会议、临时会议及其召集人）

区分所有权人会议，由全体区分所有权人组成，每年至少应召开定期会议一次。有下列情形之一的，应召开临时会议：

（一）发生重大事故须即时处理而经管理人或管理委员会请求的；

（二）经区分所有权人五分之一以上及其区分所有权比例合计五分之一以上，以书面载明会议目的及理由请求召集的。

区分所有权人会议由管理人召集。

第 19 条（区分所有权人会议的召集方式及期间）

区分所有权人会议，应由召集人于开会前十五日以书面载明开会内容，通知各区分所有权人。但因急迫情事须召开临时会议的，可以以公告方式通知区分所有权人，公告期间不得少于二日。

第 20 条（普通事项的决议方法）

区分所有权人会议的决议，除本法或管理规约另有规定外，应有区分所有权人过半数出席，并于获得出席人数过半数的同意后行之。

各专有部分的区分所有权人有一表决权。数人共有一专有部分的，该表决权由专有部分共有人推选一人行使。

区分所有权人因故无法出席区分所有权人会议时，可以委托他人代理出席。

第 21 条（特别事项的决议方法）

区分所有权人会议的决议，关于下列事项，应有区分所有权人三分之二以上及其区分所有权比例合计三分之二以上出席，并获得出席人数四分之三以上及其区分所有权比例占全部区分所有权四分之三以上的同意：

（一）管理规约的订立或变更；

（二）区分所有建筑物的重大修缮或改良；

（三）区分所有权的强制出让；

（四）约定专用部分或共用部分的事项。

第 22 条（管理委员会、管理人等的选任和任期）

区分所有建筑物应成立管理委员会或推选管理人或委托管理人。

区分所有建筑物成立管理委员会的，应由管理委员选举或推选一人为主任委员。主任委员对外代表管理委员会。管理委员会的组织及管理委员的选任应于管理规约中规定。

管理委员、管理主任委员及管理人任期一年，连选得连任。

第 23 条（管理委员会的职责）

管理委员会和管理人的职责如下：

（一）共用部分的清洁、维护、修缮及一般改良；

（二）区分所有权人共同事务的建议；

（三）区分所有权人和专有部分占有人违规行为的制止；

（四）区分所有建筑物及其周围环境的维护；

（五）收益及其他经费的收支、保管与使用；

（六）区分所有权人会议决议的执行；

（七）管理规约、会议记录等文件的保管；

（八）管理服务人的委任、雇佣及其监督；

（九）会计报告、结算报告及其他管理事项的提出及公告；

（十）管理规约规定的其他事项。

第 24 条 （管理委员会的诉讼主体资格）

管理委员会和管理人具有当事人能力，可以独立充任原告或被告。

日本《有关建筑物区分所有等之法律》[1]

制定：1962 年 4 月 4 日法律第 69 号，1963 年 4 月 1 日施行。

修改：1983 年 5 月 21 日法律第 51 号，1984 年 1 月 1 日施行。

最后（较近）修改：2002 年法律第 140 号，2003 年 6 月 1 日施行。

第一章　建筑物的区分所有

第一节　总　　则

第 1 条（建筑物的区分所有）

一栋建筑物构造上区分为数部分，供作独立的住宅、店铺、事务所、仓库或其他建筑物用途而使用时，其各部分得依本法所定，各自成为所有权的标的物。

第 2 条（定义）

（1）本法所称"区分所有权"，指以前条所规定的建筑物部分（依第 4 条第 2 项规定被当成共用部分者除外）为标的物的所有权。

---

[1]　本译文根据日本水本浩、远藤浩、丸山英气编《公寓法》（日本评论社 2006 年 10 月 10 日第 3 版）译出。翻译时着重参考了温丰文先生所译日本 1983 年《建筑物分所有权法》的译文，该译文载其所著《建筑物区分所有权之研究》[台湾东海法学丛书（三），三民书局股份有限公司 1992 年版]第 188 页以下。温先生的译文，用词精准，细微处颇见功力，是迄今汉语世界翻译日本建筑物区分所有权法最优秀者，对此谨予特别说明，并向温先生致以谢意和敬意。另外，也个别参照了刘得宽先生翻译的日本 1962 年《建筑物分所有权法》的译文（共 37 条）（载其所著《民法诸问题与新展望》，五南图书出版有限公司 1995 年 5 月 2 版 1 刷，第 40—45 页），以及庄金昌先生《住宅分层所有权之比较研究》（台北中国文化大学 1984 年 7 月硕士论文）所附的日本 1983 年《建筑物分所有权法》的译文。于此也向这两位先生致以谢意。日本 2002 年对其《建筑物区分所有权法》再度作了修正，本次翻译，反映了此次修正的情况，所使用的翻译文本，是 2006 年由日本评论社出版的《建筑物区分所有权法》的解说文本。此文本（书）系由日本学者原田纯孝先生所赠，于此记之，以供忆念。

（2）本法所称"区分所有人"，指有区分所有权的人。

（3）本法所称"专有部分"，指区分所有权的标的物的建筑物部分。

（4）本法所称"共用部分"，指专有部分以外的建筑物部分，不属于专有部分的建筑物附属物及依第4条第2项规定被当成共用部分的附属建筑物。

（5）本法所称"建筑物的基地"，指建筑物所坐落的土地及依第5条第1项规定被当成建筑物基地的土地。

（6）本法所称"基地利用权"，指有关因所有专有部分的建筑物基地的权利。

第3条（区分所有人的团体）

区分所有人全体，得因为实施建筑物与其基地及附属设施的管理，组成团体，依本法所定，召开集会，订定管理规约及设置管理人。其显然仅供一部分区分所有人共用的共用部分（以下称为"一部共用部分"），由该等区分所有人管理时，亦同。

第4条（共用部分）

（1）沟通数个专有部分的走廊、楼梯间或其他构造上应供区分所有人全体或一部共用的建筑物部分，不得为区分所有权的标的。

（2）第1条所规定的建筑物部分与附属建筑物，得依管理规约当成共用部分。此种场合，非登记其意旨，不得以之对抗第三人。

第5条（依管理规约的建筑物基地）

（1）区分所有人得将建筑物及与建筑物所坐落的土地成为一体管理或使用的庭院、通路或其他土地，依管理规约当成建筑物的基地。

（2）建筑物坐落的土地，因建筑物的一部灭失变成建筑物坐落土地以外的土地时，该土地依前项规定视为以管理规约所定的建筑物基地。建筑物所坐落土地的一部分因分割变成建筑物坐落土地以外的土地时，亦同。

第6条（区分所有人的权利义务等）

（1）区分所有人不得为对建筑物保存有害的行为，或其他有关建筑物的管理或使用违反区分所有权人共同利益的行为。

（2）区分所有人因保存或改良其专有部分或共用部分，于必要范围内，得请求使用其他区分所有人的专有部分，或不属于自己所有的共用部分。此种场合，致他区分所有人受损害时，应支付偿金。

（3）第1项规定，对于区分所有人以外的专有部分占有人（以下称为"占有人"）准用之。

第 7 条（优先取偿权）

（1）区分所有人因共用部分、建筑物基地或共用部分以外的建筑物附属设施，对其他区分所有人有债权者，或基于管理规约或集会的决议对其他区分所有人有债权者，对债务人的区分所有权（包括有关共用部分的权利与基地利用权）及置于建筑物的动产有优先取偿权。管理人或管理组合法人因执行其职务或业务，对区分所有人有债权者，亦同。

（2）前项优先取偿权，有关其优先的顺位与效力，视为共益费用的优先取偿权。

（3）民法（明治29年法律第89号）第390条之规定，于第1项的优先取偿权准用之。

第 8 条（特定继受人的责任）

前条第1项所规定的债权，对债务人的区分所有人的特定继受人，亦得行使。

第 9 条（关于建筑物得设置或保存的瑕疵的推定）

因建筑物的设置或保存有瑕疵致生损害于他人时，该瑕疵推定为共用部分的设置或保管的瑕疵。

第 10 条（区分所有权的让售请求权）

有未具有基地利用权的区分所有人时，有请求收回其专有部分的权利人，对该区分所有人得请求按时价让售区分所有权。

第二节 共用部分等

第 11 条（共用部分的共有关系）

（1）共用部分属于全体区分所有人共有。但一部共用部分属于应共用该部分的区分所有人共有。

（2）前项规定，无妨以管理规约另为订定。但除第27条第1项的情形外，区分所有人以外的人不得订为共用部分的所有人。

（3）民法第 177 条的规定，对于共用部分不适用。

第 12 条

共用部分属于全体区分所有人或一部区分所有人共有时，有关该共用部分的共有，依次条至第 19 条的规定。

第 13 条（共用部分的使用）

各共有人得按共用部分的用法而使用。

第 14 条（共用部分的应有部分的比例）

（1）各共有人的应有部分，按其所有的专有部分的楼地板的面积的比例算定。

（2）前项情形，因一部共用部分（附属建筑物除外）而有楼地板面积时，其一部共用部分的楼地板面积，按共用该部分的各区分所有人的专有部分的楼地板面积的比例分配，各自算入该区分所有人专有部分的楼地板面积。

（3）前二项的楼地板面积，依照墙壁或其他区划内侧线所围成部分的水平投影面积。

（4）前三项规定，无妨以管理规约另为订定。

第 15 条（共用部分的应有部分的处分）

（1）共有人的应有部分，从其所有的专有部分处分。

（2）共有人除本法另有规定外，不得将应有部分与其所有的专有部分分离而处分。

第 16 条（一部共用部分的管理）

一部共用部分的管理中，关系全体区分所有人的利害或有第 31 条第 2 项管理规约上的订定者，仅由区分所有人全体或其他共用该部分的区分所有人为之。

第 17 条（共用部分的变更）

（1）共用部分的变更（不伴有其形状或效用的显著变更者除外），以区分所有人及表决权各四分之三以上的多数的集会决议定之。但此一区分所有人的法定人数，得以管理规约减至过半数。

（2）前项情形，共用部分的变更对专有部分的使用有特别影响时，应得该专有部分所有人的承诺。

第 18 条（共用部分的管理）

（1）关于共用部分的管理事项，除前条的情形外，以集会的决议决定之。但保存行为各共有人均得为之。

（2）前项规定，不妨以管理规约作特别的规定。

（3）前项第 2 项规定，于第 2 项本文的情形准用之。

（4）因共用部分缔结损害保险契约者，视为有关共用部分的管理事项。

第 19 条（共用部分的负担与利益收取）

各共有人，只要管理规约未另为订定，按其应有部分担任共用部分的负担，收取由共用部分所生的利益。

第 20 条（管理所有人的权限）

（1）依第 11 条第 2 项规定，以管理规约定为共用部分所有人的区分所有人负有为全体区分所有人（有关一部共用部分，为共用该部分的区分所有人）管理该共用部分的义务。此种场合，对该等区分所有人，得请求相当的管理费用。

（2）前项共用部分的所有人，不得为第 17 条第 1 项所规定共用部分的变更。

第 21 条（有关共用部分规定的准用）

建筑物的基地或共用部分以外的附属设施（包括有关此等权利），属于区分所有人共有的情形，第 17 条至第 19 条的规定，于该基地或附属设施准用之。

第三节　基地利用权

第 22 条（分离处分的禁止）

（1）基地利用权在数人有所有权或其他权利的情形下，区分所有人不得将其所有的专有部分与该专有部分有关的基地利用权分离而处分。但管理规约另有订定时不在此限。

（2）于前项本文的情形，区分所有人有数个专有部分时，有关各专有部分的基地利用权的比例，按第 14 条第 1 项至第 3 项所规定的比例。但以管理规约订定与此比例相异的比例时，按其比例。

（3）前二项规定，于具有建筑物全部专有部分人的基地利用权上，单独享有所有权或其他权利的情形准用之。

第 23 条（分离处分无效主张的限制）

违反前条第 1 项本文（包含同条第 3 项准用的情形）规定的专有部分或基地利用权的处分，其无效不得对善意相对人主张。但依不动产登记法（明治 32 年法律第 24 号）所定，不得分离处分的专有部分与基地利用权经登记后，而为该处分时不在此限。

第 24 条（民法第 255 条适用的除外）

在第 22 条第 1 项本文的情形，民法第 255 条（包含同法第 264 条准用的情形）的规定，对基地利用权不适用。

第四节　管理人

第 25 条（选任和解任）

（1）区分所有人，在管理规约无特别订定时，得依集会的决议选任或解任管理人。

（2）管理人有不正行为或其他不适于执行职务的情事时，各区分所有人得请求法院予以解任。

第 26 条（权限）

（1）管理人有保存共用部分与第 21 条所规定情形的该建筑物基地及附属设施、实行集会的决议与为管理规约上所定行为的权利与义务。

（2）管理人关于其职务，代理区分所有人。依第 18 条第 4 项（包含第 21 条准用的情形）的规定，基于损害保险契约的有关保险金额的请求及受领，亦同。

（3）对管理人的代理权所加的限制，不得对抗善意第三人。

（4）管理人依管理规约或集会的决议，关于其职务（包含第 2 项后段规定的事项），为区分所有人，得为原告或被告。

（5）管理人依前项管理规约为原告或被告时，应即时将其意旨通知区分所有人。于此情形，准用第 35 条第 2 项至第 4 项的规定。

第 27 条（管理所有）

（1）管理人于管理规约有特别规定时，得为共用部分的所有人。

（2）第 6 条第 2 项与第 20 条的规定，于前项的情形准用之。

第 28 条（委任规定的准用）

除本法及管理规约的规定外，管理人的权利义务，依照有关委任的规定。

第 29 条（区分所有人的责任等）

（1）管理人于其职务范围内与第三人间所为的行为，区分所有人应负责任的比例与第 14 条所规定的比例为同一之比例。但是，以管理规约定有建筑物与其基地及附属设施的管理所需费用的负担比例时，按其比例。

（2）因前项行为，第三人对区分所有人有债权者，对其特定继受人亦得行使。

第五节　管理规约与集会

第 30 条（管理规约事项）

（1）有关对建筑物或其基地或附属设施的管理或使用而生的区分所有人相互间的事项，除本法的规定外，得以管理规约订定之。

（2）关于一部共用部分的事项，无关区分所有人全体的利害者，除区分所有人全体的管理规约有订定的情形外，得以共用该部分的区分所有人的管理规约定之。

（3）前两项规定的管理规约，就专有部分或共用部分或建筑物的基地或附属设施（包含关于建筑物的基地或附属设施的权利），综合考虑它们的形状、面积、位置关系、使用目的、利用状况及区分所有人所支付的对价及其他情况，必须作为谋求区分所有人间的利害的衡平的规定。

（4）在第 1 项和第 2 项的场合，不得害及区分所有人以外的人的权利。

（5）管理规约必须依书面或电磁性的记录而作成之。

第 31 条（管理规约的设定、变更及废止）

（1）管理规约的设定、变更或废止，以区分所有人及表决权各四分之三以上多数的集会决议为之。于此情形，管理规约的设定、变更或废止对一部区分所有人的权利有特别影响时，应得其承诺。

（2）前条第 2 项规定的区分所有人全体的管理规约的设定、变更或废止，有共用该一部共用部分区分所有人逾四分之一者或其表决权逾四分之一者反对时，不得为之。

第 32 条（依公证证书的管理规约的设定）

最初所有建筑物专有部分全部的人，得依公证证书设定第 4 条第 2 项、第 5 条第 1 项与第 22 条第 1 项但书及第 2 项但书（包含此等规定于同条第 3 项准用的情形）的管理规约。

第 33 条（管理规约的保管及阅览）

（1）管理规约，应由管理人保管之。但无管理人时，应由使用建筑物的区分所有人或其代理人依管理规约或集会的决议所定的人保管之。

（2）依前项规定，保管管理规约的人，于利害关系人请求时，除有正当理由的情形外，不得拒绝管理规约的阅览。

（3）管理规约的保管处所，宜揭示于建筑物内易见的处所。

第 34 条（集会的召集）

（1）集会，由管理人召集之。

（2）管理人，应至少每年召集一次集会。

（3）有区分所有人五分之一以上，且表决权五分之一以上者，得对管理人表明会议目的事项，请求集会的召集。但此一法定人数，得以管理规约减少之。

（4）依前项规定为请求时，二周内未发从请求之日起四周内开会的集会召集通知时，该请求的区分所有人得召集集会。

（5）无管理人时，有区分所有人五分之一以上且表决权五分之一以上者，得召集集会。但此一法定人数，得以管理规约减少之。

第 35 条（召集的通知）

（1）集会召集的通知，至少应于开会期日一周前，揭示会议目的事项通知各区分所有人，但此一期间，得以管理规约增减之。

（2）专有部分属于数人共有时，前项通知向依第 40 条所定应行使表决权之人（无其人时，共有人之一人）为之即可。

（3）第 1 项通知，区分所有人对管理人表明应受通知的处所而于其处所未受通知时，发送至区分所有人所有的专有部分的所在处所即可。此种场合，同项的通知，视为通常应到达时到达。

（4）对建筑物内有住所的区分所有人或未通知应受前项通知处所的区分所有人的第一项通知，管理规约有特别规定时，得揭示于建筑物内易见的处所。于此情形，同项的通知，视为于为该揭示时到达。

（5）为第一项通知时，会议目的事项有第 17 条第 1 项、第 31 条第 1 项、第 61 条第 5 项、第 62 条第 1 项或第 68 条第 1 项所规定的决议事项时，其议案的要点，亦应通知。

第 36 条（召集程序的省略）

集会有区分所有人全体的同意时，得不经召集程序而召开。

第 37 条（决议事项的限制）

（1）集会仅在依第 35 条的规定预先通知的事项，得为决议。

（2）前项规定，除本法有关集会的决议订有特别法定人数的事项外，无妨以管理规约另为订定。

（3）前二项的规定，对依前条规定的集会不适用。

第 38 条（表决权）

各区分所有人的表决权，只要管理规约无特别订定时，按第 14 条所规定的比例。

第 39 条（议事）

（1）集会的议事，只要本法或管理规约无特别规定，以区分所有人及表决权各过半数决定之。

（2）表决权得以书面或由代理人行使。

（3）区分所有人依管理规约的集会的决议，由前项规定的书面代替表决权的行使，得依电磁的方法（使用电子情报处理组织的方法及利用其他的情报通信技术的方法，而以法务省命令规定者，下同）行使表决权。

第 40 条（表决权行使者的指定）

专有部分属于数人共有时，共有人应指定一人行使表决权。

第 41 条（主席）

集会除管理规约另有订定及另为决议的情形外，以管理人或召集集会的区分所有人一人为主席。

第 42 条（议事录）

（1）集会的议事，主席须以书面或电磁的记录作成议事录。

（2）议事录上记载议事经过的要点及其结果，或者必须记录。

（3）在前项的场合，议事录以书面作成时，须有主席及出席集会的区分所有人的二人署名盖章。

（4）在第 2 项的场合，议事录以电磁的方式作成时，关于该电磁的记录中记录的信息，主席及出席集会的区分所有人的二人必须为代替署名盖章的由法务省的命令规定的措施。

（5）第 33 条的规定，关于议事录准用之。

第 43 条（事务的报告）

管理人在集会上，应每年一次定期的作有关其事务的报告。

第 44 条（占有人的意见陈述权）

（1）经区分所有人的承诺，占有专有部分的人，关于会议目的事项有利害关系时，得出席集会陈述意见。

（2）于前项规定的情形，集会召集人依第 35 条规定发召集通知后，应即时将集会的日时、场所及会议目的事项于建筑物内易见的处所揭示。

第 45 条（书面或电磁的方法的决议）

（1）依本法或管理规约，有关应于集会决议的事项，有区分所有人全体的合意时，得依书面或电磁的方法为决议。但是，依电磁的方法的涉及决议的区分所有人的承诺，必须以法务省的命令规定。

（2）依本法或管理规约应在集会上为决议的事项，区分所有人全体的书面或依电磁的方法的合意存在时，视为依书面或电磁的方法的决议。

（3）依本法或管理规约应在集会上为决议的事项的书面或电磁的方法的决议，有与集会的决议相同的效力。

（4）第 33 条的规定，依书面或电磁的方法的与决议有关的书面及以第 1 项、第 2 项的电磁的方法为之的场合，关于依该电磁的方法作成的记录准用。

（5）关于集会的规定，关于依书面或电磁的方法的决议准用。

第 46 条（管理规约及集会决议的效力）

（1）管理规约与集会的决议，对区分所有人的特定继受人也生效力。

（2）区分所有人基于管理规约或集会的决议对建筑物或基地或附属设施的使用方法负有义务时，其占有人亦负同一义务。

第六节　管理组合法人

第 47 条（成立等）

（1）第 3 条所规定的团体，以区分所有人及表决权各四分之三以上多数的集会决议，决定成立法人意旨与其名称及事务所，且在其主事务所的所在地登记而成为法人。

（2）依前项规定的法人，称为管理组合法人。

（3）除本法规定外，有关管理组合法人登记的必要事项，以政令定之。

（4）关于管理组合法人应登记事项，若未登记，不得对抗第三人。

（5）管理组合法人成立前的集会决议，管理规约及管理人职务范围内的行为，对管理组合法人发生效力。

（6）管理组合法人关于其事务，得代理区分所有人请求、受领依第 18 条第 4 项（包含第 21 条准用的情形）之规定，基于损害保险契约的保险金额。关于共用部分等所发生的损害赔偿金，因不当得利的返还金的请求及受领，也同样如此。

（7）对管理组合法人的代理权所加的限制，不得对抗善意的第三人。

（8）管理组合法人，依管理规约的集会的决议，关于其事务（包含第 6 项后段规定的事务），为了区分所有人的利益，得充任原告或被告。

（9）管理组合法人依前项的管理规约而充任原告或被告时，必须不迟延的向区分所有人为此项通知。在此场合，准用第 35 条第 2 项至第 4 项的规定。

（10）民法第 43 条、第 44 条、第 50 条及第 51 条的规定，于管理组合法人，破产法（大正 11 年法律第 71 号）第 127 条第 2 项的规定，于存续中的管理组合法人准用之。

（11）第四节及第 33 条第 1 项但书（包含第 42 条第 2 项及第 45 条第 2 项准用的情形）的规定，于管理组合法人不适用。

（12）有关管理组合法人适用第 33 条第 1 项本文（包含第 42 条第 5 项及第 45 条第 4 项准用的情形，以下于本项同）之规定时，第 33 条第 1 项本文中由"管理人"换成"理事于管理组合法人的事务所"。适用第 34 条第 1 项至第 3 项及第 5 项、第 35 条第 3 项、第 41 条与第 43 条的规定时，此等规定由"管理人"换成"理事"。

（13）管理组合法人关于法人税法（昭和 40 年法律第 34 号）或其他有关法人税法令规定的适用，视为同法第 2 条第 6 款所规定的公益法人等。于此情形，适用同法第 37 条的规定时，同条第 3 项及第 4 项中由"公益法人等"换成"公益法人等（管理组合法人除外）"。适用同法第 66 条的规定时，同条第 1 项及第 2 项中由"普通法人"换成"普通法人（包含管理组合法人）"。同样，第 3 项中由"公益法人等"换成"公益法人等（管理组合法人除外）"。

（14）管理组合法人关于消费税法（昭和 63 年法律第 180 号）及其他的消费税的法令的规定的适用，视为同法别表第三中所揭的法人。

第 48 条（名称）

（1）管理组合法人，在其名称中应使用管理组合法人之文字。

（2）非管理组合法人，在其名称中不得使用管理组合法人的文字。

第 49 条（理事）

（1）管理组合法人应置理事。

（2）理事代表管理组合法人。

（3）理事有数人时，各自代表管理组合法人。

（4）前项规定，无妨以管理规约或集会的决议，定应代表管理组合法人的理事，或定数人的理事应共同代表管理组合法人，或定基于管理规约规定由理事互选应代表管理组合法人的理事。

（5）理事的任期为二年。但以管理规约定三年以内的特别期间时，依其期间。

（6）理事缺额或管理规约所定理事人数缺额时，任期届满或因辞职而退职的理事，在重新选任的理事就职前，仍执行其职务。

（7）第 25 条、民法第 52 条第 2 项及第 54 条至第 56 条、与非讼事件程序法

（明治 31 年法律第 14 号）第 35 条第 1 项的规定，于理事准用之。

第 50 条（监事）

（1）管理组合法人应置监事。

（2）监事不得兼任理事或管理组合法人的佣人。

（3）第 25 条与前条第 5 项及第 6 项、民法第 56 条及第 59 条、与非讼事件程序法第 35 条第 1 项的规定，于监事准用之。

第 51 条（监事的代表权）

有关管理组合法人与理事利益相反的事项，监事代表管理组合法人。

第 52 条（事务的执行）

（1）管理组合法人的事务，除本法的规定外，全部依集会的决议执行。但除本法所规定有关集会决议的特别法定人数之事项及第 57 条第 2 项所规定的事项外，得依据管理规约由理事或其他负责人员决定之。

（2）尽管有前项的规定，但保存行为，理事得决定之。

第 53 条（区分所有人的责任）

（1）以管理组合法人的财产不能完全清偿其债务时，区分所有人负与第 14 条所规定比例相同的比例，清偿该债务之责。但定有第 29 条第 1 项但书所规定的负担比例时，按其比例。

（2）对管理组合法人财产的强制执行不奏效时，亦与前项同。

（3）前项规定，区分所有人证明管理组合法人有资力，且容易执行时，不适用。

第 54 条（特定继受人的责任）

区分所有人的特定继受人，就其继受前所生管理组合法人的债务，亦负与该区分所有人依前条所定应负责任相同的责任。

第 55 条（解散）

（1）管理组合法人，因下列事由而解散：

一、建筑物（以共用一部共用部分的区分所有人所组成的管理组合法人，其共用部分）的全部灭失。

二、建筑物专有部分消失。

三、集会的决议。

（2）前项第 3 款的决议，以区分所有人及表决权各四分之三以上的多数决为之。

（3）民法第 73 条至第 78 条至第 82 条、与非讼事件程序法第 35 条第 2 项及第 36 条至第 37 条之二的规定，于管理组合法人的解散与清算准用之。

第 56 条（剩余财产的归属）

管理组合法人解散后的财产，除管理规约有特别规定外，以与第 14 条所定比例相同的比例，归属于各区分所有人。

第七节　对违反义务者的措施

第 57 条（违反共同利益行为之停止等的请求）

（1）区分所有人为第 6 条第 1 项所规定的行为时，或有为该行为之虞时，其他区分所有人全体或管理组合法人，为区分所有人共同的利益，得请求停止其行为、除去其行为的结果或为防止其行为而执行必要的措施。

（2）基于前项规定提起诉讼，应依据集会的决议。

（3）管理人或集会指定的区分所有人，得依集会的决议为第 1 项其他区分所有人全体提起前项所规定的诉讼。

（4）前三项规定，于占有人为第 6 条第 3 项准用同条第 1 项所规定的行为及有为其行为之虞时准用之。

第 58 条（使用禁止的请求）

（1）于前条第 1 项规定的情形，因第 6 条第 1 项所规定的行为致区分所有人的共同生活发生显著障碍，而难依前条第 1 项所规定的请求除去其障碍，以谋共用部分利用的确保或其他区分所有人共同生活之维持时，其他区分所有人全体或管理组合法人得基于集会决议，以诉讼请求相当期间禁止与该行为有关的区分所有人的专有部分的使用。

（2）前项的决议，以区分所有人及表决权各四分之三以上的多数决为之。

（3）为第 1 项的决议时，应预先给区分所有人辩明的机会。

（4）前条第 3 项的规定，于提起第 1 项诉讼时准用之。

第 59 条（区分所有权拍卖的请求）

（1）于第 57 条第 1 项规定的情形，因第 6 条第 1 项规定的行为致区分所有人的共同生活发生显著障碍，而难依其他方法除去其障碍，以谋共用部分利用的确保或其他区分所有人共同生活的维持时，其他区分所有人全体或管理组合法人得基于集会的决议，以诉讼请求拍卖与该行为有关的区分所有人的区分所有权及基地利用权。

（2）第 57 条第 3 项的规定，于提起前项诉讼时准用之。前条第 2 项及第 3 项的规定，于前项的决议准用之。

（3）依第 1 项规定，基于判决提出的拍卖，从其判决确定日经过 6 个月时，不得为之。

（4）前项的拍卖，被申请拍卖的区分所有人或为其计算而欲承买的人，不得申请承购。

第 60 条（对占有人的交付请求）

（1）第 57 条第 4 项所规定的情形，于第 6 条第 3 项准用同条第 1 项规定的行为致区分所有人的共同生活发生显著障碍，而难依其他方法除去其障碍，以谋共用部分利用的确保或其他区分所有人共同生活的维持时，区分所有人全体或管理组合法人得基于集会的决议，以诉讼请求与该行为有关的占有人之以占有专有部分的使用或收益为目的的契约解除 [1]，及该专有部分交付。

（2）第 57 条第 3 项的规定于前项之诉的提起，第 58 条第 2 项及第 3 项的规定于前项的决议准用之。

（3）依据第 1 项规定的判决，受专有部分交付者，应即时向有占有该专有部分的权源者交付之 [2]。

---

[1] 此所称契约，通常指租赁契约或使用借贷契约。详见［日］青山正明：《改正区分所有关系法的解说》，金融财政事情研究会 1983 年版，第 70 页；参见温丰文：《建筑物区分所有权之研究》，三民书局股份有限公司 1992 年版，第 217 页注释 2。

[2] 条文中所谓"受专有部分交付者"，系指原告，即区分所有人全体或管理组合法人。所谓"有占有该专有部分的权源者"，通常指该专有部分的所有人而言。详言之，区分所有人全体或管理组合法人于接受专有部分的交付后，应即时向该专有部分的所有人交付之。对此，请参见日本法务省民事局参事官室编：《新公寓法》，商事法务研究会 1976 年版，第 326 页；参见温丰文：《建筑物区分所有权之研究》，三民书局股份有限公司 1992 年版，第 218 页注释 3。

第八节　修缮与重建

第 61 条（建筑物一部灭失的修复）

（1）相当于建筑物价格二分之一以下部分灭失时，各区分所有人得将灭失的共用部分及自己的专有部分复旧，但有关共用部分至修护工事着手前，有第 3 项或次条第 1 项决议时，不在此限。

（2）依前条规定修复共用部分者，对其他区分所有人得请求按第 14 条所定比例，偿还修护所需的金额。

（3）对第 1 项本文规定的情形，得于集会为修护灭失共用部分意旨的决议。

（4）第 3 项的规定，无妨以管理规约另为订定。

（5）除第 1 项本文规定的情形外，建筑物一部灭失时，得于集会，以区分所有人及表决权各四分之三以上的多数决，为修护灭失共用部分意旨的决议 [1]。

（6）为前项决议的集会议事录，亦应记载有关决议的各区分所有人的赞成与反对意见。

（7）有第 5 项的决议时，自该决议之日经过两周时，除次项的场合外，赞成该决议的区分所有人（包含其继受人，以下本条中称"决议赞成者"）以外的区分所有人，对决议赞成者的全部或一部，得请求以时价买入建筑物及其基地有关的权利。此种场合，受该请求的决议赞成者，自其请求之日两个月内，对其他的决议赞成者的全部或一部，除决议赞成者以外的区分所有权外，按算定的第 14 条所规定的比例，得请求以时价买入建筑物及其基地有关的权利。

（8）自第 5 项的决议之日两周内，决议赞成者指定依全体的合意得买入建筑物及其基地有关的权利的人，并且，该被指定者（以下称"买取指定人"）对决议赞成者以外的区分所有人以书面通知该意旨时，受该通知的区分所有人，仅对买取指定人，得为前项前段规定的请求。

（9）买取指定者不能为基于第 7 项前段所规定的请求的与买卖价金有关的债

---

[1] 此项规定，适用于建筑物大规模灭失的情形，即灭失部分逾建筑物价格二分之一以上时，需适用本项规定。对此，请参见温丰文：《建筑物区分所有权之研究》，三民书局股份有限公司 1992 年版，第 218 页注释 4。

务的全部或一部的清偿时，决议赞成者（除成为买取指定者外，以下本项及第 13 项上相同）担负连带清偿其债务的全部或一部之责。但是，决议赞成者对买取指定人有资力且证明执行是容易的时，不在此限。

（10）召集第 5 项的集会的人（买取指定者的指定被为之时，即该买取指定人），对赞成决议者以外的区分所有人，得规定 4 个月以上的期间，以书面催告应确答是否为第 7 项前段规定的请求。

（11）受前项规定的催告的区分所有人，依前项的规定所定的期间经过时，不能为第 7 项前段规定的请求。

（12）于第 5 项规定的情形，自建筑物一部灭失之日起 6 个月内无同项或次条第 1 项决议时，各区分所有人对其他区分所有人得请求以时价买入建筑物及其基地有关的权利。

（13）在第 2 项、第 7 项、第 8 项及前项的场合，法院于第 2 项及前 2 项的情形，法院得依偿还或接受买入请求的区分所有人、接受买取的请求的买取指定人，或受关于第 9 项本文规定的债务，受履行的请求的决议赞成者的请求，对追偿金或价款的支付，予与相当期限。

第 62 条（重建的决议）

（1）得于集会，以区分所有人及表决权各五分之四以上的多数决，为拆毁建筑物且在该建筑物的基地，或其一部的土地，或该建筑物的基地的全部或包含其一部的土地上建筑新的建筑物意旨的决议（以下称为"重建决议"）。

（2）重建决议，应决定下列事项：

一、重新建筑建筑物（以下称为"再建建筑物"）的设计概要。

二、建筑物的拆毁及再建建筑物的建筑所需费用的概算额。

三、有关前款所规定费用分担的事项。

四、有关再建建筑物的区分所有权归属的事项。

（3）前项第 3 款及第 4 款的决定，应不妨害各区分所有人的衡平。

（4）召集以第 1 项规定的决议事项为会议的目的的集会时，第 35 条第 1 项的通知，尽管有同项的规定，但必须于该集会的会日至少两个月前发出。但是，该期间可以以管理规约延长。

（5）在前项规定的场合，为第35条第1项的通知时，除同条第5项规定的议案的要点外，必须通知如下的事项：

一、以重建为必要的理由。

二、不进行重建的场合，该建筑物的效用的维持或回复（包含通常应该有的效用的确保）所需要的费用的数额及其详细。

三、关于该建筑物的修缮的计划被确定时，该计划的内容。

四、作为旧建筑物的修缮积累金而积累的金额。

（6）召集第4项的集会的人，须在比该集会的会日至少一个月前，就该召集时应通知的事项，对区分所有人召开为进行说明的说明会。

（7）自第35条第1项至第4项，以及第36条的规定，关于前项的说明会的召开准用。在此场合，第35条第1项但书中的"伸缩"，换读成"伸长"。

（8）前条第6项的规定，于为重建决议的集会议事录准用之。

第63条（区分所有权等的让售请求等）

（1）有重建决议时，集会召集人应即时对不赞成重建决议的区分所有人（包含其继受人），依重建决议内容，以书面催告其回答是否参加重建之意旨。

（2）前项所规定的区分所有人，依同项规定自受催告之日起二个月内应为回答。

（3）在前项期间内未回答的第1项所规定的区分所有人，视为回答不参加重建意旨。

（4）第2项的期间经过时，赞成重建决议的各区分所有人，或依重建决议内容回答参加重建意旨的各区分所有人（包含此等人的继受人），或依此等人全体的合意被指定得承买区分所有权及基地利用权的人（以下称为"承买指定人"），于同项期间届满之日起二个月内，对回答不参加重建意旨的区分所有人（包含其继受人），得请求以时价让售其区分所有权及基地利用权。重建决议后，有关从此区分所有人仅取得基地利用权的人（包含其继受人）的基地利用权，亦同。

（5）于依前项规定请求的情形，回答不参加重建意旨的区分所有人因让出建筑物，致其生活有发生显著困难之虞，且对重建决议的实行认为不致有太大影响的显著理由时，法院得依该人的请求，于价款交付或提存之日起不超过一年的范围内，对建筑物的让出，予与相当的期限。

（6）自重建决议之日起二年内，未着手建筑物拆毁工事时，依第 4 项规定让售区分所有权或基地利用权的人，于此期间届满之日起 6 个月内，得向该区分所有权或基地利用权的现在所有人提供相当于买主所支付价款的金钱，请求让售此等权利。但有关未着手建筑物拆毁工事有正当理由时，不在此限。

（7）前项本文的规定，于同项但书规定的情形，自妨害建筑物拆毁工事着手的理由消灭之日起 6 个月内未着手时准用之。于此情形，同项本文中有"于此期间届满之日起 6 个月内"换读成"自知悉妨害建筑物拆毁工事着手的理由消灭之日起 6 个月内，或自其理由消灭之日起二年内的时期止"。

第 64 条（有关重建的合意）

赞成重建决议的各区分所有人、依重建决议内容回答参加重建意旨的各区分所有人及购买区分所有权或基地利用权的各承买指定人（包含此等人的继受人），视为依重建决议内容为实施重建意旨的合意。

第二章　社区

第 65 条（社区建筑物所有人的团体）

在一社区内有数栋建筑物，该社区内的土地或附属设施（包含有关此等权利），属于该等建筑物所有人（有专有部分的建筑物，其区分所有人）共有时，其所有人（以下称为"社区建筑物所有人"）全体，得为实施社区内的土地、附属设施及有专有部分的建筑物的管理，组成团体，依本法所定，召开集会，订定管理规约及设置管理人。

第 66 条（有关建筑物区分所有规定的准用）

第 7 条、第 8 条、第 17 条至第 19 条、第 25 条、第 26 条、第 28 条、第 29 条、第 30 条第 1 项及第 3 项、第 31 条第 1 项与第 33 条至第 56 条的规定，于前条的情形准用之。于此情形，此等规定（第 55 条第 1 项第 1 款除外）中有"区分所有人"换读成"第 65 条所规定的社区建筑物所有人"；"管理组合法人"换读成"社区管理组合法人"。第 7 条第 1 项中有"共用部分、建筑物基地或共用部分以外的建筑物附属设施"换读成"第 65 条所规定情形的该土地或附属设施

（以下称为土地等）"；"区分所有权"换读成"有关土地等的权利、建筑物或区分所有权"。第 17 条、第 18 条第 1 项及第 4 项与第 19 条中有"共用部分"，第 26 条第 1 项中有"共用部分与第 21 条所规定情形的建筑物基地及附属设施"，与第 29 条第 1 项中有"建筑物与基地及附属设施"换读成"土地等与依第 68 条规定，依第 68 条规定，依管理规约定为应管理的同条第 1 项第 1 款所揭土地及附属设施与同项第 2 款所揭建筑物的共用部分"。第 17 条第 2 项、第 35 条第 2 项及第 3 项、第 40 条与第 44 条第 1 项中有"专有部分"换读成"建筑物或专有部分"。第 29 条第 1 项、第 38 条、第 53 条第 1 项及第 56 条中有"第 14 条所规定"换读成"土地等（包含有关此等权利）应有部分之"。第 30 条第 1 项及第 46 条第 2 项中有"建筑物或其基地或附属设施"换读成"土地等或第 68 条第 1 项各款所揭之物"。第 33 条第 3 项、第 35 条第 4 项及第 44 条第 2 项中有"建筑物内"换读成"社区内"。第 46 条第 2 项中有"占有人"换读成"占有建筑物或专有部分者，非第 65 条所规定的社区建筑物所有人"。第 47 条第 1 项中有"第 3 条"换读成"第 65 条"。第 55 条第 1 项第 1 款中有"建筑物（以共用一部共用部分的区分所有人所组成的管理组合法人，其共用部分）"换读成"土地等（包含有关此等权利）"。同项第 2 款中有"建筑物专有部分"换读成"土地等（包含有关此等权利）第 65 条所规定的社区建筑物所有人的共有"。

第 67 条（社区共用部分）

（1）一社区内的附属设施建筑物（包含第 1 条所定的建筑物部分），得依前条准用第 30 条第 1 项的管理规约，当成社区共用部分。于此情形，非登记其意旨，不得以之对抗第三人。

（2）所有一社区内数栋建筑物全部的人，得依公证证书设定前项管理规约。

（3）第 11 条第 1 项本文及第 3 项、第 13 条至第 15 条的规定，于社区共用部分准用之。于此情形，第 11 条第 1 项本文中有"区分所有人"换读成"第 65 条所规定的社区建筑物所有人"。第 14 条第 1 项及第 15 条中有"专有部分"换读成"建筑物或专有部分"。

第 68 条（管理规约设定的特例）

（1）因下列之物，于订定第 66 条准用第 30 条第 1 项的管理规约时，第 1 款

所揭土地或附属设施，应有有关该土地全部或附属设施全部个别的共有人四分之
三以上且应有部分四分之三以上的同意；第2款所揭的建筑物，应有有关其全部
各依第34条规定，于集会上有区分所有人及表决权各四分之三以上的多数决议。

一、一社区内的土地或附属设施（包含有关此等权利），属于该社区内一部
分建筑物所有人（有专有部分的建筑物者，区分所有人）共有情形时的该土地或
附属设施（仅属于有专有部分的建筑物以外的建筑物所有人共有的除外）。

二、该社区内有专有部分的建筑物。

（2）第31条第2项的规定，于前项第2款所揭有关建筑物一部共用部分的事
项，无关区分所有人全体利害的同项的集会决议准用之。

第69条（社区内的建筑物的重建认可决议）

（1）一社区（小区）内数栋的建筑物的全部或一部（本条及次条称为"社
区内建筑物"）系有专有部分的建筑物，且该社区内特定的建筑物（以下称为
"特定建筑物"）所在的土地（包含关于该土地的权利），属于该社区内建筑物的
第65条规定的社区建筑物所有者（以下称为"社区建筑物所有者"）共有的场
合，按照以下各款所揭明的合于各款所定的要件的场合，由作为该土地（包含关
于该土地的权利）的共有者的该社区内建筑物的社区建筑物所有者构成的团体同
时在社区管理组合法人的集会上，以表决权的四分之三以上的多数获得认可时，
该特定建筑物的社区建筑物所有者，得拆毁该特定建筑物，且在该土地或作为与
之一体的管理或为使用的社区内的土地（仅限于属于该社区内建筑物的社区建筑
物所有者之共有者）上，重新建筑建筑物。

一、该特定建筑物系有专有部分的建筑物，其重建决议又有其区分所有人全
体的同意。

二、该特定建筑物系有专有部分的建筑物以外的建筑物时，有其所有人的
同意。

（2）前项的集会中的各团地建筑物所有者的表决权，尽管第66条上准用的
第38条的规定，但即使在第66条上准用的第30条第1项的管理规约有另外的规
定时，也使依该特定建筑物的所在土地（包含关于该土地的权利）的应有部分的
比例。

（3）合于第 1 项各款所定的要件的情形的该特定建筑物的社区建筑物所有者，在重建认可决议上，无论何者，视为为赞成它的意旨的表决权的行使。但是，同项第 1 款规定的情形，关于该特定建筑物的区分所有人基于社区内建筑物中该特定建筑物以外的建筑物的基地利用权而享有的表决权的行使，不在此限。

（4）召集第 1 项的集会时，第 66 条中准用的第 35 条第 1 项的通知，尽管有同项的规定，但较该集会的会日至少二个月前，除同条第 5 项规定的议案的要点外，新建筑的建筑物的设计概要（包含该建筑物在该社区中的位置）也必须明示并发出。但是，该期间得依第 66 条中准用的第 30 条第 1 项的管理规约而延长。

（5）第 1 项的场合，有关重建认可决议的重建给予该特定建筑物以外的建筑物（以下称为"该别的建筑物"）之重建以特别影响时，按照以下各款所揭明的区分，仅各款规定的人赞成该重建认可决议时，方可为该特定建筑物的重建。

一、该别的建筑物系有专有部分的建筑物时，有第 1 项的集会中该别的建筑物区分所有人全体的表决权的四分之三以上的表决权的区分所有人。

二、该别的建筑物系有专有部分的建筑物以外的建筑物时，该别的建筑物的所有者。

（6）在第 1 项的情形，该特定建筑物有两栋以上时，该两栋以上的特定建筑物的社区建筑物所有人，依各特定建筑物的社区建筑物所有人的合意，就该两栋以上的特定的建筑物的重建，得附加一揽子重建认可决议。

（7）在前项的情形，该特定建筑物系有专有部分的建筑物时，以该特定建筑物的重建为会议目的的第 62 条第 1 项的集会，得以该特定建筑物的区分所有人及表决权的各五分之四以上的多数，就该两栋以上的特定建筑物的重建，为附加一揽子重建认可决议的意旨的决议。在此场合，有该决议时，视为有该特定建筑物的社区建筑物所有人（仅限区分所有人）的前项中规定的合意。

第 70 条（社区内的建筑物的一揽子重建决议）（略）

<h2 style="text-align:center">第三章 罚则</h2>

第 71 条（对管理者等的义务违反行为的罚金）

有下列各款之一时，为其行为的管理人、理事、管理规约保管人、主席或清算人，处二十万日元以下的罚金：

一、违反第 33 条第 1 项本文［包含第 42 条第 3 项及第 45 条第 2 项（包含此等规定于第 68 条准用的情形）与第 66 条准用的情形，以下于本款同］或第 47 条第 9 项（包含第 68 条准用的情形）换读适用第 33 条第 1 项本文的规定，未为管理规约、议事录或第 45 条第 1 项（包含第 66 条准用的情形）之书面的保管时。

二、违反第 33 条第 2 项［包含第 42 条第 3 项及第 45 条第 2 项（包含此等规定于第 66 条准用的情形）与第 66 条准用的情形］的规定，无正当理由，拒绝前款所规定书类的阅览时。

三、违反第 42 条第 1 项或第 2 项（包含此等规定于第 66 条准用的情形）的规定，未作成议事录，或于议事录未记载应记载事项，或为虚伪的记载时。

四、违反第 43 条［包含于第 47 条第 9 项（包含第 66 条准用的情形）换读适用的情形及第 66 条准用的情形］的规定，未为报告或为虚假的报告时。

五、怠于为依据第 47 条第 3 项（包含第 66 条准用的情形）规定的政令所定的登记时。

六、违反第 47 条第 7 项（包括第 66 条准用的情形）准用民法第 51 条第 1 项的规定，未作成财产目录，或财产目录为不正当的记载时。

七、理事或监事缺额，或管理规约所定额数欠缺，而怠于选任手续时。

八、怠于为依第 55 条第 3 项（包含第 66 条准用的情形）准用民法第 79 条第 1 项或第 81 条第 1 项规定的公告或为不当的公告时。

九、怠于为依第 55 条第 3 项（包含第 66 条准用的情形）准用民法第 81 条第 1 项规定为破产宣告的请求时。

十、妨害依第 55 条第 3 项（包含第 66 条准用的情形）准用民法第 82 条第 2 项规定的检查时。

第 72 条（对名称使用的罚金）

违反第 48 条第 2 项（包含第 66 条准用的情形）的规定者，处十万日元以下的罚金。

附录二

德国《住宅所有权与长期居住权法》（简称"住宅所有权法"）[1]

第一部分　住宅所有权

第 1 条　概念

（1）按照该法规定，可以在住宅之上成立住宅所有权，在不以居住为目的的建筑空间成立部分所有权。

（2）住宅所有权是对一个住宅的特别所有权及其所属的共有财产之共有份额的结合。

（3）部分所有权是对建筑物不以居住为目的空间的特别所有权及其所属的共有财产之共有份额的结合。

（4）不能通过将特别所有权与在数块土地之上的共有权相结合成立住宅所有权与部分所有权。

（5）本法意义上的共有财产是土地以及不属于特别所有或者第三人所有的建筑物的部分、装置和设备。

（6）住宅所有权的规定相应的适用于部分所有权。

第一章　住宅所有权的成立

第 2 条　成立方式

住宅所有权可以通过特别所有权的合同转让（第 3 条）或者通过分割（第 8

1　德国《住宅所有权与长期居住权法》颁布于 1951 年 3 月 15 日，载《联邦法律公报》第 3 卷，4301—1；较近一次修改为 2007 年 3 月 26 日，载《联邦法律公报》（第 1 卷），第 370 页。这里收录的该较近修改的中文翻译本系由胡晓静译、杨代雄校，载张双根、田士永、王洪亮主编《中德私法研究》总第 5 卷（北京大学出版社 2009 年 8 月版）的第 163—181 页，谨此说明，并向译者、校者致以谢意和敬意。

条）成立。

第3条　特别所有权的合同转让

（1）一块土地之上的共有所有权（《民法典》第1008条）可以通过共有人的合同以此方式进行限制，即背离《民法典》第93条之规定，授予每一个共有人对在该土地之上建造的或将要建造的建筑物中的特定住宅或者不以居住为目的的特定空间的特别所有权。

（2）只有当住宅或者其他空间是独立的，才可以转让特别所有权。车库停车位被认为是独立的空间，如果其面积以持久标记清楚标示。

（3）（废止）

第4条　形式条款

（1）特别所有权的让与和废止需要当事人对权利变动及在土地登记簿登记的合意。

（2）当事人的合意需要采用法律为让与而规定的形式。不得附条件或者附期限地让与或者废止特别所有权。

（3）对于一方有义务让与、取得或者废止特别所有权的合同，适用《民法典》第311b条第1款之规定。

第5条　特别所有权的标的与内容

（1）特别所有权的标的是依据第3条第1款确定的空间以及属于该空间的建筑物可改变、去除或者补入的部分，并且不能因此超出第14条允许的范围损害共有权或者建立在特别所有权之上的其他住宅所有权人的权利或者改变建筑物的外部构造。

（2）对于建筑物的存在或者安全必要的部分，以及用于住宅所有权人共同使用的设备和设施不是特别所有权的标的，即便其处于特别所有权所在的空间范围。

（3）住宅所有权人可以通过约定，将能够成为特别所有权标的的建筑物部分确定为共有财产。

（4）关于住宅所有权人之间关系的约定可以依照第2章和第3章的规定作为特别所有权的内容。如果住宅所有权负担了第三人的抵押、土地债务或者定期土地债务或者实物负担,则只有在设定特别使用权或者废止、变更、转让与住宅所有权相结合的特别使用权的情况下,第三人按其他法律规范对于协议必要的同意才是必需的。如果通过上述约定把为了第三人利益而设定负担的住宅所有权与一项特别使用权相结合,则设定特别使用权时无须该第三人同意。

第 6 条　特别所有权的非独立性

(1) 特别所有权不能脱离其所属的共有份额被让与或者设定负担。

(2) 共有份额之上的权利及于从属于其的特别所有权。

第 7 条　土地登记簿规定

(1) 在第 3 条第 1 款的情况下为每一个共有份额依职权编制单独的土地登记簿页(住宅土地登记簿、部分所有权土地登记簿)。从属于共有份额的特别所有权和作为共有权之限制的、对从属于其他共有份额的特别所有权的让与登记在该页。关于土地的土地登记簿页依职权被终止。

(2) 如果不因此造成混乱,则可以考虑不编制单独的土地登记簿页。在此情况下,土地登记簿页标记为共同的住宅土地登记簿(部分所有权土地登记簿)。

(3) 可以援引登记同意详细地标示特别所有权的标的及内容。

(4) 下列文件作为登记同意的附件附入:

①一份建筑机关签名并加盖印章或者图章的建筑图纸,该图纸应明确标明建筑物的分割以及作为特别所有权和共同所有权之标的的建筑物部分的位置及面积(分割计算);所有属于同一个住宅所有权的单独空间分别以相同的号码标记。

②建筑机关出具的具备第 3 条第 2 款前提条件的书面证明。

如果在登记同意中为各个特别所有权指定了号码,则他们应该与分割计划中的号码一致。州政府可以通过行政法规规定,是否以及在何种情况下由一个官方委任或者承认的建筑专家取代建筑机关签发和出具分割计划(第 1 句第 1 项)和空间独立性证明(第 1 句第 2 项)。如果由建筑专家担负这一职责,则适用关于依据 1974 年 3 月 19 日的《住宅所有权法》(1974 年 3 月 23 日《联邦公报》第 58 号)第 7 条第 4 款第 2 项和第 32 条第 2 款签发书面证明的一般管理规范的规定。此情况下,说明不需要具备《土地登记簿条例》第 29 条规定的形式。州政府可以通过颁行行政法规将此授权委托给州建筑管理机关。

（5）关于住宅土地登记簿的规定相应的适用于部分所有权土地登记簿。

第 8 条　通过所有权人的分割

（1）土地的所有权人可以通过向土地登记机关声明将该土地的所有权以此方式分割成共有份额，即将对在该土地之上建造的或者将要建造的建筑物的特定住宅或者不作为住宅的特定空间的特别所有权与各共有份额相结合。

（2）在第一款的情况下适用第 3 条第 2 款和第 5 条、第 6 条、第 7 条第 1 款、第 3 款至第 5 款的规定。该分割自编制住宅土地登记簿时起生效。

第 9 条　住宅土地登记簿的终止

（1）住宅土地登记簿（由于下列原因）被终止：

①依职权，如果特别所有权依照第 4 条被废止。

②基于全体住宅所有权人的申请，如果所有的特别所有权由于建筑物的完全毁损而丧失标的，并且通过建筑机关的书面证明对此提供证据。

③基于所有权人的申请，如果所有的住宅所有权归于一人所有。

（2）如果一个住宅所有权单独负担第三人的权利，则关于特别所有权的废止需要征得第三人同意的一般规定不受第 1 款的影响。

（3）如果住宅土地登记簿被终止，则应该为该土地按照一般规定编制一张土地登记簿页；特别所有权只要此前尚未被废止，则在编制土地登记簿页后消失。

第二章　住宅所有权人共同体

第 10 条　一般原则

（1）只要没有其他明确规定，本法规定的，尤其是特别所有权和共有权的权利义务的享有者，是住宅所有权人。

（2）住宅所有权人之间的关系受本法规定调整，如果本法没有特别规定，适用《民法典》关于共有的规定。只要没有其他明确规定，住宅所有权人可以作出不同于本法规定的约定。只要出于重大原因并考虑个案的所有情形，特别是其他住宅所有人的权利和利益，坚持现行规定显得不合理，则每一个住宅所有权人都可以要求达成不同于法律规定的协议或者对协议的调整。

（3）住宅所有权人以补充或者不同于本法规定的方式调整其相互关系的约

定，以及对该约定的修改或者废止，只有在其作为特别所有权的内容在土地登记簿中登记的情况下，才能对住宅所有权人的特定继受人有效。

（4）住宅所有权人依照第23条作出的决议或者在诉讼中依据第43条作出的裁判不需要在土地登记簿登记即可对住宅所有权人的特定继受人有效。这也同样适用于依据第23条第1款基于协议作出的与法律相背离或者对某一协议予以变更的决议。

（5）按照本法或按照住宅所有权人的约定能够通过多数决方式决议的事项中的法律行为，如果已经基于该多数决议被实施，则对那些反对该决议或者没有参与作出该决议的住宅所有权人也同样有效。

（6）住宅所有权人共同体可以在共有财产共同管理的范围内相对于第三人和住宅所有权人自己取得权利和承担义务。它是作为共同体依法设立或者基于法律行为获得的权利和义务的享有者。它行使与共同体有关的住宅所有权人的权利，履行与共同体有关的住宅所有权人的义务，住宅所有权人的其他权利、义务也是如此，只要这些权利、义务能够被共同主张或者承担。共同体必须使用附加了对共有土地加以特定说明的"住宅所有权人共同体"的名称。它可以起诉和应诉。

（7）管理财产属于住宅所有权人共同体。它包括在共有财产共同管理范围内依法设定的和基于法律行为获得的物和权利以及由此产生的义务。属于管理财产的特别是基于与第三人和住宅所有权人的法律关系而产生的请求权和权限以及收取的资金。如果全部的住宅所有权人归于一人，则管理财产转归土地的所有权人。

（8）每个住宅所有权人按照其共有份额（第16条第1款第2句）对于在其作为共同体成员期间产生的或者在这一期间到期的住宅所有权人共同体的义务对债权人承担责任；住宅所有权出让后的责任适用《商法典》第160条的规定。他在主张自己的异议和抗辩之外也可以向债权人主张属于共同体的异议和抗辩，但是不能主张其对共同体的异议和抗辩。关于撤销和抵销之抗辩适用《民法典》第770条的规定。住宅所有权人因不规范管理而对共同体的责任适用第1句的规定。

第11条　共有体的不可解散性

（1）任何住宅所有权人均不得要求废止共同体。这也适用于出于重要原因的废止。只在建筑物全部或部分毁损，并且不存在重建义务的情况下，才允许进行与此相反的约定。

（2）扣押债权人的（《民法典》第 751 条），以及支付不能程序中存在的（《支付不能条例》第 84 条第 2 款）要求废止共同体的权利被排除。

（3）不发生关于共同体管理财产的支付不能程序。

第 12 条　让与限制

（1）可以作为特别所有权的内容约定，一个住宅所有权人让与其住宅所有权需要其他住宅所有权人或者第三人的同意。

（2）只允许出于重要的原因拒绝给予同意。除此之外，通过依据第 1 款达成的约定可以授予住宅所有权人对于特定情形的给予同意请求权。

（3）如果依照第 1 款达成了约定，则只要没有获得必要的同意，住宅所有权人的让与行为或者住宅所有权人负担让与义务的合同就不生效。通过强制执行或者支付不能管理人进行的让与同于通过法律行为的让与。

（4）住宅所有权人可以通过多数决作出取消第 1 款规定的让与限制的决议。不得通过住宅所有权人的协议限制或者排除这一权限。如果依据第 1 句作出了决议，则可以注销土地登记簿中登记的让与限制。如果依据第 1 句作出的决议被证明，则不需要《土地登记簿条例》第 19 条规定的同意。对于该证明适用第 26 条第 3 款的规定。

第 13 条　住宅所有权人的权利

（1）只要不与法律或者第三人的权利相违背，每一个住宅所有权人对其特别所有权范围内的建筑物部分可以随意处置，特别是可以居住、出租、用益出租或者以其他方式使用，并排除他人的侵扰。

（2）每一个住宅所有权人有权按照第 14 条、第 15 条的规定共同使用共有财产。对于共有财产的其他使用，应给予每一个住宅所有权人第 16 条第 1 款规定的份额。

第 14 条　住宅所有权人的义务

每一个住宅所有权人有义务：

①对特别所有权范围内的建筑物部分保养、使用以及对共有财产进行使用，但不得超出在正常的共同生活中不可避免的限度给任何其他住宅所有权人造成不

利影响。

②由属于其家庭或者商业企业的人或者被其授权使用特别所有权或者共有权范围内的土地或者建筑部分的人负责遵行第1项的义务。

③容忍对于特别所有权范围内的建筑物部分以及共有财产的影响，只要该影响是基于第1项、第2项允许的使用所产生的。

④允许踩踏和使用特别所有权范围内的建筑物部分，只要这是为了保养和修缮共有财产所必需的；对此产生的损失要赔偿。

第15条　使用规则

（1）住宅所有权人可以对特别所有权和共同所有权的使用进行约定。

（2）只要不违背按照第1款达成的约定，住宅所有权人可以通过多数决方式决定对特别所有权范围内的建筑物部分以及共有财产合乎其性质的、规范的使用。

（3）每一个住宅所有权人均能够要求对特别所有权范围内的建筑物部分以及共有财产进行符合法律、约定和决议的使用，如果不能从中得出相关的规则，则该使用须按照合理判断符合住宅所有权人的共同利益。

第16条　使用、负担和费用

（1）每一个住宅所有权人应有与其份额相当的共有财产使用权。该份额以依照《土地登记簿条例》第47条在土地登记簿中登记的共有财产份额比例确定。

（2）每一个住宅所有权人对其他住宅所有权人负有义务按照其份额比例（第1款第2句）承受共有财产的负担并承担养护、维修、其他管理以及共有财产之共同使用所产生的费用。

（3）住宅所有权人可以背离第2款的规定，通过多数决方式作出决议，《民法典》第556条第1款意义上的、并非直接向第三人结算的共有财产或者特别财产的经营费用和管理费用按照消耗或者花费确定，并按照这一标准或者其他标准分摊，只要这符合规范管理。

（4）住宅所有权人可以在个别情况下背离第2款的规定，针对第21条第5款第2项意义上的养护或维修，或者第22条第1款和第2款意义上的建筑物改变或使用，通过决议就费用分摊进行规范，如果这一背离法律规定的标准考虑到了住宅所有权人的使用或者使用的可能性，第 1 句规定的规范费用分摊的决议，需要第 25 条第 2 款意义上的全部有表决权的住宅所有权人的四分之三多数和全部共有份额的过半数同意。

（5）第 3 款和第 4 款意义上的权限不得通过住宅所有权人协议限制或者排除。

（6）不同意第 22 条第 1 款规定的措施的住宅所有权人，无权要求基于该措施的使用份额，也无义务承担由该措施产生的费用。第 4 款的费用分摊不适用第 1 句之规定。

（7）特别是依照第 18 条产生的诉讼费用和第 14 条第 4 项情况下的损害赔偿属于第 2 款意义上的管理费用。

（8）只有涉及与基于报酬协议的（第 27 条第 2 款第 4 项，第 3 款第 6 项）律师的法定报酬相比的额外费用，依照第 43 条产生的诉讼费用才属于第 2 款意义上的管理费用。

第 17 条　共同体废止时的份额

在共同体废止的情况下，共有权人的份额按照共同体废止之时其住宅所有权的价值比例确定。如果共有份额的价值通过住宅所有权人未承担其费用的措施发生了改变，则在计算该份额的价值时该改变不予考虑。

第 18 条　住宅所有权的收回

（1）如果一个住宅所有权人严重违反其他住宅所有权人的义务，致使其他住宅所有权人无法继续与其共有，其他住宅所有权人可以请求转让其住宅所有权。只要住宅所有权人共同体并非仅由两个住宅所有权人组成，由共同体行使收回权。

（2）以下两种情况尤其符合第 1 款的前提条件：

①住宅所有权人不顾其他住宅所有权人的提醒仍然多次严重违反第 14 条规定的义务；

②住宅所有权人超过三个月延迟履行其负担和费用承担义务（第 16 条第 2 款），并且数额超过其住宅整体价值的百分之三。

（3）住宅所有权人通过多数决定方式对第 1 款规定的转让请求作出决议。该决议需要有投票权的住宅所有权人的半数以上多数通过。第 25 条第 3 款、第 4 款的规定不适合用于该情形。

（4）不能通过住宅所有权人的约定对第 1 款规定的请求权进行限制或者排除。

第 19 条　判决的效果

（1）要求住宅所有权人转让其住宅所有权的判决使每个共有人均有权依据《强制拍卖和强制管理法》第 1 章的规定请求强制执行。只要住宅所有权人共同体并非仅由两个住宅所有人组成，由共同体行使该权利。

（2）在第 18 条第 2 款第 2 项的情况下，住宅所有权人可以在拍卖成交前阻止第 1 款规定的判决效力发生，为此，他要履行因其未被履行而引起判决发生的义务，包括赔偿因诉讼和拍卖程序产生的费用，以及履行其他到期的负担和费用承担之义务。

（3）在法院或者质量部门主持下作出的关于住宅所有权人有义务转让其住宅所有权的和解协议与第 1 款规定的判决具有相同的效力。

第三章　管　理

第 20 条　管理的划分

（1）共有财产的管理按照第 21 条至第 25 条的规定是住宅所有权人的义务，按照第 26 条至第 29 条的规定是管理人的义务，在委任管理委员会的情况下按照第 29 条的规定也是委员会的义务。

（2）管理人的委任不能被排除。

第 21 条　通过住宅所有权人的管理

（1）只要本法没有其他规定或者住宅所有权人没有其他约定，住宅所有权人有权共同管理共有财产。

（2）每一个住宅所有权人均有权不经过其他住宅所有权人同意采取必要措施，以制止直接危及共有财产的损害发生。

（3）只要没有通过住宅所有权人协议对共有财产的管理加以规定，住宅所有权人可以通过多数表决方式对合乎共有财产性质的、规范的管理作出决议。

（4）每一个住宅所有权人均能够要求符合协议和决议的管理，如果没有协议和决议，则该管理按照合理判断须符合住宅所有权人的共同利益。

（5）属于规范的、合乎住宅所有权人共同利益的管理特别是：

①制定住房规则；

②对共有财产进行规范的养护和维修；

③共有财产的按全新计价的火灾保险以及住宅所有权人适当的房地产占有人责任保险；

④适当的维修基金的积累；

⑤制定经济计划（第28条）；

⑥容许为了住宅所有权人的利益安装电话用户设施、无线电接收装置或者能源供应管道的所有必要措施。

（6）为其利益而采取了第5款第6项所规定的措施的住宅所有权人有义务赔偿由此发生的损害。

（7）住宅所有权人可以通过多数决方式就支付的种类、方式、到期和支付迟延的后果，以及对于共有财产的特别使用或者特别管理开支的费用作出规定。

（8）如果住宅所有权人不采取依照法律规定为必要的措施，法院在诉讼中可以代替他按照第43条之规定，依据公平裁量作出决定，只要该措施没有依照法律、协议或者住宅所有权人的决议作出。

第22条　特殊使用，重建

（1）略。

（2）第1款第1句规定，如果是为了《民法典》第559条第1款规定的现代化或者使共有财产适应技术状况，并且不改变住宅规划的特点，也不使任何住宅所有权人相比其他住宅所有权人受到不合理妨害，则可以背离第1款的规定，通过第25条第2款意义上的全部有表决权的住宅所有权人四分之三多数并且代表全部共有份额过半数的住宅所有权人同意后作出决议。第1款意义上的权限不得通过住宅所有权人协议予以限制或排除。

（3）对于第21条第5款第2项意义上的现代化维修措施，仍然适用第21条第3款和第4款的规定。

（4）如果建筑物超过一半的价值被毁坏，并且该损失不能通过保险或者其他方式弥补，则对于其重建不能依据第 21 条第 3 款进行决议或者依据第 21 条第 4 款提出请求。

第 23 条　住宅所有权人大会

（1）依照本法或者依照住宅所有权人协议，住宅所有权人能够通过决议予以决定的事项，由住宅所有权人大会作出决议处理。

（2）决议的生效要求决议事项在会议召集时已经说明。

（3）如果所有的住宅所有权人以书面形式对决议表示赞同，则可以不召集住宅所有权人大会，该决议也是有效的。

（4）违反在法律效力上不得放弃遵行的法律规定的决议无效。除此之外，只要未被生效判决宣告无效，决议均为有效。

第 24 条　召集、主席、记录

（1）住宅所有权人大会由管理人至少每年召集一次。

（2）在住宅所有权人协议规定的情况下，以及在超过四分之一的住宅所有权人以书面形式要求并说明目的与原因的其他情况下，管理人必须召集住宅所有权人大会。

（3）如果没有管理人或者管理人违背其义务拒绝召集住宅所有权人大会，若设有管理咨询委员会，则由其主席或者其代理人召集。

（4）住宅所有权人大会的召集以书面形式进行。如果没有特别紧急情况，召集期限至少为两次。

（5）如果住宅所有权人大会没有作出其他决议，则由管理人担任大会主席。

（6）住宅所有权人大会须对其决议作成会议记录。会议记录须由大会主席和一个住宅所有权人签字，如果设有管理委员会，还须由其主席或者代理人签字。每一个住宅所有权人均有权查阅会议记录。

（7）必须编制决议汇编。决议汇编仅包含如下内容：

①在住宅所有权人大会上宣布决议，并说明大会举行的地点及时间；

②书面决议，并说明宣布的地点和时间；

③依照第 43 条规定发生的诉讼中形成的法院裁决的判决文书并说明其时间、

法院及当事人，只要决议和法院裁决是在 2007 年 7 月 1 日以后发布的。须按顺序将决议和法院裁决登记和编号。如果决议和法院裁决被撤销或者废除，则须对此说明。如果决议和法院裁决被废除，则无须说明，直接注销登记。如果出于其他原因，登记对于住宅所有权人不再有意义，也可以注销登记。第 3 项至第 6 项规定的登记、附注和注销须不迟延地完成并标明时间。准许住宅所有权人或其授权的第三人，基于其请求查阅决议汇编。

（8）管理人负责编制决议汇编。如果没有管理人，则住宅所有权人大会的主席负责编制决议汇编，只要住宅所有权人未通过多数决方式任命其他人履行此职责。

第 25 条 多数决

（1）住宅所有权人通过多数决方式决议的事项适用第 2 款至第 5 款的规定。

（2）每个住宅所有权人有一票表决权。如果一处住宅由数人共有，则只能共同行使表决权。

（3）以土地登记簿中登记的份额为计算标准，只有超过共有权份额半数的有表决权的住宅所有权人出席，住宅所有权人大会才能作出决议。

（4）如果住宅所有权人大会依照第 3 款不具备作出决议的能力，则允许管理人以相同的议题重新召集。重新召集的住宅所有权人大会的决议能力与出席会议的住宅所有权人代表的份额无关。对此应该在召集时予以指明。

（5）如果决议涉及以一住宅所有权人为一方当事人的有关共有财产管理的法律行为或者涉及其他住宅所有权人与其发生的诉讼的开始或者终结，或者按照第 18 条被有效判决，则一住宅所有权人没有表决权。

第 26 条 管理人的委任与解任

（1）对管理人的委任和解任由住宅所有权人以多数决方式决议。委任最长期限为 5 年，但是住宅所有权成立后的首次委任最长期限为 3 年。可以将管理人的解任限定于重要事由之存在。管理人未规范地编制决议汇编通常属于重要事由，不允许其他对管理人委任或者解任的限制。

（2）允许管理人被再次委任，对此，需要住宅所有权人最早在任职期满一年前重新作出决议。

（3）如果必须通过官方认证的文书证明管理人的身份，则出示委任决议的记录足以证明之，该记录上本法第24条第6款规定的人员签名已由官方认证。

第27条　管理人的职权

（1）管理人对住宅所有权人和住宅所有权人共同体有权利并有义务：

①执行住宅所有权人的决议，并且负责住房规章的实施；

②采取规范的共有财产养护和维修必需的措施；

③在紧急情况下采取其他为了保存共有财产的必要措施；

④请求支付负担和成本费用、分期偿还额和抵押利息，进行受领和缴纳，只要涉及住宅所有权人的共同事务；

⑤与共有财产日常管理有关联的所有支付与给付的作出与受领；

⑥管理收取的资金；

⑦不迟延地告知住宅所有权人，依照第43条规定的诉讼正等待法院判决；

⑧发布为了采取第21条第5款第6项规定的措施所需的声明。

（2）管理人有权以全体住宅所有权人的名义并由其承受法律效果实施如下行为：

①受领向全体住宅所有权人发出的意思表示和投递；

②采取为了维持期限或者防止其他法律上的不利益所需的措施，特别是依照第43条第1项、第4项或者第5项在判决和执行程序中进行对住宅所有权人的诉讼。

③在诉讼上和诉讼外主张权利，只要其对此得到了住宅所有权人决议的授权；

④因依据第43条第1项、第4项或者第5项的诉讼与律师达成协议，按照高于法定讼争物价值，最高按照《诉讼费用法》第49a条第1款第1句确定的讼争物价值计算金额。

（3）管理人有权以住宅所有权人共同体的名义并由其承受法律效果实施如下行为：

①受领意思表示和投递；

②采取为了维持期限或者防止其他法律上的不利益所需的措施，特别是依照

第 43 条第 2 项或者第 5 项在判决和执行程序中进行对住宅所有权人共同体的诉讼；

③依据第 1 款第 2 项采取必要的、规范的共有财产养护和维修的日常措施；

④采取第 1 款第 2 项至第 5 项和第 8 项规定的措施；

⑤在依照第 1 款第 6 项管理收取的资金的范围内管理账户；

⑥因第 43 条第 2 项或者第 5 项的诉讼，依据第 2 款第 4 项与律师达成报酬协议；

⑦从事其他法律行为，只要其为此通过协议或者住宅所有权人以多数决方式作出的决议被授权。

如果没有管理人或者管理人无代表权，则由全体住宅所有权人代表共同体。住宅所有人可以通过多数决决议授权一个或者几个住宅所有权人代表共同体。

（4）不得通过住宅所有权人的决议限制或者排除第 1 款至第 3 款规定的管理人的职权。

（5）管理人有义务将住宅所有人的资金与自己的财产分开保存。可以通过协议或者住宅所有权人以多数决方式作出的决议，使该资金的处分以某一住宅所有权人或者第三人的同意为条件。

（6）管理人可以要求住宅所有权人出具确定其代表权范围的委托代理权和授权证书。

第 28 条 经济计划、公布账目

（1）管理人必须每年制定经济计划。经济计划包含：

①共有财产管理的预期收入与支出；

②住宅所有人与其份额相应的负担和费用承担数额；

③住宅所有权人缴纳第 21 条第 5 款第 4 项规定的维修基金。

（2）住宅所有人有义务在管理人要求后按照经济计划预先支付。

（3）管理人须在年终结算。

（4）住宅所有人可以通过多数决的决议随时要求管理人公开账目。

（5）住宅所有人通过多数决方式对管理人的经济计划、账目结算和账目公开进行决议。

第 29 条　管理委员会

（1）住宅所有人可以通过多数决方式决议委任管理委员会。管理委员会由一名住宅所有人任主席，由另外两名住宅所有权人任委员。

（2）管理委员会协助管理人执行职务。

（3）在住宅所有权人对经济计划、经济计划的结算、账目公开和成本估价决议前，由管理委员会对其审查并附注意见。

（4）管理委员会由主席在需要时召集。

第四章　住宅地上权

第 30 条

（1）如果地上权属于数人按份共有，则该份额可以以此方式进行限制，即每一个共有权人被授予对基于地上权建造的或者将要建造的建筑物中的特定住宅或者不以居住为目的的特定空间的特别所有权（住宅地上权，部分地上权）。

（2）地上权人可以适用第 8 条的规定对地上权进行划分。

（3）须将每一个（地上权）份额登记于单独的地上权登记簿页（住宅地上权登记簿，部分地上权登记簿）。此外，关于住宅所有权（部分所有权）的规定适用于住宅地上权（部分地上权）。

第二部分　长期居住权

第 31 条　概念

（1）一块土地可以以此方式被设定负担，即为其利益而设定负担的人有权排除所有权人居住或者以其他方式使用在该土地上建造的或者将要建造的建筑物的特定住宅（长期居住权）。长期居住权可以扩展至该土地上建筑物以外的部分，只要住宅在经济意义上居于主导地位。

（2）一块土地可以以此方式被设定负担，即为其利益而设定负担的人有权排除所有权人使用在该土地上建造或者将要建造的建筑物中的不以居住为目的的特定空间（长期使用权）。

（3）关于长期居住权的规定相应的适用于长期使用权。

第 32 条　登记的前提条件

（1）只有住宅是独立的，才可以设定长期居住权。

（2）可以援引登记同意详细地标示长期居住权的标的和内容。下列文件作为登记许可的附件附入：

①建筑机关签名并加盖印章或者图章的建筑图纸，该图纸应标明建筑物的分割及具有长期居住权的建筑物及土地部分的位置及面积（分割计划）；所有属于同一个长期居住权的单独空间分别以相同的号码标记。

②建筑机关出具的关于证明具备第 1 款规定的前提条件的书面证明。

如果在登记同意中标明了各项长期居住权的号码，则其与分配计划中的号码要保持一致。

州政府可以通过行政法规规定，是否以及在何种情况下由一个官方委任或者承认的建筑专家取代建筑机关签发和出具分割计划（第 2 句第 1 项）和空间独立性证明（第 2 句第 2 项）。如果由建筑专家担负这一职责，则适用关于依据 1974 年 3 月 19 日的《住宅所有权法》（1974 年 3 月 23 日《联邦公报》第 58 号）第 7 条第 4 款第 2 项和第 32 条第 2 款第 2 项签发书面证明的一般管理规范的规定。此情况下，说明不需要具备《土地登记簿条例》第 29 条规定的形式。州政府可以通过颁行行政法规将此授权委托给州建筑管理机关。

（3）如果没有就第 33 条第 4 款第 1 项规定的情形、复归请求权的前提条件（第 36 条第 1 款）和复归的补偿费做出约定，土地登记机关应该拒绝长期居住权登记。

第 33 条　长期居住权的内容

（1）长期居住权可以转让和继承。不得附条件设定长期居住权。

（2）如果没有其他约定，第 14 条的规定适用于长期居住权。

（3）如果没有其他约定，权利人可以使用供共同使用的建筑物和土地的特定部分、设备和设施。

（4）作为长期居住权的内容可以约定：

①使用的种类和范围；

②设定长期居住权的建筑物部分的养护和维修；

③权利人承受公共的或者私法上的土地负担的义务；

④建筑物的保险和损毁情况下的重建；

⑤所有权人在特定前提条件下要求提供担保的权利。

第 34 条　所有权人和长期居住权人的请求权

（1）所有权人因建筑物改变或者状况恶化而享有的赔偿请求权以及长期居住权人的使用赔偿请求权或者设施拆除许可请求权适用《民法典》第 1049 条和第 1057 条的规定。

（2）如果长期居住权受到妨害，则关于所有权请求权的规定相应的适用于长期居住权人的请求权。

第 35 条　转让限制

作为长期居住权的内容可以约定，权利人让与需要取得所有权人或者第三人的同意。此种情况下适用第 12 条的规定。

第 36 条　复归请求权

（1）作为长期居住权的内容可以约定，权利人有义务在特定的前提条件下将长期居住权转让给土地所有人或者由其指定的第三人（复归请求权）。不能将复归请求权与土地所有权分离。

（2）如果长期居住权涉及租赁保护，则只有存在出租人能够要求或者通知解除租赁关系的事由时，所有权人才能行使复归请求权。

（3）复归请求权在所有权人知晓权利行使的请提条件具备之时起 6 个月后因时效而消灭，无论是否知情，在权力行使的前提条件具备之时起两年后因时效而消灭。

（4）作为长期居住权的内容可以约定，如果所有权人行使复归请求权，须给予权利人补偿。作为长期居住权的内容，可以就补偿的计算或者数额或者支付的方式进行约定。

第 37 条　出租

（1）如果长期居住权人将设定长期居住权的建筑物或者土地之部分使用出租或者用益出租，则一旦长期居住权消灭，使用租赁或者用益租赁关系同时消灭。

（2）如果所有权人行使其复归请求权，则其或者长期居住权人的受让人成为使用租赁和用益租赁关系的当事人；适用《民法典》第 566 条至第 566e 条的规定。

（3）如果长期居住权被转让，则适用第 2 款的规定。如果长期居住权因为强制执行而被转让，则适用《强制拍卖和强制管理法》第 57a 条的规定，受让人享有终止权。

第 38 条 法律关系的参与

（1）如果长期居住权被转让，则受让人取代让与人承担其权利存续期间与所有权人的法律关系所产生的义务。

（2）如果土地被转让，则受让人取代让与人享有其所有权存续期间与长期居住权人的法律关系所产生的权利。这同样适用于基于强制拍卖的受让，如果长期居住权不因拍卖成交而消灭。

第 39 条 强制拍卖

（1）作为长期居住权的内容可以约定，在土地被强制拍卖的情况下，如果是由在次序上先于长期居住权或者与长期居住权处于同一次序的抵押、土地债务、定期土地债务或者土地负担的债权人发动土地强制拍卖，长期居住权应该背离《强制拍卖和强制管理法》第 44 条的规定继续存在。

（2）第 1 款规定的协议的生效需要取得在次序上先于长期居住权或者与长期居住权处于同一次序的抵押、土地债务、定期土地债务或者土地负担的权利人同意。

（3）第 1 款规定的协议只有在长期居住权人在拍卖条件确定时已经履行其对所有权人的已届期支付义务的情况下生效；为补充第 1 款规定的协议可以约定，长期居住权的存续需要具备其他前提条件。

第 40 条 对价责任

（1）如果在第 2 款没有其他规定，次序上先于或者同于长期居住权的抵押、土地债务、定期土地债务和土地负担，以及以重复给付为内容的公共负担，扩及于长期居住权的对价请求权，其方式同于租金债权请求权。除此之外，不适用租金债权的规定。

（2）作为长期居住权的内容可以约定，以重复给付为条件的对价请求权的处分对在次序上先于或者同于长期居住权的抵押、土地债务、定期土地债务或者土地负担的债权人生效。第39条第2款适用于该约定。

第41条 长期性的长期居住权的特别规定

（1）第2款和第3款的特别规定适用于无期限的或者超过10年的长期居住权。

（2）如果没有其他约定，所有权人对于长期居住权人有义务在抵押权和所有权归于一人的情况下取消在次序上先于或者同于长期居住权的抵押权，并且同意在土地登记簿中进行相应的取消预告登记。

（3）所有权人有义务给予长期居住权人适当的补偿，如果其行使了复归请求权。

第42条 地上权设定负担

（1）第31条至第41条的规定相应的适用于在地上权之上设定的长期居住权负担。

（2）在地上权复归的情况下长期居住权仍然保留。

第三部分 程序规定

第43条 管辖权

土地所在区域的法院对如下纠纷享有专属管辖权：

①产生于住宅所有权人共同体和共有财产管理的住宅所有权人之间的权利义务纠纷；

②住宅所有权人共同体和住宅所有权人之间的权利义务纠纷；

③在共有财产管理中产生的管理人的权利义务纠纷；

④住宅所有权人的决议效力纠纷；

⑤第三人对住宅所有权人共同体或者住宅所有权人提起的涉及共有财产、共有财产管理或者特别所有权的诉讼；

⑥督促程序，如果住宅所有权人共同体为申请人。《民事诉讼法》第689条第2款不适用于此。

第 44 条　住宅所有权人在起诉书中的标示

（1）如果通过或者对除反对方以外的全体住宅所有权人提起诉讼，则对共有土地的特定说明足以作为起诉书中更详细的标示；如果（上述）住宅所有权人为被告，则此外在起诉书上还需标示管理人和依据第 45 条第 2 款第 1 句任命的替代送达代理人。住宅所有权人的姓名标示最迟在口头审理结束前进行。

（2）如果并非全体住宅所有权人都作为当事人参与诉讼，则其余的住宅所有权人依照第 1 款的规定由原告标示。如果法院不考虑依照第 48 条第 1 款第 1 句传唤与本案有关的第三人出庭，则不需要其余住宅所有权人的姓名标示。

第 45 条　送达

（1）如果住宅所有权人为被告或者依照第 48 条第 1 款第 1 句被传唤作为与本案有关的第三人出庭，则管理人是住宅所有权人的送达代理人，除非其作为住宅所有权人的反对方参与诉讼或者基于诉讼标的存在，管理人不向住宅所有权人公正告知危险。

（2）在管理人作为送达代理人被排除的情形，住宅所有权人须通过多数决方式作出决议，任命替代送达代理人及其代理人，即使尚未存在正等待法院裁判的纠纷。只有法院命令向替代送达代理人送达，其才开始承担作为住宅所有权人送达代理人的管理人的职权。第 1 款相应适用。

（3）如果住宅所有权人未按照第 2 款第 1 句之规定任命替代送达代理人或者第 1 款和第 2 款规定的任命，出于其他原因无法实施，则法院可以任命替代送达代理人。

第 46 条　撤销之诉

（1）一个或者数个住宅所有权人请求宣告住宅所有权人决议无效的诉讼须对其余住宅所有权人提出，管理人的此类诉讼须对住宅所有权人提出。必须在决议作出后一个月内提起诉讼，并且在决议作出后的两个月内提出理由。《民事诉讼法》第 233 条至第 238 条之规定相应适用。

（2）如果原告明显忽略了致使决议无效的事实，则法院须对此予以指明。

第 47 条　诉讼合并

请求宣告或者确认住宅所有权人的同一决议无效的数个诉讼应当合并审理和

裁判。先前独立诉讼的原告作为合并之诉的共同原告。

第 48 条　第三人参加诉讼及判决的效力

（1）如果一个依据第 43 条第 1 项或者第 3 项主张属于其单独享有的请求权的住宅所有权人，只是对一个或者数个住宅所有权人或者只是对管理人提起诉讼，则其余的住宅所有权人作为第三人参加诉讼，除非该诉讼与其法律权益明显无关。只要在一个依据第 43 条第 3 项或者第 4 项提起的诉讼中管理人并非当事人，则其同样作为第三人参加诉讼。

（2）通过送达附加主审法官命令的诉讼文件传唤第三人出庭。第三人可以加入并支持一方或者另一方诉讼当事人。如果作为第三人参与诉讼的住宅所有权人在诉讼期间将其住宅所有权出让，则《民事诉讼法》第 265 条第 2 款相应适用。

（3）超出《民事诉讼法》第 325 条规定的效力范围，生效裁决也对所有作为第三人参加诉讼的住宅所有权人及其权利继受人以及作为第三人参加诉讼的管理人发生效力。

（4）如果通过判决驳回一个被认为毫无根据的撤销之诉，则不得再主张决议无效。

第 49 条　费用裁决

（1）如果依据第 21 条第 8 款之规定按照公平裁量之原则予以裁决，则也可以按照公平裁量之原则分配诉讼费用。

（2）即使管理人非为诉讼的当事人，只要法院的活动是因其而引起并且其有重大过失，则由其承担诉讼费用。

第 50 条　费用偿还

如果不是出于与诉讼标的相关的原因需要数名委托律师代理，则作为合乎目的的法律追究或者法律辩护必需的费用仅偿还所有权人一个委托律师的费用。

第 51 条—第 52 条（废止）

第 53 条—第 58 条（废止）

第四部分　补充规定

第 59 条　（废止）

第 60 条　夫妻住宅

如果夫妻住宅的住宅所有权属于夫妻一方或者双方或者如果夫妻一方或者双方对于夫妻住宅拥有长期居住权，则适用 1944 年 10 月 21 日（《帝国法律公报》第 256 页）的《关于处理夫妻住宅和家庭财产条例》（《婚姻法第六施行条例》）之规定。

第 61 条

如果在 1994 年 1 月 15 日之前在土地登记簿中进行了让与登记或者让与合意预登记，并且是住宅建成后的初次让与，即便欠缺第 12 条规定的必要的同意，让与和作为其基础的负担行为在无损于其他条件的情况下生效，除非存在相反的生效判决。在上述情况下，欠缺同意并不妨碍《民法典》第 878 条的法律后果的发生。第 1 句和第 2 句相应的适用于本法第 30 条与第 35 条之情形。

第 62 条　过渡规定

（1）对于 2007 年 7 月 1 日尚未审结的关于住宅所有权或者强制拍卖的诉讼或者在公证人处申请的自愿拍卖，通过 2007 年 3 月 26 日的法律第 1 条和第 2 条（《联邦法律公报》第 1 部分，第 370 页）修改的本法第三部分的规定以及《强制拍卖和强制管理法》的规定按照当时的文本继续适用。

（2）在依据第 43 条第 1 项至第 4 项的住宅所有权案件中不适用关于不许上诉的规定（《民事诉讼法》第 543 条第 1 款第 2 项，第 544 条），只要待撤销的裁判是在 2012 年 7 月 1 日前被宣告。

第 63 条　现存法律关系的过渡

（1）如果将以符合通过本法创立的法律形式的结果为目的的法律关系转换成该种法律形式，则为了计算由此产生的法院和公证手续费，在住宅所有权的情况下将土地课税标准价值的二十五分之一，在长期居住权的情况下将权利价值的二十五分之一，作为交易价值。

（2）（无标的之过渡条款——此处并不包含）

（3）通过州法律可以设定使既存的、基于州法建立的法律关系过渡到通过本法创立的法律形式的条款。

第 64 条　生效

本法自颁布之日起生效。

奥地利《有关住宅和店铺（营业场所）所有权的联邦法》（简称"住宅所有权法"）[1]

制定：1948年7月8日，载奥地利1948年《联邦法律公报》第149号。

第1条（住宅所有权的概念）

（1）不动产的共有人在一特定住宅和店铺设定单独使用和独自处分的权利，以下称为住宅所有权，依据本法的规定并登记于土地登记簿内，对第三人也有效力。

（2）只要有直接出口和明显的隔间，例如住宅、地下室和底楼、庭院、停车场（车库）和不动产的其他部分，也得成立住宅所有权。

（3）不动产供作共同的使用或特定目的的排他性使用的，不得成立住宅所有权。

第2条（略）

第3条（住宅所有权和共有物应有部分的不可分割性）

住宅所有权与共有物应有部分为不可分离的结合，其仅能共同的被限制、负担、处分（出卖）、遗赠和强制执行。

第4条（书面的合意）

住宅所有权仅得由全体共有人以书面的合意而设定。已系住宅所有权人的共有人，不得拒绝其同意。

第5条（登记）

（1）为使权利人的应有部分得以明确，住宅所有权与相结合的所有权应有部

---

[1]　这里收录的奥地利《有关住宅和店铺（营业场所）所有权的联邦法》（简称"住宅所有权法"），源自于庄金昌《住宅分层所有权之比较研究》（台北中国文化大学1984年7月硕士论文）后所附的同一条文。为了该法的明确性，收入本书时对一些条文和用语的表达作了增删、改动，并略去了个别条文。此点谨予说明，并向庄先生致以敬意和谢意。

分应登记于土地登记簿，作为其他共有权人所有权的限制。

（2）住宅所有权的登记申请书必须附加下列文件：

一、建筑主管机关对于独立住宅（店铺）存在的证书。该证书应提出经许可的建筑图。

二、略。

三、对于住宅所有权先后的顺序和住宅所有权人的共有物应有部分的登记，适用不动产分割法第 25 条第 2 项的规定。

第 6 条（强制拍卖）

强制拍卖一共有物应有部分，对拍定人而言应承受住宅所有权的限制而不考虑其书面的顺序和不要求最高的出价。

第 7 条（住宅所有权的移转）

（1）住宅所有权人的住宅所有权所存的共有物应有部分，不能与住宅所有权分割而为移转。

（2）因住宅所有权人的死亡，其共有物应有部分分属于数人，权利人间无法成立第 1 项的协议时，受理法院必须依非讼事件法第 269 条以下的规定以拍卖而分配之。

第 8 条（费用、收益及管理）

（1）不动产的费用应由全体共有人依其应有部分的比例负担之。

（2）对使用的收益适用下列规定：

一、住宅所有权所存在的住宅和店铺的利用，由住宅所有权人单独为之。

二、与住宅所有权不相结合的非住宅所有权所存在的住宅和店铺的利用，依所有权人的应有部分；只要不超过第 2 条所定共有物应有部分的范围，住宅所有权人得参与使用。

三、不动产的收益，不符合一、二的规定，属于全体共有人依其应有部分的比例。

（3）住宅所有权所存在的住宅的管理由住宅所有权人单独负担。对于不动产的其他成分的管理，适用奥地利普通民法典第 16 节的规定。

（4）第 1 项至第 3 项以契约的规则为不同的规定而对第三人为请求时，不生效力。

第 9 条（共同关系的废止）

只要不动产上存在住宅所有权，所有权的共同关系仅得以全体住宅所有权人的同意而废止。

第 10 条（从共同关系中驱逐）

（1）住宅所有权人有下列情事时，得由其他共有人多数以诉请求将住宅所有权人从共同关系中驱逐。

一、未履行对共同关系的义务且对自己的支付义务未于法院第一次直接先行审理的裁判终结前履行。

二、在自己的住宅所有权或供共同利用的不动产的部分对其他的住宅所有权人使用为重大的损害。

三、由于自己的疏忽、粗野或其他重大的不正行为使共同居住的共同居住人产生厌恶，或对共有人或房间内居住的人于其所有权有可罚的行为，以及伦理或身体上的安全为有责而该行为并非是微不足道的。

（2）略。

（3）判决效力发生后满三个月，原告得请求依据关于强制拍卖不动产执行法令的规定，实施拍卖共有物应有部分和与其相结合的住宅所有权。

第 11 条（略）

第 12 条　住宅重建法

（1）已废止。

（2）略。

第 13 条　实行（略）

《瑞士民法典》第712条之一至二十有关"分层建筑物所有权"("楼层建筑物所有权""建筑物区分所有权")的规定 [1]

第712条之一

1. 称分层建筑物所有权者,谓对于不动产共有权的应有部分,基此应有部分,共有人就建筑物的特定部分,享有排他的使用,并于内部为修筑的特殊权利。

2. 分层建筑物所有人得自己管理、使用自己的房间,并就其为装置,但不得因此而阻碍其他分层建筑物所有人之行使相同权利,并不得毁损共同建筑物的部分、设备及装具,或损害其功能及外观。

3. 分层建筑物所有人,应视维持建筑物的完整及美观的必要而保养其房间。

第712条之二

1. 前条特殊权利的标的,得为各分层建筑物或分层建筑物的部分,经区划而为住宅或供业务或其他目的需用且备有自己进口通路的一组房间,并得包括与建筑物分离的邻近侧房。

2. 分层建筑物所有人就下列各款之物不取得特殊权利:

一、不动产中的土地及建筑房屋所根据的地上权;

二、建筑物的部分,对于建筑物或其他分层建筑物所有人房间的存立、组成结构及稳固有重要关系,或对建筑物的形状及外观有决定性作用者;

三、设置或设施,对于分层建筑物的其他所有人之使用其房间亦有裨益者。

3. 建筑物的其他成分,得由分层建筑物所有人依所有权设定行为及依相同方

---

1 这里收录的《瑞士民法典》"分层建筑物所有权"("建筑物区分所有权"),系来源于台湾大学法律学研究所编译的《瑞士民法》(1967年7月印行,刘甲一作序)。该《瑞士民法典》的译本,可谓是迄今汉语世界有关《瑞士民法典》的最好译本。既准确又可读,受到台湾地区学者很高的评价。

式，或经由嗣后的协议，表示其为共有；无此情形者，推定其分别为特殊权利的标的。

第 712 条之三

1. 分层建筑物所有人对于取得应有部分的第三人，法律上不享有先买权；但得依所有权设定行为，或基于嗣后协议而设定之；并得于土地簿册为预告登记。

2. 各分层建筑物所有人得依前项的方式订明，关于分层建筑物的让与、设定用益权或居住权的负担及出租，惟在分层建筑物的其他所有人，自受其通知时起十四天内，未依其所作成决议提起异议时，始为有效。

3. 非有重大理由，不得提出异议。

第 712 条之四

1. 分层建筑物所有权的设定应登记于土地簿册。

2. 有下列各款的原因者，得请求登记：

一、共有人依契约订定，以其应有部分组成分层建筑物所有权者；

二、不动产所有人或享有独立继续地上权之人，表示设定共有权应有部分，并以之组成分层建筑物所有权者。

3. 前项法律行为须经公证，其为死因处分或遗产分割契约时，须具备继承法所规定的方式，始为有效。

第 712 条之五

1. 成立楼层所有权时，应载明专有部分和各楼层单元的应有部分在建有楼房的土地或在建筑权中所占的价值比例。

2. 价值比例额须得直接利害关系人的同意，并经分层建筑物所有人会议的承认始得变更之；但其比例额的确定因错误而为不当，或因建筑物的改建或环境的变更致为不当者，分层建筑物所有人享有更正请求权。

第 712 条之六

1. 分层建筑物所有权，因不动产或地上权的消灭及因土地簿册登记的涂销而终止。

2. 登记的涂销得基于废止约定请求之；无此项约定时，得由握有全部应有部分的某一分层建筑物所有人请求之，但须经就各别分层建筑物享有物权，而其权利荀有移转必对全部土地发生不利益之人的同意。

3. 有下列情形之一者,各楼层所有人,均得请求废止楼层共有关系:

一、楼房价值的损耗已达半数以上,且非耗费巨资不可能重建者;

二、楼层所有权的成立已满五十年以上,且楼房因欠缺稳固性而不再适于使
用者。

4. 欲继续维持楼房共有关系的楼层所有人,为免于废止,得买受其他楼层所
有权人的应有部分。

第712条之七

1. 楼层所有人得采取管理行为和建筑措施的权利,适用关于按份共有的
规定。

2. 前项共有的规定,以其与设定行为或分层建筑物所有人全体的同意有关者
为限,得以其他法令代之;但其有禁止规定者,不在此限。

3. 在其他情形,分层建筑物各所有人得请求设定有关管理及利用的规则,并
将其登记于土地簿册,该土地簿册的登记须经分层建筑物所有人过半数,并其应
有部分合计已过半数者的决议予以承认,始生拘束力,纵令该规则系依设定契约
而订定,仍得依该过半数的决议变更之。

4. 对规章中关于专有使用权分配办法的任何变更,均须取得受直接影响的楼
层所有人的同意。

第712条之八

1. 分层建筑物所有人应按照其价值比例额的标准给付关于共同共有物的负担
及共同管理的费用。

2. 前项负担及费用包括下列各款:

一、为维持现状、修缮及更新土地、建筑物共有部分及共同设备所需费用;

二、管理行为的费用及对管理人的补偿;

三、对分层建筑物全体所有人所课公法上的分担费用及税捐;

四、对于不动产所担保的抵押债权人,或对于由分层建筑物所有人连带负责
的抵押债权人所支付的利息及偿还金额。

3. 具共有关系的建筑物的特定部分、设置或设施,对个别分层建筑物无所助

益或仅有极少助益者，于费用的分摊时，应斟酌之。

第 712 条之九

1. 共有人团体就最后三年间之应分担费用，对于分层建筑物的现在所有人享有在其应有部分上设定抵押的请求权。

2. 前项抵押权的登记，得由管理人请求之，未选有管理人时，得由以过半数决议所选任或经法院授权的分层建筑物所有人及就分担费用取得抵押权的债权人请求之。

3. 其他请求，准用关于设定建筑手工业者抵押权的规定。

第 712 条之十（原文缺此条文）

第 712 条之十一

共有人团体，就最近三年间的应分担费用，对于在分层建筑物所有人的房间并属于其设备或其所使用的动产，有与出租人相同的留置权。

第 712 条之十二

1. 共有人团体得以其固有名义取得因管理行为而生的财产，即如取得关于分担费用的请求权及因该请求权所取得的可处分物，如更新资金之类。

2. 分层建筑物所有人团体得以其名义提起诉讼及为追偿，并于其物之所在地被起诉及受追偿。

第 712 之十三

1. 分层建筑物所有人会议，除另有明文规定外，有下列权限：

一、决定一切不属于管理人权限的事务管理；

二、选任管理人并监督其管理行为；

三、选任委员及代表，对之为事务管理的委任，即如使之协助管理人、就其咨询提供意见、检查其业务执行情形及向会议提出关于检查的报告并为建议；

四、按年审核费用预算、结算及所有人间费用的分配；

五、为维持及翻新工作，估量征集翻新资金；

六、将建筑物投保火灾及其他事故的保险，订立通常的责任保险，并于分层建筑物所有人以巨额费用装修其房间，而未以自己的计算订立追加保险时，使其负担支付追加保险费份额的义务；

2. 关于分层建筑物所有人会议及委员，除法律另有规定者外，适用关于社团
的机关及撤销社团决议的规定。

第 712 条之十四

1. 分层建筑物所有人会议，除另有订定者外，由管理人召集及主持之。

2. 决议应作成笔录，笔录应由管理人或任主席的分层建筑物所有人保管之。

第 712 条之十五

1. 数人共有一分层建筑物者，仅有一表决权，应推举代表一人行使之。

2. 分层建筑物的所有人及用益权人，应就表决权的行使互相协议，无此项协
议时，用益权人关于管理上的一切问题视为表决权人，但仅属使用性质或为美化
及舒适目的而设的建筑措施，不在此限。

第 712 条之十六

1. 分层建筑物所有人会议，须经分层建筑物所有人全体二分之一，且其应有
部分合计达二分之一者之出席，或由其代理人出席时始得为决议，但出席者至少
须有分层建筑物所有人二人以上。

2. 出席者未达前项定额时，应于自第一次开会时起十天内召集第二次会议。

3. 第二次会议，经分层建筑物全体所有人三分之一并至少有两人以上出席或
由其代理人出席者，得为决议。

第 712 条之十七

1. 管理人不能由分层建筑物所有人会议选任时，分层建筑物所有人各得请求
法院选任之。

2. 抵押权人及保险人等，就分层建筑物有正当利益之人，享有同一权利。

第 712 条之十八

1. 分层建筑物所有人会议，得随时依其决议解任管理人，并得保留可能发生
的赔偿请求权。

2. 分层建筑物所有人会议，忽视重大事由的存在而拒绝解任管理人时，分层
建筑物所有人各得于一个月内请求法院将其解任。

3. 经法院选任的管理人，未得法院的同意，不得在其任期届满前解任之。

第 712 条之十九

1. 管理人应依法律及规约的规定，及分层建筑物所有人会议的决议，实行共同管理的一切行为，并为防止或除去损害，自行采取一切紧急措施。

2. 管理人应将共同费用及负担分派于分层建筑物的各所有人，并为其记账，收取其分担金额，并为管理及依规定使用现有资金。

3. 管理人对于特殊权利的行使，土地、建筑物的共同部分及共同设备的使用，应注意监督遵守法律、规章及住宅管理规则的规定。

第 712 条之二十

1. 管理人关于其法定职务内共同管理的一切事务，对外代表共有人团体及分层建筑物所有人。

2. 管理人提起民事诉讼或对他方当事人所提起的民事诉讼而为诉讼行为，除简易程序外，应先获分层建筑物所有人会议的授权，但有紧急情形者得于事后补行授权。

3. 对分层建筑物所有人全体所为的表示、催告、判决及处分，得因在管理人的住所或物之所在地向管理人提出而发生送达的效力。

希腊《区分楼层所有法》（"公寓法""建筑物区分所有权法"）[1]

希腊 1929 年法律第 3741 号

第 1 条

1. 对一栋建筑物的楼层或者其被区分的部分，承认所有权。

2. 地下室和顶层楼的房间，视为楼层。

第 2 条

1. 基地、地基（基础）、外壁、屋顶、烟筒（烟囱）、庭院、空气孔、电梯、集中供暖设备及其他供区分所有人共用的物，不能区分所有。

2. 对于障壁（隔断、隔壁、隔扇）的一般规定（即《希腊民法》第 1021 条至 1022 条——译者注），即便对同一楼层的房屋与房屋之间的共同的壁，也适用。

3. 对第 1 项及前项所揭的不能区分的物进行分割的诉讼，只有建筑物的全部或其价格的四分之三以上灭失时方可。

第 3 条

1. 楼层或其一部的区分所有人，享有归属于所有人的全部（一切）的权利（即民法规定的所有权——译者注）。但是，该权利的行使妨碍其他区分所有人所为的使用时，抑或损及其他的区分所有人或建筑物的安全时，不在此限。

2. 区分所有人在前项的条件下，对不能区分的建筑物的共用部分可以变更，抑或进行追加（如增减等——译者注）。

第 4 条

1. 区分所有人透过获得全体区分所有人的同意的特别的合意（管理规约——

---

　　[1]　收录于此的希腊《区分楼层所有法》（"公寓法""建筑物区分所有权法"），系本书作者依据日本学者镰野邦树所译《希腊公寓法》（日文）［载日本《比较法学》第 44 卷第 1 号（2010 年）的第 59—62 页］而译出，译出时有删除。谨此说明。

译者注），规定各区分所有（人）的权利义务，规定集会的事项，以及为了共同的利益，对于建筑物的共用部分的保存、改良与使用的全部的事项。此等事项，应按其重要性，根据比例，由多数决决议而定之。

2. 对于前项，特别合意无规定时，区分所有人全体得确定一管理人，对该管理人赋予一切的管理权，涵括：费用、负担的分配，以及以自己的名义充任原告和被告。

3. 特别合意中无另外的意思表示，对于管理人，区分所有人的多数决无决议时，不得将之解任。但地方法院长官按照第 11 条（现今删除——译者注）的程序判断管理人渎职或有明显的重大过失时，不在此限。

第 5 条

区分所有人对于共用部分的权利义务无任何特别的合意时，依下列规定为之：

一、各区分所有人得使用共用部分的全部，惟不得损害其他区分所有人的权利，且在不变更共用部分的通常的用途的限度内，有对共用部分进行修理、修缮的权利。

二、各区分所有人按照其所有的楼层或房屋的价格，以共同的方式分摊负担。

三、作为（或成为）共同所有的对象的第 2 条第 1 项所定的不动产的部分的保存、修理以及与共同的建筑物有关的所有（一切）种类的税金，（视）为全体区分所有人共同的负担。

第 6 条

1. 各楼层或其一部的所有人，对自己使用的楼地板、专属性的归属于各专有部分的出入口、掩盖（圆盖）、房屋的壁以及房屋的天井的筑造或保存，得以自己的费用为之。

2. 台阶、楼梯及主廊下，使用它的楼层的所有人，应按该楼层的价格的费用予以筑造或保存。

第 7 条

1. 对于屋顶、房顶上，乃与屋顶、房顶、房盖的情形（即第 2 条第 1 项不能区分所有的情形——译者释）相同。

2. 屋顶（上）未供全体的区分所有人使用时，使用一个或复数的屋顶上的区分所有人，支付其修理费用的二分之一，对于残留的一半，该区分所有人及其他区分所有人按前条的比例而予支付。但是，有相反的特别的合意时，不在此限。

第 8 条

1. 通过向上追加（追建、增建）新的楼层，或者在地下通过挖掘地下室来增筑建筑物的权利，共同地归属于全体的基地的区分所有人，区分所有人全体透过书面达成合意的，得为该工事的实施。在屋顶（房顶）上进行遮阳帘（当日幕）的设置，不属于增筑（增建）。

2. 一人或复数的区分所有人不能表示意思，抑或没有正当的理由不赞成时，赞成该工事的一人或复数的区分所有权人得以自己的费用从事该增筑。在此情形，所为的增筑的部分，仅归属于参加建设的人，该参加者，于开始一切（所有）的工事前，得对不参加的区分所有人，按其持分（份额）的价格，支付金额。

3. 不能表示前项规定的意思，抑或没有正当的理由而不赞成时，前项的工事参加者按第 11 条的规定，应以确定判决进行该确认。此种情形，应在与区分所有有关系的证书的登记空白栏，依法律规定的程序记载该判决。

第 9 条

1. 建筑物的全部或其价格的四分之三以上灭失时，该法律规定的当然的共同所有消灭。

2. 重要性更小的灭失（不满四分之三的灭失——译者注）的，各区分所有人于特别的合意中没有为另外的意思表示时，须按自己对共用部分的权利的比例，负担为再建共用部分所需的费用。存在保险的，受损害的物的保险金，应用在进行再建上。但是，债权人对该保险金有权利的，不在此限。

3. 一人或复数的区分所有人不能参加再建，或者不为参加之旨的意思表示的，由鉴定人进行鉴定（权利的让与价格的鉴定——译者注）后，该权利的全部须让与给请求的区分所有人。

4. 不存在希望再建的区分所有人时，处分（如出卖——译者注）不动产所得的价金及透过保险而受领的金钱按各区分所有人的持分（份额）价格，在区分所有人间进行分配。

第 10 条

1. 楼层或其一部的出卖、让与，或者以之为标的（物）而设定抵押权，抑或对之予以扣押的，其对相关的共用部分的持分（份额）也及之。

2.（略）

第 11 条

［该条根据希腊《民事诉讼法施行法》（1967 年强制法第 44 号）第 33 条而被删除——译者注］

第 12 条（略）

第 13 条

1. 规定区分所有人的共同的权利及义务，或者变更它的所有的契约（管理规约——译者注），须根据公证证书而于登记簿上进行登记。

2. 前项的登记在基于与区分所有权有关系的证书的登记的空白栏处为之。

3. 由第 1 项的契约（管理规约——译者注）而进行的对所有权的限制，具有役权的性质（或特性）。

第 14 条（略）

第 15 条

爱奥尼（Ionia）民法典第 544 条、克里特（Kreta）民法典第 342 条至 344 条、萨摩斯法典第 596 条，以及与 1927 年 3 月 19 日的法令及其他的法律违反的一切的规定，废止之。

第 16 条

本法自官报登载之时起具有效力。

希腊《对同一基地上建构的复数的建筑物的区分所有》[1]

希腊 1971 年法令第 1024 号

第 1 条

1. 对于归属于一人或复数的人的同一基地上建构的复数的独立的建筑物，可以设定 1929 年法第 3741 号第 1 条及希腊民法第 1002 条和第 1117 条意义上的区分所有权。但是，有关城市计划的法律有另外规定时，不在此限。

2. 前项，仅适用于存在于城市区域内的基地、1923 年以前的存在于集落区域内的土地，以及现行的 1985 年 4 月 24 日的总统令（官报 A'181）规定的住民在 2000 人以下的集体居住区域内的基地。本法发布前设定的集体居住区域内的基地中的区分所有，具有效力。但是，由确定判决宣告其无效时，不在此限。

第 2 条

楼层中的区分所有的法律（1929 年法第 3741 号）或该法规定的情形中的区分所有，可依基地的所有者的生前或死因的法律行为抑或该基地的共有人之间的契约（合意）而设定。

第 3 条

本法生效前设定的本法规定的区分所有，具有效力。但是，依确定判决而宣告其无效时，不在此限。

第 4 条

1. 本法公布后，违反本法的区分所有规定而设定的所有法律行为当然自始完

1　收录于此的希腊《关于对同一基地上建构的复数的建筑物的区分所有》，系本书作者依据日本学者镰野邦树所译《希腊公寓法》（日文）［载日本《比较法学》第 44 卷第 1 号（2010 年）的第 62—63 页］而译出，译出时略有删除。谨此说明。

全无效。

2. 对于违反前项规定者，特别地为法律行为者，技术图纸的设计者，房地产商，违反前项规定制作契约书的公证人，参与该契约书之作成的律师以及为该契约书进行登记的登记机关，必须施以罚款，向统制计划/都市计划实施特别基金缴纳。该罚款，针对前述主体分别收取，与设定了无效的区分所有权的不动产的全体价格相当，该价格以每1平方米的土地1万德拉克马计算。该金额可以经财政大臣和环境/都市计划/公共事业共同决定而进行改定。关于征收罚款的方法和手续及其他关联事项，也由同样的决定方式而定。对前项及后项中的主体，施以1983年法第1337号第17条第8项规定的刑罚。

3. 法人自身有违反行为时，或法人在计算上抑或根据命令而做出违反行为时，对该行为进行判定并且对实施该行为的法人机关或者代表人施以前项的罚款。

第 5 条

本法自官报登载时起具有效力。

美国各州建筑物区分所有权法一览表 [1]

州名	制定法	略称	制定、生效年
亚拉巴马 （Alabama）	Ala. Code. <州法典> 47 编 286 条—313 条（追加 1969 年）	Apartment Ownership Act （Apartment 所有权法）	1964
阿拉斯加 （Alaska）	Alaska Comp. Laws Ann. 43. 07. 010 条—34. 07. 00 条 （追加 1970 年）	Horizontal Property Regimes Act （楼层的财产制法）[2]	1963
亚利桑那 （Arizona）	Ariz. Rev. Stat. Ann. <附注释修正法规集> 33-551 条—33-561 条（追加 1970 年）	Horizontal Property Regimes （楼层的财产制）	1962
阿肯色 （Arkansas）	Ark. Stat. Ann. <附注释法规集> 50 - 1001 条—50 - 1023 条 （追加 1969 年）	Horizontal Property Act （楼层的财产法）	1961
加利福尼亚 （California）	Cal. Civ. code<民法典> 659 条，783 条，1350 条—1359 条，1370 条（追加 1971 年）	Condominiums （区分所有）	1963
科罗拉多 （Colorado）	Colo. Rev. Stat. Ann. <附注释修正法规集> 118 - 15 - 4 条—118 - 15 - 5 条	CondominiumsOwnership Act （区分所有权法）	1963

1　本表系根据日本学者玉田弘毅、森泉章、半田正夫编《建筑物区分所有权法》［一粒社 1988 年版（资料），第 75 页以下］而做成，谨此说明。

2　"Horizontal Property Acts"，薛波主编《元照英美法词典》（法律出版社 2003 年版，第 647 页），将之译为"平行财产法"或"平行物业法"，并解释说是指"关于合作公寓即区分共有建筑物的成文法"。惟日本学者多将"Horizontal Property Acts"译为"楼层所有权法"，本书采日本学者的译法，译为"楼层所有权法"。

州名	制定法	略称	制定、生效年
康涅狄格（Connecticut）	Conn. Gen. Stat. Ann. <附注释法规全集> 47-67 条—47-88 条（追加 1970 年）	Unit Ownership Act（Unit 所有权法）	1963
特拉华（Delaware）	Del. Code Ann. <附注释法典> 25 编 2201 条—2241 条（追加 1968 年）	Unit Property Act（Unit 财产法）	1964
哥伦比亚（Colombia）	D. C. Code Ann. <附注释法典>5-901—5-933 条	Horizontal Porpery Act（楼层的财产法）	1963
佛罗里达（Florida）	Fla. Stat. Ann. <附注释法规集> 711.01 条—711.23 条	Condominium Act（区分所有法）	1963
佐治亚（Georgia）	Ga. Code Ann. <附注释法典> 85-16B 章 85-1601B 条—85-1625B 条（追加 1970 年）	Apartment Ownership Act（Apartment 所有权法）	1963
关岛（Guam）	Guam Civ. Code. <民法典> 1270 条—1324 条	Horizontal Property Act（楼层的财产法）	1970
夏威夷（Hawaii）	Hawaii Rev. Laws. <修正法律集> 170A-1 条—170A-44 条（追加 1965 年）	Horizontal Property Act（楼层的财产法）	1961
爱达荷（Idaho）	Idaho Code Ann. <附注释法典> 55-1501 条—55-1527 条（追加 1969 年）		
伊利诺伊（Illinois）	Ill. Ann. Stat. <附注释法规集> 30 章 301 条—321 条	Condominium Property Act（区分所有财产法）	1963

续表

州名	制定法	略称	制定、生效年
印第安纳 （Indiana）	Ind. Ann. Stat. < <附注释法规集> 56-1201 条—56-1231 条	Horizontal Property Act （楼层的财产法）	1963
艾奥瓦 （Iowa）	Iowa Code Ann. <附注释法典> 499B. 1 条—499B. 19 条（追加 1971 年）	Horizontal Property Act （楼层的财产法）	1963
堪萨斯 （Kansas）	Kan. Gen. Stat. Ann. <附注释法规全集> 58-3203 条—58-3129 条	Apartment Ownership Act （Apartment 所有权法）	1963
肯塔基 （Kentucky）	Ky. Rev. Stat. Ann. <附注释修正法规集> 381. 805 条—381. 910 条（追加 1969）	Horizontal Property Act （楼层的财产法）	1962
路易斯安那 （Louisiana）	La. Rev. Stat. Ann. <附注释修正法规集> 9-1121 条—9-1142 条	Horizontal Property Act （楼层的财产法）	1962
缅因 （Maine）	Me. Rev. Stat. Ann. <附注释修正法规集> 33 编 560 条—587 条（追加 1971 年）	Unit Owenership Act （Unit 所有权法）	1965
马里兰 （Maryland）	Md. Ann. Code. <附注释法典> 21 条 117A 项—142 项	Horizontal Property Act （楼层的财产法）	1963
马萨诸塞 （Massachusetts）	Mass. Ann. Laws. <附注释法律集> 183A 章 1 条—19 条（追加 1970 年）	Condominiums （区分所有）	1963
密执安 （Michigan）	Mich. Stat. Ann. <附注释法规集> 26. 50（1）条—26. 50（30）条（追加 1971 年）	Horizontal Real Property Act （楼层的不动产法）	1963

州名	制定法	略称	制定、生效年
明尼苏达 （Minnesota）	Minn. Stat. Ann. <附注释法规集> 515.01 条—515.29 条（追加 1971 年）	Apartment Ownership Act （Apartment 所有权法）	1963
密西西比 （Mississippi）	Miss. Code Ann. <附注释法典> 896.01 条—896.21 条（追加 1970 年）	Condominium Act （区分所有法）	1964
密苏里 （Missouri）	Mo. Ann. Stat. <附注释法规集> 448.010 条—448.220 条（追加 1970 年）	Condominium Property （区分所有财产）	1963
蒙大拿 （Montana）	Mont. Rev. Codes Ann. <附注释修正法典> 67-2301 条—67-2342 条（追加 1969 年）	Unit Ownership Act （Unit 所有权法）	1965
内布拉斯加 （Nebraska）	Neb. Rev. Stat. <修正法规集> 76-801 条—76-823 条	Condominium Property （区分所有财产）	1963
内华达 （Nevada）	Nev. Rev. Stat. <修正法规集> 117.010 条—117.120 条，361.243 条	Condominiums （区分所有）	1963
新罕布什尔 （New Hampshire）	N. H. Rev. Stat. Ann. <附注释修正法规集> 479-A：1 条—479-A：28 条（追加 1970 年）	Unit Ownership of Real Property Act （不动产 Unit 所有权法）	1965
新泽西 （New Jersey）	N. J. Stat. Ann. <附注释法规集> 46：8A-1 条—46：8A-28 条	Horizontal Property Act （楼层的财产法）	1962

续表

州名	制定法	略称	制定、生效年
新墨西哥 （New Mexico）	N. M. Stat. Ann. <附注释法规集> 70-4-1 条—70-4-27 条 （追加 1969 年）	Apartment Ownership Act （Apartment 所有权法）	1963
纽约 （New York）	N. Y. Real Prop. Law. <不动产法规集>339-d 条—339-ii 条	Condominium Act （区分所有法）	1964
北卡罗来纳 （North Carolina）	N. C. Gen. Stat. <法规全集>47A-1 条—47A-28 条 （追加 1969 年）	Unit Ownership Act （Unit 所有权法）	1963
北达科他 （North Dakota）	N. D. Cent. Code. 47-04.1-01 条—47-04.1-13 条（追加 1969 年）	Condominium Ownership of Real Property （不动产区分所有权）	1965
俄亥俄 （Ohio）	Ohio Rev. Code Ann. <附注释修正法典> 5311.01 条—5311.22 条	Condominium Property （区分所有财产）	1963
俄克拉荷马 （Oklahoma）	Okla. Stat. Ann. <附注释法规集> 60 编辑部 501 条—530 条	Unit Ownership Estate Act （Unit 不动产所有权法）	1963
俄勒冈 （Oregon）	Ore. Rev. Stat. <修正法规集>91.505 条—91.675 条 （追加 1970 年）	Unit Ownership Act （Unit 所有权法）	1963
宾夕法尼亚 （Pennsylvania）	Pa. Stat. Ann. <附注释法规集> 68 编 700-101 条—700-105 条（追加 1971 年）	Unit Property Act （Unit 财产法）	1963
波多黎各 （Puerto Rico）	P. R. Law Ann. <附注释法律集> 31 编者按 1291 条—1293K 条	Horizontal Property Act （楼层的财产法）	1951

续表

州名	制定法	略称	制定、生效年
罗得岛 （Rhode Island）	R. L. Gen. Laws Ann. <附注释法律全集> 34‑36‑1 条—34‑36‑36 条（追加 1970 年）	Condominium Ownership Act （区分所有权法）	1963
南卡罗来纳 （South Carolina）	S. C. Code <州法典> 57‑494 条—57‑523 条（追加 1970 年）	Horizontal Property Act （楼层的财产法）	1962
南达科他 （South Dakota）	S. D. Code <州法典> 43‑15‑1 条—43‑15‑19 条（追加 1970 年）	Horizontal Property Regimes （楼层的财产制）	1963
田纳西 （Tennessee）	Tenn. CodeAnn. <附注释法典> 64‑2701 条—64‑2722 条（追加 1970 年）	Horizontal Property Act （楼层的财产法）	1963
得克萨斯 （Texas）	Tex. Rev. Civ. Stat <修正州法规集> 1301a 条（追加 1970 年）	Condominium Act （区分所有法）	1963
犹他 （Utah）	Utah Code Ann. <附注释法典> 57‑8‑1 条—57‑8‑35 条	CondominiumOwnership Act （区分所有权法）	1963
佛蒙特 （Vermont）	Vt. Stat. Ann. <附注释法规集> 27 编 1301 条—1329 条（追加 1970 年）	Condominium Ownership Act （区分所有权法）	1967
弗吉尼亚 （Virginia）	Va. Code Ann. <附注释法典> 55‑79.1 条—55‑79.38 条（追加 1970 年）	Condominium Act （区分所有法） 旧略称 Horizontal Property Act （楼层的财产法）	1962
华盛顿 （Washington）	Wash. Rev. CodeAnn. <附注释修正法典> 32.04.025 条，64.32.010 条—64.32.920 条（追加 1970 年）	Horizontal Property Regimes Act （楼层的财产制法）	1963

续表

州名	制定法	略称	制定、生效年
西弗吉尼亚 （West Virginia）	W. Va. Code Ann. <附注释法典> 3851（34）条—3851（73）条（追加 1970 年）	Unit Property Act （Unit 财产法）	1963
威斯康星 （Wisconsin）	Wis. Stat. Ann. <附注释法规集> 230. 70 条—230. 97 条（追加 1970 年）	Unit Ownership Act （Unit 所有权法）	1963
怀俄明 （Wyoming）	Wyo. Stat. Ann. <附注释法规集> 34－389. 7 条—34－389. 10 条（追加 1969 年）	Condominium Ownership Act （区分所有权法）	1965

我国台湾地区"公寓大厦管理条例"

（2016 年 11 月 1 日修正，2016 年 11 月 16 日公布）

第一章　总　则

第 1 条（立法目的及适用范围）

为加强公寓大厦之管理维护，提升居住品质，特制定本条例。

本条例未规定者，适用其他法令之规定。

第 2 条（主管机关）

本条例所称主管机关：在"中央"为"内政部"；在直辖市为直辖市政府；在县（市）为县（市）政府。

第 3 条（名词定义）

本条例用辞定义如下：

一、公寓大厦：指构造上或使用上或在建筑执照设计图样标有明确界线，得区分为数部分之建筑物及其基地。

二、区分所有：指数人区分一建筑物而各有其专有部分，并就其共用部分按其应有部分有所有权。

三、专有部分：指公寓大厦之一部分，具有使用上之独立性，且为区分所有之标的者。

四、共用部分：指公寓大厦专有部分以外之其他部分及不属专有之附属建筑物，而供共同使用者。

五、约定专用部分：公寓大厦共用部分经约定供特定区分所有权人使用者。

六、约定共用部分：指公寓大厦专有部分经约定供共同使用者。

七、区分所有权人会议：指区分所有权人为共同事务及涉及权利义务之有关事项，召集全体区分所有权人所举行之会议。

八、住户：指公寓大厦之区分所有权人、承租人或其他经区分所有权人同意而为专有部分之使用者或业经取得停车空间建筑物所有权者。

九、管理委员会：指为执行区分所有权人会议决议事项及公寓大厦管理维护工作，由区分所有权人选任住户若干人为管理委员所设立之组织。

十、管理负责人：指未成立管理委员会，由区分所有权人推选住户一人或依第二十八条第三项、第二十九条第六项规定为负责管理公寓大厦事务者。

十一、管理服务人：指由区分所有权人会议决议或管理负责人或管理委员会雇佣或委任而执行建筑物管理维护事务之公寓大厦管理服务人员或管理维护公司。

十二、规约：公寓大厦区分所有权人为增进共同利益，确保良好生活环境，经区分所有权人会议决议之共同遵守事项。

第二章　住户之权利义务

第4条（专有部分）

区分所有权人除法律另有限制外，对其专有部分，得自由使用、收益、处分，并排除他人干涉。

专有部分不得与其所属建筑物共用部分之应有部分及其基地所有权或地上权之应有部分分离而为移转或设定负担。

第5条（专有部分之使用权）

区分所有权人对专有部分之利用，不得有妨害建筑物之正常使用及违反区分所有权人共同利益之行为。

第6条（住户之义务）

住户应遵守下列事项：

一、于维护、修缮专有部分、约定专用部分或行使其权利时，不得妨害其他住户之安宁、安全及卫生。

二、他住户因维护、修缮专有部分、约定专用部分或设置管线，必须进入或使用其专有部分或约定专用部分时，不得拒绝。

三、管理负责人或管理委员会因维护、修缮共用部分或设置管线，必须进入或使用其专有部分或约定专用部分时，不得拒绝。

四、于维护、修缮专有部分、约定专用部分或设置管线，必须使用共享部分时，应经管理负责人或管理委员会之同意后为之。

五、其他法令或规约规定事项。

前项第二款至第四款之进入或使用，应择其损害最少之处所及方法为之，并应修复或补偿所生损害。

住户违反第一项规定，经协调仍不履行时，住户、管理负责人或管理委员会得按其性质请求各该主管机关或诉请法院为必要之处置。

第 7 条（共用部分不得约定专用之范围）

公寓大厦共享部分不得独立使用供做专有部分。其为下列各款者，并不得为约定专用部分：

一、公寓大厦本身所占之地面。

二、连通数个专有部分之走廊或楼梯，及其通往室外之通路或门厅；社区内各巷道、防火巷弄。

三、公寓大厦基础、主要梁柱、承重墙壁、楼地板及屋顶之构造。

四、约定专用有违法令使用限制之规定者。

五、其他有固定使用方法，并属区分所有权人生活利用上不可或缺之共用部分。

第 8 条（公寓大厦外围使用之限制）

公寓大厦周围上下、外墙面、楼顶平台及不属专有部分之防空避难设备，其变更构造、颜色、设置广告物、铁铝窗或其他类似之行为，除应依法令规定办理外，该公寓大厦规约另有规定或区分所有权人会议已有决议，经向直辖市、县（市）主管机关完成报备有案者，应受该规约或区分所有权人会议决议之限制。

公寓大厦有十二岁以下儿童或六十五岁以上老人之住户，外墙开口部或阳台得设置不妨碍逃生且不突出外墙面之防坠设施。防坠设施设置后，设置理由消失且不符前项限制者，区分所有权人应予改善或回复原状。

住户违反第一项规定，管理负责人或管理委员会应予制止，经制止而不遵从者，应报请主管机关依第四十九条第一项规定处理，该住户并应于一个月内回复原状。届期未回复原状者，得由管理负责人或管理委员会回复原状，其费用由该住户负担。

第9条（共用部分之使用权）

各区分所有权人按其共有之应有部分比例，对建筑物之共用部分及其基地有使用收益之权。但另有约定者从其约定。

住户对共用部分之使用应依其设置目的及通常使用方法为之。但另有约定者从其约定。

前二项但书所约定事项，不得违反本条例、"区域计划法"、"都市计划法"及建筑法令之规定。

住户违反第二项规定，管理负责人或管理委员会应予制止，并得按其性质请求各该主管机关或诉请法院为必要之处置。如有损害并得请求损害赔偿。

第10条（管理、维护费用）

专有部分、约定专用部分之修缮、管理、维护，由各该区分所有权人或约定专用部分之使用人为之，并负担其费用。

共用部分、约定共用部分之修缮、管理、维护，由管理负责人或管理委员会为之。其费用由公共基金支付或由区分所有权人按其共有之应有部分比例分担之。但修缮费系因可归责于区分所有权人或住户之事由所致者，由该区分所有权人或住户负担。其费用若区分所有权人会议或规约另有规定者，从其规定。

前项共用部分、约定共用部分，若涉及公共环境清洁卫生之维持、公共消防灭火器材之维护、公共通道沟渠及相关设施之修缮，其费用政府得视情况予以补助，补助办法由直辖市、县（市）政府定之。

第11条（拆除、修缮费用）

共用部分及其相关设施之拆除、重大修缮或改良，应依区分所有权人会议之决议为之。

前项费用，由公共基金支付或由区分所有权人按其共有之应有部分比例分担。

第12条（专有部分之权属）

专有部分之共同壁及楼地板或其内之管线，其维修费用由该共同壁双方或楼地板上下方之区分所有权人共同负担。但修缮费系因可归责于区分所有权人之事由所致者，由该区分所有权人负担。

第 13 条（必须重建之法定事由）

公寓大厦之重建，应经全体区分所有权人及基地所有权人、地上权人或典权人之同意。但有下列情形之一者，不在此限：

一、配合都市更新计划而实施重建者。

二、严重毁损、倾颓或朽坏，有危害公共安全之虞者。

三、因地震、水灾、风灾、火灾或其他重大事变，肇致危害公共安全者。

第 14 条（重建建造执照之申请）

公寓大厦有前条第二款或第三款所定情形之一，经区分所有权人会议决议重建时，区分所有权人不同意决议又不出让区分所有权或同意后不依决议履行其义务者，管理负责人或管理委员会得诉请法院命区分所有权人出让其区分所有权及其基地所有权应有部分。

前项之受让人视为同意重建。

重建之建造执照之申请，其名义以区分所有权人会议之决议为之。

第 15 条（依使用执照及规约使用之义务）

住户应依使用执照所载用途及规约使用专有部分、约定专用部分，不得擅自变更。

住户违反前项规定，管理负责人或管理委员会应予制止，经制止而不遵从者，报请直辖市、县（市）主管机关处理，并要求其回复原状。

第 16 条（维护公共安全、公共卫生与公共安宁之义务）

住户不得任意弃置垃圾、排放各种污染物、恶臭物质或发生喧器、振动及其他与此相类之行为。

住户不得于私设通路、防火间隔、防火巷弄、开放空间、退缩空地、楼梯间、共同走廊、防空避难设备等处所堆置杂物、设置栅栏、门扇或营业使用，或违规设置广告物或私设路障及停车位侵占巷道妨碍出入。但开放空间及退缩空地，在直辖市、县（市）政府核准范围内，得依规约或区分所有权人会议决议供营业使用；防空避难设备，得为原核准范围之使用；其兼作停车空间使用者，得依法供公共收费停车使用。

住户为维护、修缮、装修或其他类似之工作时，未经申请主管建筑机关核准，不得破坏或变更建筑物之主要构造。

住户饲养动物，不得妨碍公共卫生、公共安宁及公共安全。但法令或规约另有禁止饲养之规定时，从其规定。

住户违反前四项规定时，管理负责人或管理委员会应予制止或按规约处理，经制止而不遵从者，得报请直辖市、县（市）主管机关处理。

第 17 条 （投保公共意外责任保险）

住户于公寓大厦内依法经营餐饮、瓦斯、电焊或其他危险营业或存放有爆炸性或易燃性物品者，应依"中央"主管机关所定保险金额投保公共意外责任保险。其因此增加其他住户投保火灾保险之保险费者，并应就其差额负补偿责任。其投保、补偿办法及保险费率由"中央"主管机关会同财政部定之。

前项投保公共意外责任保险，经催告于七日内仍未办理者，管理负责人或管理委员会应代为投保；其保险费、差额补偿费及其他费用，由该住户负担。

第 18 条 （公共基金之设置及其来源）

公寓大厦应设置公共基金，其来源如下：

一、起造人就公寓大厦领得使用执照一年内之管理维护事项，应按工程造价一定比例或金额提列。

二、区分所有权人依区分所有权人会议决议缴纳。

三、本基金之孳息。

四、其他收入。

依前项第一款规定提列之公共基金，起造人于该公寓大厦使用执照申请时，应提出缴交各直辖市、县（市）主管机关公库代收之证明；于公寓大厦成立管理委员会或推选管理负责人，并完成依第五十七条规定点交共用部分、约定共用部分及其附属设施设备后向直辖市、县（市）主管机关报备，由公库代为拨付。同款所称比例或金额，由"中央"主管机关定之。

公共基金应设专户储存，并由管理负责人或管理委员会负责管理；如经区分所有权人会议决议交付信托者，由管理负责人或管理委员会交付信托。其运用应依区分所有权人会议之决议为之。

第一项及第二项所规定起造人应提列之公共基金，于本条例公布施行前，起造人已取得建造执照者，不适用之。

第 19 条（区分所有权人对公共基金之权利）

区分所有权人对于公共基金之权利应随区分所有权之移转而移转；不得因个人事由为让与、扣押、抵销或设定负担。

第 20 条（公共基金移交程序）

管理负责人或管理委员会应定期将公共基金或区分所有权人、住户应分担或其他应负担费用之收支、保管及运用情形公告，并于解职、离职或管理委员会改组时，将公共基金收支情形、会计凭证、会计账簿、财务报表、印鉴及余额移交新管理负责人或新管理委员会。

管理负责人或管理委员会拒绝前项公告或移交，经催告于七日内仍不公告或移交时，得报请主管机关或诉请法院命其公告或移交。

第 21 条（积欠公共基金之催讨程序）

区分所有权人或住户积欠应缴纳之公共基金或应分担或其他应负担之费用已逾二期或达相当金额，经定相当期间催告仍不给付者，管理负责人或管理委员会得诉请法院命其给付应缴之金额及迟延利息。

第 22 条（强制出让之要件）

住户有下列情形之一者，由管理负责人或管理委员会促请其改善，于三个月内仍未改善者，管理负责人或管理委员会得依区分所有权人会议之决议，诉请法院强制其迁离：

一、积欠依本条例规定应分担之费用，经强制执行后再度积欠金额达其区分所有权总价百分之一者。

二、违反本条例规定经依第四十九条第一项第一款至第四款规定处以罚镱后，仍不改善或续犯者。

三、其他违反法令或规约情节重大者。

前项之住户如为区分所有权人时，管理负责人或管理委员会得依区分所有权人会议之决议，诉请法院命区分所有权人出让其区分所有权及其基地所有权应有部分；于判决确定后三个月内不自行出让并完成移转登记手续者，管理负责人或管理委员会得声请法院拍卖之。

前项拍卖所得，除其他法律另有规定外，于积欠本条例应分担之费用，其受偿顺序与第一顺位抵押权同。

第 23 条（住户规约之订定及范围）

有关公寓大厦、基地或附属设施之管理使用及其他住户间相互关系，除法令另有规定外，得以规约定之。

规约除应载明专有部分及共用部分范围外，下列各款事项，非经载明于规约者，不生效力：

一、约定专用部分、约定共用部分之范围及使用主体。

二、各区分所有权人对建筑物共用部分及其基地之使用收益权及住户对共用部分使用之特别约定。

三、禁止住户饲养动物之特别约定。

四、违反义务之处理方式。

五、财务运作之监督规定。

六、区分所有权人会议决议有出席及同意之区分所有权人人数及其区分所有权比例之特别约定。

七、纠纷之协调程序。

第 24 条（继受人应继受前区分所有人权利义务）

区分所有权之继受人，应于继受前向管理负责人或管理委员会请求阅览或影印第三十五条所定文件，并应于继受后遵守原区分所有权人依本条例或规约所定之一切权利义务事项。

公寓大厦专有部分之无权占有人，应遵守依本条例规定住户应尽之义务。

无权占有人违反前项规定，准用第二十一条、第二十二条、第四十七条、第四十九条住户之规定。

第三章 管理组织

第 25 条（会议之召开及召集人之产生方式）

区分所有权人会议，由全体区分所有权人组成，每年至少应召开定期会议一次。

有下列情形之一者，应召开临时会议：

一、发生重大事故有及时处理之必要，经管理负责人或管理委员会请求者。

二、经区分所有权人五分之一以上及其区分所有权比例合计五分之一以上，以书面载明召集之目的及理由请求召集者。

区分所有权人会议除第二十八条规定外，由具区分所有权人身份之管理负责人、管理委员会主任委员或管理委员为召集人；管理负责人、管理委员会主任委员或管理委员丧失区分所有权人资格日起，视同解任。无管理负责人或管理委员会，或无区分所有权人担任管理负责人、主任委员或管理委员时，由区分所有权人互推一人为召集人；召集人任期依区分所有权人会议或依规约规定，任期一至二年，连选得连任一次。但区分所有权人会议或规约未规定者，任期一年，连选得连任一次。

召集人无法依前项规定互推产生时，各区分所有权人得申请直辖市、县（市）主管机关指定临时召集人，区分所有权人不申请指定时，直辖市、县（市）主管机关得视实际需要指定区分所有权人一人为临时召集人，或依规约轮流担任，其任期至互推召集人为止。

第 26 条（非封闭式之公寓大厦规约订定）

非封闭式之公寓大厦集居社区其地面层为各自独立之数幢建筑物，且区内属住宅与办公、商场混合使用，其办公、商场之出入口各自独立之公寓大厦，各该幢内之办公、商场部分，得就该幢或结合他幢内之办公、商场部分，经其区分所有权人过半数书面同意，及全体区分所有权人会议决议或规约明定下列各款事项后，以该办公、商场部分召开区分所有权人会议，成立管理委员会，并向直辖市、县（市）主管机关报备。

一、共用部分、约定共用部分范围之划分。

二、共用部分、约定共用部分之修缮、管理、维护范围及管理维护费用之分担方式。

三、公共基金之分配。

四、会计凭证、会计账簿、财务报表、印鉴、余额及第三十六条第八款规定保管文件之移交。

五、全体区分所有权人会议与各该办公、商场部分之区分所有权人会议之分工事宜。

第二十条、第二十七条、第二十九条至第三十九条、第四十八条、第四十九条第一项第七款及第五十四条规定，于依前项召开或成立之区分所有权人会议、管理委员会及其主任委员、管理委员准用之。

第 27 条 （区分所有权之计算方式）

各专有部分之区分所有权人有一表决权。数人共有一专有部分者，该表决权应推由一人行使。

区分所有权人会议之出席人数与表决权之计算，于任一区分所有权人之区分所有权占全部区分所有权五分之一以上者，或任一区分所有权人所有之专有部分之个数超过全部专有部分个数总和之五分之一以上者，其超过部分不予计算。

区分所有权人因故无法出席区分所有权人会议时，得以书面委托配偶、有行为能力之直系血亲、其他区分所有权人或承租人代理出席；受托人于受托之区分所有权占全部区分所有权五分之一以上者，或以单一区分所有权计算之人数超过区分所有权人数五分之一者，其超过部分不予计算。

第 28 条 （起造人召集会议）

公寓大厦建筑物所有权登记之区分所有权人达半数以上及其区分所有权比例合计半数以上时，起造人应于三个月内召集区分所有权人召开区分所有权人会议，成立管理委员会或推选管理负责人，并向直辖市、县（市）主管机关报备。

前项起造人为数人时，应互推一人为之。出席区分所有权人之人数或其区分所有权比例合计未达第三十一条规定之定额而未能成立管理委员会时，起造人应就同一议案重新召集会议一次。

起造人于召集区分所有权人召开区分所有权人会议成立管理委员会或推选管

理负责人前，为公寓大厦之管理负责人。

第 29 条（管理委员会、管理负责人之成立）

公寓大厦应成立管理委员会或推选管理负责人。

公寓大厦成立管理委员会者，应由管理委员互推一人为主任委员，主任委员对外代表管理委员会。主任委员、管理委员之选任、解任、权限与其委员人数、召集方式及事务执行方法与代理规定，依区分所有权人会议之决议。但规约另有规定者，从其规定。

管理委员、主任委员及管理负责人之任期，依区分所有权人会议或规约之规定，任期一至二年，主任委员、管理负责人、负责财务管理及监察业务之管理委员，连选得连任一次，其余管理委员，连选得连任。但区分所有权人会议或规约未规定者，任期一年，主任委员、管理负责人、负责财务管理及监察业务之管理委员，连选得连任一次，其余管理委员，连选得连任。

前项管理委员、主任委员及管理负责人任期届满未再选任或有第二十条第二项所定之拒绝移交者，自任期届满日起，视同解任。

公寓大厦之住户非该专有部分之区分所有权人者，除区分所有权人会议之决议或规约另有规定外，得被选任、推选为管理委员、主任委员或管理负责人。

公寓大厦未组成管理委员会且未推选管理负责人时，以第二十五条区分所有权人互推之召集人或申请指定之临时召集人为管理负责人。区分所有权人无法互推召集人或申请指定临时召集人时，区分所有权人得申请直辖市、县（市）主管机关指定住户一人为管理负责人，其任期至成立管理委员会、推选管理负责人或互推召集人为止。

第 30 条（召开会议之通知方法）

区分所有权人会议，应由召集人于开会前十日以书面载明开会内容，通知各区分所有权人。但有急迫情事须召开临时会者，得以公告为之；公告期间不得少于二日。

管理委员之选任事项，应在前项开会通知中载明并公告之，不得以临时动议提出。

第 31 条（区分所有权之计算方式）

区分所有权人会议之决议，除规约另有规定外，应有区分所有权人三分之二以上及其区分所有权比例合计三分之二以上出席，以出席人数四分之三以上及其区分所有权比例占出席人数区分所有权四分之三以上之同意行之。

第 32 条（未获致决议时重新开议之要件）

区分所有权人会议依前条规定未获致决议、出席区分所有权人之人数或其区分所有权比例合计未达前条定额者，召集人得就同一议案重新召集会议；其开议除规约另有规定出席人数外，应有区分所有权人三人并五分之一以上及其区分所有权比例合计五分之一以上出席，以出席人数过半数及其区分所有权比例占出席人数区分所有权合计过半数之同意作成决议。

前项决议之会议记录依第三十四条第一项规定送达各区分所有权人后，各区分所有权人得于七日内以书面表示反对意见。书面反对意见未超过全体区分所有权人及其区分所有权比例合计半数时，该决议视为成立。

第一项会议主席应于会议决议成立后十日内以书面送达全体区分所有权人并公告之。

第 33 条（区分所有权之决议效力）

区分所有权人会议之决议，未经依下列各款事项办理者，不生效力：

一、专有部分经依区分所有权人会议约定为约定共用部分者，应经该专有部分区分所有权人同意。

二、公寓大厦外墙面、楼顶平台，设置广告物、无线电台基地台等类似强波发射设备或其他类似之行为，设置于屋顶者，应经顶层区分所有权人同意；设置其他楼层者，应经该楼层区分所有权人同意。该层住户，并得参加区分所有权人会议陈述意见。

三、依第五十六条第一项规定成立之约定专用部分变更时，应经使用该约定专用部分之区分所有权人同意。但该约定专用显已违反公共利益，经管理委员会或管理负责人诉请法院判决确定者，不在此限。

第 34 条（会议记录作成方式及送达公告）

区分所有权人会议应作成会议记录，载明开会经过及决议事项，由主席签名，于会后十五日内送达各区分所有权人并公告之。

前项会议记录，应与出席区分所有权人之签名簿及代理出席之委托书一并保存。

第 35 条 （请求阅览或影印之权利）

利害关系人于必要时，得请求阅览或影印规约、公共基金余额、会计凭证、会计账簿、财务报表、欠缴公共基金与应分摊或其他应负担费用情形、管理委员会会议记录及前条会议记录，管理负责人或管理委员会不得拒绝。

第 36 条 （管理委员会之职务范围）

管理委员会之职务如下：

一、区分所有权人会议决议事项之执行。

二、共有及共用部分之清洁、维护、修缮及一般改良。

三、公寓大厦及其周围之安全及环境维护事项。

四、住户共同事务应兴革事项之建议。

五、住户违规情事之制止及相关资料之提供。

六、住户违反第六条第一项规定之协调。

七、收益、公共基金及其他经费之收支、保管及运用。

八、规约、会议记录、使用执照誊本、竣工图说、水电、消防、机械设施、管线图说、会计凭证、会计账簿、财务报表、公共安全检查及消防安全设备检修之申报文件、印鉴及有关文件之保管。

九、管理服务人之委任、雇佣及监督。

十、会计报告、结算报告及其他管理事项之提出及公告。

十一、共用部分、约定共用部分及其附属设施设备之点收及保管。

十二、依规定应由管理委员会申报之公共安全检查与消防安全设备检修之申报及改善之执行。

十三、其他依本条例或规约所定事项。

第 37 条 （管理委员会会议决议内容）

管理委员会会议决议之内容不得违反本条例、规约或区分所有权人会议决议。

第 38 条（管理委员会于民事诉讼上有当事人能力）

管理委员会有当事人能力。

管理委员会为原告或被告时，应将诉讼事件要旨速告区分所有权人。

第 39 条（管理委员会应向区分所有权人会议负责）

管理委员会应向区分所有权人会议负责，并向其报告会务。

第 40 条（管理委员会之职务于管理负责人准用之）

第三十六条、第三十八条及前条规定，于管理负责人准用之。

第四章　管理服务人

第 41 条（执业许可登记）

公寓大厦管理维护公司应经"中央"主管机关许可及办理公司登记，并向"中央"主管机关申领登记证后，始得执业。

第 42 条（管理维护事务）

公寓大厦管理委员会、管理负责人或区分所有权人会议，得委任或雇佣领有"中央"主管机关核发之登记证或认可证之公寓大厦管理维护公司或管理服务人员执行管理维护事务。

第 43 条（公寓大厦管理维护公司执行业务规定）

公寓大厦管理维护公司，应依下列规定执行业务：

一、应依规定类别，聘雇一定人数领有"中央"主管机关核发认可证之继续性从业之管理服务人员，并负监督考核之责。

二、应指派前款之管理服务人员办理管理维护事务。

三、应依业务执行规范执行业务。

第 44 条（受雇之管理服务人执行业务规定）

受雇于公寓大厦管理维护公司之管理服务人员，应依下列规定执行业务：

一、应依核准业务类别、项目执行管理维护事务。

二、不得将管理服务人员认可证提供他人使用或使用他人之认可证执业。

三、不得同时受聘于二家以上之管理维护公司。

四、应参加"中央"主管机关举办或委托之相关机构、团体办理之训练。

第 45 条（受雇以外之管理服务人员执行业务规定）

前条以外之公寓大厦管理服务人员，应依下列规定执行业务：

一、应依核准业务类别、项目执行管理维护事务。

二、不得将管理服务人员认可证提供他人使用或使用他人之认可证执业。

三、应参加"中央"主管机关举办或委托之相关机构、团体办理之训练。

第 46 条（管理维护公司及人员管理办法之订定）

第四十一条至前条公寓大厦管理维护公司及管理服务人员之资格、条件、管理维护公司聘雇管理服务人员之类别与一定人数、登记证与认可证之申请与核发、业务范围、业务执行规范、责任、辅导、奖励、参加训练之方式、内容与时数、受委托办理训练之机构、团体之资格、条件与责任及登记费之收费基准等事项之管理办法，由"中央"主管机关定之。

第五章 罚 则

第 47 条（罚则一）

有下列行为之一者，由直辖市、县（市）主管机关处新台币三千元以上一万五千元以下罚锾，并得令其限期改善或履行义务、职务；届期不改善或不履行者，得连续处罚：

一、区分所有权人会议召集人、起造人或临时召集人违反第二十五条或第二十八条所定之召集义务者。

二、住户违反第十六条第一项或第四项规定者。

三、区分所有权人或住户违反第六条规定，主管机关受理住户、管理负责人或管理委员会之请求，经通知限期改善，届期不改善者。

第 48 条（罚则二）

有下列行为之一者，由直辖市、县（市）主管机关处新台币一千元以上五千元以下罚锾，并得令其限期改善或履行义务、职务；届期不改善或不履行者，得连续处罚：

一、管理负责人、主任委员或管理委员未善尽督促第十七条所定住户投保责任保险之义务者。

二、管理负责人、主任委员或管理委员无正当理由未执行第二十二条所定促请改善或诉请法院强制迁离或强制出让该区分所有权之职务者。

三、管理负责人、主任委员或管理委员无正当理由违反第三十五条规定者。

四、管理负责人、主任委员或管理委员无正当理由未执行第三十六条第一款、第五款至第十二款所定之职务，显然影响住户权益者。

第 49 条（罚则三）

有下列行为之一者，由直辖市、县（市）主管机关处新台币四万元以上二十万元以下罚镪，并得令其限期改善或履行义务；届期不改善或不履行者，得连续处罚：

一、区分所有权人对专有部分之利用违反第五条规定者。

二、住户违反第八条第一项或第九条第二项关于公寓大厦变更使用限制规定，经制止而不遵从者。

三、住户违反第十五条第一项规定擅自变更专有或约定专用之使用者。

四、住户违反第十六条第二项或第三项规定者。

五、住户违反第十七条所定投保责任保险之义务者。

六、区分所有权人违反第十八条第一项第二款规定未缴纳公共基金者。

七、管理负责人、主任委员或管理委员违反第二十条所定之公告或移交义务者。

八、起造人或建筑业者违反第五十七条或第五十八条规定者。

有供营业使用事实之住户有前项第三款或第四款行为，因而致人于死者，处一年以上七年以下有期徒刑，得并科新台币一百万元以上五百万元以下罚金；致重伤者，处六个月以上五年以下有期徒刑，得并科新台币五十万元以上二百五十万元以下罚金。

第 50 条（罚则四）

从事公寓大厦管理维护业务之管理维护公司或管理服务人员违反第四十二条规定，未经领得登记证、认可证或经废止登记证、认可证而营业，或接受公寓大厦管理委员会、管理负责人或区分所有权人会议决议之委任或雇佣执行公寓大厦管理维护服务业务者，由直辖市、县（市）主管机关勒令其停业或停止执行业务，并处新台币四万元以上二十万元以下罚镪；其拒不遵从者，得按次连续处罚。

第 51 条（罚则五）

公寓大厦管理维护公司，违反第四十三条规定者，"中央"主管机关应通知限期改正；届期不改正者，得予停业、废止其许可或登记证或处新台币三万元以上十五万元以下罚锾；其未依规定向"中央"主管机关申领登记证者，"中央"主管机关应废止其许可。

受雇于公寓大厦管理维护公司之管理服务人员，违反第四十四条规定者，"中央"主管机关应通知限期改正；届期不改正者，得废止其认可证或停止其执行公寓大厦管理维护业务三个月以上三年以下或处新台币三千元以上一万五千元以下罚锾。

前项以外之公寓大厦管理服务人员，违反第四十五条规定者，"中央"主管机关应通知限期改正；届期不改正者，得废止其认可证或停止其执行公寓大厦管理维护业务六个月以上三年以下或处新台币三千元以上一万五千元以下罚锾。

第 52 条（强制执行）

依本条例所处之罚锾，经限期缴纳，届期仍不缴纳者，依法移送强制执行。

第六章 附 则

第 53 条（集居地区之管理及组织）

多数各自独立使用之建筑物、公寓大厦，其共同设施之使用与管理具有整体不可分性之集居地区者，其管理及组织准用本条例之规定。

第 54 条（催告事项）

本条例所定应行催告事项，由管理负责人或管理委员会以书面为之。

第 55 条（管理委员会之成立或管理负责人之推选）

本条例施行前已取得建造执照之公寓大厦，其区分所有权人应依第二十五条第四项规定，互推一人为召集人，并召开第一次区分所有权人会议，成立管理委员会或推选管理负责人，并向直辖市、县（市）主管机关报备。

前项公寓大厦于区分所有权人会议订定规约前，以第六十条规约范本视为规约。但得不受第七条各款不得为约定专用部分之限制。

对第一项未成立管理组织并报备之公寓大厦，直辖市、县（市）主管机关得分期、分区、分类（按楼高或使用之不同等分类）拟定计划，辅导召开区分所有权人会议成立管理委员会或推选管理负责人，并向直辖市、县（市）主管机关报备。

第 56 条　（建物所有权登记）

公寓大厦之起造人于申请建造执照时，应检附专有部分、共用部分、约定专用部分、约定共用部分标示之详细图说及规约草约。于设计变更时亦同。

前项规约草约经承受人签署同意后，于区分所有权人会议订定规约前，视为规约。

公寓大厦之起造人或区分所有权人应依使用执照所记载之用途及下列测绘规定，办理建物所有权第一次登记：

一、独立建筑物所有权之墙壁，以墙之外缘为界。

二、建筑物共享之墙壁，以墙壁之中心为界。

三、附属建物以其外缘为界办理登记。

四、有隔墙之共享墙壁，依第二款之规定，无隔墙设置者，以使用执照竣工平面图区分范围为界，其面积应包括四周墙壁之厚度。

第一项共享部分之图说，应包括设置管理维护使用空间之详细位置图说。

本条例 2003 年 12 月 9 日修正施行前，领得使用执照之公寓大厦，得设置一定规模、高度之管理维护使用空间，并不计入建筑面积及总楼地板面积；其免计入建筑面积及总楼地板面积之一定规模、高度之管理维护使用空间及设置条件等事项之办法，由直辖市、县（市）主管机关定之。

第 57 条　（检测移交）

起造人应将公寓大厦共用部分、约定共用部分与其附属设施设备；设施设备使用维护手册及厂商资料、使用执照誊本、竣工图说、水电、机械设施、消防及管线图说，于管理委员会成立或管理负责人推选或指定后七日内会同政府主管机关、公寓大厦管理委员会或管理负责人现场针对水电、机械设施、消防设施及各类管线进行检测，确认其功能正常无误后，移交之。

前项公寓大厦之水电、机械设施、消防设施及各类管线不能通过检测，或其功能有明显缺陷者，管理委员会或管理负责人得报请主管机关处理，其归责起造人者，主管机关命起造人负责修复改善，并于一个月内，起造人再会同管理委员会或管理负责人办理移交手续。

第 58 条（消费者权益）

公寓大厦起造人或建筑业者，非经领得建造执照，不得办理销售。

公寓大厦之起造人或建筑业者，不得将共用部分，包含法定空地、法定停车空间及法定防空避难设备，让售于特定人或为区分所有权人以外之特定人设定专用使用权或为其他有损害区分所有权人权益之行为。

第 59 条（举证处理）

区分所有权人会议召集人、临时召集人、起造人、建筑业者、区分所有权人、住户、管理负责人、主任委员或管理委员有第四十七条、第四十八条或第四十九条各款所定情事之一时，他区分所有权人、利害关系人、管理负责人或管理委员会得列举事实及提出证据，报直辖市、县（市）主管机关处理。

第 59-1 条（争议事件调处委员会之设立）

直辖市、县（市）政府为处理有关公寓大厦争议事件，得聘请资深之专家、学者及建筑师、律师，并指定公寓大厦及建筑管理主管人员，组设公寓大厦争议事件调处委员会。

前项调处委员会之组织，由"内政部"定之。

第 60 条（规约范本）

规约范本，由"中央"主管机关定之。

第五十六条规约草约，得依前项规约范本制作。

第 61 条（委托或委办处理事项）

第六条、第九条、第十五条、第十六条、第二十条、第二十五条、第二十八条、第二十九条及第五十九条所定主管机关应处理事项，得委托或委办乡（镇、市、区）公所办理。

第 62 条（施行细则）

本条例施行细则，由"中央"主管机关定之。

第 63 条（施行日）

本条例自公布之日施行。

主要参考文献

一、著作

（一）中文著作

1. 温丰文：《建筑物区分所有权之研究》，三民书局股份有限公司 1992 年版。

2. 温丰文：《土地法》，洪记印刷有限公司 2015 年修订版。

3. 温丰文：《现代社会与土地所有权理论之发展》，五南图书出版公司 1984 年版。

4. 温丰文等：《公寓大厦管理问题之研究》，台湾地区"行政院"研究发展考核委员会编印，1997 年。

5. 温丰文教授六秩五华诞祝寿论文集编辑委员会：《民事法学的现代课题与展望》，元照出版有限公司 2011 年版。

6. 尹章华等：《公寓大厦管理条例解读》，月旦出版社股份有限公司 1995 年版。

7. 王泽鉴：《民法物权》（1），台湾自版 1992 年。

8. 台湾大学法律学研究所编译：《瑞士民法》，1967 年印行。

9. 台湾大学法律学院、财团法人台大法学基金会：《德国民法（总则编、债编、物权编）》（上册）（第 2 版），元照出版有限公司 2016 年版。

10. 谢在全：《民法物权论》（上册），新学林出版股份有限公司 2014 年版。

11. 谢在全七秩祝寿论文集编辑委员会：《物权与民事法新思维》，元照出版有限公司 2014 年版。

12. 郑冠宇：《民法物权》（第 5 版），新学林出版股份有限公司 2015 年版。

13. 蔡耀忠主编：《物权法报告》，中信出版社 2005 年版。

14. 郑王波主编：《民法物权论文选辑》（上、下），五南图书出版公司 1984 年版。

15. ［德］鲍尔、施蒂尔纳：《德国物权法》（上册），张双根译，法律出版社 2004 年版。

16. ［德］迪特尔·施瓦布：《民法导论》，郑冲译，法律出版社 2006 年版。

17. 史尚宽：《物权法论》，史吴仲芳、史光华发行 1975 年版。

18. 史尚宽：《民刑法论丛》，荣泰印书馆印刷（1973 年）。

19. 郑玉波：《民法物权》，三民书局 1971 年版。

20. 曹杰：《中国民法物权论》，商务印书馆 1967 年版。

21. 黄右昌：《民法物权诠解》（上、下），自刊 1948 年版。

22. 李肇伟：《民法物权》，自刊 1977 年版。

23. 姚瑞光：《民法物权论》，吉锋彩色印刷股份有限公司 2011 年版。

24. 黄越钦：《私法论文集》，世纪书局 1980 年版。

25. 杨与龄：《房屋之买卖委建合建或承揽》，正中书局 1981 年版。

26. 刘得宽：《民法诸问题与新展望》，五南图书出版有限公司 1995 年版。

27. 黄栋培：《民法物权诠解》，自刊 1960 年版。

28. 张龙文：《民法物权实务问题研究》，汉林出版社 1969 年版。

29. 刁荣华主编：《现代民法基本问题》，汉林出版社 1981 年版。

30. 陈朝璧：《罗马法原理》，法律出版社 2006 年版。

31. 戴东雄：《中世纪意大利法学与德国的继受罗马法》，中国政法大学出版社 2003 年版。

32. 王茵：《不动产物权变动和交易安全》，商务印书馆 2004 年版。

33. 曾荣振：《民法总整理》，三民书局 1981 年。

34. 梅仲协：《民法要义》，中国政法大学出版社 1998 年版。

35. 许仁举：《土地登记法规及实务》，长乐书店 1980 年版。

36. 江平：《西方国家民商法概要》，法律出版社 1984 年版。

37. 吕荣海：《从批判的可能性看法律的客观性》，蔚理法律 1987 年版。

38. ［古罗马］查士丁尼：《法学总论》，张企泰译，商务印书馆 1988 年版。

39. 黄右昌：《罗马法与现代》，京华印书局 1930 年版。

40. ［德］弗朗茨·维亚克尔：《近世私法史》（上、下），陈爱娥、黄建辉译，上海三联书店 2006 年版。

41. 李志敏：《中国古代民法》，法律出版社 1988 年版。

42. 江平、米健：《罗马法基础》，中国政法大学出版社 1991 年版。

43. ［古罗马］彼德罗·彭梵得：《罗马法教科书》，黄风译，中国政法大学出版社 1992 年版。

44. 李静冰编：《民法的体系与发展》，中国政法大学教材 1991 年。

45. ［美］伯纳德·施瓦茨：《美国法律史》，王军等译，中国政法大学出版社 1989 年版。

46. 韩忠谟：《法学绪论》，台湾 1962 年自版。

47. 法学教材编辑部编：《外国法制史资料选编》（上册），北京大学出版社 1992 年版。

48. 艾伦·沃森：《民法法系的演变及形成》，李静冰等译，中国政法大学出版社 1992 年版。

49. ［德］汉斯·豪斯赫尔：《近代经济史》，王庆余等译，商务印书馆 1987 年版。

50. 中国社会科学院法学研究所编：《经济建设中的法律问题》，中国社会科学出版社 1982 年版。

51. 奚晓明主编、最高人民法院民事审判第一庭编著：《最高人民法院建筑物区分所有权、物业服务司法解释理解与适用》，人民法院出版社 2009 年版。

52. 梁思成：《中国建筑史》，生活·读书·新知三联书店 2014 年版。

53. 范君主编：《物业纠纷：诉讼指引与实务解答》，法律出版社 2014 年版。

54. 陈华彬：《民法总则》，中国政法大学出版社 2017 年版。

55. 陈华彬：《物权法论》，中国政法大学出版社 2018 年版。

56. 陈华彬：《物权法研究》（修订版），法律出版社 2009 年版。

57. 陈华彬：《现代建筑物区分所有权制度研究》，法律出版社 1995 年版。

58. 陈华彬：《建筑物区分所有权研究》，法律出版社 2007 年版。

59. 陈华彬：《建筑物区分所有权》，中国法制出版社 2011 年版。

（二）日文著作

1. 稻本洋之助监修：《公寓管理之考察》，清文社 1993 年版。

2. 小沼进一：《建物区分所有之法理》，法津文化社 1992 年版。

3. 山田晟：《德国法律用语词典》，大学书林 1995 年版。

4. 山田晟：《德国法概论》，有斐阁 1987 年第 3 版。

5. 山田晟：《德国物权法概论》，弘文堂 1949 年版。

6. 村上淳一等：《德国法讲义》，青林书院新社 1974 年版。

7. 西垣刚：《英国不动产法》，信山社 1997 年版。

8. 水本浩、户田修三、下三瑛二编：《不动产法制概说》，青林书院 1997 年印刷。

9. 濑川信久：《不动产附合法的研究》，有斐阁 1997 年初版第二刷发行。

10. ［德］Heinrich Mitteis：《德国法制史概说》，世良晃志郎译，创文社 1954 年版。

11. ［德］Heinrich Mitteis：《德国私法概说》，世良晃志郎、广中俊雄译，创文社 1961

年版。

12. 林毅:《德国中世纪城市法的研究》,创文社 1970 年版。

13. 黑田忠实:《西欧近世法的基础构造》,晃洋书房 1995 年版。

14. 奥田昌道:《民法学·物权的重要问题》,有斐阁 1975 年版。

15. 丸山英气:《区分所有建筑物的理论与动态》,三省堂 1985 年版。

16. 丸山英气:《区分所有建筑物的法律问题——其理论与展开》,三省堂 1980 年版。

17. 丸山英气:《区分所有权法》,大成出版社 1984 年版。

18. 丸山英气:《现代不动产法论》,清文社 1989 年版。

19. 玉田弘毅、半田正夫、森泉章合编:《建筑物区分所有权法》,一粒社 1975 年版。

20. 玉田弘毅:《公寓的法律纷争》,有斐阁 1984 年版。

21. 玉田弘毅:《公寓的法律》(上),一粒社 1980 年版。

22. 原田庆吉:《罗马法》,有斐阁 1974 年版。

23. 船田享二:《罗马私法提要》,有斐阁 1941 年版。

24. 川岛武宜编集:《注释民法(7)》(物权 2),有斐阁 1978 年版。

25. 大泽正男:《财产法的基础的课题》,成文堂 1980 年版。

26. 中尾英俊:《入会林野的法律问题》,劲草书房 1977 年版。

27. 北川善太郎:《日本法学的历史与理论》,日本评论社 1975 年版。

28. 平野义太郎:《民法的罗马法思想和日耳曼法思想》,有斐阁 1970 年版。

29. 石田文次郎:《土地总有权史论》,岩波书店 1927 年版。

30. 山中宝、山本进一编:《民法总则》(物权法),法学书院 1976 年版。

31. 石田喜久夫编:《民法(I)(总则·物权)判例与学说(2)》,日本评论社 1977 年版。

32. 吉野悟:《罗马所有权法史论》,有斐阁 1972 年版。

33. 吉野悟:《近世私法史的时效》,日本评论社 1989 年版。

34. 吉田克己:《法国住宅法的形成——关于住宅的国家·契约·所有权》,东京大学出版会 1997 年版。

35. 我妻荣:《民法总则》,岩波书店 1973 年版。

36. 我妻荣著,有泉亨补订:《新订物权法》,岩波书店 1983 年版。

37. 我妻荣:《债权各论》(中卷一),岩波书店 1974 年版。

38. 我妻荣:《债权各论》(中卷二),岩波书店 1973 年版。

39. 青山正明：《改正区分所有关系法的解说》，金融财政事情 1984 年版。

40. 金泽良雄编：《住宅关系法》（住宅问题讲座 3），有斐阁 1973 年版。

41. 铃木禄弥：《物权法讲义》，创文社 1975 年版。

42. 铃木禄弥、筱塚昭次：《不动产法》，有斐阁 1971 年版。

43. 铃木禄弥等：《借地的法律相谈》，有斐阁 1968 年版。

44. 铃木禄弥：《借地法》（上），有斐阁 1978 年版。

45. 筱塚昭次：《土地所有权与现代——来自于历史的展望》，日本放送出版社 1974 年版。

46. 筱塚昭次：《论争民法学》（2），成文堂 1976 年版。

47. 筱塚昭次：《论争民法学》（3），成文堂 1974 年版。

48. 筱塚昭次、川井健（编）：《物权法·担保物权法》，青林书院新社 1982 年版。

49. 舟桥谆一：《物权法》，有斐阁 1974 年版。

50. 於保不二雄：《财产管理权论序说》，有信堂 1954 年版。

51. 矶村哲：《法社会学的展望与构造》，日本评论社 1975 年版。

52. 中川善之助等监修：《买卖（不动产法大系）》，青林书院新社 1975 年版。

53. 日本法务省参事官室编：《新公寓法》，商事法务研究会 1976 年版。

54. 广中俊雄：《物权法》，青林书院 1982 年版。

55. 成田赖明：《土地政策与法》，弘文堂 1988 年版。

56. 日本土地法学会编：《土地所有权的限制、日照权》，有斐阁 1974 年版。

57. 北川善太郎：《物权》，有斐阁 1993 年版。

58. 谷口知平：《新民法演习》（2），有斐阁 1967 年版。

59. 高木多喜男：《德国民法 4 》（物权法），有斐阁 1955 年版。

60. 区分所有建筑物管理问题研究会编：《区分所有建筑物的管理与法律》，商事法务研究
会 1981 年版。

61. 藤田宙靖：《西德土地法与日本土地法》，创文社 1988 年版。

62. 渡边洋三：《财产权论》，一粒社 1985 年版。

63. 五十岚清：《比较民法学的诸问题》，一粒社 1976 年版。

64. 佐藤英善：《住宅诉讼》，学阳书房 1985 年版。

65. 水本浩：《现代借地借家法讲座》，日本评论社 1985 年版。

66. 水本浩、远藤浩、丸山英气编：《公寓法》（第 3 版），日本评论社 2006 年版。

67. 加藤一郎等编：《担保法大系》（1—5），金融财政事情研究会 1988 年版。

68. 石田穰：《民法》（契约法），青林书院 1983 年版。

69. 幾代通：《民法总则》，青林书院 1983 年版。

70. 柚木馨：《判例物权法总论》，有斐阁 1955 年版。

71. 高井章三：《公寓、中古住宅的买卖》，东荣堂 1989 年版。

72. 柴田光藏：《法学拉丁语纲要》，玄文社 1976 年版。

73. 实方正雄：《法兰西民法》（II），有斐阁 1988 年版。

74. 星野英一等：《民法讲座》（物权 1），有斐阁 1988 年版。

75. 田中英夫等编集：《英美法辞典》，东京大学出版会 1991 年版。

76. 日本法务省民事局参事官室编：《新公寓法》，商事法务研究会 1986 年版。

77. 刘强：《关于集合住宅的中国不动产法制度的整备的研究》（日文），日本千叶大学大学院自然科学研究科 2003 年。

78. 村井忠夫：《公寓管理组合 Q&A》，（株）住宅新报社 1997 年版。

79. JS 日本综合住生活株式会社公寓相谈中心编：《公寓管理 Q&A》，日本综合住生活株式会社 1999 年。

80. 高层住宅史研究会编：《公寓 60 年史》，（株）住宅新报社 1989 年。

81. 盐崎勤：《公寓的法律》，株式会社行政 1993 年。

82. 玉田弘毅编：《新公寓法入门》，有斐阁 1987 年版。

83. 山野目章夫：《建筑物区分所有的构造与动态》，日本评论社 1999 年版。

84. 森泉章等编：《区分所有与公寓的法律相谈》，学阳书房 1987 年版。

85. 高柳辉雄：《改正区分所有法的解说》，株式会社行政 1983 年。

86. 西村捷三：《公寓管理的法律实务——管理规约的分析与关系判例、先例》，社团法人商事法务研究会 1980 年。

87. 原田纯孝编：《日本的都市法 1》（构造与展开），东京大学出版会 2001 年版。

88. 原田纯孝编：《日本的都市法 2》（诸相与动态），东京大学出版会 2001 年版。

89. 原田纯孝、大村谦二郎编：《现代都市法的新展开》（德国、法国），东京大学社会科学研究所 2004 年版。

90. 原田纯孝、渡边俊一编：《英国、美国的都市计划与住宅问题》，东京大学社会科学研究所 2005 年版。

91. 稻本洋之助、镰野邦树：《注释公寓区分所有法》，日本评论社 2004 年版。

92. 太田知行、村辻义信、田村诚邦：《公寓重建的法律与实务》，有斐阁 2005 年版。

93. 伊藤荣寿：《所有权法与团体法的交错：对业主的团体拘束的根据与界限》，成文堂
    2011 年版，第 126 页。

94. 渡邊晋：《5 订版最新区分所有法的解说》，住宅新报社 2012 年版。

95. 稻本洋之助、镰野邦树编著：《注释区分所有公寓标准管理规约》，日本评论社 2012
    年版。

96. 片桐善卫：《区分所有法的探究》，成文堂 2016 年版。

（三）英文著作

1. Harold J. Berman, ed., *Talks on American Law*, 2nd ed., New York：Vintage Books, 1971.

2. Henry Campbell Black, *Black's Law Dictionary*, M. A. ST. Paul, Minn：West Publishing
   Co., 1979.

3. F. H. Lawson, *The Law of property*, Oxford：Clarendon Press, 1982.

4. Real Estate and Landlord and Tenant （1983—1984）, The Law Society of Upper. Canada Bar
   Admission Course Materials. Carsweu Legal Publications. 1984.

5. Law and Contemporary Problems, School of Law, Duke University, Vol. 52, Spring and Sum-
   mer, 1989.

6. John Tosh, Nicholas Ordway, et al., *Real estate Principles for License Preparation in
   Mississppi*, Englewood Cliffs：Prentice Hall, 1990.

7. Stephen R. Munzer, ed., *A theory of Property*, Cambridge University Press, 1990.

8. Charles J. Jacobus, Bruce M. Harwood, *Real Estate：an introduction to the professsion*, 5th
   ed., Englewood Cliffs：Prentice Hall 1990.

9. G. M. Divekar, *Law and Practice of Property transactions*, Pune：Hand Law House, 1991.

10. Morris, A. I, *Design：the modern Law and Practice*, London：Butterworths, 1987 .

11. Arthur Taylor Von Mehren, James Russell Gordley, *The Civil Iaw System：An Introduction to
    the Comparative Study of Law*, Little, Brown and Company, 1977.

12. Ivy Williams, *The Sources of Law in the Swiss Civil Code*, Zurich：ReMak Verlag, 1976.

（四）德文著作

1. Bärmann/Pick/Merle, Wohnungseigentumsgesetz, Kommentar, Verlag C. H. Beck, （München）,

1981.

2. Heinz Wuniche, Das Wohnungseigentumsrecht, Kommentar Verlag Gmbh, Frank furt. am Main, 1975.

3. Hans Diester, Wichtige Rechtsfragen des Wohnungseigentums, Verlag C. H. Beck, 1974.

4. Fritz Baur, Lehrbuch des Sachenrechts, Verlag C. H. Beck, 1968.

5. Tina Peter Rustschi, Das Schweizerisches Stockwerkeigentum, Schulthess Polygraphischen Verlag, 1972, 4 Aufl.

6. Staudingers' Bürgerlichengesetz Kommentar, I. Schweisser Vevlag' Berlin, 1963, 11 Aufl.

二、论文

(一) 中文论文

1. 庄金昌："住宅分层所有权之比较研究"，台北中国文化大学 1984 年 7 月硕士论文。

2. 何明桢："建筑物区分所有之研究"，台湾政治大学 1983 年 6 月硕士论文。

3. 陈甦："论建筑物区分所有权"，中国社会科学院研究生院 1988 年硕士论文。

4. 段启武："建筑物区分所有权之研究"，中南政法学院 1993 年 2 月硕士论文。

5. 陈兴旺："空间法律问题研究"，山东大学 2006 年 4 月硕士学位论文。

6. 邱大展："由土地法到空间法——土地法的新方向"，载《人与地杂志》第 41 期。

7. 林永汀："公寓、大厦之当事人能力"，载《法令月刊》1987 年第 38 卷第 9 期。

8. 林永汀："论地下室停车位的所有权与使用权"，载《军法专刊》1992 年第 38 卷第 5 期。

9. 梁宇贤："从《区分所有建筑物社区管理维护条例》之制订评《高楼集合住宅管理维护法》草案"，载《法学丛刊》1988 年第 33 卷第 1 期。

10. 陈计男："大厦、公寓的一些法律问题"，载《法令月刊》1977 年第 28 卷第 7 期。

11. 陈俊樵："论区分所有建筑物之管理组织"，载《中兴法学》第 24 期。

12. 黄茂荣："有关公寓法律问题之研究"，载郑玉波主编：《民法物权论文选辑》（上），五南图书出版公司 1984 年版。

13. 黄越钦："住宅分层所有权之比较法研究"，载郑玉波主编：《民法物权论文选辑》（上），五南图书出版公司 1984 年版。

14. 杨与龄："论分层地上权"，载《法令月刊》1987 年第 38 卷第 6 期。

15. 温汶科："建筑物之区分所有权"，载《法学丛刊》1979 年第 24 卷第 4 期。

16. 戴东雄："论建筑物区分所有权之理论基础"（Ⅰ、Ⅱ），载《法学丛刊》1984 年第 29 卷第 2 期、第 3 期。

17. ［德］J. Bärmann："德国住宅所有权法"，戴东雄译，载《法学论丛》第 13 卷第 1 期。

18. 唐晓晴："澳门分层所有权制度论略"，载蔡耀忠主编：《物权法报告》，中信出版社 2005 年版。

19. 温丰文："论区分所有建筑物之管理"，载《法学丛刊》1992 年第 37 卷第 3 期。

20. 温丰文："论区分所有建筑物共用部分之专用使用权"，载《法令月刊》1990 年第 41 卷第 6 期。

21. 温丰文："区分所有权之客体"，载东海大学《法学研究》第 2 期。

22. 温丰文："空间权之法理"，载《法令月刊》1988 年第 39 卷第 3 期。

23. 温丰文："论区分所有建筑物与基地之关系"，载《法学丛刊》1990 年第 35 卷第 2 期。

24. 温丰文："论区分所有建筑物之专有部分"，载《法令月刊》1991 年第 42 卷第 7 期。

25. 温丰文："区分所有建筑物法律关系之构造"，载《法令月刊》1992 年第 43 卷第 9 期。

26. 温丰文："论区分所有建筑物共用部分之法律性质"，载《法学丛刊》1988 年第 33 卷第 3 期。

27. 温丰文："公寓大厦重建法律问题之研究"，载《法学丛刊》2000 年第 45 卷第 1 期。

28. 温丰文："日本建筑物区分所有法之重建制度"，载《商事法及财经法论文集——王仁宏教授六十岁生日祝贺论文集》，1999 年 8 月。

29. 黄江颖："区分所有建筑物修缮与重建之研究"，台湾东海大学法律研究所 1993 年 6 月硕士论文，第 139 页。

30. 廖国宏："区分所有建筑物修缮与重建问题之研究"，台湾私立东海大学法律学研究所 2005 年硕士论文。

（二）日文论文

1. 滨崎恭生："关于建筑物区分所有等法律的改正概要"，载日本《法学家》1983 年 7 月 15 日号。

2. 日本法务省民事局参事官室编："区分所有权法改正要纲试案说明"，载日本《法学家》第 774 号。

3. 稻本洋之助："区分所有的法理——法构造的变化"，载《法律时报》第 55 卷第 9 号。

4. 稻本洋之助："集合住宅的法理"，载《法律时报》第 53 卷 11 号。

5. 镰田薰、山田伸直："区分所有建筑物的老朽化与建替"，载日本《法学家》1989 年 2 月 15 日号（NO.927）。

6. 铃木禄弥："区分所有建筑物基地借地权的准共有"，载《民事研修》第 150 号。

7. 铃木禄弥："住宅所有权、住宅地上权及继续的居住权"，载其所著《借地借家法研究》（Ⅱ），创文社 1984 年版。

8. 铃木禄弥译："德国住宅所有权及继续居住权法"，载其所著《借地借家法研究》（Ⅱ），创文社 1984 年版。

9. 大泽正男："共用部分的所有关系与共有理论——特别是关于中高层分让住宅的场合"，载《立正法学》4 卷 1 号。

10. 香川保一："区分所有建筑物的成立要件与具体例文"，载《商事法务研究》第 352 号。

11. 川岛一郎："关于建筑物区分所有等法律的解说"（上），载《法曹时报》14 卷 6 号。

12. 川岛一郎："关于建筑物区分所有等法律的解说"（下），载《法曹时报》14 卷 8 号。

13. 川岛一郎："关于建筑物区分所有等的法律案要纲案"，载日本《法学家》第 244 号。

14. 丸山英气："住宅所有权的剥夺"，载《横滨市立大学论丛》第 31 卷 2、3 合并号。

15. 丸山英气："区分所有建筑物的管理"（上），载日本《法学家》第 627 号。

16. 丸山英气："区分所有建筑物的管理"（下），载日本《法学家》第 629 号。

17. 丸山英气："关于区分所有的最近的动向"，载《现代法律实务的诸问题》（上），日本律师联合会编 1990 年版。

18. 白羽佑三："区分所有权"，载日本《法学家》第 118 号。

19. 玉田弘毅："建筑物区分所有权法逐条研究"（3），载《判例时报》第 342 号。

20. 玉田弘毅："建筑物区分所有权法逐条研究"（5），载《判例时报》第 345 号。

21. 玉田弘毅："建筑物区分所有权法逐条研究"（10），载《判例时报》第 351 号。

22. 玉田弘毅："建筑物区分所有权法逐条研究"（12），载《判例时报》第 354 号。

23. 玉田弘毅："土地立体利用的基本法律问题"，载《不动产研究》第 8 卷 2 号。

24. 玉田弘毅："空间利用权"，载《综合法学》第 37 号。

25. 玉田弘毅："关于建筑物区分所有的若干考察"，载《私法》第 29 号。

26. 玉田弘毅："建筑物的区分所有与其基地的关系"，载《不动产研究》第 6 卷 3 号。

27. 玉田弘毅："建筑物区分所有的管理的基本问题"，载《法的时令》第 824 号。

28. 玉田弘毅："区分所有者集会——区分所有建筑物的管理机构"（I），载《不动产研究》第 10 卷 2 号。

29. 石田文次郎："史的发展过程的土地所有权的诸形态"，载《社会政策时报》1934 年 1 月号。

30. 石田文次郎："民法所有权的形态"，载日本《法商研究》第 1 卷 1 号。

31. 石田喜久夫："区分所有的基地利用权"，载日本《法学家》第 627 号。

32. 石田喜久夫："建替"，载《法律时报》第 55 卷第 9 号（《区分所有权法改正特辑》）。

33. 右近健男："区分所有与管理"，载《法律时报》第 43 卷 11 号。

34. 佐藤隆夫："关于空间占有的法的考察"，载日本《法学》第 25 卷 2 号。

35. 河村贡："关于建筑物的区分所有"，载《大厦》第 13 号。

36. 柚木馨："比较法上的建筑物区分所有权——其立法化与关联问题"，载《民商法杂志》第 44 卷 1 号。

37. 桑本繁："公寓共用部分的专用使用权"，载《NBL》第 034 号。

38. 森泉章："区分所有权法与都市的立体化"，载《青山法学论集》第 16 卷 3、4 号。

39. 新田敏："区分所有的客体的独立性"，载日本《法学研究》第 46 卷 7 号。

40. 远藤厚之助："楼层的区分所有权的系谱"，载《东洋法学》第 4 卷 2 号。

41. 筱塚昭次："空中权、地中权的法理"，载日本《法学家》第 476 号。

42. 镰野邦树等："关于区分所有关系的成立及专有部分、共用部分的范围的比较法研究的觉书"，载千叶大学《法学论集》第 16 卷 2 号（2001 年 9 月）。

43. 镰野邦树等："公寓管理制度的比较法研究的觉书"，载千叶大学《法学论集》第 17 卷 2 号（2002 年 9 月）。

44. 镰野邦树、郭铭鉴："台湾的公寓法——台湾公寓法的翻译及与日本法的比较"，载千叶大学《法学论集》第 13 卷 3 号、4 号，1999 年 1 月、3 月。

45. 伊藤荣寿："对区分所有人的团体的拘束的根据与界限——区分所有中的所有权法与团体法的交错"，载爱知学院大学论集《法学研究》第 51 卷 1 号、第 2 号（2010 年）。

46. 权承文："中国建筑物区分所有权法的考察"，载千叶大学《法学论集》第 25 卷 2 号（2010 年）。

47. 丸山英气先生古稀纪念论文集："公寓学的构筑与都市法的新展开"，株式会社发展 2009 年 1 月 23 日发行。该著作中的如下论文十分重要，受到参考，谨记之。

（1）村田博史：《关于区分所有建筑物的基地》。

（2）浦川道太郎：《区分所有公寓与爱畜饲养》。

（3）大野秀夫：《专用使用权分让契约与原始管理规约——关于其性质》。

（4）藤卷梓：《关于区分所有建筑物的共用部分的瑕疵的权利关系——德国的瑕疵责任的内容及其追及》。

（5）松本浩平：《集合住宅中的居住性的维持》。

（6）寺尾仁：《法国的荒废区分所有建筑物的正常化、处理法制》。

（7）竹田智志：《关于小区型公寓的再生与重建的实态与法的考察》。

（8）平松宏子：《公寓的所有与利用——自社会的老朽化的视点》。

48. 伊藤荣寿：《对区分所有人团体的拘束的根据与界限》，日本爱知学院大学论丛《法学研究》第 51 卷第 2 号（2010 年）。

后　记

　　建筑物区分所有权系当今民法上一种重要的不动产所有权形态。我国自 1978 年肇开住宅制度的改革以来，现今正值 40 周年。如今，区分所有建筑物业已成为我国城市与城镇居民的基本居住方式。尤其是 2007 年颁行的《中华人民共和国物权法》于第 6 章建立起了法律系统中的明文的（业主）的建筑物区分所有权制度，是为我国建筑物区分所有权演进与发展上的里程碑，具十分重要的价值与意义。

　　本著作最初由法律出版社于 1995 年出版，之后 2007 年由该社出版其修订版，2011 年复由中国法制出版社出版修订版。尽管如此，该著作于今日的坊间仍难以觅到，已然售罄。于是，决定再出版其新版，并易名为"建筑物区分所有权法"。本次新版，作者立基于现今的识见对原有内容进行了重新审视、修订、改易、增补，吸纳了域（境）外建筑物区分所有立法、学理及实务的新成果与实证经验，特别是将新近以降作者于该领域的研究成果予以纳入。所有这些，皆为本新著的亮点或创新。由此之故，经过如此历练与打磨后的该著作，应系不动产法领域积极而不可或缺的作品。

　　古人云：万事原来有命，因而也就无须计较苦劳心了。"千淘万漉虽辛苦，吹尽狂沙始到金"。本著作的写作、打磨、校正、改易可谓艰辛备尝，对此，细心的读者自可由全书的内容与展开的仔细研读中体会和感受到。作者希冀，本著作能深切地裨益于国家、社会及学界，并为人民带来并增进其幸福、安宁与富足！盖住宅即人权，住宅法即人权法也！正可谓，安得广厦千万间，大庇天下人民俱欢颜，也为作者的愿景与理想。

　　最后，尚应予指明的是，本书的写作参考了中国台湾地区、日本、德国及中国大陆等境（域）外相关学者新近以来的著述，凡所参考之处，皆以注释予以说明并于书末以参考文献列出，此点谨予说明，并向所参考著述的作者致以敬意。

另外，我的硕士生刘欣戎、易小雯、雷悦及王一舟协助编辑最初书稿，谨记于此，以供忆念！

以上数言，是为后记！

陈华彬

二〇一八年六月二十六日